Literaturgeschichte

Studien und Texte zur
Sozialgeschichte der Literatur

―――

Herausgegeben von
Norbert Bachleitner, Christian Begemann,
Walter Erhart und Gangolf Hübinger

Band 138

Literaturgeschichte

Theorien – Modelle – Praktiken

Herausgegeben von
Matthias Buschmeier, Walter Erhart
und Kai Kauffmann

DE GRUYTER

ISBN 978-3-11-135610-5
e-ISBN 978-3-11-028729-5
ISSN 0174-4410

Library of Congress Cataloging-in-Publication Data
A CIP catalog record for this book has been applied for at the Library of Congress.

Bibliografische Information der Deutschen Nationalbibliothek
Die Deutsche Nationalbibliothek verzeichnet diese Publikation in der Deutschen Nationalbibliografie; detaillierte bibliografische Daten sind im Internet über http://dnb.dnb.de abrufbar.

© 2023 Walter de Gruyter GmbH, Berlin/Boston
Dieser Band ist text- und seitenidentisch mit der 2014 erschienenen gebundenen Ausgabe.
Satz: Meta Systems Publishing & Printservices GmbH, Wustermark
Druck und Bindung: CPI books GmbH, Leck
♾ Gedruckt auf säurefreiem Papier
Printed in Germany

www.degruyter.com

Inhalt

Einleitung —— 1

Teil 1: **Methodische Überlegungen zur Literaturgeschichte**

Matthias Buschmeier
Pragmatische Literaturgeschichte
Ein Plädoyer —— 11

Jörg Schönert
Viererlei Leben der Literaturgeschichte? —— 30

Friedmar Apel
‚Belebung und Organisazion sind die Grundsätze ächt historischer Kunstgebilde'
Rückblickende Überlegungen zu einer narrativen Erneuerung der Literaturgeschichte aus dem Geiste des 93. Blüthenstaubfragments des Novalis —— 49

Dirk Werle
Für eine Literaturgeschichte semantischer Einheiten —— 63

Martina Wagner-Egelhaaf
Literaturgeschichte als operative Fiktion —— 86

Daniel Fulda
Starke und schwache Historisierung im wissenschaftlichen Umgang mit Literatur
Zur Frage, was heute noch möglich ist – mit einer disziplingeschichtlichen Rückblende —— 101

Monika Schmitz-Emans
Literaturgeschichte – Mediengeschichte – Mediendiskursgeschichte
Überlegungen zu Konvergenzen und Allianzen —— 122

Jürgen Paul Schwindt
***Querelles* – Zu einer Literaturgeschichte der Intensität** —— 143

Teil 2: Modelle von Literaturgeschichtsschreibung

Jan-Dirk Müller
Literaturgeschichtsschreibung als Mikrogeschichte
Zur Schwierigkeit, eine Geschichte vormoderner Literatur zu schreiben —— 165

Ralf Bogner
Literaturgeschichte in Werkeinheiten
Zu einem Handbuch des Kanons der deutschsprachigen Literatur —— 185

Peter Sprengel
Scherer und die Folgen – die erste Generation der ‚Moderne' und die Literaturgeschichte —— 195

Klaus Stierstorfer
Robert Chambers (1802–1871)
Wie die Literaturgeschichtsschreibung die Evolutionstheorie erfand —— 215

Moritz Baßler
Prolegomena zu einer Verfahrensgeschichte deutscher Erzählprosa 1850–1950 —— 231

Manfred Engel
Wir basteln uns eine Großepoche: Die literarische Moderne —— 246

Wolfgang Braungart
Das Kunstwerk als Individuum, der Autor als Subjekt
Versuch zur literarischen Moderne —— 265

Isabella von Treskow
Im Infinitiv: Französische Literatur-geschichtsschreibung und der *Cultural Turn* —— 307

Fabian Lampart
Problemfeld Literaturgeschichte und Raum
Italienische Perspektiven —— 337

Kai Kauffmann
Ohne Ende? Zur Geschichte der deutschen Gegenwartsliteratur —— 357

Die Autoren —— 377

Einleitung

Literaturwissenschaft – das hieß im 20. Jahrhundert immer auch: heftige Kritik an den Möglichkeiten der Literaturgeschichtsschreibung, verstärkte Skepsis gegenüber dem Versuch, aus der Vielfalt literarischer Texte eine der Chronologie folgende Literaturgeschichte herstellen zu können. Nachdem mit dem 20. Jahrhundert das „Projekt der deutschen Literaturgeschichte"[1] – eine Geschichte entlang der nationalen Historiographie, die im 19. Jahrhundert ihren Beginn genommen hatte – an ihr Ende gekommen war, nachdem die Literaturgeschichtsschreibung mit der Nation also ihren Sub-Text, ihren Referenten und ihr Kollektivsubjekt verloren hatte, beginnt eine immer wieder neu aufgelegte Auseinandersetzung, ob die Literaturwissenschaft an (Nachfolge-)Projekten der Literaturgeschichte weiterhin interessiert sein sollte. René Wellek zeichnete bereits 1973 jene theoretischen Konfliktlinien auf, die im 20. Jahrhundert den Niedergang der Literaturgeschichte begleitet und beflügelt haben.[2] Aus der Sicht neuerer literaturtheoretischer und seither poststrukturalistisch genannter Positionen hat Werner Hamacher die Literatur sogar als „Unmöglichkeitserklärung der Literaturgeschichte"[3] bezeichnet. Eher trocken, ernüchtert und mit Blick auf die gegenwärtig grundsätzliche Infragestellung einer den Gesetzen der ‚historischen Zeit' folgenden Geschichtsauffassung hat Hans Ulrich Gumbrecht vor einigen Jahren gefragt, ob Literaturgeschichten überhaupt weiter geschrieben werden sollten.[4]

Auch die Geschichtswissenschaft hat eine intensive Debatte um die sogenannte Posthistorie geführt. In dieser Diskussion wurde nicht allein versucht, Geschichte als fiktionale Historiographie zu entobjektivieren, sondern die historische Zeitform selbst in Frage zu stellen. Dabei war doch offensichtlich, dass mit dem Ende der Geschichte – egal ob mit Hegels Preußen, Alexandre Kojèves

---

[1] Jürgen Fohrmann: Das Projekt der deutschen Literaturgeschichte. Entstehung und Scheitern einer nationalen Poesiegeschichtsschreibung zwischen Humanismus und Deutschem Kaiserreich. Stuttgart 1989.
[2] René Wellek: The Fall of Literary History. In: Reinhart Koselleck/Wolf-Dieter Stempel (Hg.): Geschichte – Ereignis und Erzählung (= Poetik und Hermeneutik V). München 1973, S. 427–440.
[3] Werner Hamacher: Über einige Unterschiede zwischen der Geschichte literarischer und der Geschichte phänomenaler Ereignisse. In: Wilhelm Voßkamp/Eberhard Lämmert (Hg.): Historische und aktuelle Konzepte der Literaturgeschichtsschreibung – Zwei Königskinder? (= Kontroversen, alte und neue. Akten des VII. Internationalen Germanisten-Kongresses. Göttingen 1985). Bd. 11. Tübingen 1986, S. 5–15, hier S. 15.
[4] Hans Ulrich Gumbrecht: Shall We Continue to Write Histories of Literature? In: New Literary History 39 (2008), S. 519–532.

Napoleon oder dem von Francis Fukuyama diagnostizierten ‚end of history'[5] nach dem Zusammenbruch der UdSSR – nur das Endergebnis einer bestimmten historischen Großerzählung gemeint sein konnte. Sah sich die Geschichtswissenschaft sowohl in methodologischer Hinsicht als auch mit Blick auf ihre epistemologische Grundvoraussetzung immer wieder herausgefordert und in Frage gestellt, diskutierte die Literaturwissenschaft das Ende der Literatur vor allem auf der Ebene ihres Objektbezugs: als Verlust eines spezifischen Verständnisses von Literatur jenseits ihres Aufgehens im Historischen. Der Unterschied besteht darin, dass die Thesen vom Ende der Geschichte eine historiographische Meta-Narration darstellen, sich also innerhalb des disziplinären Objektbereiches platzieren lassen, wohingegen das Ende der Literatur die Disziplin selbst in Frage stellt.[6]

Während die Geschichtsschreibung auch nach dem konjunkturell verkündeten Ende der Geschichte weitergeht und davon nicht selten sogar inspiriert wird, führen Zweifel am Fortbestehen einer bestimmten historischen Zeit regelmäßig dazu, den Untergang der Literaturgeschichte heraufzubeschwören. Unbeschadet solcher regelmäßig erneuerten Verlautbarungen und Proklamationen werden freilich unentwegt neue Literaturgeschichten produziert – unter dem Diktat neu strukturierter, mit kompaktem Überblickswissen ausgestatteter Bachelor- und Master-Studiengänge sogar mehr denn je.[7] Ein Ende der Literaturgeschichtsschreibung ist demnach keineswegs abzusehen, Literaturwissenschaft und Literaturtheorie aber haben die Literaturgeschichte in den letzten Jahrzehnten immer mehr zu einem Randgebiet theoretischer Reflexion und forschungsbezogener Fragestellungen erklärt.[8] Ob Literaturgeschichte auf einem hohen theoretischen Niveau geschrieben werden kann, bemisst sich immer auch an der grundsätzlichen Frage nach dem Verhältnis von Literatur und

---

5 Der Reihe nach: Georg Wilhelm Friedrich Hegel: Phänomenologie des Geistes. Neu hg. von Hans-Friedrich Wessels. Hamburg 1988; Alexandre Kojève: Hegel. Eine Vergegenwärtigung seines Denkens. Kommentar zur Phänomenologie des Geistes. Herausgegeben von Iring Fetcher. Frankfurt/M. 1985; Francis Fukuyama: The End of History and the Last Man. New York 1992 (dt. unter dem Titel: Das Ende der Geschichte. Wo stehen wir? München 1992).
6 Siehe dazu die von Wilfried Barner angeregte Debatte: Kommt der Literaturwissenschaft ihr Gegenstand abhanden? Vorüberlegungen zu einer Diskussion. In: Jahrbuch der deutschen Schillergesellschaft 41 (1997), S. 1–8.
7 Vgl. z. B. Gerhard Lauer: Grundkurs Literaturgeschichte. Stuttgart 2008. Nicholas Boyle: German Literature. A Very Short Introduction. Oxford 2008. Gottfried Willems: Geschichte der deutschen Literatur. Bd. 1: Humanismus und Barock. Köln/Weimar/Wien 2012. Bd. 2: Aufklärung. Köln/Weimar/Wien 2012. Bd. 3: Goethezeit 2013. Köln/Weimar/Wien 2013.
8 Bereits resümierend: Cornelia Blasberg: Literaturgeschichte am Ende – kein Grund zu trauern? In: Walter Erhart (Hg.): Grenzen der Germanistik. Rephilologisierung oder Erweiterung? DFG-Symposion 2003. Stuttgart 2004, S. 467–481.

Geschichte. Fraglich scheint dabei zu sein, ob literarische Texte sich einer zielorientierten historisch-chronologischen Abfolge entlang geschichtlicher Kontexte und konstruierter Epochen überhaupt fügen (sollten).[9] Bestehen nicht Nutzen und Funktion der Literatur gerade darin, der Zeit enthoben zu sein und eine theoretisch wie historisch höchst ungesicherte Resonanz über die Zeiten und Zeitalter hinweg entfalten zu können?[10] In einer einzigen literaturgeschichtlichen Darstellung jedoch beidem gerecht zu werden, einer chronologisch organisierten Literaturgeschichte und einem davon weitgehend unabhängigen Wirkungspotenzial einzelner literarischer Texte, scheint kaum möglich zu sein. Zwar hat es mittlerweile einige Versuche gegeben, alternative Formen der Literaturgeschichtsschreibung zu erproben. Entgegen herkömmlichen literaturgeschichtlichen Darstellungen wird die Geschichte der Literatur dort bewusst als Ereignisgeschichte inszeniert, die, bisweilen in polemischer Absicht, auf zielgerichtete, den literarischen Werken vorgeordnete Geschichtsverläufe verzichtet und stattdessen eine Serie von unverbundenen Einzelinterpretationen, heterogenen Geschehnissen und nebeneinander gestellten Kapiteln präsentiert.[11] Auch diese Versuche aber folgen der Chronologie, sogar noch prägnanter und ausschließlicher, da sie auf einen anderen Zusammenhang der Werke und Autoren als den ihrer Datierung konsequent verzichten.

Die gegenwärtige Praxis der Literaturgeschichtsschreibung ist demnach nicht nur widersprüchlich, sondern auch theoretisch prekär: Im einen Fall rekurriert sie auf das traditionelle Projekt einer erzählenden und seit dem Ende des 19. Jahrhunderts theoretisch reichlich ungesicherten Literaturgeschichte; im anderen Fall soll sie programmatisch von geschichtlichen Abläufen ‚gereinigt' werden und tendiert zur Sammlung, zum Archiv oder zur Enzyklopädie. Das Ergebnis: eine Literaturgeschichtsschreibung ohne Theorie, eine Literaturtheorie ohne (Literatur-)Geschichte.

Die schwierige (Theorie-)Geschichte der Literaturgeschichtsschreibung hat sich noch einmal wiederholt und verdichtet in der Auseinandersetzung um eine sozial- und rezeptionsgeschichtliche Fundierung der Literatur in den 1960er und 1970er Jahren. In den Zentren der literaturwissenschaftlichen Disziplinen, insbesondere auch an den neu gegründeten Reformuniversitäten in

---

9 Grundsätzlich dazu: Wilfried Barner: Literaturwissenschaft – eine Geschichtswissenschaft? München 1990. David Perkins: Is Literary History Possible? Baltimore/London 1992.
10 Vgl. hierzu Rita Felski: The Uses of Literature. Malden/Oxford 2008.
11 Prominent repräsentiert von David E. Wellbery: A New History of German Literature. Cambridge, Mass. u. a. 2004. Beispiele aus anderen Nationalphilologien: Emory Elliott (Hg.): The Columbia Literary History of the United States. New York 1988. Dennis Hollier (Hg.): A New History of French Literature. Cambridge, Mass. u. a. 1989.

Konstanz und Bielefeld, entstand nach der Nationalgeschichtsschreibung des 19. Jahrhunderts ein zweites und neues ‚Projekt der Literaturgeschichte' – mit theoretischen Programmen zur Rezeptions- und Wirkungsgeschichte der Literatur,[12] mit einer sozialgeschichtlich fundierten Auffassung von Literatur und dementsprechend groß angelegten, ebenso ambitionierten wie riskanten mehrbändigen Literaturgeschichten,[13] mit dem übergreifenden, theoretisch motivierten Versuch, die „Frage nach der gesellschaftsbildenden Funktion der Literatur rezeptionsästhetisch zu beantworten"[14] und ihre Geschichte als substanziellen Beitrag einer umfassenden Sozial- und Gesellschaftsgeschichte zu rekonstruieren. Über das ‚Scheitern' einer ‚Sozialgeschichte der deutschen Literatur' ist seither viel berichtet und gemutmaßt worden;[15] es scheint jedoch, dass die grundlegenden Fragen nach der Möglichkeit einer theoretisch fundierten Literaturgeschichtsschreibung – und auch das „Versprechen der Sozialgeschichte (der Literatur)"[16] – weiterhin offengeblieben sind.

Vor einiger Zeit haben Literaturwissenschaftler(innen) und Historiker(innen) der Universität Bielefeld damit begonnen, sich den mit der Literaturgeschichtsschreibung verbundenen theoretischen Fragen wieder zuzuwenden. Zu diesem Zweck ging es zunächst darum, das lange vernachlässigte Verhältnis von Literatur zur Geschichte sowie die Beziehungen zwischen Literatur- und Geschichtswissenschaft als Gegenstand einer neuen interdisziplinären Reflexion zu etablieren. Problem und Paradox gegenwärtiger Literaturgeschichtsschreibung beschreiben insgesamt eher ein Symptom, das auf ungelöste Grundlagenprobleme in der Erforschung literaturgeschichtlicher Gegenstände verweist. Auf Seiten der Geschichtswissenschaft hat der *linguistic turn* vor einigen Jahrzehnten die Aufmerksamkeit zwar auf die ‚literarischen' Aspekte der Geschichtsschreibung, auf

---

12 Vgl. Hans Robert Jauß: Literaturgeschichte als Provokation der Literaturwissenschaft. In: H. R. J.: Literaturgeschichte als Provokation. Frankfurt/M. 1970, S. 144–207. Gunter Grimm: Rezeptionsgeschichte. Grundlegung einer Theorie. Mit Analysen und Bibliographie. München 1977.
13 Hansers Sozialgeschichte der deutschen Literatur vom 16. Jahrhundert bis zur Gegenwart. Begründet von Rolf Grimminger. Bd. 1–11. München 1980–2009. Deutsche Literatur. Eine Sozialgeschichte. Hg. v. Horst Albert Glaser. Bd. 1–9. Reinbek 1980–1991.
14 Jauß, Literaturgeschichte (Anm. 12), S. 200.
15 Vgl. bereits Jörg Schönert: On the Present State of Distress in the Social history of German Literature. In: Poetics 14 (1985). Nr. 3/4, S. 303–319. Wilhelm Voßkamp: Theorien und Probleme gegenwärtiger Literaturgeschichtsschreibung. In: Frank Baasner (Hg.): Literaturgeschichtsschreibung in Italien und Deutschland. Traditionen und aktuelle Probleme. Tübingen 1989, S. 166–174.
16 Jürgen Fohrmann: Das Versprechen der Sozialgeschichte (der Literatur). In: Martin Huber/Gerhard Lauer (Hg.): Nach der Sozialgeschichte. Konzepte für eine Literaturwissenschaft zwischen historischer Anthropologie, Kulturgeschichte und Medientheorie. Tübingen 2000, S. 105–112.

Erzähl- und Darstellungsformen, auf Rhetorik, Diskurs, Stil und Ästhetik gelenkt; die theoretisch zum Teil heftig geführte Debatte ist freilich abgeklungen, bevor sie entsprechende Resonanz in den Literaturwissenschaften hervorrufen konnte.[17] Diskursanalyse, Kulturwissenschaften, *Cultural Studies* und *New Historicism* haben das Verhältnis von literarischen Werken zu geschichtlichen Verlaufsformen zuletzt eher ausgeblendet als analysiert. Die Rede von der ‚Textualität der Geschichte' zielte bezeichnenderweise nicht auf die Prozessualität von Geschichte, sondern auf die synchron aufgezeichneten Diskurse einer Kultur.[18] In der Folge kam es – nicht nur im Kontext der Literaturgeschichtsschreibung – zu einem eklatanten Theorie-Defizit in der Konstitution literaturgeschichtlicher Gegenstände, schließlich auch zu einer gravierenden Unsicherheit literaturwissenschaftlicher Theorie und Praxis angesichts historischer Prozesse und Fakten, d. h. auch und nicht zuletzt: gegenüber der Geschichtswissenschaft.

Dazu beigetragen haben die wechselseitigen Dominanzen von ‚Literatur' und ‚Geschichte' in den Theorie-Debatten der letzten Jahrzehnte sowie in der gegenseitigen Einflussnahme von Geschichts- und Literaturwissenschaft. Während in den Projekten einer ‚Sozialgeschichte der Literatur' die historischen Strukturen (und damit die geschichtswissenschaftliche Forschung) den literarischen Gegenständen gewissermaßen vorgelagert waren, kam es in Folge des *linguistic turn* zu einer regelrechten Umkehrung der Leitdisziplin: Im Kontext von *Cultural Studies*, Diskursanalyse und *New Historicism* wurden die Gegenstandsbereiche der Literatur- und Geschichtswissenschaft als ‚literarische' Phänomene weitgehend gleichgesetzt. Da sich literarische Phänomene in diesem Zusammenhang allerdings von allen anderen Diskursen kaum mehr unterscheiden lassen, fragte umgekehrt wiederum die amerikanische Literaturwissenschaftlerin Jane Gallop, ob die so erfolgte neue ‚Historisierung' der *Literary Studies* – unter Preisgabe des *close reading* – die Philologen nicht in „second-rate-historians" verwandelt habe und ihre Disziplin dadurch tendenziell überflüssig zu machen drohe.[19]

---

17 Vgl. hierzu: Ernst Hanisch: Die linguistische Wende. Geschichtswissenschaft und Literatur. In: Wolfgang Hardtwig/Hans-Ulrich Wehler (Hg.): Kulturgeschichte heute (= Geschichte und Gesellschaft. Sonderheft 16). Göttingen 1996, S. 212–230. Jan Eckel: Der Sinn der Erzählung. Die narratologische Diskussion in der Geschichtswissenschaft und das Beispiel der Weimargeschichtsschreibung. In: Jan Eckel/Thomas Etzemüller (Hg.): Neue Zugänge zur Geschichte der Geschichtswissenschaft. Göttingen 2007, S. 201–229.
18 Vgl. hierzu dezidiert (und bilanzierend): Moritz Baßler: Zwischen den Texten der Geschichte. Vorschläge zur methodischen Beerbung des New Historicism. In: Daniel Fulda/Silvia Serena Tschopp (Hg.): Literatur und Geschichte. Ein Kompendium zu ihrem Verhältnis von der Aufklärung bis zur Gegenwart. Berlin/New York 2002, S. 87–100.
19 Jane Gallop: The Historicization of Literary Studies and the Fate of Close Reading. In: Profession 2007, S. 181–186, hier S. 184.

Mittlerweile betrachten sich die jeweils mit Literatur und mit Geschichte betrauten Fachkulturen wieder aus einigermaßen großer Distanz; die möglichen gegenseitigen Bezugnahmen von Literatur und Geschichte sind in den letzten Jahren demzufolge systematisch unterbestimmt geblieben. Eine Tagung am Bielefelder *Zentrum für Interdisziplinäre Forschung* versuchte im Jahr 2010, den darüber geführten, zwischenzeitlich abgebrochenen Dialog der Disziplinen zumindest ansatzweise wieder in Gang zu bringen.[20] Statt Literatur und Geschichte als wechselseitig isolierte oder dominante Bezugsgrößen beider Disziplinen zu begreifen, ginge es heute eher darum – so lautete das Fazit –, die in beiden Disziplinen jeweils erkennbare Spannung zwischen Literatur und Geschichte wieder als einen zentralen Kern der literatur- und kulturgeschichtlichen Praxis produktiv zu machen. Für die Theorie und Praxis der Literaturgeschichtsschreibung hieße dies, die Möglichkeiten einer „Literaturgeschichte nach dem Ende der Theorie" aufs Neue auszuloten.[21] Eine zu diesem Zweck an der Universität Bielefeld initiierte und im *Internationalen Archiv für Sozialgeschichte der deutschen Literatur* dokumentierte Forschungsdiskussion erinnerte zunächst an die spätestens seit Walter Benjamin, Peter Szondi und Theodor W. Adorno etablierte Forderung an Literaturwissenschaft und Literaturgeschichtsschreibung, ein jeweils kritisches und spannungsvolles Verhältnis zu einem theoretisch reflektierten Begriff von Geschichte und Geschichtlichkeit zu entwickeln.[22] Statt entweder einem vorgegebenen Geschichtsverlauf zu folgen oder der Literatur eine davon unabhängige Geschichte ihrer eigenen ästhetischen Formen zuzuschreiben, gelte es heute wieder, neue theoretische Fragen in Bezug auf die Vermittlung von Literatur und Geschichte zu stellen. Eine parallel dazu entworfene und theoretisch fundierte Literaturgeschichtsschreibung muss jedenfalls nicht in die ihr stets angedrohte Lage geraten, vor der Komplexität ihres Unterfangens zu kapitulieren. Stattdessen käme es darauf an, die stets notwendige Reduktion literaturgeschichtlicher Komplexität zu begründen und daraufhin den Versuch einer neuen, in diesem Sinn reflektierten und

---

20 Vgl. Walter Erhart/Gangolf Hübinger: Editorial zum Themenschwerpunkt „Literatur/Geschichte". In: Internationales Archiv für Sozialgeschichte der deutschen Literatur 36/1 (2011), S. 116–119, sowie die im Jahrgang 36 der Zeitschrift abgedruckten Tagungsbeiträge (von Aleida Assmann, Holger Dainat, Angelika Epple, Astrid Erll, Daniel Fulda, Achim Geisenhanslüke, Inka Müller-Bach, Barbara Picht, Wolfram Pyta, Jörn Rüsen, Philipp Sarasin, Peter Schöttler, Wolfgang Struck, Silvia Serena Tschopp, Wilhelm Voßkamp).
21 Matthias Buschmeier: Literaturgeschichte nach dem Ende der Theorie? Thesen zu den (Un-)Möglichkeiten einer bedrohten Gattung. In: Internationales Archiv für Sozialgeschichte der deutschen Literatur 36/2 (2011), S. 409–414.
22 Vgl. Achim Geisenhanslüke/Ernst Osterkamp/Joseph Vogl: Statements und Diskussion. In: Internationales Archiv für Sozialgeschichte der deutschen Literatur 36/2 (2011), S. 415–444.

selektiv vorgehenden Darstellung zu wagen. Eine Literaturgeschichte kommt ohne einen Erzähler nicht aus, der das jeweilige Material ordnet, selektiert und präsentiert; die Herausforderung einer künftigen Literaturgeschichtsschreibung besteht offensichtlich darin, nicht bloßen Daten und vorgefertigten Entwicklungslinien zu folgen, sondern geschichtstheoretische Modelle, innovative Auswahlkriterien und narrative Konzepte für eine neu zu entwerfende Geschichte der Literatur zu entwickeln und jeweils miteinander zu verbinden. Ein literaturwissenschaftliches Forschungskolloquium der Universität Bielefeld in den Jahren von 2011 bis 2013 bat Vortragende aus mehreren philologischen Disziplinen, sich dieser Herausforderung zu stellen: einerseits über aktuelle theoretische Perspektiven der Literaturgeschichtsschreibung zu informieren und zu diskutieren, andererseits neue Konzepte und Modelle einer Geschichte der Literatur im jeweils nationalphilologischen oder globalen Kontext vorzustellen und zu erproben. Im vorliegenden Band sind diese Perspektiven und Versuche dokumentiert; die Herausgeber danken allen Teilnehmerinnen und Teilnehmern für ihre Vorträge und Beiträge, die das Zustandekommen und das Erscheinen dieses Bandes möglich gemacht haben.

Bielefeld, im November 2013
Matthias Buschmeier, Walter Erhart, Kai Kauffmann

Teil 1: **Methodische Überlegungen zur Literaturgeschichte**

Matthias Buschmeier
Pragmatische Literaturgeschichte
Ein Plädoyer

1.

2011 veröffentlichte Stephen Greenblatt, der berühmteste Vertreter des *New Historicism*, ein Buch mit dem Titel *The Swerve* über die Wiederentdeckung von Lukrez' *De rerum natura*.[1] Wer Greenblatt und die Verfahren des *New Historicism* kennt, ist nicht verwundert, wenn das Buch anekdotisch beginnt – zunächst mit einer persönlichen Reminiszenz Greenblatts, wie und warum das Thema für ihn relevant geworden ist, dann folgt am Ende des Vorwortes die Imagination der Szene, als der italienische Renaissance-Humanist Poggio Bracciolini das verstaubte und verloren geglaubte Manuskript von *De rerum natura* aus dem Regal einer Klosterbibliothek zieht.

> A short, genial, cannily alert man in his late thirties reached out one day, took a very old manuscript off a library shelf, saw with excitement what he had discovered, and ordered that it be copied. That was all; but it was enough.[2]

Die Anekdote ist für den *New Historicism* nicht allein ein den Leser fesselndes Darstellungsmittel, sondern steht gleichsam für seine Geschichtsvorstellung, die keiner großen Meistererzählung mehr folgen, an keiner monologischen Geschichte weiterschreiben möchte. Schlaffer bestimmt die Anekdote als „erzählerische Kompensationsform zur wissenschaftlichen Geschichtsschreibung".[3] Ihr Anspruch auf historische Wahrheit geht einher mit einer narrativen Form, die eben diese nicht stützt, sondern in Frage bzw. ganz in die Perspektive des Erzählers stellt. Damit ist das anekdotische Erzählen im *New Historicism* Teil einer Darstellungsstrategie, die

> *die Gesamtheit* der Kultur zur Domäne der Literaturwissenschaft zu machen [sucht] – zu einem unendlich interpretierbaren Text, einer unerschöpflichen Geschichtensammlung, der man Kuriositäten entnehmen kann, um diese alsdann findig neu zu erzählen.[4]

---

[1] Stephen Greenblatt: The Swerve. How the world became modern. New York 2011.
[2] Ebd., S. 12.
[3] Heinz Schlaffer: Anekdote. In: Klaus Weimar (Hg.): Reallexikon der deutschen Literaturwissenschaft. Bd. 1: Berlin/New York 1997, S. 87–89, hier S. 86 f.
[4] Louis Montrose: Die Renaissance behaupten. Poetik und Politik der Kultur. In: Moritz Baßler (Hg.): New Historicism: Literaturgeschichte als Poetik der Kultur. Frankfurt/M. 1995, S. 60–92, hier S. 66 f.

Darin ist der Versuch zu sehen, „einen Übergang von *der* Geschichte zu Geschichten"[5] im Plural herzustellen. So will Greenblatt es auch hier verstanden wissen. Der Titel *The Swerve* steht für die Vorstellung einer kontingenten Einflüssen ausgesetzten Geschichte, die auch durch unscheinbare Ereignisse eine völlig neue Richtung erhalten kann. Bei Lukrez selbst habe diese Geschichtsvorstellung im lateinischen *clinamen* ihren Ausdruck gefunden, das Greenblatt mit *swerve* übersetzt, „an unexpected, unpredictable movement of matter".[6] Während diese Bedeutung in der deutschen Übersetzung mit *Die Wende*[7] nur unzureichend wiedergegeben ist, schließt sowohl der lateinische als auch der englische Begriff nicht nur den Prozess, sondern auch den unmittelbaren Effekt der Materie auf diesen ein. „But this particular ancient book, suddenly returning to view, made a difference. This is the story then how the world swerved in a new direction."[8] Greenblatts Darstellungsmodus dieses Rucks in der Geschichte ist bewusst narrativ, *story* statt *history*. In seinem Aufsatz *What is the History of Literature?* von 1997 entwickelt er aus seiner Bacon-Lektüre heraus die Überzeugung, dass insbesondere die Literaturgeschichte nicht ohne einen Akt der Heraufbeschwörung, also einen Akt historischer Imagination auskommen kann. „The answer is that the history of literature cannot do without conjuring."[9] Dass Geschichte wie Literatur (Greenblatt würde hier keinen Unterschied machen) auf der Einbildungskraft beruhen, wiederholt er auch in *The Swerve*, und die Objekte und Ereignisse, die die Einbildungskraft hervorruft und weitergibt, markieren die epistemologische Differenz der Geschichtsmodelle zwischen großer monologischer Meistererzählung und anekdotischen, ‚kleinen' Geschichten.[10]

Wer nun fortfährt, Greenblatts 2012 mit dem Pulitzer-Preis ausgezeichnetes Buch zu lesen, wird in der Tat in eine spannende Geschichte, einen Philologenkrimi hineingezogen. Wer aber den Untertitel *How we became modern* im Hinterkopf behalten hat, wird sich über den vermeintlichen Neu-Historisten

---

5 Ebd., S. 68.
6 Greenblatt: The Swerve (Anm. 1), S. 11.
7 Stephen Greenblatt: Die Wende. Wie die Renaissance begann. 3. Aufl. München 2012.
8 Greenblatt: The Swerve (Anm. 1), S. 11.
9 Stephen Greenblatt: What is the History of Literature? In: Critical Inquiry 23, 3 (1997), S. 460–481, hier S. 477 f. Leicht überarbeitet auf Deutsch erschienen als: Stephen Greenblatt: Was ist Literaturgeschichte? Frankfurt/M. 2000.
10 „The agent of change was not a revolution, an implacable army at the gates, or landfall on an unknown continent. For events of this magnitude, historians and artists have given the popular imagination memorable images: the fall of the Bastille, the sack of Rome, or the moment when the ragged seamen from the Spanish ships planted their flag in the New World." Greenblatt: The Swerve (Anm. 1), S. 11.

Greenblatt wundern. Der Untertitel ist deswegen interessant, weil erstens offenbar eine Modernisierungstheorie darin impliziert ist, und es scheint fast so, als habe die deutsche Übersetzung *Wie die Renaissance begann* es gescheut, die starke These des Originals zu übernehmen. Denn in der englischen Formulierung wird, zweitens, angedeutet, dass die Moderne als Epoche keineswegs beendet sei, sondern andauere und dass in der Bewegung auf diese Epoche ein gewisses Telos, nämlich die Modernität, erreicht sei. Drittens wird die Modernisierung auf die gesamte Welt bezogen; oder andersherum formuliert: Das, was hier als eine spezifisch europäische Entwicklung beschrieben ist, wird als geschichtliche Konsequenz explizit auf die gesamte Welt ausgeweitet. Was aber versteht Greenblatt hier eigentlich unter Modernisierung? Ich rekapituliere die wichtigsten Merkmale, die er im ersten Kapitel benennt:

- eine naturwissenschaftliche Welterklärung ersetzt physikotheologische Modelle
- Vernunft und Sinne, nicht Offenbarungen sind die einzigen legitimen Wissensquellen
- Kontingenz bestimmt die materiell-stoffliche Welt
- die Entstehung der Arten wird evolutionstheoretisch erklärt
- radikales Vergänglichkeitsbewusstsein
- keine Privilegierung des Menschen unter den Lebewesen
- keine Letztbegründungen durch transzendente Weltordnung möglich
- privater Hedonismus
- Materialismus

Was uns eben noch als reflektierter, poststrukturalistisch inspirierter Entwurf erschien, wandelt sich nun offenbar in eine starke Erzählung von der Modernisierung der westlichen und damit der gesamten Welt. Vergessen scheinen alle Einwürfe, die Paul de Man einst gegen den Modernisierungsbegriff ins Feld geführt hatte.[11] Vergessen offenbar alle Einwände Derridas und anderer gegen die Sehnsucht der Geschichte nach der Ursprungsszene, aus der heraus, mit Gottfried Keller zu sprechen, das Lob des Herkommens als identitätsstiftender Akt die Geschichte in doppelter Weise begründet. „The act of discovery fulfilled the life's passion of a brilliant book hunter. And that book hunter, without ever intending or realizing it, became a midwife to modernity."[12] Denn trotz gelegentlicher Einschränkungen lädt Greenblatt das von Poggio wiederentdeckte und in die Zirkulation neu eingebrachte Manuskript zum bestimmenden

---

11 Paul de Man: Literary History and Literary Modernity. In: Paul de Man (Hg.): Blindness and Insight. Essays in the Rhetoric of Contemporary Criticism, S. 142–165.
12 Greenblatt: The Swerve (Anm. 1), S. 13.

Strukturmoment der Moderne auf. „A random fire, an act of vandalism, a decision to snuff out the last trace of views judged to be heretical, and the course of modernity would have been different."[13] Greenblatts Erklärungen scheinen aus der Tiefe des Modernisierungstheorems der westlichen Welt zu kommen, das heute kaum mehr salonfähig ist und Angriffe ganz grundsätzlicher Art erdulden muss.[14]

Anders aber als in den mittlerweile gängigen postkolonialen Beißreflex zu verfallen und dem Autor vermeintlich eurozentristische Beschränktheit vorzuwerfen, lohnt es sich nach der Politik der von Greenblatt vorgetragenen Geschichte zu fragen, von der er sich nämlich selbst nicht ausnimmt, wie der anekdotische Beginn seiner ganz persönlichen Begegnung mit Lukrez bereits andeutet.

Zunächst offenbart die Struktur seines Textes bereits die Intention, Analogien zwischen Erzähler und seiner Figur zu bilden. Greenblatt steigt ein mit einer biographischen Reminiszenz, er ist auch Philologe und er entdeckt die Geschichte Poggios wie dieser einst Lukrez. Was aber ist sein geschichtlicher Auftrag? Greenblatts Buch erzählt die Geschichte der Entstehung der Moderne, er ruft damit gleichsam ins Gedächtnis, was die Fundamente und Errungenschaften dieser Moderne sind, die in unserer Gegenwart, insbesondere der amerikanischen, so bedroht erscheinen. Greenblatt lässt von Beginn an keinen Zweifel daran, dass er sich mit diesem Begriff von Moderne identifiziert: „Hidden behind *the worldview I recognize as my own* is an ancient poem, a poem once lost, apparently irrevocably, and then found."[15] Sein Buch ist zu lesen als eine kulturpolitische Intervention in einer durch Angst, sinnenfeindliche Prüderie, religiösen Eifer und Dogmatismus zunehmend geprägten US-Gesellschaft. Deren längst keine marginale Minderheit mehr darstellende und auch

---

13 Ebd., S. 7. Vgl. auch folgende spätere Stelle: „When in the nineteenth century he set out to solve the mystery of the origin of human species, Charles Darwin did not have to draw on Lucretius' vision of an entirely natural, unplanned process of creation and destruction, endlessly renewed by sexual reproduction. That vision had directly influenced the evolutionary theories of Darwin's grandfather, Erasmus Darwin, but Charles could base his arguments on his own work in the Galapagos and elsewhere. So too when Einstein wrote of atoms, his thought rested on experimental and mathematical science, not upon ancient philosophical speculation. But that speculation, as Einstein himself knew and acknowledged, had set the stage for the empirical proofs upon which modem atomism depends. That the ancient poem could now be safely left unread, that the drama of its loss and recovery could fade into oblivion, that Poggio Bracciolini could be forgotten almost entirely – these were only signs of Lucretius' absorption into the mainstream of modem thought." Ebd., S. 262.
14 Als vielleicht momentan einflussreichstes Beispiel sei nur auf Bruno Latour: Wir sind nie modern gewesen. Versuch einer symmetrischen Anthropologie. Frankfurt/M. 2008, hingewiesen.
15 Greenblatt: The Swerve (Anm. 1), S. 7; meine Hervorhebung, M. B.

an den Universitäten zu findende kreationistische Hardliner müssen sich provoziert fühlen, wenn Greenblatt die zentralen Punkte aus Lukrez' Denken, das er als seine Weltsicht identifiziert und dessen Urheber er den ‚Geburtshelfer der Moderne' nennt, folgendermaßen zusammenfasst – und es lohnt das ausführliche Zitat:

> In a universe so constituted, Lucretius argued, there is no reason to think that the earth or its inhabitants occupy a central place, no reason to set humans apart from all other animals, no hope of bribing or appeasing the gods, no place for religious fanaticism, no call for ascetic self-denial, no justification for dreams of limitless power or perfect security, no rationale for wars of conquest or self-aggrandizement, no possibility of triumphing over nature, no escape from the constant making and unmaking and remaking of forms. On the other side of anger at those who either peddled false visions of security or incited irrational fears of death, Lucretius offered a feeling of liberation and the power to stare down what had once seemed so menacing. What human beings can and should do, he wrote, is to conquer their fears, accept the fact that they themselves and all the things they encounter are transitory, and embrace the beauty and the pleasure of the world. I marveled – I continue to marvel – that these perceptions were fully articulated in a work written more than two thousand years ago.[16]

Auch das Ende des Buches zieht noch einmal explizit die Verbindung von Lukrez zu den USA und verbindet den lukrezschen Epikurismus direkt mit der Entstehung der *Declaration of Independence* von 1776.

> Instead, he [Jefferson] had given a momentous political document, at the founding of a new republic, a distinctly Lucretian turn. The turn was toward a government whose end was not only to secure the lives and the liberties of its citizens but also to serve ‚the pursuit of Happiness.' The atoms of Lucretius had left their traces on the Declaration of Independence.[17]

Greenblatt koppelt damit zwei Ursprungsdokumente miteinander, *De rerum natura* als Ort der Entstehung eines modernen Weltbildes und die Unabhängigkeitserklärung als Geburtsort der amerikanischen Nation und der ersten schriftlichen Niederlegung fundamentaler Grundrechte der Menschen. Damit zielt er auf jenen Verfassungspatriotismus, der in den USA auch jenseits und im vollen Bewusstsein von multiethnischer Segregierung und ideologisch tiefgespaltener Interessengruppen noch immer als identitätsstiftende Grundlage zu funktionieren vermag. Greenblatt stellt die Literaturgeschichte[18] damit in

---

16 Ebd., S. 6.
17 Ebd., S. 263.
18 Es braucht wohl nicht nochmals wiederholt zu werden, dass ‚Literatur' bei Greenblatt in weitestem Sinne zu verstehen ist, wie er in *What is the History of Literature?* und anderswo ausführlich dargelegt hat.

eine aktuelle kulturpolitische Auseinandersetzung. Signifikant bleibt dabei, dass er die USA wieder ganz in die kulturelle Tradition Europas zurückholt und beide, sowohl Europa als auch die USA, auf einen modernen Humanismus verpflichtet. Seine Literaturgeschichte der Moderne ist pragmatisch.

Greenblatt scheint mir nämlich, ohne dass er dies vielleicht selbst so sähe, damit einen zentralen Aspekt von Geschichtserzählungen umzusetzen. Sie sind Produkte einer geschichtlichen Imagination, die einem bestimmten Pragmatismus folgen,[19] d. h., sie geben den inhaltlichen Wahrheitsanspruch keineswegs auf, aber jede narrativ dargestellte Wahrheit folgt einer bestimmten Perspektive, gibt eine Denkrichtung vor, mit der sich die Leserin auseinanderzusetzen hat. Je stärker und evidenter[20] die geschichtlichen Imaginationen sind, desto wirksamer bleiben sie als kulturpolitische Interventionen, die mit anderen konkurrieren müssen. Insofern ist Greenblatts Titel nicht die Verteidigung eines teleologischen geschichtsphilosophischen Euro- und Logozentrismus, sondern die Inanspruchnahme einer europäischen Denktradition und deren narrative Verteidigung gegen fundamentalistische, aber auch poststrukturalistisch relativierende oder postkolonial diffamierende Angriffe der Gegenwart. Kaum würde Greenblatt leugnen, dass die Entstehung der Moderne auch anders erzählt werden könnte, sein Entwurf in diesem metaphysischen Sinn also keine ‚Wahrheit' darstelle, die nicht anzuzweifeln wäre. Genauso wenig würde er natürlich die barbarischen Züge der Moderne kleinreden wollen, und dennoch ruft er jene Aspekte der Moderne in seinem Geschichts-Bild vor Augen, die es nicht zu verabschieden gilt, für die sich die Mühe lohnt, ein solches Buch zu schreiben. Mit Autoren wie Richard Rorty[21] scheint sich Greenblatt einig, dass es keinen Grund gibt, die westliche Moderne als wahrhaftiger als andere geschichtliche Entwürfe zu bezeichnen, aber dass sie gegenüber anderen Traditionen durchaus als verteidigungswürdig anzusehen ist, weil es in ihr nicht mehr, ohne sich selbst zu delegitimieren, möglich ist, Menschen für ihre Erkenntnisse zu verbrennen, ihre Bücher zu verbieten, ihr Verhalten durch die Androhung göttlicher Strafen zu reglementieren und sie in der Auslebung ihrer

---

19 Es hieße also auch hier, zur Geschichte der Gattung zu stehen, die seit dem 18. Jahrhundert sich immer pragmatisch verstanden hat, woran hier nur zu erinnern, nicht aber zu zeigen ist.
20 Aber nicht im Sinne der großen Geschichtsbilder, gegen die Greenblatt seine Imagination des kleinen 30-jährigen Philologen Poggio ins Feld führt. Vgl. ebd., S. 11–12.
21 Zu Rekonstruktion und Entwurf einer pragmatischen Hermeneutik siehe Matthias Buschmeier: Was ist pragmatische Hermeneutik. Anmerkungen zum Lektüreverfahren Richard Rortys. In: M. B./Espen Hammer (Hg.): Pragmatismus und Hermeneutik. Beiträge zu Richard Rortys Kulturpolitik. Hamburg 2011, S. 21–42, und Oliver Jahraus: Sinn und Spiegel. Zum Verhältnis von pragmatischer und fundamentaler Hermeneutik bei Rorty und Luhmann. In: Buschmeier/Hammer (Hg.): Pragmatismus, S. 89–107.

sinnlichen Bedürfnisse und Wünsche einzuschränken, oder, wie Rorty sagen würde, einfach weil diese Überzeugung weniger grausam zu Menschen ist als andere. Das heißt wohlgemerkt nicht, dass nicht auch die westliche Moderne realhistorisch und -politisch genau zu solchen Grausamkeiten in der Lage wäre, genau deshalb aber braucht es immer wieder ‚Erzählungen' wie jene Greenblatts, die versuchen, uns von dieser humanistischen Version des Lebens zu überzeugen. Damit wäre durchaus ein Merkmal von Literaturgeschichte bezeichnet, für das es sich lohnte, sie wieder in größere narrative Geschichtsentwürfe einzubinden. Der Vorwurf der Teleologie wäre dann umgebogen in den Versuch einer liberalen Kulturpoetik, die sich darin abzuzeichnen hätte.

2.

Wie aber lässt sich Greenblatts Position aus *The Swerve* in die aktuellen Debatten um die Literaturgeschichte einordnen, lassen sich doch in den letzten zehn Jahren Ansätze erkennen, die Literaturgeschichte wiederzubeleben,[22] was angesichts einer langen Tradition ihrer Kritik ein nicht einfaches Unterfangen bleibt. Die Gattung, daran erinnert René Wellek, ist nicht erst seit dem Poststrukturalismus und seiner Dekonstruktion eines metaphysischen Geschichtskonzeptes in der Kritik. Bereits in den 1920er und 1930er Jahren sei in vielen Ländern ein Unbehagen an einer bloß an Fakten orientierten positivistischen Literaturwissenschaft ebenso wie an szientistischen Ansätzen mit starken Kausalketten zwischen Autorbiographien und -kontexten mit ihren Texten geäußert worden.[23]

Wellek unterscheidet drei Hauptströmungen, die alle auf ihre Weise ‚Literatur-Geschichte' in Frage stellen. Ein beständig wiederkehrendes Argument gegen die Literaturgeschichte sei erstens, ihr zu unterstellen, sie habe einen falschen Literaturbegriff. Bei Literatur handle es sich nicht um eine Ansammlung von Texten in chronologischer Reihe, die Aussagen zur geschichtlichen

---

[22] In vielen Beiträgen des Bandes werden diese Versuche erwähnt und diskutiert, sodass ich sie hier nicht alle nenne. Verwiesen sei z. B. auf die Beiträge von Jörg Schönert und Daniel Fulda, die die Situation im Fach Germanistik näher beleuchten. Monika Schmitz-Emans richtet ihren Blick auf die Versuche, Literatur- und Mediengeschichte zusammenzubringen. Fabian Lampart diskutiert mit Blick auf die Italianistik räumliche Modelle der literarischen Historiographie, Isabella von Treskow die Anregungen des *cultural turns* auf die romanistische Literaturgeschichtsschreibung. Dirk Werle entwickelt ein eigenes historisches Modell semantischer Einheiten.
[23] René Wellek: The Fall of Literary History. In: Reinhart Koselleck/Wolf-Dieter Stempel (Hg.): Geschichte – Ereignis und Erzählung. München 1973, S. 427–440, hier S. 429 f.

Welt erlaubten, sondern um dem geschichtlichen Strom enthobene individuelle Objekte, die in der Rezeption eine unmittelbare Gegenwärtigkeit erzeugten. Von Croce über Staiger und Steiner bis Gumbrecht wäre diese Linie der Präsenzästhetik zu ziehen. Gumbrecht sieht darin die Möglichkeit eines neuen, gänzlich anderen Zugangs zu den geschichtlichen Materialien, der unserer gegenwärtigen Situation Rechnung trage, in der wir nicht mehr von einer einheitlichen Beobachtungs- und damit Subjektposition ausgehen könnten:

> What a growing number of readers and scholars seem to be interested in today, more than in conceptions of collective identity, is, to say it one last time, the punctual feeling of being inscribed into the (not only) material world. As this is a punctual feeling, a feeling that has to be found and established in each specific case, I strongly associate it with a new type of literary history that is fragmented into hundreds of short ‚entries'. For this extremely dense historical contextualization brings back to life and presence what we call ‚literary events', while these short ‚entries' use literary texts to conjure up worlds of the past – but they do not converge in any larger concepts that try to capture the identity of a nation.[24]

Gumbrecht unterstellt damit aber der Literaturgeschichte, dass sie nicht nur das Kollektivsubjekt anspreche, sondern es auch zu ihrer Voraussetzung habe. Nur unter dieser Prämisse erscheint die magische Heraufbeschwörung der Vergangenheit als Akt der Präsenzerzeugung als radikale Alternative zum narrativen Modell der Literaturgeschichte. Was aber, wenn Gumbrechts Prämisse nicht zuträfe? Was, wenn auch die Literaturgeschichtsschreibung, wie die Literatur selbst im 19. Jahrhundert, Narrative erschafft, die keiner metaphysischen Hintergrundannahme eines versichernden ‚Wir-in-der-Geschichte' bedürfen, in der sich der Kollektivsingular des Begriffs nicht in den Subjekten reproduziert, sondern sie sich radikal zu ihrer Perspektivität, Kontingenz und Fragmentarität bekennt?

Die diametral entgegengesetzte, für die Literaturgeschichte gleichwohl nicht minder bedrohliche Argumentation versucht zweitens, so Wellek, diese gänzlich in den Diskurs der Geschichtswissenschaft bzw. der Soziologie einzugliedern, etwa bei Hippolyte Taine, Marx oder Lukács bis hin zur Sozialgeschichte;[25] hinzuzufügen wäre die Diskursanalyse Foucaults und der *New*

---

[24] Hans Ulrich Gumbrecht: Shall We Continue to Write Histories of Literature? In: New Literary History 39 (2008), S. 519–532, hier S. 530 f. Gumbrecht hat hier natürlich im Hinterkopf: David E. Wellbery u. a. (Hg.): A New History of German Literature. Cambridge, Mass. u. a. 2004. Undiskutiert bleibt sowohl hier wie dort, ob man mit der Ereigniskategorie nicht auch jene doch wieder metaphysischen Grundannahmen unbewusst reproduziert, die auch bei Diltheys Entwurf der Kategorie mitgegeben sind.

[25] Vgl. Wellek: The Fall of Literary History (Anm. 23), S. 431.

Historicism oder genauer: die Einebnung der Literaturgeschichte in die verschiedensten Strömungen der sogenannten Kulturwissenschaften. Weniger der Verlust des Historischen als der des Literarischen wird hier bemängelt.[26]

Drittens seien der russische Formalismus und seine strukturalistischen Nachfolger angetreten, die Entwicklung der Literatur als mehr oder minder automatisch sich vollziehende interne Ablösung von literarischen Formen zu verstehen, deren wichtigstes Kriterium in ihrer Neuheit bestehe und daher auf eine Avantgardeästhetik hinauslaufe, in der alles Alltägliche und Gewöhnliche der Geschichte, also ihr Großteil, ausgeblendet werde.[27]

Als vierte Gegenposition ist Derridas Dekonstruktion hervorzuheben und zu ergänzen, die in ihrem *Différance*-Denken mit den Strukturalisten einen Literaturbegriff teilt, der das Literarische immer als Abweichung beschreibt und diese Idee auf Sprache als das *per se* Abweichende bzw. Entweichende überhaupt ausdehnt. In ihrer Resistenz gegen jegliche Sinnproduktion zielt sie darauf, jedes geschichtliche Narrativ *ad absurdum* zu führen.

Ist die Literaturgeschichte derart umstellt von Stoppschildern und Durchfahrtsverboten, liegt es nahe, sie gänzlich zur Disposition zu stellen oder sie zu einem, wenngleich nicht ganz unnützen, doch bloßen Nebenprodukt der Interpretationsbemühungen zu degradieren.[28]

Nach den theoretischen Unmöglichkeitserklärungen der Literaturgeschichte, auf die die allgemeine Skepsis gegen die Geschichtsschreibung[29] als *master narrative* übertragen wurde, nimmt die theoretische Diskussion mit dem Abebben der Dekonstruktion als favorisiertem Zugang zur Literatur heute auch in Nordamerika eine neue Dynamik auf. Nun scheint es darum zu gehen, allen bisher von einer hegemonialen nationalen Literaturgeschichtsschreibung

---

26 Erinnert sei an die Diskussionen um die Kulturwissenschaft in den 1990er Jahren. Vgl. z. B. die im *Jahrbuch der Deutschen Schillergesellschaft* von Wilfried Barner initiierte Diskussion. Wilfried Barner: Kommt der Literaturwissenschaft ihr Gegenstand abhanden? Vorüberlegungen zu einer Diskussion. In: Jahrbuch der deutschen Schillergesellschaft 41 (1997), S. 1–8. Barners Frage nach einem Gegenstandsverlust der Literaturwissenschaft wäre gleichermaßen auf die Literaturgeschichte zu beziehen.
27 Wellek: The Fall of Literary History (Anm. 23), S. 436.
28 So F. W. Bateson: „Literary history is merely a by-product, a disreputable though not entirely useless by-product. It can be compared to the though not entirely useless by-product. It can be compared to the Philosopher's stone. Though the medieval alchemists never discovered how to transmute lead into gold, the science of chemistry is directly descended from their failures." Frederick Wilse Bateson: Literary History: Non-Subject Par Excellence. In: New Literary History 2 (1970), S. 115–122, hier S. 115.
29 Koselleck stellte selbst die Gretchen-Frage der Geschichtswissenschaft: Vgl. Reinhart Koselleck: Wozu noch Historie? In: Hans Michael Baumgartner/Jörn Rüsen (Hg.): Seminar: Geschichte und Theorie. Umrisse einer Historik. Frankfurt/M. 1976, S. 17–35.

ausgeschlossenen Gruppen und Minderheiten ihren Platz in der Literaturgeschichte zuzuweisen. In ihrem Aufsatz *Rethinking the National Model* hat Linda Hutcheon überzeugend gezeigt, dass aber insbesondere postkoloniale, gender-, schwulen-, lesben- oder queer-orientierte Ansätze in ihrem Begehren, eine Gegengeschichte[30] zu etablieren, auf die gleiche Identitätspolitik zurückgreifen wie das alte Nationalmodell der Literaturgeschichte mit seinem Ursprung im 19. Jahrhundert. Denn, so Hutcheon, Literaturgeschichte habe ihre Leistung in der Etablierung und Autorisierung einer gemeinschaftsstiftenden Tradition, insbesondere für die fragilen Nationalstaaten im frühen 19. Jahrhundert gehabt. Genau deswegen sei es für diese Literaturgeschichte essenziell gewesen, erstens den Gegenstand als eine geschlossene Einheit zu betrachten, die sich klar und deutlich von anderen abgrenzen ließ, und zweitens den geschichtlichen Prozess des Werdens dieser organischen Einheit als notwendig zu beschreiben. In dieser geschichtsphilosophischen Teleologie sei dann auch die Legitimität und Autorität der eigenen Nation begründet gewesen. Obwohl nun gerade jene genannten neueren Ansätze von Gegen-Geschichten den exkludierenden Charakter des alten Modells herausgestellt und beklagt hätten, folgten sie bedauerlicherweise der gleichen Strategie:

> In fact, literary histories not only create continuities, but, in the process, confer legitimacy. That was the intent of the nationalist founders of the form in the past, and it is one of the aims of its interventionist practitioners today.[31]
>
> Many interventionist narratives are teleological in structure simply because their politics are goal driven. This goal orientation may explain why these literary histories seem less nostalgic than utopian: they discuss the past, but they aim toward both future progress (from exclusion to inclusion) and a transformative impact on the general cultural narrative into which they move.[32]

---

30 Vgl. etwa die Beschreibung David Palumbo-Lius, der den Wandel der literaturgeschichtlichen Ansätze in den USA in der zunehmend heterogenen Zusammensetzung der Studierenden und ihrer ‚Bedürfnisse' begründet sieht: „Specifically, I am interested in the connection each saw between literary studies, the classroom, individual lives and public life, and how the transformation of literary critical sensibility that attended the founding of both these journals had everything to do with a new sense of the diversity of life, social and cultural, and hence the need to equip students of literature with a plurality of ways to apprehend literary objects. This would result precisely in anew literary history – on the one hand, the very objects of literary analysis were to be critically reconstituted, but on the other, entirely new works were to be brought into the canon under a different logic of value and significance." David Palumbo-Liu: The Occupation of Form: (Re)theorizing Literary History. In: American Literary History 20.4 (2008), S. 814–835, hier S. 815 f.
31 Linda Hutcheon: Rethinking the National Model. In: L. H./Mario J. Valdés (Hg.): Rethinking literary history: A dialogue on theory. Oxford/New York 2002, S. 3–49, hier S. 7 f.
32 Ebd., S. 13.

In ihrer Inanspruchnahme eines letztlich wieder hegemonial gedachten Modells übernähmen die Interventionisten von jenem auch den ideologischen Charakter, kritisiert Hutcheon.[33] Eben diese ideologische, teleologisch auf ein bestimmtes Identitätsprogramm ausgerichtete Form historischen Denkens sei aber doppelt delegitimiert: erstens durch die poststrukturalistische Entlarvung dieses Modells als gewaltsam, zweitens durch die historische Entwicklung selbst, die, getrieben von einem nicht mehr in Kategorien des Nationalstaats operierenden Kapitalismus, gesteuert durch die medientechnische Revolution, eine globalisierte Welt produziert habe, in der weder politische, topographische, ethnische noch sprachliche Grenzen eindeutig zu ziehen seien.

> In our twenty-first-century globalized, multinational, and diasporic world, how can we explain the continuing appeal, not only, of the single-nation/single-ethnicity focus of literary histories, but also, of its familiar teleological model, deployed even by those writing the new literary histories based on race, gender, sexual choice, or any number of other identitarian categories? [...] Necessary as these constructions may be, they must be rethought in the context of the globalized multinational world of today: exclusive and single narratives of continuous identity should have little descriptive or ideological power, given the deterritorialized demographic realities of our times.[34]

Hutcheon und mit ihr viele andere fordern hingegen eine Literaturgeschichte, die sich auf diese globalisierte Situation einstellt und entsprechend operiert.

> Any alternative literary historical model would also have to account for the demographic and economic displacements and relocations of diaspora, important challenges to the easy nostalgia for the comforting totalization and teleology offered by the single national evolutionary narrative model. The globalization of culture today has challenged the limitations of insular cultural nationalisms, bringing about ‚the detachment of cultural material from particular territories and the circulation of it in often blatantly repackaged, heterogeneous, boundary-violating forms throughout the world.'[35]

Es wird hier also dem ‚National Model' vorgeworfen, dass es in einer bestimmten historischen Situation – der Etablierung europäischer Nationalstaaten im 19. Jahrhundert – diese mit einer kulturellen Genealogie und damit Autorität versehen habe. Obwohl auch Greenblatt ein nationalphilologisches Modell

---

33 Das Argument aber auch schon bei David Perkins: Is literary history possible? Baltimore 1992, S. 10: „The movements for liberation of women, blacks, and gays produce literary histories for the same motives, essentially, that inspired the national and regional literary histories of the nineteenth century. These groups turn to the past in search of identity, tradition, and self-understanding."
34 Hutcheon: Rethinking the National Model (Anm. 31), S. 3.
35 Ebd., S. 26.

verabschiedet,[36] konfrontieren Hutcheons Argumente gegen die identitätsfokussierte Literaturgeschichte auch Greenblatts Ansatz in *The Swerve*. Insbesondere dass er die Weltgeschichte der Moderne offenbar als eine europäisch-amerikanische Modernisierungsgeschichte mit dem Zweck der Re-Legitimierung des US-Verfassungspatriotismus erzählt, dürfte für die Apologeten einer globalisierten Literaturgeschichte, wie Hutcheon sie auch institutionell verankert sehen will, eine Zumutung darstellen. Dabei offenbart die Forderung nach der mimetischen Adäquatheit der literaturgeschichtlichen Darstellung mit der vorliegenden und in der Literatur repräsentierten, *per se* multikontextuellen Welt einen dem Geschichtsmodell zugrunde liegenden korrespondenztheoretischen Wahrheitsbegriff, der seit dem *linguistic turn* – und darin besteht seine bleibende Leistung – für narrative Konstrukte längst unangebracht ist. In der Forderung einer Literaturgeschichte der Globalisierung scheint in gleicher Weise der Anspruch nach einer Passung mit und der Autorisierung der eigenen historischen Situation zu stehen. Indem Hutcheon und andere ihr Modell mit einem korrespondenztheoretischen und damit letztbegründeten Wahrheitsbegriff zu legitimieren versuchen, verfallen sie gleichermaßen dem Ideologieverdacht wie jene Interventionisten, denen sie Selbiges vorwirft. Literaturgeschichte in der globalisierten Welt ist dann das Medium der Befreundung mit der permanenten Überforderung von Kulturen und Traditionen in der globalen, multikontextuellen Welt – gerade weil diese Welt als brutal, grausam und traumatisierend erfahren wurde und wird. Die Literaturgeschichte bleibt Medium der Sinngebung eines für das Individuum nicht mehr zu durchschauenden und zu apprehendierenden historischen Prozesses.[37]

Hutcheon spricht dabei auch die institutionellen Konsequenzen an, die ihre Forderung nach einer multikontextuellen Komparatistik impliziert, und dies stellt insbesondere die Germanistik grundlegend in Frage. Denn Hutcheon wird nicht müde, den Ursprung des ‚National Model' nicht pauschal im Europa des 19. Jahrhunderts zu verorten, sondern lokalisiert ihn – nicht ganz zu Unrecht – in den „German Romantics": Schlegel, Herder, Schiller und Fichte werden für die Entstehung des literarischen Nationalismus als kulturelle Denkfigur

---

36 Greenblatt: What is the History of Literature? (Anm. 9), S. 462.
37 „In postcolonial terms, this familiar form of narrativization also offers a positive structure for traumatic witnessing and mourning, as well as for testimonial resolution and recovery. By its very form, it can potentially act as an antidote to cultural amnesia and offer a (competitive) form of resistance to the trauma of imperial cultural imposition. Yet, it goes without saying that the very act of transporting a European model like this into a postcolonial setting involves a displacement that provokes an indigenizing transformation." Hutcheon: Rethinking the National Model (Anm. 31), S. 32.

in die Verantwortung genommen.[38] Darüber hinaus aber wird mit der Romantik auch die Entstehung einer Form der institutionellen Philologie, also der Germanistik, verbunden, deren Aufgabe und Zweck eben in der Autorisierung einer nationalen Literaturgeschichte und damit des ‚National Model' bestanden habe.[39] Lassen wir für den Moment das historisch verzerrte Bild der Romantik und das Ignorieren aller komparatistischen Leistungen der Romantik beiseite, die sich hier niederschlagen, so wird klar, dass die Nationalphilologien für Hutcheon als überholt gelten müssen, da sie einer Idee von Universität entspringen, deren Funktion die gleiche wie die der Literaturgeschichte war.

> If the modern (post-Humboldtian) university was founded on the assumption that it would be the primary institution of defining and maintaining national culture in the modern nation-state, then its structure of individual national language and literature departments needs some rethinking to make room for (and thus to be able to take into account) the global, transnational, multicultural realities of today.[40]

Die Germanistik wäre also gleichsam die Wurzel des Übels, das es zu beseitigen gilt („to make room for"). Vielleicht ohne es zu bemerken, verfällt Hutcheon und das von ihr favorisierte Modell eines Umbaus nicht nur der Literaturgeschichte, sondern auch ihrer Institutionen in eine hegemoniale Geste, die mit einem korrespondenztheoretischen Wahrheitsanspruch versehen und damit ideologisch fermentiert wird. Zugleich übersieht Hutcheon, worauf jüngst Vladimir Biti hingewiesen hat, dass die nationale Literaturgeschichte schon in ihrem Beginn im 19. Jahrhundert nicht als Oppositionsmodell zu einem kosmopolitischen Entwurf zu denken ist, sondern jenes erst aus der Wechselwirkung mit diesem hervorgeht. Hutcheons Position kann so beispielhaft sein für eine „further normative opposition between cosmopolitanism and nationalism that ignores their interrelatedness and intertwinement".[41]

Auch Mario Valdés, einer der Mitherausgeber der *Literary Histories of Latin America*, plädiert im selben Band für eine komparatistische und kollaborative

---

38 Ironischerweise nimmt sie einen so verdienstvollen germanistischen Literaturhistoriker wie Ernst Behler und seinen Aufsatz ‚Problems of Origin in Modern Literary History. In: David Perkins (Hg.): Theoretical issues in literary history. Cambridge, Mass. 1991, S. 9–34', dafür in die Pflicht. Siehe in historischer Perspektive ähnlich: Perkins: Is literary history possible? (Anm. 33), S. 1–6.
39 Dazu sei nur an René Welleks Aufzählung europäischer Vertreter nationaler Literaturgeschichten in England, Frankreich, Dänemark, Italien, Spanien und Russland im 19. Jahrhundert erinnert. Vgl. Wellek: The Fall of Literary History (Anm. 23), S. 427.
40 Hutcheon: Rethinking the National Model (Anm. 31), S. 28.
41 Vladimir Biti: The Fissured Identity of Literature: The Birth of National Literary History out of International Cultural Transfers. In: Journal of Literary Theory 7 (2013), S. 1–30, hier S. 8.

Form der Literaturgeschichte, obwohl auch er weiß, dass diese theoretisch einen schweren Stand hat.

> What is shared across the spectrum of opinion is the judgment that literary history is a kind of necessary failure. The historians consider it literary criticism and the literary critics consider it elementary. It is useful to introduce students into the field but it is inadequate for serious work. Amongst postmodern critics there has been a rejection of ‚total history' with its emphases on continuity and coherence and with its inherent limitation to a singular vantage point.[42]

Anders als Hutcheon aber versucht Valdés mit einer modernen Hermeneutik die Literaturgeschichte in Anlehnung an einen Begriff von Ricœur als „effective history"[43] zu verteidigen. Wenngleich seine Idee einer produktions- und rezeptionsästhetischen Literaturgeschichte nicht ganz neu ist und auf die gleichen Selektions- und Darstellungsprobleme wie schon die Sozialgeschichte und Jauß' Rezeptionsästhetik keine Antwort weiß, benennt er den Punkt, von dem aus Literaturgeschichte als narrative Geschichte möglich und nötig ist. Keine Geschichte, so erinnert Valdés, kann Anspruch auf Totalität und Objektivität erheben, der Begriff selbst sei untrennbar verbunden mit Perspektivität – Chladenius nannte dies im 18. Jahrhundert den „Sehe-Punct" – und Narrativität.[44]

> What really happened is to be constituted by the gradual enlargement of points of view and the elaboration of subsequent ways of examining the facts as they are recorded. The significance of the past is important to us today because of the meaning we ascribe to those events. This significance is understandable only to the extent that it is placed within the narrative description we share with our contemporaries. There can be no doubt that it is we who make the past.[45]

---

42 Mario J. Valdés: Rethinking the History of Literary History. In: Linda Hutcheon/Mario J. Valdés (Hg.): Rethinking literary history: A dialogue on theory. Oxford/New York 2002, S. 63–115, hier S. 63 f. In einer Bielefelder Podiumsdiskussion, die 2010 als Auftakt der hier dokumentierten Vorlesungsreihe stattfand, war es im Übrigen kein Geringerer als Ernst Osterkamp, der offen sagte, man müsse ja ‚verrückt' sein, eine Literaturgeschichte zu schreiben, weil man nie der Komplexität des Materials hermeneutisch gerecht werden könne, ohne dessen Fülle ignorieren zu müssen. Als Historiker der Literatur und seinem Anspruch einer möglichst breiten Darstellung von geschichtlichen Materialien könne man dann aber nicht gerecht werden. Die Podiumsdiskussion mit Achim Geisenhanslüke, Joseph Vogl, Ernst Osterkamp und Matthias Buschmeier ist dokumentiert in: Internationales Archiv für Sozialgeschichte der deutschen Literatur 36.2 (2011), S. 415–444.
43 Valdés: Rethinking the History of Literary History (Anm. 42), S. 67.
44 Hier besteht für ihn kein Grund, hinter Hayden Whites Arbeiten zurückzugehen.
45 Ebd., S. 80–81.

Dies gilt uneingeschränkt und angesichts der schieren Unmenge an möglicher Kontextualisierung auch für die globalisierte Literaturgeschichte, die nicht näher an der ‚Realität‘, der sie entstammt und in die sie sich einschreibt, oder weiter von ihr entfernt ist als jede Nationalgeschichte. Anstatt einen Ansatz als ‚näher an der Wirklichkeit‘ zu priorisieren, sei die Einsicht geboten, dass kein narrativer Zusammenhang gänzlich ohne Kausalitätsannahmen und ohne Zweckgebundenheit, die im Standpunkt des Erzählers begründet liegt, auskommt. Vielleicht mag Valdés nicht mehr so radikal denken, wie Jan Huizinga 1956 es tat, als er konstatierte: „historical thinking is always teleological."[46] Jede Geschichte impliziere aber, so auch Valdés, notwendigerweise eine Form von Geschlossenheit. Es besteht kein Grund, diese Form als autoritär zu skandalisieren, sie ist unvermeidbar. Vielmehr gilt es bewusst und präsent zu halten, dass jede Form von geschichtlicher Erzählung einer Interpretationshypothese folgt.[47]

> There is, however, no getting around the basic fact that narrativization imposes a sense of order, and this in turn implies purpose that, without question, imposes closure on the historical events under scrutiny. The question of narrative authority is not only linked to the multiple truth-claims the historical narrative proposes to the reader, but primarily on the historian's explication of causality. [...] Each historical narrative has in fact given form and coherence to an assemblage of data. The demand for closure in the historical narrative is a demand for an interpretive statement of purpose behind the event.[48]

Daher ist es auch nicht verwunderlich, dass die Historiographie immer ein Kampf um Deutungen bleiben muss. Je mehr Kampf, je mehr unterschiedliche Versionen und Leitperspektiven in den Geschichtsarenen zirkulieren, desto facettenreicher und reichhaltiger wird unser Bild der Vergangenheit. Man könnte dies nun einmal mehr als poststrukturalistischen Perspektivismus abtun, der die Geschichte ja erst recht auflöse. Eine solche vorschnelle Aburteilung aber

---

46 Jan Huizinga: The Ideas of History. In: Fritz Stern (Hg.): The varieties of history. From Voltaire to the Present. New York 1956, S. 290–303, hier S. 293 f. Und kurz darauf ebd.: „History must be granted to be the teleologically-orientated discipline par excellence."
47 Jan Borkowski und Philipp David Heine listen anhand ihrer Auswertung literaturgeschichtlicher Arbeiten folgende Typen von Zielen der Literaturgeschichte auf: Historisierung als Rekonstruktion, Information, Reflexion, Kodifikation, Popularisierung, Applikation und Kritik, Erinnerung und Traditionsbildung. Die Liste macht deutlich, dass jenseits vorgeblicher interessenloser Objektivitätsbehauptungen mal stärkere mal schwächere ‚Projekte‘ mit der Literaturgeschichte verbunden werden. Trotz dieser Einsicht verweigern die Autoren mit ihrer positivistischen Grundhaltung die eigentlich relevante Frage nach der Ziel*richtung* der Literaturgeschichte. Vgl. Jan Borkowski/Philipp David Heine: Ziele der Literaturgeschichtsschreibung. In: Journal of Literary Theory 7 (2013), S. 31–63.
48 Valdés: Rethinking the History of Literary History (Anm. 42), S. 84–85.

vergisst, dass wir doch sowohl in wissenschaftlichen Institutionen als auch in der informierenden Öffentlichkeit über geteilte Standards verfügen, die wir an historische Aussagen anlegen.[49] Natürlich kann ein iranischer Präsident den Holocaust in seiner Geschichtserzählung zu leugnen versuchen, aber niemand mit gesundem Menschenverstand wird dieser Erzählung angesichts der historischen Artefakte Glauben schenken. Natürlich kann man die Geschichte der europäischen Expansion seit dem 16. Jahrhundert als Siegeszug der Zivilisation gegen die Wilden erzählen, aber wen mag dies im 21. Jahrhundert noch zu überzeugen?

Wer Geschichte schreibt und Erklärungen liefert, ist auf das Kausalitätsprinzip angewiesen, muss aus einer Perspektive erzählen.[50] Wenn Gumbrecht konstatiert, dass die zentrale und bis heute andauernde Krise des Historismus und seiner Geschichtsschreibung in „the end of the belief that a narrative principle in the identification of phenomena would be able to absorb and thereby neutralize all problems of perspectivism",[51] bestehe, dann bedeutet dies nicht, wie er annimmt, die Delegitimierung des narrativen Modells, sondern lediglich die Aufgabe des Objektivitätsanspruchs, womit der Perspektivismus nicht mehr als Problem, sondern selbst als Lösung oder zumindest Aufgabe erscheint. Daraus ließen sich zwei Forderungen ableiten. Erstens: Hört auf geschichtlich zu erzählen! Eine Zeit lang wurde diese Option, vielleicht im Schuldreflex, insbesondere dort theoretisch vertreten, wo Geschichte seit dem 19. Jahrhundert als Siegergeschichte geschrieben worden war. Dies bedeutete die Aufgabe der Vergangenheit und eine strikte Orientierung an der Gegenwärtigkeit der Existenz, denn jeder Entwurf der Geschichte teilt mit der Zukunft das Faktum seiner narrativen Konstruktion und zieht sich damit den zutreffenden Verdacht ideologischer Machtansprüche zu, sodass besser auf ihn zu verzichten wäre, als beständig neue Diskurs-Opfer zu produzieren. Diese Option scheint – aus welcher anthropologischen Obskurität auch immer – für kaum

---

[49] So schon Wellek: „The very material of literary history, I argued, must be chosen in relation to values, and structures involve values. History cannot be divorced from criticism. Criticism means constant reference to a scheme of values which is necessarily that of the historian. [...] This is not advocacy of anarchical subjectivism. We still must require submission to the texts, respect for their integrity, ,objectivity' in the sense of a desire to overcome personal prejudices and to criticize one's own standpoint. Nor can the recognition of the inevitability of a personal or temporal point of view – what Lovejoy has called the ,presenticentric predicament' – mean simply surrender to skepticism, sheer relativism as we would then have to doubt the possibility of all knowledge." Wellek: The Fall of Literary History (Anm. 23), S. 437.
[50] Vgl. auch Hans Michael Baumgartner: Kontinuität und Geschichte. Zur Kritik und Metakritik der historischen Vernunft. Frankfurt/M. 1972.
[51] Gumbrecht: Shall We Continue to Write Histories of Literature? (Anm. 24), S. 527.

einen Kulturkreis weder in der Vergangenheit und insbesondere in der heutigen Situation großflächiger Interseminationen von Ideen, Objekten und Menschen eine vorteilhafte Strategie zu sein. Insbesondere die *postcolonial studies* haben uns ja ins Bewusstsein gerufen, dass es Geschichten gibt, die nicht in jener Großerzählung des Westens aufgehen, sondern dass diese Geschichte selbst strukturell von dem durchwirkt ist, was sie einst Peripherie nannte. Wir können offenbar nicht ohne die Geschichte. Die zweite Option aber ist heute Realität. Intensiver denn je, bedeutsamer denn je erleben wir die Rückkehr geschichtlicher Erzählungen, die dem Problem narrativer Geschichtsschreibung nicht allein durch Enzyklopädisierung zu begegnen wissen.[52] Eric Hobsbawm kann *A history of the world*, Heinrich August Winkler eine *Geschichte des Westens von der Antike bis zum 20. Jahrhundert*, Osterhammel eine *Geschichte des 19. Jahrhunderts*, Heinz Schlaffer *Die kurze Geschichte der deutschen Literatur*, Greenblatt eine Geschichte *How the world became modern* schreiben, weil eine reflektierte Geschichtsschreibung heute immer unter dem Vorzeichen ihrer Perspektive, ihrer kulturpolitischen Funktion operiert.[53] Mit Martina Wagner-Egelhaaf in diesem Band und einem Begriff Luhmanns könnte man die Literaturgeschichte auch als ‚operative Fiktion' bezeichnen, als die sie immer agiert. Diese vermeintliche Einschränkung, die Aufgabe metaphysisch verbürgter Wahrheitsansprüche gibt die Freiheit und Souveränität zur geschichtlichen Konstruktion zurück. Zugleich bedeutet dieses Bewusstsein, dass sich Geschichtsentwürfe als starke Thesen ihrer Haut erwehren müssen, sie Angriffen ausgesetzt sind.[54] Jürgen Paul Schwindts Plädoyer für eine ‚Literaturgeschichte der Intensität' beschreibt die Verfahren des Literarischen selbst als Infragestellung der monopolisierten Geschichte, die den Weg frei machen für

---

[52] Darauf laufen im Grunde auch die neueren postmodernen Literaturgeschichten hinaus, die versuchen der ‚Teleologiefalle' durch enzyklopädische Form zu entgehen. „Encyclopedic form can be an attempt to embody our sense of the overwhelming multiplicity and heterogeneity of the past (any trace of the past), of the points of view that can be brought to bear, of the hypotheses that can structure the same events, and of the morals that can be drawn from them." Perkins: Is literary history possible? (Anm. 33), S. 55. Perkins denkt hier z.B. an die *Columbia Literary History of the United States* von 1987, an die mittlerweile auch für die deutsche Literatur in Anspruch genommene *New History of French Literature* aus dem Jahr 1989 und an Wellberys *A New History of German Literature* (2004), wobei hier eigentlich die Chronik, nicht die Enzyklopädie Pate für das gleiche Ziel steht.

[53] Als solche wäre auch der 12. Band von Hansers Sozialgeschichte der deutschen Literatur zu sehen, der eine klare Perspektive von der Gegenwartsliteratur seit 1968 entwirft. Klaus Briegleb/Sigrid Weigel (Hg.): Gegenwartsliteratur seit 1968. München u. a. 1992.

[54] Vermutlich ist dies der Grund, warum z.B. die genannten Werke allesamt von Autoren stammen, die solche Auseinandersetzung biographisch nicht mehr zu fürchten brauchen.

eine emphatische Literaturgeschichtsschreibung.[55] Das ist gut so, denn historische Entwürfe werden erst dann gefährlich, wenn ihr Lob sich übersteigert in die Attribution von Wahrheit und wenn sie als autorisierte Geschichte das kollektive Gedächtnis monopolisieren. Darin zeichnen sich für Luhmann komplexe Gesellschaftssysteme mit hohem Differenzierungsgrad aus, dass sie in der Lage sind, „in sich ausdifferenzierte Zeithorizonte zu bilden", die die Handlungs- und Erlebnisoptionen in den System/Umwelt-Beziehungen ausweiten. So bleibt es möglich, auch miteinander inkompatible Geschichten sozialer und psychischer Systeme zu synchronisieren, d. h. sie als Möglichkeiten zur notwendigen gesellschaftlichen Sinngebung verfügbar zu halten. Dadurch entsteht die paradoxe Figur, dass es für komplexe Gesellschaften – Luhmann schränkt den Begriff selbst ein – zur Erhaltung der Stabilität des Gesellschaftssystems geradezu notwendig ist, Systemgeschichten nicht gleichzuschalten, sondern ihre Heterogenitäten nebeneinander bestehen zu lassen, „um eine höhere, möglichkeitsreichere Weltkomplexität"[56] zu erreichen, die für solche Gesellschaften konstitutiv ist. Bei Richard Rorty steht der Begriff der Inkommensurabilität in seiner Hermeneutik für die Erzeugung jeweils starker Geschichtsentwürfe als neue Vokabulare, in denen sich über die Welt verständigt wird. Inkommensurabel sind Sätze, die unterschiedlichen Sprachspielen und Rechtfertigungsnetzen entstammen. Inkommensurabilität bedeutet, den Versuch der Kommensuration durch Rückführung auf erste Sätze gar nicht erst zu unternehmen, sondern Heterogenität auszuhalten und durch Zusammenziehung auszustellen. Daraus kann dann eine „Folge fruchtbarer Angleichungen"[57] entstehen. Ziel dieser Angleichungen ist die Relativierung von Autoritätsansprüchen und die Ironisierung der eigenen Position.[58] Peter Szondis Warnung, jede

---

[55] Wolfgang Braungarts groß angelegter Versuch zur literarischen Moderne zielt, wenngleich auf anderen Wegen, auf einen solchen emphatischen Begriff der Literatur als Individuum, das sich immer in Spannung zwischen eigener Geschichtlichkeit und kollektiver Geschichte befinde. Eine Spannung, die zugleich aporetischer Natur und dennoch in der Literaturgeschichte zu vermitteln sei.
[56] Niklas Luhmann: Weltzeit und Systemgeschichte. Über Beziehungen zwischen Zeithorizonten und sozialen Strukturen gesellschaftlicher Systeme. In: Baumgartner/Rüsen (Hg.): Seminar: Geschichte und Theorie (Anm. 29), S. 337–387, hier S. 344 f.
[57] Richard Rorty: Der Spiegel der Natur. Eine Kritik der Philosophie. Frankfurt/M. 2008, S. 383.
[58] Literaturwissenschaftler kritisieren an Rorty gerne und zu Recht seinen naiven Umgang mit fiktionaler Literatur im engeren Sinne. So z. B.: Stefan Matuschek: Parmenides und Gilberte. Über philosophische und literarische Namen und Rortys Poetisierung der Kultur. In: Rüdiger Zymner (Hg.): Allgemeine Literaturwissenschaft – Grundfragen einer besonderen Disziplin. Berlin 1999, S. 41–55. Nicht in seinem Wirken als Interpret, sondern in der Entwicklung einer pragmatischen Hermeneutik besteht meiner Meinung nach der Gewinn von Rortys Werk.

Geschichtsschreibung müsse sich der „Fiktionalität ihrer Typisierung bewusst bleiben", um damit „der Verführung narrativer Harmonisierung"[59] zu entgehen, hat vor diesem Hintergrund insbesondere für die starke Geschichtserzählung uneingeschränkte Geltung. Während die Historiker sich der Geschichtserzählung wieder mutig zugewandt haben, bleibt die Literaturwissenschaft überraschend defensiv. Friedmar Apel plädiert in seinem Beitrag denn auch dafür, sich eine narrative Literaturgeschichte wieder zuzutrauen. Im zweiten Teil dieses Bandes dokumentiert sich das Bestreben, neue Ansätze und Modelle für die Historiographie der Literatur zu denken und umzusetzen. Vielleicht kann davon auch ein Impuls, das Fach und die Öffentlichkeit wieder mit größeren literaturhistorischen Deutungen zu konfrontieren, ausgehen[60] – ohne damit auch nur andeuten zu wollen, die Beiträge folgten einer gemeinsamen Idee oder die Beiträgerinnen und Beiträger unterzeichneten die hier vorgetragenen Überlegungen. Wenn dieser Band dazu beitrüge, die literaturgeschichtliche Erzählung beherzt zu wagen, wäre sein Zweck gänzlich eingelöst.

---

[59] Peter Szondi: Für eine nicht mehr narrative Historie. In: Koselleck/Stempel (Hg.): Geschichte – Ereignis und Erzählung (Anm. 23), S. 540–542, hier S. 542 f. Mit dieser Warnung erklärt sich auch der Titel. Szondi lehnt jene narrative Historik ab, die ohne jedes Eingeständnis ihrer Standortgebundenheit die Narration als Mittel ihrer Autorisierung einsetzt. Szondi plädiert – die Sozialgeschichte ist die im Raum stehende Methode der Wahl – für eine rein deskriptive Geschichte, wenngleich er zugesteht: „wie entzieht sich meiner Kenntnis" (ebd.).
[60] Jan-Dirk Müller bleibt in seinem Beitrag für ‚seine Epoche' skeptisch und skizziert eine ‚Mikrogeschichte der Vormoderne'.

Jörg Schönert
Viererlei Leben der Literaturgeschichte?

Um meinen Vortrag aus der Bielefelder Veranstaltungsreihe zum ‚Problem Literaturgeschichte' für die Publikation zu diesem Unternehmen in dessen Gesamtzusammenhang einzubinden, muss ich zunächst kurz eingehen auf die eröffnende Podiumsdiskussion vom 9. November 2010.[1] Ein Leichtes ist es mir, der dabei artikulierten Ratlosigkeit zu einem Zitat aus meinen Ausführungen im Jahr 1992 abzuhelfen,[2] schwerer wiegen sollte mein Einspruch gegen die in den zurückliegenden Jahrzehnten inszenierten Grablegungen für die Literaturwissenschaft. In der krisengeplagten Disziplin zeigen sich neben den lauthals werbenden Therapieschulen auch immer wieder entschlossen zugreifende Bestattungsunternehmen. In den 1960/70er Jahren wurde die Textinterpretation begraben, inzwischen hat sie als besser zu objektivierende Textanalyse eine wenig bezweifelte Auferstehungskarriere durchlaufen und zugleich das dekonstruktivistische Geraune hinter sich gelassen. Die Trümmer des zerschlagenen Literaturkanons wurden wieder eingesammelt und sortiert zum differenzierten Umgang mit der literarischen Tradition;[3] in den Leselisten für das BA-Studium feiert der Kanon heute muntere Urständ. In den 1980/90er Jahren wurde der wichtige Akteur im Prozess literarischer Kommunikation, der Autor, totgesagt. Pünktlich zur Jahrtausendwende kehrte er springlebendig aus der diskursanalytischen Verbannung zurück. Und jetzt soll eines der zentralen (seit mehr als 150 Jahren bestellten) Arbeitsfelder der Literaturwissenschaft zum Brachland erklärt werden?[4] Der Strukturalismus der 1960er Jahre hatte sich mit Literaturgeschichte schwergetan, der Poststrukturalismus wollte dieses Aufgabengebiet als eine der prekären ‚großen Erzählungen' im kulturellen Geschehen

---

[1] Vgl. Achim Geisenhanslüke/Ernst Osterkamp/Joseph Vogl: Statements und Diskussion. In: Internationales Archiv für Sozialgeschichte der deutschen Literatur 36 (2011), H. 2, S. 415–444 (zum Rahmenthema „Schwerpunkt Literatur/Geschichte 2").
[2] Vgl. ebd., S. 425. – In (eigentlich unzulässiger) Übertreibung war gemeint, dass das kulturell relevante Interpretationsgewerbe der Literaturwissenschaft vorübergehend zurückgefahren werden müsste, um den dringlich notwendigen Theoriediskussionen zur Literaturgeschichtsschreibung mehr Raum zu geben. In dieser Hinsicht sehe ich mich fast 20 Jahre später dankbar erhört von den Bielefelder Kollegen mit der Initiative zu ihrer Veranstaltungsreihe und dieser nachfolgenden Publikation.
[3] Vgl. etwa Renate von Heydebrand (Hg.): Kanon – Macht – Kultur. Theoretische, historische und soziale Aspekte ästhetischer Kanonbildungen. Stuttgart/Weimar 1998.
[4] Als weitere zentrale und zu pflegende Arbeitsfelder gelten in der Entwicklung dieser geisteswissenschaftlichen Disziplin bekanntermaßen Edition und Kommentar, Textinterpretation, Poetik und Ästhetik, Gegenstandstheorie und Methodologie sowie die Fachgeschichte.

entsorgen.⁵ Als aktuelle Diagnose gilt zudem: Dieser literaturwissenschaftlichen Praxis mangele es an Wissenschaftlichkeit; die Literaturgeschichten des akademischen Buchmarktes wollen „klassifizieren, normieren und kanonisieren".⁶ So sei es an der Zeit, die Literaturgeschichtsschreibung nicht mehr als eine der Hauptaufgaben der Philologien anzusehen,⁷ weil die Theoriediskussionen zur möglichen ‚Verwissenschaftlichung' nach einer intensiven Phase in den 1970/80er Jahren erloschen sind,⁸ sodass tragfähige Grundlegungen und wirkungsvolle Gestaltungsimpulse nicht mehr zu erwarten seien.⁹ Zum Autodafé stimmt Achim Geisenhanslüke im Sinne eines emphatischen Literaturbegriffs den Lobgesang für den Sonderstatus der ‚schönen Literatur' an: Sie widersetze und entziehe sich dem Zugriff des geschichtlichen Geschehens und lasse sich deshalb in keiner Form der Geschichtsschreibung angemessen erfassen.¹⁰

---

5 So Matthias Buschmeier (als Moderator) in Geisenhanslüke u. a.: Statements und Diskussion (Anm. 1), S. 415.
6 So im Klappentext zu David E. Wellbery u. a. (Hg.): Eine Neue Geschichte der deutschen Literatur. [Engl. 2004]. Berlin 2007; mit ihrer Vorgehensweise wollen sich die Autoren dieses Bandes solchen kritischen Einwänden zum Ordnungsanspruch der traditionellen Literaturgeschichtsschreibung entziehen.
7 Vgl. u. a. Cornelia Blasberg: Literaturgeschichte am Ende – kein Grund zu trauern? In: Walter Erhart (Hg.): Grenzen der Germanistik. Rephilologisierung oder Erweiterung? Stuttgart/Weimar 2004, S. 467–481.
8 Vgl. zu dieser Diagnose Walter Erhart/Gangolf Hübinger: Editorial zu „Literatur/Geschichte (1)". In: Internationales Archiv für Sozialgeschichte der deutschen Literatur 36 (2011), H. 1, S. 115–117, hier S. 115 f.
9 Nicht jeder Wiederbelebungsversuch lässt Hoffnung keimen. Im *Jahrbuch für Internationale Germanistik* wurde 2010 von Hans-Gert Roloff und Peter Pabisch das 44. Rahmenthema eröffnet (Jg. 52, H. 1, S. 9 f.) – leider nur im Tonfall der wohlvertrauten Krisen-Klagen und im verwunderlichen Gebrauch von „gegenüber": „Krise oder Zukunft? Die Germanistik gegenüber Literatur – Literaturkritik – Literaturwissenschaft". Nach einigem Aufseufzen mit dem neuen Zauberwort ‚Kultur' kommt das hammerharte Urteil für die Germanistik, „die sich besorgniserregend der historischen Tradition von Sprache und Literatur entfremdet"; das historische Bewusstsein entfalte sich nur noch in disziplinären Randpositionen, und in der Mitte – so wird raunend beklagt – wollen „gewisse Medien und Computerprogramme Informationen und Interpretationen omnipotent vorwegnehmen" (S. 9). Endgültig in Verzweiflung stürzt das schlichte Bekenntnis: „Das Anliegen unserer Bemühungen sollte sein, den interesssierten [sic!] Leser wieder den Texten und der Historie zuzuführen" (S. 10). – Besseres zu erwarten ist von dem für 2013 geplanten Themenheft des *Journal of Literary Theory* (realisiert für Vol. 7, No. 1–2) zu „Theory and Models of Literary Historiography" oder dem Heft 4 des 59. Jahrgangs der *Mitteilungen des Deutschen Germanistenverbandes* (2012).
10 Geisenhanslüke (Anm. 1), S. 417. Weniger defätistisch argumentierte in der Bielefelder Podiumsdiskussion Joseph Vogl: Geschichtsschreibung zu Literatur müsse anders vorgehen als Geschichtsschreibung zum Geschehen (ebd., S. 423). Kritisch beurteilte Ernst Osterkamp die seinerzeitige Aufbruchsstimmung im Programm einer ‚Sozialgeschichte der Literatur' angesichts deren Praxis in den Verlagspublikationen, die mit ihren (in einzelne Aufsätzen

Unbeeindruckt von diesen Argumenten will ich einen pragmatischen Zugang zum Thema anlegen, um bisherige Vorgehensweisen zu kennzeichnen und den Bedarf für literaturgeschichtliche Publikationen unterschiedlicher Adressierungen zu erkunden.[11]

Mit dem Ziel literaturgeschichtlicher Konstruktionen werden literarische Texte und Textkorpora für synchrone und diachrone Zusammenhänge ausgewählt, interpretiert und aufeinander bezogen – vielfach mit Rekurs auf nichtliterarische Wissens- und Ausdrucksformen sowie auf literaturbezogene Handlungen. Den Terminus ‚Literaturgeschichte' verstehe ich primär als Kürzel für die historiographische Praxis der Literaturwissenschaft; sekundär für den Publikationstyp ‚Literaturgeschichte' als einer in sich geschlossenen Darstellung von Konstellationen und Prozessen in Zeitdimensionen, ausgerichtet auf die Kennzeichnung größerer Zeitabschnitte (der Epochen) und – diese übergreifend – auf Erscheinungsformen des ‚Literarischen Wandels'. Das Ausarbeiten und Veröffentlichen von unterschiedlich angelegten ‚Geschichten der deutschen Literatur' ist nicht die einzige Leistung der historiographischen Praxis der Literaturwissenschaft – so sind beispielsweise Gattungs- und Genregeschichten oder literarhistorische Monographien zu Leben und Werk eines Autors oder einer Autorengruppe hinzuzunehmen.

Entgegen allen Unkenrufen rechne ich der Literaturgeschichtsschreibung nach aktuellen Erfahrungen die nachfolgenden Lebensformen zu. (1) In den interdisziplinären Debatten zu Historiographie als Voraussetzung für Aufbau und Erhalt des ‚kulturellen Gedächtnisses'; hier werden zum einen theoriebezogene Einsichten und Verfahrensweisen gewonnen, mit denen sich auch für die Literaturgeschichtsschreibung qualitätssichernd arbeiten lässt, zum anderen werden diese Diskussionen durch Spezifika des Objektbereichs ‚schöne Literatur'

---

zersplitterten) Epochendarstellungen der prinzipiellen Skepsis gegenüber den problematischen Synthese-Versuchen der Literaturgeschichtsschreibung zuarbeiten (ebd., S. 419 f.). – Vgl. dazu Jörg Schönert: Sozialgeschichte als ‚umbrella term'? Zur konzeptionellen Ausrichtung der Bände 1–12 von „Hansers Sozialgeschichte der deutschen Literatur". [Vortrag 2009]; (2010): http://fheh.org/images/fheh/material/schoenertsozgesch.pdf.

11 Dieser Beitrag stützt sich u. a. auf Wiebke Freytag/Jörg Schönert: Literaturgeschichte. In: Hans-Jürgen Goertz (Hg.): Geschichte. Ein Grundkurs. Reinbek 1998, S. 423–444; Jörg Schönert: Literaturgeschichte. In: Harald Fricke u. a. (Hg.): Reallexikon der deutschen Literaturwissenschaft. Bd. 2. Berlin/New York 2000, S. 454–459; ders.: Literaturgeschichtsschreibung. In: Thomas Anz (Hg.): Handbuch Literaturwissenschaft. Bd. 2. Stuttgart/Weimar 2007, S. 267–284; ders.: Literaturgeschichtsschreibung der DDR und BRD im Vergleich. Am Beispiel von „Geschichte der Literatur der Deutschen demokratischen Republik" (Berlin/Ost 1976) und „Die Literatur der DDR" (München 1983). In: Jan Cölln/Franz-Josef Holznagel (Hg.): Positionen der Germanistik in der DDR. Berlin/Boston 2013, S. 248–268.

bereichert und differenziert. (2) Im Wissenschaftsgebrauch von Literaturgeschichten, die sich auf jeweils aktualisierende Auswertungen der Forschungsdiskussionen zu Autoren, literarischen Texten in bestimmten Kontexten und möglichen thematischen, zeitlichen und räumlichen Strukturierungen des Literaturgeschehens stützen. (3) Im Studium der Literaturwissenschaft für Literaturgeschichten,[12] die in Bezug auf Auswahlentscheidungen zu ihrem Gegenstand und dessen Darstellung die Komplexität der hier unter (2) genannten Publikationstypen reduzieren – wie in ‚Einführungen', ‚Studienbüchern' und ‚Handbüchern';[13] zudem zu berücksichtigen sind literaturgeschichtliche Lehrveranstaltungen wie die Überblicks- und Epochenvorlesungen sowie Seminare zu literaturgeschichtlichen Konstellationen. (4) In Publikationen für die literarisch interessierte (‚literarisch gebildete') Öffentlichkeit, die ebenfalls durch Komplexitätsreduktion geprägt sind, wobei neben dem Ziel zuverlässiger Informationen eine Sicht- und Darstellungsweise gewählt wird, die eigenwillige, das Leserinteresse erregende Akzente setzt wie etwa im Aktualisieren historischer Konstellationen, vergessener Autor/innen oder verdrängter literarischer Leistungen. Im Rahmen dieses Beitrags muss ich meine Ausführungen auf die unter 2 und 3 genannten Konstellationen konzentrieren. Im Rekurs auf unterschiedliche Beispiele literaturgeschichtlicher Praxis seit den 1960er Jahren soll deutlich werden, dass dieser literaturwissenschaftliche Arbeitsbereich von den Diskussionen und Konzepten zur ‚Theorie der Literaturgeschichtsschreibung' zwar beeinflusst ist, doch deren Komplexität im Hinblick auf den jeweils anvisierten Verwendungszusammenhang der Publikationen in unterschiedlicher Weise reduziert wird.[14] Solange kritische Reflexion dieses Vorgehen begleitet und in Zusammenarbeit mit den Wissenschaftsverlagen neue Optionen gesucht und ermöglicht werden, kann ich darin nicht das häufig beklagte Dilemma mangelnder Wissenschaftlichkeit erkennen.

Als wichtigen Impuls zur Reaktivierung der im Zeitraum von 1990 bis 2010 eingeschränkten Diskussionen zu den theoretischen Grundlagen der Literaturgeschichtsschreibung sehe ich die fachgeschichtliche Rekonstruktion und Revision an.[15] Zum Verfahren der Revisionen sei verwiesen auf die gleichnamige

---

[12] Für meinen Beitrag vernachlässige ich die Publikationen der Schulbuchverlage mit ihren Handbüchern und Handreichungen für den Literaturunterricht der gymnasialen Oberstufe; auch sie tragen zur kulturellen Funktion von Literaturgeschichte bei.
[13] Vgl. zu diesen Publikationstypen auch Jörg Schönert: Es muß nicht immer ein ‚turn' sein. Typen und Funktionen kodifizierender Publikationen in der Germanistik 1970–2010. [Vortrag 2010]; (2010): http://fheh.org/images/fheh/material/schoenertkodifikationen.pdf.
[14] In diesem Sinne äußerte sich in der Diskussion vom 9. 11. 2010 auch Kai Kauffmann (Anm. 1), S. 437 f.
[15] Ich teile nicht die Mutmaßung, dass der in den letzten 25 Jahren vollzogene Ausbau der Fachgeschichte der Germanistik angesichts ihrer größeren Nähe zu wissenschaftlichen

Reihe mit dem Untertitel *Grundbegriffe der Literaturtheorie*, die von Fotis Jannidis, Gerhard Lauer, Matías Martínez und Simone Winko im De Gruyter Verlag seit 2003 herausgegeben wird. Das Konzept lässt sich am Beispiel von Band 1 zur „Theorie der Bedeutung literarischer Texte" erläutern.[16] In den einzelnen Beiträgen wird das Spektrum der für diesen Problembereich relevanten wissenschaftlichen Diskussionen erschlossen; zudem wird in der auswertenden Einleitung geprüft, welche Konzeptionen für die Spezifik der Bedeutungskonstitution literarischer Texte herangezogen und gegebenenfalls verbessert werden können, um für professionelle (literaturwissenschaftliche) Bedeutungszuschreibungen einen hohen Grad von Plausibilität durch gefestigte ‚Bedeutungstheorien' und regelgeleitete Bedeutungszuschreibungen zu erreichen.

Nach diesem Vorgehen wäre auch eine Revision für die theoriebezogenen Diskussionen zur Literaturgeschichtsschreibung anzulegen,[17] um bislang mit theoretischen Grundlegungen noch nicht hinreichend beantwortete Fragen (wie etwa zur Abgrenzung des literarischen Objektbereichs,[18] zu den Verknüpfungen von literarischen und außerliterarischen Prozessen[19] oder zu konsistenten

---

Vorgehensweisen in Politik- und Gesellschaftsgeschichte das historiographische Interesse von der mit wachsender Skepsis betrachteten Literaturgeschichtsschreibung abgezogen habe.

16 Fotis Jannidis u. a. (Hg.): Regeln der Bedeutung. Zur Theorie der Bedeutung literarischer Texte. Berlin/New York 2003.

17 So auch Matthias Buschmeier (Anm. 1), S. 413. – Solche Revisionen können sich u. a. stützen auf Materialiensammlungen wie jüngst Marja Rauch und Achim Geisenhanslüke (Hg.): Texte zur Theorie und Didaktik von Literaturgeschichte. Stuttgart 2012.

18 Vgl. hierzu die Diskussionen zum erweiterten Literaturbegriff, die in den 1970er Jahren begonnen wurden: Sollen auch Unterhaltungs- und Trivialliteratur, Essayistik oder die Bild-Texte der Comics dem Gegenstandsbereich der Literaturwissenschaft dauerhaft zugerechnet werden?

19 Im Anschluss an die Bielefelder Podiumsdiskussion vom 9. 11. 2010 (vgl. Anm. 1) wäre mir zum einen wichtig, dass sich das Verknüpfungsproblem in einer kontextuell orientierten Literaturgeschichtsschreibung nicht nur auf die Relation von Literatur und Sozialem beschränkt. Gesellschaftsgeschichte ist eine der einzubeziehenden Perspektiven; beispielsweise wären Mentalitätsgeschichte, Ideengeschichte, Kulturgeschichte (mit der Geschichte anderer Künste), Mediengeschichte und Wirtschaftsgeschichte weitere Perspektiven. Zu fragen bleibt, welche dieser Perspektiven für welche historischen Konstellationen bevorzugt zu entwickeln wären – im Sinne der geschichtlichen Gegebenheiten oder aktueller Interessen. In der Tat sollten – um in dieser Hinsicht Ernst Osterkamp beizupflichten – stets von Neuem plausible Entscheidungen gesucht werden. Zum anderen wäre festzuhalten, dass ‚Wissen der Literatur' einen anderen Status hat als etwa das in unterschiedlichen Disziplinen systematisch und intersubjektiv geordnete Wissen der Wissenschaft. Das literarisch vermittelte Wissen ist als Erfahrungswissen (an Kontingenz und Subjektpositionen gebunden) zu verstehen, als Material zur Konstruktion ‚künstlicher Welten'.

zeitlichen Segmentierungen dieser Abläufe[20]) zu klären und somit die Praxis der Literaturgeschichtsschreibung fortschreitend zu konsolidieren. Ein gutes Beispiel für ein solches Vorgehen (mit Schwerpunkt auf dem ‚Verknüpfungsproblem') bot das Göttinger Kolloquium *Über Vergangenheit und Zukunft einer Sozialgeschichte der Literatur*[21] vom 20. und 21. November 2009. Die in den 1970er und 1980er Jahren forcierte Theorie und Praxis einer Sozialgeschichte der Literatur[22] hat für die Literaturgeschichtsschreibung der Folgezeit durchaus Wirkungen gezeigt[23] – vergleichbar den Gewinnen aus Strukturalismus und Textsemiotik für die Literaturinterpretation.

---

20 Vgl. zum ‚Epochenproblem' u. a. Michael Titzmann: Probleme des Epochenbegriffs in der Literaturgeschichtsschreibung. In: Karl Richter/Jörg Schönert (Hg.): Klassik und Moderne. Die Weimarer Republik als historisches Ereignis und Herausforderung im kulturgeschichtlichen Prozeß. Stuttgart 1983, S. 98–131; ders.: Epoche und Literatursystem. Ein theoretisch-methodologischer Vorschlag. In: Mitteilungen des Deutschen Germanistenverbandes 49 (2002), H. 3, S. 294–307.
21 Als Veranstaltung des Promotionskollegs *Wertung und Kanon* der Volkswagenstiftung in Zusammenarbeit mit der Arbeitsstelle für Theorie der Literatur an der Universität Göttingen; darüber berichten Jan Borkowski und Katharina Prinz unter http://www.jltonline.de/index.php/conferences/article/view/158/502.
22 Eine sozialgeschichtliche Orientierung der Literaturgeschichtsschreibung könnte bestimmt sein vom Interesse an literarischen Bearbeitungen sozialgeschichtlich signifikanter und problematischer Erfahrungen; dazu u. a. Jörg Schönert: Perspektiven zur Sozialgeschichte der Literatur. Beiträge zu Theorie und Praxis. Tübingen 2007.
23 So auch Gerhard Sauder in seinem Beitrag für das Göttinger Kolloquium (Anm. 21) mit Verweisen auf den erweiterten Literaturbegriff, das soziale Potenzial literarischer Gattungen, die Beachtung von institutionengeschichtlichen und publikumssoziologischen Aspekten; siehe auch den Abdruck dieses Beitrags „Sozialgeschichte der Literatur: ein gescheitertes Experiment?" In: KulturPoetik 10 (2010), H. 2, S. 250–263. – Für theoretische Begründungen der Literaturgeschichtsschreibung wären insbesondere die Überlegungen von Claus-Michael Ort zur Verknüpfung von außerliterarischem Wissen mit dem Wissen der Literatur sowie Theoriekonzepte von Michael Titzmann zum ‚Literarischen Wandel' zu beachten – vgl. u. a. Claus-Michael Ort: Literarischer Wandel und sozialer Wandel: Theoretische Anmerkungen zum Verhältnis von Wissenssoziologie und Diskursgeschichte. In: Michael Titzmann (Hg.): Modelle des literarischen Strukturwandels. Tübingen 1991, S. 367–394; ders.: Vom ‚Text' zum ‚Wissen'. Die literarische Konstruktion sozio-kulturellen Wissens als Gegenstand einer nicht-reduktiven Sozialgeschichte der Literatur. In: Lutz Danneberg/Friedrich Vollhardt (Hg.): Vom Umgang mit Literatur und Literaturgeschichte. Positionen und Perspektiven nach der ‚Theoriedebatte'. Stuttgart 1992, S. 409–441; ders.: ‚Sozialgeschichte' als Herausforderung der Literaturwissenschaft. Zur Aktualität eines Projekts. In: Martin Huber/Gerhard Lauer (Hg.): Nach der Sozialgeschichte. Konzepte für eine Literaturwissenschaft zwischen Historischer Anthropologie, Kulturgeschichte und Medientheorie. Tübingen 2000, S. 113–128; Michael Titzmann: Kulturelles Wissen – Diskurs – Denksystem. Zu einigen Grundbegriffen der Literaturgeschichtsschreibung. In: Zeitschrift für französische Sprache und Literatur 99 (1989), S. 47–61; ders. (Hg.): Modelle des literarischen Strukturwandels. Tübingen 1991 (darin S. 1–3: Einleitung: Zum Problem des literarischen

1. Literaturgeschichtsschreibung im interdisziplinären Zusammenhang von Historiographie

Es ist hinreichend bekannt: Geschichtsschreibung ist unverzichtbar zum Ausarbeiten und Reflektieren der kulturellen Identität einer Gesellschaft. Blickt man hinaus über den Gegenstandsbereich der Literaturwissenschaft, so finden sich im interdisziplinären Zusammenhang kaum Anzeichen für ein Ende der Theoriedebatte zur Historiographie im Allgemeinen. Ein Beleg hierfür ist beispielsweise das voluminöse Taschenbuch *Geschichte* mit dem ‚Understatement'-Zusatz *Ein Grundkurs* in der Reihe *rowohlts enzyklopädie*, herausgegeben von Hans-Jürgen Goertz.[24] Auf fast 800 Seiten werden zum einen nach dem Basisbeitrag des Herausgebers zu „Geschichte – Erfahrung und Wissenschaft. Zugänge zum historischen Erkenntnisprozeß" die etablierten Verfahrensweisen der Historiographie und ihre aktuellen Probleme dargestellt, zum anderen wird die historiographische Praxis in einer Reihe von Disziplinen wie Philosophiegeschichte, Rechtsgeschichte, Kirchengeschichte, Wirtschaftsgeschichte, Technik- und Umweltgeschichte, Kunstgeschichte und Literaturgeschichte dokumentiert. Warum sollte sich die Literaturwissenschaft aus diesem Theorie- und Praxisbereich einer allgemeinen Historiographie verabschieden? Ungebrochen scheint auch das öffentliche Interesse an ‚Geschichte' zu sein; die erste Auflage dieses *Grundkurses* erschien 1998, die 3. revidierte und erweiterte Auflage (mit 862 Seiten) wurde 2007 als Band 55688 publiziert.

Im Zusammenhang eines solchen Interesses haben auch die literaturgeschichtlichen Leistungen der Philologien ihre kulturelle Funktion in der institutionell organisierten gesellschaftlichen Praxis des Erinnerns und Bewahrens. Dabei erheben Literaturgeschichten nicht den Anspruch auf eine ‚große kulturstiftende Erzählung' (als die etwa die *Genesis* im *Alten Testament* oder die *Ilias* des Homer gilt);[25] sie erscheinen jedoch als notwendiger Beitrag für das

---

Strukturwandels; S. 395–438: Skizze einer integrativen Literaturgeschichte und ihres Ortes in einer Systematik der Literaturwissenschaft); ders: Strukturalismus. Was bleibt. In: Hans-Harald Müller u.a. (Hg.): Strukturalismus in Deutschland. Literatur- und Sprachwissenschaft 1910–1975. Göttingen 2010, S. 371–409, hier S. 402–405 zur Literaturgeschichtsschreibung; zudem: Jörg Schönert: Mentalitäten, Wissensformationen, Diskurse und Medien als dritte Ebene einer Sozialgeschichte der Literatur. Zur Vermittlung zwischen Handlungen und symbolischen Formen. In: Martin Huber/Gerhard Lauer (Hg.): Nach der Sozialgeschichte. Konzepte für eine Literaturwissenschaft zwischen Historischer Anthropologie, Kulturgeschichte und Medientheorie. Tübingen 2000, S. 95–103.
24 Als Bd. 55576 in der 1. Auflage von 1998; 2., unveränderte Auflage von 2001.
25 Vgl. etwa Robert F. Berkhofer: Beyond the Great Story: History as Text and Discourse. Cambridge/London 1995.

'kulturelle Gedächtnis' einer Gesellschaft.[26] So wird Literaturgeschichtsschreibung als „sinnorientierte und organisierende Vergegenwärtigung des geschichtlichen Lebens von Literatur"[27] verstanden – als Ergebnis von Auswahlentscheidungen, Zuordnungen und erzählenden Verknüpfungen zu Geschichtlichem in Abhängigkeit von aktuellen Interessen. Literaturgeschichtsschreibung vollzieht Aneignung des Historisch-Fremden mit Blick auf die Relevanz für das Gegenwärtig-Eigene. Sie sichert und erschließt die spezifischen Erinnerungsleistungen der Literatur durch Kanonbildung für das ‚kulturelle Gedächtnis' und reproduziert sie in öffentlichen Diskursen zur Repräsentation literarischer Bildung. Wie alle historiographischen Projekte zielt Literaturgeschichtsschreibung auf zweckgebundene Reduktion der Komplexität und Vielfalt des historischen Geschehens in einem ordnenden Überblick.

Theoretisierend zu bedenken sind dabei für das historiographische Verfahren Probleme zum Erschließen, Bewerten, Auswählen und Interpretieren von Quellen, die Rekonstruktion von Quellenbezügen und die Konstruktion von sinnbildenden raum-zeitlichen synchronen Konstellationen und diachronen Prozessen;[28] sie sind in historiographischen Darstellungen zumeist in narrativer Form organisiert.[29] Die mit Konstruktivität und Narrativität verbundenen Probleme eines Wahrheits- oder zumindest Plausibilisierungsanspruchs sind in den Theoriediskussionen zur Historiographie in jüngster Vergangenheit deutlich markiert worden.[30]

Die Beschäftigung mit solchen ‚Fragen zu letzten Dingen' mag für ein pragmatisches Konzept von Literaturgeschichtsschreibung als einem kulturellen Auftrag müßig erscheinen, aber auch dann bleiben der Literaturwissenschaft noch eine stattliche Anzahl von Aspekten, die im Zusammenhang allgemeiner Historiographie theoretisch aufzubereiten sind – wie die Probleme von

---

26 Dazu Jan Assmann: Kollektives Gedächtnis und kulturelle Identität. In: ders./Tonio Hölscher (Hg.): Kultur und Gedächtnis. Frankfurt/M. 1988, S. 9–19; Astrid Erll/Ansgar Nünning (Hg.): Gedächtniskonzepte der Literaturwissenschaft. Berlin 2005.
27 Wilfried Barner: Tradition als Kategorie der Literaturgeschichtsschreibung. In: ders.: Pioniere, Schulen, Pluralismus. Studien zur Geschichte und Theorie der Literaturwissenschaft. Tübingen 1997, S. 277–296, hier S. 277. Vgl. auch ders.: Literaturwissenschaft – eine Geschichtswissenschaft? München 1990.
28 Dabei ist u. a. zu fragen, ob literaturgeschichtliche Darstellungen prinzipiell einem Metanarrativ folgen sollen wie etwa der Herausbildung einer Nation, dem Aufstieg der Arbeiterklasse oder dem Prozess der Zivilisation. Vgl. dazu den Beitrag von Daniel Fulda *Starke und schwache Historisierung im wissenschaftlichen Umgang mit Literatur* im vorliegenden Band.
29 Vgl. als Beispiel für abweichendes Vorgehen etwa Franco Moretti: Kurven, Karten, Stammbäume. Abstrakte Modelle für die Literaturgeschichte. [Ital. 2005]. Frankfurt/M. 2009.
30 Vgl. den Beitrag von Martina Wagner-Egelhaaf *Literaturgeschichte als operative Fiktion* in diesem Band.

Universal-, National-, Regional- und Lokalgeschichte, überzeugende Verfahren zur Periodisierung des Literaturprozesses mit Hilfe von Kategorien wie Epoche, Bewegung, Strömung;[31] die Frage nach tragfähigen Kriterien zur Auswahl und Bewertung der literarischen und literaturbezogenen Quellen – auch im Hinblick auf Relativismus und Normativität der Literaturgeschichtsschreibung. Zu fragen ist: Sollen große und differenzierte Textkorpora im Sinne quantitativer Geltung etwa für die Darstellung einer literarhistorischen Epoche ausgezeichnet und aufgearbeitet werden,[32] oder soll auf qualitative Repräsentativität von exemplarischen Texten gesetzt werden? Unabgeschlossen sind zudem die Debatten zu möglichen Theorien und Beschreibungsmustern für den literarischen Wandel oder zu Möglichkeiten der Perspektivierung von Literaturgeschichte als Produktions-, Distributions-, Rezeptions- und Wirkungsgeschichte oder ihrer mediengeschichtlichen Akzentuierung für die zurückliegenden 150 Jahre. Des Weiteren sind für die Praxis der Literaturgeschichtsschreibung Entscheidungen zu bedenken, die mögliche Partialisierungen wie Gattungs- und Genregeschichte, Stoff-, Themen- und Motivgeschichte gelten. Und zu wenig analysiert und erörtert wurden bislang die Darstellungsformen in der Literaturgeschichtsschreibung im Hinblick auf Adressierungen an unterschiedliche Rezipientengruppen,[33] wobei alle der eben genannten Probleme und Perspektivierungen zu bedenken und zu gestalten wären. Wenn im Sinne von Ernst Osterkamps Beitrag auf der Bielefelder Podiumsdiskussion (vgl. Anm. 1) als Praxisfeld literaturwissenschaftlicher Anstrengungen nur die literaturgeschichtlichen Darstellungen gelten sollen, die sich an literarhistorisch erfahrene Leser wenden, dann würde zum einen Literaturgeschichte frühestens in den Studienplänen des literaturwissenschaftlichen Master-Studiums erscheinen und zum

---

[31] Es empfiehlt sich zur Abgrenzung von Epochen keine Ereignisse einzusetzen, sondern mit ‚numerischen Annäherungen' (runden Jahreszahlen) zu arbeiten – also für die Neuere deutsche Literatur etwa 1620–1720, 1720–1770, 1770–1820, 1820–1850, 1850–1890, 1890–1930, 1930–1950, 1950–1990, 1990 ff. – Literaturprogramme wie Sturm und Drang, Junges Deutschland, Naturalismus, Expressionismus, Neue Sachlichkeit eignen sich nicht als Epochenbezeichnungen; sie sind als ‚Bewegungen' mit begrenzter Reichweite zu verstehen, die innerhalb einer Epoche mit anderen Literaturprogrammen konkurrieren. – Auf den Terminus ‚Strömung' sollte verzichtet werden.

[32] So waren vielfach Projekte von Michael Titzmann und Marianne Wünsch zur literaturgeschichtlichen Darstellung einer Epoche oder eines literarischen Genres angelegt – vgl. jüngst Michael Titzmann: Anthropologie der Goethezeit. Studien zur Literatur und Wissensgeschichte. Berlin 2011.

[33] Als Ausgangspunkt für fortzusetzende Diskussionen ist anzusehen: Lutz Danneberg/Jürg Niederhauser (Hg.): Darstellungsformen der Wissenschaften im Kontrast. Aspekte der Methodik, Theorie und Empirie. Tübingen 1998.

anderen hätte sich unser Fach einmal mehr einer wichtigen Austauschbeziehung mit der nichtakademischen Öffentlichkeit entschlagen.

2. Literaturgeschichte für den Wissenschaftsgebrauch

Literaturgeschichtliche Veröffentlichungen dieses Typs dienen einer literaturgeschichtlich erfahrenen Leserschaft u. a. dazu, die eigenen Einschätzungen und Ordnungsweisen zu überprüfen sowie Erstinformationen zu bis dahin wenig beachteten Objektbereichen und Autoren zu gewinnen. Zur deutschsprachigen Literatur kann dafür als exemplarisch angesehen werden die vielbändige *Geschichte der deutschsprachigen Literatur*, die im Münchner Beck-Verlag nach dem Ende des Zweiten Weltkriegs von Helmut de Boor und Richard Newald begründet wurde[34] und noch immer nicht komplettiert ist. Dass nicht nur die ‚Gründerväter' und ihre Nachfolgegeneration ‚Literaturgeschichte können', sondern auch ‚die Enkel' sich darauf verstehen, hat Peter Sprengel bewiesen mit seinen zwei Bänden zum Zeitraum des deutschen Kaiserreichs (1870 bis 1918); es sind insgesamt 1700 stets informative Seiten mit einer gut strukturierenden Konzeption.[35] Hier kommt für Neuentdeckungen und Neubewertungen selbst eine altgediente Hochschullehrerschaft noch auf ihre Kosten.

Für ein Weiterleben der Literaturgeschichtsschreibung lassen sich auch Argumente finden, wenn man die sogenannte Auslandsgermanistik, insbesondere die britische, beachtet. Dort wird ohne ostentative Unterstützung mit spektakulärem Theorie-Design, sondern in der Pflege einer bewährten Praxis entschlossen produziert – allerdings oft mit Einschränkungen beim stofflichen Zugriff im Hinblick auf die Aufnahmefähigkeit der Germanistikstudierenden ‚vor Ort' (und somit bewegt sich die Konzeption bereits in Richtung des hier nachfolgend vorzustellenden Typus der Studiumsliteratur). Diese Literaturgeschichten sind jedoch zumeist so überzeugend, dass sie in Übersetzungen auch für den deutschsprachigen Buchmarkt angeboten werden – so unlängst der Band des Cambridger Germanisten Nicholas Boyles *German Literature* (mit dem ‚Understatement'-Untertitel *A very Short Introduction*), 2008 veröffentlicht.[36] In der ein Jahr später im Münchner Beck-Verlag erschienenen deutschen

---

[34] 1949 erschien Band 1 zum Zeitraum 770–1170.
[35] Peter Sprengel: Geschichte der deutschsprachigen Literatur 1870–1918. Bd. 1: Von der Reichsgründung bis zur Jahrhundertwende 1870–1900. München 1998; Bd. 2: Von der Jahrhundertwende bis zum Ende des Ersten Weltkriegs. München 2004.
[36] Nicholas Boyle: Kleine deutsche Literaturgeschichte. Übersetzt aus dem Englischen. München 2009; vgl. auch die Rezension von Wolfgang Adam in *Arbitrium* 28 (2010), H. 2, S. 134–139.

Übersetzung wird aus dem Titel *Kleine deutsche Literaturgeschichte*, ausgeführt immerhin auf 272 Seiten. Das Attribut ‚klein' dient neben dem ‚Understatement' auch zum Hinweis auf die Verkürzung des literaturgeschichtlichen Prozesses, der hier im Wesentlichen nur für den Zeitraum vom 18. Jahrhundert bis zur Gegenwart dargestellt wird. Im Hinblick auf die Originalausgabe entspricht dieses Verfahren *grosso modo* den Studienplänen der Auslandsgermanistik und den Interessen einer möglicherweise anzusprechenden nichtakademischen Leserschaft. Dagegen sollten in der sogenannten Muttersprachengermanistik Literaturgeschichten für den Wissenschaftsgebrauch und mit dem Etikett ‚Von den Anfängen bis zur Gegenwart' in der Regel mehrbändig angelegt sein.

Für diese Adressierung will ich mich nun auf Beispiele aus der literaturgeschichtlichen Praxis der letzten 50 Jahre beziehen. Dabei konzentriere ich mich auf den Epochenzusammenhang des Poetischen (oder Bürgerlichen) Realismus in der zweiten Hälfte des 19. Jahrhunderts: auf die auflagenstarke Epochendarstellung von Fritz Martini, erstmals 1962 erschienen;[37] auf die von Max Bucher u. a. 1975 und 1976 publizierten *Manifeste und Dokumente* zu *Realismus und Gründerzeit*[38] – ein besonders schätzenswerter Typus literarhistorischer Publikationen; es folgt dann ein Blick auf *Bürgerlicher Realismus und Gründerzeit 1848–1890*, 1996 herausgegeben von Edward McInnes und Gerhard Plumpe als Band 6 in *Hansers Sozialgeschichte der deutschen Literatur vom 16. Jahrhundert bis zur Gegenwart*; abschließend komme ich auf Sabina Beckers literaturgeschichtliches Kompendium *Literatur und Kultur im bürgerlichen Zeitalter 1848–1900* von 2003 zu sprechen, es ist als UTB-Band 2369 in keinem Reihenzusammenhang, sondern quasi als Solitär erschienen – zu einem Zeitpunkt, so wäre zu vermuten, als keine neuen mehrbändigen Folgen mehr gewagt und nur spezifische Epocheninteressen bedient wurden. Im Vergleich der unterschiedlich angelegten Literaturgeschichten konzentriere ich mich auf das Verknüpfen literaturgeschichtlicher Prozesse mit anderen kulturellen sowie politisch-sozialen Entwicklungen, auf die Gliederungsprinzipien für den umfänglichen Gegenstandsbereich und die Auswahlentscheidungen zu Textkorpora und Autoren.

Martinis Literaturgeschichte verbindet in der Grundlegung (S. 1–115) Perspektiven von Gesellschaftsgeschichte und Ideengeschichte mit Formengeschichte (für Grundformen wie Sprachstil, Erzählverfahren und Humor). Die Gliederung nach Gattungen wird mit dem Kapitel zum poetologisch erstrangigen

---

37 Fritz Martini: Deutsche Literatur im bürgerlichen Realismus 1848–1898. Stuttgart 1962; ich beziehe mich auf die 3., ergänzte Auflage von 1974 (als Metzler Studienausgabe).
38 Max Bucher u. a. (Hg.): Realismus und Gründerzeit. Manifeste und Dokumente zur deutschen Literatur 1848–1880. Mit einer Einführung in den Problemkreis und einer Quellenbibliographie. 2 Bde. Stuttgart 1975/1976.

Drama eröffnet (S. 116–236), dem allerdings im Realismus wenig Erfolg beschieden war. Gemäß dem historischen poetologischen Ansehen folgt das Kapitel zur Lyrik (S. 237–354). Danach werden unterschiedliche Typen von Erzählformen vorgestellt (S. 355–498); für den Roman gilt dies zunächst für Autoren der sogenannten Zweiten Reihe (wie Gutzkow, Auerbach, Freytag), abschließend und ausführlich (S. 499–800) wird die Darstellung auf die heute hochgewerteten Autoren von Romanen konzentriert, für die Novellen-Literatur auch unter Einschluss der seinerzeitigen Erfolgsautoren.

Der Band 1 der *Manifeste und Dokumente* ersetzt mit einer Folge von problem- und phasenbezogenen Studien die bis dahin übliche Darstellung zugunsten von Gattungen, Genres und Werken. Auf eine Einführung in den Problemkreis ‚Realismus' (S. 1–31) folgt eine Darstellung zu den „Voraussetzungen der realistischen Literaturkritik" (S. 32–47). Als exemplarische Studie zur Genre-Geschichte ist „Geschichtlicher Konservatismus und literarischer Realismus. Das Modell einer deutschen Sozialverfassung in den Dorfgeschichten" (S. 48–93) angelegt. Eine phasengeschichtliche Ausarbeitung (mit ideologischen und sozialen Grundlagen, weltanschaulichen Positionen und literarischen Exempeln) bringt „Die Gründerzeit" (S. 96–159). Einen übergreifenden Zusammenhang eröffnet „Das literarische Leben 1848 bis 1880" (mit einem Beitrag „über die höhere Bildung") (S. 151–257). Für die gründliche Erschließung eines umfangreichen Belegmaterials stehen Quellenbibliographie und Register (auf ca. 150 Seiten).

Der sechste Band von *Hansers Sozialgeschichte der deutschen Literatur vom 16. Jahrhundert bis zur Gegenwart* ist zwei Jahrzehnte später erschienen.[39] Nach einleitenden Texten zur Verfahrensweise und zur Epochenkonstruktion (S. 7–83) wird der Realismus-Begriff in Bezug auf die „politische Semantik des nachrevolutionären Liberalismus" erörtert (S. 84–107). Epochenspezifische Distributions- und exemplarische Rezeptionsaspekte der Literatur erschließen Beiträge zur „Literaturverbreitung" (S. 108–143) und zu „Arbeiterbewegung und Literatur" (S. 144–175) sowie zu „Literarische und schulische Praxis" (S. 176–210). Für wissensbezogene Kontextualisierung von Literaturproduktion und Literaturrezeption sorgt der Beitrag „Literatur und Naturwissenschaft" (S. 211–241). Die Vorgaben der zeitgenössischen ästhetischen Diskussion erschließen Ausführungen zur „ästhetischen Theorie im 19. Jahrhundert (S. 242–307) und zur Kunstauffassung im „Münchner Dichterkreis" (S. 308–342). Erst dann folgen die gattungsgeschichtlichen Auswertungen zu „Drama und Theater" (S. 343–393), Lyrik (S. 394–461), Novelle (S. 462–528) und Roman (S. 529–707) mit

---

39 Edward McInnes/Gerhard Plumpe (Hg.): Bürgerlicher Realismus und Gründerzeit. München/Wien 1996.

einem werk- und problembezogenen Appendix zu Friedrich Spielhagens *Sturmflut* (S. 708–728).

Auf diese Vorgaben von Martini bis McInnes und Plumpe lässt sich Sabina Beckers Ausarbeitung[40] in folgender Weise beziehen: Die Grundlegung der epochengeschichtlichen Darstellung wird aus Sozial-, Kultur- und Mentalitätsgeschichte gewonnen (S. 9–51). Angeschlossen werden „Literarische Voraussetzungen" aus der Geschichte der deutschsprachigen Literatur und anderer Nationalliteraturen (S. 54–74) sowie „kulturphilosophische [also ideengeschichtliche] Voraussetzungen" (S. 75–87) und die „Bedeutung der Naturwissenschaften" (S. 89–94) sowie (nun ausführlicher) „Theorie und Ästhetik des Bürgerlichen Realismus" (S. 96–144). Danach wird nicht mehr den zeitgenössischen poetologischen Vorgaben, sondern quantitativen Aspekten der Literaturproduktion gefolgt: mit Kapiteln zur Theorie und Praxis des Romans (S. 145–269) sowie zur Novellen-Literatur (S. 271–326), wobei nicht zwischen den Autoren der Ersten und Zweiten Reihe unterschieden wird. Nur knapp skizziert wird die Lyrik im Bürgerlichen Realismus (S. 327–333). Ein gattungsgeschichtliches Kapitel zum Drama ist angesichts des geringen Erfolgs dieser Gattung im Epochenzusammenhang ausgespart.

Zu fragen bleibt, welche (die literaturwissenschaftliche Tätigkeit unterstützende und fördernde) Funktionen der hier skizzierte Typus literaturgeschichtlicher Publikationen erfüllen soll.[41] In einem ersten Schritt geht es um eine überzeugende Sicherung des aktuellen Wissensstandes zum Literaturgeschehen für einen bestimmten historischen Zusammenhang, der auch für andere literaturbezogene Entwicklungen zu umreißen ist.[42] Welche Prozesse dabei besondere Relevanz für die literaturgeschichtliche Darstellung erhalten, ist für die unterschiedlichen historischen Konstellationen jeweils neu zu bedenken und mit dem gewählten übergeordneten methodologischen Konzept von Historiographie abzustimmen. Dabei erscheint mir jedoch als unabdingbar, dass die historisch-spezifischen Zusammenhänge von Produktion, Distribution und Rezeption von Literatur dargestellt werden, wie dies musterhaft im Kapitel „Das literarische Leben 1848 bis 1880" in *Manifeste und Dokumente* geschieht. Für die

---

40 Sabina Becker: Bürgerlicher Realismus. Literatur und Kultur im bürgerlichen Zeitalter 1848–1900. Tübingen/Basel 2003.
41 Ich vernachlässige Erwartungen an die methodologische und verfahrensmäßige Konsistenz, die einer mehrbändigen literaturgeschichtlichen Reihe oder einem Einzelband mit mehreren Beiträgern gelten. Zumeist wird die fehlende Konsistenz durch den Mangel organisatorischer Tatkraft der Herausgeber sowie durch begrenzte Zeit- und Geldbudgets verursacht – vgl. dazu u. a. Schönert 2010 (Anm. 10) für das Beispiel der Bände zu *Hansers Sozialgeschichte der deutschen Literatur*.
42 Das ist als ‚Kodifizierungsleistung' anzusehen (vgl. Anm. 13).

‚innerliterarischen Prozesse', in denen mit literarischen Texten auf andere literarische Texte reagiert wird, werden zumeist entstehungsgeschichtliche, thematische, motivliche oder stilistische Verknüpfungen angelegt – vorzugsweise innerhalb von Gattungs- und Genre-Zusammenhängen. Dass eine solche Präferenz sich nicht für alle historischen Konstellationen (im Sinne von Epochen) rechtfertigen lässt, wäre zu bedenken. Die Entscheidungen zu den Autoren und Werken, die in die literaturgeschichtliche Darstellung einbezogen werden, sollten in der Spannung von wertender Auswahl (im Hinblick auf einen offenen, das heißt revidierbaren ‚Kanon für das kulturelle Gedächtnis')[43] und historistischem Rekonstruieren (im Hinblick auf die von wirkungsmächtigen Geschmacksträgern für das jeweils zeitgenössische Literaturgeschehen erteilte Anerkennung) vollzogen werden. Das unter solchen Bedingungen erstellte ‚literarhistorische Wissen' wird im Zuge dieses Publikationstyps von Literaturgeschichte zu ‚kompakten' Kennzeichnungen und Deutungen von Werken und Werkgruppen genutzt; es eignet sich darüber hinaus für das große literaturwissenschaftliche Arbeitsfeld der Textinterpretation als Heuristik zum eingehenderen Verfolgen textueller und kontextueller Aspekte.

Es versteht sich, dass in den literaturgeschichtlichen Darstellungen jedweder Adressierung die faktischen Aussagen (wie etwa Jahreszahlen, Titel, Personen- und Figurennamen) zuverlässig und Bewertungen bezüglich ihrer Normen überprüfbar sein müssen. Übereinstimmung mit dem aktuellen Forschungsstand wird nicht eigens expliziert werden müssen, gravierende Abweichungen sollten bezeichnet sein.

3. Literaturgeschichte für Studierende

Sabina Beckers UTB-Band bewegt sich wegen der (eben beschriebenen) eingeschränkten Gesamtrepräsentation der literarischen Produktivität der Epoche bereits an der Grenze zwischen literaturgeschichtlichen Darstellungen zum Wissenschaftsgebrauch und denen für den Studiumsgebrauch. Eine hinsichtlich der Vorgehensweise deutlich zu unterscheidende Abgrenzung der beiden Publikationstypen ist nicht vorzunehmen, sie sind eher mit dem Bild von kommunizierenden Röhren zu kennzeichnen. Seit dem Umsetzen des 1999 eingeleiteten Bologna-Prozesses an den deutschen Universitäten hat sich ein breites

---

[43] Literaturgeschichten für den Wissenschaftsgebrauch können durchaus auch die Notwendigkeit der Revision eines aktuell geltenden Kanons begründen oder bestätigen – vgl. etwa Auswirkungen von Friedrich Sengle: Biedermeierzeit. Deutsche Literatur im Spannungsfeld zwischen Restauration und Revolution 1815–1848. 3 Bde. Stuttgart 1971–1980.

Spektrum der Grundkurse, Einführungen und Studienbücher herausgebildet.[44] Ich verweise zunächst kurz auf einen Vorläufer aus den 1970er Jahren, den Band 157 aus der Reihe *Realien zur Literatur, Sammlung Metzler*, den Hugo Aust 1977 zur *Literatur des Realismus* veröffentlicht hat. Der erste Teil handelt ausführlich von dem Begriff ‚Realismus' und dessen Gebrauch in unterschiedlichen kunstwissenschaftlichen Disziplinen (S. 6–56). Im zweiten Teil wird „die Formenwelt im Realismus" im Hinblick auf die literarischen Gattungen und Genres einschließlich der Unterhaltungs- und Trivialliteratur dargestellt (S. 57–95) – mit knappen Kennzeichnungen zu Autoren und Werken. Dem historiographischen Prinzip ausführlicher Repräsentation zur Literaturproduktion in der zweiten Hälfte des 19. Jahrhunderts wird gefolgt; erheblich eingeschränkt sind dagegen die Verweise auf die historischen Prozesse, die zum Verlauf der literaturgeschichtlichen Entwicklungen beitragen.

Da es 2010 für den aktuellen Publikationstyp der Studienbücher noch keine interessante Version für die zweite Hälfte des 19. Jahrhunderts gab, beziehe ich mich auf einen ‚zeitnahen' epochengeschichtlichen Band: auf Philip Ajouris *Literatur um 1900. Naturalismus – Fin de Siècle – Expressionismus* (Berlin 2009). Der für das Bachelor-Studium vorgesehene Typus eines ‚Studienbuchs' wird u. a. vom Akademie Verlag Berlin entwickelt – mit dem Ziel, fundierte Einführungen in Epochen, Themengebiete und Methoden sowie Arbeitsweisen (im Sinne von Arbeitstechniken) zu leisten. Ich zitiere aus der Verlagswerbung: Es handele sich um „problemorientierte Darstellungen auf dem neuesten Forschungsstand, umfassendes prüfungsrelevantes Basiswissen, pragmatische Begleiter für Seminar, Tutorium und Selbststudium" mit „kommentierten Lektüreempfehlungen, Fragen zum Textverständnis, Empfehlungen zur Weiterarbeit, gut strukturiertem Serviceteil und Glossar." Auf die didaktische Aufbereitung des Bandes gehe ich hier nicht ein.

---

44 Vgl. Claudius Sittig/Jan Standke (Hg.): Literaturwissenschaftliche Lehrbuchkultur. Zu Geschichte und Gegenwart germanistischer Bildungsmedien. Würzburg 2013. – Mit der Einführung des Bachelor-Studiums haben die Wissenschafts- und Schulbuchverlage eiligst produzierte Überblicksdarstellungen auf den Buchmarkt gebracht, die (so das Exposé der Veranstalter des hier dokumentierten Bielefelder Projekts) in ihrer „didaktisierten Schrumpfform" als „verstümmelte Wiedergänger" der totgesagten Literaturgeschichten dem Ansehen dieser disziplinären Praxis erheblichen Schaden zufügen. Peter Brenner markierte 2010 in seinem Beitrag „Bachelor-Germanistik. Oder: Es kommt nicht mehr drauf an" im *Jahrbuch für Internationale Germanistik* (Jg. 52), H. 1, S. 9–24, präzise und unerbittlich die Falschinformationen und verschwurbelten Formulierungen in dem 100-Seiten-Bändchen *Grundkurs Literaturgeschichte* des Ernst-Klett-Verlags, das Gerhard Lauer zum Verfasser haben soll und ein „Zerrbild der deutschen Literaturgeschichte" (S. 12) vermittelt. Daran, dass der aktuelle fachwissenschaftliche Stand der Literaturgeschichtsschreibung von anderer Qualität ist, lässt Peter Brenner keinen Zweifel.

Die ersten sieben kurzen Kapitel (S. 9–113) skizzieren sozial- und kulturgeschichtliche Zusammenhänge mit den Literaturentwicklungen der „Moderne um 1900" und umreißen die Themen „Literarischer Wandel", „Literaturprogramme" und „Autorschaft". Der zweite Teil (S. 115–206) ist an Problembereichen ausgerichtet, die in der Literatur dieses Zeitraums im Zusammenhang mit außerliterarischen Ideen- und Wissensgebieten thematisiert werden – wie Subjektkrise, Sprachkrise, Degeneration und Décadence oder Völkische Bewegung. Ein kurzer dritter Teil (S. 207–220) umreißt wirkungsgeschichtliche Konstellationen für die Literatur dieser Epoche.

Als ein Exerzierfeld für mögliche Publikationen von Literaturgeschichte für den Studiumsgebrauch waren, zumindest in den Vor-BA/MA-Zeiten, die sogenannten Überblicksvorlesungen anzusehen, die vielfach als eine Folge von Epochendarstellungen angeboten wurden – so auch seit Mitte der 1980er Jahre als gemeinschaftliche Unternehmung von Mitgliedern der Hamburger Germanistik; in der Abfolge von acht bis zehn Semestern konnte die Geschichte der deutschsprachigen Literatur ‚Von den Anfängen bis zur Gegenwart' vermittelt werden.[45] Der Einfachheit, nicht der Wertschätzung halber beziehe ich mich hier auf eine der Vorlesungen, die ich zuletzt im Sommersemester 2004 gehalten hatte: zur Geschichte der Neueren deutschen Literatur 1850–1885 (mit jeweils einer ein- und einer zweistündigen Vorlesung in 13 Wochen; die zweistündige Vorlesung schloss 20 Minuten Diskussionszeit ein).[46]

Im Vergleich mit den zuvor angesprochenen literaturgeschichtlichen Publikationen sollte eine Vorlesung aus didaktischen Gründen anders angelegt werden. Erst einmal mehrere Wochen hindurch ‚Voraussetzungen' und ‚Kontexte' für die literaturgeschichtlichen Entwicklungen darzulegen, wäre ungeschickt; die Studierenden erwarten, dass sie zügig mit ‚der Literatur' konfrontiert werden. Ich habe deshalb mit Texten von Gottfried Keller (als einem exemplarischen Autor des ‚Poetischen Realismus') begonnen, die unter verschiedenen ‚epochentypischen' Perspektiven zu erschließen waren, um dabei an den Einzeltexten grundsätzliche Konstellationen und Entwicklungen – nicht zuletzt im Hinblick auf die Verknüpfung von Literatur- und Sozialgeschichte – zu verdeutlichen. Ausgangspunkt war (dem Vorgehen im zweiten Teil von Ajouris

---

45 Für das Bachelor-Studium wird heute in Hamburg literaturgeschichtliches Wissen zur Neueren deutschen Literatur in einer einsemestrigen Vorlesung in der Regel mit exemplarischen Bezügen auf ‚Schlüsselwerke' einer Epoche (oder auch einer literarischen Bewegung) im wöchentlichen Wechsel mit einer Doppelstunde dargestellt.
46 Siehe http://www.agoracommsy.uni-hamburg.de/commsy.php?cid=735996&mod=material&fct=detail&iid=1378383; die URL verweist auf einen zugangsgeschützten Studienbereich mit problemloser Registrierung.

Studienbuch vergleichbar), dass sozialgeschichtliche Entwicklungen bestimmte ‚Probleme' produzieren, die literarisch formuliert, gestaltet und gelöst oder zugespitzt werden.

Der erste Problemkomplex bezog sich auf Autorschaft, Literaturmarkt und Literaturrezeption nach 1850; es folgten Aspekte zu Ordnungen der Familie und des Gemeinwesens, der problematischen bürgerlichen Tugenden, zum literarischen Wandel im Erzählkonzept des Bildungsromans und zum Kunstprogramm des Poetischen Realismus. Der zweite Teil der Vorlesung galt den Konflikt- und Konfliktlösungsmodellen des Poetischen Realismus im Hinblick auf die Dorfgemeinschaft, das Natur-Erlebnis, Liebe und Familie sowie auf das Verhältnis zwischen den Generationen (mit Texten von Berthold Auerbach, Marie von Ebner-Eschenbach, Peter Rosegger, Theodor Storm, Elise Polko, Eugenie Marlitt, Adalbert Stifter und Otto Ludwig). Der dritte Teil bezog sich auf das literarische Thema der Lebens- sowie Gesellschaftskrisen und ihrer Bewältigung durch ‚bürgerliche Moral', ‚Rückzug in die Innerlichkeit' oder ‚soziale Versöhnung' (mit Texten von Gustav Freytag, Wilhelm Raabe und Friedrich Spielhagen). Der vierte Teil orientierte sich an der Thematisierung von geschichtlichem Geschehen in Drama und Novelle mit der Frage, ob dabei eine ‚literarische Arena' für Heldenfiguren geschaffen wurde (mit Texten von Friedrich Hebbel, Ferdinand Lasalle und Conrad F. Meyer). Der letzte Teil galt dem neuen Erfahrungs- und Konfliktraum der großen Stadt (mit Texten von Wilhelm Raabe und Theodor Fontane) und wurde mit einem Rückblick auf das terminologische Problem der Epochenbezeichnung unter Einbezug sozialgeschichtlicher Aspekte beschlossen.

Für Darstellungen einer größeren literaturgeschichtlichen Phase (im Sinne einer Epoche) zum Studiumsgebrauch zeichnet sich die Tendenz ab, zum einen nur knapp auf mögliche Verknüpfungen zwischen dem Literaturgeschehen und außerliterarischen Entwicklungen einzugehen, zum anderen diese Perspektive in die Erörterung zu Einzelwerken einzubringen – im Hinblick darauf, wie beispielsweise ‚soziale Probleme' literarisch gestaltet werden oder ideengeschichtliche Aspekte die Auswahl literarischer Themen beeinflussen. Als übergreifender Wissensbezug für diese Einzeldarstellungen können Literaturprogramme charakterisiert werden. Das Verfahren, einzelne Werke in das Gliederungsprinzip der Gattungen und Genres einzuordnen, wird mit dem fortschreitenden Geltungsverlust der Gattungspoetik in der zweiten Hälfte des 19. Jahrhunderts nicht mehr strikt eingehalten. Die Auswahl der zu behandelnden Autor/innen und Werke folgt im Wesentlichen Vorgaben des für das aktuelle Literaturgeschehen geltenden Kanons, schließt aber auch Ergänzungen im Sinne historischer Repräsentation von Erfolgsliteratur ein. Im Vergleich mit Literaturgeschichten zum Wissenschaftsgebrauch werden die Leistungen zugunsten einer Heuristik der Zugänge für die Textinterpretation erhalten, sie sind in ihrem Spektrum jedoch auf Kosten der außerliterarischen Bezüge reduziert.

Die Erfahrungen mit Literaturgeschichten zum Wissenschaftsgebrauch und für das Studium sind zunächst zu suspendieren, wenn literaturgeschichtliche Darstellungen insbesondere an literarisch interessierte Rezipienten außerhalb der *Academia* adressiert werden. In jüngerer Zeit ist dabei weniger an populärwissenschaftliche Verfahrensweisen zu denken, an die adressatenbezogene Auswahl und Umgestaltung von ‚Wissenschaftswissen', sondern an Wissen, das in seiner Erzeugung und Vermittlung eine konkurrierende Konstellation darstellt.

4. Literaturgeschichte für die nichtakademische Öffentlichkeit

Noch in den 1950er bis 1970er Jahren erschienen zeitgleich zur Ausarbeitung anspruchsvoller Darstellungen zum Literaturgeschehen für den Wissenschaftsgebrauch Publikationen mit mehr essayistisch angelegten Beiträgen, insbesondere zur Gegenwartsliteratur. Ein gutes Beispiel ist (mit einem programmatischen Titel) *Statt einer Literaturgeschichte* von Walter Jens (Pfullingen 1957) – ein Erfolgsbuch (1978 erschien bereits die 7. Auflage), wirksam bis hinein in die Gründerjahre der neuen Sozialgeschichten der deutschsprachigen Literatur. Genauer zu recherchieren und eingehend zu untersuchen wäre, ob mit dem akademisch erhobenen Anspruch auf sozialgeschichtliche Grundlegung der Literaturgeschichtsschreibung das öffentliche Interesse an literaturgeschichtlichen Darstellungen schwand und sich auf die stark nachgefragten Dichter-Monographien oder die faktengesättigten Romanbiographien konzentrierte. Aufschlussreich zu der Relation ‚Wissenschaftsadressierung versus Öffentlichkeitsadressierung' wäre auch ein Vergleich zu den Entwicklungen, die sich seit 1960 für die Konstellationen in der Geschichtswissenschaft, in der Philosophie und in den Kunstwissenschaften ergaben.

Ein letztes Wort soll zwei jüngsten und unterschiedlichen Versuchen gelten, aus der *Academia* heraus die interessierte Öffentlichkeit anzusprechen. 2002 erschien vom Stuttgarter Ordinarius Heinz Schlaffer eine heftig umstrittene *Kurze Geschichte der deutschen Literatur* (München 2002),[47] die das Bildungswissen zur deutschsprachigen Literatur auf ein Günter-Jauch-taugliches

---

47 Vgl. dazu u. a. die 2002 erschienene Rezension von Wolfgang Adam in *Arbitrium* (Jg. 20), H. 2, S. 125–129.

Konzentrat zusammenstauchte. Waren Schlaffers rund 180 Seiten noch als publikumsfreundliche Lektürevorgabe anzusehen, so sind die etwa 1200 Seiten einer funkelnagelneuen Geschichte der deutschen Literatur von Umfang und Preis her gesehen weniger einladend: Der renommierte nordamerikanische Germanist David Wellbery hat zusammen mit etwa 150 Helfern aus mehreren geisteswissenschaftlichen Disziplinen dieses umfangreiche Kompendium in der englischsprachigen Fassung 2004 auf den Markt gebracht als *A New History of German Literature* (die deutsche Übersetzung erschien 2007).[48] Die traditionelle Darstellungsform einer Prozessgeschichte wurde in die einer anekdotischen Ereignisgeschichte zwischen 744 und 2001 überführt. In mehr als 200 Kurz-Essays werden – zumeist werk- oder autorbezogen – literarische Events mit einer eher journalistisch orientierten Schlagzeile dargestellt, so etwa zu Heiner Müllers Drama *Hamletmaschine* als „Oktober 1977/Terroristen der Roten Armee Fraktion begehen im Gefängnis Selbstmord". Zum Wissenschafts- und Studiengebrauch ist dieser Band nicht bestimmt, doch bietet er hippe Lektüre: Die aktuelle Event-Kultur hat sich auch die Literaturgeschichtsschreibung unterworfen; hier ist alles irgendwie ‚spannend' (so das neudeutsche Exzellenzkriterium für die Geisteswissenschaften); es hat den ‚Curiosity'-Charakter einer Talk-Show. Und auf dem Schutzumschlag liest sogar ein Gartenzwerg – nicht etwa wenige ‚Finger Food'-Blättchen, sondern einen dickleibigen Band. Solch' feine Ironie ‚hebt det Janze', mag man sich im Verlag Berlin University Press gedacht haben. Wie auch immer: Vitalisierungsbemühungen für die totgesagte Literaturgeschichtsschreibung werden auch dann dankbar registriert, wenn sie von Verlagshäusern ausgehen.

---

[48] Vgl. u. a. die Rezension von Martin Huber in *literaturkritik.de* (Nr. 7, Juli 2008), http://www.literaturkritik.de/public/rezension.php?rez_id=12077.

Friedmar Apel
‚Belebung und Organisazion sind die Grundsätze ächt historischer Kunstgebilde'

Rückblickende Überlegungen zu einer narrativen Erneuerung der Literaturgeschichte aus dem Geiste des 93. Blüthenstaubfragments des Novalis

Bis in die späten 60er Jahre hinein waren Studierende in den Philologien, die einen Überblick über die Methodologie der Literaturwissenschaft suchten, auf René Welleks und Austin Warrens *Theory of Literature* angewiesen. Zur Literaturgeschichte war darin Belehrung nur in negativer Hinsicht zu erhalten. Literaturgeschichte im Sinne einer spezifischen Historizität der Literatur als Kunst, so die Meinung der Verfasser, gebe es eigentlich nicht. In aphoristischer Verkürzung: „Die meisten führenden Literaturgeschichten sind entweder Kulturgeschichten oder Sammlungen kritischer Aufsätze. Die eine Art ist keine Geschichte der *Kunst*, die andere keine *Geschichte* der Kunst." Sein Verdikt über die Literaturgeschichte hatte Wellek im 5. Kolloquium *Poetik und Hermeneutik* 1970 noch einmal verschärft: „There is no progress, no development, no history of art except a history of writers, institutions and techniques. This is, at least for me, the end of an illusion, the fall of literary history."

Welleks Bankrotterklärung wurde nicht angenommen, stattdessen entwickelte sich geradezu ein Wettbewerb der Literaturgeschichtsschreibung. Alle großen literaturgeschichtlichen Unternehmungen seit den 70er Jahren aber waren Sozialgeschichten, chronologisch oder epochenorientiert gegliederte Aufsatzsammlungen oder Mischungen aus beiden Arten. So die *Geschichte der deutschen Literatur* (Hg. Žmegač, 1979 ff.), *Deutsche Literatur, eine Sozialgeschichte* (Glaser, 1980 ff.), *Hansers Sozialgeschichte der deutschen Literatur* (Grimminger, 1980 ff.), das *Handbuch der Literaturwissenschaft* (Kreuzer, 1976 ff.) oder *Fischers Sozialgeschichte der deutschen Literatur* (Berg, 1980).

Die massierte Fixierung auf Sozialgeschichte ist zweifellos auf die um 1968 erfolgte gesellschaftliche Wende der Germanistik zurückzuführen. Dennoch ist sie im Rückblick ziemlich erstaunlich, denn seit dem Ende der 60er Jahre schien sich ein Konsens herauszubilden, dass sich mit der Überwindung der Werkimmanenz die Chance ergäbe, in einer erneuerten Literaturgeschichtsschreibung die Kluft zwischen ästhetisch-formalistischer und historischer, soziologischer oder materialistischer Literaturbetrachtung zu schließen. Kaum je wurde die Diskussion des historischen Wissens, des wissenschaftstheoretischen Orientierungsrahmens und der ästhetischen Erfahrung und ihrer Darlegungsproblematik so intensiv betrieben; die Konsequenzen für die Praxis der Literaturgeschichtsschreibung aber blieben spärlich.

Das gilt auch für die seinerzeit meistdiskutierten kritischen Entwürfe zur Neukonzeption der Literaturgeschichte, nämlich Jost Hermands *Synthetisches Interpretieren* (1968) und Hans Robert Jauß' *Literaturgeschichte als Provokation der Literaturwissenschaft* (1967, erschienen 1970). Beide Ansätze zielten auf eine Synthese von bis dahin auseinanderstrebenden Betrachtungsweisen, beide auch sahen die Geschichte der Literaturgeschichte in den letzten 150 Jahren als die eines stetigen Niedergangs. Literaturgeschichte, so Jauß, sei keineswegs unverdient in Verruf gekommen, sie habe ihre Legitimation als Medium ästhetischer, geschichtsphilosophischer und hermeneutischer Reflexion Zug um Zug preisgegeben. Hermand dagegen formulierte die Ursachen dafür weniger als Versäumnis der Literaturwissenschaft, sondern suchte die Gründe in der historischen Entwicklung selbst, namentlich sei seit der gescheiterten Revolution von 1848 das Fortschreiten eines resignierten Relativismus und eine zunehmende Verflachung des Fortschritts- und Geschichtselans zu beobachten.

Hermand fordert, dass die Geisteswissenschaften sich auf jene Geschichtsgläubigkeit rückbesinnen sollten, aus der sie einst entstanden. Insbesondere schlägt er vor, Literaturgeschichtsschreibung wieder vom Universalismus, von der Ganzheitsvorstellung, vom Begriff des Fortschritts, schließlich von dem des Epochalen her zu betreiben. Den Widerspruch, dass dies gegen die selbst beobachtete historische Entwicklung für möglich erachtet wird, löst Hermand mit der Konstruktion des ‚als ob' im Sinne der ‚nützlichen Fiktion' Hans Vaihingers. Der Literaturhistoriker soll also gleichsam so tun, als sei er, wie etwa Gervinus, vom Gedanken des Ganzen und von der Idee des Fortschritts beseelt, mit dem Ziel, die zersplitterten Methoden in einer ‚Vollanalyse' zu integrieren. Wie um die eigenen Zweifel an einer solchen Konstruktion zu verscheuchen, spricht Hermand der Literaturwissenschaft Mut zu, sich weder von den Detailproblemen des Textverständnisses noch von der Stoffmasse, aber auch nicht von Kleingläubigen und Esoterikern bange machen zu lassen und sich aus dem idyllischen Fluchtraum textverhafteter Betrachtung gleichsam wieder auf das Schlachtfeld der ganzheitlichen und fortschrittlichen historischen Darstellung zu werfen.

Seinen Vorschlägen stellt Hermand das berühmte und berüchtigte Hegel-Wort voran, nach dem nur das Ganze das Wahre sei. Der Satz bezeichnet in der Vorrede zur *Phänomenologie des Geistes* bekanntlich sowohl die wissenschaftliche Erkenntnis als auch das von ihr zu Erkennende. Die wahre Gestalt der Wahrheit, so heißt es dort, sei das wissenschaftliche System derselben. Das Ganze ist der Zweck plus seine wissenschaftliche Ausführung als Werden und Resultat. Soll nach Hegel die Wahrheit des Geschichtlichen erfasst werden, so muss bei allgemeinen Gesichtspunkten und Grundsätzen begonnen werden, von welchen aus die konkrete und reiche Fülle nach Bestimmtheiten erschlossen wird, die aber schließlich im Begriff aufgehoben werden müssen, denn Hegel zufolge ziemt es der Wissenschaft nicht, bei der Erfahrung stehen zu bleiben. Nun hat allerdings nicht nur Adornos provokative Umkehrung von Hegels Satz auf die Gefahr hingewiesen, dass in den großen Systemen und historischen Entwürfen das Einzelne und Besondere in einer erzwungenen und eben unwahren Ordnung zusammengefasst wird – und dieser Gefahr entgeht auch Hermands Konstruktion nicht.

Dieser Vorwurf lässt sich im Grunde schon gegen Gervinus erheben, der allerdings einbekannte, dass sich gerade Literaturgeschichte zur Konstruktion, zum Herbeiwünschen von Ganzheiten eignet. So wusste Gervinus natürlich, dass die Geschichte Germaniens über die weiteste Strecke eine der Assimilation an Rom war, zumal in Gestalt der Kirche. Die deutsche Nationalliteratur auf Germanien zurückzuführen, Kleists Hermann zum deutschen Helden und die Marginalie der Varus-Schlacht zur beispielhaften Befreiungs- und Einigungsaktion zu erklären, war eines der Kunststückchen des Historikers, denen ein heftiges Bedürfnis zugrunde gelegen haben muss, das sich, wie Gervinus einräumt, in der Darstellung der politischen Situation 1835 nicht befriedigen ließ. „Den Geschichtskünstler möchte ich doch sehen, der uns von einer Schilderung des gegenwärtigen politischen Zustandes von Deutschland getröstet zu entlassen verstände." Noch frappierender lässt sich die Ideologieanfälligkeit literarhistorischer Konstruktionen an Josef Nadlers *Literaturgeschichte der deutschen Stämme und Landschaften* beobachten. Mit nur wenigen Änderungen ließ sich das von Hofmannsthal und Borchardt als symbolische Einigung der Nation bei Wahrung regionaler Eigenheiten bewunderte Werk unter dem Nazi-Regime zur *Literaturgeschichte des deutschen Volkes* (1938–1941) umgestalten, die aufs Ganze ging im „Urgrund eines großen Gedankens: ein Volk, ein Reich, ein Führer."

In den *Epochen deutscher Kunst und Kultur* (1971–1976), der groß angelegten Kulturgeschichte, die Hermand zusammen mit dem Kunsthistoriker Richard Hamann verfasst hat, zeigt sich die Problematik von Epochenbezeichnungen gleich doppelt, weil die Kategorien Gründerzeit, Naturalismus, Impressionismus, Stilkunst und Expressionismus je gleichermaßen für die Literatur und die bildende Kunst gelten sollen. Peter Szondi hatte schon seinerzeit darauf hingewiesen, dass im Band *Impressionismus* die Werke so verschiedener Dichter wie Wedekind, Schlaf, Hofmannsthal, Schnitzler, George, Rilke und

Thomas Mann nur deshalb unter den gleichen leitenden Gesichtspunkten behandelt werden können, weil die Texte unter einem Gesichtspunkt wie ‚impressionistisches Lebensgefühl' fast ausschließlich nach Ideen und Motiven durchsucht werden, deren Ähnlichkeit dann einen Zusammenhang mehr suggeriert als erweist. Kategorie und Beobachtung stützen sich dabei gegenseitig:

> Die impressionistischen Literaten dieser Jahre schwärmten für einen Individualaristokratismus, der sich auf das naturgegebene Recht des zur Herrschaft geborenen Individuums stützt, wobei man unter Herrschaftlichkeit nicht mehr eine bestimmte Verpflichtung, sondern ein ungehemmtes Sichausleben verstand. Dieser individuelle Anarchismus, der alle zwischenmenschlichen Beziehungen entweder negiert oder einem bindungslosen Egoismus opfert, führte schließlich zu einem Freiheitskult, der lediglich das Prinzip der uneingeschränkten Persönlichkeit anerkennt.

So sagt der Zwergriese Hetmann in Wedekinds *Hidalla* (1903): „Ich verfolge von heute ab nur noch das eine Ziel, mir meine Freiheit zu wahren! Meine durch nichts beschränkte Freiheit! Meine unantastbare Freiheit!"

Moralische Grundsätze des Literarhistorikers hinsichtlich des Sozialen und allgemeine Begriffe fließen hier in eine Konstruktion zusammen, die sich schließlich mit keiner einzelnen Deutung oder Aussage mehr belegen lässt. Im inflationär gebrauchten Prädikat ‚führte schließlich' wird eine historische Entwicklung behauptet, wobei allerdings das vorher verwendete Präsens verrät, dass hier etwas zeitlos Gültiges ausgesprochen werden soll. So werden Einzelzüge sozialer und literarischer Probleme und Motive der Zeit unter eine Entwicklung subsumiert, die sich mit der Biographie und den Werken der besprochenen Dichter allenfalls nur flüchtig berührt. Zum Beleg der beschriebenen Entwicklung wird nämlich eine Stelle beigebracht, die den Begriff Freiheitskult zu rechtfertigen scheint. Hermand und Hamann jedoch verschweigen, was mit jenem in Wedekinds Drama geschieht, der diese Sätze spricht. Er nimmt sich nämlich das Leben, und zwar nicht etwa als heroischer Protagonist unbegrenzter Freiheit, sondern als beschädigte und lächerliche Figur, der einzig noch eine Stelle als „dummer August" im Zirkus angeboten wird. Mit dem Zitat lässt sich also das Gegenteil von dem belegen, was Hamann und Hermand als Prinzip der unbeschränkten Persönlichkeit bezeichnen. Im Vorwort erhebt Hermand ausdrücklich den Anspruch, auch das kleinste Detail als Bestandteil des Ganzen zu erklären. Was aber an den Details das historisch Allgemeine dementiert, wird entweder gewaltsam passend gemacht oder fällt durch das Raster.

Von einer Kluft zwischen historischer und ästhetischer Erkenntnis geht auch Jauß in seinem Ansatz zur Erneuerung der Literaturgeschichte aus. Auch er formuliert seine Vorschläge als Synthese bisher getrennter Betrachtungsweisen. Synthetisierend könne allem voran die rezeptionsästhetische Perspektive wirken, indem diese der jeweiligen ästhetischen Erfahrung ihre Stelle in der fortwährenden Totalisierung des Vergangenen anweise. Diese Perspektive diene einer fortwährenden Vermittlung der ästhetisch-formalen und der historischen Betrachtungsweise, wobei jedoch Gegensätze nicht harmonisiert, sondern als selbst geschichtlich dargestellt werden sollen.

Darüber hinaus sieht Jauß die Geschichtlichkeit der Literatur nicht in einem Zusammenhang literarischer Fakten, sondern in der fortwährenden Erfahrung des Werkes durch seine Leser, in die sich der Literaturwissenschaftler, insofern er selbst zunächst Leser ist, aktiv einschalten kann, um sein eigenes Urteil aus dem Standpunkt in der Reihe der Leser zu begründen. Mit Gadamer denkt sich Jauß Geschichtlichkeit als fortwährenden Dialog von Werk und Leser, in den auch der Literarhistoriker wirkungsgeschichtlich verflochten ist: Er ist der Fluchtpunkt der Zusammenhangbildung, ausdrücklich nicht das Ziel. Vordringliche Aufgabe der Literaturgeschichte ist damit die Analyse der Erfahrung des Lesers. Es sei dies aber keine psychologische, weil sie auf ein objektivierbares System bezogen sei, welches in Jauß' Terminologie „Erwartungshorizont" heißt. Dieses Bezugssystem kann als Vorverständnis von Gattung, Thematik, Weltanschauung, religiöser moralischer Normen usw. sowie als gegebener Stand der Sprache für jeden bestimmten geschichtlichen Moment objektivierbar gemacht werden. Die Geschichtlichkeit des einzelnen Werks erscheint so bei Jauß vor allem als Verhältnis, als der je spezifische Abstand des Werks zu diesem Bezugssystem, und dieses Verhältnis objektiviert sich wiederum in den Reaktionen des Lesers bzw. des Publikums. Die Vorstellung eines Fortschritts wird durch die Abfolge der Horizontverschiebungen ersetzt, deren Fluchtpunkt nicht ein als wünschenswert vorgestellter Zustand der Wirklichkeit ist, sondern die Identität bzw. der Standpunkt des Literarhistorikers. Erst im letzten Satz der Jauß'schen Darstellung schleicht sich ein wenig Fortschritt durch die Hintertür wieder herein, indem die gesellschaftsbildende Funktion der Literatur darin gesehen wird, dass sie die „Emanzipation des Menschen aus seinen naturhaften, religiösen und sozialen Bindungen" fördert, was freilich nicht ein jeder für erstrebenswert erachtet.

Christoph Hubig hat in *Dialektik und Wissenschaftslogik* (1978) vorgeschlagen, den Begriff des Fortschritts in den Geisteswissenschaften durch den der Konsistenz zu ersetzen, der in der Dimension des Verhältnisses zwischen Text und Subjekt Ähnliches aufzeigt wie Jauß' Konzept der Horizontverschiebung. Konsistenz als jeweiliger Grad des Widerspruchs zwischen einem als gültig angesehenen System und den jeweiligen Aussagen des Geisteswissenschaftlers lässt immer auch Rückschlüsse auf die Identität des Subjekts zu. Die Kategorie hat den Vorteil, dass sie eine in praktischer Absicht ist, sich auf die Herstellung und Sicherung menschlicher Identitäten bezieht, worin Hubig überhaupt den

Sinn der Geisteswissenschaften sieht. Zur Beantwortung der Frage, ob man dieser Praxis der Selbstmanifestation nicht das Prädikat ‚Wissenschaft' vorenthalten sollte, kommt Hubig freilich über die kantische Formulierung nicht hinaus, nach der Wissenschaft dem Menschen zur Erkenntnis seines Standpunkts in der Welt verhelfen soll. Ob dessen Verschiebung ohne eine kantische Fortschrittsvorstellung als geschichtliche Entwicklung darstellbar ist, bleibt ungeklärt. Wo Literaturgeschichtsschreibung sich als kritische Infragestellung oder Bestätigung des Kanons begreift, lässt sich der Begriff der Konsistenz aber mit Gewinn in eine Reflexionsfigur transponieren.

Der Rezeptionsgeschichte ist vorgeworfen worden, sie laufe wiederum auf etwas hinaus, was keine Geschichte der Kunst sei, sondern allenfalls Geschichte von Rezeptionsformen, der Kritik oder des Geschmacks. Anders als in der Hermeneutik und der Literaturdidaktik ist jedoch die literarhistorische Probe aufs Exempel ausgeblieben, wohl mit guten Gründen. Jauß legt besonderen Wert auf das Verhältnis von literarischer Erfahrung und Lebenspraxis. In den Dokumenten der Rezeption mögen sich Niederschläge von Erfahrungen zeigen, aber sie gehen in die Erfahrung des Literaturwissenschaftlers nicht anders ein als alle anderen Informationen. So führt am Ende doch kein Weg darum herum, die Historizität des Werks mit der Darlegung der je eigenen Erfahrung zur Geltung zu bringen, was dann anderen wiederum zur Voraussetzung und Bereicherung ihrer Erfahrung dienen mag. Eine Literaturgeschichte, die sich vor allem auf die Analyse von Rezeptionsdokumenten stützte, würde nicht nur Welleks Spott hervorrufen, sondern vermutlich auch bleierne Langeweile beim Leser.

Das erkenntniskritische Grundproblem der Literaturgeschichte liegt in der Bestimmung, was denn als Zusammenhang zu gelten habe. Für das Wissen von Geschichte überhaupt hat Hans Michael Baumgartner in *Kontinuität und Geschichte* (1972) eine grundsätzliche Klärung versucht. Bereits die erste Reflexion des Problems führt Baumgartner zu der These, dass Geschichte nichts ist, was der Fall ist, sondern ein synthetisierter Zusammenhang von Ereignisdarstellungen, was Baumgartner an den verschiedenen Verwendungen des Begriffs der Kontinuität erhärtet. Kontinuität aber kommt nur da zustande, wo es ein Interesse an Kontinuität gibt, wo also die Gültigkeit von Traditionen und Wertvorstellungen erwiesen werden soll. Theodor Lessing hat das in *Geschichte als Sinngebung des Sinnlosen* (1919/1927) einer Radikalkritik unterzogen. In seiner kritischen und metakritischen Analyse des Wissens von Geschichte kommt Baumgartner jedenfalls zu dem Schluss, dass Geschichte eine selektive und retrospektive Konstruktion unter bestimmtem Interesse ist. Zu Hayden Whites These der notwendigen Narrativität von Geschichte ist es von hier aus nicht mehr weit.

Vorher hatte schon Arthur C. Danto in *Analytical Philosophy of History* (1965) den Begriff *narrative* als Rekonstruktionsbegriff des historischen Wissens eingeführt. Der Unterschied zwischen *science* und *history* resultiert nach Danto aus dem Unterschied von empirischem Wissen zu sogenannten *organisational schemes*, in denen vor allem das Wissen von Geschichte beruht. Narrativität ist nach Danto das Wesen des Wissens von Geschichte, worin ‚beschreiben' und ‚erklären' übereinfallen. Der Historiker ist kein reflektierter Chronist, weil er von einem Standpunkt aus erzählt, von dem aus die Ereignisse nicht hätten beobachtet werden können. Ein typischer Satz der Geschichtsschreibung rekurriert auf mindestens zwei zeitdifferente Ereignisse und erklärt sie durch den erzählten Bezug aufeinander. A war die Ursache für B, A führte schließlich zu B. Die mögliche Wahrheit solcher Sätze beruht auf dem Zeitpunkt, zu dem sie geäußert werden. In Kombination mit der Notwendigkeit von *organisational schemes*, indem es zum Wesen der Erzählung gehöre, organisierend auszulassen, ergibt sich schon bei Danto die kühle Einsicht, dass alle Geschichte selektiv und retrospektiv ist. Nicht halten lässt sich daher die Vorstellung von Geschichte als Substrat und kontinuierlichem Übergehen von Zukunft in Gegenwart in Vergangenheit; diese gilt vielmehr nur für reine Zeitverläufe. Da schließlich ein und dasselbe Ereignis Bestandteil beliebig vieler hergestellter temporaler Strukturen sein kann, gibt es keine fixierbare historische Bedeutung eines Ereignisses. Danto sieht also historische Kontinuität als Implikat der narrativen Struktur.

Problematisch ist dabei jedoch, dass *continuity* bei Danto nur *persistence of elements* der Erzählung heißt, nämlich Identität von Subjekten, welche nach Danto sowohl Personen, Klassen, Gruppen oder auch Langzeitereignisse sein können. Hier sieht Baumgartner einen Widerspruch, indem sich aus Dantos Analyse gerade hätte ergeben müssen, dass Kontinuität von einer (narrativen) Formgebung abhängig ist, die sich weder aus in der Zeit dauernden identischen Subjekten herleitet noch diese reproduzierend abbildet. Dass Danto der Vorstellung vom identischen Subjekt der Geschichte erliege, erklärt sich Baumgartner durch die Irreführung durch Biographie, obwohl nüchtern betrachtet selbst dort das Subjekt nur die Variable ist, die Zeitstrukturen zum Vorschein bringt, ohne selbst das alleinige organisierende Prinzip zu sein. Das Interesse an der Herstellung von Kontinuität hat nach Baumgartner vielmehr den Stellenwert einer regulativen Idee. Geschichte wird in praktischer Absicht geschrieben, Bedeutung wird ihr im Interesse von Kommunikation und Handlungsorientierung zugeschrieben. Diese Sinngebung ist als ein freier Akt zu begreifen, der nur in der Struktur des menschlichen Geistes seinerseits begründbar sei. Auch für Baumgartner ist sowohl die Vorstellung des Ganzen wie die des Fortschritts obsolet, wie immer eine Idee des Ganzen als Streben die Herstellung von Kontinuität bestimmen mag.

Von anderen Voraussetzungen her kommt Siegfried Kracauer in *History – the last things before the last* (1969) zur Erkenntnis der wesentlichen Differenz von historischer und chronologischer Zeit. Das intellektuelle Universum, so Kracauers zentrale These, sei nichthomogen. Die Zeit könne erst rückwirkend wieder als Medium eingesetzt werden, weil den Dingen ein eigener Zeitplan innewohne, der sich nur in ihrer Erfahrung, im Bewusstsein von ihnen konstituiere. In der Geschichtsschreibung sind daher deduktive und induktive Verfahrensweisen nicht der gleiche Weg; sie treffen sich nicht in der Mitte, sondern legen eine qualitativ verschiedene Spur durch das Gelände der Geschichte. Zwar liegt die Versöhnung von Allgemeinem und Besonderem der historischen Konstruktion als Idee zugrunde, sie ist aber nicht erreichbar. Deshalb sollte die Geschichte als Vorraum begriffen werden, sich nicht auf die letzten, sondern nur auf die vorletzten Dinge beziehen. Geschichtsschreibung soll folglich eine Koexistenz von Allgemeinem und Besonderem gelten lassen, Widersprüche nicht harmonisieren, sondern als selbst historisch festhalten. Thematische Konsequenzen wären, dass die Erfolgsgeschichte mit der des Misserfolgs konfrontiert wird, die Geschichte der Macht mit der des ohnmächtigen Individuums, die realisierten Entwicklungen mit den unterbliebenen oder möglichen. Sprachlich schließlich hätte sich das darin auszudrücken, dass abstrakte Begriffe und technische Kategorien mit Bildern und Näherungswerten konfrontiert würden. Eine so verstandene Geschichtsschreibung könnte sich Kracauer zufolge in den Zwischenräumen dogmatischer Glaubensrichtungen einnisten und eine humanitäre Funktion erfüllen, indem sie dem Namen gibt, was nicht für sich selbst sprechen kann.

Die Analysen der Form des historischen Wissens lassen sich nicht umstandslos auf die Literaturgeschichtsschreibung anwenden. Der literarische Text und das historische Ereignis entsprechen sich zwar darin, dass sie bedeutungsoffen sind, dass sich die Auffassung des Früheren durch das Spätere erweitert, dass sich Zusammenhang nur unter bestimmten Kriterien der Wahrnehmung und der Organisation herstellt. Fundamental unterschieden aber sind sie darin, dass die vergangenen Ereignisse nur im Wissen Gegenwart erlangen können, während den Werken vermöge ihrer Sprachlichkeit auch außerhalb des hergestellten Zusammenhangs Gegenwärtigkeit eignet. Während den vergangenen Ereignissen erst im hergestellten Zusammenhang Sinn zugesprochen wird, sind die Werke als Produkte eines sinnverleihenden Aktes überliefert und können je im Hier und Jetzt erfahren werden. Nach Jacob Burckhardt: Überlieferung kann man beleben, Vergangenheit nicht.

Die ästhetische Erfahrung ist aber nicht nur möglich, sondern die unabdingbare Voraussetzung der Erkenntnis des Gegenstands. Auch die Geschichtlichkeit der Werke kann nirgendwo anders erfasst werden als im Vollzug einer

Erfahrung. Die Rezeptionsdokumente haben gerade deshalb nicht den gleichen Status wie Chroniken von Ereignissen oder andere Quellen, weil literarische Texte nicht hinlänglich repräsentierbar sind, sie bleiben dem Sinn nach virtuell, wenn sie nicht von einem lebendigen Individuum erfahren werden. Die spezifische Geschichtlichkeit der Werke kann daher nur in ihrer immanenten Dynamik aufgesucht werden, in der Weise, wie darin Konflikte ausgetragen werden, letztendlich in ihrer Widerständigkeit und ihrem Anderssein. Dies bedeutet nicht, dass die Werke nicht Bedingungen oder Voraussetzungen hätten, aber diese können eben nur im Werk selbst aufgesucht werden, andernfalls müsste man ja Werke voraussagen können, was die unausgesprochene Überzeugung des literaturwissenschaftlichen Positivismus war. Dass man das nicht kann, liegt an der Weise, wie sie je Form werden, also im Ästhetischen selbst. Friedrich Schlegels spöttische Kennzeichnung des Historikers als rückwärts gekehrten Propheten trifft gerade auf den positivistischen Literarhistoriker zu.

Es ist also auch und gerade im Kontext der Literaturgeschichte als Disziplin der Literaturwissenschaft davon auszugehen, dass die Historizität des Werks selbst zu seiner Besonderheit gehört, sodass Peter Szondi zufolge einzig die Betrachtungsweise dem Werk gerecht wird, welche die Geschichte in ihm zu sehen erlaubt, nicht aber die, welche das Werk in der Geschichte sieht. In Umkehrung des positivistischen Irrtums glaubte allerdings die Werkimmanenz, das Werk in seiner unverkennbaren und von nichts außer ihm liegenden, bestimmten oder abgeleiteten Eigenart beschreiben zu können. Nicht umsonst aber hatten die russischen Formalisten ihre anfangs emphatisch postulierte Beschränkung auf formale und synchronische Probleme so schnell aufgegeben. Gerade an ihrem Zentraltheorem der poetischen Sprache als Entautomatisierung der Alltagssprache und Alltagswahrnehmung musste ihnen deutlich werden, dass die Spezifität von Form und Material unter dem historischen Blick genauer erkannt werden kann. Man könnte sogar die diachrone Betrachtung in ihrem Kern selbst als Form der Entautomatisierung beschreiben, indem durch sie das Werk einer beschränkenden Vertrautheit entzogen wird, das Ältere Konturen durch das Neuere erhält und umgekehrt. Denn Sachlichkeit des Verstehens und dessen Darlegung ist trotz des Angewiesenseins auf Identifikation des Subjekts mit dem Werk im Zusammenhang von „Erkenntnis und Interesse" nach Habermas gerade dadurch gegeben, dass die Subjektivität selbst ihre bestimmte Form einem Traditionszusammenhang verdankt und in der kommunikativen Aneignung lernt, sich sowohl einzuschätzen als auch die Gegenstände und zugleich sich selbst als Momente eines beides umfassenden prozessualen Zusammenhangs zu begreifen.

Wenn in einem neu erwachten Interesse an Literaturgeschichte historische Modelle der Literaturgeschichtsschreibung besichtigt und als Orientierung einer erneuerten Literaturgeschichtsforschung herangezogen werden, so wäre also allererst darauf zu achten, wie sich Subjekt und Gegenstand unter welchem Interesse zueinander und miteinander bestimmen. Bei Gervinus fungierte die *Geschichte der poetischen Nationalliteratur der Deutschen* als Modell und Beweis für die Notwendigkeit der Herstellung einer nationalen Identität. Sie ist als eine Art antizipierendes Probehandeln im Geiste, die Aufforderung zur Identifikation des Lesers mit der Idee des Nationalstaats zu verstehen. Dass die Literaturgeschichte Deutschlands bis zur Klassik als ein Ganzes erscheint, setzt die Entscheidung, Literatur als eine ungleichzeitig verschobene Seite der politischen Geschichte zu betrachten, voraus, ist eine Folge von Gervinus' Überzeugung, das Ziel der politischen Geschichte bestünde in der Erfüllung der deutschen Einheit im freiheitlich verfassten Nationalstaat. Manch einer wünschte dergleichen Veränderung bekanntlich nicht.

Auf den Erweis der Identität des Allgemeinen und Besonderen zielte trotz der Absage an Teleologie und geschichtsphilosophische Spekulation auch die positivistische Literaturgeschichtsschreibung Wilhelm Scherers. Explizit formuliert Scherer, die einzelne Tatsache habe den Wert verloren, es interessiere nunmehr das Gesetz, das daran zur Erscheinung komme. Man hat bemerkt, dass die pseudo-naturwissenschaftliche Kausalanalyse die Literatur als Abbild des Bestehenden erscheinen lässt. Dies ist jedoch nicht eine Folge der Verfahrensweise, sondern liegt – vor dem Hintergrund der inzwischen erfolgten Konstitution des Reichs – in der apologetischen Intention begriffen, die paradoxerweise daraus entstand, dass die Literatur die Einheit der Nation nicht mehr zu repräsentieren brauchte, ihr folglich vermindertes praktisches Interesse zukam. Die Literaturgeschichte musste sich daher anders legitimieren, und zwar zusätzlich unter dem Druck des Aufstiegs der Naturwissenschaften und der Technik, an deren Siegeswagen sich Scherer bekanntlich gern anhängen wollte.

Die geistesgeschichtliche Methode wird gern als diametrale Umkehrung der positivistischen Verfahrensweise erklärt, jedoch ging auch Diltheys Theorie auf eine Art Kausalerklärung der Werke auf empirischer Basis hinaus. Allerdings erkannte Dilthey, dass das Bestreben, von der Darlegung der Literaturentwicklung her wieder zu verbindlichen Wertsetzungen zu kommen, nicht durch Angleichung an naturwissenschaftliche Verfahrensweisen zu erreichen ist, sondern dass die Literatur als ein gleichsam konkurrenzloser Seinsbereich konstituiert werden muss. Aus der Konstatierung des Abstandes zwischen dem Subjekt als Identität eines lebensgeschichtlichen Zusammenhangs und seinen Objektivationen, welcher durch Verstehen überbrückt werden muss, konnte sich die geisteswissenschaftliche Betrachtung gegenüber den Naturwissenschaften unter Rückgriff auf das romantische Modell der Hermeneutik bei Schleiermacher und Schlegel neu legitimieren.

Die Einsicht in die Gefährdung des Einzelnen durch die Zwänge des Machtstaats und der Industriegesellschaft prägte sich dann bei Gundolf und der George-Schule in der Mythisierung des Individuums aus. George selbst wünschte sich 1916 eine auf Formen bezogene Literaturgeschichte, „am besten etwa um einzelne Personen herum, welche die Wendung gebracht haben". Friedrich Gundolf hat das 1921 in *Die deutsche Literärgeschicht/Reimweis kurz fasslich hergericht* auf spielerische und parodistische Weise in Knittelversen eingelöst. Bezeichnenderweise aber bricht die Darstellung ab, bevor George selbst als Figur der Wendung auftritt: „Hier schliess ich besser sowieso." Vermutlich ist Gundolf von Klabunds frech wertenden, radikal subjektiven Darstellungen in *Deutsche Literaturgeschichte in einer Stunde* und *Geschichte der Weltliteratur in einer Stunde* (1920) angeregt worden.

In Nadlers *Literaturgeschichte des deutschen Volkes* erscheint dann George selbst als Figur der Wendung, als Dichter der Weissagung des Nazi-Regimes. George wird funktionalisiert für eine symbolische Identifikation des Subjekts mit dem beschworenen Ganzen, und zwar offensichtlich wider besseres Wissen: „Gleichviel ob George diese Weissagung für erfüllt gehalten hat. Seine Gedanken haben den Vorstellungen des Neuen Deutschlands vorgearbeitet". Dass Nadler der Ideologie zynisch und opportunistisch zu Willen war, dass er vermutlich gar kein überzeugter Nazi war, macht die Sache nicht besser. Nach dem Krieg hat Nadler seine Literaturgeschichte noch einmal neu frisiert. George erscheint darin nun als ein frevelhafter Päderast und Sektierer, der „nackte Epheben" darstellt. Seine Lehre aber ist dem Literarhistoriker unverständlich geworden: „Nur der Eingeweihte findet die Worte, deren keines an seinem Platz steht." So steht es mit der Wahrheit des Ganzen wie mit der Mythisierung des Individuums. Das beliebte historische Prädikat ‚führte schließlich' sollte damit für alle Zeit diskreditiert sein.

Das Denken in Gegensätzen könnte dazu verführen, die Hauptströmung der deutschen Nachkriegsliteraturwissenschaft vor allem als Reaktion auf solche Diskreditierung der Literaturgeschichte in den völkischen Verirrungen der Nazi-Germanistik zu erklären. Was dabei jedoch übersehen wird, ist, dass ähnliche Arten der formalen Annäherung an Literatur in Russland, England und den USA schon in der ersten Hälfte des 20. Jahrhunderts betrieben wurden. Auf die eine oder andere Weise erscheinen allerdings auch diese Ansätze als Form des Widerstands gegen den Zugriff des Weltanschaulichen oder Politischen. Für Deutschland scheint es so, dass erst der Neuanfang es gestattete, Entwicklungen aufzunehmen, die anderswo schon vorher als Ausweg aus dem offenbar unlösbaren Widerspruch zwischen dem Anspruch auf Allgemeinheit und Individuation erschienen waren. Sicherlich hat die Werkimmanenz, insbesondere Staiger'scher Prägung, den Zusammenhang zwischen Erkenntnis und

Interesse verkannt, Gleiches gilt aber mit umgekehrtem Vorzeichen für jene ihrer Kritiker, die behaupten, die Werkinterpretation beschreibe nur die Gefühle des Interpreten, nicht die Werke. Der Mangel der Werkinterpretation ist nicht ihre Immanenz, sondern dass sie es versäumt, ihre erkenntnisleitenden Interessen offenzulegen und die notwendig gegebene Verflechtung mit dem Traditionszusammenhang erscheinen zu lassen. Gerade Staigers Deutungskünste und Wertungen beruhen auf verschwiegenen Voraussetzungen, zu denen auch sein Liebäugeln mit totalitärer Herrschaft in dem Aufsatz *Dichtung und Nation. Eine Besinnung auf Schiller* (1933) gehört.

Nicht nur Nadlers Windungen zeigen, dass es bei einer Neukonzeption der Literaturgeschichte nicht darum gehen kann, einen allgemeinen Konsens darüber herzustellen, welche Interessen zum gegenwärtigen Zeitpunkt geltend zu machen wären. Konsensfähig müsste nur mehr der Horizont der Verständigung sein. Für den einen mag ein zentrales Erkenntnismotiv in der Besinnung auf klassische Werte und Tradition bestehen, die gegen eine zerrissene Moderne geltend gemacht werden, für den anderen der Widerstand gegen Formen der Überwältigung des Individuums durch das Gesellschaftliche, gegen dogmatische Glaubensrichtungen, Technokratie oder Verwaltung. In beiden Fällen würde Literaturgeschichte mit der praktischen Absicht geschrieben, die Literatur als Erfahrungsraum der Möglichkeit der Individuation wie der Orientierung und der Selbstreflexion geltend zu machen. Eine jeglicher Wunschbilder entkleidete Literaturgeschichte wäre steril.

Was die Literaturgeschichtsschreibung der Nazi-Germanistik in methodologischer und gesellschaftlicher Hinsicht zeigt, ist die Konvergenz von Identitätsverlust des einzelnen Werks innerhalb der geschichtlichen Konstruktion und Identitätsverlust des Subjekts, auch des Literarhistorikers selbst. Wer die Werke ohne Umstände dem Gesellschaftlichen zuschlägt, den treibt es offenbar zur kollektiv ermächtigten Rede. Schon die Geschichtsphilosophie des deutschen Idealismus wollte den Einzelnen in den Dienst des Allgemeinen stellen. Jedes Werk jedoch ist wie jedes Subjekt in sich ein Problemzusammenhang, in dem sich Altes und Neues, Fremdes und Eigenes, Besonderes und Allgemeines in je verschiedenen Verhältnissen zueinander befinden. Diese Konstellation als historische und zugleich gegenwärtige zu charakterisieren, haben schon die Frühromantiker als Aufgabe der Philologie bestimmt, die gleichwohl in der Diskussion um Literaturgeschichte seinerzeit eine erstaunlich kleine Rolle gespielt haben.

Vielleicht ja, weil gerade die Frühromantiker, Novalis allen voran, ein teleologisches Geschichtsbild samt Fortschrittsbegriff und utopischer Gesellschaftsvorstellung hatten. Doch war schon Friedrich Schlegel klar, dass in der historischen Konstruktion Ganzheit immer nur das Streben nach Ganzheit ist.

Der Gegenstand seines Denkens war daher die Geschichte in ihrer Unabgeschlossenheit, und gerade deshalb kommt der Frage so viel Bedeutung zu, wie das Besondere als Besonderes erkannt werden kann und dennoch mit dem Allgemeinen vermittelt. Im (fernen) Idealfall ist dann das radikal Subjektive das Objektive. Dem entspricht eine Vorstellung von einer Gesellschaft, in der das (künstlerische) Individuum zugleich frei und gebunden ist. Die Aufhebung von Widersprüchen verlegen die Frühromantiker in die Zukunft eines gedachten Endes der Geschichte. Der Standpunkt des romantischen Künstlers wie des Geschichtsschreibers erscheint daher als eine Position des Dazwischen oder des Schwebens, die auf eine Synthese nur verweist, sie aber nicht selbst ist. Der Künstler ist nie ganz in seinem Werk, ist zwischen Schöpfung und Reflexion, Begeisterung und Ironie hin- und hergerissen, weil er sein Werk nicht nur schafft, sondern dabei auch erkennt und folglich immer wieder auf den Widerspruch von Ich und Nicht-Ich hingewiesen wird. Analog dazu verfährt nach Schlegels Bestimmung die Kritik der Werke, welche als Einzelne nicht charakterisiert und nachkonstruiert werden können, ohne dass man dabei auf ihren Begriff, auf die Kunstlehre und virtuell auf alles außer ihnen Liegende verwiesen wird. Die Sphäre des wechselseitigen Bezugs des ästhetisch Einzelnen mit dem Begriff ist für Schlegel die Sphäre der Geschichtlichkeit, welche nur begriffen werden kann in einer fortgesetzten Folge von Progressen und Regressen zwischen Zukunft und Vergangenheit, Besonderem und Allgemeinem, dem Ich und dem Anderen. Entgegen dem gegen die Romantik gerichteten Subjektivismusvorwurf wird die Sachlichkeit des historischen Begreifens durch die philologische Technik gesichert, welche sich allerdings selbst aus der Figur der Selbstreflexion legitimiert, wie sie die Frühromantiker in die Verstehenslehre eingeführt haben. Wenn Schlegel schließlich Geschichte als „Wirklichwerden alles dessen, was praktisch notwendig ist" definiert oder den Sinn für Projekte als „transzendentale[n] Bestandteil des historischen Geistes" bezeichnet, so ist damit auch die praktische Absicht der geschichtlichen Konstruktion, die Zuschreibung auf eine wünschenswerte Wirklichkeit hin angesprochen. Dies beruht nun allerdings auf dem Vertrauen in den handelnden Anteil der Menschen an der Gestaltung der Wirklichkeit, auf der Hoffnung, aus den Mängeln der Gegenwart würden durch das Medium der Poesie wie der Philologie mit der Zeit Vorzüge. Diese Hoffnung zu teilen, dürfte heute schwierig sein. Ganz aber kann sie nicht aufgegeben werden, sonst würde der Literarhistoriker jenem Benjamin'schen Engel der Geschichte gleichen, der in allen Begebenheiten nur noch eine einzige Katastrophe sieht, die unablässig Trümmer auf Trümmer häuft.

Wenn in den geschichtstheoretischen Auseinandersetzungen der 70er Jahre gefordert wurde, die Geschichtsschreibung solle nicht mehr erzählen, sondern beschreiben, so in der Hoffnung, sie könnte auf diese Weise der narrativen Harmonisierung oder Ideologisierung in der Erfolgsgeschichte der großen Persönlichkeiten und zentralen Ereignisse entgehen. Allerdings scheint, dass in der Kritik des Erzählcharakters der Geschichtsschreibung eine Art historischer Pappkamerad geohrfeigt worden ist. Nicht zufällig ist es der Typus *veni, vidi, vici*, ein einsträngiges Erzählmodell nach dem Muster ‚es ward ... und dann', der in den Diskussionen der Gruppe ‚Poetik und Hermeneutik' immer wieder angesprochen wurde. Selbst Peter Szondi fühlte sich zum Vorschlag einer „nicht mehr narrativen Historie" veranlasst, ohne freilich angeben zu wollen, wie eine solche auszusehen hätte.

Die Alternative bestünde in einer methodischen Literarisierung der Literaturgeschichte nach dem Muster des modernen Romans, wie er sich sternenweit vom einsträngigen Erzählmodell entfernt hat. Längst sind Deskription, Analyse, Reflexion, Perspektivenwechsel, Rückblick und Vorausdeutung, Abschweifung und Exkurs, Konstruktion und Dekonstruktion Bestandteile des modernen Erzählmodells. Gerade eine offen narrative Literaturgeschichtsschreibung könnte sich, wie Szondi forderte, der „Fiktionalität ihrer Typisierung bewußt" bleiben. Sie wäre gerade nicht einseitig auf die Herstellung von Kontinuität verpflichtet, sondern könnte auch Diskontinuitäten und Widersprüche als Aspekte der Historizität des Werks erscheinen lassen. Sie würde im Sinne Kracauers oder auch Hofmannsthals die Geschichte der Literatur weniger als eine Wegstrecke, sondern vielmehr als ‚geistigen Raum', gleichsam als eine Landschaft erscheinen lassen, die auf verschiedene Weise durchmessen werden kann. Literaturgeschichte könnte frei nach Friedrich Schlegel als Performanz des Literaturwissenschaftlers begriffen werden, als die Form, in der er seine Auffassung der Seinsweise und der Bedeutung der Literatur für die jeweilige Gegenwart kunstvoll zur Geltung bringt. Einseitigkeit wäre dabei ebenso wenig ein Schaden wie Reduktion und entschlossene Selektion, wie die angeregte Diskussion zeigt, die Heinz Schlaffer mit *Die kurze Geschichte der deutschen Literatur* (2002) ausgelöst hat. Da wurde Literaturgeschichte tatsächlich zur Provokation der Literaturwissenschaft.

Dirk Werle
Für eine Literaturgeschichte semantischer Einheiten

Im Folgenden soll es um methodologische Probleme gehen, mit denen sich literaturhistorische Untersuchungen eines bestimmten Typs konfrontiert sehen. Abhandlungen dieses Typs tragen Titel wie etwa *Höhlendarstellungen in der Erzählliteratur um 1800* oder *Seifenblasen in der Lyrik der Klassischen Moderne*. Literaturhistorikerinnen und Literaturhistoriker, die an solchen Untersuchungen arbeiten, kennen zwei notorische Fragen bezüglich ihrer Methodologie: 1.) Was ist es eigentlich, das Du da untersuchst? Handelt es sich um ein Symbol, eine Metapher, ein Motiv oder um was sonst? 2.) Wie begründest Du die von Dir rekonstruierte Reihe, die Häufung, das Tableau von Texteinheiten? Auf letztere Frage antworten unter anderem Überlegungen und Diskussionen, die unter dem Schlagwort ‚Problemgeschichte' firmieren. Es kommt darauf an, so der diesen Überlegungen und Diskussionen gemeinsame Gedanke, als Primärkontext einen gemeinsamen Problembezug zu rekonstruieren, mit Bezug auf den die Elemente der Reihe, der Häufung, des Tableaus als Problemreaktionen verstanden werden können. So lässt sich Gattungsgeschichte, aber auch Ideen-, Motiv- oder Metapherngeschichte sinnvoll als Problemgeschichte rekonstruieren. Zur kritischen Reflexion dieser Art der Rekonstruktion bestimmter Formen von Literaturgeschichtsschreibung soll der vorliegende Beitrag mit ein paar Bemerkungen beginnen, die an vergangene Diskussionen anknüpfen (1). Daraus soll das Hauptthema des vorliegenden Beitrags abgeleitet werden, das sich mit der erstgenannten methodologischen Frage beschäftigt: Was untersucht man eigentlich, wenn man die Geschichte von Höhlendarstellungen oder die Thematisierung von Seifenblasen in literarischen Texten untersucht? Vorschlagsweise soll als Antwort auf die Frage das Konzept der ‚semantischen Einheit' vorgestellt und in Verbindung damit erläutert werden, in welchen Formen die Literaturgeschichte semantischer Einheiten bisher theoretisch reflektiert worden ist (2). Daraus wiederum wird sich ein Referat von möglichen Kritikpunkten an Formen der Geschichtsschreibung semantischer Einheiten ergeben (3). Daran anschließend soll dafür argumentiert werden, dass diese Kritikpunkte sämtlich nicht heillos sind, dass ihre Beachtung im Gegenteil zur Entwicklung einer reflektierten Methodologie der Geschichtsschreibung semantischer Einheiten beitragen kann (4). Schließlich soll die Frage diskutiert werden, was denn, selbst wenn nichts dagegen spricht, Literaturgeschichte als Geschichte semantischer Einheiten zu konzipieren, dafür spricht, so etwas anzustreben (5).

1. Reflexion und Diskussion einer Problemgeschichte der Literatur

In den Jahrgängen 2009 und 2010 des Jahrbuchs *Scientia Poetica* findet sich eine Reihe von Diskussionsbeiträgen zu Perspektiven der literaturwissenschaftlichen Problemgeschichte.[1] In einem dieser Diskussionsbeiträge wurde kritisch darauf aufmerksam gemacht, dass die zentrale methodologische Operation jeder problemgeschichtlichen Untersuchung, nämlich die Formulierung einer Problemsituation, auf die eine Reihe, eine Häufung, ein Tableau von Texten durch variierende Gestaltung desselben semantischen Elements oder formalen Gesichtspunkts reagiert, stets auf einer unbeweisbaren Hypothese beruhe. So könne man alles Mögliche zum Problemhintergrund erklären, und es stelle sich die Frage nach einschränkenden Bedingungen: Was ist *kein* Problem?[2] Das ist ein wichtiger Einwand, der jedoch einen ähnlichen Status besitzt wie die analoge Frage nach der Erkennbarkeit der Autorintention als Primärkontext bei der Interpretation von Einzeltexten. Auch diese kann stets nur hypothetisch zugeschrieben werden, sodass man alle möglichen Vermutungen anstellen kann, was denn die Autorintention gewesen sein könnte. Es kommt bei der Rekonstruktion einer Autorintention (als Primärkontext bei der Interpretation eines Einzeltextes) wie bei der Rekonstruktion einer Problemsituation (als Primärkontext bei der Bildung einer literaturhistorischen Reihe, einer Häufung, eines Tableaus) darauf an, welche Hypothese am plausibelsten gemacht werden kann. Freilich ist mit der Formulierung einer Problemhypothese für eine Reihe von Texten gegenüber der Formulierung einer Autorintentionshypothese für einen Einzeltext eine weitere methodische Schwierigkeit verbunden: Im Falle des Einzeltextes liegt der Bezugspunkt für die Hypothese, der Text, von vornherein vor; im Fall der Textreihe wird der Bezugspunkt, die Reihe nämlich, konstruiert, und diese Konstruktion soll durch ihre Erklärung gleichzeitig auch legitimiert werden. Streng genommen besteht hier die Gefahr zirkulären Argumentierens. Das ist aber eine Gefahr, mit der man als Literaturwissenschaftlerin beziehungsweise Literaturwissenschaftler in vielen Situationen konfrontiert ist; sie spricht nicht grundsätzlich gegen die problemhistorische Vorgehensweise, weil sie nicht unausweichlich ist, sondern durch erhöhte methodologische Vorsicht vermieden werden kann.

---

[1] Einführend Dirk Werle: Frage und Antwort, Problem und Lösung. Zweigliedrige Rekonstruktionskonzepte literaturwissenschaftlicher Ideenhistoriographie. In: Scientia Poetica 13 (2009), S. 255–303.
[2] Carlos Spoerhase: Was ist *kein* Problem? In: Scientia Poetica 13 (2009), S. 318–328.

Im Verlauf der Diskussion in *Scientia Poetica* zeigte sich, dass man mindestens unterscheiden muss zwischen *strukturgeschichtlichen*, *evolutionsbiologischen* und *intentionalistischen* Interpretationen von Problemgeschichte. Eine *strukturgeschichtliche* Interpretation, wie sie etwa von Michael Titzmann vertreten wird, geht davon aus, dass Problemlagen etwas Überindividuelles darstellen, das in einer bestimmten historischen Situation da ist und auf das historische Akteure in dieser Situation reagieren.[3] Dafür ist es nicht einmal notwendig, dass die Akteure sich der Problemlage vollständig bewusst sind. Eine *evolutionsbiologische* Interpretation, wie sie Karl Eibl ausgearbeitet hat, versteht die Problemlösungsaktivität als eine zentrale menschliche Tätigkeit, geht tendenziell von der Existenz überhistorischer Probleme aus und davon, dass die kulturelle Evolution im Sinne einer Weiterentwicklung der biologischen Evolution als fortschreitende Problemlösungsaktivität verstanden werden muss.[4] Benjamin Gittel bemüht sich dagegen zu zeigen, dass man argumentationslogisch gesehen Probleme nicht anders als *intentionalistisch* verstehen kann, wenn man ihren explanatorischen Gehalt nicht preisgeben möchte.[5] Das heißt, man muss davon ausgehen, dass ein Autor das Problem, das man ihm zuschreibt, wirklich gehabt hat, dass er sich dessen bewusst gewesen ist und dass er es durch die Abfassung seines Textes lösen beziehungsweise auf eine andere angemessene Weise darauf reagieren wollte.

Eine evolutionsbiologische Interpretation von Problemgeschichte ist, wie die Studien Eibls und seiner Schüler gezeigt haben, möglich und auch in mancherlei Hinsicht äußerst fruchtbar, aber sie ist nicht notwendig. Insofern sich Literaturhistoriker für historische Zusammenhänge und Entwicklungen interessieren, hat die Vermutung oder gar der Nachweis, diese Entwicklungen seien evolutionsbiologisch begründet, für den Bereich literaturgeschichtlichen Wissens keinen zentralen Erkenntniswert. Nicht zufällig führt diese Sichtweise dann auch in Gestalt von Eibls Buch *Animal poeta* eher zu einer Theorie der Literatur, für die das Geschichtliche keine besondere Relevanz besitzt.[6] Die

---

3 Vgl. Michael Titzmann: Skizze einer integrativen Literaturgeschichte und ihres Ortes in einer Systematik der Literaturwissenschaft. In: M. T. (Hg.): Modelle des literarischen Strukturwandels. Tübingen 1991, S. 395–437, hier S. 430–436. Nochmals präzisierend in dieser Richtung ders.: ‚Problem – Problemlösung' als literarhistorisches und denkgeschichtliches Interpretationsinstrument. In: Scientia Poetica 14 (2010), S. 298–332.
4 Vgl. Karl Eibl: Literaturgeschichte, Ideengeschichte, Gesellschaftsgeschichte – und ‚Das Warum der Entwicklung'. In: Internationales Archiv für Sozialgeschichte der deutschen Literatur 21 (1996), H. 2, S. 1–26.
5 Benjamin Gittel: Zum explanatorischen Gehalt von Problem-Lösungs-Rekonstruktionen in Literatur- und Wissenschaftsgeschichte. In: Scientia Poetica 14 (2010), S. 333–348.
6 Karl Eibl: Animal poeta. Bausteine der biologischen Kultur- und Literaturtheorie. Paderborn 2004.

intentionalistische Interpretation scheint mit Blick auf die literaturhistorische Untersuchung eines Einzeltextes unausweichlich zu sein: Ein Problem ist nicht einfach so da, sondern nur insofern, als jemand – ein Autor-Akteur – es auch hat beziehungsweise gehabt hat. Mit Blick auf die literaturhistorische Reihenbildung wird man jedoch von diesen individuellen, bewussten Problemsituationen abstrahieren müssen, weil man ja verschiedenen Texten einen identischen Problembezug zuweisen möchte. Das geht nur, indem man ausgehend von den individuellen Fällen verallgemeinert, und hier wird man vielleicht manchmal nicht darum herumkommen, Problemsituationen zu rekonstruieren, mit Bezug auf die man nicht in jedem Einzelfall beweisen oder auch nur plausibel machen kann, dass der betreffende Autor-Akteur intendiert darauf reagiert. Man wird aber vielleicht trotzdem Gründe dafür haben, sich von der Vermutung der überindividuellen Problemsituation nicht verabschieden zu wollen, und man wird dann vielleicht auch plausibel machen können, dass ein Text vor dem Hintergrund einer bestimmten Problemsituation zu verstehen ist, auch wenn eine Reaktion auf die Problemsituation nicht von ihrem Autor intendiert ist.

Eibl weist in seinem Diskussionsbeitrag in *Scientia Poetica* am Rande darauf hin, dass im einleitenden Forschungsbericht zum Stand der problemorientierten Literaturgeschichtsschreibung Literaturgeschichte und Ideengeschichte nicht sauber auseinandergehalten würden.[7] Dieser Hinweis hängt sachlich zusammen mit Matthias Löwes Kritik an einer einseitig an der Inhaltsseite literarischer Texte interessierten Sichtweise:[8] Literaturgeschichte versteht sich ja zumeist gerade nicht als Ideengeschichte, insofern ihr Gegenstand, die Literatur, nicht bloß wie eine schöne Verpackung Ideengehalte ästhetisch aufgehübscht präsentiert. Nach Löwe können literarische Texte durchaus auch durch formale Verfahren auf Probleme reagieren, und dies sei sogar ihre besondere Stärke. Eibls und Löwes Einwände sind zweifellos stichhaltig; darüber hinaus geben sie Anlass zum Nachdenken über die Frage, warum problemgeschichtliche Erklärungskonzepte für Literaturhistorikerinnen und Literaturhistoriker unter anderem interessant sein können: Sie versprechen Antworten auf Fragen der Kontextualisierung literaturgeschichtlicher Reihen semantischer Einheiten, von in Texten enthaltenen, isolierbaren Inhalts- oder auch Bedeutungselementen also, die man versuchsweise auch als Ideen ansprechen könnte. So gesehen können unter bestimmten Voraussetzungen Literaturgeschichte und Ideengeschichte bisweilen eng aufeinander bezogen sein. Und selbst wenn die

---

[7] Karl Eibl: „Alles Leben ist Problemlösen" – nach 40 Jahren. In: Scientia Poetica 14 (2010), S. 238–252, hier S. 238, Anm. 3.

[8] Matthias Löwe: Implizität. Über ein praktisches Problem von Literaturgeschichte als Problemgeschichte (anhand von drei Beispielen). In: Scientia Poetica 13 (2009), S. 304–317.

,Ideen' genannten Problemreaktionen bloß implizit im Text aufscheinen, so kann man sie doch bei der Interpretation explizit machen. Problemgeschichtliche Erklärungsmodelle lassen sich über den Bereich der Bildung historischer Reihen, Häufungen oder auch Tableaus semantischer Einheiten hinaus verallgemeinern, etwa mit Blick auf die Geschichte einer Gattung, einer Werkentwicklung, einer literarischen Strömung oder Ähnliches. Im Folgenden soll es aber um die speziellen Probleme der Literaturgeschichte semantischer Einheiten gehen: Sind Probleme als herausgehobene Aspekte des Kontextes zu verstehen, so sind semantische Einheiten auf der Ebene des Textes zu lokalisieren.

2. Formen und Theorien der Geschichtsschreibung semantischer Einheiten

,Semantische Einheit' soll im Folgenden als Sammelbegriff für Einheiten stehen, die die Semantik literarischer Texte konstituieren, wie Metapher, Symbol, Thema, Motiv, Topos. Man könnte nun fragen, warum es überhaupt zuträglich erscheinen könnte, diese unterschiedlichen, auch recht unterschiedlich ,funktionierenden' Phänomene zusammenzufassen; gerade auch angesichts der Tatsache, dass Perspektiven auf Literatur wie Motivgeschichte, Stoffgeschichte, Symbolgeschichte und Metapherngeschichte sowohl auf der Basis theoretischer Reflexion als auch auf der Ebene historischer Rekonstruktion breit und erfolgreich erforscht wurden und werden, sodass ein neues Label ganz unnötig wirkt.[9]

Ich möchte zunächst etwas ausführlicher auf den letztgenannten Punkt eingehen, indem ich einige wichtige Versuche referiere, die Erforschung bestimmter semantischer Einheiten voranzutreiben, und einige ihrer Eigenschaften,

---

[9] Manche Leserinnen und Leser werden auch an die Begriffsgeschichte denken, die nicht zuletzt mit dem einschlägigen *Archiv für Begriffsgeschichte* ausgehend von der Philosophie auch Relevanz für die Literaturwissenschaft erlangt hat. Eine spezifisch literaturwissenschaftliche Begriffsgeschichte hat mit verschiedenen einschlägigen Lexikon- und Wörterbuchprojekten Großes für die Terminologie der Literaturwissenschaft geleistet; eine Begriffsgeschichte der Literatur hat sich bislang aber noch nicht in nennenswertem Ausmaß Bahn gebrochen. Anders als Carsten Dutt: Begriffsgeschichte als Aufgabe der Literaturwissenschaft. In: Christoph Strosetzki (Hg.): Literaturwissenschaft als Begriffsgeschichte. Hamburg 2010, S. 97–109, bin ich aber der Auffassung, dass die Begriffsgeschichte der Literatur nur im übergreifenden Rahmen der Literaturgeschichte semantischer Einheiten einen sinnvollen Ort haben kann. Begriffe sind in literarischen Texten ja nur in ihrem Zusammenspiel mit Metaphern, Symbolen, Themen, Motiven und Topoi sinnvoll zu verstehen, wenn man die Begriffsgeschichte nicht ausschließlich als Wegbegleiter zur Theoriegeschichte und als terminologische Hilfsdisziplin verstehen möchte.

Leistungen und Defizite benenne. Die Antwort auf die Frage, warum man besser zusammenfassend von ‚Geschichte semantischer Einheiten' sprechen sollte, wird sich dann zwanglos anschließen.

a) Metapherngeschichte. Die Metapherntheorie ist international seit den 1950er Jahren eines der am intensivsten bearbeiteten Gebiete der Literaturtheorie beziehungsweise der Rhetorik.[10] Dass auch eine Metapherngeschichte eine erhellende Sache sein könnte, ist im deutschsprachigen Raum spätestens seit Hans Blumenbergs 1958 erschienenen *Paradigmen zu einer Metaphorologie* bekannt.[11] Einflussreiche literaturwissenschaftliche Entwürfe der Metapherngeschichte sind aber vergleichsweise rar.[12] Blumenberg hatte mit seinem in zahlreichen, zum Teil sehr umfangreichen Büchern vorangetriebenen Projekt primär philosophische Ziele verfolgt. Er wollte, neben einem ausgeprägten philosophiehistorischen Interesse, auch zeigen, dass die vielfältigen historischen Ausprägungen der philosophischen Metaphorik sich auf einen erfassbaren Grundbestand von Metaphern zurückführen lassen, die einen metaphorologischen Zusammenhang bilden. Die Rekonstruktion dieses Zusammenhangs sollte Aufschlüsse über anthropologische und erkenntnistheoretische Fragen ermöglichen. Die Metapherngeschichte war, so verstanden, vor allem als Dienerin der systematischen Klärung philosophischer Fragen gedacht. In diesem Sinne setzt das von Ralf Konersmann herausgegebene *Wörterbuch philosophischer Metaphern* Blumenbergs Projekt fort, von dem es übrigens auch die noch zu wenig differenzierte, hinter den aktuellen Stand der internationalen Theoriebildung zurückfallende Konzeption von ‚Metapher' erbt.[13] Eine aus literaturgeschichtlichem Interesse betriebene historische Metaphernforschung fristet dagegen bis heute ein eher randständiges Dasein, obwohl eine philologische Metapherngeschichtsschreibung vom Ballast vielleicht unhaltbarer, jedenfalls

---

10 Vgl. die einschlägigen Bibliographien: Warren A. Shibles: Metaphor: An Annotated Bibliography and History. Whitewater 1971; Jean-Pierre van Noppen: Metaphor. A bibliography of post-1970 publications. Amsterdam/Philadelphia 1985; Jean-Pierre van Noppen/Edith Hols: Metaphor II. A classified bibliography of publications 1985 to 1990. Amsterdam/Philadelphia 1990. Außerdem Eckard Rolf: Metapherntheorien. Typologie, Darstellung, Bibliographie. Berlin/New York 2005.
11 Hans Blumenberg: Paradigmen zu einer Metaphorologie [1958]. Frankfurt/M. 1998.
12 Vgl. jedoch die im Rahmen der Online-Zeitschrift metaphorik.de [letzter Zugriff: 30. April 2013] versammelten Studien.
13 Vgl. die konzeptionellen Vorbemerkungen von Ralf Konersmann: Vorwort: Figuratives Wissen. In: R. K. (Hg.): Wörterbuch der philosophischen Metaphern. Darmstadt 2007, S. 7–21. Dazu Dirk Werle: Wissen in Metaphern? Zu Ralf Konersmanns *Wörterbuch der philosophischen Metaphern*. In: Zeitschrift für Germanistik, NF 18 (2008), S. 377–380.

aber literaturhistorisch unergiebiger Leitvorstellungen befreit wäre, etwa der Idee, Metaphern lenkten und beeinflussten die menschliche Weltwahrnehmung, oder des Gedankens, Metaphern ermöglichten eine besondere Form der Erkenntnis.[14] Nun ist zwar unter Metapherntheoretikern umstritten, ob die Metapher eine semantische oder nicht vielmehr eine pragmatische Einheit darstellt – für letztere Option hat in einem ‚klassischen' Beitrag Donald Davidson votiert.[15] Selbst wenn man aber als Metapherntheoretiker einer pragmatischen Theorie der Metapher anhängt, wird man sie als Literaturhistoriker als semantische Einheit ansprechen dürfen, insofern die Metapher Objekt der Bedeutungszuschreibung durch Interpretation werden kann – darauf laufen auch Davidsons Überlegungen hinaus.

b) Symbolforschung. Auch die Symbolforschung wird man vielleicht nicht als eines der zentralen Elemente aktueller literaturhistorischer Bemühungen bezeichnen können. Dass sie aber in der germanistischen Literaturwissenschaft künftig auf einer soliden Quellengrundlage betrieben wird, dazu hat das 2008 erschienene, von Günter Butzer und Joachim Jacob herausgegebene *Metzler Lexikon literarischer Symbole* beigetragen.[16] Das Symbol ist bekanntlich, anders als die Metapher, ein Konzept, das nicht ein Phänomen der Textoberfläche beschreibt, eine impertinente satzförmige Äußerung, die nur durch Annahme einer übertragenen Bedeutung als sinnvolle, nicht fehler- oder lügenhafte Aussage gelesen werden kann. ‚Symbol' bezeichnet stattdessen einen Gegenstand der Textwelt, der traditionell oder aufgrund bestimmter wiederkehrender Verwendungen und Signale im individuellen Text mit bestimmten weiteren, uneigentlichen Bedeutungselementen verknüpft wird.

c) Motivgeschichte. Die Motivgeschichte ist, wie Hans-Jakob Werlen in seinem kritischen Überblick in der von Jost Schneider herausgegebenen

---

[14] Vgl. Dirk Werle: Methodenmetaphern. Metaphorologie und ihre Nützlichkeit für die philologisch-historische Methodologie. In: Lutz Danneberg/Carlos Spoerhase/D. W. (Hg.): Begriffe, Metaphern und Imaginationen in Philosophie und Wissenschaftsgeschichte. Wiesbaden 2009, S. 101–123.
[15] Donald Davidson: Was Metaphern bedeuten [1978]. In: D. D.: Wahrheit und Interpretation. Frankfurt/M. 1990, S. 343–371. Darauf reagiert Max Black: How Metaphors Work. A Reply to Donald Davidson. In: Critical Inquiry 6 (1979), S. 131–143. Vgl. auch David Novitz: Metaphor, Derrida, and Davidson. In: Journal of Aesthetics and Art Criticism 44 (1985), S. 101–114 sowie Richard Rorty: Hesse and Davidson on Metaphor. In: The Aristotelian Society. Supplementary Volume 61 (1987), S. 283–296. Ferner Clive Stroud-Drinkwater: Stevens and Davidson's Concept of Metaphor. In: English Studies 2001, S. 247–252.
[16] Günter Butzer/Joachim Jacob (Hg.): Metzler Lexikon literarischer Symbole. Stuttgart/Weimar 2008.

Methodengeschichte der Germanistik zeigt, das bekannteste ungeliebte Stiefkind der Literaturwissenschaft.[17] Fundiert wurde sie durch die einschlägigen Monographien und Lexika von Elisabeth Frenzel sowie Horst und Ingrid Daemmrich;[18] mit ihr anfreunden konnte sich die germanistische Literaturwissenschaft nie so richtig, aus bestimmten Gründen, die später zu benennen sein werden und die für die historische Erforschung aller hier aufgeführten Elemente gelten. Gleichwohl wurde auf dem Gebiet der Motivanalyse in den vergangenen Jahrzehnten Bedeutendes geleistet, unter anderem befördert durch die Arbeit der *Kommission für literaturwissenschaftliche Motiv- und Themenforschung* der Göttinger Akademie der Wissenschaften.[19] Eine wichtige Besonderheit des Motivbegriffs kann man ausgehend von seiner Etymologie erläutern. Motiv kommt von *movere*, und unter einem literarischen Motiv versteht man ein Element der – bewegten – Handlung eines Textes. In diesem Sinne bezeichnet es etwa in der Erzählforschung die kleinste die Handlung vorantreibende, motivierende Einheit.[20] Eine Motivgeschichte perspektiviert nun statt der syntagmatischen die historisch-paradigmatische Ebene und isoliert dazu Handlungselemente aus ihrem Handlungszusammenhang. Auch dieses Verfahren hat die Motivgeschichte mit der Geschichtsschreibung etwa von Metaphern oder auch Symbolen gemein; insofern aber das Motiv gerade als Element der Handlung aufgefasst wird, wird dieses Verfahren besonders fragwürdig. Grundsätzlich ist festzuhalten: Für eine anspruchsvolle Geschichte einer semantischen Einheit kommt es darauf an, die einzelnen Elemente der paradigmatischen Reihe jeweils hinreichend in ihren syntagmatischen Verknüpfungen und Kontexten zu perspektivieren.[21] Wichtig ist auch zu bedenken, dass Motive nicht einfach in

---

17 Hans-Jakob Werlen: Stoff- und Motivanalyse. In: Jost Schneider (Hg.): Methodengeschichte der Germanistik. Berlin/New York 2009, S. 661–677.
18 Horst S. Daemmrich/Ingrid G. Daemmrich: Wiederholte Spiegelungen. Themen und Motive in der Literatur. Bern/München 1978; dies.: Themen und Motive in der Literatur. Ein Handbuch. Tübingen/Basel. 2. Aufl. 1995 [1. Aufl. 1987]; Elisabeth Frenzel: Vom Inhalt der Literatur. Stoff – Motiv – Thema. Freiburg/Br. u. a. 1980; dies.: Motive der Weltliteratur. Ein Lexikon dichtungsgeschichtlicher Längsschnitte. Stuttgart. 6. Aufl. 2008 [1. Aufl. 1976]; dies.: Stoffe der Weltliteratur. Ein Lexikon dichtungsgeschichtlicher Längsschnitte. Stuttgart. 10. Aufl. 2005 [1. Aufl. 1962]. Vgl. auch Jean-Charles Seigneuret (Hg.): Dictionary of literary themes and motifs. 2 Bde. New York u. a. 1988.
19 Vgl. den Abschlussband Theodor Wolpers (Hg.): Ergebnisse und Perspektiven der literaturwissenschaftlichen Motiv- und Themenforschung. Bericht über Kolloquien der Kommission für literaturwissenschaftliche Motiv- und Themenforschung 1998–2000. Göttingen 2002.
20 Ausführlich dazu Lubomír Doležel: From Motifemes to Motifs. In: Poetics 4 (1972), S. 55–90.
21 Erhellende Hinweise zu den Eigenschaften und Problemen des Motivkonzepts gibt Cesare Segre: From Motif to Function and Back Again. In: Claude Bremond/Joshua Landy/Thomas Pavel (Hg.): Thematics. New Approaches. Albany 1995, S. 21–32.

Texten vorliegen, sondern durch die Tätigkeit des Interpreten erst konstruiert werden; die Feststellung eines Motivs ist, in den Worten Ulrich Mölks, „eine Abstraktion, eine Raffung, ein Schema dessen, was auf der Bedeutungsebene als konkret, ausgebreitet und ausgefüllt erscheint".[22]

d) Themenforschung. Innerhalb der florierenden internationalen Motivforschung ist man irgendwann dazu übergegangen, statt von ‚Motivgeschichte' von ‚Thematologie' zu sprechen. Das impliziert aber auch eine sachliche Perspektivenverschiebung. Kann ein Text eine Vielzahl von Motiven enthalten, so wird man ihm dagegen nur eine begrenzte Zahl von Themen zuschreiben wollen. ‚Thema' ist also eine umfassendere, allgemeinere Kategorie als ‚Motiv'. Zudem besitzt die Formulierung eines Themas noch stärker konstruktive Anteile; die Benennung eines Themas impliziert beim Beobachter ein höheres Maß an abstrahierender Aktivität, die, wie Shlomith Rimmon-Kenan auf den Punkt bringt, aus den Tätigkeitselementen *linking, generalizing, labelling* besteht.[23] So wird man etwa sagen, dass in Thomas Manns Roman *Doktor Faustus* unter anderem die Motive ‚Verführung im Freudenhaus', ‚Italienreise', ‚Teufelspakt' aktualisiert werden; als Thema wird man dagegen vielleicht angeben ‚Erlangung von Gnade in einer von Gott verlassenen Welt' oder ‚Künstlertum und Politik in der Moderne'. Allerdings ist darauf hinzuweisen: Für *alle* der genannten semantischen Einheiten gilt, dass sie nicht Textereignisse darstellen, die sich rein auf der Textoberfläche ablesen lassen – es handelt sich durchweg um interpretierende Rekonstruktionen von Elementen der Bedeutungsebene des Textes.

e) Toposforschung. Wenn der Begriff des Motivs auf einem Konzept des Textes als Prozess beruht, dann der Toposbegriff auf der Vorstellung des Textes als Raum. Die Toposforschung wurde im deutschsprachigen Bereich wirkmächtig initiiert durch Ernst Robert Curtius' 1948 erschienene Studie *Europäische Literatur und lateinisches Mittelalter*.[24] Curtius' Toposbegriff wurde in der Literaturwissenschaft schon bald zum Stein des Anstoßes: Curtius löste nämlich das

---

[22] Ulrich Mölk: Das Dilemma der literarischen Motivforschung und die europäische Bedeutungsgeschichte von ‚Motiv'. In: Romanistisches Jahrbuch 42 (1991), S. 91–120, hier S. 99.
[23] Shlomith Rimmon-Kenan: What is theme and how do we get at it? In: Bremond/Landy/Pavel (Hg.): Thematics (Anm. 21), S. 9–19, hier S. 14. Theoretisch einschlägig zur Thematologie auch Lubomír Doležel: A thematics of motivation and action. Ebd., S. 57–66; Willie van Peer: Where do literary themes come from? In: Max Louwerse/Willi van Peer (Hg.): Thematics. Interdisciplinary Studies. Amsterdam/Philadelphia 2002, S. 253–263.
[24] Ernst Robert Curtius: Europäische Literatur und lateinisches Mittelalter. Tübingen/Basel. 11. Aufl. 1993 [1. Aufl. 1948].

Konzept aus seinem Herkunftsbereich, dem System der Rhetorik, innerhalb dessen Topoi ein Set von Örtern bezeichnen, das für die Findung und Memorierung von Themen und Argumenten zur Verfügung steht. Für Curtius wird der Topos zu einer wiederkehrenden Redeweise, anhand derer man exemplarisch zeigen kann, dass bestimmte Vorstellungen in der europäischen Denktradition immer wiederkehren und leitend bleiben. Demgegenüber argumentieren Kritiker, man solle den spezifisch terminologisierten Toposbegriff nicht in dieser Weise aufweichen, insofern das eine entdifferenzierte Sichtweise auf die Literaturgeschichte zur Folge habe.[25] Gleichwohl kann der erweiterte Toposbegriff auf eine beeindruckende forschungsgeschichtliche Karriere zurückblicken, die sich auch forschungsstrategisch und institutionenpolitisch bis in jüngster Zeit niederschlägt.[26]

Auf der Basis der bis hier erfolgten Darlegungen kann festgehalten werden: Es gibt einerseits zahlreiche Beiträge zur Geschichte konkreter semantischer Einheiten wie Metaphern, Symbole, Themen, Motive und Topoi; andererseits liegt zu diesen konkreten semantischen Einheiten jeweils eine ausgeprägte Theoriebildung vor. Die Antwort auf die Frage: ‚Warum sollte man diese unterschiedlichen Konzepte mit Blick auf die historische Erforschung zusammenfassen, also eine Entdifferenzierung betreiben?', lässt sich anhand eines Beispiels beantworten, das die eingangs allgemein skizzierte methodologische Problemlage von Historikerinnen und Historikern semantischer Einheiten bei ihrer historiographischen Praxis etwas auserzählt: Angenommen ein Literaturhistoriker interessiert sich für die Frage, warum Literaten und Gelehrte in ihren Texten zu einer bestimmten Zeit Bibliotheken imaginieren und wie sich diese Imaginationsformen historisch wandeln und ausdifferenzieren. Weiter angenommen der Literaturhistoriker fragt sich, was denn eigentlich genau die Textelemente sind, an denen sich die sich wandelnden und ausdifferenzierenden Imaginationsformen ablesen lassen. Er würde dann die verschiedenen terminologischen Möglichkeiten sichten und feststellen, dass die zuhandenen Termini – Metapher, Symbol, Thema, Motiv, Topos – zu eng wären; dass es keinen Sinn ergeben würde, sich ausschließlich auf die Untersuchung einer dieser Kategorien

---

[25] Vgl. etwa Peter Jehn: Ernst Robert Curtius: Toposforschung als Restauration. In: P. J. (Hg.): Toposforschung. Eine Dokumentation. Frankfurt/M. 1972, S. VII–LXIV.
[26] Etwa in Gestalt der von 2005–2012 an der Freien Universität Berlin installierten DFG-Forschergruppe *Topik und Tradition*, in der Literatur-, Kunst- und Philosophiehistoriker zusammenarbeiten, oder des 2007 eingerichteten interuniversitären, altertumswissenschaftlichen Berliner Exzellenzclusters *Topoi – Die Formation und Transformation von Raum und Wissen in den antiken Kulturen*.

zu beschränken. Man könnte dann nämlich nicht zeigen, wie etwa im Rahmen des untersuchten Zusammenhangs die Bibliothek im einen Text als Symbol auftaucht, dass ein weiterer Text auf diese Verwendung reagiert, aber mit der Gestaltung der Bibliothek als Motiv, und dass ein weiterer Text auf bestimmte Aspekte des Vorgängers reagiert, dabei aber das Motiv zum Thema ausbaut. Um solche komplexen Prozesse in den Blick nehmen zu können, sollte man sich nicht von den Vorgaben der differenzierten Terminologie einschränken lassen müssen, die natürlich im Einzelfall zur genauen Beschreibung der Belege unumgänglich ist. Die unterschiedlichen Konzepte steuern je unterschiedliche Ebenen des Textes an: Metaphern sind Sätze, Symbole Gegenstände der Textwelt, Motive prozessual verstandene Handlungselemente, Themen übergreifende Konstrukte des Textgehalts, Topoi räumlich verstandene Handlungselemente. Für viele literaturhistorische Unternehmungen dagegen tut man gut daran, einen Oberbegriff zu wählen, der zunächst nur wenige theoretisch-terminologische Vorgaben enthält, sodass der Blick frei wird für die Vielfalt historischer Formen und Umbesetzungen. Eine solche Perspektive würde vielleicht auch dazu führen, dass die umfangreichen theoretischen Bemühungen, die mit Blick auf die genannten Termini großenteils unabhängig voneinander geleistet wurden, einander gegenseitig stärker zur Kenntnis nähmen und voneinander lernten.

Ich möchte nun, bevor ich mich einigen notorischen Punkten der Kritik an der Geschichtsschreibung semantischer Einheiten zuwende, noch auf einen verwandten Bereich eingehen: die Geschichtsschreibung von Ideen. *History of Ideas* ist ein Forschungsprogramm, das im zweiten Drittel des 20. Jahrhunderts in den USA von Arthur O. Lovejoy entwickelt wurde und sich seitdem, nicht zuletzt vorangetrieben durch das wirkmächtige *Journal of the History of Ideas*, etabliert und weiterentwickelt hat.[27] Es handelt sich zunächst und in erster Linie um ein philosophiegeschichtliches Programm, insofern Ideen als zentrale philosophische Einheiten gelten. Das muss man aber nicht so eng sehen. Man kann und sollte das Konzept der Idee vielleicht weiter fassen und damit alle möglichen Erzeugnisse kultureller Kreativität bezeichnen. Insofern derartige Erzeugnisse stets in Texten artikuliert sind und Literaturwissenschaftlerinnen und Literaturwissenschaftler als Experten für in Texten repräsentiertes kulturelles Wissen gelten, sollte man Ideen vielleicht als literaturwissenschaftlich relevante kulturelle Einheiten kognitiv-epistemischer Natur verstehen, auf die sich semantische Einheiten in Texten beziehen.[28] Idee und semantische Einheit

---

27 Vgl. die wegweisenden konzeptionellen Darlegungen von Arthur O. Lovejoy: Reflections on the History of Ideas. In: Journal of the History of Ideas 1 (1940), S. 3–23.
28 David Harlan: Der Stand der Geistesgeschichte und die Wiederkehr der Literatur [1989]. In: Martin Mulsow/Andreas Mahler (Hg.): Die Cambridge School der politischen Ideengeschichte.

sind gemäß dieser Beschreibung terminologisch auf zwei unterschiedlichen Ebenen angesiedelt: Die Idee ist ein Teil der Textbedeutung, aber ihre textuelle Verfasstheit ist nicht konstitutiv; sie ist ein zunächst textunabhängig gedachter kognitiv-epistemischer Gehalt. Eine semantische Einheit dagegen ist eine konstitutiv textuell gestaltete Sinneinheit,[29] durch die unter anderem auch Ideen in Texten repräsentiert sein können. Ideen sind keine Sätze wie Metaphern, keine Handlungselemente wie Motive oder Topoi, keine konkreten Gegenstände der Textwelt wie Symbole, keine Abstraktionen des Gehalts eines Textes wie Themen, sondern so etwas wie in der Textwelt repräsentierte, aber ihr vorausliegend gedachte kulturelle Einheiten. Als solche besitzen sie für eine als Teil der Kulturgeschichte aufgefasste Literaturgeschichte eine besondere Bedeutung. Die Untersuchung beispielsweise von ‚Liebe' als semantischer Einheit wird für die Kulturgeschichte zunächst einmal zentraler sein als die Untersuchung von ‚Wald' als semantischer Einheit – es sei denn, man kann zeigen, dass und inwiefern ‚Wald' in der Literatur einen ideenförmigen Gehalt besitzt. Für Literaturwissenschaftler werden nun zudem solche Ideen besondere Wichtigkeit besitzen, die nicht nur im Rahmen von Literatur aktualisiert und reflektiert werden, sondern die auch eine besondere Wichtigkeit für den Gegenstand Literatur selbst besitzen, etwa die Idee des unvergänglichen Dichterruhms.

3. Pars destruens

Ich möchte nun einige Punkte möglicher Kritik an der Geschichtsschreibung semantischer Einheiten vorstellen, um im Anschluss daran zu fragen, inwieweit es sich bei diesen Punkten um fundamentale und heillose Kritik oder um aspektbezogene und heilungsfähige Kritik handelt.
a) Der (bereits erwähnte) Vorwurf der begrifflichen Entdifferenzierung. Beinhaltet die Zusammenfassung von Formen wie Metapher, Symbol, Motiv, Thema oder Topos, so könnte man fragen, nicht eine Entdifferenzierung, ähnlich wie die Rede von ‚Denkfiguren' oder ‚Bildern', etwa im Sinne einer an einer deutschen Universität vor einigen Jahren über mehrere Semester

---

Frankfurt/M. 2010, S. 155–202, argumentiert dafür, dass eine angemessene Form der *intellectual history* die textuelle, im weitesten Sinne literarische Gestaltung von Ideen ernst nehmen muss. Dass aus dieser Berücksichtigung notwendig eine grundlegende Kritik an Quentin Skinners historischer Hermeneutik folgt, wie Harlan anzunehmen scheint, ist allerdings zu bezweifeln.

29 Nicht jedoch einfach ein auf der Textoberfläche vorliegendes Textelement. Vgl. zu dieser Differenzierung Mölk: Dilemma (Anm. 22), S. 100.

angekündigten Veranstaltung mit dem Titel *Afrikabilder in der deutschen Literatur*?

b) Das Problem der Vollständigkeit/Repräsentativität bei der Heuristik. Wie stelle ich sicher, dass ich für die Geschichte einer semantischen Einheit ein vollständiges oder wenigstens repräsentatives Korpus erfasst habe? Wie entgehe ich weiter einerseits der Gefahr, bloß immer wieder die hochkanonisierten Texte der Literaturgeschichte auf die jeweils fragliche semantische Einheit abzuklopfen, und andererseits der Gefahr, mich in den Weiten der literarhistorischen Empirie zu verlieren und zahllose in ihrer Repräsentativität und Signifikanz fragwürdige Belege aneinanderzureihen?

c) Das Problem der Perspektivenverwechslung. Besteht bei der historischen Untersuchung semantischer Einheiten nicht die beständige Gefahr, die Literaturgeschichte mit einer Sachgeschichte zu verwechseln? – also beispielsweise die Frage ‚Welche Funktionen besitzt die Thematisierung des Ruhms in der Literaturgeschichte?' mit der Frage ‚Was ist Ruhm?' oder die Frage ‚Welchen Wandlungen sind die Afrikabilder in der deutschsprachigen Literatur unterworfen?' mit der Frage ‚Was kann ich aus literarischen Texten Interessantes über Afrika erfahren?'.

d) Die Gefahr der teleologischen Sichtweise. Muss eine literarische Reihung semantischer Einheiten nicht zwangsläufig eine Teleologie der historischen Entwicklung implizieren? Und droht sie andererseits nicht ohne eine solche Teleologie der vollständigen Kontingenz zu verfallen?

e) Der Vorwurf der Ahistorizität. Impliziert die Rekonstruktion von Reihen, Häufungen oder auch Tableaus semantischer Einheiten nicht eine ahistorische Sichtweise, die nur noch Kontinuitäten sieht, ohne die historische Dynamik angemessen zu erfassen? Verleitet diese Sichtweise nicht sogar dazu, pseudo-anthropologische Vermutungen über die Evolution der Kultur und der Ideen zu entwickeln? Dieser Vorwurf liegt nahe, wenn man etwa aus der Feder zweier bekannter Thematologen eine Äußerung wie die folgende liest: „Deshalb ermöglicht der Vergleich wiederkehrender Themen in der Literatur […] Rückschlüsse auf den Vorgang der menschlichen Orientierung im Dasein […]."[30]

f) Die Gefahr der Vorstellung eines taxonomischen Arsenals idealtypischer Entitäten. Dieser Punkt hängt mit dem vorher genannten eng zusammen. Liegt für die Erforscherin beziehungsweise den Erforscher semantischer Einheiten nicht zuletzt auch angesichts zunehmender lexikalischer Erfassung dieses Bereichs nicht die Idee nahe, es gebe so etwas wie ein überhistorisches semantisches Arsenal, das der Geschichte irgendwie zugrunde

---

[30] Daemmrich/Daemmrich: Themen und Motive (Anm. 18), S. XXV.

liege? Ein Resultat einer solchen Auffassung ist eine in der akademischen Lehre gelegentlich zu beobachtende falsch verstandene Verwendung von Butzers und Jacobs Symbollexikon bei der Erstellung studentischer Seminararbeiten. Die fehlerhafte Verwendung besteht darin, etwa bei einer Gedichtinterpretation alle irgendwie herausstechenden Wörter des Gedichts als Symbole aufzufassen, die entsprechenden Artikel des Symbollexikons daneben zu legen und so zu dem Ergebnis zu kommen, dass in dem Gedicht eine sehr vielfältige und heterogene Symbolverwendung zu beobachten sei. Insgesamt lässt sich beobachten, dass die Erforschung semantischer Einheiten zur lexikographischen Erfassung neigt, nicht jedoch zur übergreifenden Verknüpfung historischer Einzelstudien zu einer Literaturgeschichte. Ist nicht auch das ein Indiz dafür, dass die Literaturgeschichtsschreibung semantischer Einheiten dazu verführt, Geschichte als Fundus aufzufassen und nicht als Entwicklungszusammenhang?

g) Die Frage nach der Text-Text-Verknüpfung. Enthebt man sich durch die Bildung von Reihen semantischer Einheiten nicht der Verpflichtung nachzuweisen, dass Autoren mit der Aktualisierung einer semantischen Einheit intentional auf deren Geschichte referieren, dass es sich also nicht bloß um eine kontingente Ähnlichkeit, sondern um eine Form von nachweisbarem Einfluss handelt?

h) Die Frage nach der Verknüpfung von Text und Kontext. Enthebt sich die Erforschung literarischer Reihen nicht der Frage, welches der gemeinsame Bezugskontext der verschiedenen Ausprägungen der betreffenden Einheit ist?

Die letztgenannten Probleme – die Gefahr der Ahistorizität, der Vorstellung eines taxonomischen Arsenals, die Fragen nach der Verknüpfung von Texten mit Texten und mit ihren Kontexten – lassen sich zusammenfassen in der Frage, ob eine Geschichtsschreibung, die semantische Einheiten aus ihrem Textzusammenhang isoliert und textübergreifend vergleicht, nicht das Proprium von Literaturgeschichte verfehlt und dabei gleichzeitig der willkürlichen Sicht auf den Gegenstand Tür und Tor öffnet. In diesem Sinne hat etwa Klaus von See einmal in einem kritischen Beitrag zur kulturvergleichenden Interpretation von Heldenepen *en passant* auf die „Gefährlichkeit der ‚semiotischen Methode'" hingewiesen – damit meinte er eine Untersuchung semantischer Einheiten mit Blick auf ihren textübergreifenden Zeichencharakter: „Die Semiotik läßt die einzelne Szene […] zu einem Momentbild erstarren, isoliert sie von ihrer Vor- und Nachgeschichte, entkleidet sie ihrer […] Motivation und setzt sie dadurch willkürlichen Interpretationen aus […]."[31]

---

[31] Klaus von See: Held und Kollektiv. In: Zeitschrift für deutsches Altertum und deutsche Literatur 122 (1993), S. 1–35, hier S. 10 f.

Bevor ich mich zu zeigen bemühe, dass die genannten Kritikpunkte alle nicht grundsätzlich gegen eine Historiographie semantischer Einheiten sprechen, möchte ich darauf hinweisen, dass es eine Frage literaturtheoretischer Vorentscheidungen ist, ob man sich dieser Kritik überhaupt stellen möchte. In der Tradition der Dekonstruktion oder anderer Spielarten des Poststrukturalismus stehende Literaturwissenschaftlerinnen und Literaturwissenschaftler würden vielleicht sagen, dass gerade die programmatische Auflockerung der strengen Regeln für die Behauptung von Text-Text- sowie Text-Kontext-Beziehungen und die Verabschiedung des Gedankens, man könne Geschichte überhaupt angemessen rekonstruieren, eine Geschichtsschreibung semantischer Einheiten verlockend machen kann. Die Verwendung einer semantischen Einheit sei vielleicht gar nicht in erster Linie als intendierter, spezifisch motivierter Sprechakt eines Autors zu interpretieren, und wenn doch, dann müsse man davon ausgehen, dass der Autor in seiner Genialität ein Maximum an Inter- und Kontexten vorgesehen oder wenigstens ermöglicht habe, die es nun im Rahmen ‚starker Interpretationen' aufzuweisen gelte. In der Tat gibt es Versuche, eine ‚Topologie' der Literatur zu entwerfen, die sich von vielen der genannten Probleme befreit hat, weil ihre Verfechter die Kategorie der historischen Richtigkeit für methodologisch grundsätzlich verfehlt halten, daher als Leitideal ablehnen und stattdessen für die weitgehende Orientierung an Leitidealen wie Innovativität und Interessantheit optieren.[32] Schlagende Argumente gegen solche Sichtweisen sind schwer zu erbringen, weil es sich um Sichtweisen handelt, die anderen theoretischen und methodologischen Prämissen folgen als eine Geschichtsschreibung semantischer Einheiten, die die genannten Kritikpunkte als Probleme wahr- und ernst nimmt.

---

32 Vgl. etwa die im Ganzen höchst reichaltige und überzeugende Studie von Stefan Börnchen: Kryptenhall. Allegorien von Schrift, Stimme und Musik in Thomas Manns „Doktor Faustus". München 2006. ‚Topologie' können im Unterschied dazu auch literaturtheoretische Zugänge heißen, die sich nicht auf die Erforschung von Topoi im Sinne semantischer Einheiten beziehen, sondern auf die Kategorie des Raums. Eher diffus sind die dahingehenden Überlegungen von Vittoria Borsò: Topologie als literaturwissenschaftliche Methode: die Schrift des Raums und der Raum der Schrift. In: Stephan Günzel (Hg.): Topologie. Zur Raumbeschreibung in den Kultur- und Medienwissenschaften. Bielefeld 2007, S. 279–295. Instruktiv dagegen Stephan Günzel: Raum – Topographie – Topologie. Ebd., S. 13–19, der ‚Topologie' als Erforschung von Beziehungen und Strukturen im Raum bestimmt und begriffshistorisch beschreibt. Vgl. für die Diskussion von ‚Interessantheit' als methodologischem Leitideal Dirk Werle: Jenseits von Konsens und Dissens? Das Interessante als kulturwissenschaftliche Beschreibungskategorie. In: Internationales Archiv für Sozialgeschichte der deutschen Literatur 30 (2005), H. 2, S. 117–135.

4. Antikritik

In diesem Teil des Beitrags soll für die These argumentiert werden, dass die genannten Punkte der Kritik an einer Geschichtsschreibung semantischer Einheiten nicht grundsätzlich und heillos sind, sondern aspektbezogen und heilbar, und dass die Reaktion auf die Kritik positiv zu einigen Leitlinien für die Geschichtsschreibung semantischer Einheiten führen kann. Dem Vorwurf der begrifflichen Entdifferenzierung kann und sollte die Historikerin beziehungsweise der Historiker semantischer Einheiten dadurch begegnen, dass sie beziehungsweise er im Einzelfall genau beschreibt, was für eine Art semantischer Einheit vorliegt. Der Begriff der semantischen Einheit ist nicht als Konkurrenzbegriff zu den differenzierteren etablierten Begriffen gedacht, sondern als Oberbegriff, der es erlaubt, bei der Rekonstruktion historischer Reihen oder auch Tableaus nicht dogmatisch den theoretischen und terminologischen Vorgaben der spezielleren Begriffe zu folgen. Das Problem der Vollständigkeit beziehungsweise der Repräsentativität bei der Heuristik zwischen Kanonfixiertheit und empirischer Verzettelung teilen die Historikerin und der Historiker semantischer Einheiten mit allen anderen Formen der Literaturgeschichtsschreibung. Dort wie hier hilft nur die Orientierung an ‚besten Beispielen', die als Lösungen des Problems eines Mittelwegs zwischen Skylla und Charybdis anerkannt sind. Eine Literaturgeschichte semantischer Einheiten ist nicht *per se* antikanonisch; ähnlich wie eine ‚traditionelle' Form der Literaturgeschichte entscheiden muss, welche Autor- und Werknamen sie nennt und welche nicht, muss auch eine Literaturgeschichte semantischer Einheiten in dieser Weise auswählen. Der Unterschied ist nur der, dass die Bahnen der Kanonisierung im ersteren Fall bereits stärker eingefahren sind als im letzteren.

Das Problem der Perspektivenverwechslung ist bereits dadurch gelöst, dass man es erkannt hat: Man sollte bei der Historiographie semantischer Einheiten darauf achten, dass man als Literaturwissenschaftlerin beziehungsweise als Literaturwissenschaftler über den Wald als solchen wenig sagen kann, viel aber über die literarische Semantik des Waldes und ihre Geschichte. Der Gefahr der teleologischen Sichtweise lässt sich durch eine Umkehrung der Perspektiven begegnen: Es kommt darauf an, weniger eine Entwicklung einer semantischen Einheit zu unterstellen, als ihre Genese zu untersuchen. Einen ersten Schritt in diese Richtung stellt ein reflektierter Sprachgebrauch dar. Quentin Skinner hat bereits 1969 darauf aufmerksam gemacht, dass die Vorstellung, eine Idee, beispielsweise von Immanuel Kant, werde durch den dritten Earl of Shaftesbury ‚vorweggenommen', historisch sinnlos ist.[33] Spricht man statt von

---

[33] Quentin Skinner: Bedeutung und Verstehen in der Ideengeschichte [1969]. In: Martin Mulsow/Andreas Mahler (Hg.): Die Cambridge School der politischen Ideengeschichte. Frankfurt/M. 2010, S. 21–87, hier S. 31 f.

‚Vorwegnehmen' aber von einem ‚Zurückgehen auf', von ‚Prätexten' und allenfalls vielleicht von ‚Vorprägungen', dann entgeht man wenigstens auf der Ebene des Sprachgebrauchs schon einmal teleologischen Sichtweisen.

Der Vorwurf der Ahistorizität ist in einer Zeit, die skeptisch gegenüber jeglicher Vorstellung von *unit ideas* oder auch ewigen Menschheitsproblemen eingestellt ist, besonders schwerwiegend. Philip Ajouri zeigt in seinem Beitrag zur Diskussion um Perspektiven literaturwissenschaftlicher Problemgeschichte in *Scientia Poetica*, dass die Vorstellung überhistorischer Probleme gar nicht so töricht ist, wie die meisten heutigen Literaturwissenschaftler und ihre Zeitgenossen meinen.[34] Entsprechend kann es auch vorkommen, dass bestimmte semantische Einheiten mit einer großen historischen Konstanz auftreten. So scheint etwa die Idee, dass das Lebensalter zwischen 30 und 33 der Kairos des Lebens sei, an dem der, wohlgemerkt männliche, Mensch sich endgültig von seiner Jugend verabschieden muss und in die Erwachsenenwelt übertritt, und dass dieses Schwellenalter bereits das Bewusstsein der Endlichkeit des Lebens impliziert – diese Idee also scheint unabhängig von historisch sich wandelnder realer Lebenserwartung seit ihren ersten Formulierungen in der griechisch-römischen wie in der jüdisch-christlichen Antike relativ konstant in der Literatur- und Wissensgeschichte aufzutauchen.[35] Unabhängig davon besteht die Aufgabe der Geschichtsschreibung semantischer Einheiten aber darin, die wiederkehrenden Einheiten gerade in ihrem Wandel zu zeigen. Blumenberg hat diese Aufgabe unter dem Stichwort der Umbesetzung dargelegt.[36]

Die Gefahr der Vorstellung eines überhistorischen, taxonomischen Arsenals semantischer Einheiten als idealtypischer Entitäten ist ebenfalls vermeidbar. Es kann vorkommen, dass sich semantische Einheiten als sehr langlebig erweisen. Das hat aber nichts damit zu tun, dass sie irgendwo außerhalb der Texte bereits vorliegen und von dort von Literaten als Zutaten für ihre Texte entnommen werden. Semantische Einheiten gibt es nicht außerhalb von Texten. Ebenfalls irrig ist der Gedanke, die Menge semantischer Einheiten sei irgendwie begrenzt. Sie lassen sich auch nicht, wie das für Begriffe immerhin möglich ist, in einen systematischen Zusammenhang bringen, etwa in dem Sinne, dass das Motiv des Gelehrten im Gehäuse stets mit bestimmten Topoi der Gelehrsamkeit verbunden wäre, etwa dem, dass die Bücher für den Gelehrten

---

[34] Philip Ajouri: Gibt es ewige Probleme in der Dichtung? In: Scientia Poetica 14 (2010), S. 265–277.
[35] Vgl. dazu Dirk Werle: Altersschwelle 30/33. Zur Geschichte einer semantischen Einheit. In: arcadia 45 (2010), S. 21–47.
[36] Hans Blumenberg: Die Epochen des Epochenbegriffs. In: H. B.: Die Legitimität der Neuzeit. Erneuerte Ausgabe. Frankfurt/M. 3. Aufl. 1997 [1. Aufl. 1966], S. 531–557, vor allem S. 538–542.

die besten Freunde seien, weil er sie immer gesprächsbereit um sich habe. Eine ahistorische ‚Logik' semantischer Einheiten gibt es nicht; anders als philosophische Konzeptionen sind sie nicht Teile dessen, was Mark Bevir ein „web of beliefs" genannt hat.[37] Die Frage der Text-Text-Verknüpfung zielt auf die Notwendigkeit der Rahmung von Geschichten semantischer Einheiten. Es gilt plausibel zu machen, dass sich diese Geschichten im belegbaren Zusammenhang einer historischen Konstellation von Beziehungen zwischen Autoren und Texten abspielen, dass es sich also nicht um zufällig wiederkehrende Semantiken handelt, um Intertextualität beziehungsweise Dialogizität in einem ganz unspezifischen Sinne, sondern dass sie als Teile eines, vielleicht auch regional oder gattungsspezifisch eingrenzbaren, Austauschprozesses plausibel gemacht werden können. So kann man etwa erkennen, dass die Darstellung der semantischen Einheit ‚Bibliothek' in der frühen Neuzeit gattungsspezifisch variiert, dass aber innerhalb der Gattungstraditionen ein enger Zusammenhang der verschiedenen Darstellungen plausibel gemacht werden kann. Die Art dieses Zusammenhangs gilt es jeweils genau zu benennen: Handelt es sich um ‚bloße' Ähnlichkeit, und lässt sich das Vorliegen dieser Ähnlichkeit wenigstens plausibel begründen, nimmt die eine Darstellung auf die andere Bezug, liegen Formen von *imitatio*, *aemulatio*, Relektüre vor, oder kann man nachweisen, dass eine frühere Darstellung für das Zustandekommen der späteren anderweitige Relevanz besessen hat? Die Frage der Verknüpfung von Text und Kontext schließlich verweist auf die Notwendigkeit, die Geschichte semantischer Einheiten als Problemgeschichte zu rekonstruieren, also zu fragen, auf welche gemeinsamen oder auch unterschiedlichen historischen Problemsituationen die Aktualisierungen semantischer Einheiten reagieren. Konkrete Vorschläge für Text-Text- wie für Text-Kontext-Verknüpfungen müssen so transparent begründet sein, dass sie falsifizierbar sind, dass es also stets möglich ist, alternative, besser begründete Verknüpfungsvorschläge für eine vorliegende semantische Einheit zu machen.

5. Warum sollte man sich um die Literaturgeschichte semantischer Einheiten bemühen?

Selbst wenn es aufgrund der bisherigen Erörterungen plausibel geworden sein sollte, dass nichts gegen eine methodisch reflektierte Literaturgeschichts-

---

[37] Mark Bevir: The Logic of the History of Ideas. Cambridge 1999, S. 221 f. und passim. Vgl. auch ders.: Geist und Methode in der Ideengeschichte [1997]. In: Martin Mulsow/Andreas Mahler (Hg.): Die Cambridge School der politischen Ideengeschichte. Frankfurt/M. 2010, S. 203–240.

schreibung semantischer Einheiten spricht, dann stellt sich doch zum Schluss die Frage: Was spricht denn dafür? Man könnte ja etwa einwenden: Schön und gut, die Erforschung semantischer Einheiten kann in der Literaturwissenschaft verschiedene wichtige Funktionen erfüllen, sie kann etwa die Literaturinterpretation unterstützen, zumal die Heuristik von an Texte zu stellenden Fragen und möglichen Antworten sowie die Rekonstruktion von Isotopien, und sie ist auch nützlich für die Didaktik, die Vermittlung literarhistorischen Wissens nach einem irgendwie zu gewinnenden Leitfaden.[38] Warum sollte man sich darüber hinaus um eine Literaturgeschichtsschreibung semantischer Einheiten bemühen und sie nicht vielmehr sein lassen? Darauf habe ich zwei Antworten anzubieten.

Die erste Antwort hat mit der Frage zu tun, warum Literaturgeschichte überhaupt einen zentralen Schwerpunkt der Literaturwissenschaft darstellen sollte. Innerhalb der vier Hauptbeschäftigungsfelder von Literaturwissenschaftlerinnen und -wissenschaftlern – Edition, Interpretation, Literaturgeschichtsschreibung und Literaturtheorie – besitzt die Literaturgeschichtsschreibung einen merkwürdigen Status. Erstens gilt sie traditionell als so etwas wie die Königsdisziplin, indem sie die auf den anderen Gebieten erzielten Einzelerkenntnisse zu einem *big picture* synthetisiert; zweitens gilt sie seit jeher als Propädeutik für Studienanfänger, die Orientierungswissen brauchen; drittens gilt sie immer schon als das Gebiet, auf dem eine Vermittlung literaturwissenschaftlichen Wissens an ein größeres Publikum stattfinden kann.[39] Diese heterogene Zielsetzungsstruktur lässt sich erklären, wenn man das Verstehen und Vermitteln von kultureller Tradition als wichtigste Aufgabe der Literaturgeschichtsschreibung begreift. Insofern kulturelle Tradition vor allem durch schriftkulturelle Artefakte entsteht, ist die Literaturwissenschaft als Spezialdisziplin für diese Art Artefakte in besonderem Maße für die Erforschung der kulturellen Tradition zuständig. Viele Literaturhistorikerinnen und Literaturhistoriker würden nun sagen, dass man sich in erster Linie für literaturhistorische Innovation interessieren sollte, nicht für das Immergleiche der Tradition. Nun ist jedoch das Begriffspaar Innovation/Tradition mit Blick auf die Rekonstruktion der Literaturgeschichte nicht symmetrisch: Ohne ein Verständnis der Kontinuitäten der Tradition lassen sich die innovativen Brüche, Umbesetzungs- und

---

[38] Für Hinweise in dieser Richtung danke ich Wilfried Barner (Göttingen).
[39] Vgl. Jan-Dirk Müller: Literaturgeschichte/Literaturgeschichtsschreibung. In: Dietrich Harth/Peter Gebhardt (Hg.): Erkenntnis der Literatur. Theorien, Konzepte, Methoden der Literaturwissenschaft. Stuttgart 1982, S. 195–227; Jörg Schönert: Literaturgeschichtsschreibung. In: Thomas Anz (Hg.): Handbuch Literaturwissenschaft. Gegenstände – Konzepte – Institutionen. Bd. 2: Methoden und Theorien. Stuttgart/Weimar 2007, S. 267–284.

Wandlungsprozesse überhaupt nicht erkennen.[40] So wird man beispielsweise erst dann die Entstehung der Idee einer kombinatorischen Universalbibliothek, in der bei gegebenem, endlichem Umfang der Bucheinheiten sämtliche denkbaren Buchstabenkombinationen versammelt sind, in einem arithmetischen Traktat aus dem Jahr 1622 vermuten können, wenn man die Tradition dieser Idee von Jorge Luis Borges über Kurd Laßwitz bis Gottfried Wilhelm Leibniz zurückverfolgt hat.[41] Die kulturelle Tradition als Prozess von Kontinuität und Umbesetzung lässt sich nun aber besonders gut durch Untersuchungen der Geschichte semantischer Einheiten verstehen und vermitteln, insofern sie Probebohrungen in die Tektonik der Literaturgeschichte darstellen.[42] Traditionsverhalten als hervorragenden Gegenstand der Literaturgeschichtsschreibung hat seit den 1970er Jahren Wilfried Barner in einer Reihe von Studien vorgestellt.[43] In diesem Zusammenhang hat er die Erforschung semantischer Einheiten als Bereich der Traditionsgeschichtsschreibung sehr kritisch besprochen, auch unter Rückgriff auf einige der oben genannten Kritikpunkte.[44] Eine methodisch kontrollierte Geschichtsschreibung semantischer Einheiten im skizzierten Sinne aber wäre über die von Barner angesprochenen Bereiche der Tradition von Normen und Werten, von textualer und personaler Tradition hinaus

---

[40] Vgl. Lutz Danneberg: Epistemische Situationen, kognitive Asymmetrien und kontrafaktische Imaginationen. In: Lutz Raphael/Heinz-Elmar Tenorth (Hg.): Ideen als gesellschaftliche Gestaltungskraft im Europa der Neuzeit. Beiträge für eine erneuerte Geistesgeschichte. München 2006, S. 193–221, hier S. 208. Weiterführend zu diesem Zusammenhang Bernd Auerochs: Tradition als Grundlage und kulturelle Präfiguration von Erfahrung. In: Friedrich Jaeger/Burkhard Liebsch (Hg.): Handbuch der Kulturwissenschaften. Grundlagen und Schlüsselbegriffe. Bd. 1. Stuttgart/Weimar 2004, S. 24–37.
[41] Vgl. Dirk Werle: Copia librorum. Problemgeschichte imaginierter Bibliotheken 1580–1630. Tübingen 2007, S. 477–537. Der erste Hinweis auf den Traktat mit dem Titel *Problema arithmeticum de rerum combinationibus* von Paul Guldin findet sich, soweit ich sehe, bei Michel Fichant: Postface: ‚Plus ultra'. In: Gottfried Wilhelm Leibniz: De l'horizon de la doctrine humaine (1693). Apokatástasis pánton (La Restitution Universelle) (1715). Textes inédits, traduits et annotés par M. F. Paris 1991, S. 125–210, hier S. 136–139.
[42] Die Metapher verdanke ich einem Gespräch mit Carlos Spoerhase (Berlin).
[43] Wilfried Barner: Wirkungsgeschichte und Tradition. Ein Beitrag zur Methodologie der Rezeptionsforschung [1975]. In: W. B.: Pioniere, Schulen, Pluralismus. Studien zu Geschichte und Theorie der Literaturwissenschaft. Tübingen 1997, S. 253–276; ders.: Über das Negieren von Tradition. Zur Typologie literaturprogrammatischer Epochenwenden in Deutschland. In: Reinhart Herzog/Reinhart Koselleck (Hg.): Epochenschwelle und Epochenbewusstsein. München 1987, S. 3–51; ders.: Tradition als Kategorie der Literaturgeschichtsschreibung [1988]. In: W. B.: Pioniere, Schulen, Pluralismus. Studien zu Geschichte und Theorie der Literaturwissenschaft. Tübingen 1997, S. 277–296.
[44] Barner: Wirkungsgeschichte (Anm. 43), S. 266 f.

besonders geeignet für die Erforschung und Vermittlung der Vielgestaltigkeit der literarischen Tradition.

Die zweite Antwort, warum man sich um eine Literaturgeschichtsschreibung semantischer Einheiten bemühen sollte, schließt hier unmittelbar an. Heinz Schlaffers *Kurze Geschichte der deutschen Literatur* ist unter manchen Literaturwissenschaftlerinnen und Literaturwissenschaftlern auch deshalb so beliebt, weil auch Literaturwissenschaftlerinnen und Literaturwissenschaftler manchmal Komplexitätsreduktion schätzen und gerne bestätigt wissen wollen, dass etwa die Literatur vor 1750 wirklich nicht so bedeutend ist wie die Literatur um 1800, dass also das erlernte literaturhistorische Weltbild nicht revidiert werden muss.[45] Dass die ‚neue Einfachheit' einer Literaturgeschichte, die sich auf die orientierende Funktion einer am literarischen Kanon und an etablierten Leitlinien entlang verfassten Erzählung beschränkt, auch von manchen Literaturwissenschaftlerinnen und -wissenschaftlern bejubelt oder wenigstens positiv bewertet wird, ist eine Beobachtung, die man in den letzten Jahren gar nicht so selten machen konnte.[46] Die kulturelle Tradition versteht aber nur angemessen, wer ihre hohe Komplexität erfasst. Das geht besonders gut durch die Erforschung der Geschichte semantischer Einheiten. Sie ermöglicht, das stets in der Gefahr der Kanonisierung und Festschreibung befindliche Bild der Literaturgeschichte durch vielfältige Perspektivierungen anzureichern und in seiner Differenziertheit kenntlich werden zu lassen. Darin besteht eine Stärke der Geschichte semantischer Einheiten gegenüber einer ‚Standardgeschichtsschreibung' der Literatur, die sich an den Einheiten Autor, Werk, Epoche orientiert. Hierbei handelt es sich um Ordnungsbegriffe; die basale Tätigkeit im Rahmen einer solchen ‚Standardgeschichte' ist das historische Einordnen. Dieser Prozedur ist die Geschichte semantischer Einheiten nicht zugänglich, insofern sie

---

45 Vgl. Heinz Schlaffer: Die kurze Geschichte der deutschen Literatur. München/Wien 2002, vor allem S. 35–53.

46 Die ‚neue Einfachheit' kommt der – durchaus fragwürdigen – Intuition mancher Literaturwissenschaftlerinnen und -wissenschaftler entgegen, dass Kanon eben doch essenzial begründet sei, dass nämlich die tatsächlich besten Texte zu Recht kanonisiert seien, etwa im Sinne von Manfred Engel: Kulturwissenschaft/en – Literaturwissenschaft als Kulturwissenschaft – kulturgeschichtliche Literaturwissenschaft. In: KulturPoetik 1 (2001), S. 8–36, hier S. 19: „Natürlich kann ein Literaturwissenschaftler seinen disziplinär geschulten Blick auf Texte aller Art richten; es gibt jedoch Texte, bei denen dieser Blick ergiebiger ist, mehr sehen kann, als bei anderen. Diese Texte, die ich bereits, ganz pauschal, als poetisch besonders elaboriert, komplex bezeichnet habe, sind die eigentliche Domäne der Literaturwissenschaft, an der sie ihre Analyseinstrumente schult und bewährt. [Fußnote:] In schwachen Stunden kann ich mich der Intuition nicht erwehren, dass dies – im Wesentlichen – die Texte sein könnten, die in den perhorreszierten Kanones verzeichnet sind ..."

von einer anderen Art sind als die genannten Ordnungsbegriffe. Verwandt ist die Geschichte semantischer Einheiten mit einer Geschichte von Gattungen, insofern eine Gattung ein komplexes, historisch variables Bündel inhaltlicher und formaler Konventionen darstellt, das sich im Rahmen des Traditionsverhaltens von Autoren verändert.

Eine ausschließliche Konzentration auf Gattungsgeschichte wäre aber nicht geeignet, die Vielfalt der literarischen Tradition angemessen zu repräsentieren. Einer rein gattungsgeschichtlichen Perspektive bliebe etwa folgende Antwortmöglichkeit auf eine literaturhistorische Frage verschlossen, mit der als Beispiel ich schließen möchte: Warum betont Alexander von Humboldt in seinem Reisebericht von der versuchten Besteigung des Chimborazo die Nüchternheit seines Stils, wenn er den Bericht schließt mit dem Satz: „Wo die Natur so mächtig und groß, und unser Bestreben rein wissenschaftlich ist, kann die Darstellung jedes Schmuckes der Rede entbehren"?[47] Im Rahmen einer gattungsübergreifenden Untersuchung wird man das vielleicht so erklären können, dass Humboldt hier auf literaturhistorische Prozesse reagiert, die im 18. Jahrhundert stattgefunden hatten. Diese Prozesse lassen sich als Geschichte von Problemen rekonstruieren, die sich in Umbesetzungen der semantischen Einheit ‚Berg' niederschlägt: Bereits Albrecht von Haller hatte in seinem Lehrgedicht *Die Alpen* aus England kommende Darstellungstraditionen aufgegriffen, innerhalb derer ideale Gesellschaftsentwürfe inhaltlich mit dem Naturerhabenen der Bergwelt in Verbindung gebracht wurden.[48] Im Laufe des 18. Jahrhunderts wird diese Idee, in Gestalt elegischer Gedichte etwa von Friedrich Schiller und in Gestalt hymnischer Gedichte etwa von Friedrich Hölderlin, im hohen Ton besungen, erfährt also eine formale ‚Übersetzung'.[49] Wie die mit

---

[47] Alexander von Humboldt: Ueber einen Versuch den Gipfel des Chimborazo zu ersteigen. In: A. v. H.: Kleinere Schriften. Bd. 1: Geognostische und physikalische Erinnerungen. Stuttgart/Tübingen 1853, S. 133–174, hier S. 162.
[48] Albrecht von Haller: Die Alpen [1729]. In: A. v. H.: Die Alpen und andere Gedichte. Stuttgart 1986, S. 3–22. Vgl. zum Hintergrund der englischen Darstellungstradition Marjorie Hope Nicolson: Mountain Gloom and Mountain Glory. The Development of the Aesthetics of the Infinite. New York 1959, S. 324–369.
[49] Friedrich Schiller: Der Spaziergang [1795]. In: F. S.: Werke und Briefe. Hg. von Otto Dann u. a., Bd. 1: Gedichte. Hg. von Georg Kurscheidt. Frankfurt/M. 1992, S. 34–42; Friedrich Hölderlin: Kanton Schweiz [1792] und Heimkunft [1801]. In: F. H.: Sämtliche Werke und Briefe. Hg. von Michael Knaupp. Bd. 1. Lizenzausgabe Darmstadt 1998, S. 134–136, 319–323, 368–371. Zu Hölderlins Gedichten vgl. Sabine Doering: „Dorthin wende den Blik". Landschaftsdichtung und politisches Bekenntnis in Hölderlins ‚Kanton Schweiz'. In: Hölderlin-Jahrbuch 29 (1994/95), S. 204–215; Uwe Japp: „... am furchtbarherrlichen Haken". Hölderlins Deutung der Alpen. In: Sabine Doering u. a. (Hg.): Resonanzen. Festschrift für Hans Joachim Kreuzer zum 65. Geburtstag. Würzburg 2000, S. 191–202.

dem hohen Ton verknüpfte Vorstellung des Naturerhabenen auch in Reiseberichte des 18. Jahrhunderts übernommen wird, konnte Regina Hartmann für den Fall von Reiseberichten aus Skandinavien zeigen.[50] Betrachtet man vor diesem Hintergrund Humboldts Betonung des nüchternen Tons seiner Beschreibung, dann wird wahrscheinlich, dass er damit kritisch auf eine problemgeschichtliche Tradition der Korrelation der Vorstellung des Erhabenen der Bergwelt mit einem hohen Ton der dichterisch-rhetorischen Darstellung reagiert und dass diese Reaktion wiederum kultur- und wissenschaftsgeschichtliche Implikationen besitzt: Der Wissenschaftler setzt sich mit einem Gestus rhetorischer Überbietung vom Dichter ab und tritt mit ihm in Konkurrenz bezüglich der Deutungshoheit über Natur und Kultur. Vermutungen wie diese nicht einfach nur zu formulieren, sondern auch im Sinne der oben genannten Anforderungen zu plausibilisieren, wäre *eine* Aufgabe einer methodisch reflektierten Geschichtsschreibung semantischer Einheiten.

---

[50] Regina Hartmann: Fernweh im 18. und 19. Jahrhundert: Berge als Ort der Selbsterfahrung. In: Text & Kontext 31 (2009), S. 122–135.

Martina Wagner-Egelhaaf
Literaturgeschichte als operative Fiktion

Literaturgeschichte war in den zurückliegenden Jahrzehnten kein Feld der Literaturwissenschaft, das ‚angesagt' war, mit dem sich ein neues Paradigma einführen und infolgedessen disziplinäre Reputation gewinnen ließ. Viel eher gehört sie, wie Martin Huber formuliert hat, zum „impliziten Wissen des Fachs", das in der literaturwissenschaftlichen Arbeit gleichsam vorausgesetzt wird und das Literaturwissenschaftlerinnen und Literaturwissenschaftler, um seine Problematik wissend, vornehmlich im „akademischen Lehr- und Prüfungsalltag" bemühen.[1] Gleichwohl rumort es offensichtlich auf dem Terrain der Literaturgeschichtsschreibung, werden verschiedenenorts Versuche einer Neubestimmung dessen, was Literaturgeschichte sein und leisten kann, unternommen. Dies erklärt sich nicht zuletzt auch aus einem gegenwärtig im Fach zu konstatierenden Bedürfnis, nach allen kultur- und medienwissenschaftlichen Weiterungen sich wieder verstärkt auf das literaturwissenschaftliche Kerngeschäft zu besinnen bzw. in der medien- und kulturwissenschaftlichen Debatte genuin literaturwissenschaftliche Denkweisen zu profilieren. In jedem Fall scheint es an der Zeit, das eigene forscherliche Verhältnis zur Literaturgeschichte zu überdenken und die in der Regel stillschweigend vorgenommenen Setzungen literaturgeschichtlichen Argumentierens kritisch in den Blick zu nehmen.

Dass Literaturgeschichte einem zeitlichen Verlaufsmodell folgt, scheint selbstverständlich; literaturgeschichtliche Ereignisse – und damit sind hier im Foucault'schen Sinn Autoren, Werke und Entwicklungen gleichermaßen gemeint[2] – denken wir uns, vage genug, im Schema des zeitlich-linearen Verlaufs. Studierende der Literaturwissenschaft lernen Literaturgeschichte jedoch in der Regel nicht in der zeitlichen Abfolge, gewissermaßen ‚von den Anfängen bis zur Gegenwart'. Im Studium lernen sie in Vorlesungen und Seminaren bestenfalls Epochenabschnitte kennen, sie studieren paradigmatisch – und sind

---

[1] Martin Huber: Literaturgeschichtsschreibung revisited. Neue Modelle und alte Fragen. In: Mitteilungen des deutschen Germanistenverbands 59/4 (2012): Literaturgeschichtsschreibung im 21. Jahrhundert – Konzepte in Wissenschaft und Schule. Hg. von Martin Huber, S. 321–327, hier S. 321. Helge Nowak beschreibt Literaturgeschichten als „Informationsmedium und als kollektive Gedächtnisstütze" (Helge Nowak: Literarische Kommunikation als Leitbild einer transkulturellen und medienhistorisch orientierten Literaturgeschichtsschreibung. In: Mitteilungen des deutschen Germanistenverbands 59/4 (2012), S. 333–359, hier S. 333).
[2] Vgl. Michel Foucault: Archäologie des Wissens. Übers. von Ulrich Köppen. Frankfurt/M. 1973, S. 41 f.

nicht selten gerade in den ersten Semestern verwirrt. Bestenfalls vor dem anstehenden Examen, wenn überhaupt, wird eine Literaturgeschichte von Anfang bis zum Ende gelesen, ‚durchgearbeitet', um die Ereignisse als Perlen des Wissens aufzufädeln und in eine vermeintlich präsentable Ordnung zu bringen bzw. auch um sogenannte ‚Lücken zu füllen'. Literaturgeschichte als Verlauf, als chronologische Ordnung ist beim Erwerb literarischen Wissens in der Regel eine *nachträgliche* Maßnahme, eine operative Fiktion sozusagen, die aber als solche im akademischen Alltag leidlich gut funktioniert.

1. Literaturgeschichte als Zeit und Raum

Das geschichtliche Verlaufsmodell, das auch für die Geschichte der Literatur das gängige disziplinäre und außerdisziplinäre Verständigungs- und Gebrauchsschema darstellt, wurde bekanntlich im historistischen 19. Jahrhundert ausgeprägt und institutionell eingeübt. Ernst Robert Curtius entwirft in seinem epochemachenden Werk *Europäische Literatur und Lateinisches Mittelalter* (1948) die Geschichte der europäischen Literatur bezeichnenderweise als Strom, wenn er kritisch vermerkt, dass für die landläufige Literaturgeschichte das moderne Europa erst um 1500 beginne. Dies sei ebenso sinnvoll, schreibt er,

> wie wenn man eine Beschreibung des Rheins verspräche, aber nur das Stück von Mainz bis Köln lieferte. Freilich gibt es auch eine „mittelalterliche" Literaturgeschichte. Sie fängt um 1000 an, also, um im Bilde zu bleiben, schon in Straßburg. Aber wo bleibt die Zeit von 400 bis 1000? Da müßte man schon in Basel anfangen [...] Diese Strecke wird verschwiegen – aus sehr einfachem Grunde: die Literatur dieser Jahrhunderte ist bis auf verschwindende Ausnahmen lateinisch abgefaßt. Warum? Weil sich die Germanen, wie angedeutet, von Rom in Gestalt der römischen Kirche assimilieren ließen. Und wir müssen weiter zurückgehen. Die Literatur des „modernen" Europa ist mit der des mittelmeerischen so verwachsen, wie wenn der Rhein die Wasser des Tiber aufgenommen hätte.[3]

Dieses Bild vom Strom der Literaturgeschichte ist suggestiv. George Lakoff und Mark Johnson würden vermutlich von einer konzeptuellen Metapher sprechen.[4] Aber was genau verbildlicht der Strom? Bei genauerem Hinsehen ist das Bild gar nicht so klar. Beschreibt es den Fluss der Zeit, der an seinen Ufern die geschichtlichen Stätten und Ereignisse zurücklässt? In diesem Fall hätte der Literaturhistoriker/die Literaturhistorikerin immer wieder den Rhein hinauf-

---

[3] Ernst Robert Curtius: Europäische Literatur und lateinisches Mittelalter. Tübingen/Basel. 11. Aufl. 1993, S. 19 f.
[4] Vgl. George Lakoff/Mark Johnson: Metaphors we live by. London/Chicago 2003.

und wieder hinunterzufahren, um die geschichtlichen Phänomene seines/ihres Fachs zu besichtigen und zu erkunden. Allerdings gibt das Bild des Flusses auch Einflussphänomene zu denken, Zuflüsse, die den Strom der Literatur speisen, Wässer, die sich vermischen. So gesehen ist die Literatur selbst das fließende Gewässer, und wir als Literaturhistorikerinnen und -historiker stehen bewundernd am Ufer und blicken auf das Naturschauspiel, das sich unseren Augen darbietet und im ewigen Fluss der Veränderung dahinzieht. Höchstwahrscheinlich tut man doch gut daran, selbst das Schiff zu besteigen, zum einen um längere Zeit mit den Objekten des wissenschaftlichen Interesses auf Augen- bzw. Wellenhöhe zu sein, zum anderen aber um der eigenen persönlichen wie disziplinären Geschichtlichkeit auf diese Weise besser gerecht zu werden. Und ob der Gegenstandsbereich nun im Fluss ist, ja selbst der Fluss ist, oder ob wir an den Monumenten der Vergangenheit vorbeifahren und bestenfalls das eine oder andere mehr oder weniger genaue Nachbild mitnehmen, ist dann vielleicht nicht so entscheidend respektive vielleicht erst recht kennzeichnend für unser literaturgeschichtliches Tun. Denn natürlich lassen wir das meiste am Ufer liegen, und das, was uns erforschenswert erscheint, verändert und verflüssigt sich nur wenig langsamer, wenn wir uns selbst mit unseren Untersuchungsgegenständen auf die Fahrt begeben. Umso mehr muss man dann aufpassen, bei der Objektfixierung nicht die Kontrolle über die eigene Navigation zu verlieren. Trotzdem ist es schwierig, vom Tiber in den Rhein oder vom Rhein in den Tiber zu gelangen, wenn man sich zur Überbrückung von Epochensprüngen nicht mit der Annahme einer unabsehbaren, in jedem Fall unsichtbaren Anzahl unterirdischer Ströme oder zumindest Ursprünge zufriedengeben möchte. Da bedarf es in jedem Fall konstruktiver Tiefbohrungen, der Freilegung und Kanalisierung unterirdischer bzw. unterirdisch angenommener Wasserläufe. Will sagen: Die Metapher vom Strom der Literaturgeschichte ist anschaulich, aber als Denkbild eigentlich nicht einzulösen. Wir unterliegen zwar der Suggestion historischer Abfolgen, auch und gerade der Abfolge der Epochen, aber nur vergleichsweise selten beschreiben wir Übergangsphänomene. Der Strom der Geschichte besteht häufig aus Brüchen und fehlenden Zwischenstücken. „[...] wie wenn der Rhein die Wasser des Tiber aufgenommen hätte", schreibt Curtius. Das „wie wenn" des Vergleichs ist zwar nicht identisch mit dem fiktionstheoretischen „als ob" nach Hans Vaihinger,[5]

---

5 Vgl. H.[ans] Vaihinger: Die Philosophie des Als ob. System der theoretischen, praktischen und religiösen Fiktionen der Menschheit auf Grund eines idealistischen Positivismus. Mit einem Anhang über Kant und Nietzsche. Berlin 1911. Vaihinger stellt gleich im „Vorwort des Verfassers" die Leitfrage seines Buchs: *„Wie kommt es, daß wir mit bewußtfalschen Vorstellungen doch richtiges erreichen?"* (S. VII). Und an späterer Stelle erläutert er: „Unter der *fiktiven Tätigkeit* innerhalb des logischen Denkens ist die Produktion und Benützung solcher logischen

aber doch arbeiten sie Hand in Hand, insofern als die „inauthentische Setzung"[6] – so definiert Iser die Fiktion – etwas braucht, das sie setzen kann, anschauliche, konkrete Bilder für etwas, das sich *per se* der Anschaulichkeit entzieht.

So suggestiv es ist, Geschichte als Verlauf, als Strom zu denken, so wenig entspricht dies doch der konkreten literaturwissenschaftlichen Praxis. Da ist der Strom der Geschichte bestenfalls ein Unterstrom, wenngleich ein immer mitlaufender. Genau dieser Unterstrom ist die operative Fiktion, die der literaturwissenschaftlichen Tätigkeit zugrunde liegt und sie gewissermaßen trägt. In der Praxis verstehen wir Geschichte doch eher als Ereignis und Kontext – indem wir den Strom gleichsam aus seinen Ufern treten lassen. Und signifikanterweise ist das zeitliche Bild des Stromes, wie die Textstelle bei Curtius deutlich macht, auch ein räumliches. Zeit und Raum sind bekanntlich nach Kant die grundlegenden Anschauungsformen des Menschen. Wenn das Subjekt nach innen blickt, schreibt Kant in der *Kritik der reinen Vernunft*, denkt es zeitlich – dann befindet es sich gewissermaßen im historischen Modus der Erinnerung. Blickt das Subjekt nach außen, nimmt es das, was es sieht, räumlich wahr.[7] Auch dieses Bild des nach innen und nach außen blickenden Subjekts ist eine Hilfskonstruktion, geht es Kant doch eigentlich um die diesen Akten vorausliegenden und sie überhaupt erst ermöglichenden menschlichen Formen der Anschauung. Jedoch wird die konstitutive Verschränkung von Zeit und Raum selten so anschaulich wie gerade im Bild des Flusses oder des Stroms.

Freilich gibt es auch räumliche Modelle von Literaturgeschichte. „[...] Literatur bewegt sich nicht nur vorwärts, sondern auch *seitwärts*", hat beispielsweise Franco Moretti formuliert.[8] Auch der *New Historicism* Greenblatt'scher Prägung verfährt gewissermaßen räumlich, wenn er Zirkulationsbewegungen sozialer oder kultureller Energie zwischen Text und historischem Kontext

---

Methoden zu verstehen, welche mit Hilfe von *Hilfsbegriffen* – denen die Unmöglichkeit eines ihnen irgendwie entsprechenden objektiven Gegenstandes mehr oder weniger an die Stirn geschrieben ist – die Denkzwecke zu erreichen sucht; anstatt sich mit dem gegebenen Material zu begnügen, schiebt die logische Funktion diese zwitterhaften und zweideutigen Denkgebilde ein, um mit ihrer Hilfe seine Ziele indirekt zu erreichen, wenn die Sprödigkeit des entgegenstehenden Materials ein direktes Vorgehen nicht gestattet" (S. 19).

6 Wolfgang Iser: Das Fiktive und das Imaginäre, Perspektiven literarischer Anthropologie. Frankfurt/M. 1991, S. 249.

7 Vgl. Immanuel Kant: Kritik der reinen Vernunft, I. Teil. In: I. K.: Werke in zehn Bänden. Hg. von Wilhelm Weischedel. Darmstadt. 5. Aufl. 1983, S. 71.

8 Franco Moretti: Kurven, Karten, Stammbäume. Mit einem Nachwort von Alberto Piazza. Aus dem Englischen von Florian Kessler. Frankfurt/M. 2009, S. 108.

verfolgt. Der Strom der Zeit wird gleichsam angehalten, und der Literaturhistoriker blickt vom Text aus nach rechts und links. Er hält Ausschau nach dem Gleichzeitigen. Auch wenn der Name *New Historicism*[9] Stephen Greenblatt zufolge eine Abgrenzung gegenüber der „positivistischen Geschichtswissenschaft des frühen 20. Jahrhunderts" indiziert und im Übrigen eher eine spontane Eingebung war,[10] argumentiert der literaturwissenschaftliche Ansatz des *New Historicism* durchaus historisch. Historisch ist am *New Historicism* die Einbeziehung des geschichtlichen sozialen und kulturellen Kontexts, in dem ein literarischer Text verankert ist. Das freilich, könnte man dagegenhalten, tut der ‚alte Historismus' auch, wenn es ihm darum geht, die spezifische Historizität seines Gegenstands hervorzuheben. In Gestalt der „historische[n] Hintergründe" taucht der Kontext denn auch in den Seminararbeiten und Referaten von Studierenden mit regelmäßiger Frequenz auf. Indessen ist ein ‚Hintergrund' etwas anderes als ein ‚Kontext', die Beobachtung ‚sozialer' oder ‚kultureller Energie'-Ströme etwas anderes als ein durch die eher vage Kategorie des ‚Einflusses' zu berücksichtigender ‚Hintergrund'. Den historischen Hintergrund haben wir statisch gedacht, während der Kontext des *New Historicism* von der Dynamik sich verändernder Konstellationen geprägt ist. Der Kontextbezug des *New Historicism* ist immer ein punktueller, ereignishafter, während der traditionelle literaturgeschichtliche Hintergrund eher totalisierend oder generalisierend daherkommt.

Der bereits zitierte Franco Moretti beispielsweise unternimmt es mit seinem Verfahren des ‚Distant Reading', von der Inblicknahme „einzelne[r] konkrete[r] Werke"[11] wegzukommen, und präsentiert stattdessen Kurven, Karten und Stammbäume. Der Grundierung der Literaturgeschichte durch die „Ideen der französischen und deutschen Metaphysik"[12] versucht er, eine natur- und sozialwissenschaftlich inspirierte Literaturgeschichte gegenüberzustellen. Wenn man ein Faible für Formalisierungen hat, leuchtet der Ansatz prinzipiell ein, auch und gerade die Tatsache, dass Literaturgeschichte nicht unbedingt aufgefädelt werden muss wie eine Perlenschnur, vielmehr eine Reihe von Partialgeschichten erzählt wird, etwa die Konjunkturen eines Genres, beispielsweise des Detektivromans innerhalb eines Zeitraums von zehn Jahren im deutsch-englischen Vergleich. Das zeitigt zweifellos instruktive Ergebnisse, wenngleich ihr

---

9 Vgl. dazu auch Moritz Baßler: Die kulturpoetische Funktion und das Archiv. Eine literaturwissenschaftliche Text-Kontext-Theorie. Tübingen 2005, S. 23 f.
10 Vgl. Stephen Greenblatt: Grundzüge einer Poetik der Kultur. In: S. G.: Schmutzige Riten. Betrachtungen zwischen Weltbildern. Berlin 1990, S. 107–122, hier S. 107.
11 Moretti: Kurven, Karten, Stammbäume (Anm. 8), S. 7.
12 Ebd., S. 8.

Formalismus es möglicherweise schwer hat, sich in eine einprägsame Erzählung der Literaturgeschichte einbinden zu lassen. Die Kurven, Karten und Stammbäume machen etwas anschaulich, was Moretti evolutionstheoretisch argumentierend die „Kraft"[13] der Geschichte nennt. Diese „Fingerabdrücke der Geschichte",[14] wie es an anderer Stelle heißt, müssen aber natürlich wieder in Sprache, d. h. in ein Narrativ übersetzt werden, um literaturgeschichtlichen Aussagewert beanspruchen zu können. Dabei partizipiert Moretti an den stummen vorhandenen Geschichten der Literatur, an den Unterströmen, die sich ganz offensichtlich nicht einfach aus der Welt schaffen lassen. Es kommt ihm zustatten, dass die Kategorie der ‚Kraft' irgendwie naturwissenschaftlich klingt, aber zugleich auch eine Geschichtsmetapher darstellt, die vielleicht von Curtius' Strombild gar nicht so weit entfernt ist. Die Kraft der Literaturgeschichte vergegenständlicht sich für Moretti in der literarischen *„Form als Konstellation der gesellschaftlichen Kräfte und als Ausdruck dieser Kräfte"*.[15] Ob und inwiefern Morettis Bestreben, die Literaturgeschichte zu entmythologisieren, einen neuen Mythos schafft, nämlich die Erzählung von den unablässig wirksamen Kräften der Literaturgeschichte, die selektiert und neue Formen hervorbringt, wäre zu diskutieren. Eine operative Fiktion stellt diese Erzählung allemal dar, umso mehr als das ‚wie wenn' der Kraft als fiktional wirksame Metapher in dieser Erzählung zweifellos das fiktive ‚als ob' des Konzepts auf suggestive Weise bestärkt.

2. Literaturgeschichte – eine operative Fiktion

In der Systemtheorie Niklas Luhmanns ist eine ‚operative Fiktion' eine Unterstellung bzw. eine Annahme, die Operationen und Anschlussoperationen ermöglicht und die wir machen, ohne sie zu überprüfen bzw. sie auch nur überprüfen zu wollen oder zu können. So bezeichnet Luhmann beispielsweise die „Einheit von Person und Individuum" als „operative Fiktion", die es uns erlaubt, eine Person als menschliches Individuum zu behandeln und eben jene „mentalen und körperlichen Prozesse", die wir nicht kennen, zu hypostasieren (Luhmann spricht von „spezifizieren"), „auf die ein soziales System für die Durchführung eigener Operationen angewiesen ist".[16] Als operative Fiktion fungiert Luhmann zufolge etwa auch die Unterstellung „universeller

---

13 Ebd., S. 70.
14 Ebd., S. 71.
15 Ebd., S. 109.
16 Niklas Luhmann: Organisation und Entscheidung. Wiesbaden. 2. Aufl. 2006, S. 90.

Informiertheit", von der Politiker, ohne sie zu überprüfen, ausgehen und die als solche „den politischen Prozess bestimmt".[17] Die Kategorie der ‚operativen Fiktion' erscheint für die literaturwissenschaftliche Tätigkeit und deren Verhältnis zur Literaturgeschichte insofern als zutreffend und ergiebig, als sie einige Implikationen transportiert: 1. Die operative Wirkung trifft nur dann zu, wenn man nicht explizit über Literaturgeschichte nachdenkt, das heißt, 2., sie stillschweigend voraussetzt. Dies lässt an das Bild des Unterstroms denken: Wir gehen davon aus, dass es Literaturgeschichte gibt, selbst wenn wir wissen, dass es sie ‚eigentlich' nicht gibt, wir sie vielmehr ‚machen' und dass sie immer schon gemacht ist, um den abgenutzten Begriff der ‚Konstruktion' zu vermeiden. Literaturwissenschaftler/innen setzen die Literaturgeschichte in der täglichen wissenschaftlichen Arbeit auf unbestimmte Weise voraus. Das heißt, 3., die Annahme, genauer: die operative Fiktion, dass es Literaturgeschichte gibt, ist notwendig unspezifisch, ungeklärt, vage. Die Literaturwissenschaft operiert also in Bezug auf sie, 4., unter Vorbehalt. Die Behauptung von der mangelnden Spezifik dieser Unterstellung scheint im Widerspruch zu Luhmann zu stehen, der davon spricht, dass Prozesse, die wir nicht kennen, gleichwohl ‚spezifiziert' werden. Doch, wäre hier zu bedenken, diese Spezifikation bleibt ungenau, nicht durch eigene Forschung überprüft und gegründet. Genau darin scheint das Fiktionale der operativen Fiktion zu bestehen. Das heißt, 5., gerade weil wir unser Verhältnis zur Literaturgeschichte nicht geklärt haben bzw. es auch nicht permanent klären können – denn genau genommen müsste es mit jeder neuen Fragestellung, jeder literaturwissenschaftlichen Operation, die wir vornehmen, neu und im spezifischen Sinne geklärt werden –, brauchen wir die Fiktion mit ihren bereits vor-spezifizierten Merkmalen. Und diese Fiktion ist in aller Regel das schlichte, will sagen: das vorkritische Modell der Literaturgeschichte als einer Verlaufsgeschichte, deren Spezifikationen die bekannten und problematischen Epocheneinteilungen mit den ihnen zugewiesenen Epochenmerkmalen sind. Diese Fiktion hat im System der Literaturwissenschaft bereits zu vielfältigen Operationen und Kommunikationen geführt und ermöglicht immer noch weitere Anschlussoperationen und -kommunikationen, auch wenn diese sich verändern, weil unser Bezug auf die leitende Fiktion der Literaturgeschichte reflexiv geworden ist.

Es mag der Präzisierung dienen, an dieser Stelle darauf hinzuweisen, dass ‚Fiktion' eine Substantivbildung sowohl zu ‚fiktiv' als auch zu ‚fiktional' darstellt. Die ‚operative Fiktion' rekurriert auf das ‚Fiktive' im Sinne eines „Erdachte[n], Erfundene[n], Vorgestellte[n], mit dem dennoch im Sinne eines ‚Als

---

[17] Niklas Luhmann: Soziologische Aufklärung. Soziales System, Gesellschaft, Organisation. Wiesbaden. 5. Aufl. 2009, S. 360.

ob' [nach Vaihinger] operiert wird".[18] Das Fiktive ist auf das Reale bezogen, wobei als ‚real' „ein Seinsmodus definiert werden [kann], der Sachverhalten aufgrund von gemeinsam geteilten, durch Konventionen und Sanktionen abgesicherten Wirklichkeitsvorstellungen zugeschrieben wird".[19] Achim Barsch schreibt dazu:

> Handlungen und Figuren in Romanen sind ebenso fiktiv wie Textaufgaben im Mathematikbuch oder juristische Kategorien wie die ‚juristische Person' oder die ‚Ein-Mann-Gesellschaft'. Entscheidend für den Unterschied ist der jeweilige Verwendungszusammenhang. Die Lösung fiktiver Fälle und Aufgaben dient der Einübung von Fertigkeiten im Sinne praktischer Handlungskompetenzen. Als Modellfälle mit Modelllösungen zielen sie auf die Erfassung von Realem ab.[20]

In die Reihe dieser Übungsfiktionen aus dem Mathematikbuch oder dem Grundkurs Jura lassen sich zweifellos auch die Setzungen der Literaturgeschichte einfügen, insofern als wir ihre Modellhaftigkeit in den Dienst der Erfassung von etwas stellen, das nicht im landläufigen Sinne ‚real' ist, aber doch mit dem Anspruch wissenschaftlicher ‚Realien' einhergeht. Das Fiktive bezieht seine Dynamik also – das betont auch Iser in seiner Auseinandersetzung mit Vaihinger – aus seinem Setzungscharakter, vielmehr seinem Akt der Setzung, der Wolfgang Iser davon sprechen lässt, „daß Fiktionen, sofern sie etwas ermöglichen, einen performativen Charakter haben".[21] Als ‚fiktional' im Unterschied zu ‚fiktiv' wird etwas bezeichnet, bei dem der Bezug zu einem als ‚real' Aufgefassten aufgehoben ist. Dann bewegt man sich in der fiktionalen Welt etwa eines Romans. Fiktionalität ist häufig spielerisch.[22] Johannes Anderegg hat es so formuliert:

> Das Spezifische jener Texte, die als fiktionale gekennzeichnet werden sollen, liegt vielmehr darin, daß bei ihrer Wahrnehmung die Frage nach der Authentizität, nach Wahrheit oder Überprüfbarkeit hinfällig wird. Nicht die Unmöglichkeit zu referenzialisieren, sondern der Wegfall des Bedürfnisses, eine Referenzialisierung vorzunehmen, kennzeichnet die fiktionale Kommunikation [...].[23]

---

18 A[chim] B[arsch]: Fiktion/Fiktionalität. In: Ansgar Nünning (Hg.): Metzler Lexikon Literatur- und Kulturtheorie. Stuttgart/Weimar. 5., aktualisierte und erweiterte Aufl. 2013, S. 214 f., hier S. 214.
19 Ebd., S. 214.
20 Ebd., S. 214.
21 Iser: Das Fiktive und das Imaginäre (Anm. 6), S. 260; vgl. S. 249.
22 Vgl. Barsch: Fiktion/Fiktionalität (Anm. 18), S. 215.
23 Johannes Anderegg: Zum Problem der Alltagsfiktion. In: Dieter Henrich/Wolfgang Iser (Hg.): Funktionen des Fiktiven. Poetik und Hermeneutik X. München 1983, S. 377–386, hier S. 379.

Die operative Fiktion der Literaturgeschichte hat sowohl eine fiktive als auch eine fiktionale Dimension, die nur zum Zweck der Heuristik auseinanderdividiert werden können. Die Setzung des Fiktiven bezieht sich auf die Voraussetzung, die wir machen, indem wir davon ausgehen, dass es den literaturgeschichtlichen Verlauf oder zumindest einen Zusammenhang gibt. In gewissem Sinne fiktional sind die konkreten Erzählungen des geschichtlichen Zusammenhangs, spezifische Formen des *emplotments*, zu denen das operative „wie wenn" des Curtius'schen Strombildes zu zählen wäre. Man kann in diesem Zusammenhang immer noch auf Isers „Akte des Fingierens" rekurrieren, die Teilakte der Selektion und der Kombination. Der dritte Teilakt, den Iser „Entblößung" der Fiktionalität nennt,[24] wird in der Geschichtsschreibung respektive der Literaturgeschichtsschreibung nur vollzogen, wenn sich das historiographische Unterfangen selbst als problematisch erfährt und dies entsprechend thematisiert. Michael Riffaterres Konzept der ‚fiktionalen Wahrheit', das Glaubwürdigkeit auf die Logik einer textuellen Grammatik, d. h. einer sprachlich realisierten Ordnungsstruktur, zurückführt, in dem Sinn, in dem es bei Lewis Carroll heißt: „What I tell you three times is true",[25] kann hier ebenfalls in Anschlag gebracht werden, insofern als Wiederholung und Substitution eben jenes notwendige Maß an Tautologie und Zirkularität erzeugen, die einem fiktionalen Text (und im Grunde jedem Text) Plausibilität verleihen. Aber natürlich hat die Debatte um und nach Hayden White gezeigt, dass Fiktionalität und Literarizität nicht konfundiert werden dürfen.[26] Gleichwohl gibt es Erzählmuster und Erzähllogiken, die auch in der Literaturgeschichtsschreibung so viel Suggestivität entfalten, dass sie die Frage nach der Referenzialität aussetzen oder erst gar nicht erst aufkommen lassen.

Die operative Fiktion der Literaturgeschichte setzt also einen wie auch immer gearteten historischen Zusammenhang voraus, über den wir als solchen und in Gänze nicht verfügen können, einen Zusammenhang, der sowohl eine zeitliche als auch eine räumliche Dimensionalität hat. In diesem Sinn ist Literaturgeschichte auch eine Art Archiv, das wir aufsuchen können, aber nicht müssen. In unserer konkreten literaturwissenschaftlichen Arbeit nehmen wir

---

[24] Vgl. Wolfgang Iser: Akte des Fingierens oder Was ist das Fiktive im fiktionalen Text? In: Henrich/Iser (Hg.): Funktionen des Fiktiven (Anm. 23), S. 121–151.
[25] Vgl. Michael Riffaterre: Truth in Diegesis. In: M. R.: Fictional Truth. Baltimore/London 1990, S. 1–28, hier S. 21; vgl. Lewis Carroll: The Hunting of the Snark. In: The Complete Works of Lewis Carroll. With an Introduction by Alexander Woollcott and the Illustrations by John Tenniel. London/New York 1939, S. 680–699, hier S. 680.
[26] Vgl. Ansgar Nünning: ‚Verbal Fictions?' Kritische Überlegungen und narratologische Alternativen zu Hayden Whites Einebnung des Gegensatzes zwischen Historiographie und Literatur. In: Literaturwissenschaftliches Jahrbuch 40 (1999), S. 351–380.

immer nur selektiv, d. h. interessen- und fragestellunggeleitet, Bezug auf ausgewählte historische Aspekte und Zusammenhänge. Alles andere bleibt gewissermaßen in der Latenz. Und es ist genau diese Latenz, die Unbestimmtheit und Unschärfe, das wäre die hier vorzutragende These, welche die operative Fiktion Literaturgeschichte für unsere literaturwissenschaftliche Arbeit, sei sie nun systematisch oder historisch orientiert, produktiv werden lässt. Denn jeder literaturwissenschaftliche Gegenstand hat seine historische Dimension, die wir immer schon aktualisieren, wenn wir auch nur einen Bezug von einem Text auf einen anderen, zum Autor, zu einem Datum, zu Produktions- oder Rezeptionsbedingungen der Zeit, der Mediengeschichte der Literatur etc. herstellen.[27] Diese (mit Moretti gedacht) vorwärts, seitwärts und rückwärts Bezug nehmenden Akte sind die Lizenz literaturwissenschaftlicher Arbeit. Allein die Vorstellung, dass auf etwas Vorausliegendes, nämlich die Literaturgeschichte, zugegriffen werden kann, ermöglicht dem Literaturwissenschaftler/der Literaturwissenschaftlerin die Arbeit, d. h. die Entwicklung neuer Fragestellungen, Bezüge und Bedeutungszusammenhänge. Genau dieser Modus der operativen Fiktion Literaturgeschichte hält die Literaturwissenschaft arbeitsfähig, ja mehr noch, er ist im eigentlichen Sinne produktiv, vermutlich gerade wegen seiner Kontingenz – und wegen seiner Latenzen. Und die ausgewählten Daten und historischen Bezüge, mit denen literaturwissenschaftliche Artikel versehen werden, sorgen zumindest dafür, dass die kostbare Fracht der disziplinären Forschungsergebnisse auf dem Frachter der Literaturgeschichte in den richtigen Container kommt.

3. Magma der Literaturgeschichte

Es geht also keinesfalls darum, Literaturgeschichte als Täuschung, frei erfunden, ‚bloß' konstruiert oder Ähnliches zu entlarven. Die operative Fiktion der Literaturgeschichte ermöglicht es, dass man sich überhaupt Bilder von der Literatur und ihrer Vergangenheitsdimension machen kann. Und zum Glück sind wir nicht allein auf weiter Fahrt. Unsere literaturgeschichtlichen Entwürfe, die, wie herausgestellt, in der Praxis nie aufs Ganze gehen, werden von anderen Forschern und Forscherinnen rezipiert, weitergeschrieben – und korrigiert. Längst werden in der Literatur- und Kulturwissenschaft ‚Realität' und ‚Konstruktion', Referenz und Performanz nicht mehr gegeneinander ausgespielt. Dass es Literaturgeschichtliches ‚gibt', steht außer Frage, was es allerdings

---

[27] An dieser Stelle kommen die aktuellen kommunikationsorientierten Ansätze in der Debatte um die Literaturgeschichte zum Tragen; vgl. Huber: Literaturgeschichtsschreibung revisited; Nowak: Literarische Kommunikation (Anm. 1).

‚ist', stellt sich als weniger offensichtlich dar. Darüber lässt sich streiten und debattieren. Jedes historische Ereignis ist immer schon, auch und gerade im Augenblick seines Erscheinens, nicht das, was es ist, sondern in grundsätzlicher Weise kontingent, ein Punkt auf einer Matrix, deren Koordinaten wir nicht kennen, sondern nach denen wir suchen. Dies gilt auch für literarische Texte als historische Ereignisse, die gleichermaßen nicht das sind, was sie sind, sondern Interpretationen ihrer selbst. Ob wir als Literaturhistoriker/innen nach zeitgenössischen Koordinaten suchen, nach denen der Rezeption in unterschiedlichen historischen Kontexten oder von unseren aktuellen fachlichen Debatten herkommen, unsere wissenschaftlichen Objekte sind uns als solche nicht zugänglich, weil sie auf unabsehbare Weise kontextualisiert und immer schon interpretiert sind. Im Verlauf der Geschichte schreiben sich sowohl die Interpretationen als auch die Konstellationen beständig weiter und um. Und jede Manifestation erzeugt weitere Latenzen, die wir bedenken könnten. Um beim Bild des Curtius'schen Stroms zu bleiben: Die Literaturgeschichte fährt mit im Strom der Zeit, allerdings mit einer anderen Geschwindigkeit als die literarischen Phänomene, die sie in den Blick nimmt. Vieles geht dabei freilich auch über Bord. Trotzdem oder gerade deshalb ist literaturwissenschaftliches Arbeiten möglich. Denn es gibt sie ja, die Literatur. Für dieses unzweifelhaft Vorhandene, das in unserer Begriffssprache nicht aufgeht, hat Cornelius Castoriadis den Begriff des ‚Magmas' eingeführt, der auch für eine Problematisierung der Literaturgeschichte produktiv erscheint.

In *Gesellschaft als imaginäre Institution* (1975) geht es Castoriadis darum, Seiendes zu denken, ohne dabei auf die Grenzen der Begriffssprache verwiesen zu sein, d. h. immer nur sagen zu können, was es nicht ist. Unter diesem Seienden begreift er sogenannte ‚neue Objekte' wie „Elementarteilchen und kosmisches Feld, Selbstorganisation des Lebenden, Unbewußtes", aber auch – und deshalb soll Castoriadis im vorliegenden Diskussionszusammenhang bemüht werden – „Gesellschaftlich-Geschichtliches".[28] Er argumentiert dagegen, sich des Identitätslogischen zu bedienen, um sich das Nicht-Identitätslogische zugänglich zu machen. Das heißt, das Denkschema von Identität und Differenz bzw. Alterität soll aufgebrochen werden. Das Identitätslogische wären in unserem Fall die herkömmlichen Begriffe der Literaturgeschichte, die nach Castoriadis nicht einfach in die Vergangenheit zu projizieren sind, um dann etwa zu dem Befund zu führen, dass die modernen Begriffe und Konzepte beispielsweise nicht auf das Mittelalter passen. Genau darum soll es nicht gehen. Castoriadis schreibt:

---

28 Cornelius Castoriadis: Gesellschaft als imaginäre Institution. Entwurf einer politischen Philosophie. Frankfurt/M. 2. Aufl. 1997, S. 559 (Nachweise im Folgenden im fortlaufenden Text).

> Das Seiende ist, in gleich welchem Bereich, nicht als unorganisiertes Chaos zu denken, dem erst das theoretische Bewußtsein (oder die Kultur überhaupt oder jede Kultur auf ihre Weise) eine Ordnung auferlegte, in welcher nichts als die eigene Gesetzgebung und Willkür dieses Bewußtseins zum Ausdruck käme. Ebensowenig läßt sich das Seiende als eine Menge wohlunterschiedener und wohlgeordneter Dinge in einer von sich aus vollständig organisierten Welt verstehen. [...] (S. 561)

Man muss, so Castoriadis, „in den Erscheinungen Wahrscheinlichkeiten zugeben" (ebd.).

> *Es gibt* Sterne, Bäume, Hunde (im Plural) und dergleichen. Andernfalls wäre die Gesetzgebung des Bewußtseins ohne Objekt. [...] Die Idee einer absolut ungestalteten Materie ist undenkbar, weil das der absoluten Gleichgültigkeit der Materie gegenüber der ihr ‚aufgeprägten' Form entspräche [...]. (S. 562)

Auch wenn Castoriadis' Schichten-Denken vielleicht als problematisch erscheint, ist es doch bedenkenswert, wenn er unterstreicht, dass das Gegebene „keine Menge oder Hierarchie von Mengen, keine Wesenheit und kein System von solchen" (S. 563) darstellt. Vielmehr argumentiert er:

> Was uns hinter der primären natürlichen Schicht begegnet, erscheint zwar noch organisierbar, aber auch bereits auf eine Art und Weise organisiert, die uns zur Abänderung unserer ‚Kategorien' zwingt – ohne daß wir sagen könnten, daß wir diese Kategorien daraus entnähmen oder erborgten. Und nicht nur erscheint jede neue Schicht früher oder später als lückenhaft; die Beziehungen, in denen die Ebenen oder Schichten des Gegebenen zueinander stehen – Terme, die man gewiß nicht substantialisieren oder verdinglichen darf –; sind weder chaotisch [...] noch identitätslogisch (denn aus der Sicht der Identitätslogik wimmelt es hier nur so von Paradoxien und Aporien). (S. 563)

In diesem Sinne hat Donna Haraway in ihrem Artikel *Situated Knowledges* von 1988 das Verhältnis von erkennendem Subjekt und wissenschaftlichem Objekt im Bild der „gewitzten Agentin" beschrieben.[29] Es ist nicht so, dass die Begriffe und Kategorien des erkennenden Bewusstseins einfach die Gegenstände konstruieren und Kant recht hat, wenn er das ‚Ding an sich' für unerkennbar hält. Vielmehr schreiben die Gegenstände der forscherlichen Neugierde immer an ihrer wissenschaftlichen Beschreibung mit, indem sie den Wissenschaftler/die Wissenschaftlerin zwingen, ihre wissenschaftlichen Fragestellungen, Kategorien und Begrifflichkeiten anzupassen und zu modifizieren. „Ein Magma ist etwas", so formuliert Castoriadis,

---

[29] Donna J. Haraway: Situiertes Wissen. In: D. J. H.: Die Neuerfindung der Natur. Primaten, Cyborgs und Frauen. Frankfurt/M. 1995, S. 73–97.

> dem sich mengenlogische Organisationen unbegrenzt entnehmen lassen (oder: worin sich solche Organisationen unbegrenzt konstruieren lassen), das sich aber niemals durch eine endliche oder unendliche Folge mengentheoretischer Zusammenfassungen (ideell) zurückgewinnen läßt. (S. 564)

Unter Magma versteht Castoriadis also

> eine Vielheit, die nicht im üblichen Sinne des Wortes eine ist, die wir aber als eine kennzeichnen. [...] ein Konglomerat nicht streng voneinander geschiedener Bestandteile einer Mannigfaltigkeit; ein unentwirrbares Bündel verfilzter Gewebe aus verschiedenen und dennoch gleichartigen Stoffen, übersät mit virtuellen und flüchtigen Eigenheiten. (S. 565)

Ob das Magma als Geschichtsmetapher derjenigen des Flusses oder des Stroms zur Seite treten kann, soll zur Diskussion gestellt werden. In jedem Fall ist es etwas anderes als die heute so gern verwendete und mittlerweile etwas abgenutzte Metapher des Netzwerks, insofern als es im Bild des verfilzten Gewebes den Gedanken der prinzipiellen Unentwirrbarkeit transportiert und auch den Qualitäten der Virtualität und der Flüchtigkeit Rechnung trägt.

4. Schluss

Castoriadis soll aber nicht das letzte Wort haben; vielmehr gilt es, seine Überlegungen nochmals mit dem Gedanken von der operativen Fiktion der Literaturgeschichte engzuführen. Die Verhandlungen mit dem literaturgeschichtlichen Gegenstand, der ‚gewitzten Agentin', mit Haraway gedacht, finden, wie angedeutet, im sozialen Raum statt, zumindest im sozialen Raum des Disziplinären, in dem es gewisse Grundvereinbarungen gibt. Was die Literaturwissenschaft als Literaturgeschichte beschreibt, ist nicht nur ein Gespräch mit dem Gegenstand, sondern nicht zuletzt mit anderen literaturwissenschaftlichen Akteuren. Das, was aus dem verfilzten Gewebe der Literaturgeschichte herausgeholt und als relevant ausgehandelt wird, ist offensichtlich das, was in einer bestimmten Zeit, aus welchen Gründen auch immer – zur disziplinären Selbstverständigung oder um wissenschaftlichen Fortschritt zu vermerken –, gebraucht wird. Es ist offensichtlich das, was in einer bestimmten historischen und fachgeschichtlichen Situation Anschlusskommunikationen ermöglicht. Daher erscheint es als durchaus symptomatisch, dass an der ‚neuen' amerikanischen, von David Wellbery, Judith Ryan, Hans Ulrich Gumbrecht, Anton Kaes, Joseph Leo Koerner und Dorothea E. von Mücke herausgegebenen Geschichte der deutschen Literatur eine Vielzahl von Autorinnen und Autoren mitgeschrieben hat. Vom Strom der Geschichte hat man sich hier verabschiedet, den Faden der Chronologie aber beibehalten, indem man Ereignisse und Daten unterschiedlichster Art auf ihm aufgefädelt hat. Die einzelnen Essays sind sehr verschieden und erscheinen nicht zuletzt geleitet von individuellen Vorlieben und für die heutige Zeit als Notwendigkeiten betrachteten Zugriffen. Es ist durchaus so etwas wie ein verfilztes Gewebe entstanden, in dem auch alte, überkommen geglaubte Kategorien der Literaturgeschichtsschreibung wie der ‚Autor' und das ‚Ereignis' – im vorfoucault'schen Sinn – ihren Platz haben. In ihrer Fokussierung auf die „‚datierbare' Einzigartigkeit", die den „Wunsch nach tieferer Bekanntschaft mit Autor oder Werk" hervorrufen soll,[30] stellt sie gewissermaßen den Gegenentwurf zu Morettis Unterfangen dar. Ausgehend von der Feststellung, dass Literaturgeschichte bis heute dem im 19. Jahrhundert ausgeprägten Modell der chronologischen Erzählung folgt und resistent geblieben ist „gegenüber allen revolutionären Veränderungen in der Form des Erzählens, wie sie die Moderne initiiert hat" (S. 20), versuchen Wellbery und seine Koautorinnen und -autoren unter Beibehaltung der Chronologie als dem „grundlegende[n] Ordnungsschema von Geschichte" die „Einzigartigkeit des literarischen Ereignisses" in ein „Netzwerk von Verbindungen" (S. 21) zu stellen. Dieses Netzwerk gibt über die einzelnen Essays den individuellen Lesarten der Verfasserinnen und Verfasser Raum, repräsentiert „vielfältige methodologische Ansätze" und eröffnet den Nutzerinnen und Nutzern unterschiedliche „Lektüremöglichkeiten" (S. 22). Den „wechselnden Vorstellungen von Zeit und Tradition" wird ebenso Rechnung getragen wie den „sprachlichen, kulturellen und politischen Gegebenheiten" (S. 23) sowie den „Veränderungen der Speicherungs- und Übermittlungstechniken" (S. 24). Und natürlich wird mitgedacht, dass alles auch ganz anders sein könnte. Das ist natürlich schon eine ganze Menge. Was in dieser Fokussierung auf das kontingente Einzelne nicht in den Blick kommt, sind tatsächlich Strukturen, Entwicklungen, Diskursmuster. Wenn es dann ganz am Ende von Wellberys Einleitung heißt: „Die geschichtliche Ordnung, die dieses Buch präsentiert, ist in Wirklichkeit nur eine bestimmte Anordnung, eine veränderliche Gruppierung, die sich mit jeder Lektüre neu ordnet und neu gruppiert" (S. 24), sind wir nah am Konzept der operativen Fiktion, die zusammenfassend aber doch noch etwas anders zu bestimmen ist. Hier wäre die von Castoriadis geltend gemachte Kategorie der ‚Wahrscheinlichkeit' einzubeziehen, die wir der Ordnung der Erscheinungen konzedieren. ‚Wahrscheinlichkeit' ist nicht zuletzt auch ein ästhetisch-poetologisches Postulat, das die freie Fantasie begrenzt und doch die Lizenz des Literarisch-Explorativen gegenüber einem allzu faktizitätsgläubigen Geschichtsverständnis hochhält. Als operative Fiktion eröffnet eine Literaturgeschichte des Wahrscheinlichen, die

---

[30] David E. Wellbery: Einleitung. In: D. E. W. u. a. (Hg.): Eine neue Geschichte der deutschen Literatur. Darmstadt 2007, S. 15–24, hier S. 15 (Nachweise künftig im fortlaufenden Text).

ihren Einsatzpunkt zwischen den herkömmlichen Kategorien der Literaturgeschichte und der Gegebenheit der Objekte findet, Anschlussoperationen in alle Richtungen, im historischen Vorwärts- und im Rückwärtsgang, aber auch seitwärts und – hoffentlich – auch auf den verfilzten und virtuellen Nebenwegen. Vor diesem Hintergrund ist es legitim, wenn chronologische Abrisse in Lehre – und Forschung – eingesetzt werden. Sie sollten freilich nicht für bare Münze genommen, sondern eben als operative Fiktion verstanden werden.

Daniel Fulda
Starke und schwache Historisierung im wissenschaftlichen Umgang mit Literatur

Zur Frage, was heute noch möglich ist – mit einer disziplingeschichtlichen Rückblende

1. ‚Literatur in der Geschichte' oder ‚Geschichte der Literatur'?

Vorweg eine Begriffsklärung sowie ein Versuch einer primären systematischen Strukturierung des Gegenstandsfeldes: Unter Literaturgeschichtsschreibung verstehe ich jede wesentlich historisch argumentierende Untersuchung von Literatur. ‚Historisch argumentierend' meint, sachliche Differenzen zwischen mindestens zwei unterschiedlichen Zeitpunkten als prozessbedingt zu verstehen und zu versuchen, diesen Prozess zu beschreiben und zu erklären. Das ist kein selbstverständlicher Umgang mit Literatur. Spezifisch für die Literaturwissenschaft ist vielmehr das Interesse an bedeutungsgenerierenden formalen Strukturen im Text, und dieses Interesse ist synchronisch ausgerichtet. Historisch zu argumentieren im gerade erläuterten Sinn bedeutet dagegen, eine wesentlich diachronische Perspektive auf Veränderungen in der Zeit zentral zu stellen; das aber ist die spezifische disziplinäre Perspektive der Geschichtswissenschaft.

Um eine Autorität unseres Fachs zu zitieren: Für Peter Szondi besteht die spezifische Leistung der Literaturwissenschaft darin, zu zeigen, wie die Form eines Textes zu seiner Bedeutung beiträgt. Für ihn wäre es ein „Verrat am Gedicht", wenn man „seine interpretatorische Zuflucht [...] bei dem Rekurs auf das reale Erlebnismaterial [...] suchen" würde.[1] Entscheidend sei nicht, was dem Gedicht an Gewesenem (an bedingendem „Äußerlichen") vorausliegt, sondern was „das Gedicht als Sprachgewebe, im Spannungsfeld von signifié

---

[1] Peter Szondi: Eden [zu einem Gedicht Paul Celans]. In: Bernhard J. Dotzler (Hg. in Zusammenarbeit mit Pamela Moucha): Grundlagen der Literaturwissenschaft. Exemplarische Texte. Köln u. a. 1999, S. 29–34, hier S. 33. Die folgenden Zitate ebd., S. 32, 34. Zum Verhältnis von Literatur- und Geschichtswissenschaft vgl. auch meinen Beitrag: Literaturwissenschaft und ihre Nachbardisziplinen: Geschichtswissenschaft. In: Thomas Anz (Hg.): Handbuch Literaturwissenschaft. Gegenstände – Konzepte – Institutionen. Bd. 1–3. Stuttgart/Weimar 2007, Bd. 2, S. 449–459.

und signifiant, Sinn und Laut", aus dem lebensweltlichen bzw. geschichtlichen „Material" macht. Daraus muss kein Verzicht auf die Ermittlung einer historischen Aussage des literarischen Textes folgen, doch dürfe diese Aussage, so Szondi, nur „dem vom Sprachmaterial bereitgestellten Ineinander" entnommen werden. Viele Literaturwissenschaftler werden wohl weniger streng sein und einräumen, dass Historisierung genuin zu ihrem Fach gehört, da sich Interpretation nach hermeneutischem Verständnis immer als Kontextualisierung vollzieht („Auf welche ihm vorausliegenden Fragen gibt der literarische Text Antwort?'[2]). Auch dann aber dienen Bezüge auf Gleichzeitiges, Früheres oder Späteres letztlich der besseren Einschätzung des jeweils interpretierten Textes. Selbst von der Literaturgeschichtsschreibung wird regelmäßig beteuert, dass es ihre wichtigste Aufgabe sei, den Leser „zu den Texten zurück[zu]führ[en]".[3]

Die Literaturwissenschaft ‚historisiert' üblicherweise, indem sie bei ihren Textinterpretationen historische Kontexte als erklärungsrelevant berücksichtigt – also in einem schwachen Sinn von Historisierung. Sie historisiert jedoch weit seltener in dem starken Sinne, dass ihre Textanalysen wesentlich auf die Rekonstruktion historischer Verläufe, d. h. von Veränderungsprozessen in der Zeit, zielen und darin ihren Sinn finden.[4] Dementsprechend widmete sich die Theorie der Literaturgeschichtsschreibung (die in den 1980er und 90er Jahren gepflegt wurde, mittlerweile jedoch abgebrochen scheint) weit ausführlicher der Modellierung von Literatur als Sozialsystem und dessen Bezügen zu anderen Sozialsystemen als der diachronen Dimension.[5] Das Erste – der Ausweis

---

[2] Vgl. Peter J. Brenner: Das Problem der Interpretation. Eine Einführung in die Grundlagen der Literaturwissenschaft. Tübingen 1998, S. 285.

[3] Gerhard Schulz: Die deutsche Literatur zwischen Französischer Revolution und Restauration. Teil 1: Das Zeitalter der Französischen Revolution von 1789–1806. München 1983, S. XII. Vgl. ebenso den Schlusssatz bei Heinz Schlaffer: Die kurze Geschichte der deutschen Literatur. München/Wien 2002, S. 158: „*Die kurze Geschichte der deutschen Literatur* ist so kurz, daß ihrem Leser Zeit bleibt, sich wieder der deutschen Literatur zuzuwenden, der dieses Buch sein Dasein verdankt."

[4] Die Explikation des Begriffs *Literaturgeschichte* im RLW – „zeitlich artikulierter Zusammenhang von Texten und Textkorpora (Werken) sowie deren Darstellung in synchroner und diachroner Perspektive" – legt sich dementsprechend nicht fest, wie viel Gewicht dem historisch-diachronen Moment zukommt; vgl. Jörg Schönert: Literaturgeschichte. In: Harald Fricke u. a. (Hg.): Reallexikon der deutschen Literaturwissenschaft. Neubearbeitung des Reallexikons der deutschen Literaturgeschichte. Bd. 1–3. Berlin/New York 2000, Bd. 2, S. 454–458, hier S. 454 f.

[5] Vgl. Renate von Heydebrand u. a. (Hg.): Zur theoretischen Grundlegung einer Sozialgeschichte der Literatur. Ein struktural-funktionaler Entwurf. Tübingen 1988; sowie bilanzierend: Claus-Michael Ort: ‚Sozialgeschichte' als Herausforderung der Literaturwissenschaft. Zur Aktualität eines Projekts. In: Martin Huber/Gerhard Lauer (Hg.): Nach der Sozialgeschichte. Konzepte für eine Literaturwissenschaft zwischen Historischer Anthropologie, Kulturgeschichte und Medientheorie. Tübingen 2000, S. 113–128.

von Zusammenhängen, in denen literarische Texte stehen – situiert ‚Literatur in der Geschichte'; erst das Zweite – der Zusammenhang, den sie selbst bilden – darf ‚Geschichte der Literatur' genannt werden. Für konzeptionelle oder gar theoretische Erörterungen empfiehlt sich, beides nicht durcheinanderzuwerfen, wie es in der Literaturgeschichtsschreibung meist geschieht. Zentral ist in jedem Fall die Rekonstruktion von genetischen Zusammenhängen über zeitliche Differenzen hinweg, denn ‚Geschichte' ist nichts anderes als der Inbegriff solcher Zusammenhänge. Um solche Zusammenhänge sowie den in ihnen steckenden Wandel zu verstehen (oder zu erklären, je nach wissenschaftstheoretischer Überzeugung), ermittelt die Literaturgeschichtsschreibung Konstellationen und Konflikte, die sich als bewegende Momente von historischen Prozessen deuten lassen.

Ausgeschöpft wird das Leistungspotential der Literaturgeschichtsschreibung erst durch ‚starke Historisierung'. Gewiss soll Literaturgeschichtsschreibung zur Auslegung literarischer Texte beitragen und helfen, deren Bedeutungsreichtum, Formraffinement und Faszinationskraft immer komplexer darzulegen (d. i. ihr Beitrag zu einer Literaturwissenschaft als Interpretations- oder ‚Lektüre'-Wissenschaft). Darüber hinaus bietet sie aber noch andere Erkenntnischancen, nämlich hinsichtlich des prozesshaften Zusammenhangs, in dem literarische Texte stehen und den sie selbst bilden. Literaturgeschichtsschreibung, die das ernst nimmt, kann sich nicht damit begnügen, literarische Texte auf den gesellschaftlichen Kontext zu beziehen und sie dann chronologisch zu ordnen, eben weil eine Chronik noch keine Geschichtsdarstellung im prägnanten Sinn von ‚Geschichte' ist.[6] Genetische Zusammenhänge aufzuweisen gilt denn auch seit Friedrich Schlegel als wesentliche Aufgabe der Literaturgeschichtsschreibung – bei den Schlegels meint die ‚Geschichte' im Begriff ‚Literaturgeschichte' erstmals den genetischen Zusammenhang, in dem alles stehe.[7] Noch im ganzen 19. Jahrhundert gab es keine Literaturwissenschaft, die demgegenüber die Interpretation des einzelnen Textes ins disziplinäre Zentrum gestellt hätte (auf der Grundlage einer auf formale Bedeutungsgenerierung schauenden Analyse). Freilich war auch die Literaturgeschichtsschreibung lange nicht das Geschäft der akademischen Philologie, sondern von Historikern und solchen Germanisten, denen die Etablierung als Universitätsprofessor

---

6 Diese klassische Unterscheidung hat Hayden White zu neuer Geltung gebracht, vgl. Hayden White: Die Bedeutung von Narrativität in der Darstellung der Wirklichkeit. In: H. W.: Die Bedeutung der Form. Erzählstrukturen in der Geschichtsschreibung. Aus dem Amerikanischen von Margit Smuda. Frankfurt/M. 1990, S. 11–39.
7 Vgl. Klaus Weimar: Geschichte der deutschen Literaturwissenschaft bis zum Ende des 19. Jahrhunderts. München 1989, S. 258–265.

nicht gelang; so bekannt gebliebene Namen wie Georg Gottfried Gervinus, Robert Prutz und Hermann Hettner sind hier zu nennen.[8] In gewissem Sinne haben sich die Randständigkeit der Literaturgeschichtsschreibung wie auch die hohen Erwartungen an sie bis heute erhalten. Denn wissenschaftslogisch steht Literaturgeschichtsschreibung allenfalls am Rande des Fachs; mit ihrer diachronen Perspektive betreibt sie im Grunde historische Forschung im literarischen Feld. Gleichwohl soll Literaturgeschichte geschrieben werden. Das fordert nicht nur die Öffentlichkeit, sondern Literaturgeschichte gilt weiterhin als Summe literaturwissenschaftlicher Erkenntnis – inkonsequenterweise, wenn man sich an die Position von Szondi hält.

Der Bezug auf Geschichte ist wohlgemerkt keine Entlastung der konstruktiven Arbeit, die jede Forschung leisten muss. Den Eindruck, dass er das sei, kann man zwar aus den vielbändigen Literaturgeschichten gewinnen, die in den 1970er Jahren in Westdeutschland begonnen wurden. Deren sozialgeschichtlicher Ansatz stellte von vornherein eine Verführung dar, das Historische (im Sinne des diachron Verbindenden) der zu schreibenden Geschichte im gesellschaftlichen Kontext von Literatur zu suchen, etwa im Wechsel dominanter Trägerschichten des literarischen Lebens (mit dem ‚aufstrebenden Bürgertum' im 18. Jahrhundert als sprichwörtlichstem Beispiel) oder in der strukturellen Umstellung der Gesellschaft auf funktionsdifferente Teilsysteme, von denen Kunst/Literatur eines sei. Die Erwartung, man könne die Literaturgeschichte gewissermaßen an die allgemeinere Geschichte ‚anlehnen', täuscht jedoch, und zwar nicht nur, weil sich daraus noch keine Geschichte *der Literatur* ergibt.[9] Denn Geschichte stellt generell kein gegebenes Objekt dar; vielmehr entsteht sie erst in einer bestimmten Auffassung von zeitlich indexierten Phänomenen, nämlich in deren retrospektiver Ordnung zu Verläufen. Diese genetisierende Retrospektive ist es, die bloßes ‚Geschehen' zu der ‚einen' Geschichte zusammenbindet, also zu jener ‚Geschichte' im emphatischen Sinn, die aus der Vergangenheit in die Gegenwart führt und sich in die Zukunft fortsetzt. Geschichtlich ist das Vergangene immer nur und erst in „bestimmten

---

[8] Vgl. Michael Ansel: Prutz, Hettner, Haym. Hegelianische Literaturgeschichtsschreibung zwischen spekulativer Kunstdeutung und philologischer Quellenkritik. Tübingen 2003.

[9] Zu den ungelösten Problemen der angesprochenen Literaturgeschichten vgl. Gerhard Sauder: „Sozialgeschichte der Literatur": ein gescheitertes Experiment? In: Kulturpoetik 10 (2010), S. 250–263. Sauder betont zu Recht, dass eine Anlehnung der Literatur- an die Sozialgeschichte nicht in der Absicht der Herausgeber und Autoren lag (vgl. S. 256). Das „ungelöste Vermittlungsproblem" (S. 263) zwischen beiden ‚Geschichten' führte jedoch zu deren Auseinandertreten (vgl. S. 260 f.) und dazu, dass in der Regel nur die ‚realgeschichtliche' Seite die Form historischer Kohärenz erhielt, während die literaturgeschichtliche Darstellung in viele Einzelphänomene auseinanderfiel.

Zusammenhängen";[10] schon bei Johann Gustav Droysen heißt es: „erst eine gewisse Art, das Geschehene nachmals zu betrachten, macht aus Geschäften Geschichte'" (mit ‚Geschäften' meint Droysen Handlungen aus der nicht nachträglichen Perspektive der Akteure).[11] Geschichte muss immer wieder ‚erschrieben' werden,[12] entsteht sie doch erst in einer synthetisierenden Perspektive auf viele Ereignisse. Einen stabilen Bezugsrahmen für die Literaturgeschichtsschreibung vermag die (Politik-, Sozial-, Kultur-, Medien- oder Geschlechter-)Geschichte daher nicht abzugeben. Bei genauerer Betrachtung stellt sich vielmehr die Literatur als der vergleichsweise ‚sicherere' Part dar, denn sie liegt in jedem einzelnen literarischen Text vor. Konkret gegeben und in diesem Sinne real sind die Forschungsgegenstände der Literatur-, nicht die der Geschichtswissenschaft! Die wichtigsten Texte der Literaturwissenschaft sind diejenigen, die sie interpretiert, die ihr also vor(aus)liegen, während es in der Geschichtswissenschaft die Texte sind, die sie selbst erst produzieren muss. Derartig auf die Konstruktion ihres Gegenstands verwiesen ist folglich aber auch die Literatur*geschichtsschreibung*.

2. „Wir leben nicht mehr in der historischen Zeit." Zur Diagnose, dass wir nur noch ‚schwach' historisieren können

Zum Konstruktcharakter der Geschichte gehört, dass das Denk- und Darstellungsmuster ‚Geschichte' seine eigene Historizität hat:[13] Die Vorstellung, dass

---

10 Johan Huizinga: Über eine Definition des Begriffs Geschichte. In: J. H.: Im Bann der Geschichte. Betrachtungen und Gestaltungen. Basel 1943, S. 94–106, hier S. 99.
11 Johann Gustav Droysen: Historik. Rekonstruktion der ersten vollständigen Fassung der Vorlesungen (1857), Grundriß der Historik in der ersten handschriftlichen (1857/58) und in der letzten gedruckten Fassung (1882). Textausgabe von Peter Leyh. Stuttgart 1977, S. 435.
12 Vgl. Hayden White: Literaturtheorie und Geschichtsschreibung. In: Herta Nagl-Docekal (Hg.): Der Sinn des Historischen. Geschichtsphilosophische Debatten. Mit Beiträgen von Emil Angehrn [u. a.]. Frankfurt/M. 1996, S. 67–106, hier S. 67–70; Emil Angehrn: Vom Lesen und Schreiben der Geschichte. Dekonstruktion und historischer Sinn. In: Selbstorganisation. Jahrbuch für Komplexität in den Natur-, Sozial- und Geisteswissenschaften 10 (1999), S. 217–236, hier S. 217 f.: Geschichte „kommt in einem Schreiben zustande, das den Gegenstand konstituiert, indem es über ihn spricht; und sie wird in einer Lektüre angeeignet, welche Berichte, Dokumente und Spuren entziffert und auslegt."
13 Als ein Denk-, Darstellungs- und Handlungsmuster umfassendes ‚Kulturmuster' beschreibe ich die Konstruktion und ‚Praktizierung' von Geschichte in Daniel Fulda: Die Aktualität der Aufklärung als Aktualisierung der von ihr geprägten Kulturmuster. Das Beispiel des ‚Historisierens'. In: Olaf Breidbach/Hartmut Rosa (Hg.): Laboratorium Aufklärung. München 2010, S. 37–50.

Vergangenheit, Gegenwart und Zukunft in einem genetisch-dynamischen Zusammenhang stehen, der laufend Neues hervortreibt, sodass nicht mit gleichbleibenden Wesenheiten zu rechnen ist, sondern zu jedem Zeitpunkt das Eigentümliche der Situation berücksichtigt werden muss, bildete sich bekanntlich erst in der zweiten Hälfte des 18. Jahrhunderts heraus. Diese Vorstellung stellt die weltbildliche Voraussetzung für jene um 1800 inaugurierte Form der Literaturgeschichtsschreibung dar, die ‚Entwicklungen', Kontinuitäten sowie vor deren Hintergrund auch Brüche in der chronologischen Folge literarischer ‚Ereignisse' aufzuzeigen versucht. Dass ‚die Geschichte' und die auf ihr fußende Literaturgeschichtsschreibung einen solchen Anfang haben, schließt wiederum die Möglichkeit ein, dass sie einmal ein Ende finden.

Seit einigen Jahren häufen sich die Stimmen, die gerade in unserer Gegenwart dieses Ende eintreten oder bereits eingetreten sehen. Kein Geringerer als Hans Ulrich Gumbrecht – der in den 1980er Jahren selbst eine umfängliche *Geschichte der spanischen Literatur* verfasst hat – konstatierte 2010: „Wir leben nicht mehr in der historischen Zeit."[14] Gemeint ist die prozessuale Zeit der ‚Geschichte', in der Vergangenheit, Gegenwart und Zukunft sowohl verbunden als auch voneinander geschieden sind. Im Denk- und Erlebenshorizont der Geschichte lässt man die Vergangenheit laufend hinter sich und betritt oder erobert gar die Zukunft, weil die Geschichte als permanente Zeitigung von Neuem wahrgenommen wird. Neuerdings hingegen gelinge es uns nicht mehr, so Gumbrecht, „irgendeine Vergangenheit hinter uns zu lassen". Passend dazu sei die Zukunft „für uns kein offener Horizont von Möglichkeiten mehr, sondern eine Dimension, die sich zunehmend allen Prognosen verschließt und die zugleich als Bedrohung auf uns zuzukommen scheint". Gumbrecht zufolge setzen wir uns nicht mehr von der Vergangenheit ab, um uns auf die Zukunft zu orientieren, sondern leben in einer „verbreiterten Gegenwart": Begünstigt durch „die Perfektion elektronischer Gedächtnismöglichkeiten" „überschwemmen Vergangenheiten unsere Gegenwart", sodass „die Gegenwart zu einer sich verbreiternden Dimension der Simultaneitäten" geworden sei.

Während ‚die Geschichte' als autodynamischer Entwicklungszusammenhang die Form der Erzählung hat – der ‚großen Erzählung', insofern es sich um eine *idealiter* alle Zeiträume und relevanten Textmengen umfassende Erzählung handelt –, lassen sich nach der Auflösung ‚der Geschichte' nur mehr viele einzelne, partikulare Geschichten erzählen. Die Form der Erzählung bleibt auch dann hilfreich, ja unentbehrlich, nämlich als Form des Sammelns und Repräsentierens: Fast unendlich viele Vergangenheiten macht sie simultan –

---

14 Vgl. Hans Ulrich Gumbrecht: Unsere breite Gegenwart. Aus dem Englischen von Frank Born. Berlin 2010, S. 16. Die folgenden Zitate ebd.

um Gumbrechts Begriff aufzugreifen – in der Gegenwart präsent. Doch verliert sie – angeblich – ihre um 1800 erlangte Funktion, (Spannungs-)Bögen über größere Zeiträume hinweg sowie zwischen erzählter Vergangenheit und der Gegenwart des Erzählers zu schlagen. Eine deutsche Literaturgeschichte, die in diesem Sinne auf der Höhe der Zeit ist, liegt bereits vor: 2004 erschien die von David E. Wellbery und, neben anderen, Gumbrecht herausgegebene *New History of German Literature*.[15] In 188 immer wieder neu ansetzenden Kapiteln breitet sie ein faszinierendes Kaleidoskop von Geschichten aus. Häufig in anekdotischer Form werden literarisch produktive Konstellationen vorgestellt, keineswegs unter völligem Verzicht auf diachronische Perspektiven, jedoch nicht über mikrohistorische Ausdeutungen von Zeitverhältnissen als Bedingungsverhältnissen hinausgehend. Wellbery flaggt dieses Verfahren als „radicalization of the idea that literature is historical" aus, denn von der jeweils spezifischen Situation wird nicht ‚abgelenkt' durch deren Einbettung in größere Entwicklungszusammenhänge.[16] Unterscheidet man, wie eben vorgeschlagen, zwischen schwacher und starker Historisierung (Berücksichtigung historischer Kontexte als erklärungsrelevant vs. Rekonstruktion historischer Verläufe), so ist das Verfahren freilich als schwache Historisierung anzusprechen. Die ‚radikale Historisierung' im Sinne von Wellbery oder Gumbrecht erzählt wohl Geschichten – und das mit Lust und zur Freude der Leser –, aber nicht eigentlich Geschichte.

Folgt man Gumbrechts Diagnose: „Wir leben nicht mehr in der historischen Zeit", so ist das Verfahren der *New History of German Literature* nicht bloß eines unter vielen verschiedenen, die möglich und legitim sind. Vielmehr stellt es sich als das ‚unserer breiten Gegenwart' eigentlich angemessene dar (wenn auch vielleicht nicht als das einzig angemessene). Dagegen befände sich eine ‚stark historisierende' Literaturgeschichte mindestens in Opposition zur Zeitstruktur unserer Gegenwart oder müsste den Vorwurf fürchten, rückwärtsgewandt oder sogar illegitim zu sein. Eine Rückfrage scheint mir indessen die Gumbrecht'sche These zu verdienen, dass wir es (erst) in unserer Gegenwart mit einer ‚Überschwemmung' durch unzählige und beliebige Vergangenheiten zu tun haben. Können wir tatsächlich eine prinzipiell veränderte Zeitstruktur

---

15 Vgl. David E. Wellbery u. a. (Hg.): A New History of German Literature. Cambridge, Mass. 2004; das folgende Zitat ebd., S. xvii; übersetzt als David E. Wellbery u. a. (Hg.): Eine neue Geschichte der deutschen Literatur. Übersetzt von Christian Döring [u. a.]. Berlin 2007.
16 Die Kapitelordnung des Buches nach teilweise bis auf den Tag genauen Daten suggeriert zunächst eine chronikalische (also gar nicht ‚historische') Ordnung, sollte aber nicht darüber hinwegtäuschen, dass unter diesen Daten durchaus (kleine) Geschichten erzählt werden, die sich zeitlich weiter erstrecken.

beobachten? An Gumbrechts These irritiert nicht nur der immanente Widerspruch, dass sie durchaus mit einer klaren Absetzung der Gegenwart von der Vergangenheit operiert, also in eben dem Modus von Historiographie, der nicht mehr möglich sei. Fragwürdig ist diese Absetzung auch in ihrer historiographischen Triftigkeit, denn schon im späten 19. Jahrhundert wurde die eigene Gegenwart als von disparaten Vergangenheiten überschwemmt wahrgenommen. Tatsächlich wiederholt Gumbrecht in wichtigen Punkten die Historismuskritik, die Nietzsche bereits 1874 in seiner ‚unzeitgemäßigen Betrachtung' *Vom Nutzen und Nachtheil der Historie für das Leben* formulierte, etwa wenn er konstatiert: „[…] die breite Gegenwart hat immer schon zu viele Möglichkeiten in ihren simultanen Welten und deshalb – wenn überhaupt – nur eine wenig konturierte Identität."[17] Es könnte sein, dass die von Gumbrecht beobachteten Phänomene gar nicht so neu sind, sondern altbekannte Begleiter des Historisierens.

Die sogenannte Krise des Historismus um 1900 kann uns, wenn wir nach den heutigen Möglichkeiten der Literaturgeschichtsschreibung fragen, noch aus einem weiteren Grund interessieren: Als Reaktion auf diese Krise formierte sich in den 1910er und 20er Jahren die ‚geistesgeschichtliche' Literaturwissenschaft,[18] und diese epochemachende Strömung der Fachgeschichte war zugleich die erste, die das Schreiben von Literaturgeschichte als Hauptgeschäft der Germanistik proklamierte. Geistesgeschichtlicher Initiative verdankte sich die erste germanistische Literaturgeschichte in monographischen Bänden, nämlich die teilweise bis in die 1980er Jahre wiederaufgelegte Reihe *Epochen der deutschen Literatur*.[19] Ein disziplingeschichtlicher Rückblick auf die ‚Geistesgeschichte' liegt daher nahe, zumal gerade dieses ‚stark historisierende' Paradigma nicht in einer Zeit selbstgewisser Geschichtsgläubigkeit entstand, sondern – ganz im Gegenteil – als Reaktion auf die sogenannte Krise des Historismus (mehr dazu im nachfolgenden 3. Abschnitt). Sich daran zu erinnern kann uns vor der Fehleinschätzung bewahren, die ‚historische Zeit' gerate in unserer Gegenwart zum ersten Mal in eine fundamentale Krise. Wohlgemerkt sollen die Lösungen, welche die ‚Geistesgeschichte' für die damalige Krise anbot, nicht als heute noch gültige Antworten supponiert werden, auch wenn sie theoretisch durchaus anspruchsvoll waren. Gerade weil teilweise überdeutlich ist,

---

17 Gumbrecht: Unsere breite Gegenwart (Anm. 14), S. 16 f.
18 Als einführenden Überblick vgl. Nina Hahne: Geistesgeschichte (Ideengeschichte/Problemgeschichte/Form- und Stilgeschichte). In: Jost Schneider (Hg.): Methodengeschichte der Germanistik. Unter redaktioneller Mitarbeit von Regina Grundmann. Berlin/New York 2009, S. 195–224.
19 Vgl. Fritz Martini: Deutsche Literatur im bürgerlichen Realismus 1848–1898. 4. Aufl. Stuttgart 1981 [EA 1962].

dass sich an die Positionen der Geistesgeschichte nicht anknüpfen lässt – das gilt insbesondere für alle irrationalistischen und nationalistischen Optionen –, kann jedoch die Konstanz der Problemstellungen überraschen.

Eine Pionierrolle für die Literaturgeschichtsschreibung spielte die ‚Geistesgeschichte' nicht zuletzt, weil sie die Modellierung von ‚Epochen' ins Zentrum stellte. Bezeichnend ist die Anlage der eben angeführten Literaturgeschichte, denn trotz der typisch geistesgeschichtlichen Forderung nach der ‚großen Synthese' realisiert sich Literaturgeschichtsschreibung hier in Epochenmonographien, und das Interesse für einzelne Epochen, deren ‚innere Einheit' sowie die Abgrenzung der Epochen gegeneinander beherrscht generell das geistesgeschichtliche Interesse an der Literaturgeschichte. Diese Konzentration auf einzelne Epochen oder auch den Übergang von der einen zur anderen Epoche lässt sich verstehen als Abstimmen der aus einem starken Historisierungsimperativ folgenden Syntheseforderung auf das forschungspraktisch Mögliche. Eben so aber funktioniert nach wie vor der größte Teil der Literaturgeschichtsschreibung. Kaum jemand (außer Gumbrecht) verfasst Literaturgeschichten ‚von den Anfängen bis zur Gegenwart' (außer in Ultrakurzform zu Einführungszwecken), während die Bildung und Begründung von Epochenbegriffen wichtige Instrumente geblieben sind, um die praktisch unendliche Menge literarischer Texte durch Zusammenstellungen und Abgrenzungen zu strukturieren.[20]

Da Epochen mehr als Zeiträume sind, denen Texte allein nach chronologischen Kriterien zugehören – soll heißen: weil es sich um historische Formationen handelt, die sich in Kämpfen, Allianzen, Wirkungen usw. bilden –, gehen sie stets mit einem Historisierungsmoment, sei es stark oder schwach, einher. Im Fall der ‚Geistesgeschichte' ist ihr besonderes Interesse am 18. Jahrhundert auffällig. Darauf werde ich in einem weiteren Abschnitt näher eingehen (4.). Von dort aus lassen sich erneut reizvolle Vergleiche mit heutigen Problemlagen anstellen (5.).

---

20 Weiterhin grundlegend zur Epochentheorie: Michael Titzmann: Probleme des Epochenbegriffs in der Literaturgeschichtsschreibung. In: Karl Richter/Jörg Schönert (Hg.): Klassik und Moderne. Die Weimarer Klassik als historisches Ereignis und Herausforderung im kulturgeschichtlichen Prozeß. Walter Müller-Seidel zum 65. Geburtstag. Stuttgart 1983, S. 98–131. Zu den vielfältigen Funktionen von Epochenbegriffen vgl. Ansgar Nünning: Kanonisierung, Periodisierung und der Konstruktcharakter von Literaturgeschichten: Grundbegriffe und Prämissen theoriegeleiteter Literaturgeschichtsschreibung. In: A. N. (Hg.): Eine andere Geschichte der englischen Literatur. Epochen, Gattungen und Teilgebiete im Überblick. Trier 2004, S. 1–24.

3. Literaturgeschichtsschreibung als Antwort auf die ‚Krise der Geschichte'

Hinsichtlich der deutschen Geisteswissenschaften ebenso wie gesamtkulturell gilt die Zeit um 1900 als ‚Krise des Historismus'. Von Geschichte könne man – so die zeitgenössische Krisendiagnose – durchaus zu viel wissen; Geschichte könne in ihren Hinterlassenschaften wie in ihren späteren Darstellungen zu präsent sein in einer Kultur, nämlich wenn sie die politischen Kategorien und das gesellschaftliche Selbstverständnis, die künstlerische Phantasie und den Geschmack, die Methodik der Wissenschaften, womöglich gar die Muster der Lebensführung dominiert. Wiederum historisiert wurde diese Krisendiagnose von der historischen Forschung:[21] Was um 1800 die große und grundlegende Errungenschaft des modernen Weltverständnisses gewesen sei, nämlich die Entdeckung der Geschichte als alles bedingender Bewegerin der menschlichen Verhältnisse, habe schon gegen Ende des 19. Jahrhunderts nicht mehr befreiend und zur menschlichen Weltgestaltung anspornend gewirkt, sondern belastend und lähmend, weil sich das immer weiter anwachsende Wissen und die immer bunteren Bilder von der Geschichte zunehmend weniger in eine sinnvolle Ordnung bringen ließen. Denn nicht historisches Wissen als solches sei in der Lage, normative Orientierung zu geben. Dies vermöge nur eine Vorstellung von der Geschichte, in der sich alles Einzelne zu einem allumfassenden Prozess zusammenschließt, in dem die Richtung erkennbar wird, den die Geschichte weist. Dieser Zusammenschluss aber gelinge – so die Kritik um 1900 ebenso wie heute – zunehmend weniger.[22]

---

[21] Am umfassendsten als allgemeines Kulturphänomen (in Deutschland) wird die ‚Krise des Historismus' von Johannes Heinßen: Historismus und Kulturkritik. Studien zur deutschen Geschichtskultur im späten 19. Jahrhundert. Göttingen 2003, behandelt. Wissenschaftsgeschichtliche Schwerpunkte sind zu finden bei: Otto Gerhard Oexle: Geschichtswissenschaft im Zeichen des Historismus. Studien zu Problemgeschichten der Moderne. Göttingen 1996; Annette Wittkau: Historismus. Zur Geschichte des Begriffs und des Problems. Göttingen 1994; Otto Gerhard Oexle/Jörn Rüsen (Hg.): Historismus in den Kulturwissenschaften. Geschichtskonzepte, historische Einschätzungen, Grundlagenprobleme. Köln u. a. 1996; Reinhard Laube: Karl Mannheim und die Krise des Historismus. Historismus als wissenssoziologischer Perspektivismus. Göttingen 2004. Literatur und Künste werden einbezogen in: Gotthart Wunberg: Unverständlichkeit. Historismus und literarische Moderne. In: Hofmannsthal-Jahrbuch 1 (1993), S. 309–350; Moritz Baßler u. a.: Historismus und literarische Moderne. Mit einem Beitrag von Friedrich Dethlefs. Tübingen 1996; Otto Gerhard Oexle (Hg.): Krise des Historismus – Krise der Wirklichkeit. Wissenschaft, Kunst und Literatur 1880–1932. Göttingen 2007.

[22] Nicht dem Begriff, aber der Sache nach trägt Nietzsche diese Kritik schon 1874 vor; mit dem Historismus-Begriff verknüpft sie Rudolf Eucken 1904 (vgl. Oexle: Geschichtswissenschaft im Zeichen des Historismus [Anm. 21], S. 50). Die Wendung „Krisis des Historismus" findet

Kann eine solche Krise ausgerechnet einem literatur*geschichtlichen* Interesse günstig gewesen sein? Eben ein solcher Zusammenhang lässt sich beobachten. Gerade das verbreitete Unbehagen an Geschichte und deren Infragestellung förderte in der Germanistik eine auf Entwicklungszusammenhänge gerichtete Perspektive. In der Forschung hat man diesen Zusammenhang kaum je gesehen. Lediglich Holger Dainat hat in einem 2007 erschienenen Aufsatz darauf hingewiesen, dass das ‚geistesgeschichtliche' Paradigma als Reaktion auf jene Krise zu verstehen sei.[23] Das selbstgewählte Label ‚Geistesgeschichte' meinte dabei, dass die Frage nach dem ‚inneren' Zusammenhang der Literaturgeschichte in den Vordergrund rückt, denn dieser Zusammenhang sei von den bislang dominierenden Philologen nicht hergestellt worden. Den Philologen wurde vielmehr „isolierende Spezialisierung" und bloße „Mikrologie" vorgeworfen[24] – ganz ähnlich den heute geläufigen Klagen, es mangle in unserem Fach an Zusammenführungen des explodierenden Detailwissens.[25] Rudolf Unger (1876–1942), der aktivste Vorkämpfer der ‚Geistesgeschichte', forderte bereits in seiner ersten Programmschrift nicht nur das philologische Establishment der Germanistik durch scharfe Kritik an den „schweren Mängeln und Gebrechen" des angeblich positivistischen ‚Philologismus' heraus. Vielmehr forderte er zugleich eine neue „Prinzipienwissenschaft vom geschichtlichen Leben als solchem, eine historische Prinzipienwissenschaft, welche die gemeinsame Grundlage aller historischen Wissenschaften zu bilden berufen wäre".[26]

Die beiden Grundfragen, die Unger umtreiben, boten nicht nur um 1900 Diskussionsstoff, sondern bilden die zentralen Fragen jedes wissenschaftlichen Historisierens. Erstens: Wie ist die Struktur der Geschichte zu denken, d. h. vor allem: Mit welchen Formen von Zusammenhang ist zu rechnen, wenn der

---

sich zuerst bei Ernst Troeltsch: Die Krisis des Historismus. In: Die neue Rundschau 33 (1922), S. 572–590.
23 Vgl. Holger Dainat: Ein Fach in der ‚Krise'. Die ‚Methodendiskussion' in der Neueren deutschen Literaturwissenschaft. In: Oexle (Hg.): Krise des Historismus (Anm. 21), S. 247–272.
24 Vgl. Rudolf Unger: Vom Werden und Wesen der neueren deutschen Literaturwissenschaft (1914). In: R. U.: Aufsätze zur Prinzipienlehre der Literaturgeschichte. Berlin 1929, S. 33–48, hier S. 48, 38.
25 Vgl. exemplarisch Walter Erhart: Nach der Aufklärungsforschung? In: Holger Dainat/Wilhelm Voßkamp (Hg.): Aufklärungsforschung in Deutschland. Heidelberg 1999, S. 99–128, hier S. 101: „Statt an Detailstudien also mangelt es eher an den großen Zusammenhängen, die in der alexandrinischen Flut der Aufklärungsforschungen verloren gegangen sind, an Darstellungen, die das bisher en détail erforschte Wissen zusammenführen."
26 Rudolf Unger: Philosophische Probleme in der neueren Literaturwissenschaft (1908). In: R. U.: Aufsätze zur Prinzipienlehre (Anm. 24), S. 1–32, hier S. 4 und 23.

„Kulturprozeß" nicht in demselben Ausmaß kausalisierbar ist wie die Erscheinungen der Natur?[27] Zweitens: Was kann Geschichte demjenigen bedeuten, der sich forschend mit ihr beschäftigt? Ungers Ansatz zur Antwort ist für beide Fragen derselbe, nämlich dass die Struktur der „geschichtlichen Welt [...] allererst von uns geschaffen" wird, zwar „unter beständiger Kontrolle der gegebenen geschichtlichen Tatsächlichkeit, zugleich aber kraft der nach immanenten Gesetzen sich vollziehenden schöpferischen Tätigkeit des menschlichen Geistes".[28] Daraus folgt, dass die Geschichte dem Forscher und allen Interessierten grundsätzlich nicht als „Fremdes" gegenübersteht, sondern gleichsam ‚Fleisch vom eigenen Fleische' ist.[29] Wenn der schöpferische Geist die Geschichte als Produkt eben des schöpferischen Geistes rekonstruiert, so stärkt er sich durch diese Selbstbegegnung und -bestätigung.

Historiker um Otto Gerhard Oexle, den ehemaligen Direktor des Göttinger Max-Planck-Instituts für Geschichte, haben die ‚Krise des Historismus' seit einigen Jahren als nach wie vor aktuell wiederentdeckt, weil sie ihr das Ergebnis zumessen, ein konstruktivistisches Wissenschaftsverständnis hervorgebracht zu haben (als Antwort auf die Krise). Als Autoren, denen dieses Verdienst zuzurechnen sei, nennt Oexle Georg Simmel, Émile Durkheim und Max Weber.[30] Lässt sich dieser illustren Reihe etwa der weit weniger berühmte, in seinem Fach aber sehr erfolgreiche Unger hinzufügen? Eine solche Erwartung weckt Ungers Erklärung, es bedürfe einer *transzendentalen* Begründung der Möglichkeiten und Bedingtheiten der historischen Erkenntnis.[31] Damit schließt er an Simmels Buch über *Die Probleme der Geschichtsphilosophie* an, auf das er sich ausdrücklich stützt.[32] Simmels Parole war die „Befreiung [...] vom Historismus", sollte heißen: von einer übermächtigen, nicht ‚geistig' hervorgebrachten Geschichte.[33] Weiterhin hätte sich Unger auch auf den im Jahr zuvor erschienenen Aufsatz über *Die ‚Objektivität' sozialwissenschaftlicher und sozialpolitischer Erkenntnis"* des von ihm nicht erwähnten Weber berufen können. Denn beide

---

[27] Ebd., S. 29.
[28] Ebd., S. 30 f.
[29] Ebd., S. 29.
[30] Vgl. Otto Gerhard Oexle: Die Geschichtswissenschaft im Zeichen des Historismus. Bemerkungen zum Standort der Geschichtsforschung. In: Historische Zeitschrift 238 (1984), S. 17–55, hier S. 30–32, 44 f.
[31] Vgl. Unger: Philosophische Probleme in der neueren Literaturwissenschaft (Anm. 26), S. 30 f.
[32] Vgl. ebd., S. 24. Gemeint ist die zweite, umgearbeitete Aufl. von 1905.
[33] Georg Simmel: Gesamtausgabe. Hg. von Otthein Rammstedt. Bd. 9: Kant. Die Probleme der Geschichtsphilosophie (zweite Fassung 1905/1907). Hg. von Guy Oakes/Kurt Röttgers. Frankfurt/M. 1997, S. 230.

entwerfen die „Kulturwissenschaften" (so der von Unger wie Weber gebrauchte Begriff[34]) als durch die verhandelten *„Probleme"* bestimmt und durch die vom Forscher hergestellten *„gedanklichen* Zusammenhänge" dieser Probleme, nicht aber durch ihre Gegenstandsbezüge.[35]

Vollständig stimmen Webers und Ungers geschichtstheoretische Prämissen allerdings nicht überein. Unger geht es weniger darum, die selbstständige und aus keinem Objekt ableitbare Subjektivität jeder Geschichtserkenntnis zu sichern als den Zusammenhang von Subjektivität und Objekterkenntnis – den eben der historische Prozess garantiere, in dem Objekt *und* Subjekt der Geschichtserkenntnis stehen. Weber dagegen erkennt keinerlei zur jeweiligen Gegenwart führende und deren Standpunkte begründende Kontinuität der Geschichte an, die zwischen Erkenntnissubjekt und -objekt vermittelt, sondern mag nur von einem „ungeheuren chaotischen Strom von Geschehnissen" sprechen, „der sich durch die Zeit dahinwälzt" und völlig „sinnlos" sei, bevor ein Betrachter „Wertideen" mit ihm verknüpft.[36] Heutige Geschichtstheoretiker argumentieren eher wie Unger und betonen, dass die Konstruktion von Geschichte durch den jeweiligen ‚Betrachter' aufbauen kann auf im historischen Material selbst enthaltene Formen der mentalen Kohärenzbildung im ‚chaotischen' Geschehen. Paul Ricœur verweist dabei auf die Struktur der menschlichen Zeiterfahrung, David Carr auf die Unentbehrlichkeit kohärenzbildender Erzählungen bereits in der Lebenswelt.[37] Die Forschungspraxis der Geschichts- oder Kulturwissenschaften geht in der Regel ebenfalls von einer Entsprechung zwischen Forschungssubjekt und -objekt aus. Zumal die Wahl von Forschungsthemen und die im- oder explizite Bewertung des Erforschten erfolgen häufig nicht ohne die Unterstellung, dass sie aus der objektiv-sachlichen Bedeutung des Erforschten für die eigene Gegenwart legitimiert seien. Relevanz lässt sich desto leichter und überzeugender einem historischen Gegenstand zumessen, je näher er uns zu stehen scheint, und das heißt im Rahmen der Denk-Form

---

[34] Unger: Philosophische Probleme in der neueren Literaturwissenschaft (Anm. 26), S. 27, 31.

[35] Rudolf Unger: Die neueste Heine-Literatur. In: Das literarische Echo 9 (1906/07), Sp. 22–29, Sp. 263–272, hier Sp. 22, zitiert nach Dainat: Ein Fach in der ‚Krise' (Anm. 23), S. 258.

[36] Max Weber: Die „Objektivität" sozialwissenschaftlicher und sozialpolitischer Erkenntnis. In: M. W.: Schriften zur Wissenschaftslehre. Hg. und eingeleitet von Michael Sukale. Stuttgart 1991, S. 21–101, hier S. 100, 61.

[37] Vgl. Paul Ricœur: Zeit und Erzählung. Bd. 1–3. Übersetzt von Rainer Rochlitz und Andreas Knop (Bd. 3). München 1988–91; David Carr: Time, Narrative, and History. Bloomington, Indianapolis 1986, S. 45–72, aus psychologischer Perspektive ähnlich Jürgen Straub (Hg.): Erinnerung, Geschichte, Identität. Bd. 1: Erzählung, Identität und historisches Bewußtsein. Die psychologische Konstruktion von Zeit und Geschichte. Frankfurt/M. 1988.

‚Geschichte': je enger man einen genetischen (und eben nicht mehr primär einen exemplarischen) Bezug zwischen ihm und der Gegenwart knüpfen kann.

4. Die Aufklärung: eine Epoche, um sich im Verhältnis zu ihr selbst zu bestimmen

Eine auffällige Vorliebe hatte die geistesgeschichtliche Literaturgeschichtsschreibung für das 18. Jahrhundert.[38] Ein paar frühe Buchtitel späterer Professoren zeigen dies sofort: *Die Freimaurerei und ihr Einfluss auf die geistige Kultur in Deutschland am Ende des XVIII. Jahrhunderts* (Ferdinand Josef Schneider 1909), *Shakespeare und der deutsche Geist* (Friedrich Gundolf 1911), *Hamann und die Aufklärung* (Rudolf Unger 1911), *Das Religionsproblem im neueren Drama von Lessing bis zur Romantik* (Wolfgang Liepe 1914), *Nicolai und der Sturm und Drang* (Martin Sommerfeld 1921), *Die Auffassung der Liebe in der Literatur des 18. Jahrhunderts und in der deutschen Romantik* (Paul Kluckhohn 1922). Auffällig ist diese Vorliebe zumal im Vergleich mit der starken Konzentration auf Goethe in der vorangegangenen Generation von Neugermanisten.

Ein Missverständnis wäre es, darin eine Vorliebe für die Aufklärung zu sehen, deren Epoche heute nahezu als deckungsgleich mit dem 18. Jahrhundert erscheint. Für die Geistesgeschichtler hat die Aufklärung ihren Wert vor allem als Vorgeschichte, aus der sich das Nachfolgende erklären lasse. Noch deutlicher als die zitierten Titel von Liepe und Kluckhohn machen dies die Untertitel von Schneider und Unger (*Prolegomena zu einer Geschichte der deutschen Romantik* und *Studien zur Vorgeschichte des romantischen Geistes im 18. Jahrhundert*). Das Ziel, zu dem hin jeweils die Entwicklung verfolgt wird, liegt durchweg jenseits der Aufklärung, ja wird als deren Überwindung begriffen und gefeiert.[39] Als unzureichend erscheint die Aufklärung nicht nur in literarischer Hinsicht: Anerkannt werden wohl die von ihr geleistete Befreiung von „konfessionellem Dogmatismus" sowie das „stolze Kraftgefühl" und der „siegesgewisse Betätigungsdrang", dem sie ihren „optimistischen Glauben an die Macht der Vernunft in Welt und Menschenleben" verdanke, doch wird dieser

---

38 Ausführlicher dazu sowie zur typischen Konstruktion möglichst weiträumiger Entwicklungszusammenhänge durch die geistesgeschichtliche Literaturgeschichtsschreibung Holger Dainat: Die wichtigste aller Epochen: Geistesgeschichtliche Aufklärungsforschung. In: H. D./ Wilhelm Voßkamp (Hg.): Aufklärungsforschung in Deutschland. Heidelberg 1999, S. 21–37, hier S. 22–27.
39 Vgl. die typische Vokabel ‚überwindet' etwa bei Ferdinand Josef Schneider: Die deutsche Dichtung vom Ausgang des Barocks bis zum Beginn des Klassizismus 1700–1785. Stuttgart 1924, S. 39.

Vernunftoptimismus als einseitiger „Intellektualismus" verstanden, wird der Aufklärung eine „austrocknende Verstandeskultur" attestiert, die „durchaus unkünstlerisch, undichterisch, ja letztlich antipoetisch" ausgerichtet gewesen sei.[40] Die sehr wohl registrierte, ja von der geistesgeschichtlichen Germanistik geradezu entdeckte Empfindsamkeit seit den 1740er Jahren wird dementsprechend als erste Gegenbewegung zur „bloß rationalistischen Aufklärung" gewürdigt.[41] Noch verschärft habe sich der Kampf zwischen „Verstandes- und Gemütskultur" dann mit dem Sturm und Drang.[42] Kurzum: Das 18. Jahrhundert fasziniert die Geistesgeschichtler als Schauplatz dieses Kampfes, in Schneiders Worten: als „langes, wildes Präludium [jen]er Symphonie", also jenes harmonischen Zusammenklangs von ‚Verstandes- und Gemütskultur', den er dann in der Romantik vernimmt.[43]

Das geistesgeschichtliche Deutungsschema ist heute nicht nur aufgrund solch aufgesetzter Metaphorik kaum noch nachvollziehbar. Die scharfe Entgegensetzung von Ratio und Gefühl bei ausdrücklicher Geringschätzung der Vernunft und Lob des „Irrationalen" erscheint vielmehr geradezu gefährlich.[44] Trotzdem muss gefragt werden, welche Rationalität dieser emphatische Irrationalismus hatte. Einen Ansatzpunkt bietet der Befund, dass die Aufklärung auffällig einsinnig als rationalistisch gekennzeichnet wird. Mit vielen unterschiedlichen Vokabeln wird dagegen umschrieben, was sich seit der Jahrhundertmitte gegen die Aufklärung durchsetzte. „Sinnlichkeit", „unbewußte Vorstellungen", „der große Seelenbereich des Irrationalen", „das Zusammenwirken von [...] Leib und Seele", „das künstlerische Prinzip der Einheit in einer unendlichen Mannigfaltigkeit". So viele unterschiedliche Aspekte benennt Schneider in einem einzigen kurzen Absatz, um zu umreißen, was von der Aufklärung missachtet, vom Sturm und Drang hingegen rehabilitiert worden

---

40 Rudolf Unger: Hamann und die Aufklärung. Studien zur Vorgeschichte des romantischen Geistes im 18. Jahrhundert. Bd. 1–2. Jena 1911, Bd. 1, S. 39, 52, 108 und 65.
41 Geradezu definitorisch spricht Schneider gleich im ersten Satz seiner Literaturgeschichte von „der Aufklärung oder dem rationalistischen Zeitalter" (ebd., S. 1).
42 Ferdinand Josef Schneider: Die Freimaurerei und ihr Einfluss auf die geistige Kultur in Deutschland am Ende des XVIII. Jahrhunderts. Prolegomena zu einer Geschichte der deutschen Romantik. Prag 1909, S. 1.
43 Ebd., S. 2. Ähnlich erklärt Martin Sommerfeld: Nicolai und der Sturm und Drang. Ein Beitrag zur Geschichte der deutschen Aufklärung. Halle 1921, S. VII, seine Absichten: „[...] ursprünglich lediglich als Darstellung der spezifisch aufklärerischen Position Nicolais gedacht, stellte sie sich erst allmählich das äußere und innere Verhältnis zur Gegenseite, zum Sturm und Drang, zur Aufgabe."
44 Vgl. Schneider: Die deutsche Dichtung vom Ausgang des Barocks bis zum Beginn des Klassizismus (Anm. 39), S. 5, 273.

sei.⁴⁵ ‚Gemüt', ‚Empfindung', ‚Leben', ‚Geist' natürlich oder ‚Psyche' lauten weitere beliebte Vokabeln. Besondere Emphase legt Unger auf in sich spannungsvolle Fügungen wie „geistiges Leben", und er postuliert dafür eine „unlösliche Einheit".⁴⁶ Vom ‚Leib' bis zum subtilsten Gedanken sollen offensichtlich alle menschlichen Wahrnehmungsfähigkeiten und Lebensregungen in dieser Einheit enthalten sein. Es geht demnach um Komplexität. Sie wird als so groß wahrgenommen, dass analytische Scheidung und begriffliche Präzision hilflos bleiben (Spott wird daher über Christian Wolff ausgegossen).

Die Geistesgeschichte wertet die Aufklärung als eindimensional und naiv, kurzum: als unterkomplex ab. Zur ‚Krise des Historismus' gehört dagegen die Gegenwartswahrnehmung, dass man einer kognitiv nicht zu bändigenden Fülle sich aufdrängender Weltbezüge gegenüberstehe. In diesem Sinne heißt es in Webers Objektivitäts-Aufsatz: „Das Leben in seiner irrationalen Wirklichkeit und sein Gehalt an *möglichen* Bedeutungen sind unausschöpfbar, die *konkrete* Gestaltung der Wertbeziehung bleibt daher fließend, dem Wandel unterworfen in die dunkle Zukunft der menschlichen Kultur hinein."⁴⁷ Der Aufklärung hingegen erschien – so ihr Bild in der ‚Geistesgeschichte' – alles deutlich erkennbar, die Zukunft plan- und gestaltbar.⁴⁸ Daher sehen sich die von der ‚Krise des Historismus' geprägten Geistesgeschichtler wie durch einen tiefen Graben von der Aufklärung getrennt. Sehr plastisch macht Unger dies gleich am Anfang seines fast 100 engbedruckten Seiten langen Epochenüberblicks. An der Beispielfigur eines von der Bildung der ersten Jahrhunderthälfte erfüllten jungen Deutschen führt er dem Leser die ‚vergangene Zukunft' von 1750 vor, d. h., er lässt die Figur ihre freudigen Erwartungen an den guten Fortgang der neuerdings auf allen Gebieten gemachten Fortschritte artikulieren.⁴⁹ „Der rückschauende Historiker" setzt dann jedoch einen harten Kontrapunkt: „Wie fremdartig berührt uns Heutige das stolze Selbstgefühl der kleinen Koryphäen jener Tage [...]!" Erinnert sei hier an Gumbrechts Diagnose, dass wir die Zukunft nicht mehr als verheißungsvoll „offenen Horizont von Möglichkeiten" wahrnehmen. Spott über die frohgemuten Aufklärer spart er sich, doch setzt er sich in derselben Weise von ihnen ab wie Unger.

---

45 Ebd., S. 5. In dieser Passage geht es um Leibniz' „petites perceptions".
46 Unger: Vom Werden und Wesen der neueren deutschen Literaturwissenschaft (Anm. 24), S. 35. Es geht um die Poesie, die „ein [!] wichtigstes Organ der Lebensdeutung und für die unlösliche Einheit des geistigen Lebens" sei.
47 Weber: Die „Objektivität" sozialwissenschaftlicher und sozialpolitischer Erkenntnis (Anm. 36), S. 100.
48 Vgl. Unger: Hamann und die Aufklärung (Anm. 40), S. 39.
49 Vgl. ebd. Die folgenden Zitate ebd., S. 21.

Die Beurteilung des Forschungsgegenstandes von den weltbildlichen Voraussetzungen aus, die der Forscher mitbringt, erfolgt bei Unger nicht unwillkürlich. Sie ist vielmehr ausdrückliches Programm: „Für mich", schreibt er in der Einführung zu seinem Hamann-Buch, handelt es sich „nicht nur um ein objektives Forschungsproblem, vielmehr um einen wesentlichen Faktor meines persönlichen Innenlebens".[50] Es wäre ein Missverständnis, darin eine Ermäßigung der methodischen Anforderungen im Umgang mit dem Quellenmaterial zu vermuten. Das Gegenteil ist der Fall: „Gerade weil ich mir meines subjektiven Anteils an dem zu behandelnden Thema von Anfang an voll bewußt war, [...] habe ich keine Mühe gescheut, [ihm] ein sachliches Gegengewicht zu geben." Ungers Argumentation entspricht der Weber'schen Bestimmung der Objektivität, die in den Kulturwissenschaften möglich ist, nämlich dass „die kulturwissenschaftliche Erkenntnis [...] an ‚subjektive' Voraussetzungen *gebunden*" sei, die die Auswahl des zu Erkennenden ebenso steuert wie die Bewertung des Erkannten in seinem Kontext sowie in Bezug auf den Forscher.[51] Wie Weber geht Unger davon aus, dass die Befolgung methodischer Regeln durch diese Bindung weder unmöglich noch überflüssig wird und dass die kulturwissenschaftlich erreichbare Objektivität eben in diesem Sowohl-als-auch von Subjektivitätsbewusstsein und intersubjektiv gültiger Methodik gründet.

„Subjektiven Anteil", wie es Unger nennt, *hat* der Forscher nicht nur an dem von ihm Erforschten, sondern *nimmt* er auch daran.[52] Die Hamann-Studie sei „ein Buch der Liebe", heißt es gleich im zweiten Absatz. Bewusst oder unbewusst antwortet Unger hier auf Nietzsches Vorwurf, die moderne Historie könne nicht „lieben", weil sie „alles begreifen", „alles objectiv nehmen" wolle, und sie verliere dadurch ihre Kraft, dem Leben Antrieb und Orientierung zu geben.[53] Für die ‚Geistesgeschichte' – so darf man Unger verstehen – soll und muss das nicht gelten. Dafür zog sie aus der ‚Krise des Historismus' schließlich die Konsequenz, sich vorzüglich der Untersuchung „noch heute lebendiger geistiger Werte" zuzuwenden.[54] Das wiederum privilegierte die Epochen seit jener „umfassenden Geistesrevolution, deren literarische Seite der sogenannte Sturm und Drang bildet". Die Aufklärung wird dadurch nicht bedeutungslos,

---

50 Ebd., S. 5. Das folgende Zitat ebd.
51 Weber: Die „Objektivität" sozialwissenschaftlicher und sozialpolitischer Erkenntnis (Anm. 36), S. 63.
52 Unger: Hamann und die Aufklärung (Anm. 40), S. 5. Das folgende Zitat ebd., S. 4.
53 Friedrich Nietzsche: Unzeitgemässe Betrachtungen II: Vom Nutzen und Nachtheil der Historie für das Leben, in: F. N.: Sämtliche Werke. Hg. von Giorgio Colli/Mazzino Montinari, 2., durchgesehene Aufl. München 1988 (= KSA I), S. 243–334, 309; vgl. ebd., S. 295–298.
54 Unger: Hamann und die Aufklärung (Anm. 40), S. 37 (hier auf den Pietismus bezogen). Das folgende Zitat ebd., S. 21.

doch erhält sie lediglich die Rolle der nötigen Vorbereitung zugewiesen – bei Schneider führt sie jene „intellektuelle Befreiung herbei [...], die auch noch die Grundlage unseres modernen Lebens ist".[55] Sie bringt in dieser Perspektive jedoch nicht auch die Werte, Denkweisen oder Lebensformen hervor, an die sich der moderne Mensch halten kann, um sich auf der so freigemachten Fläche zu orientieren. Diese Leistung maß die ‚Geistesgeschichte' zwar wesentlich dem 18. Jahrhundert zu, jedoch erst dessen ‚irrationaler' zweiter Hälfte, die sie nicht mehr zur Aufklärung rechnete.

5. Epochenkonstruktionen zu Beginn des 20. und des 21. Jahrhunderts

Ließe sich für die Konzepte der ‚Geistesgeschichte' in ähnlicher Weise fortdauernde Aktualität reklamieren, wie Oexle dies für die ‚Krise des Historismus' getan hat? Auf den ersten Blick möchte man darauf kaum mit Ja antworten, denn Sympathie für irgendeinen ‚Irrationalismus' wäre heute suspekt. Allerdings schätzte auch die neuere Aufklärungsforschung seit den 1980er Jahren keineswegs ausschließlich und nicht einmal vornehmlich die Rationalität der Aufklärung. Ein vielbeachteter Titel widmete sich vielmehr dem *Anderen der Vernunft*, was heißen sollte: der durch verhärtete Rationalität beschädigten Sinn- und Leiblichkeit des Menschen.[56] Ein anderer, noch breiterer Strom der Forschung rekonstruierte die ‚Rehabilitation der Sinnlichkeit' *in* der Aufklärung.[57] Auch hier richtete sich das Interesse auf das, was nach herkömmlicher Ansicht aus der Aufklärung herausführt – nun jedoch, um die genuine Zugehörigkeit des Sinnlichen und damit der Empirie, des Gefühls und des Ästhetischen zur Aufklärung zu erweisen. In der Erforschung der Literatur um 1800 wiederum spielt erneut die damals explodierende Komplexität aller Lebensvollzüge und Denkanstrengungen eine wichtige Rolle, heute in Verbindung gebracht mit der funktionalen Ausdifferenzierung der modernen Gesellschaft. Nach wie vor erkennt die Germanistik die Probleme der bis heute andauernden Moderne weit eher in der Goethezeit als im früheren 18. Jahrhundert wieder, etwa wenn sie die Schwierigkeiten versuchter Steuerung des Selbst oder der

---

[55] Schneider: Die deutsche Dichtung vom Ausgang des Barocks bis zum Beginn des Klassizismus (Anm. 39), S. 1.
[56] Vgl. Hartmut Böhme/Gernot Böhme: Das Andere der Vernunft. Zur Entwicklung von Rationalitätsstrukturen am Beispiel Kants. Frankfurt/M. 1985.
[57] Vgl. z. B. Hans-Jürgen Schings (Hg.): Der ganze Mensch. Anthropologie und Literatur im 18. Jahrhundert. DFG-Symposion 1992. Stuttgart/Weimar 1994.

Gesellschaft als in der Literatur um 1800 inszeniert und reflektiert untersucht.[58]

Und ich sehe noch weitere Punkte, in denen uns die geistesgeschichtliche Ansicht des 19. Jahrhunderts näher steht als wohl vermutet. Mit der Entdeckung genuin aufklärerischer Sinnlichkeit stellte sich zugleich die Frage nach der Periodisierung in neuer Weise. Keinerlei Plausibilität hatte nunmehr die von der ‚Geistesgeschichte' etablierte Konvention, einen tiefen Einschnitt zwischen rationalistischer Aufklärung und nachaufklärerischem ‚Irrationalismus' anzusetzen. Die Extension des Epochenbegriffs Aufklärung hat sich vielmehr beständig erweitert. Seit Längerem dazugerechnet wird die ‚Empfindsamkeit' – schon Unger bezeichnete sie als „Spätzeit der deutschen Aufklärung", „eine Zeit des Suchens und des Übergangs".[59] Seit den 1970er Jahren kamen zunächst der Sturm und Drang und später sogar Klassik und Frühromantik hinzu,[60] sodass man heute das gesamte 18. Jahrhundert als Epoche der Aufklärung bezeichnen kann (nicht: muss). So fundamental sich dies von der Periodisierung unterscheidet, die die ‚Geistesgeschichte' vornahm, so sehr steht die Gegenwart gleichwohl noch in deren Fußstapfen, insofern sie überhaupt nach Epochengrenzen und -kohärenzen fragt.

Die angedeutete Ausdehnung der Epoche ‚Aufklärung' hat es nicht leichter gemacht, sie durch Angabe eines durchgängigen Merkmals oder Prinzips zu umreißen. Als Leiter des *Interdisziplinären Zentrums für die Erforschung der Europäischen Aufklärung* (IZEA) muss ich das als Problem ansprechen, obwohl ich davon überzeugt bin, dass sich gar nicht *ein* durchgängiges Merkmal oder Prinzip ausmachen lässt. Im IZEA müssen wir uns diesem Problem nicht bloß hinsichtlich der Literaturgeschichte (und erst recht nicht nur hinsichtlich der deutschen Literaturgeschichte) stellen, sondern mit Blick auf die Geschichte des 18. Jahrhunderts in prinzipiell allen Bereichen von Kultur und Gesellschaft. Epochenreflexion gehört daher zu unserer Grundlagenarbeit. Auf Epochenbegriffe zu verzichten sehen wir dagegen nicht als tragfähige Lösung an.[61] Denn die These, dass gerade wir „nicht mehr in der historischen Zeit" leben, überzeugt uns nicht recht. Oder genauer: Ich sehe von den aktuellen Phänomenen,

---

58 Vgl. Torsten Hahn u. a. (Hg.): Kontingenz und Steuerung. Literatur als Gesellschaftsexperiment 1750–1830. Würzburg 2004.
59 Unger: Hamann und die Aufklärung (Anm. 40), S. 59.
60 Vgl. Peter Pütz: Die deutsche Aufklärung. 4., überarbeite und erweiterte Aufl. Darmstadt 1991, S. 189–191.
61 Vgl. dazu auch meinen Beitrag: Gab es ‚die Aufklärung'? Einige geschichtstheoretische, begriffsgeschichtliche und schließlich programmatische Überlegungen anlässlich einer neuerlichen Kritik an unseren Epochenbegriffen. Erscheint in: Das achtzehnte Jahrhundert 27 (2013), S. 11–25.

die damit erklärt werden sollen, zu viele schon in der über 200-jährigen Geschichte der ‚historischen Zeit' präformiert, insbesondere in der sogenannten Krise des Historismus um 1900.

Die Antwort, die wir im IZEA auf das Problem der Veruneindeutigung des Epochenprofils der Aufklärung zu geben versuchen, unterstellt keine einheitliche Absicht oder Richtung der im heutigen Epochenbegriff Aufklärung zusammengefassten Strömungen, sondern lediglich eine allen Strömungen zugrunde liegende Herausforderung, nämlich jene Herausforderung zu selbstständigem, eigenverantwortlichem Denken und Handeln, die der Selbstverständlichkeitsverlust der traditionellen Ordnungen des Wissens und des Glaubens bedeutete – eine Herausforderung, die viele unterschiedliche, ja einander bestreitende Konzepte und Praktiken als Antworten hervorbrachte. Zur geistesgeschichtlichen Verengung des Aufklärungsbegriffs auf Rationalismus steht dies ganz konträr, und trotzdem erkenne ich die Grundidee unseres Epochenbegriffs – nämlich die Kombination einer gemeinsamen Ausgangsfrage und vieler unterschiedlicher Antworten darauf – in der geistesgeschichtlichen Ansicht des 18. Jahrhunderts ansatzweise wieder, insofern Unger und Schneider zunächst die Befreiungsleistung der Aufklärung betonen, um dann die langfristig tragfähigeren Konzepte der zweiten Jahrhunderthälfte davon abzuheben. Damit kein Missverständnis entsteht: Am IZEA gehen wir weder in zeitlicher noch in evaluativer Hinsicht von einer Zweiteilung des Aufklärungsjahrhunderts aus. Eine Gemeinsamkeit sehe ich gleichwohl in der Modellierung des Jahrhunderts als Öffnung einerseits und darauf reagierende ‚Füllungen' andererseits.

Bemerkenswerterweise hat das Sinn- und Identifikationspotential der Aufklärung durch die immer weitere Diversifizierung ihres Gehaltes kaum gelitten. Wie Martin Fontius 1995 feststellte, ist Aufklärung nach wie vor auch in der geisteswissenschaftlichen Forschung ein „Identifikationsbegriff".[62] Wer die Aufklärung erforscht, wünscht häufig auch, zur Aufklärung beizutragen.[63] Diese rekursive Verbindung zwischen Erkenntnissubjekt und -objekt unterscheidet die Aufklärungsforschung wohl von den meisten anderen Forschungsbereichen. Vergleichsweise nahe steht solche Forschung dagegen der ‚Geistesgeschichte', die sich durch die ‚Krise des Historismus' nicht davon abbringen ließ, sich in einen Subjekt und Objekt integrierenden Geschichtsprozess

---

[62] Martin Fontius: Zur Lage der Aufklärungsforschung im vereinten Deutschland. In: Das achtzehnte Jahrhundert 19 (1995), S. 193–205, hier S. 203.

[63] Zur jüngsten Geschichte der Aufklärungsforschung und deren partiellem Antrieb durch emanzipatorische Hoffnungen vgl. Michael Schlott in Zusammenarbeit mit Lutz Danneberg u. a. (Hg.): Wege der Aufklärung in Deutschland. Die Forschungsgeschichte von Empfindsamkeit und Jakobinismus zwischen 1965 und 1990 in Experteninterviews. Stuttgart/Leipzig 2012.

eingebettet zu sehen. Man kann in diesem historischen Zusammendenken von Subjekt und Objekt ein Problem sehen, etwa weil es die Ideologisierung von Forschung begünstigt. Unabhängig von Bewertungsfragen können bzw. müssen wir in diesem wichtigen Punkt aber eine relative Konstanz der historiographischen Prämissen konstatieren.

Es gibt nach alldem eine Kontinuität von Grundproblemen der Literaturgeschichtsschreibung über die wechselnden Paradigmen des Faches hinweg. Dazu gehören die Frage nach dem Verhältnis von Konstruktion und Objektivität hinsichtlich der erzählten Geschichte, die Frage nach der Relevanz von (Literatur-)Geschichte für die jeweilige Gegenwart, die Frage nach der Abgrenzung und den Bestimmungsgründen von Epochen (als wichtigsten Hilfsmitteln zur Rhythmisierung von Geschichtsverläufen), schließlich die Frage, wie und mit welchem Recht sich solche ‚Makropropositionen' aus einem irreduzibel vielfältigen Quellenmaterial bilden lassen. Diese Kontinuität von Grundproblemen hat sich bislang nicht erledigt durch die Fundamentalkritik an der Vorstellung von Geschichte als einem kontinuierlichen, allumfassenden Zusammenhang – eine Kritik, die sich häufig zugleich gegen alle Ambitionen auf starke Historisierung richtet. Zwar ist diese Fundamentalkritik inzwischen durchaus auch in der Literaturgeschichtsschreibung angekommen und hat mit der *New History of German Literature* ein hochinteressantes Experiment gezeigt. Die Organisation germanistischer (und überhaupt geisteswissenschaftlicher) Forschung basiert jedoch weiterhin auf den traditionellen (literatur-)geschichtlichen Kategorien, und diese werden durch ihre institutionelle Funktion zweifellos geschützt vor praktischen Folgen der theoretischen Kritik. Um die Langlebigkeit des Historisierens zu erklären, empfiehlt es sich darüber hinaus zu berücksichtigen, dass Ungenügen und Kritik an ihm keine neuen Phänomene sind, sondern spätestens seit dem ausgehenden 19. Jahrhundert die Kehrseite seiner Herrschaft bilden. Der Versuch der ‚Geistesgeschichte', die Literaturgeschichtsschreibung auf eine neue Basis zu stellen, ist dafür sogar nur ein Beispiel unter vielen.

Monika Schmitz-Emans
Literaturgeschichte – Mediengeschichte – Mediendiskursgeschichte

Überlegungen zu Konvergenzen und Allianzen

1. Probleme der ‚Literaturgeschichte'

Gegen das Projekt ‚Literaturgeschichte' sind im Wesentlichen zwei Einwände geltend gemacht worden. Einwand 1 läuft darauf hinaus, der zu (re-)konstruierenden Literatur-Geschichte die Fundierung in einem Sinnzusammenhang namens ‚Geschichte' zu bestreiten – und zwar mit dem Argument, Letzterer selbst sei ein bloßes Konstrukt.[1] Diese Kritik reagiert auf ein traditionelles Selbstverständnis der Literaturgeschichtsschreibung. In deren Blütezeit hatte die ‚Geschichte der Nation' als ein solcher Sinn- und Bedingungszusammenhang gegolten. Noch dem rezenteren Projekt einer Sozialgeschichte der Literatur liegt die Idee eines fundierenden Zusammenhangs namens ‚(Sozial-)Geschichte' als einheitsstiftende Instanz zugrunde – und damit als methodische Prämisse einer Rekonstruktion der verschiedenen Beziehungen, welche die literarischen Phänomene zu dieser unterstellten Geschichte unterhalten und die den eigentlich relevanten Gegenstand von Literatur-Geschichte ausmachen würden. Zugespitzt lautet die kritische Frage: Setzt die Literatur-Geschichtsschreibung nicht unausweichlich einen fingierten Bezugsrahmen namens ‚Geschichte' voraus, der alle denkbaren Befunde zu Bestandteilen dieser Fiktion macht? Einwand 2 steht im Zeichen der kritischen Frage, ob eine wie auch immer fundierte Literatur-Geschichte nicht dem literarischen Gegenstand *per se* unangemessen sei. Roland Barthes hat in einem Essay über *Literatur und Geschichte* entsprechend kritische Bedenken formuliert: Wenn man die einzelnen literarischen Texte als etwas jeweils Besonderes betrachte, das zum Allgemeinen der geläufigen Diskurse, der Alltagspraxis und den Denkkonventionen auf kritische Distanz rücke, insbesondere wenn man im Bruch, in der Abweichung, im Dissens das Proprium von Literatur sehe – dann stelle sich die prinzipielle Frage, wohin der Versuch einer synthetisierenden Zusammenschau von Texten überhaupt führen könne; allenfalls die „Literaten" seien unter den genannten

---

[1] Vgl. insbesondere Hayden White: Tropics of Discourse. Essay in Cultural Criticism. Baltimore 1986. – Hayden White: The Content of the Form. Narrative Discourse and Historical Representation. Baltimore 1989.

Prämissen Bestandteil einer übergreifenden „Geschichte", nicht aber die „Literatur", so Barthes.[2] Wenn der einzelne literarische Text mehr sein soll als das Echo auf externe ‚geschichtliche' Gegebenheiten – ist dann nicht gerade Literatur-‚Geschichts'-Schreibung dazu verurteilt, ihn zu verfehlen?

Doch allen Vorbehalten gegenüber Verallgemeinerungen des Besonderen zum Trotz – gerade der Wunsch nach einer vertiefenden Auseinandersetzung mit dem Einzeltext erzeugt das Bedürfnis nach Kontextualisierungen.[3] Darauf zu verzichten bedeutet, sich unverzichtbarer Bedingungen des Verstehens zu berauben. Im Folgenden geht es mir nicht darum, Wege aufzuzeigen, auf denen die methodischen Probleme der (oder: ‚einer') Literaturgeschichtsschreibung gelöst werden könnten. Es soll nur um ein Votum für eine Allianz gehen: ein Bündnis zwischen literaturgeschichtlichen und bildmediengeschichtlichen Forschungen und Darstellungen. Anhand von Beispielen soll plausibilisiert werden, dass die geforderte Verknüpfung literatur- und bildmediengeschichtlicher Aspekte für die Interpretation von Texten sinnvoll und notwendig ist – und inwiefern gerade sie den Blick für die geschichtliche Dimension literarischer Texte schärft.

2. Der Kontext ‚Mediengeschichte' und seine Relevanz für die Literaturwissenschaft

Dass sich medientechnische Neuerungen konkret und in der Regel eindeutig datieren lassen, es also eine in Daten konsensfähig darstellbare Technik-Geschichte gibt, bietet, ähnlich wie datierbare zeitgeschichtliche Ereignisse und Vorgänge, immerhin eine Art Hintergrundraster, vor dem die ‚Geschichte' der Bildmedien (re-)konstruiert werden kann. Irgendwann ist beispielsweise die Photographie erfunden worden, dann ist sie (jeweils auf datierbare Weise) vielfach genutzt und schrittweise weiterentwickelt worden. Solche und vergleichbare technik- und kulturgeschichtliche Zäsuren und Entwicklungen (Entstehung der Röntgenphotographie, Erfindung der Digitalphotographie, Nutzung der Photographie in spiritistischen Experimenten, Nutzung der Photographie

---

2 Roland Barthes: Literatur oder Geschichte. In: R. B.: Literatur oder Geschichte. 2. Aufl. Deutsch von Helmut Scheffel. Frankfurt/M. 1969, S. 13 f.
3 Vgl. dazu: Matthias Buschmeier: Literaturgeschichte nach dem Ende der Theorie? Thesen zu den (Un-)Möglichkeiten einer bedrohten Gattung. In: IASL 36.2 (2011), S. 409–414, hier: S. 411: „[...] wo keine *Geschichte* erzählt wird, ist das literaturhistorische Einzelereignis freigestellt und damit aus einer Grundstruktur des Verstehens herausgenommen." Buschmeier verweist auf Susanne Kaul: Narratio. Hermeneutik nach Heidegger und Ricœur. München 2003.

für dokumentarische, wissenschaftliche und kriminalistische Zwecke etc.) sind für eine Geschichte dieses Bildmediums relevant, ohne schon diese ‚Geschichte' selbst zu sein.

Neben den technikgeschichtlichen Daten gibt es (ebenfalls datierbare) Bespiegelungen, Interpretationen und Diskursivierungen der Bildmedien. Umfangreiche Anthologien dokumentieren beispielsweise, was wann und von wem über Photographie gesagt worden ist.[4] Die Summe solcher Diskursivierungen bildet für sich allein genommen ebenso wenig ‚den' Gegenstand einer ‚Geschichte der Photographie', aber sie bietet wiederum ein Raster, auf das man sich beziehen kann und muss. Es gibt überhaupt keine ‚Medien' oder ‚Künste' an sich; sie sind jeweils Produkte von Konzeptualisierungen und Diskursivierungen. An diesen Konzeptualisierungen und Diskursivierungen der Bildmedien nimmt die Literatur in einer nicht unmaßgeblichen Weise teil: intensiv, perspektiveneröffnend, akzentuierend. Insofern hat die Literatur beispielsweise Anteil an dem, was man als ‚die Geschichte der Photographie' bezeichnen und konstruieren könnte.[5] Wie vor allem Bernd Stiegler gezeigt hat, ist die Geschichte der Photo-Theorien eine im weiteren Sinn ‚literarische' Geschichte: Eine Geschichte von „Bilder(n) der Photographie", die sich visuell, aber eben auch und vor allem sprachlich manifestieren – und dies vielfach in literarischen Texten.[6] „Bilder der Photographie" im Sinne Stieglers sind metaphorische Konzepte, die sich im Zusammenspiel von sprachlicher und visueller Bespiegelung der Photographie ergeben. Stieglers Beobachtungen gelten der diskursiven Ebene – der Art, wie Texte Photographie und Photos beobachten, beschreiben und deuten – und wie sie sich in Zusammenhang damit selbst deuten. Literarische Texte basieren vielfach auf solchen „Bildern der Photographie", spinnen sie aus, entwickeln sie.

Diese Mitwirkung an der Modellierungsgeschichte der Photographie ist aber auch ein Teil bzw. eine Ebene dessen, was sich als ‚Geschichte der Literatur'

---

4 Vgl. die umfängliche Dokumentation: Wolfgang Kemp (Hg.): Theorie der Fotografie, I–IV. München 2006.
5 Um ein Beispiel zu nennen: Roland Barthes' einflussreiche Abhandlung *La chambre claire* gehört zu einer Geschichte des Bildmediums Photographie, wie auch immer diese angelegt ist. Nicht weil Barthes hier auf verbindliche Weise erklärt, was Photographie ‚ist', sondern weil sein Text dem Sprechen und Reflektieren über Photographie Wege gewiesen hat, die viele Nachfolger gegangen sind. Analoges gilt für die phototheoretischen Essays von Susan Sontag.
6 Bernd Stiegler: Bilder der Photographie. Ein Album photographischer Metaphern. Frankfurt/ M. 2006, S. 7–9. Stiegler betont erstens, dass die Photographie von Anfang an im Licht von Metaphern betrachtet und interpretiert, also metaphorisch verstanden wird, und zweitens, dass die metaphorisch gegründeten Interpretationen der Photographie einander durchaus widersprechen können – sodass die Photographie viele, auch widersprüchliche Gesichter hat.

beschreiben ließe. Notwendig wäre also eine Verschränkung literaturgeschichtlicher und mediengeschichtlicher Forschungen unter dem Aspekt der ‚wechselseitigen Modellierung'. Wieder ließe sich *La chambre claire* als Beispiel anführen.[7] Das „Punctum"-Konzept beispielsweise (respektive die Unterscheidung von „studium" und „punctum"), ferner Barthes' Bemerkungen über den ‚mortifizierenden' Effekt des Photographiertwerdens, seine Betonung der Subjektivität des Betrachtens von Photos und der Einmaligkeit photographischer Aufnahmen – dies und anderes, nicht zuletzt die Verweigerung des ‚wichtigsten' Bildes gegenüber dem Leser, haben in der jüngeren Literatur nachhaltig impulsgebend gewirkt.

3. Argumente für eine mit Bildmediengeschichte verbündete Literaturgeschichtsschreibung

1. Literarische und bildmediale Darstellungen weisen in vielen Fällen so starke Konvergenzen auf, dass Literaturgeschichte und Bildmediengeschichte konsequent als einheitlicher Komplex zu behandeln sind. Diese Verschränkung betrifft zwei Ebenen: erstens die der wechselseitigen Thematisierung und Bespiegelung von Literatur und Bildmedien und zweitens die Ebene der Darstellungsformen, also das Phänomen der Kombination und/oder Entgrenzung literarischer und bildmedialer Ausdrucksmittel.[8]
2. Literarische und bildliche Darstellungen lassen sich beide in analoger Weise auf eine zu rekonstruierende Geschichte der menschlichen Wahrnehmung und Darstellung beziehen. Dass die technische Entwicklung neuer Bildmedien eine Veränderung des Sehens bewirkt, wird bereits im an entsprechenden Neuerungen reichen 19. Jahrhundert behauptet. Friedrich Spielhagen behauptet 1873 unter dem Eindruck der neuen Bilderzeugungstechniken, dass „unsere modernen Augen faktisch anders sehen, als die

---

[7] Roland Barthes: Die helle Kammer. Bemerkungen zur Photographie. Deutsch von Dietrich Leube. Frankfurt/M. 1989 (französisches Original: La chambre claire. Note sur la photographie. Paris 1980).

[8] Luigi Pirandellos Roman über den Kameramann Serafino Gubbio ist ein Roman über filmische Darstellungsformen – und dies hat zudem Konsequenzen für die Schreibweise. Vgl. Luigi Pirandello: Die Aufzeichnungen des Kameramanns Serafino Gubbio. Deutsch von Michael Rössner. Mindelheim 1986 (italienisches Original: Quaderni di Serafino Gubbio operatore. Florenz 1925). – Photographien gestatten, anders als der Film, sogar ihre Integration in Bücher, und d. h. ihre ‚materielle' Kopplung mit literarischen Texten. Aber selbst ‚Filmisches' wird in jüngerer Zeit gelegentlich *materialiter* in Romane integriert; ein Beispiel bietet die Flip-Book-Seitensequenz in Jonathan Safran Foers 9/11-Roman *Extremely loud and incredibly close*.

der Alten; [...] die Welt ist nicht nur weiter geworden, [...] sie ist auch in jedem Punkt reicher geworden, so reich, daß was früher ein Punkt schien, in Wirklichkeit eine Welt ist."[9] Spielhagen fordert eine die Wirklichkeit bespiegelnde objektive Darstellungsweise – auch für die Literatur. Hier und andernorts wirkt sich die Photographie-Geschichte *qua* Diskursgeschichte über ‚Objektivität' auf die Geschichte der Poetik und des literarischen Schreibens aus – ein rezent von verschiedenen Literatur- und Medienwissenschaftlern erforschter Zusammenhang, der hier nur in Erinnerung gerufen sei.[10] Dass das Sehen eine Geschichte hat, steht heute im thematischen Zentrum ganzer Forschungskomplexe. Die Rolle eines Impulsgebers für mediengeschichtliche Studien, die die Beziehung zwischen Medien und Sehprozessen akzentuieren, ist bekanntlich vor allem Walter Benjamin zugefallen, der die Geschichtlichkeit des Sehens in verschiedenen Zusammenhängen erörtert hat. Benjamin versteht Mediengeschichte als Wahrnehmungsgeschichte. „Innerhalb großer geschichtlicher Zeiträume verändert sich mit der gesamten Daseinsweise der menschlichen Kollektiva auch die Art und Weise ihrer Sinneswahrnehmung",[11] so statuiert Benjamin im Aufsatz über *Das Kunstwerk im Zeitalter seiner technischen Reproduzierbarkeit*. Photographieren gilt Benjamin als ein Sichtbarmachen. Vor allem hier sowie in Benjamins *Kleine[r] Geschichte der Photographie* kommt die Idee eines neuen Sehens prägnant zum Ausdruck.[12] An diese Überlegungen haben bis in jüngere Zeit Medientheoretiker und Medienhistoriker sowie Historiographen des Wahrnehmungsprozesses angeknüpft – und literarische Autoren.[13] Auch insofern ist Benjamin ein wichtiges Bindeglied zwischen Medienphilosophie und Literatur. Er selbst bezieht sich in seinen Überlegungen übrigens auf Luigi Pirandellos Roman über den Kameramann

---

9 Friedrich Spielhagen: Das Gebiet des Romans. In: F. S.: Beiträge zur Theorie und Technik des Romans. Göttingen 1967 (Reprint der Ausgabe Leipzig 1883), S. 35–64, hier S. 53 f.
10 Vgl. dazu Bernd Stiegler: Philologie des Auges. Die photographische Entdeckung der Welt im 19. Jahrhundert. München 2001, S. 252: „Auch die Lektüre wird [...] in optischen Kategorien beschrieben. Textproduktion wie Textrezeption haben es mit der Bearbeitung von Bildern oder zumindest von optisch vermittelten Gegenständen zu tun."
11 Walter Benjamin: Das Kunstwerk im Zeitalter seiner technischen Reproduzierbarkeit. In: W. B.: Gesammelte Schriften. Hg. von Rolf Tiedemann/Hermann Schweppenhäuser. Frankfurt/M. 1991. Bd. I/2, S. 431–508, hier S. 478.
12 Walter Benjamin: Kleine Geschichte der Photographie. In: W. B.: Gesammelte Schriften. Hg. von Rolf Tiedemann/Hermann Schweppenhäuser. Frankfurt/M. 1977. Bd. II/1, S. 368–385.
13 Vgl. etwa Wolfgang Schivelbusch: Geschichte der Eisenbahnreise. Zur Industrialisierung von Raum und Zeit. München 1977 (zu Benjamin: S. 42).

Serafino Gubbio, in dem er maßgebliche Ideen vorformuliert findet.[14] Literaturwissenschaftler, die sich mit der Beziehung von Literatur und Bildmedien auseinandergesetzt haben, konnten zeigen, in welchem Maße und unter welchen Perspektiven das Selbstverständnis von Autoren des 19. und 20. Jahrhunderts dadurch profiliert wurde, dass eine Sensibilisierung für Medien sowie medieninduzierte Sehweisen erfolgte und man Literatur und Bilderzeugungsverfahren miteinander verglich – sei es im Sinn der Analogisierung respektive der Forderung an die Literatur, sich an bildmedialen Darstellungsverfahren zu orientieren, sei es im Sinn einer Betonung von Differenzen.

3. Während in der Literaturwissenschaft historiographische Ansätze in verstärktem Maße als begründungsbedürftig und jedenfalls nicht mehr als selbstverständlich erscheinen,[15] stehen im Bereich der (Bild-)Mediendiskurse historische Aspekte seit Längerem im Zentrum des Interesses – begonnen bei Diagnosen von *turns*, welche zur kulturellen Privilegierung des Visuellen und der Bildmedien geführt haben – bis hin zum Interesse an der spezifischen Geschichte der einzelnen Bildmedien.[16] Im Zusammenhang der Frage nach Möglichkeiten und Implikationen von Literaturgeschichtsschreibung ist das durch die Diagnose der verschiedenen *turns* begründete Wissensparadigma – unabhängig von der Relevanz einzelner in seinem Rahmen erhobener Befunde – zunächst einmal vor allem darum von Interesse, weil es seine einzelnen Gegenstände primär unter dem Aspekt ihrer Historizität in den Blick rückt – und diese Historizität des Einzelnen auf umfassende geschichtliche Zusammenhänge bezieht (die als solche samt ihrem jeweiligen Subjekt durchaus konstruiert sind; zu fragen ist nach dem Erklärungspotenzial solcher Konstruktionen). Einem ‚historiographischen' Diskurs, in dem sich der sogenannte *pictorial turn* dokumentiert (also die Verlagerung des Interesses auf Visualität, Bildlichkeit, Bildmedien und Formen bildbezogener Erfahrung), ist u. a. Jonathan Crary mit seinem einflussreichen Buch über die sich wandelnden *Techniken des*

---

14 Unter dem Titel *Kurbeln!* war 1928 bereits eine erste deutsche Übersetzung der *Quaderni di Serafino Gubbio* von Hans Feist publiziert worden. Benjamins Aufsatz ist von 1936.
15 Vgl. dazu Buschmeier: Literaturgeschichte (Anm. 3).
16 *Turn*-Diskurse haben – hieran sei nur erinnert – rezent Wissenschaftsgeschichte gemacht, und das Denken in historischen Dimensionen ist in den letzten Jahrzehnten durch *turn*-Proklamationen nachhaltig geprägt worden. Richard Rorty proklamierte in den 1960er Jahren zunächst einen *linguistic turn*. Vgl. Richard M. Rorty: Metaphilosophical Difficulties of Linguistic Philosophy. In: The Linguistic Turn. Hg. von Richard M. Rorty. Chicago/London 1992 (zuerst 1967), S. 1–39. – In der Nachfolge Rortys hat W. T. J. Mitchell später dann seinen *pictorial turn* konstatiert bzw. ausgerufen.

Betrachters verpflichtet. Schon aus dem Titel des englischen Originals (*Techniques of the observer*) geht hervor, dass hier implizit ein Subjekt (ein *subjectum*) der Geschichte verhandelt wird – der „*observer*".[17] Crarys Thesen – denen zufolge die Instanz des ‚Betrachters' von Welt einem historischen Paradigmenwechsel unterliegt, für den die Orientierung an unterschiedlichen technischen Medien der Bildproduktion jeweils von prägender Bedeutung ist – können und sollen hier nicht ausführlich dargestellt werden.

W. T. J. Mitchell hat übrigens in einem Kommentar zu Crarys Buch auf ein nach seiner Einschätzung hier ungelöst gebliebenes Problem bzw. eine unaufgelöste Ambivalenz hingewiesen: Auf die offene Frage, welchen Status der von Crary beschriebene „*observer*" als „*subjectum*" des behaupteten Wandels habe. Mitchells kritischer Diagnose zufolge wird dieses Subjekt des historischen Wandels in Crarys Ausführungen abwechselnd als eine tatsächlich existierende Instanz und als ein durch Abstraktion erzeugtes Konstrukt behandelt. Im letzteren Fall konstruiert er eine Geschichte, deren Protagonisten er dafür zunächst erfindet.[18] Der „*observer*" ist nach Mitchells Beobachtungen nichts anderes als ein konstruiertes Einheitsprinzip für die „Geschichte des Sehens". Interessant sind Mitchells Überlegungen zu Crary (dessen Leistung er ansonsten durchaus affirmativ sieht), weil sie auf ein Problem hinweisen, das auch literaturhistorische Darstellungen betrifft: das unentschieden wirkende Changieren zwischen einem geschichtsspekulativ fundierten und einem konstruktivistischen Ansatz. Kurz gesagt: Die Auseinandersetzung mit der Geschichte des Sehens steht methodisch vor analogen Problem wie der Literarhistoriker. Vielleicht ein Trost für Letzteren – in jedem Fall ein Grund für ein Bündnis, und zwar im Zeichen selbstkritischer Revision der eigenen methodischen Prämissen und Theorie-Implikationen.

Die Geschichte der Reflexion über Bildmedien und der Diskursivierung von Bildmedien – so lässt sich zwischenbilanzieren – ist eng mit der Geschichte

---

17 Jonathan Crary: Techniken des Betrachters. Sehen und Moderne im 19. Jahrhundert. Deutsch von Anne Vonderstein. Dresden/Basel 1996. Crarys These lautet, vereinfachend gesagt: Techniken der Welterzeugung und Praktiken des Sehens sind Indikatoren der Beziehung des erfahrenden Menschen zur Welt als Objekt seiner Erfahrung, und zwar auf fundamentaler und struktureller Ebene. Im 19. Jahrhundert beobachtet Crary eine tiefgreifende Veränderung: Die *camera obscura* als Sehmodell hat ausgedient; und darin spiegelt sich der (selbst-)kritische Zweifel daran, dass der Erkennende im Erfahrungsprozess die Welt erfasst, ‚wie sie ist'.
18 Mitchell kommentiert Crarys Buch ausführlich (W. T. J. Mitchell: Bildtheorie. Hg. von Gustav Frank. Frankfurt/M. 2008, S. 112–120). Crary hat demnach ein methodisch-methodologisches Problem, das sich analog auch dem Literarhistoriker stellt: Das ‚Subjekt' der Geschichte ist und bleibt ein Konstrukt.

des literarischen Schreibens verknüpft; beide Geschichten müssen *im* bzw. *als* Zusammenhang (re-)konstruiert werden. Zu berücksichtigen sind Anregungen von Texten und Schreibverfahren durch Bildmedien, ferner die Beziehungen sprachlicher und bildmedialer Darstellungen zur Geschichte menschlicher Wahrnehmung; wichtig ist auch die Auseinandersetzung mit den Bedingungsmöglichkeiten von Meta-Diskursen und Diskursivierungsgeschichten.

Die Frage, die die Proklamation eines *visual* oder eines *pictorial turn* aufwirft, lautet nicht nur: Welche neuen Perspektiven auf literarische Texte ergeben sich für den Interpreten aus einem Wissensparadigma, das Prozesse des Sehens, der visuellen Medien und der Bilderzeugungsverfahren für kulturell prägend hält?, sondern auch: Wie reagieren literarische Texte auf ein solches Paradigma? Die beiden Fragen zielen auf Verschiedenes, wenn auch Zusammenhängendes: Mit der ersten geht es mehr darum, aus Texten Beiträge zu einer ‚Geschichte des Sehens' und der Bildmedien abzulesen und deren jeweils besondere Akzentuierung und Perspektivierung zu erschließen. Mit der zweiten Frage geht es eher darum, inwiefern literarische Texte sich auf reflexivem Niveau an der Reflexion über Bildmedien beteiligen, inwiefern sie durch entsprechende Wissensdiskurse geprägt sind, wie sie auf diese reagieren, welche Impulse sie aus diesen beziehen und welche inhaltlich-thematischen und kompositorisch-darstellerischen Konsequenzen dies für sie hat.

Literaturgeschichte, die Geschichte der Bildmedien und die der Diskurse über Bilder und Bildmedien sollten also – wenn denn hier eine ‚Geschichte' be- bzw. geschrieben werden soll – synoptisch betrachtet werden; wer literarische Texte aus der Perspektive ihrer historischen Kontextualisierung behandelt, sollte bildmediengeschichtliche Themen und Diskurse mitberücksichtigen. Denn wie auch immer ‚Literaturgeschichte' genauer gefasst wird: Sie unterhält zur Geschichte der Bildmedien so komplexe Beziehungen, dass sie immer auch in diesem Kontext gesehen werden muss – einem Kontext, der eine technik- und eine diskursgeschichtliche Dimension hat. Und das einzelne Werk, das wir besser verstehen wollen, gewinnt an Zugänglichkeit, wenn wir es in diesem Rahmen betrachten.

4. Photographiegeschichte und Poetikgeschichte: Selbstmodellierungen der Literatur in Auseinandersetzung mit dem anderen Medium

Obwohl schon im frühen 19. Jahrhundert – im Vorfeld der Erfindung der Photographie also – das Sehen in seiner Abhängigkeit von physiologischen, technischen und kulturellen Parametern reflektiert wurde und so der Weg dafür gebahnt wurde, es als ‚geschichtlich' zu begreifen (‚geschichtlich' im Sinne von: kontingenten temporären Parametern unterworfen), hat doch die Erfindung der Photographie diese Diskussion intensiviert und neuen Argumentationsstoff geboten. Gerade Porträt- und Familienphotographie, dokumentarische Photographien von Orten und Räumen, mikro- und stereoskopische Aufnahmen, Röntgenphotographien und andere Spezialverfahren vertieften das Bewusstsein davon, dass das Sehen nicht mehr als ahistorisch strukturierter Prozess gelten kann und die Welt des Gesehenen einem fundamentalen Wandel unterliegt. Kulturelle, diskursive und technische Parameter entscheiden darüber, was und wie gesehen wird. Die Folgen der Erfindung der Photographie für die Literatur lassen sich zunächst auf thematischer Ebene beobachten. Zu literarischen Thematisierungen der Photographie selbst kommt es sowohl direkt als auch indirekt, sowohl explizit als auch implizit – und unter kritischen wie unter affirmativen Vorzeichen. Guy de Maupassants Novelle *Le Horla* (1887) und Romane wie *Le château des Carpathes* von Jules Verne (1892) oder *L'Ève future* von Villiers de L'Isle-Adam (1886), Letztere jeweils Texte über künstliche Frauen-Bilder, sind Reaktionen auf und Auseinandersetzungen mit photographischen Darstellungstechniken. Im Zusammenhang damit führt die Photographie im Bereich der Literatur zur Emergenz neuer und zur Neukonfiguration alter Themen.[19] So wird die traditionsreiche Doppelgängerthematik unter dem doppelten Einfluss spiritistisch-okkultistischer Diskurse und Praktiken sowie der Erfindung der Photographie und ihrer spiritistischen Nutzung neu konfiguriert. Die Photographie beschäftigt die okkultistische Imagination und die entsprechend inspirierte Literatur im 19. Jahrhundert nachhaltig, und das Spektrum von Doppelgängertypen erfährt wichtige Erweiterungen. Thomas Manns *Zauberberg* (1924) verbindet auf inhaltlich-thematischer Ebene das Faszinosum des Okkultismus mit modernen Bildmedientechniken wie der Röntgenphotographie. Scheint doch die Photographie einen Teil jenes Unsichtbaren sichtbar machen zu können, das den zeitgenössischen spiritistischen Diskursen zufolge ein Teil der Welt ist. Die optischen Medien erhalten eine mystische Aura, weil sie etwas Anderes sichtbar zu machen scheinen (die Geister, auratische Phänomene, die Toten etc.). Literarische Texte tragen zu einer entsprechenden ‚Mythisierung' der Photographie maßgeblich bei.

Andere wichtige mit der Photographie verknüpfte und auf sie bezogene Themen sind in literarischen wie in poetologischen Texten die Erfahrung und Darstellung von Zeit, Erinnerungsprozesse, Medien und Praktiken des Gedenkens, die Auseinandersetzung mit individuellen und kollektiven Identitäten,

---

[19] Vgl. dazu exemplarisch Renate Lachmann: Erzählte Phantastik. Frankfurt/M. 2002 (insbesondere S. 295–296).

Familienbindungen, die Darstellbarkeit von Krieg und Gewalt, insbesondere die des Holocausts etc. Erinnert sei nur an Susan Sontags Reflexionen über Photos und die Bedeutung von Texten für deren politisch-ethisch relevante Semantisierung (die These von der politischen ‚Indifferenz' bloßer Bilder),[20] oder auch an Sontags und Roland Barthes' Reflexionen über Photographie, Tod und Zeit, die in literarischen Texten ein nachhaltiges Echo gefunden haben. Erinnert sei auch an Georges Didi-Hubermans phototheoretische Thesen und deren Beziehung zur Kontroverse über die Darstellbarkeit der Shoah, die sich an die Literatur-nach-Auschwitz-Diskussion zumindest anschließt.[21] Diese und andere theoretische Reflexionen über Photographie und konkrete einzelne Photographien finden ihren Widerhall in literarischen Texten und sind für poetologische Reflexionen anschlussfähig. Insofern ‚machen sie Literaturgeschichte' – aus welcher Perspektive auch immer man diese betrachtet bzw. konstruiert.

Erfindung, Entwicklung und Nutzung der Photographie stimulieren immer wieder neue Medienvergleiche und nehmen dadurch mittelbar Einfluss auf die Poetik, insbesondere auf Konzepte ‚realistischer' Darstellung, sei es im Sinn der Abgrenzung zwischen Literatur und photographischer Darstellung, sei es auch im Sinn einer behaupteten Vorbildhaftigkeit der Photographie. Nur zur Erinnerung: Im 19. und teilweise auch im 20. Jahrhundert ist die Photographie für die Literatur das maßgebliche Vergleichsrelat, wenn es um ‚Realitätshaltigkeit' der ästhetischen Darstellung geht, um Realitätsbezüge im Allgemeinen und um den Realitätsbezug der literarischen Darstellung im Besonderen. Romantheoretiker realistischer und naturalistischer Ausrichtung schätzen den Vergleich zwischen Literatur und Photographie besonders. Andere kritisieren die Beeinflussung der Literatur durch die Photographie. Otto Ludwig vergleicht den Roman hinsichtlich seines ‚Realitätsgehaltes' mit technisch produzierten Bildern, allerdings indem er vor einer Assimilation des Ersteren an Letztere warnt.[22] Die Möglichkeit, dass sich der Roman in ein ‚Daguerrotyp' verwandeln könnte, wird als Gefahr gesehen. Denn das technisch produzierte Bild wird

---

20 Vgl. insbesondere Susan Sontag: In Platos Höhle. Deutsch von Gertrud Baruch. In: S. S.: Über Fotografie. 14. Aufl. Frankfurt/M. 2003 (zuerst deutsch: München/Wien 1978; amerikanisches Original: On Photography. New York 1977).
21 Georges Didi-Huberman: Images malgré tout. Paris 2003. – Vgl. dazu Clément Chéroux (Hg.): Mémoire des camps. Photographies des camps de concentration et d'extermination nazis (1933–1999). Paris 2001; Sven-Eric Rose: Auschwitz as Hermeneutic Rupture, Differend, and Image malgré tout: Jameson, Lyotard, Didi-Huberman. In: David Bathrick/Brad Prager/Michael D. Richardson (Hg.): Visualizing the Holocaust. Documents, Aesthetics, Memory. Rochester/New York 2008, S. 114–137.
22 Vgl. Stiegler: Philologie des Auges (Anm. 10), S. 249.

verdächtigt, nur Oberflächen darzustellen und damit seine Gegenstände zu nivellieren. Stattdessen soll „die Vielzahl der Details und einzelnen Gegenstände in ein Gesamt- oder Tiefenbild" überführt werden.[23] Nicht nur in der Gründerzeit der Photographie fungiert diese als Orientierungsmedium, wo es um Diskurse über Realitätshaltigkeit geht. Siegfried Kracauer deutet noch 1960 in seiner *Theorie des Films* Photographie und Film als ‚unmittelbare' Formen der Aufzeichnung von Realität – und als Medien, welche die äußere Wirklichkeit ‚retten'. Filme und Photographien geben „Leben im Rohzustand" wieder, so heißt es hier. Kracauer stellt der Photographie und dem Film die traditionellen Künste Malerei, Literatur, Theater gegenüber. „In gewissem Sinne", so Kracauer bezogen auf diese letzteren Künste, „verschwindet das realistische Material in den Intentionen des Künstlers."[24] Bilanzierend kann gesagt werden, dass die photographischen Bildproduktionsverfahren und Photos seitdem immer wieder der Poetik und der literarischen Autoreflexion als Vergleichsrelate dienen – der Bespiegelung literarischer Darstellungsprinzipien, sei es im Zeichen der Differenzierung, sei es in dem der Analogisierung.

Vergleiche – differenzierende wie analogisierende – stimulieren zur Produktion: Praktiken des Photographierens und Theorien der Photographie sind bis in die Gegenwart hinein als wichtige Impulsgeber literarischen Schreibens (und damit als literaturgeschichtlich relevant) zu betrachten. Und dies nicht nur bezogen auf die Frage nach dem jeweiligen Realitätsbezug, nach dem ‚Realismus' der Darstellung und seinen Implikationen, sondern auch bezogen auf Themenfelder und Sujets.[25]

Letztlich tritt die Literatur über ihre Auseinandersetzung mit der Photographie als ihrem eigenen Vergleichsrelat (wie auch immer dieser Vergleich akzentuiert erscheint) in eine Beziehung zur Geschichte der sich wandelnden Konzepte von ‚Realität' selbst. Und die Photographie gibt seit ihrer Erfindung der Literatur den Anstoß dazu, ihre eigene Beziehung zur ‚Realität' zu überdenken und zu artikulieren – genau genommen: Ihre eigene Beziehung zu dem, was

---

[23] Ebd.
[24] Vgl. den Beitrag Kracauers in: Texte zur Theorie des Films. Hg. von Franz-Josef Albersmeier. 4. Aufl. Stuttgart 2001, S. 241–255.
[25] Die ‚Normalidee' des in der photographischen Aufnahme festgehaltenen Augenblicks wird noch in Barthes' *La chambre claire* verhandelt. Und hier wird zugleich nochmals deutlich, dass diese Zeugenfunktion der Photographie zum Maßstab anderer, insbesondere sprachlicher Darstellung genommen wird. Diesem nämlich, so heißt es bei Barthes, gehe die Kraft zur Bezeugung von etwas, das gewesen ist, ab. „Cette certitude, aucun écrit ne peut me la donner. C'est le malheur (mais aussi peut-être la volupté) du langage, de ne pouvoir s'authentifier lui-même" (Barthes: La chambre claire [Anm. 7], S. 133 f.).

man in einer bestimmten historischen Epoche und Wissenskultur unter ‚Realität' versteht.

Sehr stark vereinfachend und schematisch könnte man in der jüngeren Geschichte des ‚Realitäts'-Begriffs seit dem 19. Jahrhundert drei Phasen unterscheiden, die einander aber nicht ablösen, sondern überlagern:

a) Das ‚Reale' erscheint dem Zeitalter des Positivismus und der expandierenden empirischen Wissenschaften als Totalität von empirisch erfahrenen Gegenständen; ‚Wissen' über die Realität bedeutet, ihr Funktionieren zu durchschauen und in (wissenschaftlichen oder ‚dokumentarischen') Darstellungen abzubilden.[26]

b) ‚Wirklichkeit' erscheint als ein Konstrukt; seine Konstruktion erfolgt am Leitfaden von Begriffen, Diskursen, Darstellungsverfahren. Zwischen ‚Realitäten' und ‚Fiktionen' besteht demnach allenfalls ein gradueller Unterschied.[27]

---

26 Im Lauf des 19. Jahrhunderts erfährt das Konzept des ‚Wirklichen' wichtige Modifikationen. Ein Prozess der durchgreifenden Verwissenschaftlichung setzt ein, der neue und anspruchsvollere Vorstellungen von (bzw. Forderungen gegenüber) ‚wahrer', ‚naturtreuer' oder ‚realistischer' Darstellung zur Folge hat. Darstellung wird dabei vorrangig als ‚Abbildung' betrachtet. Hinzu kommt das Interesse am Detail, an mikroskopischen Strukturen. Diesem kommt die Photographie nach allgemeiner Überzeugung entgegen. – Die Literatur will bzw. soll nach Vorstellung ‚realistischer' Theoretiker nicht etwa dasselbe Verhältnis zum ‚wirklichen Leben' haben wie die Photographie. Sie will ja auch mehr als nur dokumentieren. Aber das Nachdenken über Photographie stimuliert die Auseinandersetzung mit der Frage, was überhaupt ‚wirklich' ist und wie man sich der ‚Wirklichkeit' in der Darstellung bemächtigen, wie man ihr gerecht werden kann. – Die Forderung des literarischen Realismus besagt, literarische Darstellung solle vom Standpunkt eines Subjekts aus interpretierend darstellen, Zusammenhänge herausarbeiten (die ein Einzelbild nicht darstellen könne) und so die einfache Erfahrung durch Darstellung ‚verklären' – sie läuft zwar auf eine Unterscheidung der Literatur von der Photographie hinaus, aber unter Voraussetzung der Photographie als eines Maßstabs zum Vergleich.

27 Diskursgeschichtlich löste die Einsicht in die Relativität dessen, was ein menschlicher Beobachter wahrnimmt, bereits im weiteren Verlauf des 19. Jahrhunderts weitergehende Relativierungen der Vorstellung einer ‚absoluten' und ‚verbindlichen' Wahrheit aus. Nietzsche lehrte den Perspektivismus aller Erfahrung und Erkenntnis. Die modernen Naturwissenschaften erschüttern im 20. Jahrhundert die Leitvorstellung einer ‚objektiv' erfassbaren Wirklichkeit nachdrücklich. Was der menschliche Beobachter erfährt, gilt zunehmend mehr als das Produkt der jeweiligen Beobachtungsbedingungen (zu denen auch Erwartungen, Vorwissen, Vorurteile, physiologische Voraussetzungen, mediale Zurüstungen, technische Ausstattungen, Messverfahren, Datenerhebungs- und Darstellungstechniken etc. gehören). Die moderne Physik steht im Zeichen der Einsicht, dass sich physikalische Objekte nicht objektivierend darstellen lassen, weil Versuche der Datenerhebung im subatomaren Bereich bereits einem Eingriff in das beobachtete Objekt gleichkommen. Im Bereich der verbal beschreibenden und interpretierenden Wissensdiskurse ist im 20. Jahrhundert die (ebenfalls bereits bei Nietzsche vorweggenommene) Einsicht leitend, dass die Sprache kein transparentes und unvoreingenommenes

c) Unbeschadet der Perspektivenabhängigkeit und Künstlichkeit weiter Teile der erlebten Wirklichkeit gibt es eine ‚Realität' bzw. ist zu fordern, dass man an einem entsprechenden Konzept festhält – schon um der Kritik an bestehenden Missständen nicht den Boden zu entziehen und in Anerkennung der ‚Realität' von Leiden und Katastrophen.[28]

Jede dieser sehr holzschnittartig skizzierten Grundannahmen korrespondiert mit spezifischen Einstellungen zur Photographie, wie sie auch und gerade literarisch zur Artikulation finden:

(1) Die durch den Wissensdiskurs und das Wirklichkeitsverständnis des empiristisch grundierten Realismus geprägten Autoren reflektieren über die Photographie als Darstellungsmedium von ‚Realem' – aber auch und gerade von dem natürlichen Blick normalerweise entzogenem ‚Realem'. Der Blick aufs Photo wird dann thematisiert als Blick auf das an sich Unsichtbare, das photographische Bild als Sichtbarmachung des Unsichtbaren.

(2) Autoren, die durch das konstruktivistische Wissensparadigma geprägt sind, betrachten und behandeln Photographie als ein Medium zur Konstruktion fingierter ‚historischer Wirklichkeit'. Einst als verlässlicher ‚Zeuge' betrachtet, erweist sich das Photo als Hilfsmittel der Erzeugung und Ausstattung von Fiktionen.

(3) Autoren, die einen Bezug der Literatur auf eine (wie auch immer genau gefasste) historische ‚Realität' einfordern – und zwar aus einer im weiteren Sinn ethischen Grundhaltung heraus: Die historischen ‚Realitäten' sollen nicht vergessen werden –, suchen oft das Bündnis mit der Photographie. Diese erscheint zwar keineswegs als verlässliche ‚Zeugin', als ‚wahrhaftiges

---

Darstellungsmedium ist, das es gestatten würde, Erfahrungen ‚sachgerecht' auszudrücken. Sprache erscheint vielmehr als ein machtvolles Medium der Interpretation von Wirklichkeit, die dann nur in solchen Interpretationen greifbar wird. Interpretieren heißt hier Zurechtmachen, zugespitzt gesagt: Konstruieren. In der zweiten Hälfte des 20. Jahrhunderts setzt sich ein im weiteren Sinn konstruktivistisches Wissensparadigma durch, demzufolge Erfahrung und Beschreibungen Prozesse der Konstruktion von ‚Welt' sind – und nicht Prozesse der Abbildung von an sich gegebenen Objekten und Strukturen. Beiträge dazu leisten insbesondere die Sprachtheorie, die Medientheorie sowie die Erforschung der Geschichte des Wissens, der Wissenskulturen, der mit Wissen verbundenen technischen Medien.

28 Der vor allem in den letzten Jahren diagnostizierte Trend zu einem neuen ‚Realismus' ist zum einen erkenntnistheoretisch motiviert: Konstruktivistische Modelle von Erkenntnis sind nicht in jeder Hinsicht befriedigend. Zum anderen gibt es aber auch eine ethische Motivation: Mit konstruktivistischen Modellen der Wahrnehmung und Darstellung ist solchen Themen schlecht beizukommen, die eine ethische Komponente besitzen. Angesichts eines Themas wie des Holocaust z. B. ist es unbefriedigend, die historische Vergangenheit als Produkt von Konstruktionen zu betrachten.

Dokument', haben doch gerade die historischen Erfahrungen, um deren Nicht-Vergessen-Werden es vor allem geht, gelehrt, wie man mit Photos, mit Wörtern und mit anderen Darstellungsformen ‚lügen', die Wahrnehmung steuern und die Dinge verfälschen kann. Aber das Photo steht für den Anspruch, sich mit der Vergangenheit trotz allem auseinanderzusetzen, für eine ethisch, aber natürlich auch durch Wissensinteressen motivierte Bindung der Gegenwart an die Vergangenheit: Die Gegenwart soll der Vergangenheit gedenken, und sie soll etwas aus dem Wissen über Vergangenheit lernen. Diese postulierte Bindung der Gegenwart an die Vergangenheit findet in der Photographie als dem Bild eines ‚vergangenen' Moments eine wichtige Metapher.

Betont sei mit Blick auf das Skizzierte nochmals: Nicht nur die Photographie als technisches Verfahren, sondern auch und gerade die Theorie- und Konzeptgeschichte der Photographie wirkt sich auf literarische Texte aus, und sie erschließt wichtige Perspektiven für die vergleichende Reflexion über sprachliche und bildliche Darstellung sowie über deren verschiedene Funktionen, über Narrativität als (möglicherweise) gemeinsame Grundstruktur, über die Möglichkeiten eines Transfers von bildlicher in sprachliche Darstellung oder *vice versa*, über die Konsequenzen einer Kopplung bildlicher und photographischer Darstellung etc. Relevant für die Entwicklung und Ausdifferenzierung der Literatur seit der Erfindung der Photographie sind natürlich insbesondere Experimente mit Schreibweisen, die sich als ‚photographisch' oder photographie-‚analog' verstehen, ferner Strategien der Beschreibung von Photos (als eine neue Spielart der traditionsreichen Ekphrasis) sowie Verfahren der Generierung von Geschichten aus Photos und Photosequenzen, handle es sich nun um reale Bilder, die dem jeweiligen Autor als Stimulus seiner Arbeit vorlagen, oder um erfundene Bilder, die zum fiktionalen Ausgangspunkt fiktionaler Darstellung werden (wie in Thomas Bernhards Roman *Auslöschung*).

5. Der literarische Photo-Text und seine Geschichte: Zur Konvergenz von Bildmediengeschichte und Literaturgeschichte in einem jungen Genre

Literaturgeschichtlich folgenreich ist die Erfindung der Photographie aber auch noch unter einem weiteren Aspekt: Sie erlaubt es, Texte und Photographien innerhalb von Büchern oder Zeitschriften miteinander zu koppeln. Georges Rodenbachs Kurzroman *Bruges-la-Morte* (1892) gilt als Prototyp eines historisch neuen Genres – des „literarischen Photo-Textes" (so der von Thomas von

Steinaecker vorgeschlagene und verwendete Terminus).[29] André Breton hat mit *Nadja* (1928) dann einen weiteren Pioniertext vorgelegt. Das Genre gibt u. a. Anlass zu Fragen, die literarische Phänomene aus historiographischer Perspektive in den Blick rücken: Welche zeitgeschichtlichen, welche mediengeschichtlichen und welche literaturgeschichtlichen Rahmenbedingungen führen zu jenem zunehmenden Interesse an Photo-Texten? Inwiefern sind es diskursive Verschiebungen, etwa das breite Interesse an Bildmedien, die solche Texte entstehen lassen? In welchen Beziehungen stehen gerade solche Texte zu Bildern der ‚Geschichte'? Und reflektieren sie, sofern sie ihre eigene Medialität bespiegeln, deren Geschichtlichkeit?

Georges Rodenbachs kompositorisch innovativer Roman lässt sich (ähnlich wie die genannten Romane Jules Vernes und Villiers de L'Isle-Adams sowie Bretons *Nadja*) als implizite Auseinandersetzung eines literarischen Autors mit dem Medium Photographie betrachten. Sein innovativer Charakter als literarischer Photo-Text ist allerdings lange Zeit unterbelichtet geblieben, worauf unter anderem solche Übersetzungen und Neuausgaben des Romans hinweisen, die mit dessen Bildanteilen auf ignorante Weise selektiv umgehen, sie teilweise oder ganz fortlassen oder auch durch andere ‚ersetzen'. Erst die rezente Aufmerksamkeit auf die Semantik von Bildmedien hat dies korrigiert und einem Roman Gerechtigkeit widerfahren lassen, dessen visuelle Bestandteile lange als irrelevant übergangen oder gestrichen worden sind.

Mehr als einhundert Jahre später besteht die Gefahr einer Ignoranz gegenüber der Medienspezifik des literarischen Photo-Textes nicht mehr – zu nachhaltig ist die Sensibilisierung für die Eigenart bildtechnischer Darstellungsmittel und für deren Semantiken, und auch das ist Bestandteil von ‚Literaturgeschichte'. Die intensive Aufmerksamkeit, die die Werke W. G. Sebalds international gefunden haben, hängt zweifellos mit dem verstärkten Interesse an Kombinationsformen von Text und Photographie zusammen, mit einer Sensibilisierung für die verschiedenen Ebenen, auf welchen Bild und Sprache hier miteinander interagieren können, für die Bündnisse und für Spannungen zwischen ihnen.[30] Aber das allein erklärt die breite Faszination durch Sebald

---

[29] Thomas von Steinaecker: Literarische Foto-Texte. Zur Funktion der Fotografien in den Texten Rolf Dieter Brinkmanns, Alexander Kluges und W. G. Sebalds. Bielefeld 2007.
[30] Vgl. etwa W. G. Sebald: Die Ringe des Saturn. Eine englische Wallfahrt. Frankfurt/M. 1997. – W. G. S.: Austerlitz. 2. Aufl. Frankfurt/M. 2003. – W. G. S.: Luftkrieg und Literatur. Mit einem Essay zu Alfred Andersch. Frankfurt/M. 2001 (zuerst 1999). – W. G. S.: Campo Santo. Hg. von Sven Meyer. Frankfurt/M. 2006 (zuerst 2003). – W. G. S.: Schwindel. Gefühle. 5. Aufl. Frankfurt/M. 2003 (zuerst 1990). – W. G. S.: Die Ausgewanderten. Vier lange Erzählungen. 10. Aufl. Frankfurt/M. 2003.

nicht. Ein Blick auf die vielfältigen Forschungsarbeiten zu Sebald zeigt, dass gerade dieser Autor bzw. seine Werke insbesondere als Auseinandersetzungen mit Geschichte und geschichtlicher Erfahrung gelesen werden. Gerade Sebalds Texten wird eine historische Dimension zugeschrieben; gerade sie illustrieren exemplarisch die Wechselbeziehungen zwischen Zeitgeschichte und Literatur – und damit das, was zum wichtigen Thema einer Literatur-Geschichte werden könnte bzw. sollte. Zugleich bieten gerade Sebalds Werke aber auch Anlass, die Wechselwirkungen zwischen historischer Erfahrung und historischen Darstellungsformen zu bedenken, die Abhängigkeit von Geschichts-‚Bildern' von ihren visuellen Darstellungsmedien, die Prägung historiographischer Narrationen durch Modi des Erzählens – und die Interaktion von Visuellem und Verbalem beim Versuch, geschichtliche Erfahrungen zu repräsentieren oder ihre Nicht-Repräsentierbarkeit sinnfällig zu machen.

6. Zeitgeschichtliche Kontextualisierungsoptionen: Peter Henisch und die Photos seines Vaters

Peter Henischs biographischer, mit Photos kombinierter Text *Die kleine Figur meines Vaters* (1975, überarbeitet 1987, ‚aktualisiert' 2003) verbindet die Darstellung von Zeitgeschichte und privater (Familien-)Geschichte. Der Erzählerbericht stützt sich auf Gespräche zwischen den Vertretern zweier Generationen: Peter Henisch hat mit seinem Vater Walter Henisch in dessen letzter Lebensphase lange gesprochen und diese Gespräche aufgezeichnet. Das Buch steht in der Gattungstradition des autobiographisch-biographischen Berichts. Für seine Form prägend ist vor allem die Durchflechtung verschiedener Zeit- und Erzählebenen; der Haupterzähler gibt wieder, was sein Vater ihm erzählt hat, und knüpft hieran eigene Erinnerungen. Hieraus ergeben sich entsprechende Lese-Optionen. Welche Prägung hat der Roman durch die Zeitgeschichte erfahren? Wie modelliert er die Beziehung zwischen Einzelnem und Kollektiv? Wie reflektiert er die Frage nach der Erfahrung von ‚Geschichte' und nach der Darstellbarkeit solcher Erfahrung? Dass es darum geht, die subjektiv-perspektivische Erfahrung von Geschichte zu verdeutlichen, belegt schon die narrative Konstruktion: Der Haupterzähler (Peter Henisch) lässt immer wieder einen anderen Erzähler (Walter Henisch) zu Wort kommen – respektive zitiert dessen auf Tonbändern konservierte Ausführungen teils wörtlich, teils in Paraphrasen.

Die Erzählung selbst handelt vor allem von Walter Henischs Photographentätigkeit. Aus dem Fundus seiner Aufnahmen hat der Sohn Bilder ausgewählt und sie in sein Buch eingefügt. Insofern ist das Buch auch der Gattung des literarischen Photo-Textes zuzurechnen. In welcher Beziehung stehen die

Photos zum Text der Erzählung? Sind sie ergänzende Illustrationen oder konstitutive Bestandteile der Narration? Insofern der Erzählerbericht vom Photographieren handelt, besitzt er photoreflexive Elemente. Unter welchen Aspekten wird Photographie thematisiert und kommentiert? Wie modelliert der Erzähler die Tätigkeit des Photographen?

Tatsächlich zeigt sich gerade auf dieser Ebene der Betrachtung, in welchem Sinn der Roman Henischs eine literarische Auseinandersetzung mit ‚Geschichte' (im Sinn subjektiv erfahrener Geschichte) darstellt. Walter Henisch hatte für das NS-Propagandaministerium gearbeitet, ohne überzeugter Nationalsozialist zu sein; insbesondere hatte er während der Kriegszeit als Kriegsberichterstatter gearbeitet. Für seine Einsätze und seine Bilder hatte er viel Anerkennung erfahren. Nach dem Krieg hatte er dann weiterhin als Pressephotograph gewirkt. Die Bilder im Buch dokumentieren die Tätigkeit Henischs – und seinen Blick (den des Kriegsberichterstatters vor allem) auf zeitgeschichtliche Gegebenheiten. In den Gesprächen zwischen Vater und Sohn Henisch stehen Themen wie Erinnern, Verdrängen und Vergessen auf der Agenda, immer wieder und vor allem aber die besondere Beziehung des Photographen zur historischen Welt, zum historischen Geschehen.

Als Dokument zur Geschichte der Photographie gelesen ist das Buch vor allem ein Beitrag zur kritischen, dabei aber differenzierten Auseinandersetzung mit Photojournalismus. Ein wichtiges Thema sind u. a. die Diskrepanzen zwischen den Photos als vorgeblichen Zeugen des Geschehens und dem Nichtgezeigten, die Differenzen zwischen offizieller und privater Sichtweise, aber auch zwischen den Blicken verschiedener Generationen. Bezogen auf Photos im Familienalbum, die der Erzähler konsultiert, wird auf den Bruch zwischen privatem Leben und Kriegsschauplätzen hingewiesen, wobei die Bilder von Letzteren mindestens ebenso viel verschweigen wie sie sagen – dokumentieren sie doch den Blick der Sieger, sind sie doch untertitelt mit eher verharmlosenden Wendungen. Dass Geschichte gerade mittels photographischer Bilder konstruiert werden kann, illustriert exemplarisch eine Episode aus dem Leben des Vaters, der einmal um der Öffentlichkeitswirkung willen die Wiederbegegnung zweier Brüder auf dem Schlachtfeld nachstellte und das Bild davon als authentisches Dokument ausgab.[31]

Peter Henischs Buch über Walter Henisch besitzt in mehr als einer Hinsicht eine ‚historische' Dimension, ist in mehr als einer Hinsicht potenzieller Gegenstand von Literatur-Geschichtsschreibung:[32] Erstens ist es in einem ganz

---

31 Vgl. Peter Henisch: Die kleine Figur meines Vaters. München 2008, S. 122–123.
32 Es ist im Übrigen mehrfach überarbeitet worden; auch dadurch hat es eine zusätzliche ‚geschichtliche' Dimension.

konkreten Sinn ein Buch über ‚Geschichte' (über Zeitgeschichte), das von dem, der es liest, interpretiert und beschreibt, auf zeitgeschichtliche Kontexte und Daten bezogen werden muss. Zweitens stellt es neben der Zeitgeschichte auch ein Stück Mediengeschichte ins Zentrum: Es geht um Presse- und Propagandaphotographie und ihre historischen Funktionen, daneben auch um Familienphotographie als ein historisch perspektiviertes Genre. ‚Historisch' zu kontextualisieren ist Henischs Buch hinsichtlich seiner Beziehungen zur Geschichte der Photographie in mehrerlei Hinsicht: (a) *Die kleine Figur meines Vaters* behandelt die Photographiegeschichte (auszugsweise); (b) das Buch ist selbst (als Buch mit Photos) ein Stück Photographiegeschichte; (c) es behandelt die Photographie-Diskursgeschichte – und es trägt (d) zu dieser selbst bei. Drittens ist es ein Buch über diejenigen, die Geschichte erleben und sie (mehr oder weniger) mitgestalten, und zwar bezogen auf die Vertreter zweier Generationen, die zur Geschichte des Dritten Reichs und des II. Weltkriegs unterschiedliche Beziehungen unterhalten. An der Diskrepanz des Blicks von Vater und Sohn wird ablesbar, dass und wie ‚Geschichte' sich stets in der Brechung durch ein subjektives Medium der Erfahrung konturiert. (Dies wiederum wird am Beispiel von Photos konkretisiert. So stellt das Buch ein Stück Photographiegeschichte dar.) Eine zentrale Metapher der Photographie, die den Text subkutan prägt, ist die der ‚Beute': Der Photograph ‚erbeutet' seinen Gegenstand. Walter Henischs Geschichte ist die eines Jägers auf unablässigen Beutezügen. Dadurch wird im Buch seines Sohnes sowohl die Psyche des Vaters als auch dessen Medium (die Photographie) charakterisiert. Viertens steht das Buch im Zeichen der Frage nach der Konstitution des Subjekts historischer Erfahrung durch seinen Blick. Als was jemand ‚Geschichte' und sich selbst als bezogen auf Geschichte erfährt, hängt maßgeblich davon ab, wie er die Ereignisse sieht – bzw. davon, welche Sichtweisen ihm durch die Blicke anderer vermittelt werden. Fünftens kommt es durch die Integration der Photos ins Buch zu einer Konkretisierung des ‚fremden' Blicks, der sich vermittelnd zwischen den Wahrnehmenden und die Zeitgeschichte schieben kann. Situiert im Schnittfeld der Geschichte des literarischen Photo-Textes und der Historiographie der deutschen Pressephotographie illustriert *Die kleine Figur meines Vaters*, dass beide im Zusammenhang zu betrachten sind. Mit all dem bietet Henischs Buch einen besonders naheliegenden Anlass zu bedenken, welche Erwartungen an eine Literatur-Geschichte zu richten wären.

Unter gattungsgeschichtlichen Aspekten stellt sich zudem die nur durch vergleichende Beobachtungen angehbare Frage nach der Stellung des Buchs in der Geschichte des Photo-Textes, nach der spezifischen Nutzung der genrespezifischen Möglichkeiten, nach Vorbildern und ähnlichen Projekten. Hier bedarf es vor allem des Vergleichs – etwa mit anderen literarischen Photo-Texten, die auf Recherchen zur Familiengeschichte basieren (wie Monika Marons *Pawels Briefe*[33] oder, wenn auch in anderer Weise, Ronit Matalons *The One facing us*[34]), mit Texten, die stattdessen fiktionale Geschichten erzählen (wie die Sebalds). Die auf Vergleichen beruhende Kontextualisierung hätte dabei mindestens dreierlei zu berücksichtigen: die Ebene des Textes (im Vergleich zu anderen Texten, auch zu solchen, die nicht um Photos ergänzt werden), die der Text-Photo-Kombination und die der ausgewählten Photos.

Ein Buch wie das Peter Henischs, das ja der Lebensgeschichte eines Photographen gilt, steht nicht nur in einem literaturgeschichtlichen, sondern auch in einem photographiegeschichtlichen Kontext – und es thematisiert diesen Umstand auch nachdrücklich. Nicht nur die beigefügten Bilder allerdings, sondern auch und gerade die Texte bilden den Ausgangspunkt für Fragen, welche die photographiegeschichtliche Dimension des Buches betreffen: Wer hat welche Bilder wann und warum und unter welchen Umständen gemacht? Wessen Perspektive repräsentieren die gemachten Photos – gegebenenfalls über die Perspektive des individuellen Photographen hinaus? Welche technischen, welche ideologischen und welche konkret situativen Voraussetzungen haben die jeweiligen Aufnahmen geprägt? Wofür waren sie bestimmt?

Exemplarisch belegt *Die kleine Figur meines Vaters*, welche Bedeutung die Photographie bei der literarischen Thematisierung geschichtlicher Erfahrung übernimmt. Als Geschichte über einen Photographen verdeutlicht Henischs Buch aber vor allem, dass ‚Geschichte' kein gegebenes Faktum bzw. keine Akkumulation von gegebenen Daten ist, sondern das Produkt von Sehweisen, Bildproduktionsverfahren, Sprechweisen und Diskursen. Es unterstützt das Bewusstsein von der Geschichtlichkeit des Dargestellten in mehr als einem Sinn: Indem es von ‚Geschichtlichem' handelt und indem es die Unterschiedlichkeit möglicher Blicke auf ‚Geschichtliches' akzentuiert. Dass die Einbeziehung des vermeintlich ‚realitätsverbürgenden' Bildmediums Photographie das Spektrum von Strategien literarischen Fingierens maßgeblich erweitert hat, ist unter literatur-geschichtlichen Aspekten von besonderer Bedeutung. Die Beziehung zwischen Konzepten des Literarischen und des ‚Historischen' ist davon nachhaltig betroffen.

7. Rückblick

Es ist nicht allein der technikgeschichtliche Prozess der Erfindung der Photographie, dessen Folgen sich an vielen literarischen Texten ablesen lassen;

---

33 Monika Maron: Pawels Briefe. Frankfurt/M. 2001.
34 Ronit Matalon: The One facing us. A Novel. New York 1998.

mindestens ebenso bedeutsam ist das, was man vereinfachend als die Diskursgeschichte der Photographie bezeichnen könnte. Die Beispiele Rodenbach, Barthes und Sebald stehen erstens exemplarisch für die ‚handgreiflichste' Folge, die die Erfindung einer neuen Bilderzeugungstechnik haben kann: Das Spektrum der literarischen Genres selbst erweitert sich. Es gibt eine ‚neue' Form der Literatur. Im Fall der Photo-Text-Literatur ist das zweitens eine Literatur, die sich mit ‚historischen' Themen und Erfahrungen besonders nachhaltig auseinandersetzt und somit die enge Beziehung der Literaturgeschichte zur Zeitgeschichte sinnfällig macht. Insofern geht es um mehr als nur um ‚handgreifliche' Folgen – es geht um neue Perspektiven auf Geschichte und Geschichtlichkeit, wie sie spezifisch durch die Kunstform des Photo-Textes vermittelt werden können. Viele Beispiele dieser relativ rezenten Kunstform verbinden ein hohes Maß an Darstellungsreflexivität mit einem ebenso ausgeprägten ‚Geschichtsbewusstsein'. Sie setzen sich u. a. mit der Frage auseinander, was ‚historische Erfahrung' bedeutet, was ‚Erinnerung' ist, *welche* Medien des Erinnerns, der Archivierung, der Darstellung historischer Erfahrungen *wie* funktionieren, was sie leisten etc. Das heißt, gerade dieses literarische Subgenre überschneidet sich hinsichtlich seiner Grundfragen mit methodischen Fragen der Geschichtswissenschaft. Drittens schließlich leisten die genannten und ähnliche Texte einen Beitrag zur Diskursgeschichte der Photographie und damit zur ‚Geschichte der Photographie', insofern diese als Diskursgeschichte aufgefasst werden kann.

Literatur – so zeigt gerade der Blick auf die Photographie und ihre Diskursivierungen exemplarisch – nimmt an der Konzeptualisierung von anderen Darstellungsformen und Künsten teil: auf Mikro-Ebene im Bereich der Metaphorik, auf Makro-Ebene durch photoreflexive bzw. medienreflexive Texte sowie durch die Entstehung materieller Verbindungen im literarischen Photo-Text. Bezogen auf alle drei Formen der reflexiven Bezugnahme auf Photos gilt: Auch das Selbstverständnis der Literatur und die schriftstellerische Praxis sind davon berührt.

Bei literarischen Photo-Texten handelt es sich nicht nur um eine evident ‚historische' Form von Literatur, sondern auch um eine, die sich rezent großer Beliebtheit erfreut. Woran liegt das? Eine hypothetische Erklärung könnte lauten, dass die Analogphotographie (die zumindest bei der ambitionierteren Photo-Literatur eine quantitativ dominierende Rolle spielt) erst nach der Ablösung durch die Digitalphotographie als ‚literarisches' Mittel interessant wird, weil sie nun etwas Zitathaftes und ‚Historisches' ausstrahlt. Die Integration von Photos wie überhaupt von Bildmaterialien und Graphiken in Texte ist außerdem durch entsprechende Computerprogramme und Buchproduktionstechniken zunehmend leichter geworden. Erforderte sie früher aufwendige technische

Verfahren und insbesondere eine Kooperation mit den Herstellern des Layouts und den Setzern, so produziert der heutige Schriftsteller seinen literarischen Photo-Text am heimischen PC. Verwendbare Photos stehen (auch wenn sie in der Ära der Analogphotographie aufgenommen wurden) als Digitalisate in reichem Maße zur Verfügung; alles Bildmaterial kann problemlos digitalisiert und in eine Text-Datei eingefügt werden. Eine dritte Erklärungshypothese setzt an bei der Intensität literarischer Auseinandersetzung mit Geschichte und Geschichtserfahrung, wie sie für die Literatur der Moderne prägend ist und seit der Mitte des 20. Jahrhunderts eine Verschärfung erfahren hat: Eine Verschärfung insofern, als sich in der Nachkriegszeit die Frage nach der Darstellbarkeit von Geschichte und geschichtlicher Erfahrung mit einem Nachdruck stellte, der neu war. Das Photo – oftmals als ‚Dokument' interpretiert – mag (gerade vor dem Hintergrund der seit Wittgenstein geläufigen Unterscheidung von ‚Sagen und Zeigen') ein hilfreiches Medium des ‚Zeigens' sein, wo Worte zum ‚Sagen' noch nicht gefunden sind oder sich vielleicht auch nicht finden lassen.

Maßgeblich für das ‚Vordringen' photographischer Darstellungen in die jüngere Romanliteratur, die vielfachen rezenten Spielformen des literarischen Photo-Textes, ist wohl vor allem das im Zeichen jüngerer kulturwissenschaftlicher Fragestellungen und Forschungen intensivierte Interesse am Themenfeld Gedächtnis/Erinnerung, an Familiengeschichte, an der Geschichte kultureller Techniken und Praktiken, an der von Dingen des Alltags etc. In diesem Kontext ist die Photographie zugleich Objekt und Darstellungsmedium: Die Kulturgeschichte des Photographierens ist ein wichtiger Gegenstand kulturwissenschaftlicher Interessen, der sich eben auch in literarischen Photo-Texten als ein ergiebiges Thema niederschlägt – und natürlich hilft auch gerade die Photographie beim Dokumentieren und Darstellen von Kulturgeschichtlichem, was sie dann ebenfalls für literarische Darstellungsverfahren besonders attraktiv werden lässt.

Jürgen Paul Schwindt

Querelles – Zu einer Literaturgeschichte der Intensität[1]

Wer kennt sie nicht, die große Auseinandersetzung der Klassizisten und Modernisten im Frankreich Ludwigs des XIV., die als *Querelle des Anciens et des Modernes* in die Geschichte der Künste und Wissenschaften eingegangen ist?[2] Es ging um nicht mehr und nicht weniger als um die Ablösung eines Paradigmas, das bis dahin unangefochten gegolten hatte: des Bezugs auf die kanonisch gesetzte Antike. Wie zur Zeit des Renaissanceherrschers François Ier gerade der Rückgriff auf griechisch-lateinische Vorbilder einer neuen, französischen Nationalliteratur den Weg bereitet hatte,[3] so sollte einhundertfünfzig Jahre später die Umgehung der auktorialen Bezüge auf literarische Überlieferung neuen, selbstbewussten literarischen Strömungen zum Durchbruch verhelfen.

Die *Querelle* als literaturtheoretische Größe

Die *Querelle* als epochaler Richtungsstreit literarisch-philosophischer **Überzeugungen (I)** ist kein nationaltypisches und auch kein epochenspezifisches Phänomen. Sie begleitet die europäische Literatur[4] von ihren frühesten

---

1 Der Aufsatz gibt den um Fußnoten erweiterten Text meiner Heidelberger Antrittsvorlesung vom Herbst 2001 wieder. Es ist müßig, darüber nachzudenken, warum er solange dort verblieb, wo er am Abend des 24. Oktober 2001 gelandet war: in der Schreibtischschublade. Sechs Wochen nach dem *Elften September* schien die theoretische Explikation eines literaturhistorischen Radikals, das weder auf Entwicklung noch auf besondere Anschlussfähigkeit berechnet war, – milde gesagt – unzeitgemäß. Das sich hier hervorwagende Programm indes ist heute weiter von seiner Umsetzung entfernt denn je. So danke ich den Herausgebern dieses Bandes, besonders Matthias Buschmeier, dass sie mich zum Abdruck dieser Skizze nach so langen Jahren ermunterten. Der Vortragscharakter wurde beibehalten.
2 *La Querelle des Anciens et des Modernes. XVIIe–XVIIIe siècles*, précédé d'un essai de M. Fumaroli, édition établie et annotée par A.-M. Lecoq. Paris 2001.
3 Siehe C. Tauber: Manierismus und Herrschaftspraxis. Die Kunst der Politik und die Kunstpolitik am Hof von François Ier. Berlin 2009 (= *Studien aus dem Warburg-Haus*, Bd. 10).
4 Diese Einschränkung muss allerdings gelten. Die in unseren Tagen betriebene Öffnung der traditionellen Vergleichenden Literaturwissenschaft wird es weisen, ob und inwieweit wir in einigen Jahren imstande sind, die Entwicklungskurve der Literaturen außerhalb des europäischen, nord-, mittel- und südamerikanischen Einflussgebiets im Verhältnis zu den uns vertrauten Mustern zu untersuchen.

Anfängen an. Sie ist wohl grundsätzlich von dem, was man literaturgeschichtliche Entwicklung nennt, nicht zu trennen. Stärker als späteren europäischen Literaturen eignet, wie Ernst Curtius, Jacob Burckhardt und Friedrich Nietzsche früh beobachteten, schon der altgriechischen Literatur ein agonales Moment:[5] Kampf und Wettbewerb (Agon) sind die Konstituentien der literarischen Entwicklung und werden früh (nach dem Vorbild sportlicher Auseinandersetzung)[6] in die Institution des öffentlichen Wettkampfes (epische, chorlyrische, dithyrambische, dramatische Agone) überführt. Die volksgriechische Legendenbildung um den Agon der heroischen Dichter Homer und Hesiod zeugt lebhaft vom dramatischen Zuschnitt schon des griechischen Nachdenkens über literarische Entwicklung. Man muss das Moment des Wettstreits nicht vereinseitigen wie Ernst Curtius, dem das „ganze [...] Leben, wie es uns in der Geschichte des [sc. griechischen] Volks vorliegt", als „ein großer Wettkampf" erschien,[7] oder Nietzsche und Burckhardt, die auf je verschiedene Weise einen Typus des „agonalen Menschen" erschließen wollten,[8] um zu sehen: Elemente des Wettkampfs sind in Epos, Elegie, Lyrik (Archilochos, Sappho) und Chorlyrik, Drama, vorsokratischer und sokratisch-platonischer Philosophie, Geschichtsschreibung und Kosmographie, aber auch weit darüber hinaus in Hellenismus und Kaiserzeit konstitutiv für die Ausbildung der Gattungen, Schulen, Richtungen.[9] In einigen Gattungen ist das polemisch-apologetische Moment fester

---

5 Vgl. E. Curtius: Der Wettkampf (1856). In: E. C.: Alterthum und Gegenwart, Bd. 1. Berlin. 3. Aufl. 1882 (1. Aufl. 1875), S. 132–147; J. Burckhardt: Agon. In: J. B.: Griechische Culturgeschichte (Vorlesung Sommersemester 1872, publ. postum: Leipzig/Berlin 1898–1902). In: J. Burckhardt Werke. Kritische Gesamtausgabe, Bd. 19–22, dort in Bd. 22: *Der hellenische Mensch in seiner zeitlichen Entwicklung*, aus dem Nachlass hg. von L. Burckhardt u. a. München/Basel 2012, S. 83–118; F. Nietzsche: Homer's Wettkampf (letzte der *Fünf Vorreden zu fünf ungeschriebenen Büchern* [29. 12. 72]), in: F. N.: Sämtliche Werke. Kritische Studienausgabe in 15 Bänden. Hg. von G. Colli/M. Montinari. München/Berlin/New York. 2. Aufl. 1988 (1. Aufl. 1980), Bd. 1, S. 783–792.
6 Siehe M. Durand: La compétition en Grèce antique. Généalogie, évolution, interprétation. Paris/Montréal 1999.
7 Curtius: Wettkampf (Anm. 5), S. 134.
8 Oder – wie in der prominentesten Fortsetzung dieses Denkens im 20. Jahrhundert – des *homo ludens* (J. Huizinga: Homo Ludens. Proeve eener bepaling van het spel-element der cultur. Haarlem 1938 [dt.: Homo Ludens. Versuch einer Bestimmung des Spielelementes der Kultur, Amsterdam 1939]). Siehe die kritischen Bemerkungen etwa bei H. Cancik: Nietzsches Antike: Vorlesung. Stuttgart 1995, besonders S. 41, und C. Ulf: Die Instrumentalisierung der griechischen Frühzeit. Interdependenzen zwischen Epochencharakteristik und politischer Überzeugung bei Ernst Curtius und Jacob Burckhardt. In: *Griechische Archaik. Interne Entwicklungen – Externe Impulse*. Hg. von R. Rollinger/C. Ulf. Berlin 2004, S. 51–103.
9 Vgl. M. Griffith: Contest and contradiction in early Greek poetry. In: M. G. u. a. (Hg.): Cabinet of the Muses. Essays on classical and comparative literature in honor of Thomas G. Rosenmeyer.

Bestandteil der generischen Form: Im Agon der Alten Komödie, im philosophisch-rhetorischen Dialog, in Programmreden, aber auch etwa in der römischen Satire kommen mitunter dezidiert verschiedene Auffassungen von Kultur, Bildung, Dichtung zum Austrag.

Die folgenden Überlegungen dienen der – gewiss vorläufigen – Prüfung der Möglichkeit eines Entwurfs einer Literaturgeschichte als ästhetisch-kunstphilosophischer Disziplin. Ihre Topographie wird markiert durch das Substrat einer mindestens fünffältigen Auseinandersetzung: *les cinq querelles*.[10] Fluchtpunkt aller systematischen Bestimmungen ist der neu zu konturierende Begriff der Intensität.

Fluch und Segen des Kanons

Die eingangs beschriebene Bild-, ja Bühnenhaftigkeit des Sprechens über Literaturgeschichte[11] ist nur eine Seite der hier vorzustellenden Projekt-Folge mit dem Übernamen der *Querelle(s)*. Aber ihre Erforschung ist unentbehrlich bei der Klärung der Prozessualität im Auf- und Abbau rhetorisch-literarischer Traditionen. Ihre definitive Zuspitzung erfährt die Tradition in der Verfestigung zum Kanon: Er nährt die Literaturwissenschaft, die ihn hervorgebracht hat, er schafft und gefährdet die literaturgeschichtliche Entwicklung und ist zugleich, natürlich, die eminente Bedrohung der Literatur.[12] **Die zweite *Querelle* ist die zwischen Kanon und dynamischer Selbstentfaltung der Literatur (II).**

Atlanta 1990, S. 185–207; E. Barker: Entering the agon. Dissent and authority in Homer, historiography and tragedy. Oxford/New York 2009.

10 „*Les cinq querelles* oder Von den Antriebskräften der Literatur(wissenschaft)" war der früheste Arbeitstitel des hier präsentierten Projekts, das unter der Überschrift „Zu einer Literaturgeschichte der Intensität" am 15. 06. 1999 zuerst vor dem Forschungskolloquium der Fakultät für Linguistik und Literaturwissenschaft der Universität Bielefeld vorgestellt wurde. So schließt sich der Kreis.

11 Für die deutsche Literaturgeschichte instruktiv K. Kohl: Poetologische Metaphern. Formen und Funktionen in der deutschen Literatur. Berlin/New York 2007 (dort S. 348–354 über „Wettstreit und Kunst").

12 Es ist unmöglich, die breite Debatte, die in den 90er Jahren des 20. Jahrhunderts – im Gefolge auch einflussreicher US-amerikanischer Vorlagen (besonders H. Bloom: The Western Canon: The Books and School of the Ages. New York 1994) – in Deutschland bis in die Feuilletons hinein über Fragen der Kanonbildung geführt wurde, hier auch nur auf kürzestem Raum wiederzugeben. Ich beschränke mich daher auf die nachstehenden weiterführenden Literaturhinweise: A. und J. Assmann (Hg.): Kanon und Zensur. München 1987 (= *Beiträge zur Archäologie der literarischen Kommunikation* 2); G. Mattenklott: Kanon und Neugier. In: *Wozu Literaturwissenschaft? Kritik und Perspektiven*. Hg. von F. Griesheimer/A. Prinz. Tübingen 1991, ²1992, S. 353–364; M. Moog-Grünewald (Hg.): Kanon und Theorie. Heidelberg 1997; R. v. Heydebrand

Intensität als literaturwissenschaftliche Kategorie

Dem Prozess der Ausbildung der Stile und Gattungen selbst wohnt ein agonales Moment inne, das sich nicht – wie es zuerst der namhafte Yale-*critic* Harold Bloom versucht hat[13] – auf einen in psychoanalytischen Kategorien zu beschreibenden Ablauf reduzieren lässt. Literaturgeschichte ist kein Kampf der Väter und Söhne, Mütter und Töchter. Sie entzieht sich der kulturbiologischen Beschreibung. Auch die Idee vom ‚Geschlechterkampf' ist ungeeignet, als Zuflucht einer Literaturgeschichte zu dienen, die als Kunstgeschichte abgedankt hat, noch bevor sie ihre Möglichkeiten – unter den Bedingungen der interpretierenden Ästhetischen Moderne – erprobt hat.[14] Die Interferenz von Rezeptions- und Produktionsästhetik hat begreiflicherweise noch keine Literaturtheorie wirklich zu erklären vermocht. Das Änigmatische der sogenannten ‚schöpferischen Situation' führt unweigerlich auf die Vorstellung einer intrinsischen Revolte: Nennen wir sie, vorläufig, *Intensität*. Diese Figur hat, heuristisch gesetzt, den Vorteil, das energetische Zentrum des Umschlags der Rezeption (durch den Künstler) in die Produktion zu vertreten, eine Figur prominenter Selbstreferenzialität bei gleichzeitig höchster Rezipienz. Intensität sistiert die Geschichte und ist zugleich das *momentum* der literarischen Innovation: Literaturgeschichte im emphatischen Sinne wird möglich, indem ihr Gegenstand (die Literatur) ihre, der Literaturgeschichte, Aufhebung betreibt.

Noch unser moderner Epochenbegriff[15] erinnert daran, dass es die Brüche, die Einschnitte sind, die die Abfolge heterogener Kunstrichtungen markieren.

(Hg.): Kanon – Macht – Kultur. Theoretische, historische und soziale Aspekte ästhetischer Kanonbildungen. Stuttgart/Weimar 1998; G. R. Kaiser/S. Matuschek (Hg.): Begründungen und Funktionen des Kanons. Beiträge aus der Literatur- und Kunstwissenschaft, Philosophie und Theologie. Heidelberg 2001; S. Neuhaus: Revision des literarischen Kanons. Göttingen 2002; H. L. Arnold: Literarische Kanonbildung. München 2002 (= *Text + Kritik*, Sonderband).

13 Besonders in: *The Anxiety of Influence*. Oxford 1973 (dt.: *Einflussangst. Eine Theorie der Dichtung*, Basel/Frankfurt/M. 1995). Vgl. die differenzierte Kritik bei K. Behrens: Ästhetische Obliviologie. Zur Theoriegeschichte des Vergessens. Würzburg 2005, S. 213–230.

14 Ansätze zur Selbstkritik in S. Haack: Knowledge and Propaganda. Reflections of an Old Feminist, in: S. H.: Manifesto of a Passionate Moderate. Unfashionable Essays. Chicago 1998, S. 123–136. Vgl. auch E. Sylvester-Habenicht: Kanon und Geschlecht. Eine Re-Inspektion aktueller Literaturgeschichtsschreibung aus feministisch-genderorientierter Sicht. Sulzbach/Taunus 2009.

15 Auch hier ist die gelehrte Literatur inzwischen fast unüberschaubar geworden; ich verweise nur auf H. Blumenberg: Aspekte der Epochenschwelle. Cusaner und Nolaner. Frankfurt/M. 1976; H. U. Gumbrecht/U. Link-Heer (Hg.): Epochenschwellen und Epochenstrukturen im Diskurs der Literatur- und Sprachhistorie. Frankfurt/M. 1985; R. Herzog/R. Koselleck (Hg.): Epochenschwelle und Epochenbewußtsein. München 1987 (= *Poetik und Hermeneutik* 12); M.

Dabei liegt der historischen ἐποχή die ἐποχή der einzelnen Werke voraus. Die verbreitete Selbstdarstellung antiker Literatur als mimetischer[16] hat zu der Annahme geführt, der kontinuative Sinn der Autoren sei dem disruptiven, gegenläufigen Sinn durchweg überlegen. Das Gegenteil ist der Fall. Jedenfalls legt die Betonung der produktionsästhetischen Kategorie der Nachahmung Kontinuitätsbestimmungen noch nicht an und für sich nahe. Vielleicht hat man auch zu wenig unterschieden (und im Neudeutschen, z. B., ist die Unterscheidung in der Tat aufgegeben), ob man jemanden oder jemandem nachahme.[17] Eine tropologische Englektüre gerade sogenannter traditioneller Texte könnte zeigen, wie noch der anlehnungs- und rückbindungsheischendste Autor die erklärten Maßgaben unterläuft und auf ausgesucht neuen Pfaden zu gehen scheint.

Vom Schock des literaturgeschichtlichen Umbruchs

Manche Deuter und Historiker antiker Texte pflegen zu erschrecken bei der Vorstellung, dass Poeten vom Schlage des Calvus und Catull konservativeren Zeitgenossen als Inbegriff des *poète maudit* erschienen sein sollten.[18] Der historische Rekurs auf annähernd verwandte Phänomene in älterer Literatur (Vorläufer, Nachfolger) rettet sie aus der Peinlichkeit, das Skandalon des Bruchs mit der literarischen Konvention aus der Perspektive der ‚Urheber' verstehen zu sollen. Die Rezeptionsgeschichte ist in konservativer Ansicht die schlagkräftigste Waffe der Literaturwissenschaft gegen die (neue) Literatur. Die Revolte wird auf ihre historischen, politischen, ökonomischen Komponenten verkürzt und bestenfalls an ihren sozialen Wirkungen – der Gruppenbildung, dem Kreis der Freunde und Gleichgesinnten, der Generation – rezipiert. Literarhistorische Umbrüche sind in der Regel, solange sie nicht auf den Schreibtisch der Literaturverwaltung gelangt, d. h. aktenkundig geworden sind, schockierend, in den Anfängen oft genug skandalös: die Zertrümmerung der Ciceronischen Prosa durch den jüngeren Seneca; die Demontage des Götterapparats in Lucans

---

Eigelsheimer: Epoché. Studien zu einem Strukturbegriff im Hinblick auf die Möglichkeit einer interdisziplinären Literaturwissenschaft. Frankfurt/M. 1999.
16 Hierzu grundlegend M. Möller: Talis oratio – qualis vita. Zu Theorie und Praxis mimetischer Verfahren in der griechisch-römischen Literaturkritik. Heidelberg 2004.
17 Die einschlägigen Wörterbücher bringen nur Belege, ohne den Befund auszuwerten (siehe etwa Grimms *Deutsches Wörterbuch*, Bd. 7. Leipzig 1889, Sp. 17–19).
18 „Warum jauchzte die ganze griechische Welt bei den Kampfbildern der Ilias? Ich fürchte daß wir diese nicht ‚griechisch' genug verstehen, ja daß wir schaudern würden, wenn wir sie einmal griechisch verstünden" (Nietzsche: Homer's Wettkampf [Anm. 5], S. 784).

Bürgerkriegsepos; der den Kriegsschild trotzig von sich werfende Archilochos; Sappho, wie sie, das, was man liebt, für das „Schönste" erklärt und die großen Dinge, die Kriegsheere aus Reitern, Fußsoldaten, Schiffen, verwirft.

Es ist tückisch mit der Böckh'schen Erkenntnis des Erkannten: Während noch in neuesten methodologischen Leitfäden der Klassischen Philologie zu lesen steht, dass man sich vor der Akkommodation einer vermeintlich nur der Moderne vorbehaltenen Fühlens-, Wissens-, Verstehenstiefe ans antike Kunstwerk zu hüten habe, unterschätzt solch ängstliche Einfriedung des intellektuellen Sensoriums fast regelmäßig das Objekt der Forschung, bleibt ohne Not hinter den komplexen Maßgaben desselben zurück und versäumt somit die erste hermeneutische Pflicht.[19] Zur Vorsicht mahnen könnte schon die vorurteilsfreie Analyse der in antiken Texten explizit und implizit stattfindenden Wahrnehmungs- und Verstehensprozesse, wenn sie auch all jene Phänomene berücksichtigen wollte, die offensichtlich nicht auf Anschließbarkeit und kommunikative Verrechnung gestellt sind. Vermutlich ließe sich zeigen, dass solche Formen der Rede (oder eben Nicht-Rede) sich nicht als das Noch-Nicht vollendeter Rationalität, sondern als subtile Strategien temporärer, bald rhetorischer, bald poetischer Suspension von Rationalität lesen lassen. Ein Szientismus, der die Erklärung antiker Bewusstseins- und Geistesgeschichte als Versuchsanordnung unter den Bedingungen einer sich selbst zu methodischer Askese verpflichtenden modernen Als-ob-Antike betreibt, ist, wenn die Beleihung einer Habermas'schen Pointe verstattet ist, schlechte Philologie.[20]

Nicht um eine *chronique scandaleuse* geht es, sondern um die **Behauptung der Literatur gegen ihre rezeptionsgeschichtliche Verkürzung.** Nicht die Aktualität antiker Literatur (in einem vordergründig postulierten, rein

---

19 Siehe J. P. Schwindt: Die Flucht vor dem Text. Vom Augenblicksglück des Lesens und der Krise der Philologie. In: *FAZ*, Nr. 227 vom 30. 09. 2010; ders.: „Unkritik" oder Das Ideal der Krise. Vom Ende und vom Anfang philologischer Kritik. In: *Kulturtechnik Philologie. Zur Theorie des Umgangs mit Texten.* Hg. von P. Kelemen/E. Kulcsár Szabó/Á. Tamás. Heidelberg 2011, S. 239–48; ders.: Paradise lost. Warum die Klassische Philologie ihre Standards und Normen überdenken muß. In: *Journal of Literary Theory* 5 (2011) (Themenschwerpunkt: Standards und Normen der Literaturwissenschaft), S. 245–49; ders.: Über Genauigkeit. In: Edmund Hoppe: Mathematik und Astronomie im Klassischen Altertum, Bd. 2. Hg. und mit einem Nachwort versehen von J. P. Schwindt, mit einer fachlichen Einführung von M. Asper. Heidelberg 2012, S. 269–301.
20 Jürgen Habermas hatte im Oktober 2001 in seiner Dankesrede anlässlich der Verleihung des *Friedenspreises des Deutschen Buchhandels* gesagt: „Der szientistische Glaube an eine Wissenschaft, die eines Tages das personale Selbstverständnis durch eine objektivierende Selbstbeschreibung nicht nur ergänzt, sondern ablöst, ist nicht Wissenschaft, sondern schlechte Philosophie". Das Zitat erschien tags darauf in der verkürzten Fassung „Szientismus ist schlechte Philosophie" als Titelzeile des zugehörigen Berichts auf der ersten Seite der *FAZ*, Nr. 239 vom 15. 10. 2001; Abdruck der vollständigen Rede: ebd., S. 9.

motiv- und stoffgeschichtlich orientierten Sinn, wie leider so oft in den Antikezitationen neuerer deutscher Literatur nach Strickart der Wolf'schen *Kassandra*), nicht die allzu selbstverständliche, über etho-, ethno- und anthropologische Konstanten einholbare Aktualität antiker Literatur, sondern die **Idee ihrer Modernität im historisch gewesenen Augenblick ihrer Verwirklichung** ist das Faszinosum – und zugleich der Punkt, der historisch-kritisch verfahrende Rationalität und jene seltsam zeitlose Modernitätserfahrung verbindet. Das ist die **dritte *Querelle* (III).**

Intensität? Kommt auch in voluminösen Handbüchern und Lexika der Literaturwissenschaft nicht vor.[21] Zwischen (sozialer) Institution, Inszenierung und Intention, Interdiskurs, Interkulturalität ist für unseren Begriff kein Ort. Im angelsächsischen Raum wird vereinzelt an jenen mehr impliziten als expliziten Intensitätsdiskurs der englischen Romantiker von Wordsworth und Hazlitt bis Byron, Shelley und Keats erinnert,[22] der in Philip Sidneys *Apology for Poetry* (1595), in Dryden und besonders Burke prominente Vorläufer hat und sich über Poe und Pater der *Klassischen Moderne* (etwa W. B. Yeats und T. S. Eliot) mitteilt. Noch Adorno sprach zuversichtlich vom kategorialen Status der Intensität.[23] Nicht reflektierte er ihr merkwürdiges Changieren zwischen produktions- und rezeptionsästhetischer Valenz. Ihre ortlose Unfasslichkeit bedingt ihr trauriges Schicksal als Zwitterding zwischen gefühliger Chimäre (= Rezeptionsästhetik) und nebulöser werkästhetischer Phänomenalität. Und in der Tat ist ihr nach Adornos Parforceritt durch die spekulativen Höhen der Werkästhetik keine große akademische Karriere beschieden. Die Rede von der Intensität ist mit dem *odium* des Nicht-Seriösen, Sub- oder Paraästhetischen behaftet. Gerade

---

21 Zwölf Jahre nach der Niederschrift dieses Vortrags hat sich die Lage insofern verbessert, als wir mit Erich Kleinschmidts Intensitätsbuch eine subtile Darstellung der vor allem deutschen Frühgeschichte des Begriffs besitzen: *Die Entdeckung der Intensität. Geschichte einer Denkfigur im 18. Jahrhundert*, Göttingen 2004. Kleinschmidts Studie ist das Musterbeispiel einer Untersuchung, die das unabgegoltene denkerische Potential ihres Gegenstandes profiliert, ohne es *mutatis mutandis* einer begriffsblind gewordenen Gegenwartswissenschaft zu adaptieren.– Im selben Zeitraum erschienen – allein in Deutschland – die ästhetiktheoretischen Studien u. a. von D. Mersch: Ereignis und Aura. Untersuchungen zu einer Ästhetik des Performativen. Frankfurt/M. 2002; K. H. Bohrer: Ästhetische Negativität. München/Wien 2002; H. U. Gumbrecht: Diesseits der Hermeneutik. Die Produktion von Präsenz. Frankfurt/M. 2004; M. Seel: Die Macht des Erscheinens. Texte zur Ästhetik. Frankfurt/M. 2007. Da in diesen Texten die uns interessierende kategoriale, ästhetisch-erkenntnistheoretische Kapazität der Intensität nicht erwogen wird, kann die nähere Befassung mit ihnen an dieser Stelle unterbleiben.
22 Siehe etwa M. Callaghan: ‚A being more intense': Byronic Poetic Intensity and the Stanza Form. In: *Byron's Poetry*. Hg. von P. Cochran. Newcastle upon Tyne 2012, S. 163–170.
23 T. W. Adorno: Ästhetische Theorie. Hg. von G. Adorno/R. Tiedemann. Frankfurt/M. 1973 (= stw 2), S. 279 f.

diese Randständigkeit musste den Begriff in den Augen strukturalistischer und poststrukturalistischer Denker interessant erscheinen lassen. Jean-François Lyotard hat in seiner frühen, anarcho-marxistischen Phase das Repräsentations- und Identitätsdenken, die Wiederholung, die Akkumulation, das Kapital in pfiffigem Rückgriff auf Nietzsche dem Generalverdacht des Intensitätsverlusts unterstellt. In seinem Beitrag zur legendären Tagung *Nietzsche aujourd'hui?* am *Centre Culturel International de Cerisy-la-Salle* (1972)[24] kehrt Lyotard das Stilprogramm des späten Nietzsche, das Worte nur als Intensitäten, nicht als Bedeutungen zulässt, gegen die Affirmation der *économie libidinale*.[25] Er konstruiert den politischen Raum als eine Spielfläche libidinöser Intensitäten, d. h. über die ganze Welt verstreuter Praktiken und Erfahrungen aller Art, „dont le seul trait commun est qu'elles sont tenues pour ‚non sérieuses'".[26]

Mit sicherem Instinkt für die kulturdiagnostische Kapazität des Begriffs hat Karl Heinz Bohrer in den 80er Jahren Nietzsches Intensitätsprogramm gegen modische Tendenzen eines neuen, mentalitätsgeschichtlich mehr schlecht als recht drapierten Eigentlichkeitsdiskurses gewendet und die Differenz von Stil und Klischee noch schärfer aufgetan: „Intensität ist kein Gefühl". Für Nietzsche wie für seine Vorläufer Baudelaire, Delacroix und wenige andere bestimmt sie sich, so Bohrer, als ein „Radikalismus der Form [...] wider die Idee".[27]

Es versteht sich, dass von einem solchen Standpunkt aus die wohlfeile Kritik etwa am Pathos der Deutschen (das mit Intensität nun gerade nichts zu tun hat) von vornherein ins Leere geht. Auch die nach der Katastrophe vom 11. September 2001 im Aufmacher eines einflussreichen Feuilletons formulierte Vorstellung vom Ende „eine[r] ganze[n] Reihe von ästhetischen Kategorien", darunter des Intensiven, die nach den nunmehr erreichten neuen Dimensionen der Bedrohung durch das allgegenwärtige Böse „mit einem Mal schal geworden"

---

24 J.-F. Lyotard: Notes sur le Retour et le Capital. In: Nietzsche aujourd'hui? Bd. 1: Intensités. Paris 1973, S. 141–157 (mit kleinen orthographischen Korrekturen wiederabgedruckt in: ders.: Des dispositifs pulsionnels. Paris 1973 [Neuausgabe: Paris 1994], S. 215–227; dt. in: ders.: Intensitäten. Berlin 1978).
25 J.-F. Lyotard: Économie libidinale. Paris 1974 (dt.: *Libidinöse Ökonomie.* Zürich/Berlin 2007 [Neubearbeitung der 1984 in Bremen erschienenen Erstübersetzung]).
26 J.-F. Lyotard: Sur une figure de discours. In: ders.: Des dispositifs pulsionnels (Anm. 24), S. 115–132, dort S. 115.
27 *Intensität ist kein Gefühl. Nietzsche kontra Wagner als Lehrbeispiel* erschien zuerst im *Merkur* 38, Heft 424 (1984), S. 138–144, das Zitat dort S. 143, und wurde 1988 in K. H. Bohrers Essaysammlung *Nach der Natur. Über Politik und Ästhetik.* München/Wien 1988, S. 87–97, nachgedruckt (das Zitat dort S. 94 f.).

seien,[28] kann die hier interessierenden kategorialen Bestimmungen nicht treffen, weil sie gerade von deren nicht akzidentiellen Struktur-, Form- und Stilmerkmalen offensichtlich ganz abstrahiert.[29]

Erstaunlicherweise ist nie versucht worden, die Intensität literaturgeschichtlich zu denken. Vielleicht ist eine solche Verbindung nicht naheliegend. Kann Literaturgeschichte ohne breiteste Entfaltung der Themen und Inhalte auskommen? Kann sie es, ohne dass sie sich einer ihrer Komponenten begibt: der literarischen Gegenstände oder der geschichtlichen Form? Kann sie es, ohne aufzuhören, Kultur- und Geistesgeschichte zu sein?

Literaturgeschichte als Kunstgeschichte

Geschichtstheorie in ästhetischer Perspektive kann ihren Ausgang nehmen von den Poetiken des Altertums, vor allem soweit sie das Phänomen der dichterischen *mania* (*furor*) behandeln (von Demokrit bis zur Poetik des Neuplatonismus).[30] Zentrale griechische und römische Texte wären neu zu untersuchen im Hinblick nicht auf die Thematisierung, sondern auf die formalästhetische Entfaltung der nichtdiskursiven Momente: so – um nur zwei Beispiele zu nennen – die Figur des Abbruchs, das jähe Verstummen und beinahe gewaltsame Umlenken des Textes in andere Bahnen, wie Pindar es liebt,[31] oder das

---

[28] M. Siemons: Jenseits des Bewußtseins. In Kampfzeiten: Steht der Kultur eine Politisierung bevor? In: *FAZ*, Nr. 240 vom 16.10. 2001, S. 49 (das vollständige Zitat lautet: „Eine ganze Reihe von ästhetischen Kategorien ist mit einem Mal schal geworden: spannend, intensiv, interessant, schnell. Wo die Kunst auf allen diesen Feldern von der Realität geschlagen wird, verliert sie ihre Legitimation als Überwirklichkeit").
[29] Ich erinnere an die Debatte, die sich im Herbst 2001 im Anschluss an ein Interview Jürg Altweggs (*FAZ*) mit Paul Virilio entzündete (*Der Mann, der am 11. September nicht vor dem Fernseher saß: Ein Interview mit Paul Virilio*. In: *FAZ*, Nr. 219 vom 20.9. 2001, S. 49). Siehe P. M. Bray: Aesthetics in the Shadow of No Towers: Reading Virilio in the Twenty-First Century. In: *Writing and the Image Today*. Hg. von J. Baetens/A. J. Blatt. Sonderheft der *Yale French Studies* 114 (2008), S. 4–17.
[30] Siehe etwa E. N. Tigerstedt: Plato's Idea of Poetical Inspiration. Helsinki 1969; ders.: Furor Poeticus: Poetic Inspiration in Greek Literature before Democritus and Plato. In: *Journal of the History of Ideas* 31 (1970), S. 163–178; A. Billault: La folie poétique. Remarques sur les conceptions grecques de l'inspiration. In: *Bulletin de l'Association Guillaume Budé* 4 (2002), S. 18–35.
[31] Hierzu grundsätzlich G. Patten: Pindar's Metaphors. A Study in Rhetoric and Meaning. Heidelberg 2009, S. 208–217. Siehe auch W. Schadewaldt: Der Aufbau des Pindarischen Epinikion. Halle 1928, S. 267 f., 286, 312; W. H. Race: Style and Rhetoric in Pindar's Odes. Atlanta 1990, S. 41–57; P. Kyriakou: A variation of the Pindaric break-off in *Nemean* 4. In: *American Journal of Philology* 117 (1996), S. 17–35; P. Dräger: ‚Abbruchsformel' und Jona-Motiv in Pindars vierter Pythischer Ode. In: *Würzburger Jahrbücher für die Altertumswissenschaft* 21 (1996/97), S. 93–

ainigma, die barocke Selbstverrätselung literarischer Rede.³² Unter je anderen Vorzeichen würden Werke der frühgriechischen Chorlyrik, Platos, des Hellenismus, der römischen Neoterik und augusteischen Lyrik (Horaz) besonders auf jenen – nenne man ihn psychagogischen, nenne man ihn irrationalen – Rest hin befragt, der nicht in den Schemata des klassischen *triviums* von Grammatik, Rhetorik und Dialektik aufgeht.³³

Die Applikation des Intensitätsbegriffs auf die Literaturgeschichte impliziert noch eine weitere Vorentscheidung: Zu widersprechen ist den weitreichenden Konsequenzen, die man aus der nicht unvernünftigen Annahme zu ziehen geneigt ist, dass Text im Rezipienten sich konstituiere. Lehrreich ist das Studium antiker Textauslegungen, die, wiewohl ihrerseits auf moderne Rekonstitutionsprozesse angewiesen, doch eine gewisse Richtung der Textauslegung vorgeben, über die sich im Einzelnen füglich streiten lässt, die *in toto* aber eben doch auf bestimmte Muster der Textbeobachtung führen.

Und damit kommen wir zu einem ersten Beispiel, an dem sich – möglicherweise – Signa einer Rede der Intensität aufzeigen lassen. Kaum ein poetischer Text der frühgriechischen Phase, über den so viel geschrieben und gestritten wurde wie über Sapphos *phainetai*-Gedicht,³⁴ jene artistische Versprachlichung

---

99; H. Mackie: Graceful Errors. Pindar and the Performance of Praise. Ann Arbor 2003, besonders S. 9–37.

32 Siehe M. Fuhrmann: *Obscuritas*. Das Problem der Dunkelheit in der rhetorischen und literarästhetischen Theorie der Antike. In: *Immanente Ästhetik – Ästhetische Reflexion. Lyrik als Paradigma der Moderne*. Hg. von W. Iser. München 1966 (= *Poetik und Hermeneutik* 2), S. 47–72; P. T. Struck: Allegory, Aenigma, and Anti-Mimesis: A Struggle Against Aristotelian Rhetorical Literary Theory. In: *Greek Literary Theory after Aristotle. A collection of papers in honour of D. M. Schenkeveld*. Hg. von J. G. J. Abbenes/S. R. Slings/I. Sluiter. Amsterdam 1995, S. 215–234; G. Lachin/F. Zambon (Hg.): „Obscuritas". Retorica e poetica dell'oscuro. Atti del XXVIII convegno interuniversitario di Bressanone (12–15 Iuglio 2001). Trient 2004.

33 Für die römische Literatur sind die ersten Schritte inzwischen gemacht. Hier sind u. a. zwei Kolloquien der Forschergruppe *La poésie augustéenne*, 2005 in Oxford (*Paradox and the Marvellous in Augustan Literature and Culture*. Hg. von P. Hardie. Oxford 2009) und 2012 in Cambridge (*Augustan Poetry and the Irrational*. Herausgabe durch P. Hardie in Vorbereitung), zu nennen. Siehe außerdem J. P. Schwindt: Rom und der Osten oder Von der Schwierigkeit, sich zu orientieren (von Catulls Odyssee zu Horaz' Aeneis). In: *Dictynna* 9 (2012); ders.: Der Sound der Macht. Zur onomatopoetischen Konstruktion des Mythos im Zeitalter des Augustus. In: *La costruzione del mito augusteo*. Hg. von M. Labate/G. Rosati. Heidelberg 2013, S. 69–88; ders.: Ordo and insanity. On the pathogenesis of Horace's *Ars poetica*. In: *Materiali e Discussioni* 2013; ders.: Die Magie des Zählens. Zur cantatorischen Statur der Dichtung. In: *Am langen Seil des Altertums. Beiträge zur antiken Literatur aus Anlaß des 90. Geburtstags von Walter Wimmel*. Hg. von B. Dunsch/F. M. Prokoph. Heidelberg 2013, S. 15–35.

34 Fragment 31 in der maßgeblichen Ausgabe von E. Lobel/D. Page: Poetarum Lesbiorum Fragmenta. Oxford 1955, S. 32. Der Text ist überliefert in Ps.-Longins *Peri Hypsous*, Kap. 10 (in der Ausgabe von D. A. Russell. Oxford 1968, S. 14 f.).

emotionaler Überwältigung im Angesicht des ‚Objekts der Begierde'. Vergleichsweise wenig ist erörtert worden, was sich aus Pseudo-Longins Kommentierung über bestimmte und, wie ich behaupten möchte, zeitlose Praktiken der Poiesis und ihrer Deutung lernen lasse. Schwerlich lässt sich Longin für eine Tradition irrationaler Literaturerklärung vereinnahmen. Liefert er doch nicht nur eine quasinormative Axiomatik pathetischen Redens, sondern zugleich den morphologischen Schlüssel zu ihrer Verfertigung: Longins Poetik ragt auch dadurch unter den exegetischen Texten der hellenistischen und frühen Kaiserzeit hervor, dass sie sich in dem Bemühen, Schönheit und Notwendigkeit des pathetischen Stils zu ergründen, selbst didaktischen Prinzipien verpflichtet weiß. Das Pathetische wird nicht ehrfürchtig-staunend umkreist, sondern präzise benannt und nach seinen Elementen an Beispielen entfaltet. Es ist für den hier verfolgten Ansatz von Bedeutung, dass auch Longin sich im Fahrwasser jener mächtigen Strömung antiker Literaturkritik befindet, die literarische Prozesse auf der Matrix anthropologischer Komponenten abbildet.[35] Die ‚Seelengröße' ist die erste Voraussetzung für das erhabene Schreiben. Keine objektive Gewalt über noch so große Stoffmassen kann die natürliche Disposition zur ‚Größe' ersetzen. Keine noch so feine Beobachtungs- und Nachahmungsgabe kann die substantiell-charakterliche Befähigung zum Aufgreifen und zur Gestaltung[36] ‚großer' Stoffe ausgleichen. Die Rückbindung der Literatur an die anthropologische Basis macht ihre Indienstnahme für sozial- oder kulturindikatorische Zwecke von vornherein zu einem schwierigen Unterfangen. Daher die verzweifelten Bemühungen moderner Erklärung, aus den kontextfeindlichen, immanentisierten Poemen doch Rückschlüsse auf ein kulturelles Umfeld zu gewinnen.[37] Gleichwohl erschöpft sich wenigstens für Longin die Literatur

---

35 Für das Folgende vgl. jetzt die maßgebliche Darstellung von Möller: Talis oratio – qualis vita (Anm. 16), S. 323–334.

36 Vgl. H. Mutschmann: Tendenz, Aufbau und Quellen der Schrift vom Erhabenen. Berlin 1913, S. 26.

37 Zur Kritik der pragmatisierenden Literaturerklärung siehe besonders J. Latacz: Realität und Imagination. Eine neue Lyrik-Theorie und Sapphos *phainetai moi kenos*-Lied. In: *Museum Helveticum* 42 (1985), S. 67–94; ders.: Zu den ‚pragmatischen' Tendenzen der gegenwärtigen gräzistischen Lyrik-Interpretation. In: *Würzburger Jahrbücher für die Altertumswissenschaft* 12 (1986), S. 35–56; T. A. Schmitz: Die „pragmatische" Deutung der frühgriechischen Lyrik: Eine Überprüfung anhand von Sapphos Abschiedsliedern frg. 94 und 96. In: J. P. Schwindt (Hg.): Klassische Philologie *inter disciplinas*. Aktuelle Konzepte zu Gegenstand und Methode eines Grundlagenfaches. Heidelberg 2002, S. 51–72; ders.: Erzählung und Imagination in Sapphos Aphroditelied (frg. 1 V). In: B. Dunsch/A. Schmitt/T. A. Schmitz (Hg.): Epos, Lyrik, Drama. Genese und Ausformung der literarischen Gattungen. Festschrift für Ernst-Richard Schwinge zum 75. Geburtstag. Heidelberg 2013, S. 89–103.

nicht in ihrer physio- und psychokongenialen Disposition. Er lobt Sappho, weil sie auswählt und bindet:

> [...] indem sie meisterhaft die markanten und spannungsvollen Züge auswählt und miteinander verknüpft – [...]
>
> ὅτε τὰ ἄκρα αὐτῶν καὶ ὑπερτεταμένα δεινὴ καὶ ἐκλέξαι καὶ εἰς ἄλληλα συνδῆσαι.[38]

Genau hierin hat ein herausragender Erklärer unserer Stelle die Zuverlässigkeit seiner Poetik bestritten. Sappho wähle nicht, sie teile alles mit. Nur eine naiv holistische Ansicht des Phänomens kann zu der Annahme verleiten, Sappho habe nur das Naheliegende berichtet. Das gerade ist die List der Kunst, dass das, was sie gibt, das einzig Mögliche und Natürliche zu sein scheint. Nein, es ist ein wirkliches Wählen und Binden, das auf die hohe Plausibilität und Konzinnität des Gedichtes führt. Wie problematisch die ἐκλογή sich auch dem antiken Betrachter darstellen konnte, zeigt die Anführung des weiteren Lobs, die Dichterin bringe καθ' ὑπεναντιώσεις (d. h. durch pointierte Gegensetzung) nicht einen einzelnen Affekt, sondern das Aufeinandertreffen vieler (παθῶν σύνοδος) zur Darstellung.[39] Die Auswahl trifft gerade nicht das Erwartbare, ‚Gegebene', sondern Gegensätzliches, das der Künstler geschickt zusammenbindet. Indem die Phänomene wie von außen erfasst werden (die Erklärung beschränkt das Außen unverständlicherweise auf die Gesichtsfarbe), transzendiert die deskriptive Phänomenologie des Sapphischen Berichts ihr planan thropologisches Substrat. Nicht ‚Der Stil ist der Mensch', sondern ‚Der Stil ist das Ganze, ist substantiell', müsste danach die Longinische Botschaft heißen; verständlich, dass solche Radikalität moderner Betrachtung Unbehagen bereitet, worauf sie zur konturlos-formalistischen Erklärung herabgewürdigt wird.

Sagt Longin nicht 1) τὰ ἄκρα αὐτῶν καὶ ὑπερτεταμένα [...] ἐκλέξαι? Dass die Überspannung nicht im Sinn einer toten Metapher die bloße Exzellenz der Gegenstände meinen kann, erhellt der Vergleich mit den zwei weiteren Fundstellen im Longin.[40] Dass es andererseits auch nicht um Überspanntheit und Verzeichnung geht, besagt schon der Hinweis, Sappho habe die Begleiterscheinungen großer Affekte ἐκ τῆς ἀληθείας (d. h. wahrheitsgemäß) gezeichnet. Reinhard Brandts Übersetzung „spannungsvoll" scheint ganz das Richtige zu treffen, weil so – gerade in Verbindung mit der im gleichen Atemzuge geforderten

---

[38] *Peri Hypsous*, Kap. 10, 1 (S. 14, Z. 18 f.; Russell druckt Wifstrands Konjektur *hóti* [statt überliefertem *hóte*]). Die Übersetzung folgt – mit geringfügigen Abweichungen – R. Brandts zweisprachiger Ausgabe: Pseudo-Longinos, Vom Erhabenen. Darmstadt 1966.
[39] Ebd., Kap. 10, 3 (S. 15, Z. 12–14).
[40] Ebd., Kap. 12, 5 (S. 18, Z. 20) und Kap. 38, 1 (S. 45, Z. 26).

πύκνωσις τῶν ἐκλελεγμένων,[41] der Verdichtung des Ausgewählten – die Konnotation einer richtungslos-selbstbezüglichen Gespanntheit, nennen wir sie Intensität, gewahrt bleibt.

Sagt Longin nicht 2) ἡ λῆψις [...] τῶν ἄκρων καὶ ἡ εἰς ταὐτὸ συναίρεσις ἀπειργάσατο τὴν ἐξοχήν?[42] Brandts Übersetzung: „Die Kunst, die markantesten (sc. Empfindungen) zu wählen und zu einem Ganzen zu fügen schuf dieses Gedicht in seiner Vollkommenheit" unterschlägt die raumbildliche Materialität des Ausdrucks: Das Ergreifen der Spitzen oder Enden und ihre Zusammenfassung an oder zu ein und demselben Punkt schuf den Vorsprung.

Wie schade, dass Lyotard wohl Kants Analytik des Erhabenen studiert,[43] nicht aber auch Longin einer kurzen Betrachtung gewürdigt hat![44] Dass das ‚Ganze' mehr ist als die Summe seiner Teile, hier ist es ohne jeden Verdacht repräsentationalistischer Anwandlung oder ideengeschichtlicher Verrechnung auf den einfachen Begriff gebracht.

Die Intensität des Erlebens ist in der Rezeption einzig in der Vermittlung durch die inverse Spannung der formalen Elemente erfahrbar. Nur über sie lässt sich in einer Sprache reden, die wir dann wissenschaftlich nennen. Der Intensität des Erlebens, kontingent auf produktions- wie rezeptionsästhetischer Stufe, liegt zuverlässig die Intensität der Form als Resultat eines Kalküls voraus, das die Spannung von Erlebnis und selbstbeobachtender Beschreibung in wirkungsmächtigen Bildern auflöst. Wieder zeigt sich, nebenbei bemerkt, wie wenig mit der heute fast überall gängigen Unterscheidung von Ich und „Ich"-sagendem Dichter allein gewonnen ist. Sie kann zur dringlicheren Frage nach der Konstitution von Subjekten in der alten Literatur nichts beitragen,[45] befreit nur den Interpreten vom Biographismusverdacht, während sich das gesagte Ich der „Ich"-sagenden Dichter im Nebel intertextueller Spekulation verliert.

Dass Pseudo-Longins Überlegungen zu Sapphos Gedicht ein dankbares Sujet für jede Betrachtung über Fragen der Intensität liefern würden, war

---

41 Ebd., Kap. 10, 1 (S. 14, Z. 15).
42 Ebd., Kap. 10, 3 (S. 15, Z. 15 f.).
43 J.-F. Lyotard: Leçons sur l'Analytique du sublime (Kant, Critique de la faculté de juger, §§ 23–29). Paris 1991 (dt.: Die Analytik des Erhabenen [Kant-Lektionen, Kritik der Urteilskraft, §§ 23–29]. München 1994).
44 Siehe dagegen W. Menninghaus: Zwischen Überwältigung und Widerstand. Macht und Gewalt in Longins und Kants Theorien des Erhabenen. In: Poetica 23 (1991), S. 1–19; C. Pöpperl: Auf der Schwelle. Ästhetik des Erhabenen und negative Theologie: Pseudo-Dionysius Areopagita, Immanuel Kant und Jean-François Lyotard. Würzburg 2007.
45 Siehe hierzu jetzt A. Arweiler/M. Möller (Hg.): Vom Selbst-Verständnis in Antike und Neuzeit – Notions of the Self in Antiquity and Beyond. Berlin/New York 2008.

absehbar. Die Tauglichkeit des Begriffs als literaturwissenschaftlicher Kategorie hängt freilich daran, wieweit er auch auf Textformen applizierbar ist, die dem Gegenstand zunächst ferner zu stehen scheinen. Nehmen wir den älteren Plinius, um uns – in herkömmlicher Perspektive – an den Rand des literarischen und dazu römischen Spektrums zu begeben. Nachdem Longins Sappho-*exemplum* Strukturmerkmale intensiver poetischer Rede erschließen konnte, wollen wir nun zusehen, ob der beschreibenden Rede selbst, also dem Bericht des Plinius, Charakterika einer Sprache der Intensität eignen können. Im Abschnitt über die römischen Bau-Wunder[46] liefert uns der Autor das Bild, das uns eine bessere Anschauung des Phänomens, um das es geht, vermitteln kann. Nach Behandlung der Paläste des Caligula und Nero schildert Plinius die megalomanen Theaterkonstruktionen des M. Scaurus und C. Curio nach Maßgabe einer aemulativ-agonalen Begrifflichkeit und Ideologie:

> *C. Curio [...] funebri patris munere cum opibus apparatuque non posset superare Scaurum [...] ingenio ergo utendum suo Curioni et aliquid excogitandum fuit.*[47]

> Da C. Curio [...] beim Leichenbegängnis für seinen Vater mit seinem Reichtum und Prunk den des Scaurus nicht übertreffen konnte [...], so mußte er seine Erfindungsgabe verwenden und sich irgend etwas ausdenken.[48]

Das hölzerne Theater des Curio nennt er mit beachtlicher Dichtigkeit *insania e ligno* (einen „Wahnsinn in Holz"). Er beschreibt es in einem seiner berühmt-berüchtigten Satzungetüme, das gleichwohl eines gewissen Charmes nicht entbehrt:

> *Theatra iuxta duo fecit amplissima ligno, cardinum singulorum versatili suspensa libramento, in quibus utrisque antemeridiano ludorum spectaculo edito inter sese aversis, ne invicem obstreperent scaenae, repente circumactis – ut constat, post primos dies etiam sedentibus aliquis –, cornibus in se coeuntibus faciebat amphitheatrum gladiatorumque proelia edebat, ipsum magis auctoratum populum Romanum circumferens.*[49]

> Er baute nebeneinander zwei sehr weiträumige Theater aus Holz, von denen jedes, im Gleichgewicht schwebend aufgehängt, in Angeln drehbar war; wenn in beiden ‚Theatern' am Vormittag ein Schauspiel gegeben wurde, waren sie voneinander abgewandt, damit die

---

46 Vgl. C. Plinius Secundus: Naturalis historia. Bd. 5 (B. 31–37). Hg. von L. Jan/C. Mayhoff. Leipzig 1897 (Nachdruck: Stuttgart 1986). B. 36, Kap. 101–125.
47 Zitiert nach ebd., Kap. 116 f.
48 Die Übersetzung nach C. Plinius Secundus d. Ä.: Naturkunde. Lateinisch-deutsch, Buch XXXVI: Die Steine. Hg. und übersetzt von R. König in Zusammenarbeit mit J. Hopp. München 1992.
49 Plinius: Naturalis historia (Anm. 46), Kap. 117.

Bühnen sich nicht gegenseitig störten; dann wurden sie plötzlich gedreht – wie bekannt, nach den ersten Tagen auch mit einigen Zuschauern, die auf ihren Sitzen blieben –, und indem sich die Flügel aneinander schlossen, machte er ‚daraus' ein Amphitheater und veranstaltete Gladiatorenkämpfe, wobei er das in noch größere Gefahr ‚als die Gladiatoren' gebrachte römische Volk im Kreise herumschwenkte.

Es ist hier der Verlockung zu widerstehen, schon an diesem einen Satz Hauptmerkmale Plinianischer Darstellungskunst zu entwickeln. Sehen wir lieber zu, wie der Autor mit der eignen Beschreibung arbeitet. „Was", so fährt er fort,

> soll einer dabei denn zuerst bewundern: den Erfinder oder die Erfindung, den Künstler oder den Urheber, den Mann, der das auszudenken, den, der das auszuführen, oder den, der es in Auftrag zu geben wagte? Über alles wird aber der Wahnsinn des Volkes gehen, der es gewagt hat, auf einem so unzuverlässigen und schwankenden Sitz Platz zu nehmen.[50]

Wir sehen schon hier gewisse strukturelle Äquivalenzen im Aufbau der Loginischen und der Plinianischen Textstelle. Beide Autoren haben es mit der Zitation bzw. Beschreibung eines *mirabile*, hier der Dichtung, dort der Baukunst, zu tun. Beide verleihen im direkten Anschluss an die Mitteilung in rhetorischen Fragen ihrem Staunen über die kühne Komposition Ausdruck. Plinius, selbstverständlich, mit tadelndem Unterton, Longin mit Worten uneingeschränkter Bewunderung. Während Longin die Bündelung des Gegensätzlichen im organischen Kunstwerk lobt, schilt Plinius die abenteuerliche Drehung der aversen schwebenden Halbkreistheater zum Amphitheatron ob ihres unglaublichen Risikos:

> [...] en hic est ille terrarum victor et totius domitor orbis, qui gentes, regna diribet, iura exteris mittit, deorum quaedam immortalium generi humano portio, in machina pendens et ad periculum suum plaudens![51]

> Seht einmal, das ist jener große Sieger über die Länder, jener Überwinder des ganzen Erdkreises, der Völker und Reiche verteilt, fremden Völkern Gesetze sendet und gleichsam ein Teil der unsterblichen Götter für das Menschengeschlecht ist, ‚seht', wie er auf einem Gerüst schwebt und seine eigene Gefährdung beklatscht!

Die oben gegebene Beschreibung des Theaters, die eine mechanische Funktionsbeschreibung war, wird nun szenisch gelesen. Die eklatante

---

[50] Ebd., Kap. 118: *Quid enim miretur quisque in hoc primum, inventorem an inventum, artificem an auctorem, ausum aliquem hoc excogitare an suscipere an iubere? super omnia erit populi sedere ausi furor tam infida instabilique sede.*
[51] Ebd., Kap. 118.

Dysfunktionalität zweier Rückwand an Rückwand gekoppelter schwebender Bühnen kann nur als Bild thematisch werden: Rom, Herrscherin der Welt, applaudiert, ein schaukelndes Narrenschiff, seiner eigenen Gefährdung! Narrenschiff?

> [...] ecce populus Romanus universus, veluti duobus navigiis inpositus, binis cardinibus sustinetur et se ipsum depugnantem spectat, periturus momento aliquo luxatis machinis![52]
>
> Siehe da, das gesamte römische Volk wird, gleichsam auf zwei Schiffe verladen, von zwei Angeln getragen und sieht sich selbst in Lebensgefahr, dem Untergang geweiht, wenn das Gerüst auch nur für einen Augenblick aus seiner Lage gebracht würde!

Was Plinius' Darstellung schonungslos offenlegt, ist, wie am dekadenten Bauwerk die genuinen Repräsentationsfunktionen zugunsten emphatischer Selbstthematisierung kollabieren: Die Bühne ist das Schauspiel. Die Destruktion primären Sinns hebt Plinius auf im expressiv-deiktischen Gestus der Versprachlichung. Es ist die Sprache der Intensität, die das Phantastisch-Dysfunktionale diszipliniert und im Bild den Abstand einer rational organisierten Ordnung vom Unscharf-Erhabenen (*in machina pendens*) markiert. Erst durch die beschreibende Ausdeutung des ‚hölzernen Wahnsinns' gewinnt dieser seine kulturhistorische Dignität. Die Plinianische Intensität ist die aperçuhafte Zuspitzung des *mirabile* auf das Bild, das den Wahn des dekadenten Rom beschreibt. Eine Verdichtungsleistung nach den Gesetzen der Ökonomie, der restringierten *libido* (was hätte Lyotard wohl gesagt?), der sprachlich-bildlichen Konzentration. Kaum irgendwo in der römischen Literatur ist Roms Gefährdung und kulturelle Katastrophe schärfer aufs Bild gebracht. Das Richtungslos-Selbstbezügliche, das wir an Sapphos/Longins Konstruktion einer Intensität bemerkten, gewinnt in der Konstruktion eines wirklichen Amphitheaters eine lebensbedrohliche Qualität. Intensität zugleich zu distanzieren und sprachlich zu bannen ist die Kunst der Plinianischen Kulturwissenschaft.

Nebenbei bemerkt: Spricht unser Autor nicht zugleich vom Szenario *abgehobenen* Kunstgenusses? Spricht er nicht auch von der Unmöglichkeit wissenschaftlicher Beschreibung der Kunst? Auf der Höhe des Spektakels ist sie, die beobachtende Wissenschaft, im Bild des fliegenden Theaters nur in der Aequilibranz, die sie zum Teil, ja zum Gegenstand des Kunstwerkes macht. Der erste Blick, als Teil des Spectaculums, ist unzuverlässig. Die ästhetische Erfahrung findet ihr Korrektiv in der Erkenntnis aus historischer Distanz. Zur Intensität gehört ein Moment von Reflexion, das im Abstandnehmen von der Sache diese tropologisch modifiziert und manchmal auch ins Bild übersetzt. Die Beobachtung von Beobachtern, die sich selbst beobachten, ist prädestiniert für die

---

[52] Ebd., Kap. 119.

Erzeugung jenes Moments bild- und *modell*hafter Reflexion, das wir auf evidenzgewisserer Ebene phänomenologisch bei Sappho beobachteten.

Manche Leser werden sich schon lange fragen: Wozu eine Literaturgeschichte der Intensität, wozu dieser Aufwand, von dem absehbar ist, dass er einem prinzipiell unabschließbaren Prozess gewidmet ist? Wir brauchen sie, weil eine Literaturgeschichte der Intensität hoffen darf, irgendeinmal Gewissheit zu erlangen, dass es Literatur ist, von der unsere Geschichte handelt, weil nur sie den Ablösungsprozess der Literaturgeschichte vor dem Hintergrund der Kulturgeschichte dokumentieren kann. Nicht grundlos hat man dem Schrifttum der Antike den Literaturcharakter abgesprochen. Die ersten dokumentierbaren europäischen Literaturen wären in der geschichtlichen Entfaltung also überhaupt erst als Literaturen zu erweisen. Die griechische Literaturgeschichte hätte immer auch die Genese ihres Gegenstandes mitzuliefern, die römische besonders auch deshalb, weil ihre Werke seit jeher dem besonderen Verdacht mangelnder Originalität ausgesetzt sind. Man hat noch kaum daran Anstoß genommen, dass die Originalitätsfrage seit je die grundlegendere primäre Frage nach dem literarischen und/oder kulturellen Status überlagert hat.

Für die überschaubare Epoche der neoterischen Literatur und ihren einzig besser überlieferten Vertreter Catull habe ich in einer meiner ersten Heidelberger Vorlesungen[53] begonnen, die Frage zu stellen nach dem, was bleibt, wenn man den Autor kulturgeschichtlich ausgezogen hat: Sieben Doppelstunden lang haben wir den Dichter kulturhistorisch abgebaut, ihn in seine Determinanten, die wir auch ‚Versuchungen' nannten, zerlegt: 1) die kulturgeschichtliche Versuchung: *práxeis* des Schreibens / die Konditionierung / die Konvention / die Routine / das ‚on dit' / das ‚on fait ça ou ça' / das *otium*; 2) die ‚literatur'-geschichtliche Versuchung: griechische und römische präneoterische Prägungen; 3) die sozialgeschichtliche Versuchung: die Gruppe, der Kreis, das Kollektiv; 4) die zeithistorische Versuchung: Freundes- und Feindeskreise; politische Tagespolemik; 5) die autobiographische Versuchung: der Lebens- und Liebesroman / die Spontanität / das Mitteilungsbedürfnis / die Authentizität; 6) die textgeschichtliche Versuchung: Entstellungen, Verschreibungen und Umbiegungen der *carmina Catulliana* und 7) die rezeptionsgeschichtliche Versuchung: Glanz und Elend der Geschichte eines Ruhms.[54]

---

53 WS 2000/2001.
54 Die Vorlesung wurde im WS 2006/07 und im WS 2012/13 weiter bearbeitet. Sie bildet den ersten Teil eines Zyklus von Vorlesungen, die der Erforschung der Semiotik der augusteischen Literatur gewidmet sind. In Vorbereitung ist die Veröffentlichung des zweiten Teils zur ‚Römischen Liebeselegie' (voraussichtlich 2014).

Was nach solcher Wurzelanalyse und -extraktion, die den Autor hinter einem Berg von Vorentscheidungen fast zum Verschwinden brachte, blieb, war ein Radikalismus der Form, der sich als zeiträumliche Konfiguration einer vitalpoetischen Obsession in drei Schritten darstellen ließ: Poetik, Pathologie, Pathopoetologie.[55]

Die Parameter einer Literaturgeschichte der Intensität sind auszuhandeln im Gespräch mit der Kulturgeschichte und -poetik[56] und den Philologien Alteuropas und des Vorderen und Mittleren Orients, der Allgemeinen und Vergleichenden Literatur- und Sprachwissenschaft, der Religions- und Kirchengeschichte, der Alten Geschichte und Archäologie, den systematischen Forschungen der neueren Schwesterphilologien, der neueren Kunst-, Geschichts- und Gesellschaftswissenschaften, der Philosophie und ihren neuesten Nachbarwissenschaften, ich nenne nur die Neurophysiologie und die Kognitive Linguistik. Sie alle sind natürliche Verbündete einer Literaturwissenschaft der Antike, der ihr Gegenstand unendlich fremd und so wenig selbstverständlich und exotisch werden musste, um jetzt, vielleicht, von neuem frisch und unverbraucht wirken zu können.

Ästhetische Urgeschichte der Subjektivität

Das Plädoyer für eine Literaturgeschichte nicht (so sehr) der Inhalte, sondern der künstlerischen Komplexität (Artifizialität, Reflexionsdichte, Imaginationspotential etc.) beinhaltet zugleich, so ist hoffentlich deutlich geworden, ein subjektivitätsgeschichtliches Interesse. Dem Adorno/Horkheimer'schen Modell der Entfaltung einer Urgeschichte der Subjektivität aus der Dialektik von Mythos und Aufklärung könnte die Geschichte des ästhetischen *surplus* in der unendlichen **Querelle (IV) der künstlerischen Formen und Inhalte** zur Seite treten. Und gerade hier wird der Rückgang auf das präscholastische Repertoire der so formalistischen Literaturwissenschaft der Antike erneut wertvoll: Die ungezählten Distinktionen der alten Rhetoriker und Grammatiker zeigen das schöpferische Subjekt noch in den kleinsten Keimen seiner Ausbreitung.

„Ars poetica"

Nicht nur für den Künstler der Klassischen Moderne und seinen Interpreten, sondern schon für den vormodernen Artisten und seinen Deuter kann gelten:

---

[55] Siehe J. P. Schwindt: „Autonomes" Dichten in Rom? Die *lex Catulli* und die Sprache der literarischen Phantasie. In: ders. (Hg.): Klassische Philologie *inter disciplinas* (Anm. 37), S. 73–92.
[56] Hier hat Kleinschmidts Buch (Anm. 21) schon wichtige Anregung gegeben.

„*Il faut être absolument moderne*". Die Komplexität antiker Hinterlassenschaft wird nur auf der Höhe der je eigenen Zeit annähernd erreicht. Der Philologe, der unter Ausschluss des Lebens im Gehäuse seiner idealisch gebauten Antike sein anämisches Pflänzchen karg bewässert, gehört, wir wissen es alle, der Vergangenheit an. Er ist selbst ein würdiger Gegenstand historischer Reflexion. Er hat Anspruch auf Artenschutz. Die vom unaufhörlichen Wechsel zwischen Distanznahme und gesteigerter Affinität bestimmte **Auseinandersetzung von Kunst und Wissenschaft**:[57] Sie bestimmt **die fünfte *Querelle* (V)**. An ihrem Ausgang hängt wesentlich auch die Entscheidung aller anderen ‚Streit'-Fragen. Es ist ja nicht gesagt, dass der Handwerker wieder Künstler werden muss, um Philologe zu sein. Denkbar ist auch, dass die Kunst sich wieder aufs Handwerk besinnt. Schon wieder hätte sie etwas mit der Antike gemeinsam.[58]

---

[57] Aus der Fülle neuerer Literatur zum Thema greife ich dankbar das so gelehrte wie anregende Buch des Mitherausgebers dieses Bandes heraus: M. Buschmeier: Poesie und Philologie in der Goethe-Zeit. Studien zum Verhältnis der Literatur mit ihrer Wissenschaft. Tübingen 2008. In welcher Richtung ich selbst neue Einsichten in den Zusammenhang der Phänomenbereiche erhoffe, habe ich in meinen Skizzen zur ‚Radikalphilologie' (*Schwarzer Humanismus. Brauchen wir eine neue Alte Philologie?* In: *Merkur. Deutsche Zeitschrift für europäisches Denken* 60 [2006], S. 1136–1150) und zur ‚Thaumatographie' (*Thaumatographia, or „What is a Theme?"* In: *Paradox and the Marvellous* [Anm. 33], S. 145–162; *Traumtext und Hypokrise. Die Philologie des Odysseus*. In: J. P. Schwindt [Hg.]: Was ist eine philologische Frage? Beiträge zur Erkundung einer theoretischen Einstellung. Frankfurt/M. 2009, S. 61–81) deutlich gemacht.

[58] Mein herzlicher Dank gilt den Mitarbeitern, die das Kunststück zustande brachten, mich gleichzeitig auf den Stand von 2001 und 2013 zu bringen: Jonas Göhler M. A. hat die Literaturrecherchen koordiniert, Christian Badura, Matthias Dyck, Thomas Emmrich, Maximilian Haas und Henning Jansen haben mich mit den einschlägigen Büchern und Aufsätzen versorgt.

Teil 2: **Modelle von Literaturgeschichtsschreibung**

Jan-Dirk Müller
Literaturgeschichtsschreibung als Mikrogeschichte[1]
Zur Schwierigkeit, eine Geschichte vormoderner Literatur zu schreiben

1. Aporien der Literaturgeschichtsschreibung

Literaturgeschichten sind – das weiß jeder, der einmal versucht hat, eine zu schreiben[2] – unmögliche Unternehmen. Zwar gibt es in der Literatur wie in der allgemeinen Geschichte eine Chronologie. Doch wenn man sich nicht mit einer chronologischen Reihung von Autoren und Titeln begnügen will, sondern plausibel machen möchte, wie die Werke zusammenhängen, wie sich ein Zeitstil entwickelt, wie es zeitgenössische Problemvorgaben gibt, aber auch wie einiges sich diesen Vorgaben entzieht, wie bestimmte Schulen nebeneinander bestehen, literarische Diskurse mit anderen konkurrieren und dergleichen mehr, und wenn man nicht nur Antworten auf die Fragen der traditionellen Literatursoziologie

---

[1] Das Folgende sind einige verstreute Überlegungen, die überwiegend auf eigenen Erfahrungen mit dem Gegenstand beruhen. Daher wurde die schier unübersehbare Literatur zum Thema nur in ganz geringem Umfang, in subjektiver, den eigenen Überlegungen dienender Auswahl zitiert. Eine präzisere Standortbestimmung gibt Matthias Buschmeier: Literaturgeschichte nach dem Ende der Theorie? Thesen zu den (Un-)Möglichkeiten einer bedrohten Gattung. In: *Internationales Archiv für Sozialgeschichte der deutschen Literatur* (IASL) 36.2 (2011), S. 409–414.

[2] Ich selbst habe einige Zeit zusammen mit Thomas Cramer und Horst Wenzel Pläne für die Mittelalterbände der bei Rowohlt erschienenen Sozialgeschichte der Literatur verfolgt, dann den Band *16. Jahrhundert* in Hansers *Sozialgeschichte der Literatur* übernommen. Nach vielen Entwürfen von einer Gliederung, mit deren Hilfe die manchmal bis heute übliche, mehr oder minder unverbundene Reihung von bloßen Titeln vermieden werden und in denen möglichst alle wichtigen literarischen Texte in ihrer Interaktion mit ihrem gesellschaftlichen Kontext aufgefangen werden sollten, habe ich resigniert. Glücklicherweise entwickelten dann Werner Röcke und Marina Münkler für die Hanser-Literaturgeschichte ein schlüssiges Konzept (Die Literatur im Übergang vom Mittelalter zur Neuzeit = Hansers Sozialgeschichte der deutschen Literatur 1. München/Wien 2004), in das ich mich trotz all meinen Skrupeln mit einem Beitrag über die Geschichte des Frühdrucks einbringen konnte. Im Grunde wich ich damit der Problematik aus. Der Frühdruck lässt sich zwar auch nicht als Ereignisgeschichte darstellen, aber man kann die Ausbildung von Produktionszusammenhängen, Märkten, Absatzchancen, Publikationsprogrammen, Publikumsschichten beschreiben, Strukturen, die die unberechenbare Entstehung und Rezeption von Einzelwerken übergreifen und sich in gewissem Umfang unabhängig von ihnen ausdifferenzieren.

sucht – Fragen nach sozialem Status der Autoren, nach dem Publikum, nach Verbreitungsnetzen, Preisgefügen und dergleichen –, dann gerät man rasch an die Grenzen der Darstellbarkeit. Historische Beziehungsnetze lassen sich von einzelnen Texten aus, ihren intertextuellen Beziehungen zu anderen Texten oder ihrer Einbettung in die Alltagswelt entfalten; will man solche Beziehungsnetze aber für die Literatur insgesamt darstellen, sieht man sich einer unübersehbaren Menge an Daten gegenüber, die sich historiographisch kaum bewältigen lässt. Pointiert könnte man sagen, dass die radikale Historisierung der Literaturbetrachtung, wie sie sich im Gefolge des sozial- und des kulturgeschichtlichen Paradigmas in der Literaturwissenschaft eingebürgert hat, letztlich der Literaturgeschichtsschreibung den Garaus gemacht hat.

Die poststrukturalistische Kritik an der traditionellen Geschichtsschreibung hat die Probleme noch verschärft. Sie hat vor allem drei Einwände gegen deren Konzept von Geschichte formuliert: die Kritik am Gedanken der Kontinuität (verbunden mit einer Kritik am ‚Erzählen'), die Kritik an teleologischer Entwicklung und die Kritik an großen ‚Meistererzählungen'. Jeder dieser Punkte trifft auch die Literaturgeschichtsschreibung, sofern sie sich an die allgemeine Geschichtsschreibung anlehnt. Doch wirkte die Kritik auch befreiend: Dass literarische Werke sich nicht ‚kontinuierlich' – eines aus dem anderen – ‚entwickeln', sondern ihre Abfolge auch durch Traditionsbrüche, „Einflußangst",[3] Widerrufe, Provokationen geprägt ist, gehört seit Langem ebenso zur Standardüberzeugung von Literaturwissenschaftlern wie die Zurückweisung von Literaturgeschichte als Fortschrittsgeschichte, die möglicherweise gar auf ein Ziel ausgerichtet ist. Und die großen Erzählungen von Epochensynthesen wurden seit Langem hauptsächlich bemüht, um sich von ihnen abzusetzen und um zu erklären, dass es sich bestenfalls um heuristische Konstruktionen handelt. Traditionelle Literaturgeschichten hatten diese Einsicht manchmal verdrängt. Inzwischen gehört sie zum Credo der Forschung, doch wird mit der dezidierten Ablehnung derartiger Prämissen das Geschäft der Literaturgeschichtsschreibung nicht leichter.

Wenn man auf das Orientierungswissen der Literaturgeschichte nicht verzichten will und Literaturgeschichten trotz der Einsicht in ihre theoretischen Probleme konzipiert, sind die alten Fragen sofort wieder da: Wie soll man zwischen literarischen Texten Zusammenhang stiften (wobei ‚Zusammenhang' Kontinuitäten und Diskontinuitäten übergreifen soll)? Kausalitätshypothesen und Kontinuitäts- bzw. Diskontinuitätsvermutungen können sich nicht wie in der allgemeinen Geschichte auf Handlungszusammenhänge berufen (wie

---

[3] Harold Bloom: Einflußangst. Eine Theorie der Dichtung. Frankfurt/M./Basel 1995 (englisch: The Anxiety of Influence. A Theory of Poetry. New York/Oxford 1973).

problematisch auch immer das sein mag). Literarische Texte lassen sich allenfalls metaphorisch als ‚Ereignisse' verstehen, die von anderen ‚Ereignissen' abhängen und andere ‚Ereignisse' bewirken. Haben Leitkategorien historiographischer Darstellung wie Prozess, Kausalität oder Epoche für Literatur Bedeutung? Gibt es einen ‚Richtungssinn' in der Literaturgeschichte? Wie ist das ‚und dann, und dann' und das ‚weil, deshalb' des Historiographen zu begründen, wenn die Entstehung eines literarischen Werks sich nicht aus seinen Voraussetzungen Schritt für Schritt ‚kausal' ableiten lässt? Gibt es überhaupt eine Geschichte der Literatur als einen eigenen Gegenstand, und gab es den schon immer?

Neuere literaturgeschichtliche Versuche haben moniert, dass in traditionellen Literaturgeschichten der „Eigensinn" von Literatur verlorengehe. Die Literatur diene dort der „Veranschaulichung einer Macht, einer Neigung oder einer Nation, als Klassenvorliebe oder ästhetisches Ideal",[4] d. h., sie steht für etwas anderes, ist Teil einer anderen Geschichte. Die Kontinuitäten und Peripetien anderer Prozesse geben der Literaturgeschichte ihre Ordnungsmuster vor. Das prominenteste Beispiel in der jüngeren Wissenschaftsgeschichte war die Sozialgeschichte der Literatur, die Literatur in Abhängigkeit von sozialen Prozessen beschrieb und im Blick auf diese auswählte und bewertete. Das konnte im Extremfall zu einer Verschiebung des Kanons führen; Georg Weerth wäre dann als Zeuge sozialer Prozesse zu Beginn der Industrialisierung wichtiger als Stifter, was sich angesichts der ästhetischen Qualität nicht unmittelbar erschließt. Die Gefahr liegt auf der Hand: Literatur wird zu einem Nebenprodukt der Gesellschaftsgeschichte. Hier hat sie dann an allen Problemen teil, auf die die poststrukturalistische Kritik an der allgemeinen Geschichtsschreibung verwiesen hat.

Es gibt im Grunde nur ein einziges Modell einer genuin literaturbezogenen Verlaufsordnung, die Literatur nur auf Literatur bezieht und die Abfolge literarischer Texte aus Literatur ableitet: Es ist das Modell des russischen Formalismus und der von ihm abhängigen Theorien der Avantgarde.[5] Das neue literarische Werk muss sich demzufolge durch Innovation von den ihm vorausgehenden literarischen Werken ‚abstoßen'. Der Literaturwissenschaftler hat die dabei entstehende literarische ‚Reihe' zu rekonstruieren, in der jedes Werk auf die ihm vorausliegenden ‚antwortet'.

Sieht man einmal von den immanenten Problemen dieses Modells ab, dann ist unübersehbar, dass es vor allem auf einen bestimmten Typus moderner

---

[4] Eine neue Geschichte der deutschen Literatur. Hg. von David E. Wellbery u. a. Berlin 2007, S. 15; englische Originalausgabe: A New History of German Literature. Hg. von David E. Wellbery u. a. Cambridge, Mass. 1999/2004.
[5] Texte der Russischen Formalisten. Bd. 1. Texte zur allgemeinen Literaturtheorie und zur Theorie der Prosa. Mit einer einleitenden Abhandlung hg. von Jurij Striedter. München 1969; besonders die Einleitung S. IX–LXXXIII.

Literatur angewendet werden kann. Es setzt nämlich den Ausdifferenzierungsprozess der Moderne voraus, in dessen Verlauf ein relativ selbstständiges System Literatur entstanden ist, dessen Elemente sich primär auf andere Elemente desselben Systems beziehen und erst sekundär auf die Umwelt. Das ist aber in der Vormoderne evidentermaßen nicht oder immer nur in Ansätzen der Fall. ‚Literatur' im neuzeitlichen Sinne lässt sich in der Vormoderne nicht trennscharf von anderen Diskursen abtrennen, und sie erfüllt z. T. dieselben Funktionen wie jene, dient also z. B. der Bewahrung und Verbreitung von Wissen, ist Mittel der Pädagogik, Gefäß religiöser Dogmen, Medium der Repräsentation usw. Für die Vormoderne stellt sich damit das Problem der Geschichtlichkeit von Literatur auf andere Weise.

2. Das Neue

Das formalistische Konzept ist aber noch aus einem anderen Grund ungeeignet für die Vormoderne, weil vormoderne Literatur nicht auf Innovation, sondern auf Erneuerung und kontrollierte Variation des Bekannten, auf Erfüllung tradierter Erwartungen oder sogar ausdrücklicher Regeln angelegt ist. In ‚neuzeitlich bewegter Geschichte' – um Kosellecks Formulierung aufzugreifen – lösen sich die Gegenwarten relativ rasch ab. Wie aber sieht das in traditionalen Gesellschaften aus? Für vormoderne Literatur scheint ‚Gegenwärtigkeit' weit schwieriger bestimmbar. Es sind weit längerfristige Zusammenhänge, in die literarische Texte des Mittelalters und der Frühen Neuzeit eingebettet sind. Das lateinische Mittelalter stellt die Geltung der antiken Rhetorik und Poetik nicht in Frage, so weit sich auch die Texte *de facto* von ihren Regeln entfernen mögen. In den volkssprachigen Literaturen, für die das Mittelalter keine explizite Poetik entwickelt, geht es um variierende Wiederholung, um das *erniuwen* (so der häufige Terminus) dessen, was schon einmal vorformuliert wurde.[6] Der Renaissance-Humanismus entwirft zwar in Auseinandersetzung mit der Literatur der Antike eine Poetik, aber durch die Prinzipien *imitatio* und *aemulatio* kanonischer Werke ist der Traditionsbezug eines Werks das entscheidende Kriterium seiner Bewertung, nicht seine Neuheit.[7] Versuche, das Modell des

---

6 Franz Josef Worstbrock: Wiedererzählen und Übersetzen [1999]. In: Ausgewählte Schriften. Hg. von Susanne Köbele und Andreas Kraß. Bd. 1: Schriften zur Literatur des Mittelalters. Stuttgart 2004, S. 183–196.
7 Grundlegend die Artikel *Aemulatio* (Barbara Bauer) und *Imitatio* (D. de Rentiis) im Handwörterbuch für Rhetorik. Hg. von Gert Ueding. Bd. 1. Tübingen 1992, Sp. 141–187, bzw. Bd. 4, Sp. 235–303.

Formalismus und – daraus abgeleitet – der Rezeptionstheorie auf ältere Literatur zu übertragen (etwa eine dauernde Abfolge von Horizontverschmelzung und -erweiterung zu unterstellen),[8] können zwar einiges aufschließen, sind aber latent immer von Avantgardetheorien, wie sie im frühen 20. Jahrhundert entwickelt wurden, abhängig. Das Neue ist keine zentrale Kategorie älterer Literatur.

Nun machte die herkömmliche Literaturgeschichtsschreibung den Anspruch, Literatur nicht rein immanent als literarische Reihe zu behandeln, sondern in den Kontext ihrer Zeit zu stellen. Auch dann ist das Neue privilegiert. Das Interesse am Neuen ist dem neuzeitlichen Geschichtsverständnis insgesamt eingeschrieben, und Literatur wird als Indikator dieses Neuen gelesen. In einem älteren Beitrag habe ich dies an nationalgeschichtlichen, geistesgeschichtlichen und sozialgeschichtlichen Modellen von Literaturgeschichtsschreibung zu zeigen versucht.[9] Ihnen allen ist gemeinsam, dass sie das Neue privilegieren, ob es nun zur Entwicklung der Nation[10] beizutragen hat, zur Durchsetzung einer geistesgeschichtlichen Bewegung wie der Renaissance führt,[11] der Verabschiedung einer alten und der Durchsetzung einer neuen Weltsicht und Lebensform dient[12] oder den Aufstieg des Bürgertums begleitet.[13] Die Rhetorik des Neuen bestimmt die literaturgeschichtliche Darstellung.

Im Vordergrund stehen deshalb Texte, die Neues erproben oder auf Neues reagieren.[14] Nun ist es gewiss einer Literaturgeschichte angemessen, bislang unbekannte Phänomene besonders herauszustellen. Das scheint erst recht

---

8 Hans-Robert Jauß: Literaturgeschichte als Provokation der Literaturwissenschaft. In: H.-R. J.: Literaturgeschichte als Provokation, Frankfurt/M. 1978 (es 418), S. 144–202; vgl. auch Geschichte der Kunst und Historie. Ebd., S. 208–251.
9 Jan-Dirk Müller: Die Frühe Neuzeit in der Literaturgeschichtsschreibung. In: Entdeckung der frühen Neuzeit. Konstruktionen einer Epoche der Literatur- und Sprachgeschichte seit 1750. Hg. von Marcel Lepper und Dirk Werle. Stuttgart 2011, S. 16–32.
10 Bei Wilhelm Scherer begleitet die Literatur die Entwicklungsgeschichte des Kollektivsubjekts Nation, die endlich zu der bei Goethe in der Titelfigur des *Faust* entworfenen Gestalt findet (Wilhelm Scherer: Geschichte der deutschen Literatur. Hg. von Heinz Amelung. Berlin o. J.).
11 Heinz Otto Burger: Renaissance – Humanismus – Reformation. Deutsche Literatur im europäischen Kontext (Frankfurter Beiträge zur Germanistik 7). Bad Homburg v. d. H. u. a. 1969.
12 Hans Rupprich: Vom Spätmittelalter bis zum Barock. Erster Teil: Das ausgehende Mittelalter, Humanismus und Renaissance 1370–1520. Zweiter Teil: Das Zeitalter der Reformation 1520–1570 (Geschichte der deutschen Literatur von den Anfängen bis zur Gegenwart IV, 1 + 2). München 1970, 1973.
13 Röcke-Münkler: Literatur im Übergang (Anm. 2).
14 Zur Illustration nur einige Titel aus Burgers (Anm. 11) Inhaltsverzeichnis: „Neue Laienbildung und neue Laienfrömmigkeit", „Ersthumanismus", „Der neue Lebensstil", „Neuzeitliche Unrast", „Beginn des ...", „Der erste ...", „Erste Zeugnisse ...", „Erste Autobiographie ...", „Die ersten Rhetoriken" usw. usw. Bei Rupprich (Anm. 12) ist das ähnlich.

einige Plausibilität für die Frühe Neuzeit zu besitzen. Das 16. Jahrhundert ist – nach den großen Entdeckungen in den letzten Jahrzehnten des 15. – das Zeitalter einer ersten kolonialen Expansion Europas. Die Erfindung des Buchdrucks bewirkt nach einer Inkubationszeit von ca. 50 Jahren einen weite Gesellschaftsschichten erfassenden Medienwandel. Die mittelalterliche Bedarfswirtschaft wird durch neue Wirtschaftsformen abgelöst, durch eine kapitalistische Geldwirtschaft, kapitalistische Produktionsweisen, einen die alte Ständegesellschaft übergreifenden Markt. Das führt zu einer Reihe von sozialen Verwerfungen, die sich – teils im Zusammenhang mit der Reformation – in sozialen Unruhen und Bürgerkriegen auswirken. Die Literatur begleitet diese Prozesse, die auf allen Feldern der Kultur, wenn auch keineswegs synchron und keineswegs einsinnig, so aber doch im Ganzen kontinuierlich fortschreiten und der Moderne – genauer müsste man sagen: dem modernen Europa auf dem Weg zur Weltherrschaft – den Weg bereiten.

In diesem Tableau hat die Literaturgeschichte Deutschlands einen prekären Status. In den süd- und westeuropäischen Ländern ist die Frühe Neuzeit eine Epoche des Aufbruchs der Nationalliteraturen: die *tre corone* in Italien, das elisabethanische Zeitalter Shakespeares, das *siglo de oro* in Spanien und das *siècle classique* in Frankreich, während in Deutschland der Aufbruch nicht in der Literatur, sondern in der Religion erfolgt. So müssen Literaturgeschichten, z. B. die Scherers oder Rupprichs, die Vergleichsebenen wechseln und in der Reformation, insbesondere in Martin Luthers Leistung für die deutsche Sprache, ein Äquivalent für die Blüte in den Nachbarliteraturen suchen. Die wittenbergische Reformation ist das Neue, das alle Diskurse in seinen Bann zieht. Für die besondere Geschichte der Literatur bedarf es eines zweiten Gründungsaktes, und da bieten sich in der deutschen Literaturgeschichtsschreibung Martin Opitz und sein *Buch von deutscher Poeterey* (1624) an. Hier zieht die deutsche Literatur mit den übrigen nationalen Renaissanceliteraturen gleich, anfangs noch nicht auf Augenhöhe, doch spätestens mit der Weimarer Klassik diese erreichend, ja überbietend. Hier ist für die meisten literaturgeschichtlichen Überblicksdarstellungen das Ziel erreicht.

Man hat gelernt, solch einer Teleologie zu misstrauen. Das Problem ist, dass die jeweiligen Bestimmungen des Neuen ganz Unterschiedliches meinen, ganz unterschiedliche Ziele im Auge haben und auch schwer zu synchronisieren sind. In dem Maße, in dem die Gegenwart und das Projekt der Moderne problematisch werden und die Zielgerichtetheit der Prozesse, die zu ihr hinführen, zweifelhaft, fragt sich erst recht, ob die Globalkonzepte noch tragfähig sind. Wenn der Richtungssinn der Geschichte nicht mehr notwendig auf ihren Betrachter zeigt, werden die Selektionskriterien brüchig, nach denen er aus dieser Vergangenheit auswählte. Wenn nicht mehr die Kontinuität historischer

Prozesse unterstellt wird, gewinnt das zunehmend an Interesse, was den Zusammenhang stört, möglicherweise folgenlos bleibt oder, von der Gegenwart her betrachtet, in Sackgassen führt.

Die Problematisierung der *grands récits* hat die Frage nach der Geschichtlichkeit von Literatur nicht erledigt. Wellbery zitiert Paul Celan mit dem Satz: „Jedes Gedicht ist datierbar."[15] Damit ist gemeint, dass jedes literarische Werk seine Entstehung einem bestimmten historischen Moment verdankt und seine Bedeutung in Auseinandersetzung mit diesem entfaltet. Literatur ist ans ‚Datum' ihrer Entstehung gebunden. Gewiss darf man ‚Datum' nicht zu eng-temporal verstehen, und gewiss muss Literatur ihr ‚Datum' überdauern können, aber unübersehbar ist der Anspruch, dass Literatur immer einer bestimmten Gegenwart etwas zu sagen haben muss. Das ist weit mehr als die Trivialität, dass Literatur in soziale und kulturelle Zusammenhänge eingebettet ist und in Auseinandersetzung mit diesen ihre Gestalt verändert, sodass nicht immer und unter allen Umständen alles sagbar und jede Form verfügbar ist.

3. ‚Enzyklopädische' Versuche

Wellbery und seine Mitherausgeber schlossen daraus, dass das ‚Datum' eines jeden Werks von diesem ausgehend entfaltet werden muss. Sie entwickelten damit einen Gedanken weiter, der in einigen historischen Überblicksdarstellungen der späten 1980er Jahre erprobt wurde. David Perkins hat ihn unter dem Titel *The Postmodern Encyclopedia* untersucht.[16] Er beruht auf der Einsicht, dass die Aporien der Literaturgeschichtsschreibung, hervorgerufen durch Teleologieverdacht, Kontinuitätsmaxime und selegierende Meistererzählung, einen Gegentypus fordern, der auf genau diese Suggestionen verzichtet. Unter ‚Encyclopedia' ist etwas anderes zu verstehen, als der traditionelle Begriff meinte. Der Anspruch ist gerade kein enzyklopädischer im Sinne von Vollständigkeit, sondern man versucht, von verschiedenen Punkten aus Zugang zur Geschichtlichkeit eines literarischen Textes, eines Autors, eines literarischen Phänomens zu gewinnen. Gemeint ist nicht die möglichst umfassende registrierende Verzeichnung historischen Materials, die einer systematischen Ordnung folgt, in der Regel alphabetisch angeordnet ist und keine durchgehende Verknüpfung der einzelnen Lemmata bietet, sondern eine Addition einzelner, bewusst heterogener, untereinander unabgestimmter historiographischer

---

15 Wellbery: Eine neue Geschichte (Anm. 4), S. 15.
16 David Perkins: The Postmodern Encyclopedia. In: Is Literary History possible? Baltimore/London 1992, S. 53–60.

Darstellungen, die auf eine einheitliche Perspektive und erst recht auf historiographische Strukturierung des Gesamtwerks weitgehend verzichten. „Traditional narrative interrelates and unifies; the encyclopedia can be comprehensive precisely because it does not. Encyclopedic literary histories are sometimes called surveys, and might also called compilations or aggregates."[17] Damit ist das Problem benannt. In einer derart angelegten Literaturgeschichte heißt es programmatisch: „The juxtaposition of these events is designed to produce an effect of heterogeneity and to disrupt the traditional orderliness of most histories of literature."[18] Das gibt dem Benutzer die Freiheit, seine eigenen Verbindungen herzustellen.

Aber reicht das aus? Perkins weist darauf hin, dass damit ein informierter Leser vorausgesetzt ist, der z. B. herkömmliche Kanonisierungen und Periodisierungen schon kennt, die dekonstruiert werden. Die *Columbia Literary History* (1987) und *A New History of French Literature* (1989) formulieren in ihren Vorreden zu Recht den Zweifel an Kontinuität und Ganzheit einer „single, unified story" und am Konzept von Autorschaft.[19] Sie ziehen daraus den Schluss, dass die Herausgeber den Versuch einer Abstimmung der methodisch und theoretisch ganz unterschiedlich angelegten Einzelbeiträge aufgeben müssen. Es gibt nicht das Ganze einer literaturgeschichtlichen Epoche.[20] Indem die Heterogenität und Vielfalt der Vergangenheit dargestellt wird, entsteht zwar kein Bild von Geschichte im traditionellen Sinne, aber ein Panorama des zu einer bestimmten Zeit Möglichen. Freilich bedeutet die Entscheidung Resignation vor der Heterogenität und Nicht-Strukturierbarkeit des Überlieferten. Wenn man dem kritischen Impuls zustimmt, dann bleibt dessen positive Umsetzung defizitär, denn das Ergebnis ist letztlich nicht zu unterscheiden von Sammelbänden, die die Beliebigkeit der versammelten Beiträge unter einem oberflächlich synthetisierenden Titel verbergen. Eine Buchbindersynthese ist aber kein historiographisches Konzept.

Einen Schritt weiter geht in diesem Punkt die in Harvard herausgegebene *Neue Geschichte der deutschen Literatur*.[21] Sie will – dezidiert antienzyklopädisch – nicht ‚summieren' und ‚katalogisieren' und ebenfalls auf die Suggestion von ‚Kontinuität' und ‚Entwicklung' verzichten. Ausgangspunkt der einzelnen

---

17 Ebd., S. 53.
18 Ebd., S. 59; vgl. A New History of French Literature. Hg. von Denis Hollier u. a. Cambridge, Mass. 1989, S. XIX.
19 Nach Perkins: The Postmodern Encyclopedia (Anm. 16), S. 57; vgl. Columbia History of the United States. Hg. von Emory Eliott u. a. New York 1987, S. XXI.
20 Vgl. Perkins: The Postmodern Encyclopedia (Anm. 16), S. 58.
21 Vgl. Wellbery u. a. (Hg.): Eine neue Geschichte (Anm. 4).

Essays ist der ‚eminente Fall', der zwar nicht mehr in einen kontinuierlich fortschreitenden ‚Gang der Geschichte' aufgelöst wird, aber doch Signifikanz für ihn behauptet. Er soll in seiner Besonderheit erörtert werden, daher der Einsatz vieler Beiträge mit einer ‚Anekdote' (ein dem *New Historicism* entlehntes Darstellungsprinzip). Die Auswahl gesteht ihre Partialität ein, daher heiße es **Eine**, nicht **Die** Geschichte. Nach Willen der Herausgeber versucht der Band, „mehr als eine Geschichte zu erzählen; er setzt vielmehr viele Geschichten in Bezug zueinander"; so ergäben sich „unterschiedliche – oft dissonante – Resonanzen", die „unterschiedliche Lektüren ermöglich[en]". Es gehe um „Konstellationen", um „Konfigurationen historischer Tatsachen, die im Moment einer plötzlichen Erkenntnis zusammenschießen".[22] Jeder Leser müsse seinen eigenen Zugang gewinnen; unbelastet von Entwicklungssuggestionen könne er historisch Entferntes miteinander verknüpfen.

Die Abfolge der Beiträge folgt der Chronologie. Die Chronologie ist ein neutrales Raster, vor dessen Hintergrund die ‚Ungleichzeitigkeit' kultureller Phänomene sich abbildet. Das nimmt die Überzeugung auf, dass jeder literarische Text, um noch einmal das von Wellbery angeführte Diktum Celans zu zitieren, ein ‚Datum' hat, das aber nur vom einzelnen literarischen Text her entfaltet werden kann, nicht von übergreifenden Prozessen her. Der Text ist Zentrum eines Netzwerkes von historischen Bezügen literarischer und außerliterarischer Art. Die Reihung einzelner Fälle soll die unabgestimmte Vielfalt solcher Netzwerke dokumentieren. Die Verbindung von einem literarischen ‚Datum' zum anderen wird dagegen nicht thematisiert. Die Darstellungen nehmen Rücksicht auf die Traditionalität vormoderner Geschichte, indem die zeitliche Erstreckung des ‚Datums' wesentlich größer ist als in der Neuzeit. Ausgangspunkt ist das einzelne Werk und seine historische Bedeutung, unabhängig davon, ob es gegenüber älteren Werken ‚neu' ist oder nicht.

Andererseits sind die Probleme des Konzeptes unübersehbar. Sie liegen weniger darin, dass in älterer Literatur die ‚Daten' oft sehr unbestimmt und unsicher sind, außerdem die Dichte der ‚Daten' weit geringer ist als in der Literatur der Moderne; weniger auch darin, dass unter dem Deckmantel des Konzepts in einigen Beiträgen die gute alte Gattungsgeschichte, Institutionengeschichte, Geschichte von Autoren und Autorengruppen u. Ä. Wiederauferstehung feiert. Problematisch sind vielmehr die Auswahl der ‚Daten' und die die Auswahl steuernden Verknüpfungshypothesen.

Die ‚Daten' der einzelnen literarischen Texte verbinden sich allenfalls zu einer äußeren Chronologie. Das chronologische Gerüst, in dem die

---

[22] Ebd., S. 21 f.

Einzeluntersuchungen verortet sind, garantiert ja noch keine Geschichte bzw. kein Geflecht pluraler Geschichten. Gewiss handelt es sich um einen Band, der „dem Material nicht eine einzige Ordnung aufzwingt", aber eine „Geschichte" ist er allenfalls in dem Sinne einer „veränderlich[en] Gruppierung, die sich mit jeder Lektüre neu ordnet und neu gruppiert",[23] sodass historischer Zusammenhang nur im Kopf jedes einzelnen Lesers entsteht. Diese Ordnung ist mithin völlig kontingent, und sie setzt einen schon historisch instruierten Leser voraus.

Der zweite Einwand ist noch gewichtiger. Er betrifft das Kanonisierungsproblem. Die Elemente sind vorgegeben, ohne dass das Geschichtskonzept, dem sie sich verdanken, dem Leser durchschaubar wäre. Indem Wellbery und seine Mitherausgeber von einzelnen historischen Konstellationen ausgehen wollen, in denen sich die Essenz einer Epoche mit einem literarischen Werk verbindet, die in ihm verdichtet werden, folgen sie unausgewiesen mehr oder minder traditionellen Kanonisierungen, blenden aber die üblichen Entwicklungslinien aus, aus denen diese sich rechtfertigen und über deren Angemessenheit allererst noch zu befinden wäre. Die Auswahl ist zwar meist überzeugend, sowohl was einzelne Texte, personale Konstellationen, epochale Auseinandersetzungen (wie den Reuchlinstreit) betrifft, dies jedoch vor allem, weil sie habitualisierten Erwartungen entspricht. Deren Kriterien aber werden nirgends offengelegt.

Wie undeutlich auch immer sind Bilder eines Ganzen vorausgesetzt, das von einzelnen Punkten aus ins Visier genommen wird. Wie käme man sonst dazu, dieses ‚Datum' auszuwählen und nicht jenes? Wie wäre zu entscheiden, dass die eine Geschichte relevant ist, die andere aber nicht? Die Chronologie entlastet nur scheinbar von dieser Aufgabe; implizit sind Bruchstücke der zertrümmerten Meistererzählungen präsent, denn sonst wäre es der reine Zufall, dass der Minnesang Gegenstand eines Essays wird oder dass Goethe, wenn auch von den Rändern seiner schriftstellerischen Existenz her, mehrmals Aufmerksamkeit findet. Insofern profitiert auch dieses Konzept von den Vorarbeiten jener Meistererzählungen, die es verwirft, freilich ohne deren Basisannahme von Ganzheit, Kontinuität und Entwicklung zu folgen.

Für Spätmittelalter und Frühe Neuzeit z. B. werden u. a. ausgewählt der *Ackermann aus Böhmen*, Sebastian Brants *Narrenschiff* und der *Fortunatus*. Diese drei Texte verdanken sich ganz unterschiedlichen Kanonisierungsprozessen und stehen herkömmlicherweise für unterschiedliche historische Tendenzen: für die Entwicklung eines nachmittelalterlichen Menschenbildes, für das Eindringen humanistischer Gelehrsamkeit in die Volkssprache, für die früheste

---

23 Wellbery u. a. (Hg.): Eine neue Geschichte (Anm. 4), S. 24.

Auseinandersetzung mit der frühneuzeitlichen Ökonomie und mit Mechanismen einer frühkapitalistischen Gesellschaft. Das *Narrenschiff* ist überdies das auf dem literarischen Markt erfolgreichste deutschsprachige Werk der Inkunabel- und Frühdruckzeit, in der lateinischen Übersetzung durch Jakob Locher sogar in europäischem Maßstab. Ihre Relevanz verdanken die drei Werke also – die Vereinfachung sei erlaubt – einmal einem geistesgeschichtlichen, einmal einem literatursoziologischen und einmal einem sozialgeschichtlichen Kriterium. Es soll gar nicht bestritten werden, dass es sich um wichtige Texte handelt und dass von ihnen aus komplexe kulturgeschichtliche Zusammenhänge entfaltet werden können, aber einen historischen Zusammenhang, gar einen intertextuellen Dialog unter ihnen gibt es nicht.

Vor- und Nachteile möchte ich an meinen Beiträgen zu diesem Unternehmen verdeutlichen (zum *Nibelungenlied* und zu Gutenbergs Erfindung des Drucks mit beweglichen Lettern):[24] Ich war von dem Anspruch entlastet, beides in eine übergreifende Geschichte – z.B. von Heldenepik und Oralität oder von Medienwandel – zu integrieren und mit anderen, gleichzeitigen Werken und Vorgängen zu koordinieren. Das *Nibelungenlied* wirkt damit erratischer, als es ist. Das Netzwerk volkssprachiger Epik kann bestenfalls punktuell thematisiert werden. Auch folgte ich stillschweigend der Voraussetzung der Herausgeber, dass das *Nibelungenlied* in der Geschichte der deutschen Literatur eine herausragende Bedeutung hat. Im Hintergrund steht ein Kanon, der in diesem Fall möglicherweise auf die Nationalgeschichtsschreibung zurückgeht.

Der andere Fall war leichter. Hier stand eine technik- und mediengeschichtliche Innovation im Zentrum, die erhebliche Auswirkungen auf die Geschichte der Literatur hat. Die Entwicklung und die Folgen dieser Innovation lassen sich erzählen. Was sie aber für Texte wie den *Ackermann*, das *Narrenschiff* oder den *Fortunatus* bedeuten, lag außerhalb meines Horizonts. Es könnte wieder nur von diesen einzelnen Texten ausgehend dargestellt werden. Mein Thema war nicht, wie der Medienwandel auf andere zeitgleiche Phänomene ausstrahlt oder zu ihnen in Beziehung steht, etwa zum Reuchlinstreit, zu Luthers Reformation, zu Hans Sachs usw. Die Fallstudien bleiben voneinander isoliert.

4. Sammeln und Inventarisieren oder Partialgeschichten?

Als enzyklopädisch könnte man auch eine weitere Form historiographischer Darstellung bezeichnen, wie sie sich gerade in der Frühneuzeitforschung

---

[24] Contagious Violence (Nibelungenlied). In: Wellbery u. a. (Hg.): A New History of German Literature (Anm. 4), S. 87–91; An Information Revolution. In: ebd., S. 183–194.

etabliert hat. Die Frühneuzeitforschung wurde lange Zeit von den Selektionskriterien traditioneller Literaturgeschichtsschreibung besonders betroffen. So wurde vom nationalliterarischen Paradigma etwa der Bereich der lateinischen Literatur ausgeblendet. Die geistesgeschichtliche Fokussierung der europäischen Renaissance ließ die frühneuzeitliche Literatur in Deutschland als zurückgeblieben erscheinen, die einzelnen Texte irrelevant. Das Kasualschrifttum fand in einer Geschichte von autonomer Dichtung wenig Platz, und die panegyrischen Elaborate gelehrter Hofleute hatten wenig mit bürgerlicher Emanzipation zu tun. Hier war besonders großer Nachholbedarf. So erklärt sich der Boom der Barockforschung nach dem Zweiten Weltkrieg und seit einiger Zeit das gesteigerte Interesse am 16. Jahrhundert mit dem Bedürfnis, Vergessenes und Verdrängtes zu erschließen.

Dank dieser Vorgeschichte misstraut die Frühneuzeitforschung besonders Entwürfen globaler Entwicklungslinien. Sie hält großen Abstand zu den gegenwärtigen Theoriedebatten über Literaturgeschichtsschreibung. Auf die Unzulänglichkeit der *grands récits* hat sie mit immer kleinteiligerer Ausdifferenzierung der Untersuchungsgegenstände geantwortet, bei gleichzeitiger Suspension großräumiger Annahmen über historische Prozesse. Wo übergreifende Muster der Narration nicht greifen, liegt es nahe, das Überlieferte möglichst vollständig zu verzeichnen. Das geschieht besonders in monographischer Forschung. Doch droht der Versuch, ohne verzerrende Gegenwartsinteressen möglichst alles Überlieferte zu erfassen, historische Prozesse stillzustellen und darauf zu verzichten, Geschichte als In- und Gegeneinander vielfältiger historischer Prozesse zu entfalten. Ganzheit soll quasi additiv erzeugt werden, durch vollständige Inventarisierung.

Diesem Typus gehörte schon Rupprichs Literaturgeschichte an,[25] doch hat sich seit ihrem Erscheinen das Material exponentiell vervielfacht. Rupprich setzt freilich – und das unterscheidet ihn fundamental von postmodernen Auseinandersetzungen mit Geschichte – nicht auf Heterogenität, sondern auf Homogenität. Die Addition ist nur sinnvoll, wenn das zu Addierende grundsätzlich von gleicher Art und gleich wichtig ist. Aus diesem Grund wird die Frage der Relevanz ausgeblendet, denn es gibt keinen Grund, irgendetwas auszuschließen, was es ‚damals gab'. Man kann dieses Programm – ohne diffamierende Untertöne – ‚positivistisch' nennen. Der Positivismus gibt die Gedanken von Kontinuität und Einheit nicht auf, schiebt aber seine Einlösung angesichts der überwältigenden Fülle des Materials hinaus. Er klammert ihn gewissermaßen ein; unausgewiesen steht er freilich im Hintergrund.

---

25 Rupprich: Vom Spätmittelalter (Anm. 12).

Hier sollten Zweifel ansetzen. Die Einsicht in die Heterogenität und Gegenläufigkeit historischer Prozesse gilt für die Frühe Neuzeit nicht weniger als für andere Epochen. Deren unterschiedlicher Verlauf wäre zu erzählen. Die neulateinische Poesie und die gelehrten Netzwerke, in die sie eingelassen ist, komplettieren nicht einfach die traditionelle Literaturgeschichte des 16. Jahrhunderts, indem sie zur volkssprachigen Literatur hinzutreten, sondern sie haben ihre eigene Geschichte, die sich mit der Geschichte religiös-didaktischer Literatur, vor allem aus dem Umkreis der protestantischen Pfarrhäuser, nicht deckt, aber vielfach mit ihr verflochten ist. Ebenso verflochten, aber nicht identisch, ist sie mit der Geschichte des Literaturbetriebs im Umkreis der Höfe und Adelssitze oder der Städte. Einen anderen Kommunikationszusammenhang bildet die Festkultur der Frühen Neuzeit, die von gelehrter Panegyrik bis zu den Werken der Pritschmeister reicht, wieder einen anderen die Unterhaltungsliteratur zwischen Schwanksammlungen und dem *Amadis*.

Relevanzkriterien lassen sich immer nur von den Erkenntnisinteressen der Geschichten her aufstellen, die erzählt werden sollen: Geht es um die Vorgeschichte der Opitz'schen Versreform, dann kann ein gegenreformatorischer Poetaster wie Johann Engerd wichtig werden,[26] geht es um beruflich oder regional basierte Netzwerke von Literaten, dann gewinnen Kasualgedichte Bedeutung, auch wenn sie in ästhetischer Hinsicht nichts als Dutzendware sind, geht es um die Geschichte des Buchs, dann kann das Layout von Kolportageliteratur von Interesse sein. Diese parallel verlaufenden Geschichten sind ebenso wenig zu synchronisieren wie die der verschiedenen Gruppen gelehrter und ungelehrter Träger von Literatur, obwohl sie vielfältig miteinander verknüpft sind. Zu finden wäre also eine mittlere Ebene zwischen ‚Meistererzählung' und historischer Einzelanalyse. Auf dieser mittleren Ebene müssten jene vielen Geschichten angesiedelt werden, von denen Wellbery spricht, Geschichten, die sich durchaus nicht einer einzigen Geschichte subsumieren lassen, sondern mehr oder weniger unabhängig voneinander, mehr oder weniger miteinander verknäult ablaufen.

Kann man nichtteleologisch Geschichte schreiben? Ja, aber nicht Geschichte ohne Richtungssinn. Offenbar gelangt hier der historische Diskurs an eine Grenze, denn es geht doch immer darum, den Weg von einem Zustand zu einem anderen zu erzählen. Jede historische Erzählung hat insofern ein Vorher

---

[26] Jan-Dirk Müller: Volkssprachige Anakreontik vor Opitz? Johann Engerd und seine Experimente zur deutschen Metrik. In: Die Frühe Neuzeit. Revisionen einer Epoche. Hg. von Andreas Höfele/Jan-Dirk Müller/Wulf Oesterreicher. Berlin/Boston 2013, S. 303–329 (Pluralisierung und Autorität 40). Eine kürzere Fassung erschien in: Sonderforschungsbereich 573. Pluralisierung und Autorität in der Frühen Neuzeit. 15.–17. Jahrhundert. Mitteilungen 1/2011, S. 7–14.

von einem Nachher abzusetzen. Allerdings muss der Richtungssinn nicht unbedingt auf die Position des Betrachters zeigen.

Kann Geschichtsschreibung auf die Annahme eines Zusammenhangs der thematisierten Phänomene verzichten? Offensichtlich nicht in dem Wirklichkeitsausschnitt, den sie thematisiert, denn dann könnte sie nur *disiecta membra* feststellen, die sich nicht zu einer Geschichte formen lassen. Allerdings heißt das nicht, dass sich viele solcher Geschichten zu einer einzigen Gesamtgeschichte verbinden müssen.

Kann Geschichtsschreibung auf die Idee von Ganzheit verzichten? Offensichtlich nicht, was die möglichst vollständige historische Kontextualisierung ihres jeweiligen Gegenstandes betrifft. Allerdings bedeutet Ganzheit nicht Homogenisierung aller einzelnen Elemente, sondern Versuch einer Repräsentation des gegenstrebig Heterogenen.

Notwendig ist deshalb offenbar nicht nur die konsequente Abkehr von einer Entwicklungsgeschichte eines Kollektivsubjekts, in dem die deutsche Literatur als Nachkömmling ihrer europäischen Geschwister fungiert, sondern von Meistererzählungen und Synthesen überhaupt, Abkehr nicht nur vom Gedanken einer einsinnigen Entwicklungsperspektive, sondern von der Privilegierung des ‚Neuen' zuungunsten des angeblich überständigen ‚Alten'. Abkehr nicht nur vom Versuch, einen kontinuierlich verlaufenden Prozess zu erzählen, sondern vom Anspruch, die unterschiedlichen kulturellen Kontexte, Kommunikationsgemeinschaften, Wirkungsabsichten als Figurationen einer und derselben Kultur zu deuten, schließlich auch Abkehr von einem Globalphänomen ‚Literatur', deren im Kern mit sich identische Gestalt eine besondere Literaturgeschichte im Wandel der Zeiten zu verfolgen hätte. Es bedeutet, Literaturgeschichte als Geflecht von Partialgeschichten zu schreiben.

In den einzelnen Geschichten ist Literatur Zentrum eines soziokulturellen Netzwerkes. Das bedeutet, dass Kulturgeschichte – entgegen ihren derzeitigen Kritikern – ein Rahmen literaturgeschichtlicher Darstellung sein kann. Das ist kein Plädoyer für die viel geschmähte ‚kulturalistische Wende', insoweit sie literarische Texte als ein Quellenmaterial unter anderen betrachtet, ohne ihren spezifischen Status in Rechnung zu stellen. Ihr hat man zu Recht vorgeworfen, dass ihr der literarische Text abhanden komme (Wilfried Barner).[27] Aber lässt sich die Perspektive nicht auch umkehren? Gemeint ist nicht Kulturgeschichte als Abfolge von ‚Kulturtypen', denen alles Einzelne zu subsumieren ist. Vielmehr schlage ich die Analyse abgrenzbarer kultureller Konstellationen als Bedingungsrahmen für literarische Produktion vor und die Untersuchung

---

[27] Wilfried Barner: Kommt der Literaturwissenschaft ihr Gegenstand abhanden? Vorüberlegungen zu einer Diskussion. In: Jahrbuch der Schillergesellschaft 41 (1997), S. 1–8.

literarischer Texte im Kontext solcher Konstellationen. Diese sollten paradigmatisch für eine bestimmte historische Epoche sein, aber nicht unbedingt als ‚Vorformen von etwas Späterem' betrachtet werden müssen.

Auf diese Weise lässt sich die Einsicht in Heterogenität und Diskontinuität historischer Prozesse historiographisch umsetzen: durch Mikrohistorien, die ihre Partialität nicht verstecken (etwa indem sie sich zur exemplarischen Fallstudie erklären), sondern reflektieren und die sich auf andere Mikrohistorien beziehen. Literarische Texte können als teils gleichgerichtete, teils gegenstrebige Komponenten in einem kulturellen Gewebe beschrieben werden. Je zweifelhafter es ist, ob eine Geschichte *der* Literatur möglich ist, desto unabweisbarer ist die Notwendigkeit, den literarischen Text in seinem historischen Kontext zu erschließen.

5. Drei Beispiele

Ich möchte drei Beispiele für solch mögliche Partialgeschichten nennen. Sie betreffen eigene Versuche. Vor sieben Jahren habe ich ein Buch mit dem Titel *Höfische Kompromisse* veröffentlicht, in dem ich in acht Kapiteln, thematisch geordnet, Konstellationen im höfischen Roman untersucht habe. Ich ging dabei von ‚Erzählkernen' aus, die in den höfischen Romanen immer wieder neu die Phantasie anregten und zur Bearbeitung reizten. Diese Erzählkerne kombinieren bestimmte narrative Muster mit der Abhandlung bestimmter, in der zeitgenössischen Kultur virulenter Probleme.[28]

Es handelt sich also nicht um eine Gattungsgeschichte des höfischen Romans und schon gar nicht um eine Literaturgeschichte höfischer Dichtung oder eine Geschichte der höfischen Laiengesellschaft, in der diese Dichtung entsteht. Es geht auch nicht um die Herausbildung von etwas Neuem, also etwa um die ‚Entdeckung von Individualität'. Die Texte werden nicht als ganze in den Blick genommen, sondern nur bestimmte Konstellationen in ihnen. Die Darstellung bezieht sich ganz überwiegend auf Erzähltexte, hat also einen engen gattungsgeschichtlichen Horizont, ohne die Gattung zum Ausgangspunkt zu machen. Sie greift auf sozial- und mentalitätsgeschichtliche Zusammenhänge aus, wenn es eine der thematisierten Konstellationen aus kulturellen Vorgaben zu erklären gilt. Sie ist um einzelne ‚Erzählkerne' zentriert, diese wiederum um Problemkonstellationen, die auf unterschiedliche Weise narrativ ausgefaltet werden – Genealogie, Identität, Öffentlichkeit, Eheallianz, Liebespassion z. B. Sie will zeigen, wie sich die einzelnen Autoren an diesen Problemen

---

[28] Jan-Dirk Müller: Höfische Kompromisse. Acht Kapitel zur höfischen Epik. Tübingen 2007.

abarbeiten. Der Titel *Höfische Kompromisse* deutet an, dass die für eine höfische Gesellschaft dichtenden Autoren sich bemühen, antagonistische Tendenzen – Vorgaben der Kirche und Vorgaben einer laikalen Adelsgesellschaft zumal – narrativ zu bewältigen, durch Kombination und Überblendung von Erzählmustern, Prozessierung und Abweisung von Alternativen usw. ‚Kompromisshaftigkeit' erscheint als ein Signum höfischer Erzählwelten im Hochmittelalter. Es entstehen Partialgeschichten solcher Erzählkerne: Wie kann unter den Bedingungen der höfischen Gesellschaft und ihrer Geschlechterordnung von einer Liebespassion erzählt werden? Welcher Spielraum eröffnet sich für Einzelmenschlichkeit unter den Bedingungen mittelalterlicher Inklusionsidentität, d. h. der Bestimmung des Einzelnen von kollektiven Ordnungen her? Welchen Raum hat Innerlichkeit zwischen (positiv besetzter) Öffentlichkeit und (negativ besetzter) Heimlichkeit, und wie werden psychische Vorgänge erzählt? Wie kann das feudale Allianzdispositiv mit der höfischen Minnekultur verknüpft werden? Wie ist das christliche Ideal der Jungfräulichkeit mit einer auf Reproduktion angelegten Adelsgesellschaft zu verbinden?

Es kann gezeigt werden, wie in all diesen Fällen mit literarischen Mitteln Lösungen ausprobiert werden, die von den Bedingungen einer historischen Kultur geprägt sind, die sich manchmal später auf gesamtgesellschaftlicher Ebene durchsetzen, aber auch ebenso wieder verworfen werden können. Die einzelnen Partialgeschichten (zu denen andere treten müssten) gehören alle in den Rahmen einer Geschichte der höfischen Erzählliteratur. Es geht nicht um das Neue, nach vorne Weisende, sondern um alternative Formen einer Bewältigung historischer Vorgaben.

Ein zweites Beispiel ist die volkssprachige Literatur des 16. Jahrhunderts.[29] Es steht im Zusammenhang mit der Arbeit im inzwischen beendeten Münchner Sonderforschungsbereich 573 *Pluralisierung und Autorität in der Frühen Neuzeit*. Der SFB hatte sich in allen seinen Projekten gegen Meistererzählungen (‚Zeitalter der Konfessionalisierung') ebenso gewandt wie gegen den Entwurf der Frühen Neuzeit als Vorgeschichte der Moderne (etwa Pluralisierung als Vorgeschichte des modernen Pluralismus) und gegen die Homogenisierung gegenstrebiger historischer Prozesse (daher der auf Gegensätze angelegte Titel *Pluralisierung und Autorität*). In seiner Abschlussphase wollte er kulturelle Konstellationen und ihre Transformationen untersuchen, die abseits von und in Distanz zu den hegemonialen Diskursen und Prozessen liegen. Im Falle meines Teilprojektes waren das literarische Texte, die in der weiteren Literaturgeschichte nicht traditionsbildend fortwirken.

---

[29] Ein Teil der folgenden Überlegungen findet sich auch in Müller: Die Frühe Neuzeit (Anm. 9).

Die deutschsprachige Literatur des 16. Jahrhunderts im Südwesten ist ein solcher Fall. Sie gehört – in der Formulierung der SFB-Präambel[30] – gewissermaßen in den „Windschatten" der Leitdiskurse, in die skizzierten „Räume der Unaufmerksamkeit, in denen die postulierte Normativität jener [hegemonialen] Diskurse entweder unversehens fraglich wird oder bewusst unterlaufen werden kann". Wenn Martin Opitz mit seinem *Buch von deutscher Poeterey* (1624) die volkssprachige Literatur dem späthumanistischen Leitdiskurs anpasst und der deutschen Literatur damit den Anschluss an die west- und südeuropäischen vernakularen Literaturen sichert, verfällt dieser ältere literarische Typus dem Vergessen. Dies hat bis heute dazu geführt, dass er hauptsächlich als defizient gegenüber der nach-opitzschen Literatur und ihrer späthumanistischen Poetologie wahrgenommen wurde: als regellos, als formal und intellektuell anspruchslos.

Ablesbar ist das an der Figur Johann Fischart.[31] Seine Schriften sind nicht traditionsfähig. Aus der Perspektive des Opitz'schen Klassizismus scheinen sie hoffnungslos veraltet. Einer der Mitstreiter von Opitz, Zincgref, nennt sie *einfeltig*; d. h., sie genügen für ihn nicht dem Standard einer an antiken Vorbildern geschulten Renaissancepoesie.[32] Das ist ein teleologisch verzerrtes Fehlurteil, das zudem den ungemein anspruchsvollen, mit gelehrten Anspielungen überladenen, syntaktisch wuchernden Stil Fischarts grotesk verzeichnet.[33] Fischart steht für Zincgref auf der Gegenseite einer zeitgemäßen Auseinandersetzung mit der Antike. Dabei repräsentiert er eine Sonderentwicklung. Sein Werk steckt voll antiker Allusionen; es misst sich an klassischen Vorbildern.[34] Fischarts Interesse an älterer volkssprachiger Dichtung lässt sich durchaus im Sinne eines humanistischen *ad fontes* sehen. Seine Überlegungen, ob und wie diese mit den klassischen römischen und griechischen Mustern wetteifern könnte,

---

30 Vgl. Ludwig-Maximilians-Universität München. Sonderforschungsbereich 573. Pluralisierung und Autorität in der Frühen Neuzeit [15.–17. Jahrhundert]. Finanzierungsantrag für den dritten Förderzeitraum [1. Januar 2008 – 31. Dezember 2011], S. 17–37, hier S. 21.
31 Müller: Die Frühe Neuzeit (Anm. 9), S. 20.
32 Vgl. Zincgref im Anhang seiner Opitz-Ausgabe: ‚Martini Opicii Teutsche Poemata vnd Aristarchus/Wieder die verachtung Teutscher sprach': Auserlesene Gedichte Deutscher Poeten (1624). Gesammelt von Julius Wilhelm Zincgref und hg. von Wilhelm Braune (Neudrucke deutscher Literatur des 16. und 17. Jahrhunderts 15). Halle 1879, S. 3.
33 Zincgref ist an der Ausbildung einer geregelten deutschen Verskunst interessiert. Sein Urteil bezieht sich wohl primär auf die metrisch ungeregelten Acht- und Neunsilbler in Fischarts Versdichtungen: Poesie ist Verskunst.
34 Jan-Dirk Müller: Fischarts Gegenkanon. Komische Literatur im Zeichen der *imitatio*. In: Maske und Mosaik. Poetik, Sprache, Wissen im 16. Jahrhundert. Hg. von Jan-Dirk Müller/Jörg Robert. Berlin 2007, S. 281–321.

haben ihre Entsprechung in der französischen Renaissanceliteratur.[35] Wie einige von deren Matadoren übersetzt auch Fischart den *Amadis*, der Traditionen des spätmittelalterlichen Ritterromans aufnimmt. Für das übliche Epochendenken passt das alles nicht zusammen. Anders ist das, wenn man auf parallele Phänomene in anderen Literaturen schaut. Dann stellt man fest, dass die Verbindung von klassischen und autochthonen Traditionen vor der Durchsetzung des Klassizismus auch anderwärts versucht wurde, dass etwa der französische *Amadis*-Übersetzer Herberay d'Essart sich als neuer Homer feiern lässt: Was literaturgeschichtliche Schubladen sondern, gehört für die Zeit offenbar zusammen. Auch Fischart misst seinen auf volkssprachige Schwanktradition zurückgehenden *Eulenspiegel reimensweiß* und den eine spätmittelalterliche Geschlechtermythologie bearbeitenden *Ritter von Staufenberg* am homerischen Epos. Eine Rekordfahrt Zürcher Bürger nach Straßburg (*Das glückhaft Schiff*) ist ihm zufolge ein zeitgemäßes Pendant der *Argonautica*. Und die didaktische volkssprachige Literatur seiner Zeit wertet er als Äquivalent zur antiken auf, indem er den antiken Musen den reformatorischen Tugend- und Wahrheitsdiskurs gegenüberstellt.[36]

Es entsteht eine volkssprachige Renaissanceliteratur, die nicht klassische Vorbilder nachahmt, sondern unter Betonung ihrer Differenz mit ihnen wetteifert, die insofern das humanistische Prinzip der *aemulatio* aufnimmt, es aber abwandelt. *Aemulatio* impliziert Überbietung.[37] Der Wettstreit bezieht sich keineswegs nur auf die Literatur, sondern ebenso auf die Wissenschaften und die übrigen Künste. Es gibt im deutschen Südwesten einige andere Beispiele dieses seltsamen Amalgams von Traditionspflege und Antikerezeption (Kaspar Scheit, Mathias Holtzwart, die *Amadis*-Übersetzungen, auch Schede Melissus in seinen deutschsprachigen Werken). Diese Versuche sind seit den ersten Jahrzehnten des 17. Jahrhunderts nicht mehr traditionsfähig und erscheinen aus der nachopitzschen Perspektive als Irrweg. Was *ex post* als schlicht, ungelenk, manchen gar als ‚volksmäßig' gilt, verdankt sich aber einem Postulat der Renaissancepoetik, einer *aemulatio*, die nicht von Ähnlichkeit, sondern von Unähnlichkeit ausgeht. Spätestens um 1610/1620 reißen solche Bemühungen ab, forciert noch

---

35 Jan-Dirk Müller: Viele neue Homere: Alte contra neue Autoritäten. Das volkssprachige Epos und die Antikerezeption. In: Die Frühe Neuzeit. Revisionen einer Epoche. Hg. von Andreas Höfele/Jan-Dirk Müller/Wulf Oesterreicher. Berlin/Boston 2013, S. 229–253.
36 Müller: Gegenkanon (Anm. 34), S. 315 f.
37 Wie umfassend dieses kunsttheoretische Prinzip verstanden wird und auf wie viele Felder, jenseits der Antikerezeption es sich erstreckt, belegt der Band Aemulatio. Kulturen des Wettstreits in Text und Bild (1450–1620). Hg. von Jan-Dirk Müller u. a. (Pluralisierung und Autorität 27). Berlin 2011; vgl. vor allem die Einleitung von Jan-Dirk Müller und Ulrich Pfisterer: Der allgegenwärtige Wettstreit in den Künsten der Frühen Neuzeit, S. 1–32.

durch die politisch-militärischen Ereignisse, die im frühen 17. Jahrhundert die einstige kulturelle Kernlandschaft in Südwestdeutschland an die Peripherie rücken. Die meisten Autoren und Werke verschwinden aus der Literaturgeschichtsschreibung oder werden in ihr abgewertet.

In literaturgeschichtlicher Perspektive wäre Fischart also nicht als überragende Einzelfigur zu sehen, als Repräsentant nur des späthumanistischen Manierismus, sondern müsste als Akteur in einem weitverzweigten Netzwerk von Institutionen, Berufsgruppen, kulturellen Austauschprozessen betrachtet werden. Er könnte ins Zentrum einer Partialgeschichte rücken, die nicht von einer großräumigen Epoche, sondern von besonderen historischen Konstellationen ausgeht. Zu dieser gehört die südwestdeutsche Literaturlandschaft um kleine Höfe (Heidelberg, Mömpelgard) und Reichsstädte (die elsässische Dekapolis), die Universitätsstadt Basel, gehören die kulturellen Kontakte mit dem Nachbarn Frankreich und der reformierten Schweiz, gehören die konfessionellen Spannungen zwischen Katholiken, Lutheranern und Reformierten, die, anders als im 17. Jahrhundert, noch nicht zugunsten einer Konfession aufgelöst sind, gehören Literaten in unterschiedlichen Berufsrollen, Verleger und Drucker, Mäzene, Dissidenten aus ganz Europa, ein mehrsprachiges literarisches Publikum.

An diesem Netzwerk ist nur besonders deutlich erkennbar, dass eine auf Teleologie und Synthese ausgerichtete Literaturgeschichtsschreibung Wesentliches ausblenden muss. Die Privilegierung des Neuen stößt in der zweiten Hälfte des 16. Jahrhunderts an ihre Grenze, wenn das Neue nicht mehr Voraussetzung des noch Neueren ist. Und das Interesse an großräumigen Zusammenhängen wird frustriert, wo es viele unabgestimmte Netzwerke, plurale Konstellationen und gegenläufige Autorisierungsversuche gibt. Damit wird einerseits der Blick frei auf Besonderheiten der volkssprachigen Literatur in Deutschland, die sich dem allgemeinen Trend entziehen, ohne dass sie von deren Standards her als minderwertig abgewertet werden müssten, andererseits auf ihre Verflechtungen mit übergreifenden europäischen Konstellationen und schließlich auf die Erkenntnis untereinander unabgestimmter mikrologischer Strukturen.

Ein drittes Beispiel: Zusammen mit französischen Kollegen aus verschiedenen Philologien untersuchen wir die Ausbildung der west-, süd- und mitteleuropäischen Volkssprachen vor der Standardisierung in den verschiedenen europäischen Nationalsprachen. Wir untersuchen die wechselseitigen Austauschprozesse zwischen ihnen, besonders in den Kontaktzonen der Grenzräume, und Räume der Mehrsprachigkeit wie Handelsmetropolen oder Regierungszentren mehrsprachiger Reiche.[38] Uns geht es nicht um das Ziel (die Nationalsprachen),

---

[38] Das Projekt EUROLAB: laboratoire des langues vernaculaires dans l'europe de la Renaissance wird von deutschen französischen und niederländischen Forschungsinstitutionen

sondern um die vielfältigen geplanten und ungeplanten Experimente, die deren Ausbildung vorausgingen. Diese betrachten wir in verschiedenen Typen von ‚Laboratorien'. Unser Begriff des Laboratoriums unterscheidet sich von dem der Naturwissenschaften. Er meint Räume der Verdichtung von Auseinandersetzungen mit eigenen und fremden Sprachen und des Amalgamierens unterschiedlicher kultureller Traditionen. Anders als in naturwissenschaftlichen Laboratorien werden in diesen Räumen nicht durch gezielte Manipulation besondere Bedingungen hergestellt, sondern solche Bedingungen haben sich quasi naturwüchsig ergeben, freilich so, dass sie – ähnlich wie ein Laboratorium – ideale Voraussetzungen für das Erproben von Neuem bereitstellen, wie sie anderswo nicht existieren. Dieses Neue ist jedoch nicht vorweg teleologisch selegiert.

Als Laboratorien in diesem Sinne haben wir uns zunächst Druckeroffizinen in bestimmten Räumen vorgenommen (die als ‚künstlicher' Arbeitszusammenhang dem Typus naturwissenschaftlicher Laboratorien nahekommen).[39] Es folgten Höfe in Kontaktzonen zwischen unterschiedlichen Kulturen sowie Handelszentren und berufsspezifische Kommunikationskreise, die unterschiedliche Sprachen und Kulturen zusammenführen. Untersucht werden regional, sozial und institutionell definierte Netzwerke von Druckern, Literaten, Gelehrten, Auftraggebern, im Umkreis bestimmter Offizinen, eines territorialfürstlichen Zentrums oder in bestimmten sozialen Milieus, in denen die Volkssprachen mehr oder minder bewusst gepflegt, standardisiert und gegeneinander profiliert werden. Es geht um diese jeweils besonderen Konstellationen, nicht um das, was sich in der Geschichte der Nationalsprachen schließlich durchsetzt.

Das Thema der Volkssprachen ist begrenzt ebenso wie das der Erzählkerne in höfischer Epik. Doch von solch begrenzten Problemkonstellationen lassen sich weite Perspektiven eröffnen. Die Hoffnung ist, dadurch den Besonderheiten vormoderner Literatur näher zu kommen als mit der chronologischen Reihung weniger kanonischer Texte (deren Kanonisierung meist nicht hinterfragt wird) und der Beschränkung auf einige angeblich ‚neue' Errungenschaften. Natürlich muss jede historische Darstellung einen Richtungssinn voraussetzen, doch soll dieser Richtungssinn nicht von dem her bestimmt werden, was sich letztlich durchsetzt, sondern ist in den einzelnen Partialgeschichten aufzusuchen, und zwar *a forteriori* dann, wenn sie sich nicht fortsetzen und als nicht anschließbar erweisen.

---

gefördert. Zu den unten zu beschreibenden Themen wurden in Lille, München und Paris Kolloquien veranstaltet, deren Ergebnisse in einer Buchreihe festgehalten werden sollen.

39 Erste Ergebnisse sollen 2014 in einem Sammelband bei Droz in Genf erscheinen (Les ateliers d'imprimeurs, lieux d'expérimentation des langues vernaculaires en Europe [fin XVe – XVIe siècles] – Die Druckeroffizinen als Laboratorien der Volkssprache in Europa [Ende 15. – 16. Jahrhundert]).

Ralf Bogner
Literaturgeschichte in Werkeinheiten

Zu einem Handbuch des Kanons der deutschsprachigen Literatur

1.

Dieser Beitrag skizziert die konzeptionellen Grundlagen eines literarhistorischen Handbuchs, das unter dem Arbeitstitel *Kanon der deutschsprachigen Literatur* für die Wissenschaftliche Buchgesellschaft in Darmstadt erarbeitet worden ist. Es ist 2009 gegen den erfolglosen Protest von Herausgeber und Autoren unter dem vom Verlag oktroyierten Titel *Deutsche Literatur auf einen Blick* erschienen[1] und bietet eine chronologische Sammlung von werkbezogenen Einzelartikeln zu 400 herausragenden Texten aus 1200 Jahren Literaturgeschichte.

2.

Die Basis für ein solches Handbuch bildet die Vorstellung, dass jede Kultur über ein literarisches Gedächtnis verfügt. Sie speichert darin ein ganz bestimmtes Reservoir an Texten. Dabei handelt es sich nicht um alle in einer Kultur – sei es mündlich, schriftlich oder in welcher medialen Form auch immer – überlieferten Werke, sondern um eine spezifische, bevorzugte Auswahl daraus, einen Kanon. Mittels verschiedener, äußerst heterogener Wertungskriterien werden aus dem Gesamtbestand der literarischen Überlieferung gewisse Texte herausgehoben und für besonders erinnerungswürdig befunden. Alle übrigen Werke werden hingegen vergessen, genauer gesagt: vergessen gemacht, verdrängt, ausgesondert. Sie werden nicht mehr öffentlich vorgetragen, nicht mehr gehört, nicht mehr nachgedruckt, nicht mehr gelesen. Sie gehen unter, verstauben in den Archiven – wenn sie denn überhaupt noch irgendwo aufbewahrt bleiben.

Dieses literarische Gedächtnis ist nun keineswegs stabil, es bleibt nicht konstant. Das gilt nicht allein deswegen, weil, solange eine Kultur lebendig

---

[1] Deutsche Literatur auf einen Blick. 400 Werke aus 1200 Jahren. Ein Kanon. Hg. von Ralf Bogner. Darmstadt 2009.

und kreativ ist, neue Texte hinzukommen. Vielmehr arbeitet das literarische Gedächtnis unausgesetzt am Bestand der kanonisierten Werke. Es ergänzt sowohl neue Texte aus der Gegenwart als auch solche aus der Vergangenheit, derer es sich wieder erinnert, und es verdrängt dafür anderes, was bisher zu seinem Bestand gehört hat. Die ständige Bewegung im Kanon besitzt eine gewisse Eigengesetzlichkeit, folgt bestimmten charakteristischen Mustern. Re-Kanonisierungsprozesse beispielsweise gehorchen regelmäßig spezifischen rituellen Abläufen, etwa anlässlich von Jubiläen. Auch ist der Blick des literarischen Gedächtnisses auf die jüngere und jüngste Vergangenheit typischerweise wesentlich weniger selektiv als auf weit zurückliegende Epochen. Reich ist die Auswahl an kanonisierten Texten aus den letzten Dezennien, während ganze Jahrhunderte, wenn sie nur lange genug vergangen sind, mit nur wenigen Texten im Kanon repräsentiert sind. Freilich ist die Auswahl an älteren Werken im literarischen Gedächtnis auch viel geringeren Veränderungen unterworfen. Manche Texte können sich gar über Jahrhunderte hinweg im Kanon behaupten.

Veränderungen im Kanon resultieren in vielen Fällen aus den Eigengesetzlichkeiten der Bewegungen im literarischen Gedächtnis, sind häufig aber auch Konsequenz von Handlungen konkreter Akteure auf dem Feld der Kultur. Die verschiedensten Einzelpersonen, gesellschaftlichen Gruppen und Institutionen versuchen in vielfältiger Weise auf Kanonisierungsprozesse Einfluss zu nehmen – mit mehr oder weniger Erfolg: Literaturkritiker prophezeien zum Beispiel einer Neuerscheinung den Eingang in den Höhenkamm der bedeutendsten Werke, Literaturredakteure wollen durch skandalöse Enthüllungen über einen Autor die Ent-Kanonisierung von dessen Texten bewirken, oder ein Nekrolog-Schreiber, der einen eben verstorbenen Schriftsteller würdigt, dekretiert katalogartig, welche Teile von dessen Œuvre mutmaßlich langfristig ‚bestehen' könnten und welche nicht. Eine Jury spricht einem Dichter einen Literaturpreis mit der Begründung zu, dieser habe Bleibendes in der Literatur seines Landes geschaffen. Ein Philologe wiederum findet in einer Bibliothek einen für verschollen gehaltenen Text und ediert ihn mit dem Ziel, ihn alsbald ins literarische Gedächtnis integriert zu sehen. Eine politisch mächtige oder in der Öffentlichkeit besonders anerkannte Person setzt sich für die Verbreitung der Werke eines Autors ein. Oder ein Verlag startet schließlich eine große Werbekampagne zur Wiederentdeckung eines vorgeblich zu Unrecht vergessenen Autors. Auch alle diese Kräfte wirken auf das literarische Gedächtnis ein und prägen dessen ständige Veränderungen mit.

Viele, die in Kanonisierungsprozesse eingreifen möchten, stellen das literarische Gedächtnis – im paradoxen Widerspruch zu ihrem eigenen Handeln – als etwas Ewiges, Unverrückbares, sozusagen in Stein Gemeißeltes dar. Das Gegenteil ist der Fall, wie man leicht feststellen kann, wenn man sich mit der

Auswahl an kanonischen Werken auseinandersetzt, welche in anderen Epochen getroffen worden ist. Gleiches gilt für die Kriterien, die angeblich die Aufnahme eines Textes in das literarische Gedächtnis begründen. Die kanonisierten Werke werden demgemäß den höchsten Ansprüchen gerecht, es sind mutmaßlich die besten, die schönsten, die poetisch avanciertesten Texte – und zwar über alle Zeiten, Trends und Moden hinweg. Richtig jedoch ist dagegen, dass gerade die sich permanent ändernden ästhetischen Leitvorstellungen massiv zu den ständigen Bewegungen im Kanon beitragen. Während gestern noch das Frühwerk eines Dichters als bedeutend gefeiert wird und seine späteren Texte verachtet werden, wird schon morgen die gänzlich umgekehrte Wertung allgemeiner Konsens und das literarische Gedächtnis entsprechend umgestellt, natürlich in der festen Überzeugung, diese neue Sicht der Dinge sei nun für alle Zeiten gültig. Schließlich ist auch zu unterscheiden zwischen den Maßstäben, die manifest formuliert werden, um die Kanonisierung eines Textes argumentativ einsichtig zu machen, und den vielerlei Kräften, die am und im literarischen Gedächtnis arbeiten und alles andere als vernünftig begründbar und klar nachzuvollziehen sind. Maßgeblich für die Aufnahme eines Textes in den Kanon sind nicht allein ästhetische Gründe, sondern daran sind mindestens in genauso großem Umfang irrationale Meinungsbildungsprozesse, Strategien medialer Machtausübung, erfolgreiche Werbekampagnen und Marktmechanismen beteiligt.

Das ändert nichts daran, dass für die Menschen einer bestimmten Zeit die von ihnen kanonisierten Werke für die besten und schönsten gehalten werden. Gerade diese Texte haben die Menschen einer Epoche im literarischen Gedächtnis zusammengestellt, weil sie ihre kulturelle Identität darin wiederfinden. Zwei Generationen später zeigt sich der Kanon ebenso wie die kulturelle Identität, die ihn trägt bzw. an welcher er teilhat, bereits verändert. Die Leserinnen und Leser sehen nun in einer etwas anderen Sammlung von Werken die repräsentative Auswahl aus der literarischen Überlieferung und erkennen sich und ihre kulturellen Leitvorstellungen und Bedürfnisse im nunmehr veränderten Kanon wieder. Viele Texte sind ausgewechselt, viele andere sind im literarischen Gedächtnis erhalten geblieben.

Texte verharren über längere Zeit im Kanon, weil sie einerseits mit langfristigen Konstanten einer Kultur korrelieren. Auf der anderen Seite aber werden sie immer wieder neu gelesen und mit anderem, bislang ungekanntem Sinn belegt. Und dies sind keine nachträglichen Fehldeutungen. Literatur bleibt nur lebendig, wenn sie unter anderen Gegebenheiten und in bis dahin nicht an sie gestellten Herausforderungen neuen Sinn gewinnt, neue Bedeutungen eröffnet. Und ein literarisches Gedächtnis, das sich verändert, das die einen Texte vergisst und sich anderer erinnert, ist nicht ein Warnsignal für einen Verlust von althergebrachten Werten, sondern ein Zeichen für eine produktive und vitale Kultur. Die Beweglichkeit, die ständigen Veränderungen des Kanons bedeuten freilich keineswegs, dass derselbe in seiner wesentlichen Substanz zu einer bestimmten Zeit umstritten wäre. Im Gegenteil, die Angehörigen einer Kultur vereint – bei allen kleineren Differenzen – ein nachgerade verblüffender Konsens über die als zentral und unverzichtbar eingeschätzten Werke der literarischen Überlieferung. Jede Gesellschaft besitzt eben ein gemeinsames literarisches Gedächtnis.

3.

Es gibt nicht nur ein oder ‚das' literarische Gedächtnis einer Zeit, sondern verschiedene Reservoirs an kanonisierten Werken. Nationen bilden einen Kanon, Sprachräume, Kontinente, nicht zuletzt die menschliche Kultur insgesamt in der Form der sogenannten Weltliteratur. Es gibt ‚Klassiker' in vielerlei literarischen Gattungen und künstlerischen Genres, z. B. die bekanntesten Liebes- oder Kussgedichte oder die berühmtesten Literaturverfilmungen, und es gibt zentrale Texte der Fachliteratur – etwa viele Jahrzehnte lang maßgebliche Aufsätze in einer bestimmten wissenschaftlichen Disziplin – oder Standardwerke auf den unterschiedlichsten Sachgebieten, sei es das Schachspiel oder die Kochkunst.

Ein Handbuch des Kanons einer bestimmten Kultur beschreibt einen bestimmten Teil von deren aktuellem literarischem Gedächtnis. Aufgabe des Handbuchs *Deutsche Literatur auf einen Blick* ist es, den für die Gegenwart gültigen Kanon der deutschsprachigen Literatur zu versammeln. Dies impliziert eine Reihe von bedeutsamen Abgrenzungen. Gemeint mit dem Kanon der Literatur ist die sogenannte Schöne Literatur oder Belletristik. In der Literaturwissenschaft ist die genaue Definition dieses Begriffs und seines Gegenstandes nicht unumstritten. Man hat sich trotz jahrzehntelanger Diskussionen nicht darauf einigen können, was denn präzise die Schöne z. B. von der unterhaltenden Literatur unterscheidet. Jedem literarisch interessierten Leser aber ist die Differenz zwischen der Lektüre eines dadaistischen Gedichts und eines Romans von Karl May intuitiv eindeutig klar. Die Texte der Schönen Literatur sind nicht allein fiktional – das ist auch eine Eigenschaft von Ärzteromanen im Groschenheft –, sondern zugleich u. a. mit avanciertem poetischem Anspruch verfasst, sie sind ästhetisch ambitioniert, selbstreflexiv und gestalten Form um der Form willen.

Die zentralen Werke in deutscher Sprache mit genau diesem Anspruch versammelt der Band zum Kanon der deutschsprachigen Literatur. Die entsprechenden Definitionen sind – wie gesagt – nicht gänzlich ohne Widerspruch geblieben, aber dennoch breiter Konsens. Damit sei zugleich nicht bestritten, dass es manche Texte gibt, die nicht letztgültig dem einen oder dem anderen Bereich zuzuordnen sind. Aber die Geisteswissenschaften können und wollen für sich gar nicht in Anspruch nehmen, jedes einzelne literarische Phänomen letztgültig zu definieren und zu klassifizieren – eine solche Philologie wäre nicht mehr eine neugierige, innovative, produktive Wissenschaft, sondern ihr eigenes Todesurteil. Wenn für den Band *Deutsche Literatur auf einen Blick* der Kanon der Schönen Literatur von den Klassikern der Unterhaltungsliteratur abgegrenzt wird, sind damit jedoch keine – im schlechten Sinne bildungsbürgerlichen – Vorbehalte oder Abwertungen von angeblicher Trivialität impliziert, vielmehr nur zwei unterschiedliche Bereiche des literarischen Gedächtnisses voneinander getrennt. Ein Handbuch zum Kanon der zentralen Werke der Unterhaltungs- und Trivialliteratur wäre eine ganz eigene Unternehmung gewesen.

4.

Desgleichen sind eine Reihe weiterer Abgrenzungen unabdingbar – teils schmerzliche Entscheidungen, ohne die ein Handbuch nicht in überschaubarer Zeit und in einem vom Verlag mitgetragenen Umfang zu realisieren ist. Der Band *Deutsche Literatur auf einen Blick* kann auch nicht den Kanon des Kinder- und Jugendbuches, des Opernlibrettos oder der Literaturverfilmung präsentieren. Ausgeschlossen müssen auch die Gebrauchsformen bleiben, der Traktat, die Predigt, das Tagebuch, der Reisebericht. Auch wenn viele dieser Texte poetische Elemente aufweisen und ihre Autoren oft großartige Stilisten sind, gehören diese Werke dennoch nicht zum Kernbestand des belletristischen Kanons – ihre Bedeutung als wichtige Gegenstände der germanistischen Forschung ist damit ja nicht bestritten. Ebenso wenig ist es möglich, die großen Übersetzungsleistungen in die deutsche Sprache sowie bedeutende literaturkritische und essayistische Werke in eine knappe chronologische Darstellung der wichtigsten Werke der Belletristik aufzunehmen. Gleiches gilt nicht zuletzt für die entscheidenden Poetiken der deutschen Literaturgeschichte.

Das Handbuch ist schließlich dem Kanon der schönen Literatur in deutscher Sprache gewidmet. Damit werden nicht die enorm wichtigen Traditionen der poetischen Produktion von Autoren mit deutscher Muttersprache in anderen Sprachen geleugnet. Sie müssten jedoch ebenfalls Gegenstand eines eigenen Nachschlagewerks sein. Insbesondere die bedeutsamen Leistungen zahlreicher Autoren aus dem deutschsprachigen Raum auf dem Gebiet der mittel- und neulateinischen Dichtung wären in einem Handbuch mit europäischem Zuschnitt zu würdigen.

5.

Das literarische Gedächtnis ist keine Erfindung der Literaturwissenschaft, sondern ein empirisch greifbares Phänomen, das sich in unterschiedlichster Weise manifestiert: Der Abt eines wohlhabenden mittelalterlichen Klosters beispielsweise lässt eine Reihe von kostbaren Handschriften mit den erstrangigen literarischen Werken anfertigen. Ein renommierter Verlag gibt eine Klassikerbibliothek heraus. Ein durchschnittlicher Deutscher wiederum wird die Frage, ob die Lektüre von Johann Wolfgang von Goethes *Faust* zur Allgemeinbildung (und der Text damit zum Kanon) gehöre, in aller Regel bejahen. Er wird aber verneinen, dass Heinrich Heines *Faust*-Dichtung denselben Stellenwert besitze. Demnach gibt es die unterschiedlichsten, signifikanten Indikatoren dafür, welche der überlieferten Texte dem lebendigen literarischen Gedächtnis zuzurechnen sind – und welche nicht –, und der Kanon lässt sich somit empirisch verifizieren.

Die in *Deutsche Literatur auf einen Blick* vorgenommene Zusammenstellung von kanonisierten Texten entspringt daher nicht Willkür und Geschmacksempfinden von Herausgeber oder Verlag, sondern einer breit angelegten Datenauswertung. Grundlage dafür sind diverse Quellen, anhand deren sich die im literarischen Gedächtnis abgelegten Texte signifikant ablesen lassen. Dazu zählen Chroniken der deutschen Literatur in Einzeldarstellungen, Literaturlexika, Literaturgeschichten, literaturgeschichtliche Anthologien, Leselisten im Buchhandel und von Germanistik-Instituten für ihre Studierenden sowie nicht zuletzt die Lektüreempfehlungen in den Lehrplänen für die Schule. Entscheidende Hinweise liefert aber auch die Verlagspolitik, d. h. die Auswahl an Werken, welche überhaupt am Markt sind – möglicherweise sogar in mehreren verschiedenen Ausgaben –, und die Aufnahme von Texten in Klassikerreihen. Wesentliche Indizien ergeben sich schließlich auch aus den verschiedenen weiteren Anzeichen für eine starke Rezeption, etwa der anhaltenden Aufführung eines Dramas auf zahlreichen Bühnen oder der Übersetzung eines Textes in mehrere andere Sprachen.

Sichtet man alle diese Quellen, ergibt sich rasch eine auffällige Schnittmenge an Werken, welche immer wieder in Listen genannt werden und in verschiedenster Form in der Öffentlichkeit präsent sind, anders gesagt, beginnen sich klare Konturen des lebendigen literarischen Gedächtnisses abzuzeichnen. Zählt man die Nennungen einzelner Texte in den verschiedenen Quellen zusammen und erstellt eine numerisch gereihte Liste der am häufigsten auftauchenden Werke, ergeben sich manche Grenzfälle, in denen der Herausgeber eines Handbuchs nach pragmatischen Gesichtspunkten entscheiden muss. Sind eine Epoche oder eine literarische Gattung mit anderen Werken zahlenmäßig eher gering vertreten, gibt es für die Aufnahme eines solchen Grenzfalles in das Handbuch gute Gründe. Ist andererseits ein Autor – etwa Goethe – bereits mit mehreren anderen Werken vertreten, kann unter Umständen gegen die Aufnahme eines weiteren seiner Texte entschieden werden. Hier eröffnen sich an etlichen Stellen Ermessensspielräume, innerhalb deren ein Herausgeber Entscheidungen treffen und verantworten muss. Das ändert aber nichts daran, dass ein solides, empirisch fundiertes Kanon-Handbuch tatsächlich den Grundbestand der deutschsprachigen Literatur aufarbeitet, wie er sich aus vielerlei Quellen empirisch ablesen lässt.

Je näher man bei der Konstitution des literarischen Gedächtnisses der Gegenwart kommt, umso geringer werden allerdings die Übereinstimmungen in den ausgewerteten Quellen. Andere Handbücher des Kanons reagieren darauf mit der Strategie, nach 1945 und gar erst nach 1989/1990 jährlich immer mehr Texte zu berücksichtigen, die sich freilich in immer weniger anderen der hier gesichteten Quellen finden. Auf deren empirischer Basis verfährt der Band zum Kanon der deutschsprachigen Literatur genau umgekehrt. Der Herausgeber misstraut allen vorschnellen Jubelrufen der Literaturkritik über mutmaßliche Jahrhundertwerke aus den vergangenen Jahren und hält sich an die klaren Indizien für die Kanonisierung von Texten, welche eben stets eine gewisse Zeit braucht. Der Literaturwissenschaft wird dabei als deskriptiver Disziplin lediglich die Rolle zugestanden, Indizien für die Kanonisierung auszuwerten. Abgelehnt wird dagegen ein normativer Anspruch einer Philologie, die selbst ästhetische Urteile fällt.

Es gibt zu einer bestimmten Zeit im Übrigen erfahrungsgemäß nicht den einen, fix umgrenzten Kanon, sondern – mit einer Metapher gesprochen – einen Kanon in mehreren konzentrischen Kreisen für je verschiedene Zusammenhänge, Bildungsansprüche und Personengruppen. Im Zentrum des literarischen Gedächtnisses findet sich ein elementarer Grundbestand von relativ wenigen Werken, die als absolut herausragende poetische Leistungen angesehen werden, darunter etwa das *Nibelungenlied* oder Gotthold Ephraim Lessings *Nathan der Weise*. Um diesen Mittelpunkt gruppiert sich eine größere Zahl von Werken, die als der eigentliche Kanon der Schönen Literatur deutscher Zunge gelten und die im Band *Deutsche Literatur auf einen Blick* erfasst werden. Sie entsprechen dem Bestand an literarischen Texten, die ein Germanistik-Student am Ende seiner Ausbildung wenigstens kennen und teilweise auch gelesen haben sollte. Jeder Student setzt natürlich – auch entsprechend den Schwerpunkten an der ihn ausbildenden Universität – etwas andere Akzente; der in dem Handbuch dargestellte Textbestand repräsentiert aber doch die Schnittmenge dessen, was insgesamt vom Fach als Kanon angesehen und in der Lehre vermittelt wird. Die Kenntnis dieses Kanons ist natürlich nicht bloß Ausbildungsziel von Fachstudierenden, sondern auch Lesehorizont von unterschiedlichsten

Personen, welche an Bildung und Kultur interessiert sind und sich sukzessive das Wesentlichste der deutschsprachigen Literatur aneignen möchten. Um diesen mittleren oder eigentlichen Kanon herum lagern sich schließlich die weiteren Bestände an literarischen Texten an, deren sich viele Menschen durch immer neue Lektüre erinnern, welche aber nicht zum engeren Bereich dessen gehören, was als herausragende literarische Überlieferung begriffen wird. Dieser Bereich kann und soll in *Deutsche Literatur auf einen Blick* nicht erfasst werden, er ist Gegenstand von groß angelegten Fachlexika der Germanistik.

6.

Ein Handbuch des Kanons in Einzeldarstellungen erfordert – anders als eine Literaturgeschichte – keine intensiven Überlegungen zur Gliederung im Großen. Es präsentiert – sieht man einmal von Datierungsproblemen, etwa bei mittelalterlichen Texten, ab – die einzelnen hochkanonisierten Werke in für sich stehenden Segmenten und in chronologischer Abfolge.

Problematischer ist hingegen die Frage der Strukturierung des Artikels zu einem einzelnen Werk. Hier ist auf jeden Fall ein gewisser Grad an Standardisierung zu beanspruchen. Der Benutzer findet daher stets dieselbe Art von Information in einem Artikel an derselben Stelle abgelegt. Der Artikelkopf bietet die Datierung des Textes, den Autornamen – falls bekannt – und den Werktitel. Es folgen in der 1. Informationsposition Angaben zur Überlieferung. Hier finden sich kurze Auskünfte darüber, in welcher Form der Text auf die Nachwelt gekommen ist, z. B. in welchen Handschriften oder in welchem Erstdruck. Die 2. Informationsposition bietet die Zuordnung des Textes zu einer literarischen Gattung. Die 3. und in den meisten Artikeln längste Informationsposition liefert Angaben zu Inhalt, Thema und Aufbau des jeweiligen Werkes. Hier werden z. B. die Figurenkonstellation und die Handlung eines Dramas oder die wichtigsten inhaltlichen Schwerpunkte und Gestaltungsweisen eines Gedichtbandes skizziert. Die 4. Informationsposition verortet das Werk knapp im biographischen Kontext seines Autors. Die 5. Informationsposition stellt den Text in seinen größeren werkgeschichtlichen Kontext. Viele Autoren haben neben ihrem bekanntesten Werk, das in den Kanon eingegangen ist, eine Reihe weiterer vielbeachteter Texte verfasst, die an dieser Stelle gewürdigt werden und möglicherweise sogar wesentliche Bezüge zu dem kanonisierten Text aufweisen und dadurch sein Verständnis erhellen. Die 6. Informationsposition vernetzt das kanonisierte Werk innerhalb seines jeweiligen epochalen Kontextes und perspektiviert es in einigen seiner Beziehungen zur Literatur-, Kultur-, Sozial- und Politikgeschichte seiner Zeit. Die 7. Informationsposition skizziert einige

Grunddaten der Rezeption des Textes. In der 8. und letzten Informationsposition wird schließlich eine Ausgabe des Textes zur Lektüre empfohlen.

Die Erarbeitung eines Handbuchs zu hochkanonisierten Texten führt dem Herausgeber unausweichlich die außerordentliche Problematik der Kategorie des Werks vor Augen. In jüngerer Vergangenheit stellen sich hier noch weniger Schwierigkeiten ein als auf dem Gebiet der Vormoderne. Die Literatur der Neuzeit steht nicht nur unter dem Banner des Genie-Kults, sondern auch eines emphatischen Werkbegriffs. Die allermeisten Autoren des 18. bis 21. Jahrhunderts inszenieren bestimmte Texte in der Öffentlichkeit als in sich geschlossene Einheiten und publizieren sie auch, unterstützt von entsprechenden Werbemaßnahmen der Verlage, als solche – selbst noch, wenn sie, wie manche Romantiker, die innere Fragmentarität des Werks kultivieren. Das Publikum schließt sich der Auratisierung des literarischen Werks willig an und feiert einzelne Texte oder Textkonglomerate – einen Roman, einen Novellenzyklus, einen Gedichtband – in der ihnen vom Autor verliehenen Formung als herausragende, sozusagen monolithisch für sich stehende Leistungen.

Im Kanon sind jedoch auch Werke der Vormoderne gespeichert, die niemals in dieser Form als Texteinheiten konzipiert worden sind, so z. B. die durch vielerlei Zufälligkeiten der Überlieferung geprägten lyrischen Œuvres der meisten mittelalterlichen Minnesänger. Dass diese heute als ein Werk begriffen werden, erweist nur einmal mehr den hochgradigen Konstruktionscharakter des literarischen Gedächtnisses in allen seinen Teilen, Ebenen und Strukturen. Nicht bloß der gesamte Kanon ist ein veränderliches Konstrukt der mutmaßlich besten, schönsten, ausgezeichnetsten poetischen Texte, sondern das literarische Gedächtnis selbst partizipiert auch noch an der Konstitution dieser Werke. In dieser Form aber müssen die Werke in ein Handbuch des Kanons eingehen.

7.

Das in der Jahresmitte 2009 erschienene Handbuch hat – dies zeigen die hohen Auflagen- und Verkaufszahlen – großes Interesse beim kaufenden Publikum gefunden. Der Absatz indiziert ein gewisses Bedürfnis nach Präsentation des literarischen Kanons als Teil des kulturellen Gedächtnisses in wissenschaftlich seriöser Art und Weise und in Buchform.

Die fachliche und die feuilletonistische Kritik[2] interessiert sich insbesondere für die getroffene Auswahl und zeigt sich im Großen einverstanden damit –

---

2 Vgl. z. B. die Rezensionen: Frankfurter Allgemeine Zeitung, v. 20.10. 2010 (Hans-Albrecht Koch); Triangulum, Riga, 15 (2009), S. 146–149 (Axel E. Walter); Germanistik, Tübingen, 51, H. 3/4 (2011), S. 704 (Peter Langemeyer).

wieder ein Indiz für den breiten Konsens über den Kanon. In Details gibt es leicht abweichende Vorstellungen; auch eine breite empirische Datenbasis für die Auswahl kann niemals vollständig sein und muss ausgewertet und gewichtet werden. Klagen hingegen, das Handbuch vernachlässige wichtige aktuelle Werke der Gegenwartsliteratur (es schließt mit Bernhard Schlinks Roman *Der Vorleser* aus dem Jahr 1995), verkennen das grundlegende Auswahlkriterium für kanonisierte Werke. Ein Text, der zum Kanon gehört, ist bereits Teil der Geschichte – der Literaturgeschichte jener Werke, die durch Lektüre, Neuinterpretation, produktive Rezeption, symbolische Auszeichnung etc. im kulturellen Gedächtnis gespeichert und lebendig geblieben sind.

Peter Sprengel
Scherer und die Folgen – die erste Generation der ‚Moderne' und die Literaturgeschichte

1. Im eisernen Zeitalter

Der Kritiker Leo Berg veröffentlichte 1888 eine Broschüre unter dem provozierenden Titel *Haben wir überhaupt noch eine Litteratur?* Der negative Befund, zu dem er darin gelangte, stieß in der Presse auf wenig Verständnis und löste auch bei wohlwollenden Kollegen wie dem dänischen Großkritiker Georg Brandes Nachfragen aus – etwa die, ob Berg dabei nicht die Hochkultur der wissenschaftlichen Prosa in Deutschland vergessen habe. In seiner Antwort vom 7. August 1888 verteidigt Berg seine skeptische Diagnose mit Blick auf die Germanistik und andere Fächer:

> Auch in der Wissenschaft hat sich im Augenblick bei uns ein Geist bemerkbar gemacht, der ganz analoge Erscheinungen bietet als unsere schöne Litteratur. Streber- und Kliquenthum, Phrasen- und Schablonenhaftigkeit herrscht auch hier und vielleicht mehr noch als in der Litteratur. Ich bin nicht der einzige, der über die mangelhafte Leistungsfähigkeit der jüngeren Gelehrten entsetzt ist. Ich spreche dabei freilich zunächst von meiner Fachwissenschaft (Ästhetik u. Litteraturgeschichte) sowie denjenigen allgemeinen Disciplinen, mit denen man sich im Allgemeinen beschäftigt und deren Gang man beobachtet und beurteilen darf (Philosophie, Naturwissenschaft). Mit mehreren Freunden u. Berufsgenossen befand ich mich in einem Kaffee, als die Nachricht bekannt wurde, daß der alte Vischer gestorben sei; und wie aus einem Munde entfuhr uns die Frage, wer ist denn jetzt noch in Deutschland, auf den man mit Zuversicht, als auf die letzte Säule der deutschen Ästhetik und Litteratur-Wissenschaft blicken darf? Bald folgte ihm Fechner, Bartsch u. Gödeke, und wenn auch keiner an jenen Heroen heran reichte, so stehen doch die Dinge jetzt so bei uns, daß bei jedem Todesfalle auch von Größen zweiten und dritten Ranges jedesmal eine klaffende Lücke sich aufthut; und mit Bangen, meist mit Schauder verfolgt man, wer dieselbe auszufüllen berufen sein wird. – –[1]

Die beschriebene Kaffeehaus-Szene muss sich im September 1887 abgespielt haben. Der Tod des achtzigjährigen Tübinger Professors und einstigen Linkshegelianers Karl Friedrich Theodor Vischer, des Verfassers der *Kritischen Gänge* und des Romans *Auch Einer!*, betraf primär die philosophische Ästhetik. Ihr

---

[1] Leo Berg: Im Netzwerk der Moderne: Briefwechsel 1884–1891. Kritiken und Essays zum Naturalismus. Hg. von Peter Sprengel. Bielefeld 2010, S. 120 f.

rechnet Berg vielleicht auch den Psychophysiker Gustav Theodor Fechner zu, der immerhin eine *Vorschule der Aesthetik* veröffentlicht hat, wenn er ihn hier nicht einfach als führenden Vertreter einer philosophisch inspirierten Naturwissenschaft ins Spiel bringt. Die Germanistik musste das Ableben des Heidelberger *Nibelungenlied*-Herausgebers Karl Bartsch (im Alter von 56 Jahren) und des Göttinger Bibliographen Karl Gödeke als Verlust verbuchen, mindestens so sehr aber den frühen Tod des Berliner Literarhistorikers Wilhelm Scherer im August 1886 (nach nur 45 Lebensjahren). Eben diesen wissenschaftsgeschichtlich schmerzlichsten Einschnitt lässt Berg völlig unerwähnt – weil er ihn als bekannten Kontext voraussetzt? Oder weil er selbst noch einer älteren Schule verpflichtet ist, die dem methodischen Empirismus der Scherer-Schule fremd gegenüberstand?

Immerhin rekurriert Bergs zentrale These von einem Niedergang der dichterischen Produktion auf ein Theorem, das in der von Scherer mit so nachhaltigem Erfolg weitergeführten nationalen Literaturgeschichtsschreibung des 19. Jahrhunderts eine zentrale Rolle spielte.[2] In seiner *Geschichte der poetischen National-Literatur der Deutschen* (1835–1842) hatte Georg Gottfried Gervinus – wie auch andernorts[3] – mit Nachdruck die Position vertreten, dass die deutsche Literatur im klassischen Jahrzehnt der Zusammenarbeit Goethes und Schillers einen nie wieder erreichbaren Höhe- und Endpunkt erreicht habe. Mit seinen einschlägigen Bekundungen, denen sich Friedrich Theodor Vischer ausdrücklich anschloss,[4] zeichnet Gervinus wesentlich mitverantwortlich für die Inthronisation der Weimarer Dichter-Freunde als Klassiker-„Dioskuren",[5] die damit gleichzeitig in eine zunehmende Distanz zur Gegenwart gerieten. Letztere war für sein Verständnis nämlich wesentlich politisch-gesellschaftlichen Aufgaben vorbehalten; der Dichtung kam in ihr allenfalls eine Nebenrolle ohne nennenswertes Entwicklungspotenzial zu.

Der nachgeborenen Schriftstellergeneration hatte Gervinus damit eine schwere Hypothek hinterlassen. Im späten, mit autobiographischen Elementen durchsetzten (irgendwann im ausgehenden 19. Jahrhundert spielenden)

---

2 Die nationalpolitische Ausrichtung der damaligen Literaturgeschichtsschreibung begründet die Konzentration der folgenden Ausführungen auf den reichsdeutschen Raum. Wie anders sich der Kontakt zwischen Literaturwissenschaft und Moderne in Österreich gestalten konnte, zeigt die imposante Studie von Christoph König: Hofmannsthal. Ein moderner Dichter unter den Philologen. Göttingen 2001.
3 So in den Heidelberger Jahrbüchern der Literatur 1833, zitiert in: Goethe im Urteil seiner Kritiker. Dokumente zur Wirkungsgeschichte Goethes in Deutschland, Teil II: 1832–1870. Hg. von Karl Robert Mandelkow. München 1977, S. 532f.
4 Vgl. ebd., S. XL.
5 So wörtlich in C. F. Meyers Gedicht *Schutzgeister* (1887).

Roman *Im Wirbel der Berufung* (1936) lässt Gerhart Hauptmann den Direktor eines Sommertheaters erklären, dass „der deutsche Boden auf lange Zeit hinaus erschöpft" sei: „[...] solange er und unsre nächsten Nachkommen leben, wird er keine Weimarer Literaturblüte wieder hervorbringen. [...] Gervinus – Sie kennen Gervinus? – hat in apodiktischer Form erklärt, die Poesie sei in Deutschland mit Goethe ein für allemal abgeschlossen."[6] Auch am Schluss seiner Autobiographie (1937) kommt Hauptmann auf die Skepsis des Literarhistorikers zurück, und zwar in prononcierter Form – als läge der eigentliche Sinn seines jugendlichen, in die naturalistische Dramatik mündenden Entwicklungsweges in der Widerlegung einer so unberechtigten Annahme:

> Wie eine Erleuchtung war der Entschluß zu diesem Verfahren eines Tages über mich gekommen. Man wird sich erinnern, wie man mich bedrängt hatte mit der Prophezeiung eines rettungslosen Epigonentums. Hatte doch der famose Gervinus gesagt, das Kapitel der Poesie in Deutschland sei durch Goethe ganz und gar abgeschlossen. Diesen Irrwahn, der meinen Weg wie eine Mauer versperren wollte, hinwegzuräumen, mühte mein Geist sich Tag und Nacht. Ich sah wohl das Epigonentum, sah alle die unfruchtbaren Nachahmer und grübelte nach über die Ursachen ihrer Unfruchtbarkeit. War ich nicht auch auf dem besten Wege dazu?[7]

Es war jedoch nicht nur Gervinus, der Hauptmann zu schaffen machte. Mitgemeint sind hier auch spätere Positionen der Literaturgeschichtsschreibung und insbesondere Scherers sogenannte Wellentheorie, wonach sich in der Geschichte der deutschen Literatur herausragende Blüte-Phasen ausmachen lassen, die durch etwa 600 Jahre Abstand voneinander getrennt sind: vielleicht schon um 600, jedenfalls aber um 1200 und 1800.[8] Eine neue literarische Hochkultur bereits am Ende des 19. Jahrhunderts erschien demnach so gut wie ausgeschlossen. Im *Abenteuer meiner Jugend* steht dafür die Gestalt des „Literaturblütepessimist[en]", der den angehenden – ob seiner hochfliegenden Pläne ohnehin allgemein kritisierten – Kunststudenten zusätzlich entmutigt:

> Da war ein halbgebildeter Mensch, der irgendeine der vielen Literaturgeschichten durchgebüffelt hatte und nun mit einer unverrückbaren Zähigkeit immer wieder behauptete, daß eine literarische Blüte wie die um Goethe frühestens nach einigen hundert Jahren wieder eintreten könne, vermöge eines Gesetzes, an dem nicht zu rütteln sei.[9]

---

6 Gerhart Hauptmann: Sämtliche Werke. Centenar-Ausgabe. Hg. von Hans-Egon Hass u. a. Bd. 1–11. Frankfurt/M. u. a. 1962–1974, Bd. 5, S. 1091.
7 Ebd., Bd. 7, S. 1075.
8 Vgl. Wolfgang Höppner: Das „Ererbte, Erlebte und Erlernte" im Werk Wilhelm Scherers. Ein Beitrag zur Geschichte der Germanistik. Köln u. a. 1993, S. 35–58.
9 Hauptmann: Werke (Anm. 6), Bd. 7, S. 801.

Strenggenommen macht sich der Autobiograph dabei eines gewissen Anachronismus schuldig, denn Scherers Literaturgeschichte sollte in Buchform – und nur diese ermöglichte die Breitenwirkung – erst drei Jahre nach dem Beginn der Breslauer Kunstschulzeit (1880) erscheinen; einzelne Hefte lagen allerdings schon seit 1879 vor. Die pessimistische Prognose, die in Scherers deterministischem Konzept für die damalige Gegenwartsliteratur enthalten war, wurde durch den Abbruch seiner Darstellung mit Goethes Tod (bzw. dem Ende der Arbeit an *Faust*) und einen ‚faustischen' Ausblick auf die Herausforderungen des 19. Jahrhunderts unterstrichen, dessen Tendenz sich kaum vom Vorgänger und Vorbild[10] Gervinus unterschied:

> Wie im dreizehnten Jahrhundert folgt im neunzehnten auf den litterarischen Glanz eine Periode der nationalen Expansion und des wirthschaftlichen Aufschwunges. Und wie damals, so muß auch jetzt die Poesie darunter leiden. [...] Zur gemeinnützigen praktischen Thätigkeit, die Faust erst nach langen Umwegen ergreift, sind heute viele Deutsche von vornherein gestimmt, und günstige Winde schwellen ihre Segel; während diejenigen, die nach Goethes Beispiel leben und Poesie für eine heilige Angelegenheit unseres Volkes halten, gegen Wind und Wetter kämpfen und doppelte Thatkraft einsetzen müssen.[11]

Eine „gegen Wind und Wetter" ankämpfende Gegenwartsliteratur? Nicht umsonst nennt Scherer die literarischen Verfallszeiten „männisch" (im Gegensatz zu den „frauenhaften" Blütezeiten). Ähnliche Assoziationen beschwört Leo Berg, wenn er in seinem allerersten Überblick über die aktuelle kulturelle Situation 1886 vom „eiserne[n] Zeitalter der Litteratur" spricht. Das antike Zeitalter-Schema mit der Trias aus goldener, silberner und eiserner Ära, das sich in der ersten Hälfte des 19. Jahrhunderts einer gewissen Popularität in der Literaturgeschichtsschreibung erfreute,[12] verbindet sich hier – wie teilweise schon bei Gervinus[13] und erst recht bei Bleibtreu[14] – mit Anklängen an militärische oder industrielle Lebensformen:

---

10 Vgl. Scherers Erklärung zu Beginn des Anmerkungsapparats: „Noch weniger wäre ich im Stande, im einzelnen anzugeben, was ich seit nun wohl 27 Jahren [also seit 1856] von Gervinus gelernt, den ich mit immer neuer Bewunderung lese, so viel ich auch Veranlassung finde, ihm zu widersprechen" (Wilhelm Scherer: Geschichte der Deutschen Litteratur. Berlin 1883, S. 723).
11 Ebd., S. 719 f.
12 Vgl. Johann Georg August Wirth: Fragmente zur Culturgeschichte, II. Theil, 1. Abtheilung. Kaiserslautern 1836, S. 57: „Jedermann kennt den Unterschied, den man zwischen dem goldenen, silbernen und eisernen Zeitalter der römischen Literatur macht."
13 Vgl. Georg Gottfried Gervinus: Shakespeare, Bd. 1. Leipzig 1849, S. 67: „[...] unter Elisabeth aber blühte wahrhaft das goldene Zeitalter der erneuerten Wissenschaft und Kunst auf [...] die eiserne Zeit der Bürgerkriege zwischen der rothen und weißen Rose hatte alle Volksbildung zerstört."
14 Vgl. die Wendung von der „preussischen Eisenzeit der Maschine und Kanone" in: Carl Bleibtreu. Revolution der Literatur. Hg. von Johannes J. Braakenburg. Tübingen 1973, S. 53.

> Unsere sozialen Einrichtungen, unsere politischen Zustände und unsere philosophische Weltanschauung geben der Poesie keinen Spielraum. Dampfmaschinen, Polizei und Darwinismus sind unpoetische Dinge. [...] Ganz gewiss, ihr habt recht, Goethe könnte in unseren Tagen nicht mehr gedeihn! Der geringste aber von unseren bedeutenden Poeten würde sich auch in dem Kleinstaat Weimar beengt gefühlt haben. Aber lasset ihn ruhen, den Großen; und wenn einst das neue Drama von der Freiheit der Völker aufgeführt wird und die Kanonen die Musik dazu machen werden, dann prunkt nicht mit ihm [...].[15]

Hegels These von der Prosa des modernen Weltzustands[16] wird hier gleichsam ins *hic et nunc* des späten 19. Jahrhunderts verlängert; zwischen diesem und der Goethezeit tut sich bei Berg eine ähnliche Kluft auf wie bei Hegel zwischen der Gegenwart und der Antike. Umso überraschender, dass der Kritiker gleichwohl die Hoffnung auf eine Wende zum Positiven nicht aufgibt, die er – darin typische Tendenzen des *Fin de Siècle* antizipierend[17] – in die Gestalt eines literarischen Messias kleidet.[18] Für seinen eigenen Bedarf wird Berg einen solchen drei Jahre später in Werk und Persönlichkeit Nietzsches finden, dessen Popularisierung – in einem durchaus nationalkonservativen, auch antifeministischen Verständnis – er einen Großteil seiner späteren Publizistik widmet. In Ermangelung dieser künftigen Perspektive zieht er in seiner Frühschrift, wenngleich zweifelnd und durch das Chaotische der äußeren Erscheinung abgeschreckt, immerhin den Frühnaturalismus oder – in Bergs eigenen Worten – die „jüngste Bewegung in unserer Litteratur" als Hoffnungsträger in Betracht, zumal er sich dabei an die „Sturm- und Drangperiode der siebziger Jahre des vorigen Jahrhunderts, an die Zeiten der Romantiker und Jung-Deutschlands" erinnert fühlt.[19]

2. Ein neuer Sturm und Drang?

Man muss dazu wissen, dass Berg selbst erst wenige Monate zuvor in Berlin den literarischen Verein *Durch!* gegründet hat, der zwar wesentlich kurzlebiger

---

15 Berg: Netzwerk (Anm. 1), S. 195 f.
16 Vgl. Hegels Ausführungen zum Roman als der „modernen *bürgerlichen* Epopöe": „Was jedoch fehlt, ist der *ursprünglich* poetische Weltzustand, aus welchem das eigentliche Epos hervorgeht. Der Roman im modernen Sinne setzt eine bereits zur *Prosa* geordnete Wirklichkeit voraus" (Georg Wilhelm Friedrich Hegel: Vorlesungen über die Aesthetik. Hg. von H[einrich] G[ustav] Hotho, Bd. 3. Berlin 1838, S. 395).
17 Vgl. Gotthart Wunberg: Utopie und fin de siècle. In: Deutsche Vierteljahrsschrift für Literaturwissenschaft und Geistesgeschichte 43 (1969), S. 685–706.
18 So bezweifelt Berg, „daß Keller der Dichtermessias unserer Zeit ist", und schließt mit den Worten: „Aber die Heilande der Welt sind noch immer in der Krippe geboren worden" (Netzwerk [Anm. 1], S. 198, 200).
19 Ebd., S. 198.

war, als allgemein angenommen,[20] aber doch wohl zu Recht als wichtige Plattform für die Konstitution der naturalistischen Bewegung oder, allgemeiner ausgedrückt, der (Berliner) Moderne gilt. Auf einigen stürmischen Herbstsitzungen dieses Vereins wurden im Oktober 1886 zehn Thesen zur Moderne verabschiedet, deren provokanteste sechste lautet: „Unser höchstes Ideal ist nicht mehr die Antike, sondern die Moderne."[21] Die Thesen tragen allerdings weniger die Handschrift Bergs, der sich bei ihrer Verabschiedung eher als Bremser betätigte, denn diejenige des anderen, nämlich Ersten Vorsitzenden des Vereins: Eugen Wolff. Wolff, der wie andere *Durch!*-Mitglieder ein entschiedener Verfechter der Burschenschaftsreform war, hatte in Berlin, Leipzig und Heidelberg Germanistik studiert, promovierte 1886 in Jena und habilitierte sich nur zwei Jahre später in Kiel, wo er ab 1904 einen Lehrstuhl für deutsche Literaturgeschichte bekleidete. Wir haben es bei ihm also schon mit dem zweiten unmittelbar in die Geschichte der Moderne involvierten Literarhistoriker zu tun!

Das zeigt sich denn auch gleich doppelt in der Machart von Wolffs Schrift *Die jüngste deutsche Litteraturströmung und das Princip der Moderne*, die 1888 als Nummer 4 der von Berg und Wolff herausgegebenen *Litterarischen Volkshefte* erschien.[22] Es handelt sich um die Ausarbeitung des Vortrags, den Wolff im September 1886 – einen Monat vor der Verabschiedung der schon genannten Thesen – im Verein *Durch!* gehalten hat;[23] der durchgängig veränderte Text ist jetzt um eine kolloquiale Rahmenhandlung erweitert, die das Vorbild von Tiecks Essay *Goethe und seine Zeit* zitiert.[24] Dieser war 1828 als Vorwort zu der von Tieck veranstalteten dreibändigen Ausgabe der Werke von Jakob Michael Reinhold Lenz erschienen und stellt ein wichtiges Dokument für die Rezeption des Sturm und Drang und gerade dieses ‚unklassischen' Sturm-und-Drang-Autors im Zeitalter der Romantik dar. Eine gesellige Runde einigt sich auf den Vorrang des jungen gegenüber dem klassischen bzw. späten Goethe – Tiecks Dialogessay gibt damit schon die Richtung für die Orientierung vor, die in

---

20 Nämlich schon 1887 ein „klägliches Ende" erreichte (ebd., S. 113).
21 Die literarische Moderne. Dokumente zum Selbstverständnis der Literatur um die Jahrhundertwende. Hg. von Gotthart Wunberg. Frankfurt/M. 1971, S. 1 f.
22 Wieder in: ebd., S. 3–42.
23 Erstdruck unter dem Titel *Die „Moderne". Zur Revolution und Reform der Literatur*; vgl. die Zitate aus der *Deutschen Academischen Zeitung* 1886 in: Adalbert von Hanstein: Das jüngste Deutschland. Zwei Jahrzehnte miterlebter Litteraturgeschichte. Leipzig 1900, S. 76 f.
24 Und zwar ganz wörtlich; vgl. Wunberg: Moderne (Anm. 21), S. 7, 16. Es ist das Verdienst Ariane Martins, in einer subtilen Textexegese die Bedeutung der Tieck-Bezüge herausgearbeitet zu haben; die folgenden Ausführungen verdanken ihr wichtige Erkenntnisse. Vgl. Ariane Martin: Die kranke Jugend. J. M. R. Lenz in der Rezeption des Sturm und Drang bis zum Naturalismus. Würzburg 2002, S. 313–320.

Wolffs *Volksheft* einem jungen Dichter vermittelt wird. Dieser verhält sich anfangs hilflos zu den Forderungen des Ästhetikers nach Mimesis, des Bürgers nach Unterhaltung etc., bis ein „Historiker" (eigentlich Literarhistoriker), in dem man unschwer den Verfasser selbst erkennen kann, ihn an die Hand nimmt und über die Grundtendenzen der frühnaturalistischen Bewegung informiert. Die Konsequenz ist außerordentlich bezeichnend für die in der vorliegenden Untersuchung erörterte Verbindung von Literaturgeschichte und Moderne. Denn am Übergang zur abschließenden Rahmenhandlung heißt es: „Als der Historiker [...] geendet, trat der Dichter auf ihn zu, reichte ihm frohlockend die Hand und weihte sich zum Dienste der Moderne."[25]

Bevor es dazu kommt, sorgt Wolffs ‚historisches' Binnenreferat dafür, dass wir gleich dreimal mit der schon von Berg bemühten und bald nahezu ubiquitären[26] Analogie zwischen (Früh-)Naturalismus und Sturm und Drang konfrontiert werden. Er zitiert nämlich Wilhelm Arent, der in seiner *Berliner Bunten Mappe* (1885) „ausdrücklich von dem ‚durch den Namen der Brüder Hart gekennzeichneten Kreise der jungen Stürmer und Dränger'" sprach.[27] Er weist außerdem auf Paul Fritsche hin, dessen Broschüre *Lyriker-Revolution* (1885) „besonders den Zusammenhang mit der Sturm- und Drang-Periode betonte".[28] Schließlich setzt er sich ausführlich mit Bleibtreus vielbeachteter Kampfschrift *Revolution der Litteratur* (1886) auseinander,[29] die gleichfalls schon im Titel auf das metaphorische Modell zurückgriff, unter dem Goethe in seinem autobiographischen Rückblick auf die Werther-Zeit die Bewegung des Sturm und Drang verhandelte: nämlich als „literarische Revolution".[30] Man brauchte Mitte der 1880er Jahre übrigens nicht in *Dichtung und Wahrheit* nachzuschlagen, um sich dieser traditionellen Sichtweise zu vergewissern. Ein Blick in Scherers *Geschichte der Deutschen Litteratur* tat es auch. Dort werden im letzten Unterabschnitt des dem „Zeitalter Friedrichs des Großen" gewidmeten 11. Kapitels die „litterarische Revolution und die Aufklärung" verhandelt. Sein erster Absatz beginnt und endet mit den Sätzen:

> Sturm und Drang! Genieperiode! Die Originalgenies! Unter diesen Namen pflegt man die deutsche Litteraturrevolution und ihre Träger zu feiern oder zu verspotten. [...] Aber die

---

25 Wunberg: Moderne (Anm. 21), S. 40.
26 Zur enormen zeitgenössischen Verbreitung des Topos vgl. Martin: Jugend (Anm. 24), S. 290 ff.
27 Wunberg: Moderne (Anm. 21), S. 9.
28 Ebd., S. 12.
29 Ebd., S. 12–17.
30 Goethe: Werke (Hamburger Ausgabe). Hg. von Erich Trunz. Bd. 9. 6. Aufl. Hamburg 1967, S. 490.

> Hauptwirkung der Revolution war doch eine ungemeine Steigerung der dichterischen und wissenschaftlichen Kraft, eine weitreichende Befruchtung des litterarischen Bodens in Deutschland; und viele ihrer Tendenzen, die jetzt zurücktreten mußten, setzten sich in der Romantik fort, lebten in der Romantik wieder auf.[31]

Der Stellenwert der Sturm-und-Drang-Parallele in der Diskussion um den Naturalismus bemisst sich tatsächlich daran, welche Formen des Nachlebens und der Nachwirkung jener literarischen Jugendbewegung des 18. Jahrhunderts zugetraut werden. Wird der Sturm und Drang als Vorläufer der Romantik oder als unmittelbare Vorstufe der Klassik angesehen, ergibt sich eine wesentlich positivere Bewertung auch der mit ihm verglichenen Moderne, als wenn der Fokus auf dem Scheitern einzelner seiner Vertreter liegt. Letzteres war zweifellos der Fall, wenn Otto Brahm nach einer Lesung von Max Halbes *Freie Liebe* wirklich die Einschätzung geäußert haben sollte, der Verfasser des Dramas „sei eine Erscheinung wie Lenz – Jakob Michael Reinhold Lenz – und [...] werde wohl auch so enden" – im Wahnsinn oder im Rinnstein nämlich.[32] Max Halbe, der das fatale Diktum in seiner Autobiographie *Scholle und Schicksal* (1933) überliefert, sieht darin eine Anregung für seinen 1892 in der *Gesellschaft* veröffentlichten Lenz-Essay,[33] der oft als Dokument einer produktiven Lenz-Rezeption in der naturalistischen Dramatik (über-)bewertet wird.[34] In Wirklichkeit hatten die entscheidenden Entwicklungsschritte des Dramen-Naturalismus damals schon stattgefunden, und für den Nachzügler Halbe bestand – so wohl auch Brahms Meinung – eher die Gefahr einer grundsätzlichen Verspätung, eines identitätsgefährdenden Wiederholungszwangs, wie er sich in Lenz' Leben mehrfach im Verhältnis zu Goethe beobachten lässt.

Der promovierte Scherer-Schüler Brahm ist der dritte literarhistorisch gebildete Germanist, der uns im Dunstkreis der literarischen Moderne begegnet. Mehr noch als Berg und Wolff – in höherem Maße auch als sein Studienfreund Paul Schlenther[35] – kann der Schiller- und Kleist-Biograph als eigentlicher

---

31 Scherer: Geschichte (Anm. 10), S. 501.
32 Max Halbe: Scholle und Schicksal. Geschichte meines Lebens. München 1933, S. 407.
33 Max Halbe: Der Dramatiker Jakob Michael Reinhold Lenz. Zu seinem hundertjährigen Todestage. In: Die Gesellschaft 8 (1892), S. 568–582.
34 Vgl. die forschungskritischen Feststellungen von Martin: Jugend (Anm. 24), S. 468–470.
35 Brahm und Schlenther wurden oft als Zweigespann wahrgenommen – so auch in Fontanes Brief an Friedrich Stephany vom 16. 4. 1886, einem indirekten Beleg für die Skepsis, mit der die ältere Schriftstellergeneration dem „Allesbesserwissen der Schererschen Schule" begegnete: „Zu gleicher Zeit aber leb ich und sterb ich der Überzeugung, daß wir in Brahm – Schlenther die besten Nummern der jungen Schule gehabt haben und respektive noch haben. Von Natur gescheit, gut geschult und gebildet, fleißig, klar und gute Stilisten und in ihren besten Momenten auch mit Witz ausgestattet, sind sie all den anderen, die ich kenne, literarisch,

Mittäter oder Macher der Moderne betrachtet werden: als naturalismusfreundlicher Theaterkritiker, als Gründer und Vorsitzender des Theatervereins Freie Bühne (bis 1894) und als erster Herausgeber der Zeitschrift *Freie Bühne für modernes Leben* (bis 1891). Ebenso wie Freund Schlenther, der spätere Burgtheaterdirektor (1898–1910), hat Brahm jedoch keine Probleme damit, scheinbar die Seite zu wechseln und als Direktor des Deutschen Theaters Berlin (1894–1904) eine Synthese aus Theaterkonventionen, gutbürgerlichen Publikumserwartungen und moderner Ästhetik zu verfolgen, die notwendigermaßen kompromisshafte Züge trug. Beide Scherer-Schüler vertraten eine ‚klassische Moderne' in dem Sinne, dass eben auch die Gegenwart ihre ‚Klassiker' besaß und pflegen sollte, und neben Ibsen war das für sie in erster Linie Gerhart Hauptmann.

Darin liegt nämlich die letzte Pointe der oben zitierten Vergleichung mit Lenz: Brahm spricht Halbe das Potenzial zu einem neuen Klassiker des deutschen Theaters ab, das er umgekehrt von Anfang an in Hauptmann gewittert hat. Ein bemerkenswertes Zeugnis hierfür ist der Vergleich zwischen dessen erstem so überaus skandalträchtigem Drama *Vor Sonnenaufgang* und der Prosaskizzen-Sammlung *Papa Hamlet* von Arno Holz und Johannes Schlaf (alias Bjarne P. Holmsen) in einem Zeitungsartikel Brahms vom September 1889:

> In dem Dramatiker Gerhart Hauptmann trat uns eine innerlich fertige, jugendkräftige Begabung entgegen; bei seinem Freunde Holmsen, dem ‚konsequentesten Realisten', ist alles noch im Werden, und ich bin nicht ganz sicher, ob sich dieser jugendlich gärende Geist zur Klarheit emporarbeiten wird.[36]

Literaturgeschichtlich gesprochen wären Holz und Schlaf demnach gleichfalls als Wiedergänger des Lenz-Typus einzuschätzen, während bei Hauptmann schon der künftige Klassiker durch das Kostüm des Literatur-Revoluzzers schimmert. Die Attitüde des Goethe-Nachfolgers, die beim alten Hauptmann bisweilen absonderliche Züge annahm,[37] ist letzten Endes in solchen Zuschreibungen einer Literaturkritik angelegt, die in festgezimmerten literarhistorischen Schablonen dachte.

Im autobiographischen Rückblick nimmt Hauptmann wie selbstverständlich die Führerschaft beim Übergang zu einer neuen Literaturära in Anspruch,

---

ganz gewiß aber in den landesüblichen Umgangsformen überlegen" (zitiert nach Höppner: Das Ererbte [Anm. 8], S. 190 f.).

36 Otto Brahm: Kritiken und Essays. Hg. von Fritz Martini. Zürich, Stuttgart 1964, S. 303.

37 So sah sich Hauptmann gelegentlich geradezu als Teil oder Wiedergeburt des Goethe'schen Wesens; vgl. Peter Sprengel: Gerhart Hauptmann. Bürgerlichkeit und großer Traum. München 1912, S. 558–563; ders.: „Alle Geburt ist Wiedergeburt": Gerhart Hauptmann (1862–1946) und die Palingenesie. In: Zeitschrift für Germanistik N. F. 22 (2012), S. 399–405.

die er freilich nicht auf den Begriff des Naturalismus bringen will („Was ging das Geschwätz vom Naturalismus mich an?"[38]). Wenige Seiten nach den oben zitierten Bemerkungen über die Abschüttelung des Gervinus-Komplexes finden sich im *Abenteuer meiner Jugend* die ersten Aussagen zur Entstehung der *Weber*, deren Idee der Autor auf die Zeit seines Zürich-Aufenthalts 1888 zurückführt:

> [...] das soziale Drama, wenn auch zunächst nur ein leeres Schema, lag als Postulat in der Luft. Es real ins Leben zu rufen war damals eine Preisaufgabe, die gelöst zu haben so viel hieß wie der Initiator einer neuen Epoche sein. Bei diesem der alten Zeit konträren Beginnen – wir standen nach Karl Bleibtreu mitten in einer Revolution der Literatur – waren Zivilcourage und Bekennermut eine Selbstverständlichkeit.[39]

Ganz nebenbei nimmt Hauptmann hier eine leichte Verschiebung des Begriffs der Literaturrevolution vor. Während dieser von Bleibtreu (und analog von Goethe mit Bezug auf den Sturm und Drang) primär innerliterarisch verwendet wurde, betont Hauptmann den politischen Sprengstoff, der im bismarckisch-wilhelminischen Deutschland mit der Erinnerung an den Weberaufstand von 1844 verbunden war, und den persönlichen Einsatz, den die Thematisierung eines solchen Stoffes dem Autor abverlangte. Tatsächlich beruhte die öffentliche Geltung des Dramatikers Hauptmann nicht zuletzt auf der sozialen Relevanz der von ihm verhandelten Nöte und Konflikte – ganz im Gegensatz zum Autorenduo Holz/Schlaf, das sein (auf engere literarische Kreise begrenztes) Ansehen primär formalen Innovationen verdankte wie der Einführung des Sekundenstils und eines phonographisch gestalteten Dialogs in *Papa Hamlet*. Noch die Widmung an den imaginären „Bjarne P. Holmsen" in den ersten Auflagen von *Vor Sonnenaufgang* erinnert an diese Vorreiterrolle: „[...] dem konsequentesten Realisten [...] in freudiger Anerkennung der durch sein Buch empfangenen, entscheidenden Anregung."[40]

Bekanntlich entfiel diese Widmung nach dem Ende der Freundschaft zwischen Hauptmann und Holz, und es blieb nur noch die zweite Widmung stehen, die der Dramatiker am 26. Oktober 1889, wenige Tage nach der Uraufführung des Stücks in der Freien Bühne, hinzufügte:

> Ich benutze den Anlaß der Herausgabe einer neuen Auflage, um aus vollem Herzen den Leitern dieses Vereins insgesamt, insonderheit aber den Herren Otto Brahm und Paul Schlenther zu danken. Möchte es die Zukunft erweisen, daß sie sich, indem sie, kleinlichen

---

[38] Hauptmann: Werke (Anm. 6), Bd. 7, S. 1076.
[39] Ebd., S. 1078.
[40] Ebd., Bd. 1, S. 10.

Bedenken zum Trotz, einem aus reinen Motiven heraus entstandenen Kunstwerk zum Leben verhalfen, um die *deutsche* Kunst verdient gemacht haben.[41]

In erster Linie bezieht sich die Widmung natürlich auf das Eintreten der Genannten für *Vor Sonnenaufgang* und ihren Anteil an der Inszenierung. Kann man diese Widmung an zwei Scherer-Schüler aber nicht auch anders lesen? Nämlich so: Ich danke den Vertretern einer literaturgeschichtlichen Schule, die den nächsten Höhepunkt der deutschen Literatur erst in 500 Jahren erwartet, dafür, dass sie sich so nachhaltig für dieses Werk eingesetzt haben, und hoffe, dass sich aus der Perspektive der Zukunft die von ihnen bewerkstelligte Uraufführung als Meilenstein der nationalen Literaturgeschichte erweisen wird!

Es wird jedenfalls nur ein gutes Jahrzehnt dauern, und Hauptmann kann tatsächlich in einer von einem Scherer-Schüler verfassten Literaturgeschichte über sich und seine einstigen Freunde lesen: „Die konsequenten Realisten von Niederschönhausen führten ihn über die Brücke, die er selbst gebaut, in das jenseitige Gebiet hinüber. So entstand *Vor Sonnenaufgang* (1889)." „Ja", schreibt Hauptmann an den Rand und unterstreicht den ganzen Satz.[42] Er denkt dabei selbstverständlich mehr an die selbstgebaute Brücke als an die Rolle der damaligen Führer. Wie genau er bei der Lektüre von Richard Moritz Meyers *Die deutsche Litteratur des Neunzehnten Jahrhunderts* (1900) auf die Abgrenzung seines geistigen Eigentums achtet, zeigt eine weitere Randbemerkung, diesmal das Verhältnis zu Zola betreffend, dessen Einfluss auf Hauptmanns frühe Novellistik Meyer in der Tat leicht überbetont: „Dagegen *Bahnwärter Thiel* ist noch ganz befangen in der ‚bloßen Nachahmung der Natur'. Zolas Einfluß verrät sich überall [...] An die etwa gleichzeitige ‚bête humaine' erinnert die Schilderung der Lokomotive [...]."[43] „Später", bemerkt Hauptmann lapidar; in der Tat ist Zolas gleichnamiger Roman 1890, zwei Jahre nach der schon 1887 abgeschlossenen Novelle erschienen. Ähnlich berechtigt erweist sich bei strengerer Prüfung das Fragezeichen, das Hauptmann hinter ein Detail in Meyers (übrigens sehr anerkennender) Besprechung seiner nächsten Novelle *Der Apostel* setzt:

> Sehr glücklich ist die getragene Seelenstimmung des Propheten benutzt, um jene Andacht zum Unbedeutenden hervortreten zu lassen, die Hauptmann an der Lyrik von Johannes

---

41 Ebd.
42 Richard M[oritz] Meyer: Die deutsche Litteratur des Neunzehnten Jahrhunderts. Berlin 1900, S. 831. Hauptmanns Exemplar Staatsbibliothek zu Berlin – Preußischer Kulturbesitz, Handschriftenabteilung, Sign. GHB 973768.
43 Ebd., S. 829 f.

Schlaf gelernt hatte: „Der Heiligenschein kam jedem Naturerzeugnis, auch dem kleinsten Blümchen oder Käferchen zu [...]."[44]

Meyer bezieht sich hier offensichtlich auf Schlafs Prosagedicht *Frühling*, das Ende 1893 – mehr als drei Jahre nach *Der Apostel* – erschien.

Insgesamt vermittelt Hauptmanns Handexemplar von Meyers Literaturgeschichte einen denkwürdigen Befund. Ein Autor, von dem aus der Perspektive des 20. Jahrhunderts wohl niemand bezweifeln wird, dass er Literaturgeschichte gemacht oder – im übertragenen Sinn – ‚geschrieben' hat, schlägt in der ersten großen literaturgeschichtlichen Gesamtdarstellung des 19. Jahrhunderts nach, um das darin gegebene Bild seiner eigenen Leistung und Stellung zu überprüfen. Er moniert einige Ungenauigkeiten im Detail, akzeptiert aber offenbar prinzipiell das zugrunde liegende Modell der positivistischen Einflussforschung, unter der Voraussetzung natürlich, dass damit sein eigener Anspruch auf künstlerische Originalität und Führerschaft wissenschaftlich erwiesen wird.

Das geschieht bei Meyer unter mehrfachem Rekurs auf die erste größere Hauptmann-Biographie aus der Feder Paul Schlenthers[45] (der übrigens auch als Herausgeber des Gesamtwerks zeichnete, in das die Literaturgeschichte als 3. Band eingefügt war[46]) und in wirkungsvoller Steigerung: Auf die Beschreibung der frühen Prosa folgt die Darstellung der ersten Dramen, die schon bald in die Feststellung mündet, dass „der von Hauptmann neugeschaffene Typus" des – letztlich schon bei Schiller und Goethe angelegten – Zustandsdramas „eine Zeitlang der herrschende [Typus] des modernen deutschen Dramas" geworden sei (was durch einen ganzen Katalog einschlägiger Titel belegt wird).[47] Eine nochmalige Steigerung bildet die teilweise geradezu hymnische Besprechung der *Weber*, für die Meyer in der Klassik allenfalls „Vorläufer" findet: „Aber um so höher hebt sich der Dichter in der großen Volkstragödie der *Weber* (1892). Hier liegen wirklich die Anfänge einer neuen großen dramatischen Kunst."[48] Meyer spricht ausdrücklich von einer „neue[n] Blütezeit"[49] des Dramas und hat dabei die Wellentheorie seines Lehrers Scherer anscheinend

---

44 Ebd., S. 829.
45 Paul Schlenther: Gerhart Hauptmann. Sein Lebensgang und seine Dichtung. Berlin 1898 [1897].
46 Paul Schlenther (Hg.): Das Neunzehnte Jahrhundert in Deutschlands Entwicklung. Bd. 1–9. Berlin 1900–1914. Im letzten Teilband (9,2) wurde von Colmar Freiherr von der Goltz die „Kriegsgeschichte Deutschlands" „im Zeitalter Kaiser Wilhelms des Siegreichen" dargestellt.
47 Meyer: Litteratur (Anm. 42), S. 833–835.
48 Ebd., S. 841.
49 Ebd., S. 843.

bereits aufgegeben oder entscheidend korrigiert. Nach einer letzten Rekapitulation der *Weber* und ihrer gerade durch die Tendenz zur Verinnerlichung ergreifenden Handlung schließt Meyer: „[...] – ich begreife die Leute nicht, die danach noch den Mut haben, Hauptmann den Rang eines großen Dichters abzusprechen."[50]

Einer dieser „Leute" lässt sich benennen: Es ist Arno Holz, der aus ähnlichen Motiven wie Hauptmann in Meyers Buch hineinblickt, dabei aber einen völlig enttäuschenden Eindruck empfängt, weil er umgekehrt die von ihm beanspruchte Führungsrolle in der Entwicklung des Naturalismus nicht ausreichend gewürdigt sieht. Noch im Jahr 1900 bringt er unter dem Titel *Dr. Richard M. Meyer Privatdozent an der Universität Berlin ein litterarischer Ehrabschneider* eine polemische Broschüre heraus, die sich nicht nur gegen den darin wüst beschimpften Literarhistoriker, sondern ebenso gegen den einstigen Weggefährten Hauptmann und dessen Anhängerschar richtet. Hauptmann-Partei und Germanistik erscheinen dem erbosten Autor in einem einzigen „literarischen Machtkartell" verbunden, wie treffend von Thorsten Fricke herausgestellt wurde: „Holz suggerierte ein verschwörerisches Einvernehmen zwischen Richard M. Meyer, dessen ‚Mitmeyer' Paul Schlenther und Otto Brahm und führte die Popularität von Gerhart Hauptmann auf deren methodische Begünstigungs- und Propagandapolitik zurück."[51] Die Verschwörungstheorie grenzt an Verfolgungswahn, wenn Holz schreibt: „Ich gehe davon aus, dass seit Jahr und Tag ein ‚System' gegen mich existirt, und dass Herr Richard M. Meyer eine der *Stützen* dieses Systems ist."[52] Er überschätzt dabei sicher die Stellung des – in seiner wissenschaftlichen Bedeutung erst kürzlich gewürdigten[53] – Privatdozenten aus wohlhabendem jüdischem Elternhaus, dem 1901 lediglich der Titel eines außerordentlichen Professors (ohne akademisches Amt und ohne Promotionsrecht) verliehen wurde.[54] Andererseits erfasst er im Grundsatz richtig die

---

50 Ebd., S. 845.
51 Thorsten Fricke: Arno Holz und das Theater. Biografie – Werkgeschichte – Interpretation. Bielefeld 2010, S. 336. Das Wort „Mitmeyer" nach: Arno Holz: Dr. Richard M. Meyer Privatdozent an der Universität Berlin ein litterarischer Ehrabschneider. Mit einem Anhang. Berlin 1900, S. 35.
52 Ebd., S. 11.
53 Roland Berbig: „Poesieprofessor" und „literarischer Ehrabschneider". Der Berliner Literaturhistoriker Richard M. Meyer (1860–1914). In: Berliner Hefte zur Geschichte des literarischen Lebens 1 (1996), S. 37–99; Hans-Harald Müller: „Ich habe nie etwas anderes sein wollen als ein deutscher Philolog aus Scherers Schule". Hinweise auf Richard Moritz Meyer. In: Winfried Barner/Christoph König (Hg.): Jüdische Intellektuelle und die Philologien in Deutschland 1871–1933. Göttingen 2001, S. 93–102.
54 Zur Biographie vgl. Myriam Richter: Das extraordinäre Haus eines außerordentlichen Professors. Die Meyer'sche Chronik up-to-date. In: Brigitte Peters/Erhard Schütz (Hg.): 200 Jahre

enge Verflochtenheit zwischen der in ‚Blütezeiten' denkenden Wissenschaft und einer von ihr beeinflussten, gegen sie ankämpfenden oder mit ihr kooperierenden Literaturmoderne.

In diesem Zusammenhang wäre noch ein Name zu nennen, der gleichfalls in einer eigentümlichen Schieflage zwischen den verfeindeten Zweigen des deutschen Naturalismus steht: Erich Schmidt nämlich, der Nachfolger auf Scherers Berliner Lehrstuhl, ein Germanist mit großer organisatorischer Begabung und weit über den akademischen Bereich ausstrahlender Wirkung. In der zweiten Folge seiner programmatischen *Kunst*-Schrift beschwert sich Holz über die Nichterörterung seines Kunstgesetzes durch eine sich tot stellende Universitätsgermanistik: „Die Herren *Erich Schmidt & Co.* [...] haben es für das Opportunste gehalten, sich wie die bekannten, kleinen Käfer diplomatisch auf ihre pp. verehrlichen Rücken zu legen."[55] Weniger zurückhaltend zeigte sich der Chef derselben „Firma" gegenüber Hauptmann. Erich Schmidt war – als kooptiertes Mitglied für „Norddeutschland" – 1899 an der zweiten Vergabe des Grillparzer-Preises der Wiener Akademie der Wissenschaften an den Dramatiker (nämlich für *Fuhrmann Henschel*) beteiligt. Zuvor hatte er als Mitglied der Kommission zur Vergabe des Preußischen Schillerpreises 1896 seinen Rücktritt erklärt, nachdem Kaiser Wilhelm II. zum zweiten Mal die Auszeichnung Gerhart Hauptmanns (hier: für *Hanneles Himmelfahrt*) verweigert hatte.[56] Als Höhepunkt der persönlichen Nähe ist wohl die Anwesenheit Schmidts – neben Brahm und Schlenther – bei der ersten vollständigen Lesung des *Florian Geyer* durch den Dramatiker im engsten Berliner Kreis am 14. Oktober 1895 zu bewerten.[57]

3. Literaturgeschichte selbstgemacht

Wir haben gesehen, wie genau es Hauptmann und Holz mit der Darstellung ihrer literarhistorischen Rolle in der zeitgenössischen Literaturgeschichte nahmen.

Berliner Universität. 200 Jahre Berliner Germanistik 1810–2010 (Teil III). Bern u. a. 2011, S. 157–172; Nils Fiebig: Richard M. Meyer, die Wilhelm-Scherer-Stiftung und der Scherer-Preis. In: ebd., S. 273–302.
55 Arno Holz: Die Kunst. Ihr Wesen und ihre Gesetze. Neue Folge. Berlin 1892, S. 10.
56 Zu den Einzelheiten vgl. Peter Sprengel: Geschichte der deutschsprachigen Literatur 1870–1900. Von der Reichsgründung bis zur Jahrhundertwende. München 1998, S. 142 f.; ders./Gregor Streim: Berliner und Wiener Moderne. Vermittlungen und Abgrenzungen in Literatur, Theater, Publizistik. Wien u. a. 1998, S. 654–657.
57 Das gilt trotz der Kritik, die Moritz Heimann bei dieser Gelegenheit an Schmidt übt. Er gebe gern zu, schreibt Heimann am 26. 10. 1895 an Hauptmanns künftige Frau Margarete Marschalk, dass Erich Schmidt „der schönste Professor in deutschen Landen ist": „Nur er glaubt es

Sie stellten keineswegs die einzigen Vertreter der damaligen Schriftstellergeneration dar, die um die angemessene Würdigung ihres Anteils an der Begründung der Moderne besorgt waren. Eine umfangreiche Memoirenliteratur belegt das Bestreben zahlreicher an den einschlägigen Entwicklungen beteiligter Autoren, den eigenen Beitrag zur Geschichte der Moderne und die eigene Sicht darauf der Nachwelt zu überliefern. Bezeichnenderweise setzt das Bedürfnis danach anscheinend schon auf dem Höhepunkt der Bewegung ein; denn bereits 1890 kündigten die Brüder Hart einen (in dieser Form nie erschienenen) Zeitschriftenbeitrag an, der den Titel tragen sollte: *Die litterarische Bewegung in Deutschland seit 1880. Wie ich sie miterlebte.* Hervorgegangen daraus sind die Lebenserinnerungen von Heinrich Hart (1903, postum erweitert 1907). Ihrer Publikation voraus lagen, von dem noch zu erwähnenden Buch Hansteins abgesehen, erste literarische Erinnerungen von Julius Stettenheim (1896), Michael Georg Conrad und Johannes Schlaf (beide 1902). Es folgten im Zeitraum 1909–1949 weitere, vielfach konkurrierende autobiographische Darstellungen von Wilhelm Bölsche, Max Kretzer, Bruno Wille, Hermann Sudermann, Otto Brahm, Carl Ludwig Schleich, Ernst von Wolzogen, Paul Ernst, Max Halbe, Gerhart Hauptmann, Max Osborn, Max Dreyer und Ludwig Spohr.[58]

Bei aller Variationsbreite hinsichtlich der Form und des Materialgehalts waren sämtliche dieser Darstellungen natürlich mit jenem Makel der Subjektivität behaftet, der einer Autobiographie nun einmal anhaftet. Wer einen höheren Anspruch auf Objektivität und Systematik durchsetzen und vielleicht auch ein breiteres Publikum erreichen wollte, musste schon das Genre wechseln und statt Lebenserinnerungen selbst eine Literaturgeschichte verfassen! Tatsächlich sind zwischen 1896 und 1912 drei Literaturgeschichten aus der Feder von Vertretern der naturalistischen Bewegung erschienen, deren vergleichende Betrachtung den Abschluss dieser Studie bilden soll.

Noch am Rande der Memoirenliteratur steht, wie der Untertitel verrät, Adalbert von Hansteins mehrfach aufgelegtes Buch *Das jüngste Deutschland. Zwei Jahrzehnte miterlebter Litteraturgeschichte* (1900). Allerdings tritt das autobiographische Ich erst auf Seite 71 in Erscheinung. Solche Selbstbescheidung fällt Hanstein schon deshalb nicht schwer, weil er in der Entwicklung der literarischen Moderne nur eine Nebenrolle gespielt hat: als frühes Mitglied des

---

sicherlich auch. Ein blendender Gesellschafter, aber als Seele, als Bauseele, oh no" (zitiert nach Sprengel: Bürgerlichkeit [Anm. 37], S. 278 f.).

58 Anordnung der Namen in chronologischer Folge. Vgl. die Nachweise in: Heinrich Hart/Julius Hart: Lebenserinnerungen. Rückblicke auf die Frühzeit der literarischen Moderne (1880–1900). Hg. von Wolfgang Bunzel. Bielefeld 2006, S. 317 f. Zu Halbes *Scholle und Schicksal* und Hauptmanns *Das Abenteuer meiner Jugend* s. o. mit Anm. 32, 7 und 9 sowie 38/39.

Vereins *Durch!* und einer der ersten neuen Freunde, die Hauptmann nach seiner Übersiedlung in den Berliner Raum 1885 gewann.[59] Die Freundschaft hielt nicht lang, und Hanstein fühlte sich bald von der sich radikalisierenden, nämlich immer stärker zum Naturalismus tendierenden Literaturbewegung ausgestoßen.[60] Gerade diese relative Distanz erlaubt dem promovierten Botaniker und späteren Professor für Literaturgeschichte und Ästhetik an der Technischen Hochschule Hannover[61] einen strukturierenden Blick auf das Literaturgeschehen seiner Zeit.

Seine *Litteraturgeschichte* widmet sich nämlich keineswegs gleichmäßig der literarischen Produktion seit 1880, sondern fokussiert die Tendenz zur bzw. die Tendenzen der Moderne. Schon der titelgebende Begriff ‚jüngstes Deutschland' ist dafür symptomatisch. Er stellt den Traditionsbezug zur Epoche des Jungen Deutschland und des Vormärz her, an der sich nachweislich führende Vertreter des Berliner Naturalismus orientierten (man denke nur an Holz' Heine- und Hauptmanns Büchner-Rezeption).[62] Ein Traditionsbezug, der übrigens die oben behandelte bereits etablierte Sturm-und-Drang-Parallele keineswegs ausschloss; auch Hanstein spricht von den neuen „Stürmern[n] und Dränger[n]"![63]

Daneben und vielleicht sogar in erster Linie rekurriert der Begriff des ‚Jüngsten Deutschland' auf die Jugend und Jugendlichkeit der Autoren als Vertreter eines ‚Neuen', das in kämpferische Opposition zum bestehenden ‚Alten' tritt. Hanstein bereitet damit die Perspektive des Generationsumbruchs vor, die die Moderne- und Naturalismus-Forschung noch viele Jahrzehnte später beeinflusst hat.[64] Mit der Einführung der Kategorie ‚Jugend' ist andererseits

---

59 Vgl. Sprengel: Bürgerlichkeit (Anm. 37), S. 124, 191.
60 Vgl. die melancholische Bemerkung zu seinem Versepos *Von Kains Geschlecht* (1888): „Mit solchen Dichtungen konnte ich damals noch zum jüngsten Deutschland gerechnet werden. Trotzdem schied es mich und manchen andern schon damals von den eigentlichen Anhängern der neuen Schule [...]" (Deutschland [Anm. 23], S. 91).
61 Hanstein hatte sich dort 1900 mit dem Manuskript seiner Literaturgeschichte habilitiert; er starb im Oktober 1904, nur ein knappes Jahr nach seiner Ernennung zum Professor (Dezember 1903).
62 Die Beziehung wurde schon 1886 von Rudolf von Gottschall hergestellt und in der jüngeren Germanistik u. a. von Roy C. Cowen aufgegriffen; vgl. die Nachweise in: Martin: Jugend (Anm. 24), S. 296.
63 Hanstein: Deutschland (Anm. 23), S. 55. Beide Traditionsbezüge schließen sich schon insofern nicht aus, als sich Vertreter der Epoche des Jungen Deutschlands – allen voran Büchner mit der Novelle *Lenz* – ihrerseits auf den Sturm und Drang bezogen; vgl. Martin: Jugend (Anm. 24), S. 184 ff.
64 Katharina Günther: Literarische Gruppenbildung innerhalb des Berliner Naturalismus. Bonn 1972; Günther Mahal: Naturalismus. München 1975, S. 29–33; vgl. auch Martin: Jugend (Anm. 24), S. 277 ff.

unterschwellig ein zyklisches Denkmodell verbunden: Auch die Jungen werden eines Tages alt, und tatsächlich bezieht Hansteins Buch einen großen Teil seiner Suggestionskraft nicht zuletzt aus dem Umstand, dass wir hier eine Bewegung vorgeführt bekommen, die bei aller rebellischen Forciertheit, die ihre mittlere Phase auszeichnet, letzten Endes in einem Kreislauf wieder zum Anfang zurückführt. Im Anschluss an die Darstellung des George-Kreises und der lyrischen Dramen Hofmannsthals heißt es bei Hanstein unter der Überschrift *Schluß*:

> So erstrebt die letzte der vielen Dichterschulen am Ende des neunzehnten Jahrhunderts die Auflösung der rauhen Wirklichkeit in klangvolle gedankenreiche Schönheit. – Mit dem Kampfe gegen das Herkömmliche und Triviale für Schönheit, Kraft und Gedankenstärke hatte der Kampf der jungen [!] Dichter im Anfange der achtziger Jahre begonnen. Dann kam die Forderung hinzu, die soziale Frage und die Arbeit des Tages in diese Kunst der Schönheit hineinzuziehen. Dann entrüstete man sich über die Schönheit, verwarf den Vers und wollte nur noch die Prosa des Arbeitslebens dargestellt sehen. [...] – Und dann tauchte plötzlich die Schönheit wieder auf. Berauschend, wie eine Offenbarung, strömten die Verse wieder daher; sie erklangen auf der Bühne, sie weihten den Roman wieder zum Epos, und sie ließen tausendfältig die Lust und das Leid der Menschen wiedererklingen aus jungem [!] Herzen. – Und nun kommt wieder eine Schar von Poeten, die sich „vornehm" zurückziehen von der Welt [...]. – Der Kreislauf ist beendet.[65]

Carl Bleibtreus *Geschichte der Deutschen National-Literatur von Goethes Tode bis zur Gegenwart* (1912) ist äußerlich als Fortsetzung der mit Goethes Tod endenden Literaturgeschichten von Scherer oder Vilmar[66] angelegt. Der erste Band behandelt die Zeit bis zur Reichsgründung und fällt hauptsächlich durch die Aufwertung von Grabbe (auf Kosten Büchners[67]) und Alexis sowie durch

---

65 Hanstein: Deutschland (Anm. 23), S. 356.
66 Die *Geschichte der deutschen National-Litteratur* des evangelischen Theologen August Friedrich Christian Vilmar war erstmals 1845 erschienen; sie wurde in späteren Auflagen mit einem Anhang von Adolf Stern vertrieben (*Geschichte der deutschen National-Litteratur vom Tode Goethes bis zur Gegenwart*). Der Berliner Verlag W. Herlet brachte Vilmars Text (unter dem Titel *Geschichte der Deutschen National-Literatur von den ältesten Zeiten bis zu Goethes Tode*) 1912 neu heraus, in der gleichen Ausstattung wie Bleibtreus Band, der auch durch eine Verlagsanzeige gegenüber dem Titelblatt als direkte Fortsetzung ausgegeben wurde.
67 Vgl. Carl Bleibtreu: Geschichte der Deutschen National-Literatur von Goethes Tode bis zur Gegenwart: Hg. von Georg Gellert. Berlin 1912, Bd. 1, S. 47: „Doch so gottverlassen klebt nur am Aeußerlichsten der verdorbene Aesthetengeschmack, daß die kokettraffinierte altkluge Grabbenachäffung *Dantons Tod* des von K. E. Franzos ausgegrabenen jungen *Büchner* wegen ihrer geleckten gedrechselten Eleganz und geistreichelnden Mätzchen schon von Gutzkow in bewunderndem Gegensatz zu Grabbe gestellt wurde."

kritische Seitenhiebe auf die Neuromantik[68] auf. Der zweite Band ist antithetisch gegliedert in die „Uebergangszeit" 1870–1885 und die „dritte Blüteperiode deutscher Literatur" 1885–1910. Da ist es also endgültig heraus: Bleibtreu intendiert keine Fortsetzung, sondern eine Widerlegung Scherers. Der große historische Gestus, mit dem die Moderne bzw. die Gegenwart hier kurzerhand zum dritten Höhepunkt der deutschen Literaturgeschichte (nach staufischer und Weimarer Klassik) erklärt wird, kollidiert freilich mit einer der Tageskritik, ja Polemik verpflichteten Schreibweise, die an kaum einer Einzelerscheinung des aktuellen Literaturlebens ein gutes Haar lässt und beispielsweise Thomas Manns *Buddenbrooks* als „langweilige Familienchronik" abfertigt: „Ganz schlecht erzählt in schleppender Abhaspelung der unbedeutenden Vorkommnisse, entbehrt der Roman sogar noch jeder irgendwie hervorstechenden Charakterisierungsgabe."[69]

Als Polemiker hatte sich Bleibtreu rund zweieinhalb Jahrzehnte in die Literatur eingeführt. Denn sein bekanntestes Werk, die für die Entwicklung des Naturalismus vorübergehend bedeutsame Broschüre *Revolution der Litteratur* (1885), bestand zu großen Teilen aus einem kritischen Rundumschlag, der sich vor allem gegen das Pathos der frühnaturalistischen Lyrik richtete. „Realismus" im Sinne Bleibtreus war dagegen nicht ohne große gesellschaftliche Inhalte und Charaktere möglich, wie sie dieser Autor vor allem mit den Namen Napoleon und Byron verband. Schon das kritische Echo, auf das seine Flugschrift stieß, erst recht aber die anschließende Entwicklung des Naturalismus zu einer Art Arme-Leute-Poesie mussten Bleibtreu abstoßen, der im Roman *Größenwahn* (1888) zu einer personalsatirischen Generalabrechnung mit der neuen Richtung ausholte. Danach wurde es zunehmend einsam um den Schriftsteller, der in verschiedene Beleidigungsklagen verstrickt war.[70]

Seine Literaturgeschichte der Ära 1885–1910 kann daher als letzter, freilich erfolgloser Versuch Bleibtreus gewertet werden, sich aus der Peripherie wieder ins Zentrum des literarischen Geschehens zu versetzen – und zwar ganz wörtlich: Denn das strukturelle Zentrum des zweiten Bandes (gleichzeitig das Ende seiner ersten Abteilung) bildet ein Kapitel mit dem Titel *Die „Revolution der Literatur"*. Es steht an derselben Stelle, nämlich direkt vor Beginn der

---

68 „Den schaffensmächtigen Weimarer Dioskuren gegenüber stellten sie [sc. die Romantiker] den rein formalen Doktrinarismus und ein zerfahren eklektisches Dilettantentum dar, wie wir es heute in symbolistischer Neuromantik wieder aufleben sehen" (ebd., S. 20 f.).
69 Ebd., Bd. 2, S. 88.
70 Vgl. Peter Sprengel: Hartlebens Duelle. „Größenwahn" und Modell-Realismus bei Bleibtreu und Conradi. Mit unbekannten Dokumenten. In: Jahrbuch der deutschen Schillergesellschaft 53 (2009), S. 19–47.

„Blütezeit", wie bei Scherer das Kapitel *Die litterarische Revolution und die Aufklärung* – nur dass hier nicht die der Klassik vorausgehende Epoche, sondern Bleibtreus eigene Flugschrift gemeint ist, die durch die Logik der Kapiteleinteilung zum entscheidenden Scharnier des literarischen Prozesses aufgewertet wird. Sein Anfang aber lautet in poetischer Stilisierung, die auch vor Katachrese und Reim nicht zurückschreckt: „Nachdem andere Stillgewordene die Bahn brachen, die man später pietätlos zum alten Eisen warf, siegte 1885–90 die neue Lebenskraft über die akademischen Alexandriner. Das Blühen will nicht enden, aber muß sich nun alles, alles wenden? Mit nichten."[71]

Der Rest ist wiederum Polemik. Bleibtreu missbraucht das eigentlich wissenschaftlicher Objektivierung dienende Medium der Literaturgeschichte zur Begleichung privatester Rechnungen[72] und schlägt dabei unverhohlen antisemitische Töne an – auch da, wo er jede parteiliche Regung bestreitet wie bei folgendem Kommentar zur kritischen Aufnahme seiner *Revolutions*-Schrift:

> Wir sind nicht so hart und [...] glauben auch nicht an bloße Cliquen-Motive, sondern denken so objektiv, daß wir die ganze Hetze wider die wirkliche Germanenrevolution gegen alle undeutsche Literaturverseuchung als ehrlichen Haßinstinkt des bedrohten Zeitgeistes erkennen [...].[73]

Als „undeutsch" wird hier auch Richard Moritz Meyer diffamiert, dessen Literaturgeschichte nicht gerade sanft mit dem Verfasser und seiner Programmschrift umgegangen war.[74] Mit direktem Bezug auf ihn heißt es bei Bleibtreu nämlich zwei Seiten zuvor: „Ein gesetzgeberischer Moses legt den Seufzer nahe: Wenn ich den Namen Meyer hör', wird mir das deutsche Wams zu enge!"[75]

Von deutschnationalen Untertönen ist auch die dritte hier vorzustellende Literaturgeschichte aus den Reihen der literarischen Moderne nicht frei, obwohl sie in kosmopolitisch-universalem Gewand daherkommt: die zweibändige reich illustrierte *Geschichte der Weltlitteratur und des Theaters aller Zeiten und Völker* von Julius Hart (1894–1896). Dieser löst hier literaturgeschichtlich

---

71 Bleibtreu: Geschichte (Anm. 67), Bd. 2, S. 41.
72 So wird Hartleben noch über den Tod hinaus mit maßlosen Attacken verfolgt: ebd., S. 64 f.
73 Ebd., S. 44 f.
74 „Erfreulich wird man allerdings *Karl Bleibtreu* (geb. 1859 in Berlin) nicht gerade in erster Linie nennen. [...] Als ein Programm der ‚Neuen Poesie' erschien die *Revolution der Litteratur* (1885), mit dem geschmacklosesten Umschlag dieses Jahrhunderts: aus einem Tintenfaß zuckten weiße Blitze auf dunkelblauem Hintergrunde herum. Aber dies Symbol war zutreffend in seiner Art. Die Blitze fahren wahllos umher, aus der Tinte in die Tinte" (Meyer: Litteratur [Anm. 42], S. 754).
75 Bleibtreu: Geschichte (Anm. 67), Bd. 2, S. 42. In Anspielung auf Heines Gedicht *Im Oktober 1849*: „Wenn ich den Namen Ungarn hör,/Wird mir das deutsche Wams zu enge."

etwa das ein, was sein älterer Bruder Heinrich als Versepiker nur fragmentarisch zu gestalten vermochte: ein „Lied der Menschheit" von den Anfängen bis zu den gegenwärtigen Gipfelleistungen. Denn am Fortschritt der „Entwicklung" erlaubten sich diese treuen Schüler Haeckels und monistischen Darwinisten keinen Zweifel:[76] Wie der Stammbaum der Lebewesen der Evolutionslehre zufolge vom Einzeller bis zum Homo sapiens hinaufreicht, sollte man sich auch den Gang der Kultur vorstellen: von den „Naturvölkern[n] und d[en] alten Culturen des Orients" (1. Buch) bis zum hochtechnisierten 19. Jahrhundert (10. Buch). Am Schluss steht ein „Ausblick", in dem die Brüder Hart sich selbst einen Logenplatz reserviert haben. Historisch nicht völlig unzutreffend präsentiert Julius sich und seinen Bruder als die eigentlichen Türöffner der Moderne, und zwar, das ist die vitalistische Pointe, gerade wegen der Offenheit – man könnte auch sagen: Unklarheit – ihrer programmatischen Vorstellungen:

> Die erste entschiedene Absage an die konventionelle eklektische Litteratur der letzten Jahrzehnte und weiter hin an den antikisierenden Formalismus der Weimarer und ihrer Epigonen, sowie an die rhetorische oder feuilletonistische Seichtheit des herrschenden Romanismus ging von den Brüdern *Heinrich* und *Julius Hart* aus. Sie veröffentlichten kein bestimmtes, Schule begründendes Programm: es müßte denn die Hoffnung auf eine Poesie von germanischer Urwüchsigkeit, der Glaube an eine neue Poesie voll lebendiger Subjektivität in Form und Gehalt, voll neuer Ideen und Weltempfindungen ein Programm sein.[77]

Weg vom „herrschenden Romanismus" und zurück zu „germanischer Urwüchsigkeit": In politischer Hinsicht ist das Programm der Herausgeber der *Kritischen Waffengänge* und ungekrönten Häupter der Berliner und Friedrichshagener Boheme so unklar nicht! Die komparatistisch angelegte *Geschichte der Weltlitteratur* teilt die nationalistische Perspektive ihrer auf die deutsche Literatur beschränkten Schwestern aus der Scherer-Schule.

---

76 Vgl. Dagmar Kaiser: „Entwicklung ist das Zauberwort". Darwinistisches Naturverständnis im Werk Julius Harts als Baustein eines neuen Naturalismus-Paradigmas. Mainz 1995. Leider findet die *Geschichte der Weltlitteratur* darin keine Berücksichtigung.
77 Julius Hart: Geschichte der Weltlitteratur und des Theaters aller Zeiten und Völker, Bd. 2. Neudamm 1896, S. 1003.

Klaus Stierstorfer
Robert Chambers (1802–1871)
Wie die Literaturgeschichtsschreibung die Evolutionstheorie erfand

1. Einleitung[1]

Die folgenden Überlegungen zur britischen Literaturgeschichtsschreibung des 19. Jahrhunderts gehören in das weitere Umfeld, das ich meinen Studierenden in der Anglistik gerne als ‚Literature and ...' im Einführungskurs vorstelle. Eine ganze Reihe teilweise recht junger Forschungsfelder lassen sich hier aufführen: Neben den alt gewohnten Referenzdisziplinen der Literaturwissenschaft wie der Geschichtswissenschaft, der Psychologie oder der Soziologie finden sich auch neuere Entwicklungen wie Philosophie und Literatur, Recht und Literatur oder auch Literatur und Medizin.[2] Natürlich hatte die Literaturwissenschaft schon immer einen besonderen Hang zum Synkretismus, indem sie Modelle aus anderen Disziplinen importierte oder sich mit ihnen interdisziplinär auseinandersetzte, eigene Fragestellungen daraus entwickelte oder diese sich für eigene Fragestellungen zunutze machte. Dennoch hat diese Auseinandersetzung in den letzten Jahrzehnten eine neue Qualität gewonnen, gelang es der Literaturwissenschaft doch erst in der zweiten Hälfte des 20. Jahrhunderts, selbst als Quelle der Inspiration für andere Disziplinen nachhaltig wahrgenommen zu werden. Dies geschah insbesondere im Nachgang zum sogenannten *linguistic turn* (und den vielen folgenden *turns*), der u. a. eine Ausweitung, aber auch eine Nivellierung des Textbegriffs, später mit strukturalistischer Verstärkung, zur Folge hatte. Das im Bereich der Literaturwissenschaft entwickelte

---

[1] Der Aufsatz ist die überarbeitete und aktualisierte Version des früheren, englischen Beitrags Klaus Stierstorfer: Vestiges of Nineteenth-Century Biology and Literature: Robert Chambers. In: Christa Jansohn/Anne Zwierlein (Hg.): Evolving Networks: Biology, Literature and Culture in the Nineteenth Century. London 2005, S. 27–39.

[2] Siehe hierzu die Zeitschrift *Literature and Medicine*, dem Sprachrohr des *Institute for Medical Humanities* an der University of Texas, das von der Johns Hopkins Press seit 1982 verlegt wird. Aus der Selbstbeschreibung: „Literature and Medicine is a journal devoted to exploring interfaces between literary and medical knowledge and understanding. Issues of illness, health, medical science, violence, and the body are examined through literary and cultural texts. Our readership includes scholars of literature, history, and critical theory, as well as health professionals." URL: http://muse.jhu.edu/journals/literature_and_medicine (zuletzt eingesehen am 5. 1. 2012).

Instrumentarium wurde nun auf ganz verschiedene Texte und Textsorten übertragen. Verfassungstexte, Zeugenaussagen oder ganze Gerichtsverfahren ließen und lassen sich mit den Mitteln der Rhetorik, der Hermeneutik, aber auch der Narratologie und der Dekonstruktion ebenso produktiv neu lesen wie die Patientenanamnese oder diagnostische Verfahren; traumatische Erlebnisse erscheinen aus dieser Sicht ebenso textuell konfiguriert wie philosophische Konzeptionen, und selbst naturwissenschaftliche Zusammenhänge zeigen sich als letztlich auf die mit literaturwissenschaftlicher Finesse greifbaren textuellen Darstellungsformen angewiesen. Zum größten Ruhm in diesen letztlich auch wieder recht disparaten Forschungsrichtungen ist vielleicht Hayden White gelangt, der die Historiographie als durch literarische Formen präfiguriert und unhintergehbar geprägt beschrieb, natürlich nicht ohne selbst wieder Angriffspunkt kritischer Einwände zu werden.

Blickt man nun allerdings auf die Literaturgeschichtsschreibung, so trifft man einen Bereich der Literaturwissenschaft, der – ob seiner geringen theoretischen Beachtung in den letzten Jahrzehnten vielleicht nicht überraschend – an dieser Entwicklung bisher praktisch nicht partizipiert hat. Will sagen: Die Erforschung und Theoriebildung zur Literaturgeschichtsschreibung geht, wo sie denn überhaupt stattfindet, weitgehend von einem rezeptiven Ansatz aus. Literatur und ihre Geschichte werden also primär daraufhin analysiert, was sie z. B. an geschichtsphilosophischen, soziologischen, politischen, kulturellen oder genderspezifischen Konzepten für ihre Zwecke assimiliert haben. Es fehlt fast gänzlich der Blick auf die produktive, innovative Kraft der Literaturgeschichtsschreibung und ihren Verdienst, neue Konzepte und Modelle erprobt und umgesetzt zu haben. Am Beispiel der Englischen Literaturgeschichte von Robert Chambers aus dem Jahre 1836 meine ich allerdings verdeutlichen zu können, dass die Literaturgeschichtsschreibung gerade diesen Blick auch verdient.

Zur Autorenbiographie lässt sich in Kürze zusammenfassen, dass Robert Chambers (1802–71) aus dem schottischen Peebles stammte und zusammen mit seinem Bruder William das Verlagshaus Chambers in Edinburgh gründete, das bis heute besonders durch Lexika weltbekannt ist. Etwas im Schatten seines geschäftstüchtigen Bruders William lag Robert mehr die inhaltliche Arbeit. Selbst als sehr produktiver Autor tätig, schrieb er zahlreiche Werke unterschiedlicher Art. Bahnbrechend war er jedoch mit zwei sehr unterschiedlichen Werken, deren Verbindungslinien aber gerade wegen dieser Unterschiedlichkeit so interessant sind, wie zu zeigen sein wird. Sein in der neueren Forschung am meisten beachtetes Werk trägt den Titel *Vestiges of the Natural History of Creation*.[3] Das zunächst anonym erschienene Buch war Tagesgespräch in der

---

3 Robert Chambers: Vestiges of the Natural History of Creation. London 1844.

mittviktorianischen Gesellschaft und galt in der Forschung lange Zeit als bedeutender Vorläufer von Charles Darwins *On the Origin of Species* von 1859. Es ist in der Tat zutreffend, dass Chambers nicht als Erfinder der Evolutionstheorie gelten kann, ist doch die Liste potenzieller Kandidaten lang, die als Vorläufer Darwins gelten könnten.[4] Der Evolutionsgedanke lässt sich bereits in Jean-Baptiste Lamarcks *Philosophie zoologique* (Paris 1809) und in der berühmten Schrift des Schotten Charles Lyell, *Principles of Geology, being an attempt to explain the former changes of the Earth's surface, by reference to causes now in operation*, zuerst in drei Bänden 1830–33 erschienen, klar nachweisen. Darwin hatte gerade letzteres Werk auf seinen Seereisen studiert, sodass man sagen muss, dass sowohl Darwin als auch Chambers vor ihm mit ihren Evolutionsentwürfen auf Ideen zurückgriffen, die sozusagen in der Luft lagen. Freilich gebührt Charles Darwin die Auszeichnung, diese mit seinem Werk am nachhaltigsten dargestellt und popularisiert zu haben. Robert Chambers aber – und dies wurde lange Zeit übersehen – war seinerseits der erste, der aus den früheren Überlegungen, essayistischen Versuchen und Teilnarrativen eine zusammenhängende, umfassende Erzählung machte. Ihm gebührt zweifellos die Auszeichnung, die erste komplette Weltgeschichte von den urzeitlichen Nebeln bis zur Entstehung der Menschen im Sinne einer Evolutionstheorie verfasst zu haben. Diese Neuverortung und Aufwertung der Leistung Chambers' ist das Ergebnis sehr detaillierter neuerer Forschungsarbeiten, insbesondere der umfangreichen Cambridger Studie James A. Secords, *Victorian Sensation. The Extraordinary Publication, Reception, and Secret Authorship of* Vestiges of the Natural History of Creation, aus dem Jahre 2000.

Umso mehr überrascht es dann, dass die zweite Pionierleistung Chambers', nämlich seine Verdienste in der Literaturgeschichtsschreibung, in Secords voluminöser Studie wie auch sonst kaum Erwähnung finden; ein Zusammenhang zu den *Vestiges* wird nicht vermutet, und wo Chambers' Literaturgeschichtsschreibung wahrgenommen wird, handelt es sich meist um seine spätere, nicht narrativ angelegte, aber damals weiter verbreitete und langlebigere *Cyclopaedia of English Literature*,[5] so auch Margit Sichert in ihrem *MLQ*-Überblick *Foundational British History*.[6] Weder Secord noch Sichert bemerken die Bedeutung

---

4 Vgl. Bentley Glass/Owsei Temkin/William Straus (Hg.): Forerunners of Darwin: 1745–1859. Baltimore 1959.
5 James A. Secord: Victorian Sensation. The Extraordinary Publication, Reception, and Secret Authorship of *Vestiges of the Natural History of Creation*. Chicago 2000, S. 97.
6 Margit Sichert: Functionalizing Cultural Memory – Foundational British Literary History and the Construction of National Identity. In: Modern Language Quarterly 64.2 (2003), S. 199–217, hier S. 201 f.

von Chambers' früherer Literaturgeschichte von 1836, *History of English Language and Literature*. Dabei ist die Einbettung von Darwins Evolutionstheorie und ihrer Darlegung in *On the Origin of Species* in verschiedene literarische und kulturelle Diskurse der Zeit durch Gillian Beers einflussreiches Buch *Darwin's Plots. Evolutionary Narrative in Darwin, George Eliot and Nineteenth-Century Fiction* (1983) eindrucksvoll belegt, in dem Beer auch ganz allgemein die Nähe naturwissenschaftlicher Theoriebildung zu literarischer Fiktion mit einem Seitenblick auf Thomas Kuhns Wissenschaftstheorie wie folgt feststellt:

> Most major scientific theories rebuff common sense. They call on evidence beyond the reach of our senses and overturn the observable world. [...] When it is first advanced, theory is at its most fictive. The awkwardness of fit between the natural world as it is currently perceived and as it is hypothetically imagined holds the theory itself for a time within a provisional scope akin to that of fiction.[7]

Beer selbst erwähnt zwar wiederholt Chambers' *Vestiges*; weil sich ihr Blick jedoch auf die Literatur der Zeit, nicht aber auf die sich entwickelnde Literaturkritik und Literaturgeschichtsschreibung richtet, untersucht sie mögliche Verbindungslinien in diese Richtung nicht und versäumt es, Chambers' Literaturgeschichte auch nur zu erwähnen.

Robert Chambers' *History of the English Language and Literature* genießt aber immerhin die auch in neuerer Forschung völlig vernachlässigte Auszeichnung, die erste, vollendete, vollständige narrative englische Literaturgeschichte zu sein.[8] Sehr viel berühmtere Leute, unter ihnen auch Alexander Pope, hatten sich mit dem Gedanken an das Projekt getragen, daran versucht und, wie im berühmten Falle von Thomas Warton, daran verhoben. Wartons monumental geplantes Werk war nicht über die elisabethanische Zeit hinausgekommen, als ihn die Materialfülle erdrückte. Erst Robert Chambers gelang in seinem vergleichsweise unprätentiösen Büchlein von nicht einmal 300 Seiten, was viele vor ihm vergeblich versucht hatten: die disparaten Traditionen und Schulen, Einflüsse und Kanones der englischen Literatur in eine mehr oder minder durchgängige Erzählung zu bannen. Damit muss Robert Chambers der Doppelerfolg zugesprochen werden, sowohl die erste Evolutionsgeschichte der Welt als auch die erste Geschichte der englischen Literatur vollbracht zu haben. Die Veröffentlichung der beiden Werke trennen lediglich acht Jahre (1836 und 1844), sodass sich ein Vergleich in der Tat aufdrängt. Da es absolut keinen

---

[7] Gillian Beer: Darwin's Plots. Evolutionary Narrative in Darwin, George Eliot and Nineteenth-Century Fiction. Cambridge. 3. Aufl. 2009, S. 1.
[8] Siehe Klaus Stierstorfer: Konstruktion literarischer Vergangenheit. Die Englische Literaturgeschichte von Warton bis Courthope und Ward. Heidelberg 2001.

Hinweis gibt, Chambers habe in anderer Chronologie gearbeitet, als es die Veröffentlichungsdaten nahelegen, stellt sich nicht die Frage, ob Chambers' evolutionäres Ideengut aus seinen *Vestiges* in seiner Literaturgeschichte Eingang fand, sondern vielmehr, ob seine literaturgeschichtlichen Konzepte möglicherweise seine Evolutionsgeschichte prägten. Gibt es also *vestiges*, Spuren, literaturgeschichtlicher Art in der *Natural History of Creation*, der ‚natürlichen Geschichte der Schöpfung'? Wurde hier die Welt gar nach literaturgeschichtlichem Modell geschaffen? Ein differenziertes Urteil setzt eine Untersuchung der Konzeption der Literaturgeschichte voraus, die hier nur im Überblick wiederholt wird.[9]

2. Robert Chambers, *History of English Language and Literature*

Auch mit seinem Projekt einer englischen Literaturgeschichte konnte Chambers sehr wohl auf zahlreiche Vorarbeiten aus dem 18. Jahrhundert zurückgreifen. Diese Vorarbeiten waren allerdings nicht nur Hilfe, sondern auch Hypothek.[10] Neben hilfreicher Materialsammlung erbte Chambers von ihnen auch das Dilemma, dass die britische Literatur einerseits als Teil eines allgemeingeschichtlichen Fortschrittsnarrativs wahrgenommen wurde. Literatur partizipierte in dieser Sichtweise am generellen Fortschritt der Zivilisation der Menschheit (natürlich angeführt durch die britische), ja, Literatur wurde verschiedentlich sogar als die höchste Manifestation dieses Fortschritts gesehen. Andererseits gewannen aber seit dem 18. Jahrhundert ältere literarische Traditionen an Gewicht und Popularität, die verschiedentlich als *romance* (romanisch) oder ‚gotisch' bezeichnet wurden. Dies sorgte für starke Irritationen bei der Konzeption eines linear-progressiven literarischen Geschichtsnarrativs. Wie ich andernorts beschrieben habe,[11] war dieses Dilemma bereits in Thomas Wartons *History of English Poetry* (1774–81) ein Problem. Gleichzeitig wurde es in Wartons Hand aber auch zu einem nützlichen Instrument der literaturgeschichtlichen Strukturierung und des *Emplotments*. In der Darstellung Wartons

---

9 Vgl. dazu Stierstorfer: Konstruktion literarischer Vergangenheit (Anm. 8).
10 Vgl. neu dazu April London: Literary History Writing 1770–1890. New York 2010; s. a. Rezension von Klaus Stierstorfer in ZAA (erscheint 2012). Auch April London lässt in ihrer intelligenten und differenzierten Studie über die frühe Phase der Entstehung der britischen Literaturgeschichtsschreibung das Problem der narrativen Integrationskraft, die Chambers als Erster erfolgreich aufbrachte, gänzlich unerwähnt.
11 Stierstorfer: Konstruktion literarischer Vergangenheit (Anm. 8), S. 101–111.

konkurrieren die beiden Traditionsstränge von *romance* und Klassik miteinander und stimulieren sich so gegenseitig. Wartons Mission war die Bewahrung der Traditionslinie der *romance*; indem er diese wieder in das Bewusstsein des Lesers rückte und ihre Vorzüge herausstellte, konnte diese Mission als erfüllt angesehen werden.

Im Zuge der napoleonischen Kriege und dem instabilen politischen Klima in Großbritannien brach das Dilemma Anfang des neunzehnten Jahrhunderts wieder auf und wurde zum offenen Streitfall. Nun wurde nämlich die klassizistische Tradition – zu Recht – mit französischem Einfluss identifiziert; ihre Vertreter waren die Befürworter der Kultur des Kriegsgegners, ihre Tradition wurde zum Irrweg der britischen Literaturgeschichte abgestempelt. Eine derart kontrastive Geschichtsdarstellung wurde mit besonderer Radikalität von Frances Jeffrey in der *Edinburgh Review* propagiert. Aus Jeffreys Sicht waren die französischen Einflüsse, die Großbritannien im Nachgang der Restauration überzogen, die direkte Ursache für den Niedergang der britischen Literatur. Schlimmer noch, der französische Einfluss hätte sich nach Jeffrey niemals gegen die gesunde, autochthone englische Tradition durchgesetzt, hätte er nicht Unterstützung aus Großbritannien selbst bekommen. Hochverrat, lautet Jeffreys Anschuldigung hier, und die Anklage richtet sich vor allem gegen einen Schriftsteller, nämlich John Dryden, Jeffreys hauptsächlichem *bête noire*. Er schreibt:

> [W]hen the wits and profligates of King Charles had sufficiently insulted the seriousness and virtue of their predecessors, there would probably have been a revulsion towards the accustomed taste of the nation, had not the party of the innovators been reinforced by champions of more temperance and judgement. The result seemed at one time suspended on the will of Dryden – in whose individual person the genius of the English and of the French school of literature may be said to have maintained a protracted struggle. But the evil principle prevailed.[12]

Dieses ‚böse Prinzip' wurde erst später allmählich wieder überwunden. Ein erster Hoffnungsschimmer zeigte sich aber in Jeffreys historischem Entwurf bei Cowper, aber erst Walter Scott und Thomas Campbell verhalfen der Originalität des britischen Genius wieder zur vollen Geltung. Francis Jeffrey stellte diese Ansichten in verschiedenen Aufsätzen in seiner Zeitschrift vor. Er unternahm nicht den Versuch, selbst eine Literaturgeschichte zu schreiben. Die Verwirklichung dieses Unterfangens dauerte, wie wir gesehen haben, noch weitere zwei Jahrzehnte. Als es dann mit Chambers' *History* eintrat, fehlte jeglicher Antagonismus, der für Jeffreys Geschichtskonzeption so bezeichnend gewesen war,

---

[12] Francis Jeffrey: Art. I. The Dramatic Works of John Ford ... In: Edinburgh Review 18 (1811), S. 275–304, hier S. 275.

und dies trotz Chambers' Vertrautheit mit den Schriften Jeffreys, wie die zahlreichen expliziten und impliziten Bezugnahmen in der *History* beweisen.[13] Was also war Chambers' Konzeption einer englischen Literaturgeschichte, und warum hatte er die Geschichtskonzeption seiner wichtigsten Quellen so grundlegend verändert?

Das Rätsel beginnt sich zu lösen, wenn man für einen Augenblick darüber nachdenkt, was passiert wäre, wenn Chambers der Vorlage Jeffreys gefolgt wäre. Was für eine Art von Literaturgeschichte wäre das Ergebnis gewesen? Jeffreys Verunglimpfung aller Literatur, die er unter dem Einfluss des französischen Klassizismus sah, hätte ein Narrativ diktiert, in dem die Hauptwerke von fast zweihundert Jahren britischer Literaturgeschichte, nämlich von der Restauration bis fast zur eigenen Zeit herauf, unter Jeffreys Bannstrahl gefallen wären. Selbst die Verbesserungen in Prosodie und Rhetorik, die Jeffrey den Autoren in der Nachfolge Drydens durchaus zugestand, hätten in eine Sackgasse geführt. Ein massives Textkorpus und ein großer Abschnitt britischer Literaturgeschichte, aber auch all die Leserinnen und Leser, die gerade jene Autoren weiterhin schätzten und genossen, müssten somit als fehlgeleitet und letztlich ‚un-englisch' dargestellt werden. Es ist offensichtlich, dass dies denkbar schlechte Voraussetzungen für eine Geschichtsdarstellung waren, wie sie Chambers vorschwebte.

Hinzu kommt, dass sich seit den frühen Jahren des 19. Jahrhunderts das politische Klima deutlich gewandelt hatte. Napoleon hatte sein Waterloo erlebt, und nicht nur die außenpolitische Bedrohung, sondern auch die innenpolitische Unsicherheit war in den 1830er Jahren einem Reformwillen gewichen, der dem Glauben an technischen, materiellen, aber auch zivilisatorischen Fortschritt neue Nahrung gab. Chambers' *History* erschien in dem von den Chambers-Brüdern herausgegebenen *Chambers' Educational Course*, der sich in Preisgestaltung und Umfang gerade auch an jene Gesellschaftsschichten wandte, die vorher keinen Zugang zu Bildung hatten. Ein klares Ziel dieses Unterfangens war die Mitwirkung an der Gestaltung einer befriedeten Zivilgesellschaft mit britischem Identitätsprofil, das schließlich die tiefen Gräben sozialer, religiöser und politischer Art überwinden würde. Die Literatur wurde zu einem wichtigen Bannerträger dieser Bestrebungen. In Anbetracht dieser Überlegungen liegt der Schluss nahe, dass es nicht die narrative Form seiner Literaturgeschichte war, die Chambers eine andere Geschichtskonzeption aufzwang, sondern dass er die narrative Form gerade deshalb auswählte, weil sie seinen Auffassungen und Zielen entgegenkam. Ein Narrativ gab ihm die Gelegenheit, eine Literaturgeschichte zu gestalten, die auf seine Ziele von

---

13 Vgl. Stierstorfer: Konstruktion literarischer Vergangenheit (Anm. 8), S. 178, n. 172.

nationaler Integration und gesellschaftlicher Ausweitung des Bildungsangebots zugeschnitten war. Wie also übersetzte sich sein integrativer Ansatz in literaturgeschichtliche Gestalt?

John Dryden und der Klassizismus sind wiederum ein guter Testfall. Obwohl Chambers einige von Jeffreys Kritikpunkten an dieser Tradition aufgriff, manchmal sogar mit direkten Zitaten aus Jeffreys Beiträgen in der *Edinburgh Review*,[14] war sein Gesamturteil eindeutig positiv. Selbst Jeffreys Erzverräter Dryden wird gewürdigt: „In spite of his faults, which were not small, Dryden continues to be regarded as one of the most illustrious of English poets" (S. 82). Chambers' Strategie komplexer Verhandlung von unterschiedlichen Traditionen und Ansichten wird bei seinen Ausführungen zu den Dichtern der *Augustan Period* besonders deutlich. Nachdem er Jeffreys Ablehnung ihrer klassizistischen Poetik zitiert hat, präsentiert er seine eigene Meinung:

> While there is general truth in these [i.e. Jeffrey's negative; K. St.] remarks, it must at the same time be observed, that the age produced several writers, who, each in his own line, may be called extraordinary. Satire, expressed in forcible and copious language, was certainly carried to its utmost pitch of excellence by Swift. The poetry of elegant and artificial life was exhibited, in a perfection never since attained, by Pope. The art of describing the manners, and discussing the morals of the passing age, was practised for the first time, and with unrivalled felicity, by Addison. And, with all the licentiousness of Congreve and Farquhar, it may be fairly said that English comedy was in their hands what it had never been before, and has scarcely in any instance been since. (S. 104)

Die Passage zeigt Chambers' historischen Ansatz auf einen Blick: Autoren werden in eine übergreifende Tradition und ein verbindendes Narrativ eingeordnet, wo jeder Autor und jede Schreibart ihren Platz und ihre Würdigung findet; Gattungsnischen werden von Autoren verschiedener Schulrichtungen und mit unterschiedlichen literarischen Vorzügen besetzt; unterschiedliche Bereiche literarischen Schaffens hatten ihre Höhepunkte zu unterschiedlichen Zeiten in der britischen Literaturgeschichte.

Wenn Chambers aber die Glanzpunkte der britischen Literaturgeschichte chronologisch derart streut, bleibt ihm dann noch Raum für einen teleologisch gerichteten Fortschrittsgedanken? Hier fand Chambers eine Einschätzung Sir Walter Scotts, die ihm die Quadratur dieses Kreises zu ermöglichen schien. Es war wiederum Jeffrey, dessen Position Chambers hier aus einem Aufsatz rezipiert (Francis Jeffrey, „Ford's Dramatic Works" which Chambers quoted in his *History* [S. 57]):

---

[14] Robert Chambers: History of the English Language and Literature. Edinburgh 1836, S. 104.

> [Scott] has copied every style, and borrowed from every manner that has prevailed, from the times of Chaucer to his own, – illuminating and uniting, if not harmonizing them all, by a force of colouring, and a rapidity of succession, which is not to be met with in any of his many models.[15]

Interessanterweise wird Scott hier nicht ob seiner Originalität oder Erfindungskraft als Höhepunkt der britischen Literaturgeschichte konstruiert; vielmehr erreicht er die Spitze in Chambers' Poetik durch seine Integrationsfähigkeit, die all die widerstrebenden Traditionen in ein harmonisches Werk verwandelt und sich die gesamte Literaturgeschichte zu gegenwärtiger Perfektion einverleibt.

Es ist nicht sicher, ob sich Chambers der Gewagtheit von Jeffreys Urteil bewusst war, aber selbst wenn es nicht alleine auf ästhetischer oder patriotischer Grundlage stand, erfüllte es exakt den Zweck seiner Geschichtskonzeption. Hier konnte er in Walter Scott einen Autor präsentieren, den die bildungshungrigen Leser als ein Paradebeispiel für alles, was in der britischen Literaturgeschichte lesens- und wissenswert war, studieren konnten. Diese Literaturgeschichte hatte in Scott verbindende Identität und integrativen Ausdruck gefunden und konnte so, weit entfernt von Jeffreys schizophrener Exklusivität, als ein Idealbild der britischen Gesellschaft vorgestellt werden.

Chambers' Geschichte endet aber nicht mit Walter Scott oder einem anderen literarischen Werk im engeren Sinne. Seine letzten Seiten füllt Chambers mit einer Darstellung der konkurrierenden Anstrengungen von hauptsächlich zwei Verlagsprojekten, dem eigenen in Edinburgh und Charles Knights Society for the Diffusion of Useful Knowledge in London. Sein Fokus ist hier auf verschiedenen Enzyklopädien, insbesondere der von Ephraim Chambers 1728 initiierten *Chambers' Encyclopaedia*, die inzwischen zu einem imposanten 40-bändigen Werk gewachsen war. Chambers kommentiert: „[...] a work of such magnificent proportions and embellishments, that no country but one so advanced as Britain in affluence, literature, and the arts, could have produced it."[16] Obwohl er es nicht explizit sagt, bezieht er sich mit dieser Äußerung natürlich auch auf seine *History of English Language and Literature*, die der Leser gerade in Händen hält: Was sonst war diese, wenn nicht eine Sammlung und Wertschätzung der britischen Literatur in historiographischer Gestalt? Was Walter Scott verkörperte, war hier im historischen Detail aufgeschlüsselt und ausgebreitet. Die Traditionen und Einflüsse, die Scott in seiner Romankunst synthetisiert hatte, konnten hier in analytischer Gestalt als Geschichtsnarrativ betrachtet werden. Hier traten all die literarischen Qualitäten einzeln hervor,

---

15 Jeffrey: Art. I. The Dramatic Works of John Ford (Anm. 12), S. 283.
16 Chambers: History of the English Language and Literature (Anm. 14), S. 268.

die sich in der Gegenwart des Lesers nicht nur zu Scotts überragender Romankunst zusammengefunden hatten, sondern die auch sozusagen in ihrer *concordia discors* eine integrative Vision britischer Literatur und, in Analogie, der britischen Gesellschaft als Ganzer boten – eine mächtige Grundlage also für eine neue und integrative britische Identität.

3. Robert Chambers, *Vestiges of the History of Creation*

Als Chambers' *Vestiges of the History of Creation* acht Jahre nach seiner *History* erschien, vermutete niemand einen Zusammenhang zwischen den beiden Werken, nicht nur, weil das Thema sehr verschieden war, sondern vor allem weil die *Vestiges* anonym publiziert wurden. Ihren Autor zu erraten wurde zu einem verbreiteten Gesellschaftsspiel. Aber finden sich tatsächlich keine Verbindungslinien zwischen den beiden Werken? Zunächst gibt es keinen Hinweis, dass Chambers in seiner Literaturgeschichte bewusst und explizit evolutionäre Elemente verwandt hätte, die er aus seinen Studien kannte. Dies ist sehr überraschend, lässt sich doch Chambers' Beschäftigung mit ‚Theorien der Welt und der Erde' bis auf seinen frühen satirischen Aufsatz *Vindication of the World and of Providence* im *Kaleidoscope* zurückverfolgen, einer Zeitschrift, die er im zarten Alter von 19 Jahren im Jahre 1822 gegründet hatte, die allerdings, von seinem Bruder William gedruckt, nur acht Hefte überlebte.[17] Finden sich also keine Hinweise auf Evolutionstheorie in Chambers' Literaturgeschichte, ist der umgekehrte Blick umso ertragreicher: *Vestiges* ist übersät mit literarischen und literaturgeschichtlichen Bezügen, Anspielungen und Verbindungen. Dies legt eine fast unidirektionale Einflussnahme von Chambers' Literaturgeschichte auf *Vestiges* nahe und nicht umgekehrt.

Obwohl es ein naturwissenschaftliches Werk ist, finden sich in *Vestiges* überall literarische Metaphern und Bezüge. Geologische Schichten werden als die „Blätter des steinernen Buches" („the leaves of the *Stone Book*", S. 57, kursiv im Original) bezeichnet, und eine spezielle Art von Kalkstein kann als „Chronik" einer Ära gelesen werden (S. 105), wie auch die Geologie als die Chronik der „großen Naturgeschehnisse" („the great natural transactions") bezeichnet wird, und es ist erst nach dem Schluss („conclusion") des „wundersamen Kapitels der Erdgeschichte, das von der Geologie erzählt wird" („the wondrous chapter of the earth's history which is told by geology"), dass die „Schöpfung unserer eigenen Spezies" („creation of our own species") beginnt

---

[17] Robert Chambers: Vindication of the World and of Providence. In: The Kaleidoscope; or, Edinburgh Literary Amusement. A Periodical Miscellany, Chiefly Humorous 8 (1822), S. 123–127.

(S. 144 f.); die Evolution „zeigt sich in den Seiten der geologischen Aufzeichnungen" („shewn in the pages of the geological record" (S. 223 f.), und analoge Entwicklungsprozesse werden in „zahllosen Theatern des Seins, die im Raum schweben" („countless theatres of being which are suspended in space"), vorgestellt, ganz wie das eine, große Theater, das die Erde und ihre Geschichte ist.

Chambers' Einsatz der Buchmetapher scheint vieles von dem bereits einzuschließen, was Hans Blumenberg in *Die Lesbarkeit der Welt* an philosophischem Gedankengut systematisiert hat. Die Buchmetapher half Chambers bei der Darstellung der Evolution der Welt als einen abgeschlossenen Text, der von seinen Lesern verfolgt werden konnte, ohne die Furcht, sich in einer illiteraten, unlesbaren Wildnis zu verlieren. Aber Chambers präsentierte nicht nur die Natur als Buch; er versammelte auch seine eigenen Ansichten zur Evolutionsgeschichte zusammen mit solchen aus den verschiedenen Wissenschaften in der Form eines Buches, wie bereits ein früher Rezensent in *The Examiner* (9. November 1844) bemerkte:

> In this small and unpretending volume we have found so many great results of knowledge and reflection, that we cannot too earnestly recommend it to the attention of thoughtful men. It is the first attempt that has been made to connect the natural sciences into a history of creation.[18]

Ganz wie Chambers alles, was er an literaturwissenschaftlicher Arbeit seiner Zeit finden konnte, von den Antiquaren zu Historikern wie Warton und den Literaturkritikern und Rezensenten, aufnahm, um daraus seine Literaturgeschichte zu formen, so versammelte er nun alle Resultate naturwissenschaftlichen Forschens in eine vergleichbare Textur. Wieder ist es Walter Scotts Romankunst, die ihm dazu das Instrumentarium lieferte. Secord kommentiert:

> *Vestiges* stripped the Waverley novels to their essentials in nature's laws. By retaining traces of the generic conventions of historical fiction, however, the evolutionary cosmology of the Enlightenment was recast in a form appropriate for a Victorian readership. [...] Hence the wide-spread acknowledgement among contemporary readers that the *Vestiges* read like a novel.[19]

Somit stellte Chambers die Kosmologiegeschichte nicht nur als Buch vor, er tat dies auch in Form eines Buches, und zwar eines solchen Buches, das seine Zeitgenossen am zugänglichsten und lesbarsten fanden, den Roman. Es kann gut sein, dass sich Chambers zumindest teilweise bewusst war, dass er hier etwas bewerkstelligte, was er in seiner jugendlichen Satire von 1822 noch als eine unmögliche Fantasie abgetan hatte:

---

[18] Zitiert in Secord: Victorian Sensation (Anm. 5), S. 9.
[19] Secord: Victorian Sensation (Anm. 5), S. 90.

> We hastily close this subject with an idea of impotent nothingness: for even though we possessed the congregated talents of a world – though we had for our ink-horn the immeasurable ocean, and for our pen the enduring *stylus* of the Recording Angel – though the Chaos from which sprung the germs of the Universe were extended into immensity, thin as the sheet on which we now write, and placed before us for a scroll – and though Eternity itself were compressed into an hour, for the sake of our feeble functions – we could never sufficiently record the boundless divinity of God, or explain the interminable excellences of his Providence.[20]

In den *Vestiges* mag Chambers vielleicht nicht die grenzenlose Göttlichkeit Gottes aufgezeichnet haben, dafür gelang es ihm aber, statt sein Schreibwerkzeug fantastisch auszuweiten, um die Unendlichkeiten des Universums fassen zu können, eben jenes Universum in eine eminent lesbare Geschichte zwischen die Buchdeckel eines moderat teuren und moderat dicken Werks zu komprimieren.

Die Hauptlinie in *Vestiges* ist wiederum ein Fortschrittsnarrativ, und wiederum teilt diese Konzeptualisierung des Fortschritts wichtige Aspekte mit der vorausgehenden Literaturgeschichte. Es ist nicht nur Walter Scotts narrativer Stil, dem in *Vestiges* nachgeeifert wird, sondern es ist auch Scotts Positionierung innerhalb der Literaturgeschichte als die Verkörperung des Fortschritts britischer Literatur, die in *Vestige*s wieder aufgegriffen wird, wo sie zusammen mit Shakespeare als Illustration der höchsten Stufe der Lebewesen dient. Indem er Scotts Universalität über die Literatur hinaus ausweitet, kann Chambers nun schreiben:

> [T]o a limited number is given the finely assorted assemblage of qualities which places them on a parallel with the typical. To this may be attributed the universality which marks all the very highest brains, such as those of Shakespeare and Scott, men of whom it has been remarked that they must have possessed within themselves not only the poet, but the warrior, the statesman, and the philosopher; and who, moreover, appear to have had the mild and manly, the moral and the forcible parts of our nature in the most perfect balance.[21]

Das Prinzip progressiver Akkumulation von Überlegenheit, das dennoch die früheren Entwicklungsstufen als wertvolle Komponenten bewahrt, war das Modell, das Chambers auf der Basis seiner Literaturgeschichte benutzt hatte. Hier wandte er es in viel größerem Maßstab an. Wie war das möglich?

Ausgehend von der Literaturgeschichte kann diese Erweiterung wie folgt rekonstruiert werden. Zunächst wird das Genie eines Scott oder Shakespeare in

---

[20] Chambers: Vindication of the World and of Providence (Anm. 17), S. 203.
[21] Chambers: Vestiges (Anm. 3), S. 351 f.

seiner Genialität nicht nur um die Meriten früherer oder weniger bedeutender Schriftsteller erweitert, sondern auch um die Überlegenheit der literarischen Figuren, über die sie schreiben (Krieger, Staatsmänner, Philosophen). Gleichzeitig wird eine enge Verbundenheit innerhalb der menschlichen Spezies betont. Die verschiedenen Talente von Individuen sind nur unterschiedlich entwickelt; Verschiedenheit, wie groß sie auch immer sei, ist deshalb immer graduell, nie qualitativ, wie Chambers dies drastisch formuliert: „Thus a Cuvier and a Newton are but expansions of a clown, and the person emphatically called the wicked man, is one whose highest moral feelings are rudimental."[22]

Es folgt eine noch größere Erweiterung dieser Konzeption, die alle Lebewesen einschließt. Hierzu findet man eine zentrale Verbindung in Chambers' Embryologie. Chambers folgte hier letztlich dem estnischen Naturwissenschaftler Karl Ernst von Baer gegen die populäre Version der Rekapitulationstheorie (biogenetische Grundregel: Ontogenese folgt der Phylogenese). Für ihn war die Entwicklung des Fötus ein Differenzierungsprozess vom Allgemeinen zum Spezifischen, wie man in dem Diagramm sehen kann, das Chambers von William Carpenter, einem der ersten Schüler von Baers in Großbritannien, sehen kann (S. 212). Embryonen haben zunächst den gleichen Entwicklungsweg, bevor sie auf ihre jeweilige Spezies hin abzweigen. Die Entwicklungsstufe ist umso höher, je später diese Abzweigung erfolgt, sodass Säugetiere am längsten in dieser nicht ausdifferenzierten Entwicklungslinie bleiben, aber dennoch an der allgemeinen Natur des Lebens teilhaben, so wie Newton und der Clown in Chambers' früherem Beispiel.

Dieser gesamte, allmähliche Fortschritt beruht auf unwandelbaren, zeitlosen Naturgesetzen,[23] die letztlich in einem deistisch verstandenen Schöpfer gründen. Es ist das Prinzip, nach dem sich das gesamte Universum, nicht nur das Leben auf der Erde, entwickelt hat, wie Chambers ausgehend von der Erdoberfläche erklärt:

> The surface [of the earth] has also undergone a gradual progress by which it has become always more and more variegated, and thereby fitted for the residence of a higher class

---

22 Chambers: Vestiges (Anm. 3), S. 350 f.
23 „If there is any thing more than another impressed on our minds by the course of the geological history, it is, that the same laws and conditions of nature now apparent to us have existed throughout the whole time, though the operation of some these laws may now be less conspicuous than in the early ages, from some of the conditions having come to a settlement and a close." (S. 146) Chambers dreht hier George Lyells wissenschaftliche Methode der Vergangenheitskonstruktion, die ausschließlich auf Gesetzen basiert, wie sie in der Gegenwart empirisch nachweisbar sind, in eine ontologische These über kosmologische Prinzipien. (Vgl. James Secord: Introduction. In: Charles Lyell: Principles of Geology. Hg. Von James Secord. London 1997, S. ix–xliv, hier S. xix f.)

> of animals. In pursuing the progress of the development of both plants and animals upon the globe, we have seen an advance in both cases, along the line leading to the higher forms of organization. Among the plants, we have first sea-weeds, after wards land plants; [...]. In the department of zoology, we see zoophytes, radiata, mollusca, articulata, existing for ages fore there were any higher forms. The first step forward give fishes, the humblest class of the vertebrata; [...]. Afterwards come land animals, of which the first are reptiles [...]. From reptiles we advance to birds, and thence to mammalia [...]. (S. 148)

Damit hatte Chambers einen letzten Schritt in der Entwicklung von Fortschrittsnarrativen popularisiert, der ursprünglich begann mit der These einer progressiven Anreicherung menschlichen Wissens und menschlicher Zivilisation, wie z. B. in Francis Bacons *The Advancement of Learning* (1605) dargelegt, und weiterhin zunächst mit Zögern, dann in Chambers' *History* mit Aplomb auf die Literaturgeschichte ausgeweitet wurde, um nun, in den *Vestiges*, die gesamte Welt in einer großen, progressiven, unitarischen Kosmologie zu umfassen. Damit entstand diese Fortschrittsidee sozusagen nicht chronologisch, sondern begann in der menschlichen Sphäre, um sich von dort auf alle Lebensformen auszubreiten. Gibt es einen Grund für diesen inversen Fortschritt des Fortschritts selbst?

Natürlich wurde die Welt von Wissenschaft und Zivilisation allgemein und der Literatur als ihr vornehmstes Zeichen im Besonderen nicht als Teil einer sakralen Kosmologie gesehen. Aber die Schöpfung hatte mit dem Menschen den Höhepunkt erreicht, und die Diskussion historischer Muster hatte danach eine neue Qualität. Natürlich wurde Chambers' Ausweitung des Fortschrittsnarrativs über die menschliche Sphäre hinaus auf die gesamte Welt scharf kritisiert, widersprach es doch dem Schöpfungsbericht der Bibel. Während die Ausweitung menschlichen Fortschritts auf die außermenschliche Sphäre als Humanisierung derselben gesehen werden konnte, war der unangenehme Rückkoppelungseffekt nicht auszuschließen, dass im Gegenzug die menschliche Geschichte durch ihre Verknüpfung mit der Entwicklung der Welt als Ganzer enthumanisiert werden konnte. Hier findet sich also ein offensichtlicher Grund, warum der Fortschrittsgedanke in der menschlichen Geschichte zuerst und in die Weltgeschichte zuletzt eingeführt wurde und warum es für solchen Aufruhr sorgte, als dies in Chambers' populärem Buch geschah.

Somit hat es durchaus seine Logik, dass Fortschrittskonzepte in Chambers' Werk zunächst im Bereich der menschlichen Geschichte, und hier speziell in der Literaturgeschichte als dem höchsten Kulturgut, entwickelt und erprobt wurden. Vom Gipfel der Zivilisation aus, von Intellekten wie Shakespeares und Walter Scotts, begann Chambers dann sich durch die gesamte Schöpfungsgeschichte zu arbeiten, dies unter Beibehaltung und Adaptation vieler probater Strategien zur Verbindung und Integration unterschiedlichster Diskurse, Disziplinen und Wissensbereiche.

Vielleicht noch wichtiger ist, dass die beiden großen Werke Robert Chambers' nicht nur wichtige Konzepte und Erzählstrategien gemeinsam haben; sie stammen auch aus sehr ähnlichen Kontexten, bedienen sehr ähnliche kulturelle Bedürfnisse und befassen sich mit sehr ähnlichen gesellschaftlichen Problemen. Beide Geschichten sind letztlich durchzogen von denselben symbolischen und analogen Werten, die sich in eine umfassende, vereinende Geste verbinden, und von dem Versuch, dort Verbundenheit zu stiften, wo die Geschichtskonzeptionen der Zeit durch tiefe Risse geprägt waren. Es waren letztlich auch die Risse in der britischen Gesellschaft und Kultur jener Zeit.

In diesem Sinne spiegeln beide Bücher einen bestimmten Punkt in der britischen Kulturgeschichte. Sie entstammen den tiefen Klüften in der britischen Gesellschaft und Kultur, die im Zuge der Industrialisierung aufgebrochen waren und durch Revolutionsängste von jenseits des Ärmelkanals weiter geschürt wurden, schließlich aber in einen Reformschub mündeten. In diesem Kontext lassen sich Chambers' beide Werke sehr viel produktiver lesen, als Chambers einerseits im Falle der Literaturgeschichte als Nachfolger Wartons und im anderen Falle als Vorläufer Darwins zu sehen. Es war weder Chambers' primäre Absicht, Wartons literaturgeschichtliches Projekt mit seinem Schwerpunkt auf der historischen Integration von Poetik, Ästhetik und antiquarischen Bemühungen zu vollenden, noch wollte er bahnbrechende Pionierleistungen in der Evolutionstheorie vorlegen. Was die Forschungsleistung in beiden Werken betraf, muss sie als derivativ und wenig originell bezeichnet werden. Was seine Leistung in beiderlei Hinsicht aber auszeichnet, ist die narrative Integrationskraft. Diese Leistung wurde nicht aus interessefreiem Forschungseifer und Wissensdrang heraus erbracht, sondern entsprang der Reformbewegung seiner Zeit, und hier insbesondere dem Kontext der Bildungsreformen, die so prominent auf den Agenden von Politikern, Schriftstellern, Verlegern und vielen Aktivisten aller Couleur der Zeit standen.

Dass dies ein vorübergehender Moment zumindest für die Evolutionstheorie war, lässt sich an Darwins Schriften ein gutes Dutzend Jahre später ablesen. Hier ist der Ansatz weitaus stärker geteilt zwischen Kontinuität und Einheit einerseits und dem sehr viel pessimistischeren Blick auf Verlust und Vergeblichkeit: Viel überreiches Wachstum wird verloren und redundant in dieser Evolutionsauffassung. Viele Zweige sterben ab in Darwins beliebter Baummetapher:

> From the first growth of the tree, many a limb and branch has decayed and dropped off; and these lost branches of various sizes may represent those whole orders, families, and genera which have now no living representatives, and which are known to us only from having been found in a fossil state.[24]

---
24 Charles Darwin: The Origin of Species. Hg. Von Gillian Beer. Oxford 1996, S. 171 f.

Gillian Beer nennt dies Darwins Versuch, „die Familienbande wiederherzustellen, die Entdeckung eines verlorenen Erbes, die Wiederherstellung eines frommen Gedenkens, ein genealogisches Unterfangen" („the restoration of familial ties, the discovery of a lost inheritance the restitution of pious memory, a genealogical enterprise").[25] In diesem Sinne ist Darwin viel näher an Thomas Warton als Robert Chambers. Während für Chambers die literarischen und kulturellen Errungenschaften der Vergangenheit in ihrem Potenzial präsent blieben, das nun in Walter Scott in jeder Hinsicht voll entfaltet war oder evolutionsgeschichtlich in solch genialen Gestalten wie Scott oder Shakespeare, ist Wartons Literaturgeschichte eine Erzählung des Verlusts, nämlich der romantischen Tradition. Robert Chambers gelang es so, die Verbindung zwischen fortschrittlicher Evolution und der Restitution der Bedeutung der Vergangenheit in der Gegenwart während einer instabilen, aber höchst produktiven Ära britischer Kulturgeschichte herzustellen.

---

[25] Beer: Darwin's Plots (Anm. 7), S. 57.

Moritz Baßler
Prolegomena zu einer Verfahrensgeschichte deutscher Erzählprosa 1850–1950

1.

Die Moderne, so scheint es, war das Zeitalter der wissenschaftlichen Narration, und es ist vorbei. Schon Lyotard bestimmte bekanntlich die „Skepsis gegenüber den Metanarrationen" als Kennzeichen eines postmodernen Wissens, und Foucault beschrieb die großen historischen Erzählungen als Funktionen obsoleter hypostasierter Kollektivsubjekte.[1] Dieser Befund scheint allerdings im Widerspruch zu einem anderen, ebenso verbreiteten zu stehen: dem der Historisierung aller als absolut behaupteten Wahrheiten, der religiösen, ideologischen, ja sogar der naturwissenschaftlichen (Fleck, Kuhn u. a.) und noch der historischen selbst. Haben nicht gerade die Historiker durch Hayden White und andere erst mühsam lernen müssen, dass ihre Vertextung historischer Daten *nolens volens* narrativen Mustern folgt, die aus der schönen Literatur bekannt sind?

Doch dieser vermeintliche Widerspruch lässt sich auflösen: Historisierung bedeutet in den besagten Zusammenhängen kaum mehr als die Einbettung in einen kulturellen Kontext, der zwar historisch situiert, als solcher aber immer nur als synchrones Phänomen analysierbar ist. Die spezifisch narrative Form der Vertextung von Archivdaten ist, denkt man die Debatte konsequent weiter, schlicht eine Trope.

> Die Darstellung archivanalytischer Ergebnisse, die gegenüber der Analyse sekundär ist, kann [...] über Verfahren aller Art erfolgen, über Montage, Listen, Kataloge, Chiasmen, Oppositionen, Dialoge, Anekdoten, Hypertexte, kurz: sie kann ‚Sinn machen' über die unterschiedlichsten Figurationen. Narrative Strukturen gehören zwar dazu, sind aber nur eine Möglichkeit unter vielen.[2]

Dass ihnen an sich, *qua* Narration, irgendeine welterklärende Kraft zukäme, das ist es, wogegen sich die nach-moderne Skepsis richtet. Die Narration tendiert zur individuellen Geschichte mit Protagonist, *agency,* Anfang, Mitte und

---

[1] Vgl. Jean-François Lyotard: Das postmoderne Wissen. Ein Bericht. Graz/Wien 1986, S. 14; Michel Foucault: Archäologie des Wissens. Frankfurt. 4. Aufl. 1990, S. 23.
[2] Moritz Baßler: Die kulturpoetische Funktion und das Archiv. Eine literaturwissenschaftliche Text-Kontext-Theorie. Tübingen 2005, S. 354.

sinnstiftendem Ende, und der wird keine besondere Erklärungskraft in systemischen Zusammenhängen mehr zugetraut. Literarisch ist sie daher bereits seit Längerem ausgewandert in fantastische Diegesen, in denen individuelle *agency* noch die Welt verändern oder gar retten kann.

Albrecht Koschorkes ambitionierter Versuch, die kulturpoetische Bedeutung von Narrationen in einer Allgemeinen Erzähltheorie zu fassen, kommt daher merkwürdig spät in einer Welt post-narrativer Netzpraxis, die Sinn bevorzugt über enzyklopädische Verknüpfungen zu generieren scheint, über Links im Netz, Algorithmen, Kommentare, getippte Dialoge, Überschreibungen, kurz: über gespeicherte Assoziationen. Allerdings behauptet Koschorke selbst ja auch keine metahistorischen narrativen Zusammenhänge, sondern beschreibt ihre historisch belegbare strukturierende Kraft. Derzeit sei, so heißt es anlässlich des Aufklärungs- oder Moderne-Narrativs, „vorerst keine globale Einheitssemantik in Sicht, die stark genug wäre, um nach dem Vorbild des 19. Jahrhunderts so strahlkräftige Kollektivsingulare wie *die* Geschichte oder *die* Moderne zu etablieren". Diese hätten zwar ein zähes Nachleben, würden sich aber „wohl in wachsendem Maß fragmentieren" und den „Raum frei[geben] für Schwärme von Einzelgeschichten, die auf eine schwierigere und verborgenere Weise miteinander koordiniert sind".[3]

Es wirkt nur wie die Anwendung auf ein begrenzteres Feld als das *der* Geschichte oder *der* Moderne, wenn Jörg Schönert feststellt, dass derzeit „keine allgemein akzeptierte Theorie für das wissenschaftlich organisierte und methodologisch kontrollierte Erarbeiten von Literaturgeschichte ausgewiesen werden kann". Die einst vornehmste Aufgabe des Faches Literaturwissenschaft (das die längste Zeit Literatur*geschichte* hieß) sei daher weitgehend „an eine populärwissenschaftliche Vermittlung von Literaturgeschichtsschreibung"[4] delegiert – was impliziert, dass echte literaturwissenschaftliche Forschung zu einer Literaturgeschichte im engeren Sinne nichts mehr beizutragen hätte.

2.

Aber müsste es nicht möglich sein, eine Literaturgeschichte als Geschichte literarischer Verfahren zu schreiben? In der Nachbardisziplin Kunstgeschichte beispielsweise (die immer noch so heißt) ist es völlig selbstverständlich, die

---

[3] Albrecht Koschorke: Wahrheit und Erfindung. Grundzüge einer Allgemeinen Erzähltheorie. Frankfurt 2012, S. 266.
[4] Jörg Schönert: Literaturgeschichte. In: Reallexikon der deutschen Literaturwissenschaft [und nicht mehr -geschichte!; M. B.]. Bd. 2. Berlin/New York 2000, S. 454–458; S. 456 f.

Abfolge von Epochen und Stilen, etwa vom Impressionismus über den Kubismus zum Expressionismus, als eine Geschichte von Verfahren zu beschreiben, wobei die Machart den Inhalten und Motiven und erst recht jeder Art von Künstlerbiographie und -intention als Kriterium vorgeordnet ist. Von James Joyce heißt es, er habe, wenn jemand ihm einen neuen Roman empfahl, nicht gefragt, wovon dieser handle, sondern gebeten, ihm eine halbe Seite daraus vorzulesen.[5] Am Verfahren, heißt das doch wohl, erkennt man die Qualität – und sicherlich auch den literaturgeschichtlichen Ort – des literarischen Kunstwerks. Vielleicht lässt sich bei Prosa nicht so weit gehen wie bei Pflanzen, deren Art man über einen binären Schlüssel von Merkmalen bestimmen kann, doch sollte die genaue Analyse einer Prosaprobe nicht mindestens so gut Aufschluss über Art und Herkunft geben können wie eine informierte Wein- oder Maltwhiskyprobe?

Im Besonderen war es die kurze Phase der emphatischen Moderne um die 1910er Jahre herum, in der literarische und generell semiotische Verfahren in der Kunst derart explizit ausgestellt wurden, dass auch die Theorie begann, Zeichenverhältnisse zu untersuchen und in ihrem Primat gegenüber dem Dargestellten zu erkennen. Formalismus, Semiotik, *new criticism*, Strukturalismus, aber auch verfahrensorientierte Ansätze in der Germanistik haben hier ihren Ursprung und entwickelten Methoden, ‚Kunst als Verfahren'[6] zu fassen. Entsprechend lag es immer schon besonders nahe, die tendenziell unverständliche Prosa der emphatischen Moderne – etwa des Futurismus, Expressionismus, Dadaismus und Surrealismus – anhand ihrer Verfahren zu beschreiben.[7] Mit Roland Barthes und anderen bestand dabei die Tendenz, realistisches Erzählen, wie es im ‚klassischen', ‚lesbaren' Text des nach-romantischen 19. Jahrhunderts praktiziert wurde, zu verachten als ein Textverfahren, das die poietischen Möglichkeiten von Literatur und Kunst nicht ausschöpft, sondern die bestehende Weltsicht affirmiert. Durch Strömungen wie den Surrealismus und den Nouveau Roman, die sich weit in die Zeit nach 1945 hinzogen, ließ sich noch eine Weile leugnen, dass solche realistischen Verfahren eigentlich bereits seit den 1920er Jahren wieder die Dominante literarischer Erzählprosa bilden, ja in der tatsächlich gelesenen, populären Literatur selbst in den ersten Jahrzehnten des 20. Jahrhunderts immer dominant gewesen sind.

---

5 Leider ist es mir bisher nicht gelungen, die Quelle dieser Anekdote wiederzufinden.
6 So der Titel eines seminalen Aufsatzes von Viktor Šklovskij aus dem Jahre 1916.
7 Daran habe ich mich in den 1990er Jahren im Umfeld der von Gotthart Wunberg initiierten Tübinger Forschungen zur Moderne beteiligt. Vgl. u. a.: Moritz Baßler: Die Entdeckung der Textur. Unverständlichkeit in der Kurzprosa der emphatischen Moderne 1910–1916. Tübingen 1994; Moritz Baßler u. a.: Historismus und literarische Moderne. Tübingen 1996.

Immerhin ist hier eine erste Unterscheidung gesetzt, die für die Beschreibung literarischer Verfahren grundlegend sein kann: die Unterscheidung zwischen realistischer Prosa und dem modernen „Grenztext" (Barthes), der durch eine asyndetische Textur gekennzeichnet ist.[8] Und scheut man die für Projekte dieser Art unvermeidliche schreckliche Simplifikation nicht, dann führt diese polare Unterscheidung unmittelbar zu einer Vorstrukturierung des gewählten Zeitraums für eine Verfahrensgeschichte deutschsprachiger Erzählprosa (1850–1950): Realismus – Moderne – Realismus.[9]

3.

Realistisch erzählte Texte sind durch eine metonymische Organisation der Sequenz gekennzeichnet, die ihr Verfahren unauffällig macht. In der Lektüre entsteht automatisch eine Darstellungsebene, und erst auf dieser setzt die Bedeutungsproduktion des Textes ein: Die literarische Semiose findet zwischen Darstellungs- und Bedeutungsebene statt. Es sind, mit anderen Worten, nicht nur, aber doch im Wesentlichen diegetische Konfigurationen, die hier zu genuin literarischen Zeichen, Zeichen zweiter Ordnung werden. Die Zeichen der Textebene dagegen dienen als sprachliche Zeichen eigentlich nur zur Konstitution der Darstellung.

Roland Barthes stört sich in *S/Z* sehr daran, dass der Übergang von der Text- zur Darstellungsebene derart automatisiert über die konventionellen *frames* einer Kultur erfolgt. Zu Recht weist er darauf hin, dass diese *frames* nicht ideologiefrei sind; sie enthalten ja eben – unreflektiert und als quasi natürlich gegeben – jene kulturelle „Vulgata des Wissens", nach der immer schon bekannt ist, was beispielsweise DIE FRAU, SCHÖNHEIT oder DAS JÜDISCHE sind. Der realistisch verfahrende Text, so Barthes' Vorwurf, bleibe hinter den produktiven Möglichkeiten von Literatur zurück, er „vermodert durch seine kulturellen Codes, er veraltet, schließt sich aus dem Schreiben aus [...]: er ist die Quintessenz, kondensierter Restbestand von dem, das nicht noch einmal geschrieben werden kann".[10] Das ist erkennbar aus der Perspektive einer emphatischen Moderne gesprochen, die die Welt per Kunst von Grund auf neu

---
[8] Vgl. Roland Barthes: Die Lust am Text. Frankfurt 1974, S. 18–20.
[9] Bereits Roman Jakobson hat seine Systematik in diesem Sinne ins Historische projiziert und den dominanten Modi textueller Verknüpfung, die er als metonymische vs. metaphorische fasst, literarische Epochen zugeordnet (vgl. Zwei Seiten der Sprache und zwei Typen aphatischer Störungen. In: R. J.: Aufsätze zur Linguistik und Poetik. Hg. von Wolfgang Raible. München 1974, S. 117–141; S. 135).
[10] Roland Barthes: S/Z. Frankfurt 1987, S. 101.

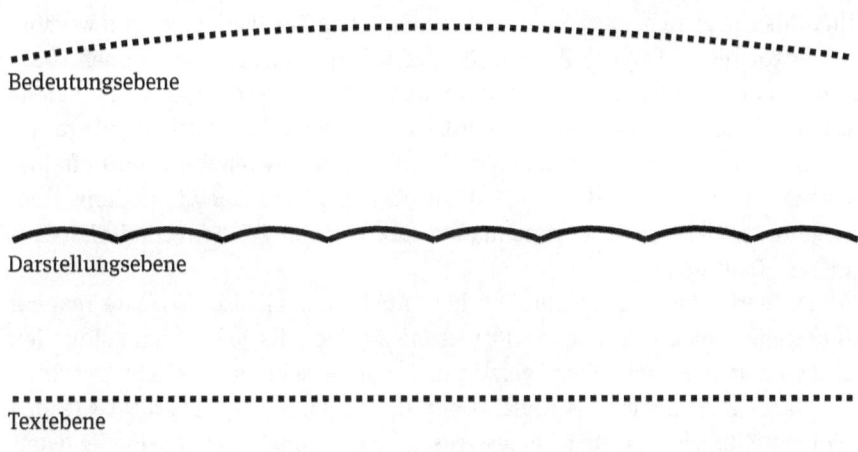

Abb. 1: Textebenen im Realismus

konstituieren möchte. Obwohl wir verfahrensanalytisch nachvollziehen können, was Barthes meint, müssen wir seine Negativwertung des realistischen Verfahrens nicht zwingend übernehmen. Klar ist nach dem oben Gesagten aber, dass erst eine Analyse der Diegese zur Bedeutung des realistischen Erzähltextes vordringt.

Der moderne „Grenztext" – Barthes' Ideal – ist demgegenüber durch eine Organisation der Sequenz gekennzeichnet, die die kulturellen *frames* und Skripte unterbricht (Tmesis, Asyndeton).[11] Jakobson spricht hier von metaphorischem Verfahren (jede Metapher ist ja zunächst ein *frame*-Bruch); auf jeden Fall ist das Ergebnis eine auffällige Textur, eine erschwerte Form, die zu jener Entautomatisierung der Wahrnehmung führt, die schon die russischen Formalisten einklagten. Entautomatisiert wird zuallererst der Übergang von der Text- zur Darstellungsebene. Offenbar werden dabei aber nun bereits Phänomene der Textebene zu genuin literarischen Zeichen. Die literarische Semiose und damit die Bedeutungssuche des Lesers setzen bereits zwischen Text- und Darstellungsebene ein: Die Konstitution eines Inhalts, einer dargestellten Welt selbst wird zum Problem, das literarische Sinneffekte zeitigt, und sei es im Scheitern oder im Wechselspiel von Auf- und Abbau (Dekonstruktion) der Semiose. Extrem texturierte Texte stellen daher eine allzu simple Version des Drei-Ebenen-Modells in Frage. An realistischen Texten scheint es problemlos zu greifen (der Text konstituiert eine Diegese, deren literarische Konfigurationen die Bedeutungsebene des Textes bestimmen). Am modernen Grenztext

---

11 Vgl. Barthes: Die Lust am Text (Anm. 8), S. 19 f.

allerdings zeigt sich, dass offenbar alle möglichen Textmerkmale (und womöglich sogar deren Fehlen) literarische Bedeutung konstituieren können. Dass sich hier eine akribische Lektüre lohnt, heißt ja nichts anderes, als dass bereits auf der Textebene bedeutsame literarische Figurationen entstehen (wie in traditioneller Literatur bereits bei Reim, Metrum und anderen formalen Auffälligkeiten). Die Textebene dient hier nicht oder nicht nur der Ausstellung einer Diegese, sondern stellt gewissermaßen ihre eigenen Zeichenverhältnisse aus und zur Deutung.

Doch man lasse sich nicht täuschen: Auch der realistisch erzählte Text hat es in sich. Er mag zwar leicht(er) zu lesen sein, weil die gewohnten kulturellen Codes an ihm mitschreiben, gerade dadurch ist seine semiotische Beschreibung aber alles andere als trivial. Denn das impliziert ja, dass die Textebene die Darstellungsebene eben keineswegs auch nur annähernd vollständig determiniert. Was selbst textbewusste Beschreibungen des literarischen Textes zumeist eher stiefmütterlich behandeln, ist seine paradigmatische Dimension, oder besser: seine paradigmatischen Dimensionen. Denn als Zeichen zweiter Ordnung hat ein literarischer Text ja auch (mindestens) zwei paradigmatische Achsen, einmal auf der Textebene die sprachliche und dann auf der Darstellungsebene die kulturelle. Die über die Textebene explizit konstituierten Zeichen zweiter Ordnung, vor allem die Handlungen der Protagonisten, sind sozusagen bewegte Objekte vor einem statischen (durch die kulturellen Codes determinierten) Horizont. Sie sind, könnte man sagen, selbst bereits tendenziell Abweichungen vom Normalzustand und damit, als überhaupt erzählenswert, potenziell auch schon bedeutsam in Differenz zum kulturellen Paradigma. Vögel, heißt es, sehen nichts mehr, wenn sie ihren Kopf eine Weile nicht bewegen und sich nichts durch ihr Blickfeld bewegt. Realistisch Erzähltes bewegt sich aber als solches immer schon durch unser Aufmerksamkeitsfeld und wird daher ‚sichtbar'. Jede literarische Begebenheit ist potenziell eine unerhörte, jedes diegetische Ding potenziell bedeutsam.

Deswegen irritiert es uns auch, wenn ein realistischer Text das diegetisch (*qua* kultureller Codes) Selbstverständliche explizit noch einmal aufschreibt, wie z. B. die Regeln des Weihnachtsfestes am Anfang von Stifters *Bergkristall*. Und vergessen wir nicht, dass Šklovskij sein Verfahren der Abweichung keineswegs an den Modernisten, sondern an der realistischen Prosa Tolstois expliziert hat. Wie die Metapher im realistischen Text zunächst einen *frame*-Bruch verursacht (zwischen Text- und Darstellungsebene), der dann aber *qua frame defense* in ihrer Auflösung, in eine bereicherte Darstellung des Ursprungs*frames* mündet, so führt die realistische Erzählung eine Störung der kulturellen Ordnung vor, die zu einer bereicherten Darstellung eben jener Ordnung führen soll. Noch Bertolt Brechts V-Effekt ist in diesem Sinne durch und durch realistisch gedacht und insofern, wie die neo-realistische Literatur der 1920er überhaupt, gegenüber der kurzen emphatischen Moderne verfahrensgeschichtlich ein *backlash*. Abweichung ist eine Funktion realistischer Verfahren. Absolute Prosa dagegen wäre über eine Devianzästhetik nicht adäquat zu fassen: Der metaphorische Modus, der hier fraglos vorherrscht, und die fragilen Welten, die sie entwirft, müssen etwas fundamental Anderes bzw. fundamental anders bedeuten als Metaphern und Diegesen in realistischer Prosa.

4.

Die Literaturwissenschaft hat insgesamt noch erstaunlich wenig über die Art und Weise nachgedacht, wie literarische Texte ihre Bedeutsamkeit organisieren.[12] Offenbar bedeutet ein Lautgedicht ja nicht nur etwas anderes, sondern auch etwas auf andere Weise als ein politischer Thesenroman. Carl Einstein hat als frühexpressionistischer Avantgardist einmal etwas ungeduldig zur Romankomposition formuliert:

> Ein Ereignis mit Vorbedingungen und Folgen geben. Wo beginnen jene und endigen diese? Mit dem Tod des Beteiligten? Ich sehe nicht ein, warum nicht jeder, dem 7 Gattinnen, 4 hoffnungsvolle Söhne, 3 Töchter, 2 Väter, 1 Kind im Mutterleib verloren gingen, wenn er sich aufhängte, abgeknüpft werden kann. [...] Jede Handlung kann auch anders endigen – wenn man nicht orthodox katholisch ist, und selbst hier gibt es die unerforschliche Güte Gottes, das Wunder usw. [...] Das Kunstwerk ist Sache der Willkür, also der Wahl [...].[13]

Zwar steht hier die realistisch-metonymische Textorganisation („Ein Ereignis mit Vorbedingungen und Folgen geben") zur Disposition, doch von Texturen ist noch nicht die Rede. „Sache der Willkür" ist vielmehr die Entscheidung darüber, welche Vorkommnisse auf der Darstellungsebene als relevant, als bedeutungstragend konstruiert werden. Selbst hiobartige Leiden oder der Tod des

---

12 ‚Bedeutung' selbst gilt als „ein literaturwissenschaftlicher Grundbegriff, [...] dem das Fach auffällig wenig Aufmerksamkeit schenkt" (Fotis Jannidis u. a.: Der Bedeutungsbegriff in der Literaturwissenschaft. Eine historische Skizze. In: Regeln der Bedeutung. Zur Theorie der Bedeutung literarischer Texte. Hg. von F. J. u. a. Berlin/New York 2003, S. 3–30; S. 5). Der umfangreiche Band, der das ändern sollte, dringt jedoch zu der Ebene, die hier gemeint ist, gar nicht vor. Daher ist hier der Begriff ‚Bedeutsamkeit' gewählt. Er läge in Hirschs Unterscheidung von *meaning* (interpretierbare Textbedeutung) und *significance* (Bedeutung für den individuellen Leser) immer noch im Bereich der *meaning* – individuelle Rezeption entzieht sich literaturwissenschaftlicher Analyse (vgl. ebd., S. 9).
13 Carl Einstein: Über den Roman. Anmerkungen [1912]. In: C. E.: Werke. Bd. 1. 1908–1918. Hg. von Rolf-Peter Baacke. Berlin 1980, S. 127–129; S. 128.

Protagonisten sind, anders gesagt, im Erzähltext nur literarische Zeichen und können als solche, unabhängig von der Bedeutung der dargestellten Dinge in der wirklichen Welt, eingesetzt, gestaltet und eben auch revidiert werden. So sieht es die emphatische Moderne; man kann sich aber denken, dass realistische Literaturentwürfe das ganz anders konzipieren. In dem Maße, wie die Texte ihre Diegese mit den ihr eigenen Werten und ihrer Ordnung an der außerliterarischen Wirklichkeit ausrichten, dürfen wir erwarten, dass diegetische Ereignisse, die, wären sie faktual, eine starke Erschütterung dieser Wirklichkeit hervorrufen würden, auch innerhalb der Logik des fiktionalen Erzähltextes von besonderer Bedeutsamkeit sind.

Michael Titzmann hat versucht, diesen Zusammenhang auszuformulieren. Mit Lotmann bestimmt er narrative Textstrukturen dadurch, dass in der Diegese Ereignisse stattfinden. Ein solches Ereignis bestehe darin, dass ein Protagonist „die Grenze zwischen zwei semantischen Räumen überschreitet".[14] Eine Hierarchisierung der jeweiligen Grenzen würde es folglich erlauben, den „Rang, den ein Ereignis, also eine Grenzüberschreitung hat", zu bestimmen. „Wenn ‚Blutrache' die Norm ist", so Titzmann, „dann ist deren Unterlassung ein ranghöheres Ereignis als deren Vollzug." Diese Hierarchie schreibt er der „Kultur" zu.[15]

> Welche expliziten oder impliziten Grenzen in der dargestellten Welt aufgebaut werden, welche davon überhaupt überschritten werden, wie die Grenzen hierarchisiert oder korreliert sind: all das sind Variable, die die Epoche bzw. der Text unterschiedlich ausfüllen kann.[16]

Die Frage, ob „die Epoche bzw. der Text" die Relevanz der Bedeutung stiftenden Grenzziehungen bestimmt, ist allerdings ebenfalls nicht trivial. Einerseits nimmt gerade der realistische Text, wie wir gesehen haben, *frames* und damit auch Werte und Normen seiner Kultur als gegeben. Andererseits kann der literarische Text durchaus eigenständige Grenzen setzen und Grenzhierarchien aufbauen, die nicht unbedingt mit denen seiner Kultur identisch sein müssen (zumal ja bereits innerhalb einer Kultur sehr unterschiedliche Werthierarchien vertreten sein können). Hier kommt der Einstein'sche Willkür-Faktor ins Spiel. Darüber hinaus können Texte natürlich von fremden Kulturen mit ganz exotischen Wertsystemen erzählen, in Gattungen wie dem Höfischen Roman oder

---

[14] Michael Titzmann: ‚Grenzziehung' vs. ‚Grenztilgung'. Zu einer fundamentalen Differenz der Literatursysteme ‚Realismus' und ‚Frühe Moderne'. In: Weltentwürfe in Literatur und Medien. Phantastische Wirklichkeiten – realistische Imagination. Fs. Wünsch. Hg. von Hans Krah/Claus-Michael Ort. Kiel 2000, S. 181–209; S. 181.
[15] Ebd., S. 182.
[16] Ebd., S. 182.

dem Actionfilm können Werte zur Norm werden, die denen der tatsächlichen Gesellschaft geradezu entgegengesetzt sind – kurz: hier ist noch einiges ungeklärt. Titzmanns historische These lautet, dass realistische Texte zur Grenzüberschreitung (und damit letztlich -bestätigung), moderne Texte aber zur Auflösung von Grenzen tendieren. Wo aber keine Grenzen mehr sind, können auch keine überschritten werden, weshalb der moderne Text zwangsläufig seine narrative Qualität einbüße, indem er zur Ereignislosigkeit tendiert.[17] Damit mag etwas Richtiges beobachtet sein, allerdings sind auch solche narrativ eher schwach ausgeprägten, texturierten Texte darum ja literarisch nicht weniger bedeutsam, was insgesamt dagegen spricht, die Bedeutsamkeit von Texten allein an solchen narrativen Grenzüberschreitungen festzumachen.

Literarische Texte haben offenbar etwas, das man, in Ermangelung eines besseren Ausdrucks, ‚Semiotopos' nennen könnte, einen Fluchtpunkt der Bedeutsamkeit, die sie für ihre literarischen Konfigurationen gemäß ihrer eigenen Logik konstruieren. Von diesem Fluchtpunkt aus ist der Bedeutungsraum des Textes definiert. Das funktioniert in der Regel so selbstverständlich, so automatisiert, dass wir uns diesen Fluchtpunkt in den seltensten Fällen explizit machen. Er müsste sich jedoch einer poetologischen Lektüre erschließen. Nicht selten ist der Semiotopos allerdings selbst bereits topisch, also aufgrund der Gattung oder Epoche, der der Text angehört, mit hoher Wahrscheinlichkeit erwartbar. So geht es im Kriminalroman darum, den Fall aufzuklären und den Mörder zu fassen. In dem Witz „Warum gucken Frauen Pornofilme regelmäßig bis ganz zu Ende an? – Weil sie immer noch hoffen, dass am Ende geheiratet wird" wird die Gattungserwartung für Liebesfilme (Semiotopos: finale Hochzeit der richtigen Partner) an eine Gattung herangetragen, die ihren Fluchtpunkt allein in der (deutlich kleinerschrittig zu organisierenden) sexuellen Erregung von Protagonisten und Rezipienten hat. Allerdings muss der Fluchtpunkt der Bedeutsamkeit keineswegs immer zugleich auch der der erzählten Handlung sein; er muss überhaupt nicht zwingend auf der Textoberfläche erscheinen. Eine Erzählung kann um die Verhinderung eines sozialen Absturzes, Ehebruchs oder Ähnliches kreisen; Romane, die die NS-Zeit zum Gegenstand haben, sind oft vom Bedeutungsfluchtpunkt des absolut Bösen oder Grauenvollen (Auschwitz) aus organisiert. Für unsere Verfahrensgeschichte wird es nötig sein, typische Bedeutungsräume für bestimmte Phasen der Literatur zu identifizieren und verfahrensanalytisch zu deuten. Dies sollte auch möglich sein, denn letztlich bleibt – da hat Carl Einstein recht – auch eine noch so sehr auf die und aus der Realität bezogene Bedeutsamkeit im literarischen Text zuallererst ein literarisches Zeichen und damit Funktion eines literarischen Verfahrens.

---

17 Ebd., S. 204.

5.

Inwiefern aber haben literarische Verfahren, die als solche ja immer nur systematisch zu bestimmen sind, auch eine Geschichte? Zumindest ist die Literaturgeschichte zweifellos durch die Dominanz je unterschiedlicher Verfahren geprägt. So schreibt Kurt Pinthus als Programmatiker der Neuen Sachlichkeit im Jahre 1929:

> Entwicklungstheoretiker können den zwangsläufigen Weg aufzeigen: vom breiten, breiigen Stil des 19. Jahrhunderts, jener Zeit, die viel Zeit für ‚Bildung' hatte und erst dumpf die Probleme der Zukunft vorfühlte [...] über die Ausdrucksformen einer realistischen Reizsamkeit, welche nervöse und soziale Zustände schilderte [...] über jene jähen Explosionen des Expressionismus, die parallel gingen zur Explosion der Menschheit in Kriegen, Revolutionen, Umschichtungen [...] bis zu diesem Streben nach einem zeitgemäßen, sachlichen unpathetischen Stil, der als einziges ungeheures Abenteuer auf dieser Erde: unser Leben fasst.[18]

Ohne Pinthus' Wertungen zu übernehmen, können wir seine vier literarhistorischen Abschnitte durchaus zur Grundlage unserer verfahrensgeschichtlichen Studie machen: Die erfassten hundert Jahre beginnen mit dem Poetischen Realismus um 1850, es folgen jene Ismen um 1900, von denen hier auf Décadence/Symbolismus (‚nervöse') und Naturalismus (‚soziale Zustände') angespielt wird, dann die ‚Explosion' der emphatischen Moderne um 1910, in Deutschland vor allem durch Expressionismus und Dada vertreten, und schließlich die Rückkehr zu realistischen Textverfahren ab Mitte der 1920er Jahre. 1929 war freilich noch nicht abzusehen, dass die verschiedenen Spielarten neorealistischen Erzählens, die man unter anderem als Neue Sachlichkeit und Magischen Realismus angesprochen hat, den politischen Einschnitt der Jahre 1933 bis 1945 in Form von Exilliteratur, Literatur der Inneren Emigration sowie Völkischer Literatur überdauern und auch den literarischen Neubeginn nach 1945 bestimmen würden.

Der Reiz des ausgewählten Zeitraums in verfahrensgeschichtlicher Perspektive liegt also darin, dass er mit einer relativ stabilen und dezidiert realistischen Literaturepoche, dem Poetischen Realismus, beginnt, dann die ‚Explosionen' der literarischen Moderne umfasst und schließlich in einer neuen Phase realistischen Schreibens mündet, die das radikale Weltveränderungsprogramm der historischen Avantgarden Lügen straft. Hier schließen sich Fragen an, die die

---

[18] Kurt Pinthus: Männliche Literatur [aus: Das Tagebuch 10/1. 6. 1929]. In: Weimarer Republik. Manifeste und Dokumente zur deutschen Literatur 1918–1933. Hg. von Anton Kaes. Stuttgart 1983, S. 328–333; S. 332.

germanistische Literaturwissenschaft noch nicht zureichend beantwortet hat: Wie gestaltet sich der Übergang vom geschlossenen Kosmos des Poetischen Realismus zur Formenvielfalt um 1900?[19] Gibt es eine Einheit in dieser Diversität? Welche Rolle spielen insbesondere die lange vernachlässigten Nullerjahre als Labor der emphatischen Moderne? Vor allem aber: Warum setzen sich realistische Schreibweisen in den 1920er Jahren so nahezu ungebrochen wieder durch? Lassen sich verfahrensanalytisch deutliche Unterschiede zu denen des 19. Jahrhunderts benennen? Welche Ausdifferenzierung findet hier innerhalb des realistischen Stils statt, wenn die Literatur der späten 20er Jahre ebenso in Richtung politisch engagierter Literatur gehen kann wie in Richtung Magischer Realismus, Blut und Boden oder Hollywood-Unterhaltung? Hier hat das Projekt durchaus auch einen Vektor Richtung Gegenwart; denn auch heute tragen wir, wenn wir den Rezensionen und Literaturpreisnominierungen oder auch einfach unserer Leselust folgend in den Buchladen gehen und die Neuerscheinungen durchsehen, in der Regel wieder ein realistisch erzähltes Buch nach Hause.

Die Verfahren selbst, um die Ausgangsfrage wieder aufzugreifen, sind dagegen zwar nicht ahistorisch, aber doch verhältnismäßig stabil. Die Katalogverfahren des Professorenromans und des *Fin de Siècle* beispielsweise sind zwar historisch recht genau zu verorten, doch gibt es Kataloge natürlich auch in antiken und mittelalterlichen Epen, im Barock oder in der Popliteratur. Bestimmte Erzähltechniken wie die personale Erzählung und die erlebte Rede entstehen vielleicht erst um 1800, der innere Monolog erst um 1900, doch kann man auch hier schwerlich von einer linearen Entwicklung oder gar von einem Fortschritt sprechen – sie werden in unterschiedlichen literarischen Phasen mit unterschiedlicher Präferenz und zu divergierenden Zwecken eingesetzt. Im Zeitraum von 1850 bis 1950 ist es vor allem die emphatische Moderne, die genuin neue Textverfahren in die Literatur einführt – die sich aber, wie die Rückkehr zu metonymisch-realistischen Texturen in den 20er Jahren zeigt, offenbar nicht in der erhofften, ja verkündeten Weise durchsetzen.

Offenkundig ist der Modus, in dem künstlerische Verfahren historisch auftreten, nicht der eines linearen Fortschritts wie zeitgleich etwa in der Technik oder den Naturwissenschaften. Es gibt keine ‚literarische Evolution' im strengen Sinne (deshalb wird es ja auch mit dem Prosa-Bestimmungsbuch nach botanischem Muster nichts). Umso wichtiger ist es zu prüfen, wozu literarische Verfahren jeweils konkret dienen. Schon Tynjanov unterscheidet literarische Formen (Verfahren) von ihren Funktionen. Zu zeigen ist nicht nur, „wie die Evolution der Formen eine Veränderung der Funktion hervorruft. [...] Es gibt

---

[19] Vgl. dazu neuerdings: Moritz Baßler (Hg.): Entsagung und Routines. Aporien des Spätrealismus und Verfahren der Frühen Moderne. Berlin/Boston 2013.

Beispiele anderer Art: die Funktion sucht ihre Form."[20] Weiterhin benennt er drei verschiedene Funktionsebenen literarischer Verfahren: (1) die „konstruktive Funktion, die Korrelation der Elemente innerhalb eines Werkes", (2) die „literarische Funktion, die Korrelation eines Werkes mit den literarischen Reihen",[21] gemeint ist die Funktion innerhalb eines synchronen literarischen Feldes (einer Epoche), und (3) die Funktion der Literatur in Bezug zu den benachbarten Bereichen der Gesellschaft, Ökonomie, Moral etc., also im Feld der gesamten Kultur der jeweiligen Zeit.

> Die Evolution der konstruktiven Funktion geht schnell vonstatten. Die Evolution der literarischen Funktion vollzieht sich von Epoche zu Epoche, die Evolution der Funktionen der ganzen literarischen Reihe in bezug auf die benachbarten Reihen erstreckt sich über Jahrhunderte.[22]

Unsere Verfahrensgeschichte versteht sich also als Form-Funktions-Geschichte. Sie wird die Abfolge dominanter Verfahren über ein Jahrhundert verfolgen und deren je spezifische Funktionen sowohl aus konkreten Textzusammenhängen als auch im Zusammenhang größerer programmatischer Entwürfe (wie ‚Poetischer Realismus' oder ‚Expressionismus') heraus zu bestimmen suchen. Dabei kann es selbstverständlich nicht darum gehen, die historischen Programmatiken (etwa der poetischen Realisten oder der Expressionisten), wie häufig geschehen, einfach gläubig zu lesen und auf die Texte anzuwenden. Sie sind jedoch unerlässlich, um die analysierbaren tatsächlichen Textverfahren vor dem Horizont einer erwarteten Funktion – und das heißt häufig genug: in Differenz zu ihm – zu semantisieren. Diese Differenz hat immerhin den Vorzug, eine historisch spezifische zu sein und so die systematischen Verfahren im Sinne einer Literaturgeschichte zu historisieren.

6.

Eine Geschichte literarischer Verfahren kann nur auf Interesse und heuristische Wirkkraft hoffen, wenn sie zugleich eine Geschichte der Art und Weise liefert, wie literarische Bedeutung über diese Verfahren generiert wird. Sie dringt damit, in Tynjanovs Begriffen, von der konstruktiven zur literarischen Funktion vor, eine Verknüpfung mit außerliterarischen Diskursen und

---

20 Juri Tynjanow: Über die literarische Evolution [1927]. In: Die Erweckung des Wortes. Essays der russischen Formalen Schule. Hg. von Fritz Mierau. Leipzig 1991, S. 405–421; S. 414.
21 Ebd., S. 417.
22 Ebd., S. 415.

Funktionen kann sie dagegen nicht leisten. Sie erfüllt folglich zugegebenermaßen nur einen Teil dessen, was Literaturwissenschaft an Literatur zu beschreiben in der Lage ist. Wenn unser Gegenstand der literarische Text als Wechselspiel von syntagmatischen und paradigmatischen Befunden ist, so hätte Literaturwissenschaft idealerweise die manifesten, *in praesentia* gegebenen Textverfahren im Zusammenhang mit dem kulturellen enzyklopädischen Wissen zu analysieren, das diese Verfahren aufrufen und auf dem sie beruhen. Dieser Zusammenhang ist nun jedoch, wie die Tradition kulturwissenschaftlich informierter strukturaler Textanalysen von Roland Barthes über den *New Historicism* bis zu gegenwärtigen Spielarten diskursanalytischer Literaturwissenschaft zeigt (und wie man sich im Grunde an jeder einfachen Gedichtanalyse vergegenwärtigen kann), in jedem Einzelfall von kaum beherrschbarer Komplexität. Unter anderem daraus speist sich ja die Skepsis gegenüber der Erklärungskraft von Geschichtsschreibung jeder Art, die notwendig mit simplifizierenden Metanarrationen („großen Erzählungen' mit Kollektivsubjekten) arbeiten muss und die komplexe Qualität des Einzelfalles daher geradezu zwangsläufig verfehlt.[23] Allenfalls in Mikroanalysen, dichten Beschreibungen konkreter Text-Kontext-Zusammenhänge, ließe sich dieser Erkenntnis gerecht werden.

Der Versuch einer Verfahrensgeschichte von Literatur verfährt demgegenüber bewusst und zwangsläufig doppelt reduktiv: Er beobachtet an Literatur im Wesentlichen nur die manifeste Verfahrensebene, und er typisiert und verknüpft die Befunde dann so, dass sie eine Geschichte ergeben. Was soll das bringen? Nun, selbst der hartnäckigste Literaturgeschichtsskeptiker wird zugeben, dass jeder von uns – explizit oder oft eben auch nur implizit – mit irgendwelchen Modellen literarischer Epochen und Epochenübergänge im Kopf herumläuft. Mögen sich diese Modelle auch jedem näheren Hinsehen als problematisch erweisen,[24] so bleiben sie doch konstitutiv als Orientierungswissen unseres Faches, und zwar nicht nur in Lehre und Forschungspolitik, sondern auch in der Forschung selbst, ja bis in die Lektüre einzelner Texte hinein. Zwar lässt sich nicht leugnen, dass Literaturgeschichte zu jener Form von Tradition tendiert, deren Vorzug nach Gadamer gerade darin besteht, „ohne Begründung zu gelten",[25] dennoch ist es eine legitime Forderung an gute Wissenschaft, auch diese groben Orientierungsmuster hin und wieder offenzulegen, zur

---

[23] Man könnte argumentieren, dass diese Skepsis bereits den Gegensatz der strukturalistischen zur hermeneutischen Tradition markiert.

[24] Die ewige Problematisierung von Epochen-, Stil- und Gattungsbegriffen ist inzwischen selbst zu einer etwas müßigen Übung der Disziplin verkommen.

[25] Hans-Georg Gadamer: Wahrheit und Methode. Grundzüge einer philosophischen Hermeneutik [1960]. Tübingen 1986, S. 285.

Diskussion zu stellen und neueren Forschungsergebnissen anzupassen. Zu diesen Ergebnissen nun tragen in den letzten Jahrzehnten unterschiedliche Ausprägungen einer strukturalistisch-literatursemiotisch orientierten Literaturwissenschaft bei, die sich verstärkt und teilweise durchaus in generalisierender Absicht um epochenspezifische Verfahren bemüht hat. Für den Poetischen Realismus wären beispielhaft etwa die Arbeiten von Geppert, Ort, Zeller, Wünsch und Titzmann zu nennen, die Literarische Moderne hat, wie gesagt, ohnehin immer schon die Reflexion auf Formen und Verfahren herausgefordert (z. B. Friedrich, Eco, Bode, Baßler/Brecht/Niefanger/Wunberg). Auch systemtheoretische Arbeiten bieten hier interessante Ansätze (z. B. Plumpe, Werber, Schwanitz). Als verfahrensanalytische Forschungslücke lassen sich dagegen die Nullerjahre benennen, und auch die Rückkehr zu realistischen Verfahren in der Neuen Sachlichkeit und im Magischen Realismus hat bislang zwar manch inhaltliches, aber noch wenig semiotisches Interesse geweckt. Es erscheint an der Zeit, hier einmal eine Zusammenschau zu wagen, einen Überblick über die Verfahren deutscher Prosaliteratur in ihren realistischen und emphatisch modernen Spielarten.

Man wird dem Verfasser glauben, dass dieses Unternehmen, trotz der genannten Selbstbeschränkung, keineswegs von einer Geringschätzung der kulturellen Kontextbeziehungen von Literatur getragen ist, dessen, was Paul de Man etwas despektierlich die „Außenpolitik der Literatur" genannt hat.[26] Wir halten im Gegenteil mit Stephen Greenblatt den Einbezug des kulturellen Hintergrunds, der „culture at large", für eine adäquate Lektüre selbst der größten und noch der hermetischsten Kunstwerke für unabdingbar.[27] Aber man kann nicht alles zugleich machen, oder vielmehr: Wenn man alles zugleich machen und der Komplexität des literarischen Gewebes einmal in möglichst vielen Aspekten gleichzeitig gerecht werden will, dann ergibt das eben mikrologische, punktuelle Lektüren (wie im *New Historicism*) und keine Geschichte.

Auch das Projekt einer Verfahrensgeschichte deutscher Erzählprosa schreibt demnach, so viel dürfte deutlich geworden sein, ‚Geschichte' eher klein. Ist nicht der Zeitraum von 1850 bis 1950, der uns inzwischen historisch geworden ist, sobald wir ihn analysierend überblicken, eben auch genau dies: ein Zeit*raum*, in dem sich bestimmte Strukturen erkennen lassen (Realismus – Moderne – Realismus)? Eine auch nur einigermaßen hinreichende Begründung für die ‚historische Entwicklung' der beschriebenen literarischen Verfahren zu liefern, einen „zwangsläufigen Weg" im Sinne Pinthus' zu rekonstruieren,

---

[26] Paul de Man: Allegorien des Lesens. Frankfurt 1988, S. 31.
[27] Catherine Gallagher/Stephen Greenblatt: Practicing New Historicism. Chicago/London 2000, S. 13.

erscheint dem postmodernen Wissen als schlechterdings unmöglich. Entsprechend sehe ich mich nicht als ‚Entwicklungstheoretiker'; die Entwicklung literarischer Verfahren ist literaturimmanent allenfalls beschreib-, nicht jedoch begründbar, ebenso wenig wie sie andersherum auf außerliterarische Veränderungen, etwa gesellschaftlicher, medientechnischer oder ökonomischer Art, reduzierbar wäre. Die Prozesse literaturgeschichtlicher Mutation und Selektion, die Tynjanows literarische Evolution ausmachen, sind noch weitaus komplexer als jeder einzelne literarische Text. Dennoch gilt, dass sich der Garten leichter bestellen lässt, wenn man ihn sich gelegentlich, wie grob auch immer, in seiner Gesamtheit vor Augen führt.

Manfred Engel
Wir basteln uns eine Großepoche: Die literarische Moderne

Die Anlage meines Aufsatzes als Bastelstunde soll verdeutlichen, dass Literarhistorikern der konstruktivistische Aspekt ihres Tuns natürlich bewusst ist – und das schon lange bevor poststrukturalistische Theoretiker glaubten, sie daran erinnern zu müssen. Die letzten Anhänger einer geistesgeschichtlichen Literaturwissenschaft, die noch an ein objektives Verlaufsschema der Geschichte glaubten, sind ja bereits vor Unzeiten ausgestorben. Und auch um ihre jüngeren Schwippschwäger, die Neo-Marxisten, die ihre Literaturgeschichten nach der traurigen Großerzählung vom schier endlos währenden, dann aber jäh in spätbürgerliche Dekadenz umkippenden Aufstieg des Bürgertums zu modellieren versuchten, ist es schon lange still geworden. Wie in ihren Attacken auf das ‚Werk' und den ‚Autor' haben Poststrukturalisten also auch in ihrer Polemik gegen die Literaturgeschichte mit großem Furor Positionen angegriffen, die in dieser Einseitigkeit längst niemand mehr vertrat. Auch die Debatte um die Literaturgeschichtsschreibung[1] wäre daher besser und ehrlicher geführt worden, wenn man sie nicht im Horizont der theoretischen, sondern in dem der praktischen Vernunft verhandelt hätte, also nicht unter den Kategorien von ‚richtig'/‚falsch', sondern unter denen von ‚erstrebenswert'/‚nicht erstrebenswert'. Mit anderen Worten: Ob Literaturgeschichte ‚möglich' ist oder nicht, entscheidet sich letztlich dadurch, ob man sie für wünschenswert hält oder nicht, also durch eine – sowohl von jeweiligen Erkenntnisinteressen wie jeweiligen weltanschaulichen Voraussetzungssystemen bedingte – Entscheidung zwischen den Imperativen: ‚Zusammenhang soll sein!' und ‚Es sei Diskontinuität!'.

Sich des Konstruktivismus literaturgeschichtlichen Tuns bewusst zu sein, heißt freilich nicht, dass man *alle* Epochenbestimmungen für gleich gut halten muss. Im gemäßigten Konstruktivismus, den ich hier vertreten will, ist es durchaus möglich, bestimmte Konstruktionen als nicht hinreichend gegenstandsadäquat und/oder unzweckmäßig zurückzuweisen. Auf jeden Fall aber kann man von Epochen-Bauern erwarten, dass sie ihre Konstruktionsgrundsätze (oder eben: Bastelregeln) offenlegen – was ich im Folgenden zu tun versuchen werde.

Der zweite erklärungsbedürftige Begriff in meiner Überschrift ist der Terminus ‚Großepoche'. Er provoziert geradezu die Frage, ob es denn auch Klein-

---

[1] Ich verzichte darauf, diese Debatte hier im Detail zu belegen, da dies in anderen Beiträgen des Bandes schon zur Genüge geschehen ist.

Epochen gebe. Ja und Nein, wird man erwidern müssen, da die Antwort von der Grundsatzentscheidung abhängt, ob man ‚kleine' Epochen überhaupt als ‚Epochen' bezeichnen will und nicht lieber als ‚Bewegungen' oder ‚Strömungen'. Wie immer man sich hier im Einzelfall entscheiden wird – grundsätzlich gehört, so meine ich, zum Begriff der Epoche eine gewisse Minimal-Dimensionierung, was die zeitliche Länge und die personelle Breite anbelangt. Wenn man das akzeptiert, wird man etwa der Weimarer Klassik – als einer rund zehn Jahre dauernden Privatveranstaltung zweier Autoren – oder dem eher noch kürzeren und personell nur wenig breiter aufgestellten Sturm und Drang kaum den Status einer Epoche zuerkennen können. In der Moderne, von der mein Aufsatz handelt, stehen der (durchaus stattlich dimensionierten) Großepoche eine Vielzahl von kleinräumigeren Ismen gegenüber. Blickt man auf diese, so wird schnell deutlich, dass die konstruktivistische Energie des Literarhistorikers bei ‚Bewegungen' und ‚Strömungen' oft wesentlich weniger gefordert ist als bei Großepochen: Viele (wenn auch längst nicht alle) der Ismen basieren auf einem überschaubaren Personal, das in engen Austauschbeziehungen miteinander steht (mitunter auch von der Leitfigur eines Großimpresarios und Chefideologen angeführt wird), das sich in gemeinsamen Manifesten über sein Programm verständigt und das seine Werke in denselben Anthologien, Zeitschriften und Verlagen präsentiert. Demgegenüber verlangt eine Großepoche Moderne – die alle Ismen und sogar die in diese nicht integrierbaren Solitäre umgreifen soll – einen sehr viel entschiedeneren, damit aber natürlich auch sehr viel prekäreren Konstruktionsakt.

1. Epochenbasteln ist Gemeinschaftsarbeit und *work in progress* – daher studieren wir zunächst alte Bastelbögen

Niemand würde wohl eine Bastelvorlage – sagen wir: zum Empire State Building – erstellen, ohne sich anzusehen, wie bereits existierende Bastelbögen zu diesem oder anderen Gebäudemodellen gefertigt wurden. Dass diese banale Regel heute in Literaturwissenschaft und Literaturgeschichte nicht mehr mit Selbstverständlichkeit beachtet wird, liegt an einer beklagenswerten Fetischisierung des Wertkriteriums ‚Innovation' – und einer ebenso beklagenswerten Unterschätzung des Wertkriteriums ‚Anschließbarkeit'.[2]

---

[2] Vgl. Manfred Engel: Innovation und/versus Anschließbarkeit. Überlegungen am Beispiel einer Interpretationssammlung zu Rilke-Gedichten. In: Hartmut Kugler (Hg.): www.germanistik2001.de. Vorträge des Erlanger Germanistentages. Bielefeld 2003, S. 945–955.

Da ich diesen Fehler nicht begehen will, frage ich also zunächst nach den bisherigen Bestimmungen der literarischen Moderne. Um den Weg über dieses wahrlich weite Feld[3] zu verkürzen, gehe ich von einer Beobachtung aus, die mir am ehesten geeignet zu sein scheint, die Divergenz der bisher vorliegenden Bastelergebnisse zu erklären: Eine wichtige, vielleicht ja sogar die wichtigste Ursache für die hartnäckig fortbestehenden Unsicherheiten in einer Bestimmung der Moderne dürfte ein an den Epochennamen anknüpfender Begriffsrealismus sein. Epochen-Namen sind bekanntlich eben dieses: bloße ‚Namen', die erst durch unsere Definitionen zu ‚Begriffen' werden. Mitunter wissen wir das und würden beispielsweise die Epoche der Romantik nie einfach mit ‚romantischen' Gefühlsaufwallungen gleichsetzen; mitunter aber (wie etwa bei der Aufklärung, beim Realismus oder eben bei der Moderne) tendieren Forscher dazu, diese fundamentale Unterscheidung völlig zu vergessen.[4]

Im Falle der Moderne hat der Epochenname die Begriffsbestimmung vor allem durch seine doppelte Ambivalenz nachdrücklich belastet: Allzu oft vernachlässigt wird (1) der Unterschied zwischen dem jeweils historischen und dem systematischen Sinn von ‚modern' und (2) der zwischen einer sozialen oder sozialgeschichtlichen und einer literarischen (bzw. allgemeiner: ästhetischen) Moderne.[5]

Im systematischen Sinne ist ‚modern' ein inhaltlich leerer Relationsbegriff, der bruchlose Anschließbarkeit an die *jeweils* aktuellen Episteme, Werte und/ oder Lebenswelten meint. In diesem Sinne haben das Adjektiv und – seit dem Erstgebrauch durch Eugen Wolff im Jahre 1887[6] – auch das Substantiv eine

---

[3] Auch hier kann ich die umfangreiche Literatur zur Moderne nicht einmal näherungsweise dokumentieren. Ich verweise nur auf zwei neuere Publikationen: Walter Erhart: Germanistische Moderne – eine Wissenschaftsgeschichte. In: Sabina Becker/Helmut Kiesel (Hg.): Literarische Moderne. Begriffe und Positionen. Berlin/New York 2007, S. 145–166; ders. (Hg.): Schwerpunkt: Moderne/Literatur. In: Internationales Archiv für die Sozialgeschichte der Literatur 37 (2012) 1, S. 31–134.

[4] Man könnte auch die einfache Regel aufstellen: Wer bei einer Epochenbestimmung begriffsrealistisch vorgeht, befindet sich von vornherein auf einem Irrweg. Wäre dies beachtet worden, so befände sich die Moderne-Forschung heute nicht in einem so desolaten Zustand.

[5] Die Wort- und Begriffsgeschichte von ‚modern' ist ungewöhnlich gut erforscht. Vgl. etwa: Hans Ulrich Gumbrecht: Modern, Modernität, Moderne. In: Otto Brunner u. a. (Hg.): Geschichtliche Grundbegriffe. Bd. 4. Stuttgart 1978, S. 93–131; Cornelia Klinger: Modern/Moderne/Modernismus. In: Karlheinz Barck u. a. (Hg.): Ästhetische Grundbegriffe. Historisches Wörterbuch in 7 Bänden. Bd. 4. Stuttgart/Weimar 2002, S. 121–166.

[6] Eugen Wolff: Thesen zur literarischen Moderne. In: Gotthart Wunberg (Hg.): Literarische Moderne. Dokumente zum Selbstverständnis der Literatur um die Jahrhundertwende. Frankfurt/M. 1971, S. 1 f. (Erstdruck in: Allgemeine Deutsche Universitätszeitung, 1887).

lange Gebrauchsgeschichte als (inhaltlich immer wieder neu gefüllter) Kampfbegriff zur Durchsetzung von Neuerungen.

Dass statt dieses systematisch-relativistischen heute zumeist ein unreflektiert historisches, das eigene (gegenwärtige) Bezugsfeld verabsolutierendes Moderne-Konzept verwendet wird, zeigt sich etwa in der ständigen Modernisierung des Moderne-Begriffes in der jüngeren germanistischen Diskussion, die sich leicht als Folge immer neuer, jeweils ‚zeitgeistlicher' Aktualisierungen begreifen lässt; es zeigt sich an den Ressentiments, auf die man stößt, wenn man Autoren oder Autorengruppen die Zugehörigkeit zur Moderne abspricht;[7] es zeigt sich schließlich auch an dem Problem, einen Anfangs- und, vor allem, einen Endpunkt der Moderne festzulegen.

Die zweite Ambivalenz des Moderne-Begriffes ist zunächst einmal eine disziplinäre. In Soziologie und Geschichte haben ‚Moderne' und, neuerdings, ‚Modernisierung'[8] ein zugleich engeres wie auch weiteres Bedeutungsspektrum. Ein weiteres insofern, als sie sich ganz allgemein auf Modernisierungsprozesse in der Auflösung traditionsgegründeter Gesellschaftsordnungen beziehen und damit zahlreiche Modernisierungsschübe von, grob gesprochen, 1789 bis zur Globalisierung in der Gegenwart umschließen. Ein etwas engeres insofern, als damit Spezifika einer modernen Lebenswelt und deren weltanschauliche Konsequenzen fokussiert werden, die sich in Deutschland im Vollbild erst seit der sogenannten Gründerzeit zu manifestieren beginnen, also etwa: Industrialisierung, Technisierung, Urbanisierung, Verwissenschaftlichung, Vermassung, Bürokratisierung, Medialisierung, aber auch Rationalisierung, Ausdifferenzierung der Wertesysteme, Emanzipation, Säkularisierung und Individualisierung.

Diese zweite Begriffsambivalenz war für den literaturgeschichtlichen Epochenbegriff noch weit folgenreicher als die erste. Zum einen gibt es heute eine starke Tendenz, die Moderne als eine seit dem späten 18. Jahrhundert andauernde Makroepoche zu begreifen (Silvio Vietta[9] ist einer der wichtigsten Protagonisten dieser Forschungsrichtung). Um dazu gleich *en passant* Stellung zu nehmen: Über Makroepochen kann man natürlich immer nachdenken; literarhistorisch aber halte ich eine Konstruktion, die so offensichtlich divergierende

---

[7] Obwohl dies ein rein deskriptiver Akt ohne jede Wertungsdimension ist – also nicht despektierlicher, als wenn man einem Autor beispielsweise die Zugehörigkeit zur Romantik abspräche.
[8] Vgl. etwa den Überblick von Christoph Dipper: Die deutsche Geschichtswissenschaft und die Moderne. In: Erhart (Hg.) (Anm. 3), S. 37–62; zum soziologischen Modernisierungsbegriff vgl. etwa: Hans van der Loo/Willem van Reijen: Modernisierung. Projekt und Paradoxon. München 1992.
[9] Silvio Vietta/Dirk Kemper (Hg.): Ästhetische Moderne in Europa. Grundzüge und Problemzusammenhänge seit der Romantik. München 1998.

Formationen wie Goethezeit, Restaurationszeit, Realismus und Naturalismus, Moderne etc. umgreifen soll, für ein Problemkonstrukt.

Eine zweite Konsequenz der Modernisierungs-Variante des Moderne-Begriffs liegt in der problemlosen Integrierbarkeit des Naturalismus, der zunächst aus der Moderne ausgegrenzt worden war – wegen seiner offensichtlichen Affinität zum Realismus und wegen seiner (nimmt man die Impressionismus-affine Minderheitsposition des ‚konsequenten Naturalismus' einmal aus) eher bescheidenen formalen Innovationen. Ebenso problemlos integrierbar wird die Literatur der Weimarer Republik, genauer: die in ihr neu entstehende Strömung der Neuen Sachlichkeit. Drittens schließlich wird in der Modernisierungs-Variante die Moderne zur unabgeschlossenen Epoche, die man allenfalls immer weiter in sich unterdifferenzieren kann, etwa in eine ‚zweite' oder ‚dritte' Moderne'.[10]

Wie maßgeblich der sozialgeschichtliche Moderne-Begriff inzwischen die literaturwissenschaftliche Bestimmung der ästhetischen Moderne geprägt hat, lässt sich an einer aktuellen Handbuchdefinition ablesen:

> [...] in der deutschen Literaturwissenschaft [wird der Begriffsname *Moderne*] verwendet zur Bezeichnung von künstlerischen und literarischen Strömungen des ausgehenden 19. und besonders des frühen 20. Jhs., die mit dem bürgerlichen Realismus wie dem epigonalen Historismus gebrochen und sich der Kategorie des Neuen verschrieben haben [...]. Der Innovationsanspruch bezieht sich auf die Entwicklung künstlerischer Verfahren (Montage-Technik, Absolute Metapher, Bewußtseinsstrom, Innerer Monolog etc.) und auf die Aufnahme aktueller Erfahrungsbereiche und Wissensbestände der industriellen Massengesellschaft (Schönert). Folglich gehören der Moderne sowohl primär forminnovative Richtungen an, wie z. B. der Symbolismus, als auch primär inhaltsinnovative, wie z. B. der Naturalismus.[11]

Das ist eine im Wortsinn katholische, wahrhaft allumfassende Definition, in die sich praktisch alles integrieren lässt. Zugleich wird aber wohl sofort deutlich, dass es sich dabei um eine höchst prekäre Bindestrichsynthese handelt, die zudem ignoriert, dass die sogenannten ‚forminnovativen' Autoren, zumindest im deutschsprachigen Raum, der modernen Lebenswelt fast durchweg kritisch gegenüberstehen.

---

10 Hier überschneiden sich die Problematiken des soziologischen und des unreflektiert historisch-aktuellen Moderne-Begriffes: Eine Moderne, die ‚modern' im Sinne von ‚aktuell', ‚gegenwartsbezogen' sein soll, kann nie enden – ein unabschließbarer Epochenbegriff ist aber (offensichtlich, so möchte man meinen) ein literarhistorisch völlig sinnloses Konstrukt.

11 Günter Blamberger: Moderne. In: Harald Fricke u. a. (Hg.): Reallexikon der deutschen Literaturwissenschaft. Bd. 2. Berlin/New York 2000, S. 620–624; Zitate: S. 620.

Auch weniger katholische Begriffsbestimmungen der Moderne laborieren daran, dass sie sich zur ‚inhaltsinnovativen' Richtung der Moderne hin öffnen wollen. Das hat viel dazu beigetragen, den Moderne-Begriff unscharf und vage werden zu lassen. Helmuth Kiesel kann in seiner 2004 erschienenen *Geschichte der literarischen Moderne* nur noch die folgenden zwei „Prinzipien der programmatischen Moderne" nennen: (1) „Integration des Unschönen in die Schöne Literatur"; (2) „Entgrenzung", was Kiesel, in einer recht bunten Reihe, ausdifferenziert zu Entgrenzungen des „Subjektes", des „Werkes" (offene Formen, Intertextualität, Experimentalismus und Essayismus), der „Sprache" (z. B. Lautpoesie und Wortkunst) und der „Formen" (Gattungsgrenzen, Mediengrenzen, Gesamtkunstwerk, „Uferlosigkeit" oder „fragmentarischer Charakter" der Werke, das Groteske, „Entartung"). Auch ohne dass ich dies im Einzelnen kommentiere, dürfte deutlich werden, dass es sich um eine ebenso spärliche wie heterogene Liste handelt.[12]

Die Bestimmung der literarischen Moderne ist somit heute unsicherer denn je. Dagegen scheint weitgehender Konsens zu bestehen über die Unterteilung der Moderne in vier Phasen:
(1) Jahrhundertwende (mit oder ohne Naturalismus)
(2) Zehnerjahre oder Avantgarde ([Futurismus,] Expressionismus und Dadaismus)
(3) Weimarer Republik (Kiesel: „reflektierte Moderne"): Hier wird allerdings meist der – für die Literaturgeschichtsschreibung immer zentrale – Generationsaspekt vernachlässigt. Denn in der Weimarer Republik schreiben eben drei Autorengenerationen nebeneinander:
   (a) Autoren, die ihre literarische wie weltanschauliche Prägung in der Jahrhundertwende erfahren haben (z. B. Rilke, Musil)
   (b) durch Expressionismus und Dada geprägte Autoren (z. B. Benn, Schwitters)
   (c) die neue Autorengeneration der Neuen Sachlichkeit (z. B., um zwei sehr verschiedene Positionen zu markieren, Kästner und Brecht)
(4) Nachkriegszeit (wobei der genaue Endpunkt der Moderne umstritten bleibt).[13]

---

12 Helmuth Kiesel: Geschichte der literarischen Moderne. Sprache – Ästhetik – Dichtung im zwanzigsten Jahrhundert. München 2004, S. 5 f., passim.
13 Mitunter wird hier auf Celans Todesjahr 1970 verwiesen oder, allgemeiner, auf die durch die 68er ausgelösten Veränderungen. In jedem Fall aber gilt, dass nach 1945 die ‚Moderne' immer nur eine Strömung unter mehreren war: Neben Autoren, die ihr eindeutig zuzurechnen sind (wie etwa Celan und die Avantgardisten von konkreter Poesie, ‚nouveau roman' und, teilweise, der Literatur des Absurden), gab es Versuche, moderne Verfahren zu neuen, gesellschaftskritischen Zwecken zu verwenden (ein besonders drastisches Beispiel ist Bölls Roman

Grob gesprochen ließe sich also die neuere Entwicklung der Moderne-Forschung so zusammenfassen: Es gibt heute eine starke Interessenverschiebung weg von einer primär forminnovativen und hin zu einer primär sozialgeschichtlichen Bestimmung der Moderne. Das entspricht offensichtlich dem Wandel des Zeitgeistes: verstärktes Interesse an Gesellschaftskritik; zunehmend neo-realistische Tendenzen in aktueller Literatur und Kunst; Bedürfnis, die Relevanz literaturwissenschaftlicher Arbeit durch den Bezug auf aktuelle Debatten („Modernisierung', ‚Globalisierung') nachzuweisen. Dadurch ist die Großepoche der Moderne noch größer geworden, zugleich aber so heterogen, dass man sich fragen muss, was, außer vagem Begriffsrealismus, diese Epoche noch zusammenhalten soll – und ob es sich überhaupt noch um eine ‚Epoche' handeln kann. Zu dieser Situation wird man sich verhalten müssen – und sich sicher unterschiedlich verhalten können. Da für mich der Sinn von Epochenkonstruktionen darin besteht, heuristisch sinnvolle Strukturierungen des historischen Prozesses vorzunehmen, und da für mich die Priorität *literarischer* Epochenbestimmungen *per definitionem* in den Eigenheiten des *literarischen* Systems liegt und nicht in denen der Real- und Sozialgeschichte, entscheide ich mich im Folgenden für einen engeren, dafür aber kohärenten Moderne-Begriff: den der ‚forminnovativen' Moderne.

2. Welche Materialien und Werkzeuge brauchen wir? (Das ist schließlich die Bastelfrage schlechthin!)

Die benötigten *Materialien* sind einigermaßen leicht zu bestimmen:
(1) literarische Texte und Manifeste (was hier einfach programmatische Äußerungen im weitesten Sinne meinen soll);
(2) extraliterarische Kontexte.

Letztere liegen zumeist ebenfalls als Texte vor; nicht zu vergessen ist aber, dass es daneben, gerade im 20. Jahrhundert, auch Bild- und Ton-Medien gibt. Weiterhin sind diese Kontexte in anderen Disziplinen selbst meist bereits zu Geschichten geordnet worden – etwa als Realgeschichte, Sozialgeschichte, Bewusstseins- oder Philosophiegeschichte, Wissensgeschichte, Kunst- und Mediengeschichte usw.

Billard um halbzehn), aber auch Texte mit ganz anderer Formensprache (z. B. Brecht, Dürrenmatt, Frisch). Und auch Moderne-geprägte Autoren (wie etwa Gottfried Benn) haben die ‚forminnovativen' Aspekte ihrer Texte nach 1945 deutlich reduziert.

Was die *Werkzeuge* angeht, so benötigen wir vor allem Schere und Klebstoff, unmetaphorisch gesprochen: (1) *Selektions-* und (2) *Verknüpfungsinstrumente*.

Denn natürlich müssen wir *selektieren* – und das nicht nur aus darstellungstechnischen Gründen. Selbst wenn wir einen genauen Anfangs- und Endpunkt der Moderne definieren könnten, wäre die Textmenge ‚moderner' Texte nicht identisch mit der Menge der Texte, die in diesem Zeitraum entstanden sind. Literaturgeschichtsschreibung ist immer Geschichtsschreibung nicht der Breiten-, sondern einer besonderen Form von Höhenkamm-Literatur. Diese ist mit der Reihe hochkanonisierter Texte nicht einfach identisch, weist allerdings meist erhebliche Schnittmengen mit ihr auf. Während in der Hochkanonisierung Qualität das (wie auch immer zu definierende) Auswahlkriterium sein soll, geht es in der Literaturgeschichtsschreibung um eine Kombination von Repräsentativität und Innovation – um Repräsentation des (wie auch immer zu bestimmenden) Zeitgeistes und dessen zeitadäquat innovative (d. h. von der Formensprache früherer und späterer Epochen klar abgrenzbare) Gestaltung. Knapp gesagt geht es also um Texte, die als starke – und das meint hier: formal *wie* inhaltlich starke – literarische Manifestationen des Zeitgeistes gelten können, als ‚beste Beispiele', wie der gängige Terminus lautet. Es dürfte auf der Hand liegen, dass der Selektion dieser ‚besten Beispiele' ein – durch reine Induktion kaum je ganz auflösbarer – Zirkelschluss zugrunde liegt: Ohne einen Begriff von ‚Moderne' lassen sich deren ‚beste Beispiele' kaum ermitteln, obwohl dieser Moderne-Begriff ja eigentlich erst aus den Beispielen induziert werden müsste.

Diese besten Beispiele sind dann nicht nur in Kurzinterpretationen vorzustellen, sondern aus ihnen ist zu abstrahieren, was die Epoche charakterisiert: also vor allem ihre Episteme, Themen, Motive und Verfahren.

Ich merke nur noch kurz an, dass die Radikalität der zu leistenden Selektion auch durch den Typus der zu schreibenden Literaturgeschichte bedingt ist. Da ich über keine ausgearbeitete Typologie von Literaturgeschichten verfüge, will ich hier nur zwei Grundformen unterscheiden.[14] Repräsentiert seien diese durch zwei jüngere Literaturgeschichten der Moderne: durch Peter Sprengels in de Boors und Newalds literaturgeschichtlicher Reihe erschienene *Geschichte der deutschsprachigen Literatur 1900–1918* mit insgesamt rund 1750

---

14 Dabei vernachlässige ich Varianten wie etwa: die Literaturgeschichte als Einführungsliteratur für Studierende (meist in Form von handlichen Epochenmonographien), die Literaturgeschichte als Aufsatzsammlung und das (kläglich gescheiterte) Projekt einer Sozialgeschichte der Literatur.

Seiten[15] und Helmut Kiesels bereits erwähnte *Geschichte der literarischen Moderne* mit fast 650 Seiten.

Sprengels Buch ist eine enzyklopädische Literaturgeschichte des alten Typus, die sich um extensive Breite bemüht, also mit relativ niedriger Selektion und demgemäß auch niedriger Abstraktion arbeitet. Solche Literaturgeschichten des alten Typus sind zwar ungeheuer verdienstvoll als Wissenssynthesen der sich immer stärker diversifizierenden Einzelforschungen, aber nur mit größter Anstrengung zu schreiben, da sie die Leistungsfähigkeit *eines* Autors eigentlich überfordern; und schließlich sind sie, zugegebenermaßen (obwohl das ihrer Notwendigkeit keinen Abbruch tut), etwas langweilig zu lesen. Demgegenüber möchte ich Kiesels Buch als Literaturgeschichte *à thèse* bezeichnen: Sie arbeitet mit extrem großer Selektivität, die leider nirgends zureichend begründet ist – George, Kafka und Musil etwa haben es dort nicht zu eigenen Kapiteln gebracht; dem korrespondiert ein hohes Abstraktionsniveau, das sich bei Kiesel allerdings weitgehend auf eine Verlaufsgeschichte der Moderne in den genannten vier Phasen konzentriert.

Selektion ist natürlich auch für den Bereich der Kontexte nötig – als Selektion der für relevant gehaltenen Kontext*bereiche*[16] und als Selektion innerhalb dieser. Wiederum wird man ,beste Beispiele' erwarten, die die Episteme einer Epoche, die sie bewegenden Fragen und das in ihr verfügbare Repertoire an Antworten erhellen. Meist sind diese Kontexte der eigentlichen Literaturgeschichte gebündelt in einem Einführungsteil vorangestellt. Welche Kontextbereiche dabei wirklich nötig sind, bleibt strittig: Seit der Blütezeit der Sozialgeschichte ist es durchaus üblich, dass Literaturgeschichtsschreiber ihren Werken auch ein Kapitel zu Real- und Sozialgeschichte voranstellen – das sie dann zumeist aus einschlägiger historischer und soziologischer Sekundärliteratur

---

15 Peter Sprengel: Geschichte der deutschsprachigen Literatur 1900–1918. 2 Bde. Bd.1: Von der Reichsgründung bis zur Jahrhundertwende; Bd.2: Von der Jahrhundertwende bis zum Ende des Ersten Weltkriegs. München 1998, 2004.

16 Da in letzter Zeit immer wieder bezweifelt wird, dass nationale (genauer: nationalsprachliche) Literaturgeschichtsschreibung überhaupt noch möglich sei, könnte man hier fragen, ob nicht auch europäische oder sogar europäischsprachige Kontexte einbezogen werden müssten. Gerade in der Moderne, besonders der modernen Lyrik wird ja angeblich die „Weltsprache der modernen Poesie" (Enzensberger) gesprochen. Natürlich ist ein komparatistischer Blick immer reiz- und sinnvoll – ebenso natürlich würde er aber unsere Probleme nur noch weiter potenzieren. Man sollte also nur die europäischen Kontexte einbeziehen, die man unbedingt braucht. Für den Bereich der deutschsprachigen Lyrik der Moderne etwa kommen wir mit dem (französischen) Symbolismus (der rezeptionsgeschichtlich den Ästhetizismus einschließt) und dem (italienischen) Futurismus gut aus.

zusammenschreiben müssen, da sie für den Erkenntnisbereich als Literaturwissenschaftler keine eigene disziplinäre Kompetenz haben.[17]

Neben Selektionswerkzeugen brauchen wir *Verknüpfungswerkzeuge*, die aus den einzelnen Texten erst eine Geschichte machen. Natürlich gibt es quasi im Material vorgegebene Geschichtselemente: die Lebensgeschichten der Autoren lassen sich ebenso erzählen wie die von literarischen Institutionen und Bewegungen – sagen wir: die des Neuen Club oder die von Dada Zürich. Aber das allein reicht nicht aus. Wir benötigen das, was Jörg Schönert ein „Prozessschema" genannt hat,[18] also ein Verlaufsmodell der Epoche, das die Veränderung in den genannten Bereichen von Epistemen, Themen, Motiven und Verfahren beschreibt. Und wir müssen unsere Epoche mindestens in einen Bezug zu ihrer Vorgängerepoche setzen – denn wenn etwas für Epochen konstitutiv ist, dann diese Relation zu ihrer Vor-Epoche in einem Akt der bestimmten Negation. Dabei ist zu beachten, dass es dabei nicht um die Vorgängerepoche in unserer – möglichst genauen und differenzierten – Rekonstruktion geht, sondern um das meist karikaturhaft vereinfachte und vereinseitigte Bild, das die ‚Söhne' selbst von ihren ‚Vätern' entworfen haben.

Soweit meine kleine Liste: Materialien gibt es also in Überfülle, die Selektion daraus ist schwierig, und verfügbare Werkzeuge zur Montage der selektierten Elemente liegen, anders als beim richtigen Basteln, leider nicht fertig vor, sind theoretisch auch nie zureichend ausreflektiert worden.

3. Wir benötigen einen Bastelplan!

Wenn man nicht auf etablierte Lösungen zurückgreifen kann, wird man neue suchen müssen. Das will ich in diesem Kapitel tun und dabei ein eigenes Projekt vorstellen. Es geht mir um eine spezielle Form der Literaturgeschichte, die zwar in einigen Aspekten neu sein dürfte, hier aber keineswegs mit dem Anspruch präsentiert wird, damit – in zeitgemäßer Innovationsrhetorik – einen *turn* in der Literaturgeschichtsschreibung auszurufen. Bestenfalls würden von meiner Variante einer Literaturgeschichte *à thèse* Anregungen sowohl für die enzyklopädische Literaturgeschichtsschreibung wie auch für die Autorenforschung und die Einzeltextinterpretation ausgehen. Darin (und nicht nur im Arbeiten *ad usum Delphini*) sehe ich übrigens eine wichtige Funktion von

---

[17] Eine zweite Schwierigkeit liegt darin, dass das altbekannte ‚Verknüpfungsproblem' zwischen Sozial- und Literaturgeschichte nie überzeugend gelöst wurde.
[18] Jörg Schönert: Literaturgeschichte. In: Fricke (Anm. 11), S. 454–458, hier S. 457.

Literaturgeschichtsschreibung: Der heuristische Wert von Verallgemeinerungen erweist sich immer nur in deren Konfrontation mit dem Besonderen.

Was wir zunächst brauchen, ist eine starke These zur Bestimmung der Moderne. Wenn man zwei Literaturwissenschaftler fragt, was denn ‚modern' sei, erhält man, wie üblich, mindestens drei unterschiedliche Antworten. Daher will ich mich an einer anderen Disziplin orientieren, die auf diese Frage eine einigermaßen konsensuelle Antwort gibt. Fragen wir mehrere Kunsthistoriker, was ein modernes Bild ausmacht, so werden wir mit einer großen statistischen Wahrscheinlichkeit die Antwort bekommen: Nun, es muss eben ‚abstrakte' (oder auch ‚gegenstandslose') Malerei sein.

Das möchte ich als starke These zu übernehmen versuchen. Wir brauchen allerdings noch eine begriffliche Unterscheidung, die in der Kunstwissenschaft zwar gelegentlich auftaucht (und von einigen Künstlern der Moderne wie Kandinsky und van Doesburg auch offensiv propagiert wurde), sich hier jedoch nie wirklich durchgesetzt hat, nämlich die Unterscheidung zwischen ‚abstrakt' und ‚konkret'.

Was ich mit diesen Begriffen meine, lässt sich an zwei imaginären Bilderreihen illustrieren, die der Leser sicher auch ohne Abbildungen vor seinem geistigen Auge aufrufen kann. In der ersten Reihe imaginiere man sich etwa je ein Bild von Monet, Cézanne, Braque, Kirchner und Franz Marc. Worin besteht ihre Gemeinsamkeit (bei aller offensichtlichen Verschiedenheit), für die hier der Begriff ‚abstrakt' einstehen soll? Nun, offensichtlich haben diese Bilder alle noch einen Gegenstandsbezug – man könnte durchaus identifizieren, benennen, was auf ihnen dargestellt ist. Die Darstellung aber ist seltsam – sie weist ‚Abweichungen', ‚Verfremdungen' auf, zumindest dann, wenn wir von einer am Realismus geschulten Erwartungshaltung ausgehen (und diese ist nun einmal die unseres ganz alltäglichen, alltagspragmatischen Weltverhaltens): Der Bildzusammenhang kann zerrüttet sein – etwa indem die Zentralperspektive gestört oder ganz ausgeschaltet ist; Einzelelemente sind auf seltsame Weise montiert; die Objekte sind bis hin zu Gegenstandskürzeln vereinfacht; Formen sind verzerrt; Farben ‚falsch' gewählt etc. Dies alles geschieht, wie gesagt, auf sehr verschiedenartige Weise – mit verschiedenen Verfahren und ja wohl auch aus verschiedenen Gründen und zu verschiedenen Zwecken.

In sehr grober Vereinfachung lassen sich diese Verzerrungen oder Verfremdungen auf eine oder mehrere von drei Hauptursachen zurückführen:

(1) ein wahrnehmungsphysiologischer Radikalismus („sehendes", nicht „wiedererkennendes Sehen" in der Terminologie des Kunsthistorikers Max Imdahl);

(2) eine expressive Privilegierung des inneren Erlebens über die äußere Wirklichkeit („Seelenstände" statt „Sachstände" hat Hermann Bahr das einmal genannt);

(3) eine Emanzipation von rein bildlogischen („malerischen") Kompositionsprinzipien.

Für eine zweite Bildreihe beschränke ich mich auf zwei besonders eindeutige Beispiele: Man imaginiere ein Bild des (mittleren oder späten) Kandinsky und eines aus dem reifen Werk Mondrians. Was hier vorliegt, nenne ich ‚konkrete', d. h. konsequent gegenstandslose Malerei; hier noch nach einem Referenzpunkt zu fragen, wäre banausisch (bei abstrakten Bildern ist es das keineswegs). Konkrete Kunst ist also der Versuch, ganz aus den autonomen Eigenmitteln des jeweiligen Mediums herauszuarbeiten – im Falle der Malerei eben nur mit Formen, Farben und Oberflächentexturen.

Entwicklungslogisch führt der Weg der modernen Malerei von abstrakter zu konkreter Darstellung – aber eben nur entwicklungslogisch. Realgeschichtlich existieren abstrakte und konkrete Darstellungsverfahren über weite Strecken der modernen Kunstgeschichte gleichberechtigt nebeneinander. Und natürlich wäre es schlichtweg unsinnig, ein konkretes Bild für ‚besser', da ‚fortgeschrittener', zu halten als ein abstraktes.

Dieses Grundprinzip malerischer Modernität will ich nun also auf Literatur übertragen. Dabei versteht sich, dass Texte keine Bilder sind – anderes Medium, andere Verfahren. Ein Arbeiten aus den Möglichkeiten des eigenen Mediums heraus, also konkrete Kunst, kann etwa in der Literatur[19] in drei Varianten realisiert werden, die sich aus je unterschiedlichen Bestimmungen des für dieses Medium konstitutiven Gestaltungsmittels ergeben: als Lautgedicht (Dichtung ist Klang), Bildgedicht (Dichtung ist Schrift) oder als konkrete Poesie im engeren Sinne (Dichtung ist Sprache – was dann entweder *langue* oder *parole* meinen kann). Die Bezüge zwischen Malerei und Literatur dürfen also nicht zu eng gefasst werden – mitunter gibt es Verfahrensanalogien, oft aber nur Verfahrenshomologien.[20] Was beide Medien aber gleichermaßen bestimmt, ist die Abkehr von realistischer Mimesis[21] mit den, *grosso modo*, gleichen Begründungen und Wirkungsintentionen.

---

19 Anders als ‚abstrakt' ist der Begriff ‚konkret' im literaturwissenschaftlichen Sprachgebrauch ja durchaus etabliert; mein Begriffspaar versucht also eingespielte Terminologien der Kunst- und Literaturwissenschaft miteinander zu verbinden.
20 Einer der offensichtlichsten Unterschiede zwischen Malerei und Literatur besteht etwa darin, dass nur Literatur in der ‚Bildlichkeit' (Vergleich, Metapher etc.) über die Möglichkeit verfügt, ihren Werken eine quasi ‚sekundäre' Bildebene einzuziehen. Daraus ergeben sich wichtige Verfahren einer literaturspezifischen Abstraktion: quantitative und qualitative Intensivierung der Bildlichkeit; Infiltration der Sach- durch die Bildebene; völliger Ausfall der Sachebene (‚absolute Metapher').
21 Bezugspunkt für den dabei zugrunde gelegten Begriff von ‚Realismus' (bzw. Referenz) ist dabei der des 19. Jahrhunderts. Das zu beachten ist wichtig, denn auf irgendeine Weise lässt

Nach all diesen Vorbemerkungen nun mein Bastelplan: Was mir vorschwebt, ließe sich als eine ‚Verfahrens- und Funktionsgeschichte der modernen Lyrik' bezeichnen. Ausgangspunkt und Grundthese ist die von der (abstrakten und konkreten) Malerei als Leitkunst der Moderne; darauf gründe ich meinen – wie bereits erläutert – dezidiert einseitig forminnovativen und daher eng gefassten Moderne-Begriff. Dass ich mich auf die moderne Lyrik beschränken will, hat nicht nur darstellungspragmatische Gründe; in dieser ‚kleinen' Gattung (wie auch in der Kurzprosa)[22] können Innovationen eben sehr viel radikaler durchgeführt werden als in den epischen und dramatischen Großformen.

Mein primäres Selektionskriterium für die gesuchten ‚besten Beispiele' ist also: dichterische Realisierung von reduzierter oder aufgegebener Referenz. Die dafür entwickelten (höchst unterschiedlichen) Verfahren gilt es zu beschreiben, was die bisherige Literaturgeschichtsschreibung um ein Repertoire an Verfahrenswissen ergänzen soll, das dieser bisher – anders als etwa der Kunstgeschichtsschreibung – auf beklagenswerte Weise fehlt. Allerdings geht es mir nicht um eine reine Verfahrensgeschichte, sondern wesentlich auch darum, die Gründe für die Wahl dieser Verfahren hermeneutisch zu rekonstruieren und deren Funktionen, also ihre intendierten Wirkungen, zu bestimmen. Dazu sind dann natürlich auch extraliterarische Kontexte heranzuziehen (etwa Texte aus der je zeitgenössischen Philosophie, Wahrnehmungstheorie etc.).

Ich gewinne so ein klares Prozessschema: die allmähliche Verstärkung der Abstraktion und den Übergang zu konkreter Darstellung. Die Moderne hat damit ein Telos – aber eben nur als formale Entwicklungslogik auf der Basis der zugrunde gelegten Unterscheidung, nicht aber in der realen Text- und Ereignisgeschichte. Weil dieses Telos – wie jedes Geschichtstelos – eine reine Konstruktion ist, soll es zwar die Argumentation, nicht aber die Darstellung bestimmen. Diese orientiert sich, ganz konventionell, an der Text- und Ereignischronologie und wird, ebenfalls ganz konventionell, eingebettet sein in eine Vorstellung der Autoren und Ismen und ihrer Poetik.

Im Zentrum sollen Einzelinterpretationen von (vielen) Gedichten und (wenigen) Gemälden stehen. Auch das ist konventionell, scheint mir aber ein notwendiges Gegengewicht zu Abstraktion und thetischer Zuspitzung der Gesamtanlage zu sein.

---

sich jedem Text oder Bild ‚Mimesis' bzw. ‚Referenz' unterstellen – beispielsweise könnte man in einem expressionistischen Bild die Referenz auf einen psychischen Zustand sehen, in einem Bild Kandinskys die (kulturelle) Referenz auf geometrische Figuren, in konkreter Poesie die Referenz auf Sprache etc. Das wäre zwar logisch völlig nachvollziehbar, aber heuristisch unergiebig, da damit offensichtliche Unterschiede nicht mehr benennbar sind.

22 Vgl. Moritz Baßler: Die Entdeckung der Textur. Unverständlichkeit in der Kurzprosa der emphatischen Moderne 1910–1916. Tübingen 1994.

Zwei Probleme dieses Bestimmungsversuches von Moderne will ich nicht verschweigen:
(1) Die Moderne wird damit zur diskontinuierlichen Epoche. Ausgegrenzt wird nicht nur der Naturalismus (mit Ausnahme der konsequenten Naturalisten), sondern auch die Literatur der jungen Autorengeneration der Weimarer Republik. Brecht etwa gehört, *horribile dictu*, in meiner Epochenkonstruktion also *nicht* zur Moderne. Diese Diskontinuität ist der Preis, den ich für einen präzisen Epochenbegriff zu zahlen bereit bin.
(2) Ich kann nur behaupten, dass sich meine Bestimmung von ästhetischer Modernität auch auf die anderen Gattungen der Moderne anwenden lässt. Der Beweis dafür ließe sich nur in ähnlich umfassenden Untersuchungsreihen zur erzählenden Dichtung und zum Drama antreten.

Soweit also die Vorstellung meines Projektes. Damit es nicht ganz so abstrakt bleibt wie bisher, will ich zumindest drei Beispielanalysen skizzieren – und kann damit endlich den geflügelten Satz schreiben:

4. Ich habe da schon mal etwas vorbereitet ...

Diese Vorbereitungen – also die detaillierten Interpretationen meiner drei Beispieltexte – lassen sich an anderer Stelle nachlesen (siehe die Angaben in den jeweiligen Fußnoten). Ich werde mich hier allein darauf beschränken, die abstrakten bzw. konkreten Verfahren in den Texten grob zu skizzieren.

Mein erstes Beispiel ist Rilkes 1907 geschriebenes Gedicht *Der Turm* aus den *Neuen Gedichten*:

> DER TURM
> *Tour St.-Nicolas, Furnes*
>
> I   Erd-Inneres. Als wäre dort, wohin
>   du blindlings steigst, erst Erdenoberfläche,
>   zu der du steigst im schrägen Bett der Bäche,
>   die langsam aus dem suchenden Gerinn
>
> II 5 der Dunkelheit entsprungen sind, durch die
>   sich dein Gesicht, wie auferstehend, drängt
>   und die du plötzlich *siehst*, als fiele sie
>   aus diesem Abgrund, der dich überhängt

III		und den du, wie er riesig über dir
	10	sich umstürzt in dem dämmernden Gestühle,
		erkennst, erschreckt und fürchtend, im Gefühle:
		o wenn er steigt, behangen wie ein Stier –:
IV		Da aber nimmt dich aus der engen Endung
		windiges Licht. Fast fliegend siehst du hier
	15	die Himmel wieder, Blendung über Blendung,
		und dort die Tiefen, wach und voll Verwendung,
V		und kleine Tage wie bei Patenier,
		gleichzeitige, mit Stunde neben Stunde,
		durch die die Brücken springen wie die Hunde,
	20	dem hellen Wege immer auf der Spur,
VI		den unbeholfne Häuser manchmal nur
		verbergen, bis er ganz im Hintergrunde
		beruhigt geht durch Buschwerk und Natur.[23]

Wie schon der Untertitel deutlich macht, hat der Text eine klare Referenz: den Turm der Kirche St. Nicolas in der flandrischen Stadt Furnes (Veurne). Dennoch wäre mit der Abbildung dieses Kirchturms[24] wenig gewonnen, da es um dessen äußere Beschreibung offensichtlich nicht geht; ja, ich bezweifle sogar sehr, dass der Leser des Gedichts ohne den – generisch verallgemeinerten – Haupttitel überhaupt auf den Gedanken gekommen wäre, dass im Text von diesem oder einem anderen Turm die Rede ist. Offensichtlich geht es nicht um den Kirchturm als (äußeres) Objekt, sondern um das (innere) Erlebnis einer Turmbesteigung, die so einerseits als verallgemeinerte anthropologische Sinnfigur gedeutet und gestaltet (Haupttitel und Gedichttext), andererseits als konkrete (und quasi überprüfbare) Wirklichkeitserfahrung beglaubigt ist.[25]

---

23 Rainer Maria Rilke: Werke. Kommentierte Ausgabe. Bd. 1: Gedichte 1895 bis 1910. Hg. von Manfred Engel und Ulrich Fülleborn. Frankfurt/M./Leipzig 1996, S. 492. Zur Interpretation vgl. Manfred Engel: Rilkes *Neue Gedichte*. Vom Jugendstil zur Poetik der „Figur". In: Marie Hélène Quéval (Hg.): Œuvres poétiques / Gedichte de Rainer Maria Rilke. Nantes 2004, S. 91–108; vgl. auch: Manfred Engel: Rilke als Autor der literarischen Moderne. In: M. E./Dorothea Lauterbach (Hg.): Rilke-Handbuch. Leben – Werk – Wirkung. Stuttgart/Weimar 2004, S. 507–528, besonders S. 523 f.
24 Im Internet findet sich etwa eine (zeitnahe) Darstellung aus dem Jahre 1908: www.stnicholascenter.org/galleries/gazetteer/160 (08. 1. 2013).
25 Das wäre zumindest mein Versuch, die in Rilkes *Neuen Gedichten* häufige Kombination von generischem Haupttitel und auf ein konkret spezifiziertes Einzelobjekt bezogenem Untertitel zu erklären.

Im Sinne der oben eingeführten Terminologie ist *Der Turm* also ein Gedicht mit ‚abstrakten' Zügen. Hier eine kleine Liste der wichtigsten Abstraktionsverfahren:

(1) In *Der Turm* ist – wie in allen *Neuen Gedichten* Rilkes – das lyrische Ich getilgt. Dennoch existiert durchaus noch ein raumzeitlicher Geschehniszusammenhang. Und es gibt ja auch eine, nur leicht verkleidete, Stellvertreterinstanz für das lyrische Ich – nennen wir es: ein lyrisches Du.

(2) Diese Geschehensebene ist jedoch so von Bildern – Metaphern und Vergleichen – überlagert, dass sie fast zum Verschwinden gebracht wird. Man stelle sich für einen Moment vor, es gäbe nur noch diese Bildebene: Dann läge ein Text aus ‚absoluten Metaphern' vor (wie etwa bei Georg Trakl). Diese Bildfelder – Aufstieg aus dem Chthonischen als eine Art Auferstehung im ersten Teil, Vergleich mit den Gemälden des Malers Joachim Patinir (auch: Patenier; um 1485–1524) im zweiten – evozieren in symbolistischer Tradition den ‚Seelenzustand' (*état d'âme*) des lyrischen Du.

(3) Das Gedicht präpariert aus dem (vielfältigen) Geschehen einseitig eine bestimmte, geradezu geometrisch nachzeichenbare Bewegungs- und Blicklinie heraus: den mühsamen spiraligen Aufstieg; das Beinahe-Abheben nach ‚oben', also wohl in die Transzendenz („Fast fliegend siehst Du hier / die Himmel wieder", V. 14 f.); dann, stattdessen, eine Rückbewegung nach unten in eine „beruhigte" (V. 23) Kulturlandschaft. Diese ‚Figur' ist, wie immer bei Rilke, also zugleich Bewegungs- und Sinnfigur.

(4) Eine solche Gestaltung eines Lineaments basiert auf der ausgefeilten Ornamentästhetik des Jugendstils. Linien sind hier zweisprachig – mit van de Velde gesprochen: zugleich referenzielle ‚Mitteilungslinien' wie expressive ‚Gemütslinien'. Eine genaue formale Interpretation des Gedichtes müsste also zeigen, wie Rilke hier durch den genau koordinierten Einsatz von Metrum, Reimschema, Strophenbau und Syntax die Mitteilungs- zur Gemütslinie umgestaltet.

Mein zweites Beispiel ist Gottfried Benns Gedicht *D-Zug* von 1912:

> D-ZUG
>
> Braun wie Kognak. Braun wie Laub. Rotbraun. Malaiengelb.
> D-Zug Berlin – Trelleborg und die Ostseebäder. –
>
> II Fleisch, das nackt ging.
> Bis in den Mund gebräunt vom Meer.
> 5 Reif gesenkt. Zu griechischem Glück.
> In Sichel-Sehnsucht: wie weit der Sommer ist!
> Vorletzter Tag des neunten Monats schon! –

III		Stoppel und letzte Mandel lechzt in uns.
		Entfaltungen, das Blut, die Müdigkeiten,
	10	Die Georginennähe macht uns wirr. –
IV		Männerbraun stürzt sich auf Frauenbraun:
V		Eine Frau ist etwas für eine Nacht.
		Und wenn es schön war, noch für die nächste!
		Und dann wieder dies Bei-sich-selbst-sein!
	15	Diese Stummheiten. Dies Getriebenwerden!
VI		Eine Frau ist etwas mit Geruch.
		Unsägliches. Stirb hin. Resede.
		Darin ist Süden, Hirt und Meer.
		An jedem Abhang lehnt ein Glück. –
VII	20	Frauenhellbraun taumelt an Männerdunkelbraun:
VIII		Halte mich! Du, ich falle!
		Ich bin im Nacken so müde.
		O dieser fiebernde süße
		Letzte Geruch aus den Gärten. –[26]

Offensichtlich ist hier der Referenzbezug noch stärker reduziert (was *genau* im Text geschieht, lässt sich nicht mehr rekonstruieren), wenn auch noch nicht völlig suspendiert; wir bewegen uns hier also auf der Grenzlinie zwischen ‚abstrakter' und ‚konkreter' Gestaltung. Ich gebe wieder eine Kurzcharakteristik der Verfahren:

(1) Ein rudimentäres Geschehen als erotische Begegnung zwischen einem Mann und einer Frau ist zwar erkennbar, aber nicht mehr eindeutig referenzialisierbar. Es handelt sich allenfalls um ein imaginiertes – in Benn'scher Diktion: um ein ‚halluziniertes' – Erlebnis.

(2) Formal stark zurückgenommen, aber durchaus noch erkennbar sind auch ein lyrisches Ich und zwei in den als direkte Rede gestalteten Textpassagen (V/VI, VIII) rudimentär entfaltete Rollen-Ichs (ein Mann und eine Frau), die alle gleichermaßen zwischen zwei Sprechweisen und Denkhaltungen schwanken, die schon das erste Verspaar als Opposition zwischen dionysischer Regression und Orientierung am Realitätsprinzip exponiert.

---

26 Gottfried Benn: Gesammelte Werke in der Fassung der Erstdrucke. Hg. von Bruno Hillebrand. 4 Bde. Bd. 2: Gedichte. Frankfurt/M. 1982, S. 35 (der Text entspricht dem Erstdruck in der Zeitschrift *Pan* vom August 1912). Zur Interpretation vgl. Manfred Engel: Liebeslyrik um 1900: Fontane, Benn, Schwitters. In: Der Deutschunterricht 66 (2013), H. 1, S. 44–53.

(3) Trotz dieser Geschehnisrudimente ist die Kohärenzstörung weit vorangetrieben. Sie reicht hier sogar bis in die Auflösung der Syntax hinein (eine ansatzweise Parallele zum futuristischen Programm der *parole in libertà*).
(4) Besonders verstörend sind Wortfügungen, die nur auf konnotativer, nicht aber auf denotativer Ebene Sinn ergeben; ein besonders drastisches Beispiel ist die Wendung: „Bis in den Mund gebräunt vom Meer" (V. 4).
(5) Auch hier haben sich Bildfelder – Herbstmotivik, Rauschmotivik und der allen Benn-Lesern vertraute ‚Süd-Komplex' – weitgehend verselbstständigt. Diesmal sind sie aber zumeist nicht als Bilder realisiert, sondern als ‚absolute Worte', die als Klang- und Konnotationskomplexe wirken (ein Beispiel dafür ist etwa „Resede", V. 17). Vor allem wegen dieses mindestens ansatzweise vollzogenen *linguistic turn* befinden wir uns im Übergangsbereich zur konkreten Dichtung.

Mein drittes und letztes Beispiel ist Kurt Schwitters' *An Anna Blume* (hier zitiert nach dem Erstdruck von 1919):

AN ANNA BLUME

1 O, du Geliebte meiner siebenundzwanzig Sinne, ich liebe dir! – Du deiner dich dir, ich dir, du mir. – Wir?
2 Das gehört (beiläufig) nicht hierher!
3 Wer bist du, ungezähltes Frauenzimmer? Du bist – bist du? – Die Leute sagen, du wärest – laß sie sagen, sie[27] wissen nicht, wie der Kirchturm steht.
4 Du trägst den Hut auf deinen Füßen und wanderst auf die Hände, auf den Händen wanderst du.
5 Hallo deine roten Kleider, in weiße Falten zersägt. Rot liebe ich Anna Blume, rot liebe ich dir! – Du deiner dich dir, ich dir, du mir. – Wir?
6 Das gehört (beiläufig) in die kalte Glut!
7 Rote Blume, rote Anna Blume, wie sagen die Leute?
8 Preisfrage: 1. Anna Blume hat ein Vogel.
2. Anna Blume ist rot.
3. Welche Farbe hat der Vogel?
9 Blau ist die Farbe deines gelben Haares.
10 Rot ist das Girren deines grünen Vogels.
11 Du schlichtes Mädchen im Alltagskleid, du liebes grünes Tier, ich liebe dir! – Du deiner dich dir, ich dir, du mir. – Wir?
12 Das gehört (beiläufig) in die Glutenkiste.
13 Anna Blume! Anna, a-n-n-a ich träufle deinen Namen. Dein Name tropft wie weiches Rindertalg.
14 Weißt du es Anna, weißt du es schon?

---

27 Emendiert; im Erstdruck steht: „sie sie".

15 Man kann dich auch von hinten lesen, und du, du Herrlichste von allen, du bist von hinten wie von vorne: „a–n–n–a".
16 Rindertalg träufelt streicheln über meinen Rücken.
17 Anna Blume, du tropfes Tier, ich liebe dir![28]

Gerade im direkten Vergleich mit Benns *D-Zug* dürften die Radikalisierungstendenzen deutlich werden:
(1) Es gibt überhaupt keinen erkennbaren Geschehenszusammenhang mehr, also auch keine Referenz im oben bestimmten Sinne.
(2) Stattdessen erkennen wir collagierte und entstellte (Schwitters sagt: „entformelte") Sprachelemente wieder: Redewendungen, Rätsel und Syllogismus, diverse Topoi und Verfahren des Liebesgedichtes in unterschiedlichsten Gestaltungsvarianten, Verfahren aus der von August Stramm geprägten ‚Wortkunst' des *Sturm*-Kreises. Es liegt hier also eindeutig konkrete Dichtung vor, die nur noch mit Sprachmaterial arbeitet.
(3) Die Anordnung der Einzelelemente gehorcht rein ästhetischen Prinzipien (Schwitters nennt das „Werten"). Exemplifiziert und thematisiert ist das im durchaus auflösbaren Preisrätsel (8): Der Vogel der „roten" Anna Blume *muss* „grün" sein – denn Grün, gemischt aus Gelb und Blau, ist eben die Komplementärfarbe zu Rot, ihm also nach rein ästhetischer Logik zwingend zugeordnet.
(4) *An Anna Blume* ist also nicht, wie man in älteren Deutungen lesen kann, eine ‚Parodie' von Liebesdichtung, sondern ein konkretes Liebesgedicht, gerichtet an, wenn man so will, einen spracherzeugten Fetisch namens Anna Blume, dessen Lautwerten Schwitters durchaus erotische Qualitäten abgewinnt (vgl. 13–17).

Soweit meine kleine Beispielreihe und meine Bastelanleitung – die Ausführung eines fertigen Epochenmodells muss natürlich dem Leser überlassen bleiben.

---

28 Erstdruck in: Der Sturm 10 (1919/20), H. 5, S. 72. Für spätere Fassungen, Selbstübersetzungen und die erst 1922 veröffentliche „Urfassung" vgl. Kurt Schwitters: Das literarische Werk. 5 Bde. Hg. von Friedhelm Lach. Bd. 1: Lyrik. Köln 1973, S. 58 f., 291–294. Zur Interpretation vgl. Manfred Engel: Collage als Karnevalisierung. Schwitters Merzkunst. In: Markus May/Tanja Rudtke (Hg.): Bachtin im Dialog. Fs. für Jürgen Lehmann. Heidelberg 2006, S. 271–296.

Wolfgang Braungart
Das Kunstwerk als Individuum, der Autor als Subjekt

Versuch zur literarischen Moderne[1]

Für Manfred Frank

Ein altes Problem, das in der Logik der Sache liegt: Mit dem Individuellen kann das geschichtliche Denken nicht viel anfangen. Es sei denn, es ließe sich symptomatisch verstehen. Mit dem Individuellen *muss* aber das *kunst-* und *literatur-*geschichtliche Denken viel anfangen. Sonst verfehlt es seinen Gegenstand: die Kunst. Diesen Unterschied darf man nicht nivellieren. Das ist, kurz gesagt, das Problem, das mich beschäftigt. Man kann auch sagen: Es ist eine Variante der grundlegenden geschichtswissenschaftlichen Frage nach dem Verhältnis von ‚Ereignis und Struktur'.[2] Aber nur vom Individuellen aus: So entsteht keine Geschichte, auch keine der Literatur und Kunst. Ereignisse ohne Strukturen sind blind. Strukturen ohne Ereignisse sind leer. Das gilt auch für das Verhältnis von literarischem Ereignis und literaturgeschichtlicher Struktur.

Seit einigen Jahren interessiert sich die Literaturwissenschaft wieder stärker für den Autor. Zum einen für den empirischen Autor, sogar für den ‚Dichter'. Niedergeschlagen hat sich das auch in einer ganzen Reihe wichtiger Biographien.[3] Zum anderen für das Konzept ‚Autor' und ‚Autorschaft'.[4] Der Autor (also auch der, der dies hier schreibt – wie sollte er denn sonst dies schreiben können? –, und entsprechend der Leser, der dies möglicherweise einmal liest)

---

[1] Der Aufsatz schließt an Überlegungen an, die ich in verschiedenen Vorträgen und Aufsätzen der letzten Jahre entwickelt habe. Entsprechende Nachweise finden sich in den weiteren Fußnoten. Matthias Buschmeier, diesem kritischen Geist, danke ich für hilfreiche Anmerkungen, Markus Pahmeier und Christina Peters für umsichtige, freundliche Hilfe.
[2] Vgl. Ingrid Gilcher-Holtey: 1968. Vom Ereignis zum Gegenstand der Geschichtswissenschaft. Göttingen 1998 (Geschichte und Gesellschaft, Sonderheft 17).
[3] Etwa, chronologisch: Gerhard Kaiser: Gottfried Keller. Das gedichtete Leben. Frankfurt/M. 1981; Peter-André Alt: Schiller. 2 Bde. München 2000; Thomas Karlauf: Stefan George. Die Entdeckung des Charisma. Biographie. München 2007; Hugh Barr Nisbet: Lessing. Eine Biographie. Aus dem Englischen übersetzt von Karl S. Guthke. München 2008; Hermann Kurzke: Georg Büchner. Geschichte eines Genies. München 2013.
[4] Vgl. Fotis Jannidis u. a. (Hg.): Rückkehr des Autors. Zur Erneuerung eines umstrittenen Begriffs. Tübingen 1999 (Studien und Texte zur Sozialgeschichte der Literatur 71); Heinrich Detering (Hg.): Autorschaft. Positionen und Revisionen. Stuttgart/Weimar 2002.

ist nicht nur ein Effekt der geschichtlichen Diskurse.[5] Er ist auch Subjekt; er kann sich zu sich selbst und dem, was er tut, verhalten – und tut es auch, mehr oder weniger. Er muss es tun. Das ist anthropologisch unvermeidlich.[6] Wir haben nun einmal Bewusstsein; wir müssen uns zu uns selbst verhalten, wie kritisch und reflektiert auch immer wir das tun mögen. Die moderne Idee des Subjekts ist freilich mehr. Das (moderne) Subjekt in seiner subjektiven Individualität ist nicht überholt. Relativiert ist es schon. Dass es vielen jedoch inzwischen gleichgültig zu sein scheint, dass viele mit ihm auf frivol großzügige Weise umgehen (wobei sie das Recht auf Subjektivität dann gerade beanspruchen): Das kann kein Argument sein.

An dieser Idee festzuhalten, hat Auswirkungen auf die Frage nach der Geschichte der Literatur und nach der Literatur in der Geschichte und auf die Literaturgeschichtsschreibung selbst. Das 18. Jahrhundert denkt und konzipiert nicht nur philosophisch die Wende zum Subjekt, gipfelnd in der Subjekt- und Selbst-Bewusstseinsphilosophie des Idealismus und der Frühromantik. Es fordert und gestaltet sie auch literarisch, beginnend mit Johann Christian Günther, bei dem Subjektivität erstmals und wirklich konsequent zum poetischen Produktions- und Gestaltungsmodus wird.[7]

Mein Versuch ist zweigeteilt. Ich beginne mit einigen Bemerkungen zum Verhältnis zwischen ästhetischer Individualität und ‚Allgemeinem': Epoche, Kontext, ‚Zeit'. Dann mache ich einen form- und strukturgeschichtlichen Vorschlag zur Groß-Epoche der ästhetischen Moderne, der eben dieser Wende zum Subjekt im 18. Jahrhundert und dem Problem von ‚Ereignis' und ‚Struktur' Rechnung tragen soll und deshalb auch im 18. Jahrhundert ansetzt.

1. Ästhetische Individualität und geschichtliche Individualität

Es sagt sich recht leicht und darf mit allgemeiner Zustimmung rechnen: dass eine wissenschaftliche Fragestellung etwas anderes sei als das, was uns eben

---

5 Vgl. Michel Foucault: Was ist ein Autor? In: M. F.: Schriften zur Literatur. Hg. von Daniel Defert und François Ewald. Unter Mitarbeit von Jacques Lagrange. Übersetzt von Michael Bischoff. Frankfurt/M. 2003, S. 234–270.
6 Vgl. Wolfgang Braungart: Walter Burkert. Kulturtheorie und Poetik der Tragödie. Sophokles, *Philoktet*, Friedrich Dürrenmatt, *Der Besuch der alten Dame*, Heiner Müller, *Philoktet*. In: Anton Bierl/W. B. (Hg.): Gewalt und Opfer. Im Dialog mit Walter Burkert. Berlin/New York 2010, S. 383–427.
7 Mit wichtigen juristisch-ökonomischen Argumenten kommt Heinrich Bosse schon 1981 zu der These, dass sich im 18. Jahrhundert das Verhältnis von Autor und Werk grundlegend

lebensweltlich und alltagspraktisch so interessiert und beschäftigt. Das ist natürlich völlig richtig und wird doch schwierig, wenn es um ästhetische Fragen und ästhetisches Verstehen geht.

Meine individuelle Lebensgeschichte prägt mich. Ohne dass ich es gemerkt habe, hat sie sich dabei mit Geschichte und Kultur vollgesogen. So ist sie unhintergehbare Voraussetzung für alles, was ich jetzt, gegenwärtig, bin, tue, ertrage, verstehe. Ich entwickle mich in meinen komplexen Interaktionen mit der Welt, in der ich lebe. Sie ‚spiegelt' sich nicht einfach in mir; sie ist nicht einfach das Vorgängige, an das ich mich nur anpasse. Ich bin nicht der Text zum Kontext. Die derzeit so dynamische neurowissenschaftliche Forschung, die sich ständig revidieren muss, lehrt uns, das Verhältnis unseres je individuellen Geistes zu seinen Umwelten nicht zu simpel und reduktionistisch zu modellieren.[8] Ich bin immer Individuum ‚im öffentlichen Austausch'.[9] Das gilt auch für den literarischen Text. Für Literatur, ihre Geschichte und die ungelöste Text-Kontext-Frage muss das zu denken geben. Hilfreich könnten hier Modelle kulturell-evolutionärer Ökologie sein.[10]

Meine Bezogenheit auf (meine) Geschichte nimmt aber dem, was ich gegenwärtig bin, tue, ertrage, verstehe, nichts von seinem Geltungsanspruch. Man kann es nicht oft genug sagen: Genese und Geltung sind zwei verschiedene Dinge. Ich – und nun spricht der empirische Autor dieses Aufsatzes – kann zum Beispiel versuchen, mir möglichst viele der Kontingenzen meines Lebens ins Bewusstsein zu rufen, mit denen es zusammenhängt, warum ich Literatur- und Kunstgeschichte primär ästhetisch verstehen will, nicht primär etwa als politische oder sozialgeschichtliche *Quellen*. Ich muss dann aber im wissenschaftlichen Kontext auch allgemeiner begründen, warum es sinnvoll ist, dass es in der Literatur- und Kunstwissenschaft eben welche gibt, die diese ästhetische Perspektive einnehmen und daraus eigene Fragestellungen ableiten. Das Folgende ist im Grunde nichts als ein solcher Begründungsversuch. Aus

---

ändert: Autorschaft ist Werkherrschaft. Über die Entstehung des Urheberrechts aus dem Geist der Goethezeit. Paderborn u. a. 1981.
8 Vgl. für den Bereich der Sprache die Einführung von Horst M. Müller: Psycholinguistik – Neurolinguistik. Die Verarbeitung von Sprache im Gehirn. Paderborn 2013, besonders die Kapitel 13 und 14. – Ich danke Horst Müller für die vielen Anregungen aus einem gemeinsamen Seminar!
9 Vgl. Erving Goffman: Das Individuum im öffentlichen Austausch. Mikrostudien zur öffentlichen Ordnung. Aus dem Amerikanischen von Renate und Rolf Wiggershaus. Frankfurt/M. 1974.
10 Einige Überlegungen hierzu: Wolfgang Braungart/Walter Traunspurger: Literatur und Geschichte, Ökologie und Kultur. In: Lothar van Laak/Katja Malsch (Hg.): Literaturwissenschaft – interdisziplinär. Heidelberg 2010, S. 35–56.

meiner ästhetischen Lebensgeschichte kommen meine ästhetischen Aufmerksamkeiten und Sensibilitäten, meine ästhetischen Vorlieben und mein ästhetisches Angesprochensein.[11] Über die Relevanz solcher Hinsichten, die sich daraus ergeben können, ist damit nichts gesagt. Sie muss intersubjektiv plausibilisiert werden. Das bedeutet nicht, dass ich mich ‚in den Netzen meiner Lebensgeschichte' gefangen fühlen müsste. Ich kann und darf doch, soweit es möglich ist, wissen, dass ich bin, wie ich bin: ein Individuum. Und ich kann und darf doch damit umgehen.[12]

Wem wäre dies nun mehr einzuräumen als den Künstlern und Dichtern selbst, die nichts anderes zu geben haben als ihre Individualität, wie Schiller in seiner berühmten Rezension der Gedichte Gottfried August Bürgers sagt (1791)? Das zu tun ist ihnen kulturell in besonderer Weise erlaubt. Freilich, setzt Schiller sogleich hinzu, müsse solche Individualität zur Allgemeinheit der Menschheit ‚hinaufgeläutert' werden. Etwas zurückhaltender und weniger klassizistisch ließe sich sagen: Was das künstlerische Individuum sagt, muss auch unser Interesse, muss Geltung für uns beanspruchen können. Es muss sich darum so zeigen, dass es uns auch ‚angesonnen' werden kann. Dasselbe gilt für das ästhetische Urteil (Kant). Dass dies möglich ist, ist eine Leistung der Form.[13] Die subjektive Autorposition wird mit jedem Kunstwerk, wenn es denn eines ist, bekräftigt und transzendiert zugleich. So zu argumentieren, wie ich es hier versuche, bedeutet also gerade nicht, einer Kunst bloßer Innerlichkeit das Wort zu reden. Weder ist (reflexive) Subjektivität identisch mit Innerlichkeit, noch taugt Innerlichkeit selbst zum theoretischen Prügelknaben.

Vergleichen ist für das alltägliche wie für das wissenschaftliche Verstehen eine Grundoperation, weil es Eigentümlichkeiten hervortreten lässt, Gemeinsamkeiten und Grenzen deutlich macht und dem begreifenden Unterscheiden, also der Kritik, hilft.[14] Es lohnt sich darum auch, das alltagspraktisch und lebensweltlich ständig sich vollziehende Verstehen mit dem wissenschaftlichen

---

11 Ausführlicher gehe ich auf diese Fragen ein in: Wolfgang Braungart: Vom Sinn und Leben der Stelle. In: W. B./Joachim Jacob: Stellen, schöne Stellen. Oder: Wo das Verstehen beginnt. Göttingen 2012, S. 64–143.
12 Die philosophische Diskussion, aus der ich zu lernen versuche, kann ich hier nicht referieren; ich darf ihr auch nicht die Verantwortung zuschieben für das, was ich hier sage. Genannt seien aber dennoch zwei Namen, denen ich mich in meiner Verteidigung des Individuellen besonders verpflichtet fühle: Manfred Frank und Volker Gerhardt.
13 Zu diesem Grundbegriff der ästhetischen Debatte vgl. Dieter Burdorf: Poetik der Form. Eine Begriffs- und Problemgeschichte. Stuttgart/Weimar 2001.
14 Vgl. Vittorio Hösle: Über den Vergleich von Texten. Philosophische Reflexionen zu der grundlegenden Operation der literaturwissenschaftlichen Komparatistik. In: Orbis Litterarum 63 (2008), S. 381–402.

Abb. 1: Pfarrkirche St. Peter und Paul, Reszel (Rössel), Masuren, Polen; Aufnahme Wolfgang Braungart, Bielefeld, 2010.

Verstehen – das bedeutet im Kontext dieses vorliegenden Bandes: mit dem literaturgeschichtlich-ästhetischen Verstehen – zu vergleichen.

Beginnen will ich mit Beispielen aus der Architektur- und Kunstgeschichte. Die ersten beiden habe ich aus einem Masuren-Urlaub mitgebracht. Sie gehören zu den vielen ästhetischen Erfahrungen, die ich ständig einsammle, seit ich mich erinnern kann, und die ich – vielleicht – irgendwann ‚brauche', sowohl lebensgeschichtlich und existenziell als auch reflexiv und wissenschaftlich.[15] (Das ‚Ich' ist auch ein Sammler. Das Sammeln gehört kulturanthropologisch zu den wichtigsten Handlungstypen.)

Offensichtlich handelt es sich hier um keine ganz unbedeutende Kirche; allein die Weite des Raums, die dekorative Ausmalung der Bögen, der prächtige barocke Hochaltar zeigen das. Wir blicken in einen gotischen Raum. Das Sterngewölbe gibt für diese form- und stilgeschichtliche Zuordnung das

---

[15] Vgl. zum ‚Brauchen' von Literatur und Kunst: Wolfgang Braungart (Hg.): Kitsch. Faszination und Herausforderung des Banalen und Trivialen. Tübingen 2002; Braungart: Vom Sinn und Leben der Stelle (Anm. 11).

einfachste und deutlichste Merkmal ab, ist aber nicht das einzige. Die Gewölbeform allein individualisiert diesen Raum nicht. Sie zu bestimmen hilft nur, die Kirche grob zu datieren und einer Architekturepoche zuzuordnen. Sehr viel weiß man dadurch nicht. Dennoch gehört zum geschichtlichen Verstehen offensichtlich dazu, dass wir das, was sich uns als deutlich aus einer anderen Zeit stammend zeigt, chronologisch platzieren. Von wann ist das? Eine der Grundfragen an das, was uns nicht als ‚gerade eben jetzt' erscheint.[16] Aber warum wollen wir das überhaupt wissen? Weil wir mit der uns sinnfällig, ästhetisch begegnenden geschichtlichen Zeit umgehen und zu ihr in ein Verhältnis kommen wollen.

Auch dann muss man aber schon ziemlich genau hinschauen und auf die handwerkliche Machart achten. Sie zeigt dem, der viel gesehen und verglichen hat, dass wir uns bei der Datierung dieses Raumes nicht in die Neugotik des 19. Jahrhunderts verlaufen sollten. Welche konkrete Kirche jedoch zu sehen ist, lässt sich allein aufgrund der Bestimmung der Gewölbeform nicht sagen. So wenig wir über ein Gedicht sagen, nur weil wir es als Sonett mit einer bestimmten formalen Struktur identifiziert haben. Unsere besondere Aufmerksamkeit wecken ein Kirchenraum und ein Sonett (und der Mensch, der uns begegnet), wenn sie selbst etwas Besonderes an sich haben. Beim Kunstwerk, wenn ich eine kulturelle Äußerung *als ein solches ansehen will* (was ich natürlich nicht tun muss; der Kirchenraum kann mir auch einfach ein Sakralraum sein), kommt es offensichtlich besonders auf das Individuelle an, das seinen eigentlichen Reiz und seine eigentliche Herausforderung ausmacht. Dies nimmt man aber auch nur dann wahr, wenn man ebenso das Allgemeine, den Typus, die Gattung, den Stil, die geschichtliche Zeit in ihm wahrgenommen hat.

Man kann nun gleich einwenden, das liefe dann auf eine Architekturgeschichte hinaus, die sich tatsächlich mit Architektur als Kunst befassen will, und auf eine Literaturgeschichte, die Literatur als Kunst versteht. Aber ist das die Aufgabe von wissenschaftlicher Kunst- und Literaturgeschichtsschreibung? Ohne Umschweife möchte ich sagen: Ja, das ist sie *auch*. Und darin liegt eine besondere Herausforderung, für die sich Kunst- und Literaturhistoriker ebenfalls zuständig fühlen müssen. Institutionell ist es sonst niemand. Das ist nicht nur ein pragmatisches und legitimatorisches Argument. Denn die kulturelle Welt, in der wir sind, ist immer vom Menschen *gestaltete* Welt, nicht nur hervorgebrachte. Sie will auch in ihrem Gestaltet-Sein erkannt und beschrieben werden.[17] Regelmäßig wird an literaturgeschichtlichen Neuerscheinungen als besondere

---

16 Vgl. Eckhard Schumacher: Gerade Eben Jetzt. Schreibweisen der Gegenwart. Frankfurt/M. 2003.
17 Ausführlicher begründe ich das in Wolfgang Braungart: Ästhetik der Politik, Ästhetik des Politischen. Ein Versuch in Thesen. Göttingen 2012 (Das Politische als Kommunikation 1).

Qualität hervorgehoben, sie seien aus wirklicher Kenntnis der literarischen Kunstwerke selbst heraus geschrieben.[18] Aber selbstverständlich kann man sich für andere Konzepte des geschichtlichen Verstehens entscheiden. Sie sind nicht weniger legitim. Im Hause der Literaturwissenschaft sind viele Wohnungen.[19]

Diese *ästhetische* Individualität des Kunstwerks lässt sich nun nicht nur als Abweichung von einer Norm bestimmen (so wenig wie die Individualität von uns Menschen),[20] sondern ist das, was sein eigenes Recht fordert, wenn man beansprucht, angemessen auf das Kunstwerk zu reagieren (so wie bei uns Menschen auch). Von dieser ästhetischen Individualität des Kunstwerks her, die wahrgenommen und anerkannt werden will, lässt sich der ethische Anspruch des Ästhetischen, dem die Kunstwissenschaften nicht grundsätzlich aus dem Weg gehen können, begründen.[21]

Versteht man dagegen das individuelle Kunstwerk primär als Abweichung von kulturellen Normen, die sich im kulturell-geschichtlichen Prozess herausgebildet haben, dann neigt man dazu, es vor allem als politischen, gesellschaftlichen oder sozialen Störenfried, als Unruhestifter aufzufassen. Das kann das Kunstwerk gewiss durchaus sein; und manche, manche Autoren selbst sogar eingeschlossen, mögen sich Kunst nur so vorstellen: als subversives Element in der Gesellschaft, als kritische Beobachtungsinstanz, die Gesellschaft und Politik selbstverständlich brauchen. Warum das gerade die Kunst sein soll, wäre allerdings zu begründen. Dieses funktionsgeschichtliche Modell des ‚kritischen Hinterfragens' dominiert in der didaktischen Praxis der Literaturvermittlung, weil es von vornherein verspricht, einen plausiblen und leicht operationalisierbaren Zugang zum Kunstwerk zu schaffen. Dann gibt das Kunstwerk nämlich Antwort auf eine geschichtliche Frage. Ich erinnere mich an eine Lesung mit Sarah Kirsch in Marburg zur Zeit des ersten Golfkriegs. Ein moralisch

---

18 So zum Beispiel seinerzeit bei den beiden Bänden der de Boor/Newald'schen Literaturgeschichte 1789 bis 1830, die Gerhard Schulz verfasst hat (G. S.: Die deutsche Literatur zwischen Französischer Revolution und Restauration. 2 Bde. München 1983/1989 [Geschichte der deutschen Literatur von den Anfängen bis zur Gegenwart 7]). Also **ein** Autor, wie man hinzugefügt hat, keine Buchbindersynthese von Einzelstudien, auch **ein** Werk, **ein** Ganzes!
19 Vgl. meinen Diskussionsbeitrag zum Wiener Germanistenkongress 2000: Einleitung zu: Sektion 17 *Literaturwissenschaft als Kulturwissenschaft*, Teilsektion 17 c *Konzeptualisierung und Mythographie*. In: Peter Wiesinger (Hg.): Akten des X. Internationalen Germanistenkongresses Wien 2000 *Zeitenwende – Die Germanistik auf dem Weg vom 20. ins 21. Jahrhundert*. Bd. 9. Hg. von Wolfgang Braungart/Manfred Engel/Ortrud Gutjahr. Bern 2003, S. 275–279.
20 Vgl. Harald Fricke: Norm und Abweichung. Eine Philosophie der Literatur. München 1981.
21 Vgl. dazu Wolfgang Braungart: Der brave Tuttlinger und der Limburger Käse. Johann Peter Hebels hermeneutische Parabel *Kannitverstan* (1809). In: Susanne Kaul/Lothar van Laak (Hg.): Ethik des Verstehens. Paderborn 2007, S. 175–198.

entrüsteter Zuhörer fragte sie: Und warum sagen Sie gar nichts zum Golfkrieg? Sarah Kirsch fragte zurück: Warum erwarten Sie das gerade von mir? Der Autor als gesellschaftliche und moralische Autorität, als ‚Gewissen der Nation': Immer wieder nehmen die Dichter selbst dieses ‚Amt' für sich in Anspruch. Mit der Subversions- und Kritik-Funktion, die Literatur und Kunst schnell zugewiesen wird, verbinden sich auch leicht verständliche Modelle von Autorschaft, die das Individuelle der Kunst bändigen.

Aber man muss schon auch fragen dürfen: Sind die so durchgearbeiteten und proportionierten Skulpturen eines Praxiteles subversiv oder kritisch? Ist es das grandiose Treppenhaus Balthasar Neumanns in der Würzburger fürstbischöflichen Residenz? Ist es das kraftvolle, spannungsreiche Deutsch von Luthers Bibelübersetzung? Oder aus der Zeit nach dem autonomieästhetischen Paradigmenwechsel: Sind es Cezannes Stillleben? Ist es Kafkas Roman *Der Prozeß*?

Zudem: Niemand kann nur im Widerstand, in der Konfrontation, in der Haltung der Kritik leben. Wie gesagt: Jeder befindet sich ständig in dynamischen Interaktionsprozessen mit seiner Umwelt. Warum sollte man also stets so schreiben, warum so lesen, hören, schauen: nur in der Entgegensetzung? Warum sollte das Affirmative von vornherein illegitim sein: dass man in seine Welt gehören will? Die internationale sozialwissenschaftliche und sozialanthropologische Diskussion thematisiert derzeit völlig zu Recht die Frage nach den Prozessen und Praktiken der Zugehörigkeit (*belonging*).[22] Im Prozess der immer schnelleren Globalisierung stellt sich gerade diese Frage nach der Zugehörigkeit immer schärfer.

Noch einmal zurück zu diesem ersten Beispiel der gotischen Kirche: Das Gewölbe überspannt einen Raum, der ganz offensichtlich seine eigene Geschichte hat. Es ist eine Geschichte seines liturgisch-religiösen Gebrauchs. Zu sehen sind Altäre, eine Kanzel, Kirchenbänke: alles aus einer späteren Zeit, bis hin zum Religionskitsch (das religiöse Interesse ist kein ästhetisch-wertendes, jedenfalls in der Regel). Viel muss man von der Geschichte der Architektur nicht verstehen, um wahrzunehmen, dass es sich hier nicht um einen homogenen Raum im Sinne einer klassizistischen Idee von Ganzheit handelt, nicht um einen Raum aus *einer* Epoche und geprägt von *einem* einheitlichen Gestaltungswillen. Das zu fordern, wäre hier, für diesen ‚gebrauchten' Raum, für diese ‚Gebrauchsarchitektur', ziemlich unangemessen. In diesem Raum hat sich

---

[22] Vgl. Joanna Pfaff-Czarnecka: Zugehörigkeit in der mobilen Welt. Politiken der Verortung. Göttingen 2012 (Das Politische als Kommunikation 3). Vgl. auch Wolfgang Braungart: Die Kunst der Zustimmung. Eine ästhetisch-theologische Hypothek der Moderne. Mit einem Kapitel zu Brechts später Lyrik. In: Martin Knechtges/Jörg Schenuit (Hg.): Verwandlung. Epiphanie II. Paderborn 2009 (Fuge/Journal für Religion & Moderne 5), S. 65–100.

seine ‚Gebrauchsgeschichte' vielmehr förmlich angereichert. Sie ist hier wahrnehmbar und sichtbar. In dieser ‚Anreicherung'[23] äußert sich die *geschichtlich* gewordene Individualität dieses Raumes. Das ist mehr als nur eine ‚Ansammlung'; es entsteht ja doch ein ganzer Raumeindruck. Unsere Einbildungskraft als das Vermögen unserer Vorstellungen ist produktiv und synthetisch (Kant). Es gibt auf der ganzen Welt keinen zweiten Raum wie diesen. So wie es keinen zweiten Menschen gibt wie dich und mich, weil sich in uns unsere Lebensgeschichten mit all ihren Kontingenzen ‚angereichert' haben. Aber mein ‚Selbst-Gefühl', mein ‚Identitätsgefühl' sind mehr; sie gehen darüber hinaus.[24]

Ich halte es für sinnvoll, diese beiden Typen von Individualität, eine künstlerisch-ästhetische und eine geschichtliche, zu unterscheiden. Sie sind beide gleichermaßen wichtig für die ästhetische Erfahrung und für das ästhetische Verstehen, und sie sind unauflösbar miteinander verwoben. Dieser Kirchenraum mit seiner ganzen Ausstattung erhebt offensichtlich nicht den Anspruch, ein einheitliches Kunstwerk zu sein. Was geschieht jedoch dann, wenn dieser Anspruch auf Ganzheit (Totalität) und Geschlossenheit (das Kunstwerk sei „in sich selbst vollendet", sagt Karl Philipp Moritz[25]) an das Kunstwerk gestellt wird, also seit der zweiten Hälfte des 18. Jahrhunderts? Viele Kirchen sind im 19. und noch im 20. Jahrhundert purifizierend restauriert worden. Oft hat man barocke Altäre und sonstige Einbauten entfernt, Fresken übermalt, um so zu einer vermeintlich ‚reinen' Überlieferung und zu einem ‚reinen' Raumkunstwerk zu kommen. ‚Reinheit' ist überhaupt eine wichtige kulturanthropologische Norm und oft handlungssteuernd, ohne dass es uns auffallen muss – mit womöglich fürchterlichen Konsequenzen.[26] Für dieses Geschichtsverständnis soll der mittelalterliche Bau in seiner Besonderheit und Ganzheit aus einer fernen Epoche wahrnehmbar in die eigene Gegenwart hineinragen als Zeugnis einer vermeintlich einmal noch unangefochtenen Religiosität. Das fordert die Denkmalpflege von heute, die solche Mittelalter-Idealisierungen zu betreuen hat, heraus: Welches Mittelalter soll sie denn nun bewahren? Das des 19. Jahrhunderts? Soll sie überhaupt bewahren, also einen Zustand festschreiben – und damit etwas tun, was mit Gebäuden und Räumen im geschichtlichen

---

23 Die hilfreiche Metapher verdanke ich Lothar van Laak.
24 Vgl. Manfred Frank: Selbstgefühl. Eine historisch-systematische Erkundung. Frankfurt/M. 2002.
25 Karl Philipp Moritz: Über den Begriff des in sich selbst Vollendeten. In: K. Ph. M.: Werke. Hg. von Horst Günther. Bd. 2: Reisen, Schriften zur Kunst und Mythologie. Frankfurt/M. 1981, S. 543–548; vgl. auch K. Ph. M.: Über die bildende Nachahmung des Schönen. In: ebd., S. 572.
26 Vgl. Mary Douglas: Reinheit und Gefährdung. Eine Studie zu Vorstellungen von Verunreinigung und Tabu. Aus dem Amerikanischen übersetzt von Brigitte Luchesi. Berlin 1985.

Gebrauch nie geschehen ist: Soll sie damit deren geschichtliche Entwicklung im Denkmal stillstellen?

Aber solche Fragen nach der Geschichtlichkeit ästhetischer Normen und Wertvorstellungen will ich hier nicht vorrangig diskutieren. Ich habe das architekturhistorische Beispiel nur gewählt, um eine Frage aufzuwerfen, die ebenso für Literatur in ihrer Geschichtlichkeit wichtig ist: Man kann auch das literarische Kunstwerk verstehen als einen individuellen ästhetischen Text-Raum, in dem sich zugleich Geschichte auf je eigene Weise anreichert.[27] Vielleicht sperrig, vielleicht in heterogener Weise, vielleicht spannungsreich – und so, dass ein ästhetisches ‚Individuum' aus seiner konkreten Machart entsteht, die ein Autor verantwortet, und aus seiner Geschichtlichkeit, die aus der poetischen Sprache selbst kommt. Denn die je konkrete Sprache ist immer mit geschichtlich-kultureller Semantik ‚angereichert', weil sie dem Autor nicht gehört. Die Sprache ist, mit Schleiermacher, immer das ‚individuelle Allgemeine'.[28]

2. Das Modell des ‚Dazwischen': Epochen und ihre Grenzen

Ein zweites Architektur-Beispiel (s. Abb. 2): Wieder schaut man in einen Kirchenraum. Wer sich durch eigene Erfahrung und mit Hilfe eines der vielen stilgeschichtlichen Ratgeber, die auf dem Buchmarkt zu haben sind, ein wenig in die Geschichte sakraler Kunst und Architektur in Europa eingearbeitet hat, der wird diesen Hochaltar ‚irgendwie dazwischen' einordnen: Die gotische Altarkunst ist hier vorbei. Die Renaissance-Formensprache bestimmt ‚irgendwie' die Grundstruktur des Altars und beginnt doch schon aufzubrechen, wie man etwa am Rollwerk neben den beiden Apostel-Figuren Petrus und Paulus sehen kann. Aber ein Barockaltar ist es offensichtlich dann doch ‚noch' nicht.

Wenn wir uns in unserem Wunsch nach stil- und epochengeschichtlicher Homogenität und Zuordnung nicht richtig zu orientieren wissen, weichen wir gerne auf das Konzept des ‚Dazwischen' aus. Dieser Altar ist tatsächlich ‚um 1600' entstanden, ein Altar der ‚späten' Renaissance (aber welcher? – auch ‚die' ästhetische Renaissance gibt es nur im Plural) in der Kirche St. Peter und Paul in Wegorzewo (Angerburg, Masuren, Polen). Ihn zu ‚verstehen', bedeutet offensichtlich hier wiederum ebenfalls Zuordnung zu übergreifenden

---

[27] Zum Text als Sammlung: Matthias Buschmeier: Poesie und Philologie in der Goethe-Zeit. Studien zum Verhältnis der Literatur mit ihrer Wissenschaft. Tübingen 2008 (Studien zur deutschen Literatur 185), Teil V: Poesie und Roman.

[28] Vgl. Manfred Frank: Das individuelle Allgemeine. Textstrukturierung und Textinterpretation nach Schleiermacher. Frankfurt/M. 1985.

Abb. 2: Pfarrkirche St. Peter und Paul, Wegorzewo (Angerburg), Masuren, Polen; Aufnahme Wolfgang Braungart, Bielefeld, 2010.

ästhetischen Ordnungsprinzipien. Ohne sie kommt das Verstehen nicht aus. Über die ästhetische Qualität selbst habe ich damit noch gar nichts gesagt.

In meiner alten und durchaus verdienstvollen Literaturgeschichte von Hermann Glaser, Jacob Lehmann und Arno Lubos, *Wege der deutschen Literatur. Eine geschichtliche Darstellung*, während meiner Schülerjahre an baden-württembergischen Gymnasien gerne verwendet, ist unter der Zwischenüberschrift *Zwischen Klassik und Romantik* über Heinrich von Kleist zu lesen:

> Gemäß seinem inneren Schwanken zeigte sich auch in den Werken kein einheitlicher Charakterzug. Die dichterische Gestaltung beruhte auf dem leidenschaftlichen Drang nach Klärung seines eigenen Wesens. Im Gegensatz zu Schillers verstandesmäßiger Berechnung kam das dramatische Element Kleists aus seinen seelischen Spannungsverhältnissen. Die Dramatik ist bei ihm nicht konstruktive Methode, sondern ein ausschließliches Ich-Erlebnis. Die Personen, zwischen denen sich auf der Bühne die Spannung auftut, sind der Ausdruck seiner eigenen seelischen Kräfte.[29]

---

[29] Hermann Glaser/Jakob Lehmann/Arno Lubos (Hg.): Wege der deutschen Literatur. Eine geschichtliche Darstellung. Frankfurt/M./Berlin/Wien. 13. Aufl. 1971, S. 182.

Angenommen wird hier also, Kleist habe sich in seinem Werk selbst ausdrücken wollen; sein Werk habe ihm dazu gedient, sich über sich selbst zu verständigen. Das kann und darf natürlich schon so sein. Aber woher wissen die drei Autoren nur so gut über Kleists Charakter Bescheid? Und warum sollte sich überhaupt ein „einheitlicher Charakterzug" zeigen? Literaturgeschichtsschreibung hat ihre eigene Geschichte. Diese Sprache und dieses Verständnis Kleists kommen aus einer für uns heute, im Jahr 2013, nun selbst schon sehr fernen Zeit. Dennoch wäre es gar nicht schwer, dieses Konzept auch moderner zu formulieren. Etwa so: Im Medium von Literatur wird die Koppelung von Subjektivität („Ausdruck seiner eigenen seelischen Kräfte") mit kultureller und gesellschaftlicher Kommunikation möglich.[30] Im Grunde war das auch schon Schillers Problem.

Das Beispiel zeigt, wie schwer sich Literaturgeschichtsschreibung mit dem tun kann, was sich dem Allgemeinen, zum Beispiel der Ordnungsleistung unserer Epochenbegriffe, nicht fügt. Also mit dem, was zur dominanten *Struktur* oder zum dominanten ästhetischen *Typus* nicht richtig passt. Was man einordnen und kategorisieren kann, das braucht einen nicht mehr zu irritieren – mit didaktisch manchmal fatalen Folgen. Aus einer LK-Klausur Deutsch, 12. Jahrgang, 2011: „Die Novelle [*Leutnant Gustl*] wurde im inneren Monolog verfasst, was typisch für den Imperialismus war." Wie viel ist da missverstanden worden. Literaturgeschichte als Literaturgeschichtsschreibung ist inzwischen, wie der Schul- und Bachelor-Buchmarkt zeigt, vor allem für die da, die sich durch die ästhetische Komplexität des individuellen Kunstwerks verunsichert fühlen und das nicht aushalten. Lebensweltlich verfahren wir ständig so: Wir nennen ein Symptombündel ‚Burnout' und meinen, alles verstanden zu haben. Fast nichts haben wir verstanden.

Epochenbegriffe gehören zu den wichtigsten und notwendigen Konstruktionen (hier ist der Begriff wirklich einmal angebracht), mit denen Literaturgeschichtsschreibung versucht, in die Fülle der ästhetischen Phänomene Ordnung zu bringen. Sie sind zugleich höchst fragwürdig, zumal sie ganz unterschiedliche begriffliche Qualität haben. Die ‚Aufklärung' ist nicht in der Weise ‚Epoche' wie ‚Realismus' und ‚Naturalismus'. Der erste Begriff meint eher eine Denkhaltung und ein Welt- und Selbstverständnis, die anderen meinen eher Schreibweisen. Der Epochenbegriff der ‚Aufklärung' kann darum den des ‚Sturm und Drang' mit seinen deutlich ein- und abgrenzbaren Schreibweisen integrieren. Der ‚poetische Realismus' Gottfried Kellers unterscheidet sich vom ironischen Realismus Thomas Manns jedoch so deutlich, dass ein

---

[30] Zu diesem Konzept vgl. Oliver Jahraus: Literatur als Medium. Sinnkonstitution und Subjekterfahrung zwischen Bewußtsein und Kommunikation. Weilerswist 2003.

chronologisch eingefriedeter Epochen-Begriff ‚Realismus' sehr schwierig wird. Aber wohin ‚gehört' dann Thomas Mann? Wer dem literarischen Kunstwerk als einem solchen nicht Unrecht tun will, muss auch Schreibweisen in ihrer je individuellen Ausprägung wahrnehmen und beschreiben können. Das halte ich für das höhere Ziel, auch in didaktischen Prozessen.

Autoren sind jedoch für das Epochen-Modell, besonders wenn es um seine didaktische Einrichtung geht, bevorzugt ‚Vertreter' einer Epoche, einer ‚Strömung', vielleicht auch: einer ‚Generation', einer ‚Schule', sogar des ‚Zeitgeistes'. Dann ‚stehen' sie wenigstens für etwas. Als sei es für einen Autor das Größte, eine ‚Strömung' zu ‚vertreten'. (Derart schiefe Metaphern gibt es dabei tatsächlich.) Autor und Werk werden so zu bloßen Repräsentanten und Diskurseffekten. Literaturgeschichtsschreibung, die uns auf das Allgemeine setzt – und sie muss das *auch* tun, ohne Frage – und nur vom Allgemeinen her argumentiert, ist letztlich Diskursgeschichte. Die literaturgeschichtliche ‚Normalwissenschaft' versucht, die provokative Kontingenz des Individuellen und Subjektiven zu bändigen.

3. Der geschichtliche Index und die Logiken der Kunst-Geschichte

Nun ein Beispiel aus der Kunstgeschichte des 19. Jahrhunderts (s. Abb. 3): Der Kupferstich Paul Girardets (1821–1893) setzt ein Gemälde von Louis/Ludwig Knaus (1829–1910 in Berlin) graphisch um. Knaus, aus der Düsseldorfer Schule (natürlich nehme auch ich Zuordnungen vor), malte mit großem Erfolg Genreszenen und Szenen aus dem bäuerlichen Leben. Die *Goldene Hochzeit* von 1859/60 gehört zu seinen Hauptwerken. Girardet wiederum gelang mit diesem Stich ebenfalls eine seiner besten Arbeiten (1861).[31] Der Stich ‚erzählt' in einer klaren und einfachen Gesamtkonzeption ausgesprochen detailliert und anekdotisch eine heiter-festliche Szene. Die Komposition fängt den Blick des Betrachters, der sich sonst in den vielen hübschen Details leicht verlieren könnte, immer wieder ein. Man sieht schnell, dass das Blatt meisterhaft gestochen ist und dass viele Einfälle des Malers ausgesprochen witzig und originell sind. Das Jubelpaar wird kompositorisch hervorgehoben; das Licht aber fällt auf das junge Leben rechts neben ihm.

---

31 Vgl. Allgemeines Lexikon der bildenden Künstler von der Antike bis zur Gegenwart. Unter Mitwirkung von 320 Fachgelehrten des In- und Auslandes. Hg. von Ulrich Thieme. Bd. 14: Giddens–Gress. Leipzig 1973, S. 167.

Abb. 3: Paul Girardet, La Cinquantaine, Kupferstich (nach einem Gemälde von Louis Ludwig Knaus), 1861; Privatbesitz, Aufnahme Wolfgang Braungart, Bielefeld.

Stellen wir uns nun aber vor, die kunstgeschichtliche Forschung behauptete, dieses Bild stamme von 1925: Wir wären sicher sehr irritiert. Der Stich hat ganz offensichtlich einen geschichtlichen Index, der zu ihm selbst wirklich gehört. Das Geschichtliche ist nicht ‚Hintergrund' des Kunstwerks, wie man so gerne sagt, nicht seine ‚Folie' oder welche – meistens ziemlich unglückliche, zumindest unreflektierte – Metapher man auch immer für das Verhältnis von ‚Text und Kontext' wählen mag. Offenbar kann man nicht alles zu jeder Zeit machen und zu jeder Zeit sagen. Das Geschichtliche gehört zum Kunstwerk so sehr wie seine ästhetische Autonomie und Individualität. Ihre dialektische Verschränkung macht den Grundgedanken der Ästhetik Adornos aus, der nichts von seiner Geltung verloren hat (auch wenn er schon einige Jahrzehnte alt ist: Aber was für ein Argument wäre das gegen ihn?).

Das Kunstwerk ist immer, wie Adorno sagt, *fait social* und immer zugleich autonom, ich möchte lieber sagen: ein ästhetisches ‚Individuum'.[32] Wenn dieses Verhältnis bestimmt werden soll, machen wir immer wieder bestimmte Operationen: Wir relationieren und vergleichen, wie eingangs gesagt; wir

---

32 Theodor W. Adorno: Ästhetische Theorie. Frankfurt/M. 1970, S. 335.

ordnen ihm einen Begriff, eine Kategorie zu; wir fragen nach der allgemeinen ‚Logik' des Geschichtlichen und nach der immanenten Logik des Prozesses der Literatur. Um diese Logik zu beschreiben, werden gerne Metaphern wie ‚Entwicklung', ‚Bildung', ‚Herausbildung', ‚Stufe', ‚Übergang' usw. benutzt. Diese Metaphern implizieren leicht eine gewisse ‚natürliche' Notwendigkeit. So können sie unser Verstehen modellieren. Die berühmte Formel Lakoffs variierend lässt sich sagen: Metaphors we understand by.[33] Solche ‚Metaphern für Kunst- und Literaturgeschichte'[34] sind unvermeidlich und zugleich immer fragwürdig, weil sie in jedem Fall reduktionistisch, nicht selten naturalistisch sind. Kunst- und Literaturgeschichtsschreibung muss immer auch Kritik ihrer eigenen Metaphernbildungen sein.

Als biedermeierliche Anekdote aus einer inzwischen doch sehr fernen Zeit und sehr fernen Welt – selbst für einen, der, wie ich, vom Dorf kommt – lassen wir diesen Stich Girardets vielleicht auch heute noch gelten, weil er ohne Zweifel einen gewissen Charme hat und wir seine höchste handwerklich-technische Qualität anerkennen müssen. Jedoch ihn so richtig ernst zu nehmen, fällt vielleicht doch schwer. Er kommt uns unzeitgemäß vor. Aber wie definiert man das Zeitgemäße? Woher die Norm, dass Kunst auf der Höhe der Zeit zu sein habe? Und was ist das: ‚die Höhe der Zeit'? Die deutsche Literatur des 19. Jahrhunderts charakterisiert, von ganz wenigen Ausnahmen abgesehen, das Lokale, das Provinzielle. Der Epochenbegriff ‚Biedermeier' markiert, trotz Friedrich Sengles monumentaler Rehabilitierung, noch immer eine ästhetische Problemzone. Vielleicht weil wir wissen, dass Realismus in der französischen Malerei des 19. Jahrhunderts zu dieser Zeit schon etwas ‚ganz anderes' ist. Dort ist man doch ‚viel weiter' (aber wohin und im Hinblick auf was?). Courbet, Millet: Zwei Namen können genügen. Und doch war Knaus gerade in Paris, der ‚Hauptstadt des 19. Jahrhunderts', außerordentlich beliebt.

Käme der Stich jedoch aus den zwanziger Jahren des letzten Jahrhunderts, so hätten wir selbst mit dieser etwas herablassenden Anerkennung seines eigenen Charmes noch unsere Schwierigkeiten. Ernst Ludwig Kirchners Gemälde aus der Davoser Zeit, diese putzigen Bauernfigürchen, diese Hüttchen und diese rosafarbenen Kühe, sie rufen ja auch eher unser Mitleid hervor, und wir tun uns schwer, den großen Künstler des Expressionismus hier noch künstlerisch gelten zu lassen. Der geschichtliche Index eines Werkes besteht offenbar nicht einfach in der Zuordnung zu einer Zeit, zu einer Epoche, zu einer ästhetischen

---

33 Vgl. George Lakoff/Mark Johnson: Metaphors we live by. Chicago 1980.
34 Ich spiele hier an auf das grundlegende Buch von Alexander Demandt: Metaphern für Geschichte. Sprachbilder und Gleichnisse im historisch-politischen Denken. München 1978.

Tendenz, zu geschichtlichen Ereignissen – welcher Art auch immer, sondern prägt das Werk selbst in seinem Innersten.

Die Geschichte der Künste bewegt sich freilich nicht übersichtlich, zielstrebig und in schöner Kontinuität vom Einfachen zum Differenzierten und Komplexen, etwa vom Regionalen zum Globalen. Goethes Begriff der Weltliteratur zeichnet sich gerade dadurch aus, dass er Weltliteratur als das bestimmt, was teilhat an dem, was zu denken und zu sagen ist. ‚Weltliteratur' bringt es zugleich selbst hervor und prägt es.[35] Das kann auch in der Provinz passieren (Mörike, Keller).

Ich habe mich schon oft gefragt, wie es in der europäischen Plastik des Mittelalters zu so elementaren, einfachen Gestaltungsformen kommen konnte, die demjenigen, der ästhetischen Fortschritt als fortschreitende Differenzierung, als fortschreitende Komplexitätssteigerung bestimmen möchte, wie Rückfälle ins Archaische vorkommen müssen. Die Rezeptionsgeschichte der antiken Plastik ist während der Spätantike und dem frühen Mittelalter nämlich nie wirklich abgerissen. Sie hat sich zum Beispiel über Elfenbeintäfelchen vermittelt, über antike Sarkophage oder Spolien usw. Als ein Beispiel für diese seltsame und immer wieder Staunen machende archaisch-elementare Plastik des hohen Mittelalters soll hier der berühmte Jagdfries des Ostchores des Kaiserdoms zu Königslutter dienen (aus der ersten Hälfte des 12. Jahrhunderts):

Abb. 4: Jagdfries am Ostchor des Kaiserdoms zu Königslutter; Aufnahme Ellen Beyn, 2007.

Der Dom von Königslutter ist nicht irgendeine romanische Kirche, sondern ein Baukunstwerk von geschärftestem Sinn für architektonische Proportionen. Wie kommt es hier, an einer so prominenten Stelle der Architektur, zu diesen bauplastischen Vereinfachungen bis fast ins Grobe? Als würden sich die – vermutlich lombardischen – Steinmetze und Bildhauer bewusst absetzen wollen von aller

---

35 Vgl. Manfred Koch: Weimaraner Weltbewohner. Zur Genese von Goethes Begriff ‚Weltliteratur'. Tübingen 2002 (Communicatio 29).

Abb. 5: Ostchor des Kaiserdoms zu Königslutter; Aufnahme Ellen Beyn, Bielefeld, 2007.

antiken Differenziertheit. So, durch Archaisierung, inspiriert durch afrikanische Plastik, versuchte auch der Expressionismus einen ästhetischen Neuanfang.

In linearer Zielstrebigkeit verläuft auch die Geschichte der Künste ganz offensichtlich nicht, auch nicht die der Literatur. Man hat Martin Mosebach, den vielleicht elegantesten und geschmeidigsten Erzähler der deutschen Gegenwartsliteratur, nicht zu Unrecht mit Thomas Mann verglichen. Virtuos setzt Mosebach einen Erzählton ein, der aus einer anderen Epoche kommt. Das kann man unterschiedlich bewerten. Vielleicht hält mancher diesen Ton sogar für epigonal. Dennoch: Mosebach steht ein Erzählton zur Verfügung, den er aus der Literaturgeschichte gelernt und sich dabei ganz anverwandelt hat. Mit jedem wichtigen Werk wird die Geschichte der Literatur reicher, und es eröffnen sich neue Möglichkeiten intertextueller Kommunikation. So kann man sich die Geschichte der Literatur und der Künste vorstellen: als kulturellen Kommunikationsraum, in dem durch die Werke ‚Beziehungssinn' entsteht, der für den aufmerksamen Beobachter wahrnehmbar ist.[36] Dieses von Uwe Japp entwickelte Konzept ist nie ernsthaft weiterdiskutiert worden, weil es zu anspruchsvoll und komplex ist und damit die Orientierungsbedürftigen überfordert.

Aber nie ‚sprechen' in einem solchen Raum, wenn viele anwesend sind, alle mit allen. Manche bleiben zu bestimmten Zeiten fast ganz still, manche reden ständig. Bis heute reden, zum Beispiel, ohne jede wirkliche Unterbrechung die homerischen Epen in einem fort. Botho Strauß, zum Beispiel, hat die *Odyssee* in der deutschen Gegenwartsliteratur noch einmal sprechen lassen (*Ithaka*, 1996). Bis heute spricht auch der biblische Text, ohne jemals verstummt zu sein. Patrick Roth antwortet ihm; viele andere Autoren der Moderne und der Gegenwart tun es auch.[37]

Der amerikanische Literaturwissenschaftler Harold Bloom hat in einer berühmt gewordenen Studie postuliert, die ‚Einflussangst' sei grundlegende Triebkraft in der Geschichte der Künste.[38] Große Kunst entstehe aus dem Drang zur Abgrenzung, zur Zurückweisung der Einflussansprüche, die von vorausgehender Kunst ausgehen. Die bei Bloom zugrunde liegende Orientierung am *western canon* hat man kritisiert. Aber schwerlich lässt sich bestreiten, dass Identität grundsätzlich immer auch – jedoch nicht nur – aus Abgrenzung entsteht. So wie sich Individuen gegenüber anderen behaupten müssen, wenn sie ein individuelles Identitätsgefühl entwickeln wollen, so auch individuelle Kunstwerke. Es ist nicht unsinnig, auch nach dieser immanenten Logik ästhetischer Entwicklungen zu fragen. Zwar kann ein Künstler, wenn er überhaupt wahrgenommen werden will, nie ganz aus den Zusammenhängen heraustreten, die sich in seiner ästhetischen Epoche herausbilden. Sonst wird er nämlich gar nicht wahrgenommen. Aber um in ihr nicht unterzugehen, muss er sich in ihr doch auch abheben und unterscheiden.

Überbietung und Innovation sind grundlegende *immanente* Merkmale ästhetischer Prozesse. Man kann auch diese immanente Logik einer ästhetischen Formation untersuchen und sieht dann, wann ein ästhetisches Paradigma so weit getrieben wurde und so weit ausgereizt, dass es immanent, im Rahmen dieses Paradigmas, kaum mehr überboten werden kann. In der Architektur und Kunstgeschichte ist ein schönes Beispiel der Wechsel vom Rokoko zum Klassizismus, etwa Balthasar Neumanns Abteikirche von Neresheim (1747 Baubeginn; 1792 Konsekrierung). Oder ein Beispiel aus der Geschichte der Lyrik:

---

36 Vgl. Uwe Japp: Beziehungssinn. Ein Konzept der Literaturgeschichte. Frankfurt/M. 1980.
37 Vgl. Northrop Frye: The Great Code. The Bible and Literature. London 1982.
38 Harold Bloom: Einflussangst. Eine Theorie der Dichtung. Aus dem amerikanischen Englisch von Angelika Schweikhart. Frankfurt/M./Basel 1995 (The Anxiety of Influence. A Theory of Poetry. New York 1973).

Klopstocks freie Rhythmen werden durch die späten Hymnen Hölderlins und Novalis' *Hymnen an die Nacht* formal so weit gesteigert, dass die Möglichkeiten der Gattung ‚Hymne' vorerst ausgereizt sind. Ja, die ‚Lyrik' kommt mit den *Hymnen* des Novalis überhaupt an ihre Grenze. Sie geht über in hymnisch-rhythmische Prosaminiaturen hohen Stils. Bis Nietzsche kommt in der deutschen Hymne erst einmal nichts mehr. Die Gattung muss bei Trakl und vor allem bei Rilke neu ansetzen; und sie tut dies bei beiden mit einem starken Bezug gerade auf Hölderlin, nun in einer sehr anderen geschichtlichen Situation.

Ein Verständnis solcher geschichtlicher ‚Logiken' kann nicht entstehen, wenn man *nur* auf das Besondere, auf das Individuelle schaut. Das gilt auch für Literaturgeschichte. Auch sie muss generalisieren und nach übergreifenden Mustern, Strukturen, Prinzipien suchen und sie formulieren. Nur sie machen es möglich, das individuelle Werk und den Autor als ein Individuum überhaupt erst wahrzunehmen. Insofern muss Literaturgeschichte immer auch Kritik sein: ästhetische Unterscheidung.

Zwischenfazit und These: Strukturmodelle der Kunst- und Literaturgeschichte müssen so beschaffen sein, dass sie ästhetischer und geschichtlicher Individualität nicht nur ihren Raum lassen, sondern sie sogar wahrnehmbarer machen.

4. Ein strukturgeschichtlicher Vorschlag zur literarischen Moderne, der das Eigenrecht künstlerischer Subjektivität anerkennen will[39]

4.1 Wann die Moderne beginnt

Nun soll das bisher Skizzierte auch literaturgeschichtlich stärker konkretisiert werden. Es wird mir dabei um einige strukturbildende Momente der ästhetischen Moderne gehen, in denen sich das Autor-Subjekt orientieren muss, aber auch orientieren und sich selbst bestimmen *kann*.

---

39 Einen ersten Versuch zu diesem Problem habe ich auf der Europa-Konferenz der Adenauer-Stiftung im September 2008 in Berlin vorstellen können; fortgeführt wurde er bei einer von Satoshi Kuwahara geleiteten Tagung an der Universität Niigata, Japan, im Frühjahr 2009; publiziert: Wolfgang Braungart: Das Erbe der Literatur des 19. Jahrhunderts. In: Study of the 19th Century Scholarship 3 (2009), S. 85–101.

Aufgeworfen wird damit natürlich zunächst die Frage, wann diese Moderne beginnen soll. Das wird bis heute heftig und ausdauernd diskutiert.[40] Der Streit hängt davon ab, was man überhaupt unter Moderne fassen will. Ganz kurz und nach dem Gesagten erwartbar: Ich halte es für sinnvoll, den ästhetischen Moderne-Begriff an die Durchsetzung des modernen Subjektbegriffs in der Literatur, der Ästhetik, der Theologie und schließlich, begrifflich-kategorial, in der Subjektphilosophie des 18. Jahrhunderts zu knüpfen. Das heißt auch: an die Etablierung eines aus der jüdisch-christlichen Tradition kommenden Verständnisses vom Subjekt in seiner Autonomie, seiner unhintergehbaren Würde und ‚Sakralität', wie Hans Joas sagt (freilich ohne sie so strikt auf diese Tradition zu beziehen).[41] Aber ebenso, damit zusammenhängend und wichtig für ein modernes Verständnis von Kunst: in seinem Geheimnischarakter, seiner Tiefe, an die kein begriffliches Verstehen heranreicht. Subjektivität verstehe ich als sich selbst wissende Individualität, die sich zu sich selbst verhalten kann und sich selbst realisieren und ausdrücken will – wie intensiv auch immer das realisiert und reflektiert wird. Die Kategorie betont demnach Einzigartigkeit und Einzigartigkeits*anspruch* des Individuums selbst. Sie entwickelt sich mit der sogenannten ‚Sattelzeit' der Moderne besonders im ästhetischen Diskurs und wird sogleich auch zu einer *ästhetischen* Herausforderung. So beeinflusst sie entscheidend die ästhetische Theorie und die weitere Geschichte der Künste.

Aber alles hat seine Vorgeschichte. Zu ihr nur eine kurze Bemerkung. Schon im Alten Testament konturiert sich die Idee eines Subjekts, das sich in seinem Gegenüber-Sein zu Gott (die Psalmen, das Buch Hiob) begreift und artikuliert. Diese Individualität bestimmt sich jedoch aus der Gottes-Geschöpflichkeit, also im Zeichen einer *transzendenten* ‚Anerkennung'. Sie ist insofern leer, weil es zwar hier schon auf jeden Einzelnen ankommt, aber insofern er überhaupt Geschöpf Gottes ist, nicht im Hinblick auf sein Selbstverhältnis, auf sein Selbst- und Einzigartigkeitsbewusstsein.

Diese Idee der Bedeutung und Würde eines jeden einzelnen Menschen wird nun, anders als noch im Alten Testament, zentral für die Anthropologie

---

40 Vgl. Sabina Becker/Helmuth Kiesel (Hg.): Literarische Moderne. Begriff und Phänomen. Berlin/New York 2007; zu meiner eigenen Position ebd.: Wolfgang Braungart: Die Anfänge der Moderne und die Tragödie, S. 61–96; vgl. auch Walter Erhart: Editorial – Stichworte zu einer literaturwissenschaftlichen Moderne-Debatte. In: Internationales Archiv für Sozialgeschichte der deutschen Literatur 34 (2010), S. 176–194, und den Schwerpunkt ‚Moderne/Literatur' in: Internationales Archiv für Sozialgeschichte der deutschen Literatur 37 (2012), dort ebenfalls den Überblick im Editorial Erharts, S. 31–35.
41 Vgl. Hans Joas: Die Sakralität der Person. Eine neue Genealogie der Menschenrechte. Berlin 2011.

des Neuen Testaments. Sie ist Kern der Christologie. Der Einzelne kann in dieser biblisch-theologischen Perspektive gewissermaßen nichts dafür, dass er zählt und dass er geliebt wird. Die Liebe Gottes bekommt er einfach geschenkt, unabhängig von seinen subjektiven Leistungen, Funktionen, Brauchbarkeiten – wie der verlorene und heimgekehrte Sohn von seinem Vater sie geschenkt bekommt. Diese ‚Umsonstheit' der liebenden Anerkennung kann freilich nur wahrnehmen,[42] wer bereit ist zu Zustimmung und Vertrauen in dieses Geschenk und ebenso zur Einsicht in sich selbst, zu einem reflexiven Selbstverhältnis. So kann man das Gleichnis vom verlorenen Sohn auch verstehen.

Diese Idee setzt sich durch, sie wird ‚säkularisiert', wird also wirklich weltlich, im literarischen und philosophischen Diskurs der Aufklärung. Lessing ist dafür zweifelsohne der zentrale Autor.[43] Offensichtlich ist, dass sich bei dieser Argumentation gerade im Blick auf die zweite Hälfte des 18. Jahrhunderts sofort Beziehungen zwischen Religion, Literatur, Politik und Gesellschaft ergeben müssen. Freilich nicht im Sinne einfacher Ableitungen, sondern in komplexen Konstellationen literarisch-kultureller Kommunikation. So hat sich gerade Lessing verstanden: als einer, der diese Kommunikation ständig sucht, regelrecht provoziert und energisch mitgestaltet.

Im Laufe des 18. Jahrhunderts entwickelt sich nun ebenfalls ein grundsätzliches Verständnis davon, dass die Menschen ihre Geschichte selbst machen und dass sie diese auch zu machen haben, dass ihre Kultur eine Geschichte hat (Vico, Herder, Lessing) und dass sie sich in ihrer Vernunft gesellig denken müssen, weil diese Vernunft allen zukommt.[44] Und es entwickelt sich unter diesen Voraussetzungen das Tableau grundlegender ästhetischer Ausdrucksmodi, die das künstlerische Subjekt nun weiter nutzen kann, innerhalb derer es aber auch seine ästhetische Position finden muss, wenn es wahrgenommen werden will. *Die immer schwankende und bestrittene Identität der ästhetischen*

---

[42] Ich beziehe mich hier dankbar auf Anregungen des Theologen François Vouga, die er mir, ganz umsonst und unverdient, in gemeinsamen Seminaren und vielen Gesprächen geschenkt hat. Vgl. etwa seine letzte Publikation: La religion crucifiée. Essai sur la mort de Jésus. Genf 2013.

[43] Ich habe das ausführlicher dargestellt in: „Ich bin ein Mensch." Ästhetische Erfahrung, religiöse Erfahrung und die jüdisch-christliche Idee des Subjekts. Der Aufsatz wird in der Dokumentation der Europatagung der Konrad-Adenauer-Stiftung Tallin 2011 publiziert (im Druck, erscheint voraussichtlich noch 2013; erweiterte Fassung demnächst in: Magnus Schlette/Markus Kleinert, Hg.: Metamorphosen des Heiligen. Tübingen 2014).

[44] Zum großen Komplex der anthropologischen Diskussion des 18. Jahrhunderts vgl. jetzt die instruktive, auf die Lyrik bezogene Zwischenbilanz von Steffen Martus/Alexander Nebrig: Anthropologien der Lyrik im 18. Jahrhundert. In: Zeitschrift für Germanistik N. F. 23 (2013), S. 7–18.

Moderne ist an diese immer schwankende und bestrittene, emphatische Idee des Subjekts geknüpft. So wie Identität etwas ist, was durch die Interaktion des Subjekts mit seiner Umwelt immer auch herausgefordert wird, ja in Frage gestellt werden kann, so ist auch die Identität der ästhetischen Moderne nicht etwas ‚Klassisches', ein für alle Mal Gültiges. Die ästhetische Moderne stellt sich vielmehr von Anfang an in ihren Grundlagen und ihrem eigenen Prozess ständig in Frage, zieht sich in Zweifel, negiert sich womöglich rundherum. Lessing, noch einmal: er ist der zentrale Autor (Minna: „Aber lassen Sie doch hören, wie vernünftig diese Vernunft, [...] ist."; Emilia: „Ich stehe für nichts."[45]). Es hat gute Gründe, warum er als der einzige Autor der Aufklärung in der Romantik uneingeschränkt und ohne polemische Abgrenzungen geschätzt wird – bei Friedrich Schlegel zum Beispiel.

Auch in unseren lebensgeschichtlichen Prozessen ist gelingende Identität das Gefühl, dass wir uns treu bleiben, dass wir dieselben bleiben, ja dass wir uns auch selbst bejahen können in den fortlaufenden Veränderungen, die die eigene Lebensgeschichte mit sich bringt. Wenn wir unserem Leben zustimmen können, so fällt unsere Bilanz grundsätzlich positiv aus: Das, was wir uns in unserem Identitätsbildungsprozess, also im Prozess unseres ganzen Lebens, auf die verschiedenste Weise erworben haben, steht uns, wenn es uns wichtig war und wir es behalten wollen (und können), zur Verfügung, wenn wir es brauchen. Aber nicht alles brauchen wir immer zu jeder Zeit. So braucht auch die ästhetische Moderne in ihrem Verlauf (und die Geschichte der Künste überhaupt) nicht alle Ausdrucksmodi immer und zu jeder Zeit. Sie kann diese Ausdrucksformen selbstverständlich auch erweitern, modifizieren und differenzieren, eben: weiter ‚anreichern'. Sie bleibt aber doch – meines Erachtens bis heute – auf diese ersten ‚Kindheitsjahrzehnte' bezogen. Die Epoche der literarisch-ästhetischen Moderne wäre dann zu Ende, wenn man feststellen müsste, dieses grundsätzlich reflexive, subjekt- und identitätsorientierte Konzept (manche mögen vielleicht sagen: dieses bürgerliche Konzept) habe ausgedient. Behauptet wird das bekanntermaßen längst, immer wieder und manchmal mit erstaunlicher Begeisterung: vom ‚unrettbaren Ich' der Philosophie und Literatur um 1900 bis zur sogenannten Postmoderne. Aber wer ist die Instanz, die das behauptet? Von wo aus geschieht das? Performative Selbstwidersprüche sind keine Kleinigkeit. So leicht sind Subjektivität und Individualität nicht hintergehbar,[46] wenn Kommunikation, auch die wissenschaftliche, auf ‚sinn-volles'

---

45 Minna von Barnhelm, Akt 2, 9. Auftritt; Emilia Galotti, Akt 5, 7. Auftritt.
46 Zur philosophischen Diskussion: Manfred Frank: Die Unhintergehbarkeit von Individualität. Reflexionen über Subjekt, Person und Individuum aus Anlass ihrer ‚postmodernen' Toterklärung. Frankfurt/M. 1986.

Verstehen ausgerichtet ist. Und das ist, so könnte man, Kant variierend, sagen, die Unterstellung, die ‚alle Kommunikation wird immer begleiten müssen'. Sonst ist es keine, sondern nur Verhalten. Gewiss: Die Literatur hat nicht alle Lizenzen. Aber sie hat große und viele. Sie darf natürlich die Wende zum Subjekt anfechten, revidieren, darf transsubjektive oder präsubjektive bzw. präreflexive Positionen suchen und in Anspruch nehmen. Das hat sie seit dem Beginn der Moderne immer auch getan, und das gehört zur Freiheit des Subjekts selbst. Aber das schafft das Problem nicht aus der Welt, dass Geltungsansprüche immer *jemand* erheben muss. Das gilt auch in *aestheticis*. Man kann sogar die sogenannte Postmoderne verstehen als die Inthronisation eines in besonderer Weise freien, selbstbestimmten Traditionsverhaltens.

Hier also, in den letzten Jahrzehnten des 18. Jahrhunderts, werden diese Konstitutionselemente in engster geistiger, zeitlicher und teilweise auch räumlicher Nähe der literarischen und philosophischen Protagonisten ausformuliert und erprobt (vor allem: Tübingen, Jena, Berlin). Schon die Literaturgeschichte des 19. Jahrhunderts, bis in die Jahrhundertwende hinein, zeigt, wie diese Konstitutionselemente dann wechselweise dominant sein können, je nach den Interessen der Autor-Subjekte und nach den Möglichkeiten des geschichtlich Sagbaren und Notwendigen. Immer aber gilt: Ästhetische Selbstreflexivität wird zum grundlegenden Formprinzip für die Werke selbst,[47] sogar da, wo die Position des Autors als Subjekt überstiegen werden soll: in der ‚Symphilosophie' und ‚Sympoesie' der frühen Romantik. (Der eigentliche ‚Grund' der Selbstreflexivität liegt freilich anthropologisch viel tiefer: Bewusstsein ist unhintergehbar; Literatur und Philosophie sehen das genau.)

Die ‚reflexive Moderne' (Helmuth Kiesel) beginnt schon im 18. Jahrhundert. Poetologische Selbstbezüglichkeit kennt die Geschichte der Literatur seit der Antike. Jetzt, mit dem Beginn der Moderne, wird sie aber in einer Weise wichtig, wie nie zuvor in der Geschichte der Literatur, weil sie sich jetzt mit der Idee des Individuums in seinem unausschöpfbaren Geheimnischarakter verbindet, dessen wichtigste symbolische Repräsentation das Kunstwerk in seiner seinerseits unausschöpfbaren Sinnfülle ist. So wie es die Subjekte letztlich mit sich selbst ausmachen müssen, wie sie zu sich selbst stehen, so entkommen auch die ästhetischen Werke dieser Selbstreflexivität bis heute nicht mehr. Die Sehnsucht nach dem Einfachen, Elementaren, Authentischen, Präreflexiven, die die ästhetische Moderne seit dem 18. Jahrhundert (Hagedorn, *Johann, der Seifensieder!*) ständig begleitet (so bei Hofmannsthal und, noch einmal forciert, etwa

---

[47] Mit Bezug auf Lessing jetzt: Carsten Rohde: Doppelte Vernunft. Lessing und die reflexive Moderne. Hannover 2013 (Kapitel I mit Hinweisen auf den wissenschaftlichen Kontext, besonders Uwe Japp, Silvio Vietta, Helmuth Kiesel); siehe auch Erhart: Editorial (Anm. 40).

im Expressionismus), zeigt auch an, wie stark dieser Anspruch, der nun zu den Diskursregeln von Literatur und Kunst gehört, als Herausforderung wahrgenommen wird. Ironie als „permanente Parekbase" (Schlegel) wird in der frühen Romantik von einer rhetorischen Figur zu dem grundlegenden ästhetischen Modus, in dem sich diese ästhetische Selbstreflexivität äußert.[48] Andere Formen kommen hinzu: explizite poetologische Reflexionen, eine differenzierte und immer komplexer werdende Erzählerrolle, neue Erzählformen wie erlebte Rede, innerer Monolog und *Stream of Consciousness*.

Ich verstehe die letzten Jahrzehnte des 18. Jahrhunderts also, in Anlehnung an Reinhart Kosellecks Begriffsprägung, als ‚Sattelzeit' der ästhetischen Moderne. Die Konstitutionselemente des ästhetischen Moderne-Diskurses werden jetzt alle entwickelt; sie bilden eine eigene ästhetische Konstellation aus, in der sie sich aufeinander beziehen, teils in einem Spannungsverhältnis, teils sich wechselseitig unterstützend. Besonders schön kann man dies bei Karl Philipp Moritz sehen, dessen ‚psychologischer Roman' *Anton Reiser* fast alle diese Konstitutionselemente schon versammelt und ästhetisch produktiv macht.

Mit dem späten 18. und dem 19. Jahrhundert wird also ein Verständnis von Literatur begründet, das in ihr einen besonders differenzierten individuellen und kulturellen Selbstausdruck sieht. In diesem Sinne ist Literatur *das* kulturelle Medium. Fragen muss man sich, inwiefern uns das heute noch etwas zu denken geben kann. Natürlich ist Sprache überhaupt eigentümlich, Kommunikation zu ermöglichen. Mit Bühlers Zeichenmodell: *Jede* sprachliche Äußerung kennzeichnet auch eine Ausdrucksdimension. Und doch kann man nicht sagen, dass diese Funktion, das subjektive Bewusstsein (als Bewusstsein subjektiver Individualität) an allgemeine Kommunikation anzuschließen,[49] zentral für *nicht*literarische Kommunikation ist. Oder anders: Wenn dieser subjektive *Selbst*-Ausdruck zentral wird, spricht man seit der zweiten Hälfte des 18. Jahrhunderts von Literatur. Eingangs sagte ich: Das beginnt mit Johann Christian Günther, obwohl dieser schlesische Dichter ja in poetisch-rhetorischer Hinsicht fast vollständig noch auf das Ausdrucksrepertoire des 17. Jahrhunderts zurückgreift. Das ganze Material Günthers ist hochgradig konventionell. Er inszeniert es aber so konsequent und geradezu aufdringlich von der Ich-Rolle aus, dass mit Händen zu greifen ist, was hier jetzt offensichtlich fehlt, nun aber kommen

---

48 Kritische Friedrich-Schlegel-Ausgabe. Hg. von Ernst Behler unter Mitwirkung von Jean Jacques Anstett und Hans Eichner. 35 Bde. Bd. 2: Charakteristiken und Kritiken I (1796–1801). Hg. und eingeleitet von Hans Eichner. Zweite Abt.: Schriften aus dem Nachlaß. Bd. 18: Philosophische Lehrjahre 1796–1806. Nebst philosophischen Manuskripten aus den Jahren 1796–1828. 1. Teil. Hg. v. Ernst Behler. Paderborn u. a. 1963, S. 668. Im Folgenden zitiert als KA, Bd.
49 Vgl. Jahraus: Literatur als Medium (Anm. 30).

wird: das Subjekt, das sich in seiner spezifischen Subjektivität jetzt artikulieren will. Kein Autor im frühen 18. Jahrhundert stellt diesen Mangel so aus wie Günther. Mit dem Begriff der ‚Erlebnisdichtung', der sich auch für bestimmte Tendenzen vor allem der Lyrik des 18. Jahrhunderts eingebürgert hat (etwa: Goethe, Sesenheimer Lyrik), der aber nicht so populär geworden ist wie etwa ‚Aufklärung' und ‚Sturm und Drang', versucht die Literaturgeschichtsschreibung, dieser Umstellung auch kategorial Rechnung zu tragen.

Andere Auffassungen von Literatur entstehen in der Moderne zwar immer wieder, etwa in den Konzepten anonymer bzw. kollektiver Autorschaft um 1800,[50] in den Kulten der kühlen Form (Benn) oder im Konzept ‚Mathematik und Dichtung' (so schon Poe, im 20. Jahrhundert Max Bense). Sie werden vom kulturellen Teilsystem ‚Literatur' zwar auch anerkannt, können sich aber alle nicht lange halten. Der subjektive, individuelle Selbstausdruck ist zentrale Diskursregel für dieses sich im 18. Jahrhundert ausdifferenzierende kulturelle Teilsystem ‚Literatur' und ist es im Großen und Ganzen bis heute geblieben. Ich habe den Satz schon zitiert: Alles, was ein Dichter geben kann, sagt Schiller, sei seine Individualität. Daran hat sich, glaube ich, bis heute nichts geändert. Auch der Poetry Slammer möchte mit seiner individuellen Stimme erkannt werden. Die ‚Sympoesie' der Netz-Literatur, an der viele schreiben, bleibt ein Nebenpfad, bislang jedenfalls.

Der ‚utopische' Anspruch der Kunst und der Literatur, also auch an die entsprechende literarisch-ästhetische Bildung, das Individuum in seiner Subjektivität mit dennoch intersubjektiver Geltung auszudrücken, ist in Deutschland – aus den bekannten geschichtlich-politischen Gründen der sogenannten ‚verspäteten Nation'[51] – besonders hoch und zunächst wenig ironisch gebrochen. Gerade die großen Ironiker der Literatur – allen voran Friedrich Schlegel und Thomas Mann – sind große ‚Pathetiker' der Literatur. Der Bildungs- und Künstlerroman ist die neue Gattung, die „Glanz und Elend" dieses Konzeptes von ihrem Beginn an besonders differenziert reflektiert.[52] Beharren Literatur

---

50 Vgl. Buschmeier: Poesie und Philologie (Anm. 27), Teil III, 6, S. 101 ff.
51 So schwierig dieses Konzept des Sonderwegs grundsätzlich ist; vgl. dazu schon Helga Grebing: Der ‚deutsche Sonderweg' in Europa 1806–1945. Eine Kritik. Stuttgart u. a. 1986: Jede Nation durchlaufe im Grunde ihren Sonderweg. Vgl. auch: Conrad Wiedemann: Deutsche Klassik und nationale Identität. Eine Revision der Sonderwegs-Frage. In: C. W.: Grenzgänge. Studien zur europäischen Literatur und Kultur. Hg. von Renate Stauf und Cord-Friedrich Berghahn. Heidelberg 2005 (Beiträge zur neueren Literaturgeschichte 221), S. 203–242; vgl. auch C. W.: Klassische Totalität und fragmentarische Nation. In: ebd., S. 243–264.
52 Vgl. Georg Bollenbeck: Bildung und Kultur. Glanz und Elend eines deutschen Deutungsmusters. Frankfurt/M. 1994; vgl. auch Wilhelm Voßkamp: Roman eines Lebens. Zur Aktualität unserer Bildung und ihrer Geschichte im Bildungsroman. Berlin 2008; siehe auch Voßkamps Aufsatz: Utopie und Utopiekritik in Goethes Romanen *Wilhelm Meisters Lehrjahre* und *Wilhelm*

und Kunst zu sehr auf diesem ihrem gesellschaftlichen und kulturellen Sonderstatus, so droht ihnen die Marginalisierung. Forcieren sie – etwa aus nicht unverständlichen, zum Beispiel ökonomischen Gründen – ihre Integration in die bürgerliche Gesellschaft, so droht ihnen ihre ‚Philistrisierung': Dann wird daraus Philisterkunst für philiströse Bürger. Diesen bürgerlichen Phänotyp des 19. Jahrhunderts spießen schon Sturm und Drang und Romantik kritisch auf: Autoren wie Mörike[53] und Heine, so verschieden sie sind, folgen ihnen darin. Büchners Lenz und sein Revolutionsdandy Danton lassen sich als Philisterkritik verstehen. – Der bildungsbürgerliche Umgang mit Literatur und Kunst bedroht dann ihren Sonderstatus und banalisiert sie, wenn sie in erster Linie zum Besitz, zur Dekoration, zum Statusmerkmal, zum kulturellen Kapital, zur bloßen Mode werden – nicht nur für das Individuum, sondern auch für kulturelle Räume oder Staaten.[54] Kulturelle Bildung, wie sie die Romantik denkt, ist aber kein Haben, sondern ein offener, unabschließbarer, eben moderner Prozess.

Ich werde nun vier ästhetische Modi, Möglichkeiten und Ansprüche der Literatur und an Literatur des 19. Jahrhunderts kurz skizzieren, ihre innere Logik, mit der sie aufeinander verweisen, beschreiben und sie ein wenig im Hinblick auf meine Fragestellung prüfen. Diese vier Modi lassen sich strukturell auch als vier miteinander korrelierende Korrektur-Modi verstehen in einer Problemlage, die sich aus der späten Aufklärung ergibt, also aus ihrem geschichtlichen Sinn heraus:

a) ästhetische Religiosität und Kunstreligion (damit ist gemeint: die Auratisierung und Sakralisierung der Kunst; die Einführung eines neuen, gewissermaßen innerweltlichen Heiligen; verstehbar als Korrektur subjektiver Selbstvergötzung, besonders in der Genie-Ästhetik);

b) ästhetische Geselligkeit, poetische Popularität (damit ist gemeint: die soziale Medialisierung der Kunst; die Schreibweisen, die Poetik der Geselligkeit; verstehbar als Korrektur subjektiver Selbstisolierung);

c) ästhetische Ironie und ästhetische Kritik (verstehbar als Korrektur sich vereinseitigender neo-religiöser Heilserwartungen an Literatur);

Meisters Wanderjahre. In: W. V. (Hg.): Utopieforschung. Interdisziplinäre Studien zur neuzeitlichen Utopie. Bd. 3. Stuttgart 1982, S. 227–249.

53 Vgl. etwa *An Longus*. Dazu Günter Oesterle: Die Grazie und ihre modernen Widersacher. Soziale Verhaltensnormierung und poetische Polemik in Eduard Mörikes Epistel *An Longus*. In: Wolfgang Braungart/Ralf Simon (Hg.): Eduard Mörike. Ästhetik und Geselligkeit. Tübingen 2004, S. 191–219.

54 Jost Hermand hat in seiner Kritik der Gründerzeit darauf besonders abgehoben: J. H./Richard Hamann: Deutsche Kunst und Kultur von der Gründerzeit bis zum Expressionismus. 5 Bde. Berlin 1959–1975.

d) ästhetischer Realismus (verstehbar als Korrektur sich verselbstständigender, theatralisch werdender ästhetischer und sozialer Performanz).

Mit diesem Strukturmodell soll der ästhetische Spielraum umrissen sein, in dem sich moderne ästhetische Praxis vollziehen kann. Ich argumentiere dabei weniger nach dem Modell von Krise und Kritik einerseits und Antwort andererseits. Eher verstehe ich die Entwicklung des Literatursystems im späten 18. und frühen 19. Jahrhundert als grundlegende und epochale Erweiterung von Möglichkeiten in ihrem fortlaufenden kommunikativen Bezug aufeinander, als Anreicherung und ständige Neukonstellierung, als Komplexer-Werden interner ästhetischer Relationen und Kommunikationsprozesse. Einige davon sind freilich, wie gesagt, mit besonderer deutscher Gründlichkeit betrieben worden. Das trifft vor allem auf das Konzept ‚Kunstreligion' und das Konzept ‚Ironie' zu. Hier wird man die Frage nach dem deutschen Sonderweg auch auf dem Gebiet des Ästhetischen wohl sinnvoll stellen können.

4.2 Ästhetische Religiosität und Kunstreligion

Inzwischen müssen selbst hartgesottene Religionsskeptiker einräumen, dass sich Transzendenz-Bedürfnisse und religiöse Sehnsüchte auch in der vermeintlich so rationalen Wissensgesellschaft und der durchökonomisierten Gegenwart offenbar nicht von selbst erledigt haben. Es scheint zweifellos sinnvoller, diesem Bedürfnis in einem offenen gesellschaftlichen Diskurs seinen Raum zu lassen, als es zu banalisieren oder gar lächerlich machen zu wollen. Religiöse oder para-religiöse Bedürfnisse äußern sich im Prozess der Moderne in vielfältigster Art und Weise; die Religionssoziologie hat uns darüber im Detail belehrt.[55]

Dass dieses Bedürfnis auch in den Künsten seinen Ausdruck sucht, hat systematische wie historische Gründe. Nicht nur sind Religionen und Kulte seit jeher auch ästhetische Systeme, weil der Umgang mit dem Heiligen bewusst, in besonderer Weise, also *gestaltend vollzogen* und weil *Verehrung ausgedrückt* werden muss. Deshalb gibt es seit den Anfängen menschlicher Kultur eine tiefe

---

55 Ein Beispiel für das spätere 19. Jahrhundert und die Zeit um 1900 ist die Lebensreformbewegung, in der sich ästhetische und neo-religiöse Praxis völlig durchdringen. Vgl. Kai Buchholz u. a. (Hg.): Die Lebensreform. Entwürfe zur Neugestaltung von Leben und Kunst um 1900. 2 Bde. Darmstadt 2001 (Ausstellungskatalog des *Instituts der Mathildenhöhe*). – Nur ein Titel für viele: Hubert Knoblauch: Populäre Religion. Auf dem Weg in eine spirituelle Gesellschaft. Frankfurt/M./New York 2009.

Nähe zwischen dem Religiösen und dem Ästhetischen. Das Ästhetische bewahrt in seiner ‚evidenten' Gegenwärtigkeit zwei Dimensionen, die religiösanthropologisch ebenfalls grundlegend sind: das Angekommensein in der Welt, die Anerkennung, die Zustimmung zum In-der-Welt-Sein und zu mir selbst.[56] Und das Bedürfnis, auf etwas bezogen zu sein, was nicht ‚ich' ist, das Transzendenzbedürfnis, die Sehnsucht nach der Selbstüberschreitung, ja nach dem ganz Anderen.[57]

In der Erfahrung des Schönen wie des Erhabenen, die beiden grundlegenden Modi ästhetischer Erfahrung des Subjekts bei Kant, setzt sich im Subjekt eine unabschließbare, durch keinen Begriff fixierbare Reflexionsbewegung in Gang, in der es einerseits sich selbst in seiner radikalen Freiheit erfahren kann, in der es andererseits konsequent von sich selbst und seinen Interessen lassen muss und so erst über sich selbst hinauskommt. Dieses vielgeschmähte ‚interesselose Wohlgefallen', also die Absehung vom bloß Partikulären und damit von radikaler moderner Selbst-Ermächtigung, ist aber Voraussetzung dafür, dass das ästhetische Urteil dem anderen überhaupt ‚angesonnen', also zugemutet werden kann: dass es wirklich kommuniziert werden kann. Das ästhetische Urteil ist mehr als eine bloße Information über einen partikulären Befindlichkeitszustand des urteilenden Subjekts. Mit ihr könnte der andere nämlich nicht viel anfangen; er könnte sie nur zur Kenntnis nehmen. In der Absehung von eigenen, bloß partikulären Interessen wird dem Subjekt die Möglichkeit eröffnet, über sich selbst hinauszukommen in seiner Sorge um sich selbst. (Man darf auch hier ans Neue Testament denken: „Werft alle eure Sorge auf ihn", heißt es bei Petrus – 1. Petrus, 5, 7.) Im grundsätzlich als kommunizierbar gedachten und kommunizierten ästhetischen Urteil wird auch der andere in diesem seinem Subjekt-Status als Zweck an sich selbst anerkannt. Denn auch er muss von seinen bloß partikulären Interessen, Nützlichkeiten und Zweckmäßigkeiten absehen. Die ästhetische Kommunikation ‚interesselosen Wohlgefallens' anerkennt also die an der ästhetischen Kommunikation Teilnehmenden und in ihr Urteilenden als Zwecke an sich selbst. Die Sakralisierung des Kunstwerks zum Unverfügbaren – denn so kann man diesen Vorgang verstehen – impliziert insofern auch die Sakralisierung des Menschen zum Unverfügbaren.

---

[56] Zur affirmativen Kraft des Ästhetischen vgl. Wolfgang Braungart: Tabu, Tabus. Anmerkungen zum Tabu ‚ästhetischer Affirmation'. In: W. B./Klaus Ridder/Friedmar Apel (Hg.): Wahrnehmen und Handeln. Perspektiven einer Literaturanthropologie. Bielefeld 2004, S. 297–327; dies fortführend Braungart: Die Kunst der Zustimmung (Anm. 22).
[57] Vgl. Wolfgang Braungart: Transgressivität als kulturästhetisches Prinzip. In: Neue Beiträge zur Germanistik. Internationale Ausgabe von ‚Doitsu Bungaku' (Jahrbuch der japanischen Gesellschaft für Germanistik) 5, H. 1 (2006), S. 11–39.

Weil sie kein Begriff je erreichen kann, sind sie in die allgemeine Ordnung der Sprache nie ganz integrierbar. (An diesen Gedanken wird Adorno mit seiner Behauptung der Inkommensurabilität des Ästhetischen anknüpfen.) Sie sind beide und konstitutiv ein letztlich inkommensurables und unausschöpfbares Geheimnis. Geheimnisse sind, wie schon Georg Simmel gezeigt hat, etwas, woran sich soziale Gemeinschaften definieren können. Geheimnisse provozieren soziale Kommunikation und halten sie in Gang. Das kann man zum Beispiel am Freimaurertum des 18. Jahrhunderts sehen. Mit dieser Beschreibung der ästhetischen Erfahrung als einer grundsätzlich nicht abschließbaren Reflexionsbewegung ist die Idee einer *symbolisch-offenen* Kunst begründet, die das neue, *moderne* Paradigma ausmacht, das das allegorische ablöst.[58]

Mit dem Schönen und dem Erhabenen als den zwei grundlegenden Modi ästhetischer Erfahrung wird im späten 18. Jahrhundert eine in ihrem Kern letztlich theologische Ästhetik formuliert. Denn die Bestimmungen des Schönen wie des Erhabenen bei Kant entsprechen zwei zentralen Bestimmungsmomenten des inkommensurablen Göttlichen. Für Kant sind das Schöne wie das Erhabene im Subjekt auf das Gefühl der Lust und Unlust bezogen. Das Schöne erregt dabei das Gefühl der Lust – ich möchte eher sagen: das Gefühl des Wohlgefallens, also auch der Zustimmung, des Einverstandenseins, des Hingezogenseins. Das Erhabene erregt das Gefühl der Unlust, also der eigenen Kleinheit, des Überwältigtseins, des Nicht-Zuhause-Seins: zwei Seiten ebenso der religiösen Erfahrung.[59] Beide aber, das Schöne wie das Erhabene, sind in ihrer Begriffslosigkeit und unabschließbaren Prozessualität selbst transgressive Gefühle.

Mit der modernen Kunstreligion, wie sie Moritz und Kant vorbereiten und wie sie dann die Frühromantik ausführt, werden also zwei Dimensionen des Ästhetischen betont und zusammengeführt: eine religiöse und eine moderne: prozessuale, dynamische, zukunftsoffene, kommunikative.[60] Wo das Subjekt in der Erfahrung des Kunstwerks gewissermaßen im begriffslosen Staunen und ehrfürchtigen Hingerissensein verharrt und nicht in die kommunikative Reflexionsbewegung eintritt, droht das Verstummen, der Kommunikationsabbruch. Das lässt sich an dem Schlüsseltext romantischer Kunstreligion besonders gut

---

58 Vgl. Peter-André Alt: Begriffsbilder. Studien zur literarischen Allegorie zwischen Opitz und Schiller. Tübingen 1995.
59 Zu dieser schwierigen Kategorie nach wie vor grundlegend: William James: Die Vielfalt religiöser Erfahrung. Eine Studie über die menschliche Natur. Übersetzt von Eilert Herms und Christian Stahlhut. Mit einem Vorwort von Peter Sloterdijk. Frankfurt/M./Leipzig 1997.
60 Vgl. dazu ausführlich Wolfgang Braungart: „Alle Kunst ist symbolisch" – Und alle Religion auch. Kunstreligiöse Anmerkungen mit Blick auf Kafka und Wackenroder. In: Sprache und Literatur 40, H. 103 (2009), S. 13–45.

beobachten: an Wackenroders und Tiecks *Herzensergießungen eines kunstliebenden Klosterbruders* (1797): „Ach! ich weiß nicht was ich sagen soll", sagt Maria in ihrer Ergriffenheit.[61]

Wie Whitehead von Platon gesagt hat: dass die weitere Philosophiegeschichte nichts sei als eine Folge von Fußnoten zu seinem Werk, so könnte man von Kants Ästhetik mit einigem Recht behaupten, die Ästhetik der Moderne sei vor allem eine Folge von Fußnoten zur *Kritik der Urteilskraft*. Bei Kant zeichnen sich nämlich alle die Momente ab, an denen sich die Ästhetik der Moderne dann abarbeiten muss: das radikal frei gedachte (und in seiner Freiheit anzuerkennende) Subjekt; das Heilige, das Schöne, das Kunstwerk, das in seiner Autonomie vor der allzu gierigen verstehenden Inbesitznahme und seiner Instrumentalisierung zum bloßen Mittel geschützt werden muss (wie das Subjekt selbst); das Transgressive ästhetischer Erfahrung und ästhetischen Urteilens, das dem Subjekt auch Selbstüberschreitung abverlangt; das Symbolische, unabschließbare Reflexive, Prozessuale; schließlich das Kommunikativ-Mediale im ästhetischen Ausdruck und im ästhetischen Urteil. Mit der Kunstreligion des deutschen Idealismus und der frühen Romantik wird für die Moderne und die moderne bürgerliche Gesellschaft zudem ein kulturelles Wertbewusstsein gesetzt und ein weitreichende Geltung beanspruchender Wertungshorizont.

4.3 Ästhetische Geselligkeit, poetische Popularität

Lessings Nathan erzählt Sultan Saladin bekanntlich an einer zentralen Stelle des Dramas ein Märchen, die *Ringparabel*. Durch das Erzählen und Deuten eines Kunstwerks wird Saladin, dessen Aggressivität bekannt ist und der Nathan auch durchaus zu verstehen gibt, er habe andere Mittel, seine Zwecke zu erreichen, als die des freundlichen Gesprächs, in die Gemeinschaft zurückgeholt und ein schwerer religiös-kultureller Konflikt gelöst. Der rechte Umgang mit dem Kunstwerk kann vergemeinschaften; das Kunstwerk hat das Potenzial, vergemeinschaftende, gesellige Kommunikation zu entbinden.[62] Beim Einzelnen braucht es dazu hermeneutische Gutmütigkeit (das sagt schon Hölderlin

---

[61] Wilhelm Heinrich Wackenroder: Herzensergießungen eines kunstliebenden Klosterbruders. In: W. H. W.: Sämtliche Werke und Briefe. Historisch-kritische Ausgabe. Hg. von Silvio Vietta und Richard Littlejohns. Bd. 1. Werke. Heidelberg 1991, S. 51–145, hier S. 83. Vgl. auch Braungart: „Alle Kunst ist symbolisch" (Anm. 60).

[62] Ich stütze mich hier auf Wolfgang Braungart: Prolegomena zu einer Ästhetik der Geselligkeit (Lessing, Mörike). In: Euphorion 97 (2003), S. 1–18.

über seine Hymne *Friedensfeier*, 1802) und, so Lessing, ‚Eifer' und ‚Zuversicht':
also ernsthafte Anstrengung, soziale Gutwilligkeit und Gutmütigkeit.

Kant denkt das Ästhetische und die ästhetische Erfahrung immer im Hinblick auf das ästhetische *Urteil* und damit zugleich von den Bedingungen her, die gegeben sein müssen, damit ein ästhetisches Urteil als *kommunizierbarer* sprachlicher Akt überhaupt zustande kommen kann. Ästhetische Kommunikation impliziert insofern, wie eben schon angedeutet, auch eine ziemlich radikale Sozialethik. Wer sich in seiner Subjektivität verhärtet, verweigert diese grundlegende Dimension des Ästhetischen: in der ästhetischen Erfahrung und im ästhetischen Urteil selbst ein Medium der Gemeinschaftsbildung und der Vergesellschaftung zu sein. ‚Für mich ist ...'; ‚Ich finde aber ...': Das sind sprachliche Formeln, die einerseits die unhintergehbare Subjektivität der ästhetischen Erfahrung und des ästhetischen Urteils signalisieren, andererseits aber auch ungesellige Verhärtungen anzeigen können. Weil der Anspruch des Kunstwerks, wie ihn die Autonomieästhetik formuliert, so hoch ist, ist auch das – das Wortungetüm sei mir nachgesehen – Vergemeinschaftungspotenzial des Kunstwerks so hoch. Auch religiös fundierte Gemeinschaftsbildungen sind stabiler als rein profane. Das gilt ebenso für kunstreligiös fundierte, wie man an manchen literarisch-ästhetischen Gruppenbildungen sehen kann, die sich in der Moderne entwickeln.[63]

Wie gelingende Gemeinschaftsbildung möglich sein könnte, welche subjektiven, sozialethischen, gesellschaftlichen, ökonomischen usw. Voraussetzungen gegeben sein müssen bzw. wir selbst schaffen müssen, ist aber eine moderne Grundfrage. Die Aufklärung entwickelt einen differenzierten Diskurs über Gespräch und Geselligkeit. Geselligkeit ist die grundlegende sozialethische, ja sozial-utopische und zugleich poetische Kategorie der Aufklärung und wieder der Zeit um 1800.[64] *Kommunikativer Selbst-Sorge*, wie ich das nennen möchte, gilt das besondere Interesse Lessings und Goethes (etwa: *Iphigenie auf Tauris*; *Unterhaltungen deutscher Ausgewanderten*, 1794/95). Das darf man sich nicht zu billig denken. Lessings Nathan riskiert gegenüber Saladin ja wirklich

---

63 Vgl. dazu Wulf Wülfing/Karin Bruns/Rolf Parr (Hg.): Handbuch literarisch-kultureller Vereine, Gruppen und Bünde 1825–1933. Stuttgart u. a. 1998.
64 Als ausgezeichnete knappe Einführung vgl. Barbara Stollberg-Rilinger: Europa im Jahrhundert der Aufklärung. Stuttgart 2000, besonders Kapitel 5: Ein Jahrhundert der Geselligkeit, S. 114–145; außerdem: Emanuel Peter: Geselligkeiten. Literatur, Gruppenbildung und kultureller Wandel im 18. Jahrhundert. Tübingen 1999 (Studien zur deutschen Literatur 153), besonders das Schlusskapitel: VIII. Poetische Geselligkeitsentwürfe um 1800, 3. Die Welt als Chaos – gesellige Liebe als poetisches Ordnungskonzept bei Friedrich Schlegel, S. 305–320. Außerdem: Wolfgang Adam/Markus Fauser (Hg.): Geselligkeit und Bibliothek. Lesekultur im 18. Jahrhundert. Göttingen 2005.

alles, indem er eine Geschichte erzählt und im Gespräch deutet. Dieses Verständnis von Hermeneutik als risikoreiches und aufs Ganze gehendes Gespräch reicht bis mindestens zu Gadamer. Noch Celans berühmte Meridian-Rede versteht Poesie als schwierigste, anstrengendste, riskanteste *Hinsprache* auf den anderen, aber eben doch dialogisch.[65] Lessings Mitleidspoetik, wie er sie im Trauerspiel-Briefwechsel entwickelt, ist letztlich eine Sozio-Poetik.

Auch Goethes Iphigenie setzt wirklich alles auf eine Karte, indem sie ihre Absichten Thoas offenbart. Nathan und Iphigenie reden so lange und so insistierend, bis Saladin und Thoas versöhnt sind und sie nicht bloß erschöpft nachgeben. Im gemeinsamen Gespräch wird die sinn-volle Lösung entwickelt; sie wird selbst geleistet, selbst besorgt. Sie liegt nicht fertig vor. Dieser Sinn wird sich auch künftig *kommunikativ* und in der sozialen Interaktion zeigen müssen, selbst auf dem Gebiet religiöser Wahrheit, wenn die Praxis erweisen soll, was die ‚Wahrheit der Religion' ist – Lessing –, und wenn Iphigenie vielleicht einmal zum Ex-Tyrannen Thoas wie zu einem Freund zurückkehrt. Darum ist sie nicht zufrieden, als er sie barsch verabschiedet: „So geht". „Lebt wohl", will sie jedoch hören und hört sie schließlich auch.[66]

Diese Geschichte nun genauer zu erzählen, wie Literatur und Kunst für das 18. und das 19. Jahrhundert zum grundlegenden Medium bürgerlicher Vergesellschaftung werden: schon in der Anakreontik und ihren bürgerlichen Ausformulierungen (Hagedorn, Gellert, Gleim, der junge Lessing: alle auch verstehbar als Eingehen auf den Subjektivitätsdruck, der sich seit Günther aufbaut), später in den romantischen Salons zum Beispiel, in den literarischen Vereinen, in Dichterkreisen und Dichterbünden,[67] ist ein eigenes großes Thema für Literaturgeschichte. Das 19. Jahrhundert realisiert diese Geselligkeit in den verschiedensten Formen bürgerlicher Geselligkeitskultur. Die Literatur lässt sich, wie man schon beim Hinweis auf Lessing und Goethe sehen konnte und

---

[65] Vor einem verharmlosenden Verständnis des Gesprächs bewahrt Vittorio Hösles grundlegende Untersuchung: Der philosophische Dialog. Eine Poetik und Hermeneutik. München 2006.
[66] Johann Wolfgang Goethe: Iphigenie auf Tauris. In: J. W. G.: Sämtliche Werke. Briefe, Tagebücher und Gespräche. 40 Bde., I. Abt. Bd. 5: Dramen 1776–1790. Unter Mitarbeit von Peter Huber hg. von Dieter Borchmeyer. Frankfurt/M. 1988, S. 553–619, hier S. 618 f. (V. 2151 und 2174). – Vgl. zu diesem Problem auch Walter Erhart: Goethes Iphigenie als Drama der Anerkennung. In: Jahrbuch der Deutschen Schillergesellschaft 51 (2007), S. 140–165.
[67] Vgl. Wolfgang Braungart: „Jedes Werk wie eine neue Schöpfung von vorn an aus Nichts". Utopie-Reflexion, Subjekt-Konzept und Poesie im *Ältesten Systemprogramm des deutschen Idealismus* (1795/96) und in Friedrich Schlegels *Rede über die Mythologie* / *Gespräch über Poesie* (1800). In: Study of the 19th Century Scholarship 7 (2013), S. 39–49. – Peter: Geselligkeiten (Anm. 64).

wie sich bei einem der größten Lyriker des 19. Jahrhunderts, bei Mörike, oder später bei Hugo von Hofmannsthal im Detail zeigen ließe, auf dieses Problem gelingender Vergesellschaftung ganz tief ein. Sie verwandelt es sich wirklich als ihr grundlegendes Formprinzip an.[68]

Wie risikoreich und möglicherweise ambivalent, ja möglicherweise sogar fragwürdig das ist, davon weiß die Literatur aber auch: von den Gefahren des Philiströsen, die schon erwähnt wurden, der leerlaufenden sozialen Rituale, in denen bürgerliche Kultur sich zu *bloßen sozio-kulturellen Milieus* ausdifferenziert, die nur für sich selbst und die Selbstbestätigung der Milieu-Angehörigen da sind (diese Gefahr gilt ganz offenkundig auch für die religiösen Milieus der Moderne). Es mag hier genügen, auf den Melancholie-Diskurs der Moderne hinzuweisen,[69] auf die Selbstwahrnehmungen und Selbstzuschreibungen des Autors als radikaler Außenseiter, als Poet in der Gosse, auch als Hochstapler und Betrüger (Thomas Mann, Kafka).[70]

4.4 Ästhetische Ironie und ästhetische Kritik

Kunstreligion, höchste Emphase gegenüber Kunst einerseits; Philistertum andererseits: Mit ihrem Konzept urbaner Ironie hat die Romantik selbst ein Gegengift sowohl für überzogene Heilserwartungen als auch für drohende Banalisierungen und Instrumentalisierungen der Kunst im Dienste von Repräsentationszwecken, nun für bürgerliche Milieus, hervorgebracht. Friedrich Schlegel verknüpft diese für die romantische Poetik grundlegende Kategorie der Ironie mit der städtischen Lebensform.[71] Er positiviert so die Moderne und mit ihr genau die soziale Welt, die sie kennzeichnet: die Stadt. Ironie und Kritik sind Formen einer grundsätzlichen, selbst-bewussten Reflexivität des Denkens und ästhetisch-intellektueller Partizipation an der Gegenwart. Reflexion bezeichnet schon bei Schiller (*Über die ästhetische Erziehung des Menschen*) das „erste

---

68 Vgl. Braungart: Prolegomena (Anm. 62); Braungart/Simon (Hg.): Eduard Mörike (Anm. 53).
69 Vgl. Hans-Jürgen Schings: Melancholie und Aufklärung. Melancholiker und ihre Kritiker in Erfahrungsseelenkunde und Literatur des 18. Jahrhunderts. Stuttgart 1977; Franz Loquai: Künstler und Melancholie in der Romantik. Frankfurt/M. u. a. 1984; Thorsten Valk: Melancholie im Werk Goethes. Genese – Symptomatik – Therapie. Tübingen 2002.
70 Vgl. allgemein Wolfgang Ruppert: Der moderne Künstler. Zur Sozial- und Kulturgeschichte der kreativen Individualität in der kulturellen Moderne im 19. und frühen 20. Jahrhundert. Frankfurt/M. 1998.
71 Dazu Ingrid Strohschneider-Kohrs: Die romantische Ironie in Theorie und Gestaltung. 2., durchgesehene und erweiterte Auflage. Tübingen 1977; Ernst Behler: Ironie und literarische Moderne. Paderborn u. a. 1997.

liberale Verhältnis" des Menschen zu sich und zur Welt.[72] Durch die romantische Positivierung von Ironie und Kritik kann sich das Literatursystem neuen Schreibweisen öffnen, sie entwickeln und integrieren. Journalistische, essayistische Schreibweisen werden als literarische akzeptabel; ebenso literarische Schreibweisen, die sich – als autonome – auf die politische und gesellschaftliche Wirklichkeit hin orientieren. Heinrich Heine ist dafür der prominenteste Kronzeuge. Nie gibt er die Idee der Autonomie der Kunst preis; er beansprucht gerade von ihr aus bürgerliche Partizipation an Politik und Gesellschaft. Seine Tannhäuser-Ballade etwa geht von der Legende in ironisch (literatur-)kritische Zeitgenossenschaft über und sprengt so den poetischen Raum der Gattung ‚Legende', ‚Ballade' auf.

Diese moderne, ironisch-kritische Beweglichkeit kann sich in der sozialen Umwelt der Stadt und in der Geselligkeit der Salons erst richtig entfalten. „Opfre den Grazien heißt, wenn es einem Philosophen gesagt wird, so viel als: Schaffe dir Ironie und bilde dich zur Urbanität."[73] So das 431. Athenaeums-Fragment. Das ist eine jener etwas kryptischen, steilen, forciert geistreich wirkenden, aphoristischen Formulierungen, wie sie für den frühromantischen Diskurs überhaupt charakteristisch sind. Mit solchen Sätzen kann nur der etwas anfangen, der schnell ist, geistig ganz wach und risikobereit, der sozial und sprachlich mitspielen kann und den Freiraum dafür hat, weil er sich nicht nur um seinen ‚oikos', seine Haushaltung kümmern muss, und der sich auch nicht dogmatisch selbst bindet. Die Athenaeums-Fragmente sind überhaupt – neben vielem anderen sonst – immer zugleich auch Selbstinszenierungen eines romantischen, sich ausdrücklich als modern, also städtisch begreifenden Denkens. In der urbanen Ironie hat dieses Denken seinen eigentlichen Ausdruck. Als literarisch-philosophische Rede ist die urbane Ironie immer auch Selbstinszenierung des Intellektuellen und somit zugleich ein Akt sozialer Positionsfindung und Positionsbehauptung, vorgetragen im Modus einer Überbietung in Permanenz. Man kann sich das leicht vorstellen: Da kommen, zum Beispiel in den legendären romantischen Salons Jenas oder Berlins, die klügsten und gebildetsten Köpfe zusammen,[74] und jeder hat seine eigenen Ideen und seine

---

[72] Friedrich Schiller: Werke und Briefe. Bd. 8: Theoretische Schriften. Hg. v. Rolf-Peter Janz. Unter Mitarbeit v. Hans Richard Brittnacher. Frankfurt/M. 1992, S. 655.
[73] KA, Bd. 2 (Anm. 48), Abt. 1., S. 251. – Ich stütze mich auf Wolfgang Braungart: Ironie als urbane Kommunikations- und Lebensform. Über Cicero, Quintilian und Friedrich Schlegel. In: Neue Beiträge zur Germanistik. Internationale Ausgabe von ‚Doitsu Bungaku' (Jahrbuch der japanischen Gesellschaft für Germanistik) 3, H. 5 (2004), S. 9–24.
[74] Vgl. Peter Seibert: Der literarische Salon. Literatur und Geselligkeit zwischen Aufklärung und Vormärz. Stuttgart/Weimar 1993; Astrid Köhler: Salonkultur im klassischen Weimar: Geselligkeit als Lebensform und literarisches Konzept. Stuttgart 1996; Hartwig Schultz (Hg.): Sa-

eigene geistige und soziale Nervosität.[75] Jeder will und muss Aufmerksamkeit erregen. Das macht man am besten, indem man Kluges auf forcierte Weise so sagt, dass es interessant klingt. Man darf darum nicht zu leicht verständlich sein. Man muss immer ein wenig dunkel und dadurch vielversprechend bleiben. Was man sagt, muss eine Aura geistreicher Schwierigkeit haben. Das ist bis heute eine Lizenz der Dichter und Intellektuellen.

Ironie und Urbanität sind, diesem Fragment Schlegels zufolge, Lebens- und Bildungsziele für den Philosophen, also auch für den romantischen Autor, der beides in eins zu sein beansprucht: Dichter und Philosoph. Sie sind das, was er seinen Musen unbedingt schuldig ist. Richtiges Philosophieren ist und braucht demnach Selbstbildung zu Ironie und Urbanität. Ironie ist für Schlegel nicht nur eine rhetorische Figur der Uneigentlichkeit, wie viele Bestimmungsversuche der Ironie bis heute behaupten. Sondern, ganz wie Urbanität, eine wirkliche Kommunikations- und Lebensform, wenngleich eine ziemlich exklusive. Solche *eironeia urbana* erscheint als zivilisatorische Tugend im sozialen und gesellschaftlichen Kommunikationsspiel, das die Freiheit zur sozial erkennbaren ironischen ‚Simulation'[76] und die Freiheit des Adressaten, sich selbst dazu zu stellen, einräumen muss. Solche Simulation ist eine Form moderner, freilich durchschauter ‚Virtualität'. Simulation ist überhaupt ein grundlegender Modus des modernen In-der-Welt-Seins.[77] Der Schauspieler ist, so Friedrich Nietzsche, der moderne Phänotyp schlechthin.

Freiheit der Ironie meint auch: sich von der völligen Fixierung auf den je konkreten und situationsbezogenen Kommunikationsakt lösen zu können. In Friedrich Schlegels berühmter Formel: „Die Ironie ist eine permanente Parekbase."[78] Permanent sollte sie wohl aus sozialethischen und kann sie aus systematischen Gründen nicht sein. Jeder kennt das: Den Dauer-Ironiker hält keiner aus und nimmt keiner ernst. Wem erkennbar alles Theater ist, der spielt für uns eben ‚nur' noch Theater. Aber Parekbase muss dennoch möglich sein. Das moderne ‚urbane' Leben ist performativ. Das heißt: Man muss auch Theater spielen können, will man dem Vollzug dieses Lebens nicht bloß ausgeliefert

---

lons der Romantik. Beiträge eines Wieperdorfer Kolloquiums zu Theorie und Geschichte des Salons. Berlin/New York 1997.
75 Vgl. Joachim Radkau: Das Zeitalter der Nervosität. Deutschland zwischen Bismarck und Hitler. München/Wien 1998. – Es wäre wohl interessant, nach Erscheinungsformen des Nervositätsdiskurses schon um 1800 zu fragen.
76 Vgl. Edgar Lapp: Linguistik der Ironie. 2., durchgesehene Auflage. Tübingen 1997.
77 Darauf hat der Braunschweiger Philosoph Claus-Artur Scheier in vielen Veröffentlichungen immer wieder hingewiesen.
78 Schlegel: KA 18 (Anm. 48), Abt. II, S. 668.

sein. Also: Man muss auch zur Parekbase *frei* sein. Auch das macht die *eironeia urbana* aus.

Was aber ist hier nun genauer Urbanität?[79] Die literaturwissenschaftliche Ironie-Theorie neigt dazu, der modernen romantischen Ironie von vornherein eine transzendentalpoetische Würde zuzusprechen, die nicht unbedingt an Urbanität und damit an die soziale Welt und ihre Prozesse der Vergesellschaftung denken lässt. Der ‚gute Redner' (*perfectus orator*) muss aber schon für Cicero ein ‚guter, rechtschaffener Mann sein, der es versteht, gut zu reden' (*vir bonus bene dicendi peritus*). Dem ‚rechtschaffenen Mann' (*vir bonus*) ist nach Cicero ‚Urbanität' (*urbanitas*) eigen. Die ‚Tugend' (*virtus*) des *vir bonus* richtet sich immer auf die ‚gemeinsame Sache', auf die *res publica*, das Gemeinwesen.

Noch einmal Friedrich Schlegel: „Urbanität ist", so definiert das 438. Fragment, „der Witz der harmonischen Universalität, und diese ist das Eins und Alles der historischen Philosophie und Platos höchste Musik. Die Humaniora sind die Gymnastik dieser Kunst und Wissenschaft."[80] Das ist genauso schwer verständlich wie das eben zitierte 431. Fragment. Bezugsrahmen ist die Platon-Rezeption in Philosophie und Literatur um 1800 („harmonische Universalität", „Eins und Alles"), die freilich nicht naiv, sondern eben mit Urbanität, also mit „Witz": beweglich, weltläufig, geistreich, reflexiv, gesprächshaft und frei, vollzogen werden muss. „Harmonische Universalität", „höchste Musik": Das bezieht sich auf Platons Musiktheorie, die die Weltseele als harmonische Musik denkt. Unsere Stimme und unser Gehör, Geschenke der Götter, haben darum im Einklang (in der Zustimmung!) ihr höchstes Ziel.[81]

Die überragende Bedeutung der platonischen Philosophie für Literatur und Philosophie um 1800 und auch für Friedrich Schlegel, insbesondere die Bedeutung des *Symposions*, ist oft nachgewiesen worden. An Platons *Symposion* mit seiner Eros-Konzeption kann die romantische Philosophie in vieler Hinsicht anschließen: Es ist nämlich eine erzählende, gesprächshafte, gesellige und mythologisch-anschauliche Philosophie,[82] die Poesie und Philosophie verbindet,

---

[79] Außer Acht bleiben sollen hier soziologische, architektonische usw. Aspekte von Urbanität; zu dieser umfassenderen Bedeutungs- und Begriffsgeschichte vgl. den Artikel ‚Urbanität' von Franz Pröfener. In: Joachim Ritter/Karlfried Gründer/Gottfried Gabriel (Hg.): Historisches Wörterbuch der Philosophie. Bd. 11. Darmstadt 2001, Sp. 351–354, hier Sp. 351.
[80] Schlegel: KA 2 (Anm. 48), S. 253.
[81] Vgl. Platon: Timaios, 47 c.
[82] An die der große Platon-Übersetzer Schleiermacher mit seiner ‚dialogischen Wissenschaft' anknüpfen kann; vgl. Dieter Burdorf/Reinold Schmücker (Hg.): Dialogische Wissenschaft. Perspektiven der Philosophie Schleiermachers. Paderborn u. a. 1998.

Anschauung und Begriff, Mythos und Abstraktion. Der unruhige, bewegliche, rastlose ‚große Daimon Eros'[83] aus Platons *Symposion* besitzt selbst ein romantisches, das heißt ironisches, urbanes Potenzial. Er lässt sich gleichsam als eine mythologische Figuration für Friedrich Schlegels eigene Vorstellung von Poesie und Ironie verstehen. Ohne Urbanität und Witz, so Schlegel, bliebe alle historische Philosophie nur Altertumswissenschaft. Das Studium der Humaniora – also der Kern bürgerlicher Bildung! – ist aber kein Selbstzweck. Die Humaniora machen den Geist beweglich (‚Gymnastik'). Er braucht diese ‚Gymnastik' auch, diese ständige Übung. Das kann einem heute jeder Neuro-Wissenschaftler bestätigen. Wer diese ‚Gymnastik' nicht betreibt, wird irgendwann schrullig und geistig immer enger.

Urbanität und Witz sind sowohl Voraussetzungen als auch Erscheinungsformen der Ironie. Die Poesie der Moderne ist notwendig ironische Poesie, weil die Moderne selbst ‚ironisch' ist, das heißt – wie wirkliche Bildung – unabschließbar reflexiv, unabschließbar prozessual und notwendig auf fortwährende Kommunikation verwiesen. „Die romantische Poesie", so das berühmte 116. Athenaeums-Fragment, „ist unter den Künsten was der Witz der Philosophie, und die Gesellschaft, Umgang, *Freundlichkeit* und *Liebe im Leben* ist." Sie „ist noch im Werden; ja das ist ihr eigentliches Wesen, daß sie ewig nur werden, nie vollendet sein kann."[84] So wird die ironisch-reflexive Poesie, wie sie die frühe Romantik konzipiert, zum eigentlichen Ausdruck und Symbol der Moderne in ihrer Prozessualität. Urbanität ist dabei die kommunikative Einstellung, die es überhaupt erst ermöglicht, sich zu öffnen und auf die moderne ‚Zirkulation' der Gedanken und Ideen einzugehen.[85] Insofern ist Urbanität bei Schlegel eine grundlegende gesellige Tugend. So wie die Künste ihr Höchstes in der ewig unvollendeten, ewig unabschließbaren, romantischen, das heißt modernen Poesie haben sollen, die damit die Kunst schlechthin ist, so hat die Philosophie ihr Höchstes im ‚Witz', also in einer bestimmten Form ihres geistreichen und gesprächshaften Vollzugs – und nicht im System! Und so findet das Leben seinen eigentlichen Ausdruck in „Gesellschaft, Umgang, Freundlichkeit und Liebe":[86] also in der gelingenden Geselligkeit. Die romantische Geselligkeitskultur der Stadt ist sozialer und lebensweltlicher Bezugsraum von Schlegels Witz, Ironie und Urbanität.[87] Gegenüber dem Sog aller Relativierungen und

---

[83] Vgl. Platon: Symposion, 202 b–e, 203 a–e.
[84] Schlegel: KA 2 (Anm. 48), S. 183.
[85] Hier wäre wohl eine starke Brücke zwischen urbaner Romantik und Weimarer Klassik mit ihrem Konzept von Weltliteratur; vgl. Koch: Weimaraner Weltbewohner (Anm. 35).
[86] Schlegel: KA 2 (Anm. 48), S. 183.
[87] Vgl. Seibert: Der literarische Salon (Anm. 74).

Fragmentarisierungen, in den diese moderne Ironie unerbittlich hineinziehen könnte, scheint dies gewissermaßen die eigentlich ‚regulative Idee'. Folgt man Schlegel, so wird urbane Ironie als *das* Charakteristikum moderner Poesie zugleich durch einen sozialethischen Zug gekennzeichnet. Ironie hat ihr eigenes Ethos. Sie wird so zu einer grundlegenden Trope, sodass Ethik und Ästhetik (und Rhetorik und Dichtkunst) gerade nicht getrennt werden dürfen, wie man dies so gerne von Ästhetik und Poetik der Moderne behauptet. Sie wäre, so gesehen, alles andere als ein leichtsinniges poetisch-intellektuelles Spiel. Die Stadt und das Städtische erscheinen als Lebenswelt freier, geselliger und verantworteter Kommunikation, durch die sich permanent humane Vergesellschaftung vollzieht.

Martin Walser charakterisiert die Schlegel'sche Ironie als eine, die man sich erst einmal leisten können muss, als ‚Großbürger-Ironie' sozusagen, wie bei Thomas Mann, die unbedingt zu unterscheiden sei von der Kleinbürger-Ironie erkämpfter Selbstbehauptung wie bei Fichte und Robert Walser.[88] Er tut Schlegel damit wohl doch Unrecht. Aber er spürt das potenziell bloß Theatrale, Selbstgefällige, Narzisstische, dem der urbane Ironiker leicht verfallen kann. Wie es mit der Urbanität konkreter Städte und den Lebensformen, die sie ermöglichten, tatsächlich aussah und aussieht, ist freilich eine durchaus andere Frage.[89] Die Urbanität Schlegels ist eine moderne intellektuelle Konstruktion, die ihr eigenes Korrektiv braucht.[90]

4.5 Ästhetischer Realismus

Der Kleinbürger betritt im 19. Jahrhundert die soziale und die literarisch-kulturelle Bühne, und mit ihm kommt seine ‚enge' Lebenswelt in ihrer ganzen Konkretheit und ihrem Misstrauen „gegenüber dem Allgemeinen" in den Blick.[91] Was schützt vor den Borniertheiten des Kleinbürgerlichen? Was vor subjektivistischer Willkür und Eitelkeit, vor der auch der Ironiker nie gefeit ist, weil er erfährt, wie sozial effektiv er sein kann? Eine emphatische Antwort des

---

[88] Vgl. Martin Walser: Selbstbewußtsein und Ironie. Frankfurter Vorlesungen. Frankfurt/M. 1981.
[89] Zum Problem vgl. Gerhart von Graevenitz (Hg.): Die Stadt in der europäischen Romantik. Würzburg 2000.
[90] Vgl. Ute Frevert: Stadtwahrnehmung romantischer Intellektueller in Deutschland. In: ebd., S. 55–78.
[91] Heinz-Gerhard Haupt/Geoffrey Crossick: Die Kleinbürger. Eine europäische Sozialgeschichte des 19. Jahrhunderts. München 1998, S. 305.

19. Jahrhunderts, die sich bei Schlegel selbst schon abzeichnet: (Herzens-)Bildung und Realismus, wirkliche Zuwendung zur sozialen, gesellschaftlichen, technischen, wissenschaftlichen, ökonomischen Wirklichkeit. Schopenhauer feiert – in all seiner Illusionslosigkeit – das Mitleid als *die* vergesellschaftende Grundtugend, weil sie „die Scheidewand, welche [...] Wesen von Wesen durchaus trennt", aufhebe.[92] So hat das Lessing schon gesehen. Der mitleidigste Mensch ist für ihn nicht nur der beste Mensch, sondern auch „zu allen gesellschaftlichen Tugenden, zu allen Arten der Großmut der aufgelegteste", also zur gelingenden sozialen Praxis.[93]

Zu meinen literaturgeschichtlichen Empfehlungen für das 19. Jahrhundert gehört: Unbedingt irgendwann einmal gründlich Jeremias Gotthelf lesen. Vielleicht hätte man vor dem letzten Abschnitt noch gesagt: Das haben wir uns schon in etwa so gedacht. Aber ich weiß mich damit in guter Gesellschaft (Walter Benjamin). Ich habe die romantische Ironie Schlegels ziemlich unironisch-ernsthaft und gewissermaßen authentisch modern zu lesen versucht. Aber Schlegel selbst hat sich nicht an dieses Konzept romantischer Ironie gehalten. Zu denken geben muss es einem schon, dass so viele Romantiker – und eben auch Schlegel selbst in vergleichsweise noch jungen Jahren (1808 als 36-Jähriger) – den Hafen der *sancta ecclesia catholica* ansteuerten. Das Konzept der urbanen Ironie ist eben doch ziemlich anstrengend. Es bringt auf eine Formel, was, wie die jüngere Sozial- und Kulturwissenschaft so ausführlich gezeigt hat, die große soziale und auch ästhetische (in einem weiteren Sinne) Herausforderung an das Subjekt in der Moderne ist: der Druck zur fortwährenden sozialen Performanz, zur fortwährenden sozialen Selbstproduktion und Selbstinszenierung, in der das Subjekt immer auf der Probe steht, bis irgendwann das ‚erschöpfte Selbst' droht, wie Alain Ehrenberg es genannt hat.[94] Darauf können auch die vormoderne Ritualfrömmigkeit und Ästhetik des Katholizismus eine Antwort sein, auf die sich bekanntlich viele Intellektuelle in der Moderne – bis hin zum Ironiker Martin Mosebach – eingelassen haben. Ich halte es für allzu simpel, dieses moderne intellektuelle Interesse an einer rituell-ästhetischen Religiosität vorschnell als bloß modisch und zeitgeistig oder gar reaktionär

---

92 Arthur Schopenhauer: Über die Grundlage der Moral. In: A. S.: Sämtliche Werke. Textkritisch bearbeitet und hg. von Wolfgang Freiherr von Löhneysen. Bd. 3: Kleinere Schriften, S. 632–815, hier S. 741. Vgl. ebd., S. 740: Das „Mitleid [ist] ganz allein [...] die wirkliche Basis aller *freien* Gerechtigkeit und aller *echten* Menschenliebe."
93 Gotthold Ephraim Lessing: Briefwechsel über das Trauerspiel. In: G. E. L.: Werke. Bd. 4: Dramaturgische Schriften. Hg. von Herbert G. Göpfert u. a., München 1973, S. 153–227, hier S. 163.
94 Vgl. Alain Ehrenberg: Das erschöpfte Selbst. Depression und Gesellschaft in der Gegenwart. Aus dem Französischen von Manuela Lenzen und Martin Klaus. Frankfurt/M./New York 2004.

abzutun. Es lässt sich nämlich auch als Antwort auf die spezifischen Herausforderungen der Moderne verstehen.

Die Gefahren eines hemmungslosen Subjektivismus und einer Weltlosigkeit künstlerischer Willkür sind an der Romantik schon von Hegel kritisch gesehen worden, und von ihm wohl am schärfsten. Wer aber bei Jeremias Gotthelf liest, wie man Käse herstellt; auf was man zu achten hat, damit die Milch nicht verdirbt; welche Geräte man braucht und, vor allem, wie man sich organisieren muss (*Die Käserei in der Vehfreude*, 1850); warum sich der Kleeanbau lohnt und welche Sorten sich empfehlen; wie man Wiesen trockenlegt (*Uli-Romane*, 1841/1849); wie eine gesunde und gut gehaltene Kuh aussieht; wie töricht es ist, sich nicht gegen Pocken impfen zu lassen und dafür lieber zur Quacksalberin zu gehen (*Anne Bäbi Jowäger*, 1843/1844): dem steigen die Flausen womöglich doch ziemlich eitler romantisch-ironischer Selbstinszenierung nicht so leicht zu Kopfe. Die Eitelkeit ist bei Gotthelf eine Krankheit der Städter oder der, die von ihnen infiziert sind.

Gotthelfs oft sehr handfester und konkreter Realismus, der, wie die Beispiele zeigen, vor ganz pragmatischen volksaufklärerischen Ratschlägen nicht zurückschreckt, schließt jedoch die empfindsamste – ,moderne' – Subjektivität und die symbolische Offenheit des Kunstwerks keineswegs aus, wie man etwa an der Liebesgeschichte zwischen dem wunderbaren ‚Meitschi' Meyeli, die so ist, wie sie heißt, und dem pockennarbigen Jakobli, dessen einzigartige Herzensbildung sie anzieht, sehen kann: wohl eine der schönsten Liebesgeschichten der Literatur des 19. Jahrhunderts (*Anne Bäbi Jowäger*). In dem Moment, als Meyeli in die Einsamkeit weltloser Innerlichkeit und zaghaftester, furchtsamster Trauer abzustürzen droht, fragt Jakobli sie, kurz angebunden, völlig ungalant, jedoch voller besorgter Zuneigung: „Was hesch?"[95] Das rückt alles zurecht, mit einem einzigen kleinen Fragesatz im Schweizer Dialekt, mit einer Formel, die ganz aus dem Leben gegriffen ist.

Die Welthaltigkeit von Gotthelfs Erzählwerk verdankt sich vor allem der poetischen Produktivität der Volksaufklärung, die sich bei ihm *als Literatur* entfalten kann.[96] Er führt so die Aufklärung in die Literatur des Realismus hinein wie das Biedermeier die ästhetische Geselligkeitskultur des Rokoko in die bürgerliche Welt des 19. Jahrhunderts.[97] Gewiss: Dieser Realismus birgt immer

---

[95] Jeremias Gotthelf: Anne Bäbi Jowäger. Wie Anne Bäbi Jowäger haushaltet und wie es ihm mit dem Doktern geht. Text durchgesehen von Werner Juker. Erlenbach-Zürich/Stuttgart 1963, S. 394.
[96] Vgl. Wolfgang Braungart: Aufklärungskritische Volksaufklärung. Zu Jeremias Gotthelf. In: Fabula 28 (1987), S. 185–226.
[97] Das ist eine These von Friedrich Sengle: Biedermeierzeit. Deutsche Literatur im Spannungsfeld zwischen Restauration und Revolution 1815–1848. 3 Bde. Stuttgart 1971 ff.

die Gefahr des allzu ‚engen Bewusstseins', der allzu ‚engen Lebensführung', der allzu heftigen Reduzierung der Komplexität der Moderne auf ein für das bäuerliche oder kleinbürgerliche Subjekt noch erträgliches Maß.[98] Aber Gotthelfs Ideal des Berner Bauern ist der wirklich umfassend bildsame und gebildete Landmann, wie er schon in der spätaufklärerischen Utopie des ‚ganzen Menschen' entworfen wird. Gotthelfs gütiger Landpfarrer ist der theologisch gebildete Praktiker, dem im Zweifelsfall Herzensbildung über alle Dogmatik geht. Gotthelfs strahlende Frauengestalten (wie Meyeli oder auch Vreneli aus den *Uli*-Romanen) beherrschen die innere und äußere Haushaltung gleichermaßen. Leicht ließen sich von diesem Literaturkonzept aus Linien ziehen zu Gottfried Keller, der Gotthelf auch außerordentlich geschätzt hat, und zu Adalbert Stifter.[99]

Mit den realistischen Schreibweisen, die das 19. Jahrhundert entwickelt, bleibt ein Anspruch der empirischen Welt an die Literatur im modernen Literatursystem: das Subjekt in seinen konkreten Lebensumständen zu sehen, in seinen Nöten und Sorgen, seinen Weltbezügen und Praktiken. Realismus des 19. Jahrhunderts heißt für die Literatur und den modernen Schriftsteller also auch: Ignoriere die Lebenswelt und die soziale, ökonomische, sich dynamisch modernisierende Welt nicht. Nimm ihre Bedeutung für das Subjekt wahr. Symbolische Bedeutung entfaltet sich gerade auch in dieser Relation.

5. Kurze Schlussbemerkung

All das, was ich vor allem mit Blick auf das späte 18. Jahrhundert und die erste Hälfte des 19. Jahrhunderts hier skizziert habe, ist fortan im Literatur-System und kann genutzt werden nach Interesse, Bedarf und geschichtlich-kommunikativer Konstellation. Nur einfach übergangen werden kann es nicht. Mündigkeit und Eigeninitiative des Subjekts in seiner Freiheit gehören zu einem modernen Literatur- und Bildungsbegriff. Dieses Potenzial der Literatur, das die bürgerliche Epoche für sich entdeckt hat, lässt sich doch nicht per Diskurs-Order entmächtigen, weil sich das Subjekt nicht per Diskurs-Order entmächtigen lässt, auch nicht in der vermeintlich postmodernen Welt. Das Bezogensein auf hohe, womöglich höchste kulturelle Werte (Kunstreligion), die freie Intellektualität (Ironie und Kritik), die freie Soziabilität (literarische Geselligkeit),

---

[98] Vgl. Thomas Althaus (Hg.): Kleinbürger. Zur Kulturgeschichte des begrenzten Bewusstseins. Tübingen 2001; T. A.: Strategien enger Lebensführung. Das endliche Subjekt und seine Möglichkeiten im Roman des 19. Jahrhunderts. Hildesheim 2001.
[99] Zu Stifter vgl. die Bielefelder Dissertation Markus Pahmeiers: Die Sicherheit der Obstbaumzeilen. Adalbert Stifters literarische Volksaufklärungsrezeption. Heidelberg 2014.

schließlich die Offenheit für das Empirische, für Glück und Elend dieser Welt, für das wirkliche Hier-Sein (literarischer Realismus): Das sind grundlegende Elemente eines emphatischen Literatur- und Kunstbegriffs der bürgerlichen Epoche, die bis in unsere Zeit reichen und meines Erachtens nichts von ihrer Geltung verloren haben. Mit ihnen arbeitet das künstlerische Subjekt; in ihrem strukturellen Rahmen entsteht das Ereignis des individuellen Kunstwerks. Es könnte, glaube ich, nicht schaden, wenn sich auch die Theorie und Praxis der Literaturgeschichtsschreibung unserer Tage daran erinnerte.

Isabella von Treskow
Im Infinitiv: Französische Literaturgeschichtsschreibung und der *Cultural Turn*

1. Einführung

Maurice Halbwachs und Pierre Nora, Jacques Le Goff, Jean-François Lyotard, Michel Foucault, Pierre Bourdieu, Gilles Deleuze und Félix Guattari kommen aus Frankreich, Julia Kristeva wanderte aus Bulgarien nach Frankreich aus, Luce Irigaray und Paul de Man sind aus Belgien, Jacques Derrida und Hélène Cixous aus Algerien – geschrieben haben sie in französischer Sprache. Sie stehen für Gedächtnis- und Erinnerungstheorien, Mentalitätsgeschichte, Alteritätstheorien, Diskursanalyse, feministische Theorien, Theorien zu Macht und Symbolik, Wissenschaftstheorie, neue Medientheorien und Dekonstruktion, folglich für maßgebliche Beiträge zur Entwicklung der Kulturwissenschaften bzw. *Cultural Studies*. Aber einen französischen Begriff für ‚Kulturwissenschaft' gibt es nicht. Da ohnehin in den französischen Geisteswissenschaften das Wort ‚Wissenschaft', *science*, nicht zur Anwendung kommt, stattdessen *Lettres* und *Critique*, während *Culture* und *Civilisation* etwas anderes bedeuten als das Partikel ‚Kultur' in deutschen Kulturwissenschaften, schließlich auch *Études* als Pendant etwa zu *Studies* nicht zur Rede steht, bleibt die Frage, inwiefern sich eine Wende wie der kulturwissenschaftliche *Turn* vollziehen kann, wenn es dafür keine Bezeichnung gibt, die neue Herangehensweisen stützt, bzw. wie sich neue theoretische Vorstöße in Literaturgeschichten konkret niederschlagen.

Literaturgeschichten entstehen in einem Umfeld zeitgenössischer Methodenreflexion und – auch kaufmännisch gesteuerter – Rezeptionsorientierung. Französische Literaturgeschichten sind dabei mit der unausgesprochenen Erwartung konfrontiert, sich auf die Literatur Frankreichs zu beziehen, während von kritischer Seite Literatur französischer Sprache mittlerweile erstens weniger im nationalen als vielmehr im transnationalen Kontext bis hin zur Globalisierung betrachtet und zweitens Nation als ‚Erfindung' verstanden wird, auf die sich zu beziehen heikel ist, drittens als Konzept, das nur durch Ausblendung einer Fülle von Beziehungen und Verbindungen in der Gegenwart und im historischen Verlauf funktioniert. Viertens geht das Verständnis von Literatur derzeit mehr von dessen sprachlicher Verfasstheit aus als von dessen Funktion. Für eine bestimmte ‚Vorstellung' der Nation seitens eines Kollektivs war in Frankreich jedoch gerade die Literaturgeschichte von hoher Relevanz.[1] Sei es

---

[1] Zum Dilemma des politischen Erfolgs der nationalen Idee bei gleichzeitiger Problematisierung durch die Geistes- und Sozialwissenschaften vgl. Pascale Casanova: „La guerre de

dieser Nähe wegen, sei es nach Abflauen einer soziologischen Konjunktur, der man zu große Abstraktheit vorwarf, sei es, weil eine auf Autoren (seltener Autorinnen) und Werke ausgerichtete herkömmliche Geschichtsschreibung als beschränkt erschien, zumal wenn sie die Kommentare zu den Werken aus den Biographien der Schriftsteller und Schriftstellerinnen bezog[2] – Literaturgeschichte ist in Misskredit geraten. Dazu trägt bei, dass Geschichte auf einer ‚Erzählung' beruht, d. h. das Genre eine „mise en récit",[3] narrative Verknüpfungen verlangt, die aus kulturwissenschaftlicher Sicht Skepsis erwecken. Zugleich boomt der Markt, wie die Zahlen zeigen.

Es reibt sich die disziplinäre Offenheit und Selbstkritik der Literaturwissenschaft am Gewicht, das Autor und Werk allen Anfeindungen zum Trotz nach wie vor genießen. Frankreich ist – wenn man es so allgemein und unpersönlich sagen darf – sehr stolz auf seine Literatur, die mehr als andere Künste die Vorstellung der französischen *exception culturelle* stützt. An der Idee der kulturellen Höherstellung webten Literaturgeschichten bis in die jüngste Zeit mit. Taucht in diesem Sinne in der Vorrede der *Histoire de la France littéraire* (2006) eine „singulière France littéraire"[4] auf, ein einzigartiges literarisches Frankreich? Auch für jene, die keine Literaturgeschichten lesen, ist Frankreich ein Land, das früh eine differenzierte Literatursprache entwickelte, dessen Klassik und Aufklärung auf ganz Europa ausstrahlten, in dem der erste psychologische Roman europäischer Tragweite verfasst wurde, *La princesse de Clèves* (1678) von Marie-Madeleine de Lafayette, in dem es früh politische Institutionen gab, die den Betrieb förderten, so die *Académie française* seit 1635, in dem schließlich der Stellenwert der Literatur und der *Lettres* als eines umfassenden Bereiches der Literatur, Literaturkritik und Literaturgeschichte bis hin zur

---

l'ancienneté ou il n'y a pas d'identité nationale". In: P. C. (Hg.): Des littératures combattives. L'internationale des nationalismes littéraires. Paris 2011, S. 9–55; vgl. für Kritik und Methodenreflexion der Literaturgeschichte auch Michèle Touret/Francine Dugast-Portes (Hg.): Le temps des Lettres. Quelles périodisations pour l'histoire de la littérature française du XXe siècle. Rennes 2001; Jean-Louis Jeannelle: Pré-histoires littéraires. Qu'est-ce que l'histoire littéraire des écrivains? In: Bruno Curatolo (Hg.): Les écrivains auteurs de l'histoire littéraire. Préface de Michel Murat. Besançon 2007, S. 13–30.

2 Ein Paradebeispiel hierfür ist *L'âge d'or de la littérature française* von Emile Faguet (Chaintreaux 2012). Es handelt sich um die Neuauflage von *Dix-septième siècle: études littéraires* (1894).

3 Vgl. Jeannelle: Pré-histoires littéraires (Anm. 1), S. 21.

4 Michel Prigent: Préface. In: M. P. (Hg.): Histoire de la France littéraire. 3 Bde. Bd. 3: Patrick Berthier/Michel Jarrety (Hg.): Modernités. XIXe–XXe siècles. Paris 2006, S. XI–XIII, hier S. XI. Dieses (hier dem dritten Band entnommene) *Préface* ist in allen drei Bänden der *Histoire de la France littéraire* in gleichem Wortlaut enthalten. Es eröffnet die *Histoire de la France littéraire* als Ganze sowie jeden Einzelband.

Philosophie und Intellektuellengeschichte größer als anderswo war. Nicht nur im Schulfach Französisch, sondern auch im Schulfach Philosophie werden in Frankreich immer noch mehr Texte analysiert und interpretiert als an deutschen Gymnasien. Die politisch-staatliche Entwicklung und die Entwicklung hin zur Nation stehen dabei in enger, in ‚zentralisierender' Beziehung. Schnell ist man mitten in der Rede über das *große* Frankreich, für dessen Selbstverständnis Bildung und die Geschichte der Literatur eminent wichtig sind. Die Reihe der Schriftsteller von François Villon, Molière, Voltaire, Jean-Jacques Rousseau und Denis Diderot über Charles Baudelaire, Honoré de Balzac und Emile Zola zu Marcel Proust, Jean-Paul Sartre, Albert Camus und, um auch eine Schriftstellerin aufzuführen, Marguerite Duras vor Augen wachsen französische Bürgerinnen und Bürger mit dem Selbstverständnis auf, einer Kultur anzugehören, die einen eminenten Beitrag zur Literaturentwicklung Europas, wenn nicht der Welt, geleistet hat, und sich zugleich in dieser Literatur repräsentiert zu sehen. In der Tat stehen die hier nur in Auswahl genannten klassisch gewordenen Autoren für einen beeindruckenden Reichtum. Kanonisierung als Prozess darf nicht den Blick für die Vielfalt, die Qualität, das Schöpferische trüben, die hinter den bekannten Namen stehen. Die Beschäftigung mit Literatur ist zudem generell ein legitimes Mittel der Verständigung einer kulturellen Gemeinschaft. Wie aber wird die Auswahl von Texten begründet? Welche Selbstreflexion bieten die aktuellen Literaturgeschichten hinsichtlich der Frage der Kanonbildung und der damit liierten Über- und Unterordnungen?

Die hier vorgenommene Analyse der Literaturgeschichtsschreibung geschieht aus deutscher Sicht und berücksichtigt im Wesentlichen Literaturgeschichten französischer Sprache, teils einbändig, teils mehrbändig. Dabei bezieht sie sich in den Stichproben auf folgende Fragen: Wie sind die Publikationen strukturiert, wie schlägt sich die Infragestellung von Epocheneinteilungen und -bezeichnungen nieder? Mit welchem Literaturbegriff wird gearbeitet? Wie werden grundlegende Prämissen übernommen, etwa Konstruktivismus, Selbstreflexion und Relativierung der Geschichtserzählung selbst? Wie wird mit dem Verdacht umgegangen, eine kohärente Literaturgeschichtsschreibung sei nichts als die philologische Außenseite einer Meister-Erzählung? Wie treten neuere Literaturgeschichten der Gefahr der Banalisierung durch die ‚Entgrenzung' des Gegenstands entgegen, wie jener des Partikularismus, wenn die Idee verbindlicher Wahrheiten in der Kritik steht? Welchen Anspruch erheben die Literaturgeschichten? Schließlich geht es in dieser Untersuchung um Herleitungen und die Voraussetzungen sowohl für kulturwissenschaftliche Theorien als auch für französische Literaturgeschichten nach dem Jahrtausendwechsel.

2. Französische Literaturgeschichten und Handbücher in historischer Sicht

Während in Deutschland erst die Bologna-Reform die neue Buchform der systematischen, inhaltsreduzierten Einführungen brachte, publizieren französische Verlage aufgrund der Vorgaben der *Capès*- und *Agrégation*-Selektionssysteme schon lange Handbücher, *Manuels*, zum konzentrierten Lernen. Gewissermaßen konvergieren derzeit Deutschland und Frankreich im Bereich des Didaktischen. Die zur Schul- und Wissenschaftskarriere gehörenden *Concours* von *Capès* und *Agrégation* verlangen eine intensive Vorbereitung. Der Bedarf an Lehrbüchern und Literaturgeschichten ist entsprechend groß. Die französischen Selektionssysteme beruhen dabei auf streng kanonischer Analyse, kanonisch die Textauswahl, kanonisch die Analysemethoden. Die literaturhistorischen Veröffentlichungen liefern hierfür die narrative Verknüpfung der Einzelpräsentationen in anthologisch konzipierten Handbüchern.[5] Ergänzend dazu gibt es Reihen wie *Profil d'une œuvre*, in der Einzelwerke präsentiert und vorbildlich analysiert werden.

Da in Frankreich nationales Selbstverständnis und Literaturgeschichte seit dem 19. Jahrhundert in engem Verhältnis stehen, hat das Land nicht nur die Meister-Erzählung, sondern auch einen Meister der Literaturgeschichtsschreibung, Gustave Lanson (1857–1934). Die Nähe der Literaturgeschichte zur Geschichte der französischen *Civilisation*, d. h. der Besonderheit der französischen Kultur als Teil der *grandeur* der Nation, hatte den Effekt, dass Literaturgeschichte schon länger mehr war als eine Aneinanderreihung von Autoren und Titeln. Lanson bettete die Literatur in einen geistesgeschichtlichen Kontext, ohne indes den Konstruktionscharakter dieser Entscheidung zu verbalisieren. Auch Paul Van Thieghem, Paul Hazard oder Daniel Mornet gingen so vor. Allerdings war Lanson die Darstellung eines geistes- bzw. gesellschaftsgeschichtlichen Zusammenhangs ein besonderes Anliegen. In *La méthode de l'histoire littéraire* von 1910 erklärt er, dass die Literaturgeschichte als „une

---

5 Im Folgenden wird vereinzelt unabhängig von Herausgeber- oder Verfasserangaben zwischen *Manuel* und *Histoire littéraire* unterschieden. *Manuels* haben den kompilatorischen bzw. anthologischen Charakter, Literaturgeschichten treten durch ein starkes narratives Element hervor, das der Verknüpfung und Veranschaulichung dient. Die Selbstdefinitionen sind teilweise problematisch. Arlette Michel erklärt ihre als Literaturgeschichte zu qualifizierende Veröffentlichung *Littérature du XIXe siècle* (Paris 1993) zu einem *Manuel* (vgl. *Avant-Propos*). Dies tun auch Alain Vaillant/Jean-Pierre Bertrand/Philippe Régnier: Histoire de la littérature française du XIXe siècle. Rennes 2006 (vgl. Introduction: Points de méthode. In: ebd., S. 3–10, S. 4 f.).

partie de l'histoire de la civilisation" und „un aspect de la vie nationale"[6] zu sehen sei, d. h. als Teil der Kulturgeschichte und Aspekt des Lebens der Nation, mithin der Politik- und Sozialentwicklung. Entsprechend sieht er die Aufgabe des Literarhistorikers darin, Leser in der Literatur „moments de la culture humaine, européenne et française"[7] wiedererkennen zu lassen. Lanson sieht auch das Zeitgenössisch-Diskursive in den Schriften der Autoren aktiv: „L'écrivain le plus original est en grande partie un dépôt des générations antérieures, un collecteur des mouvements contemporains: il est fait aux trois quarts de ce qui n'est pas lui."[8] Dass er gleichzeitig die Bedeutung der Besonderheiten der Autoren hervorhebt und vom „génie individuel"[9] spricht, macht sein Unterfangen teilweise paradox. Lansons *Histoire de la littérature française* (1894) ist mehrschichtig: Textgenesen, Autorbiographien und Darstellungen von Beziehungen zwischen Schriftstellern, dazu zeitgeschichtliche Ereignisse (wenn auch weniger) werden kühn aneinandergereiht. Bemerkenswert sind seine Überlegungen zur Künstlichkeit der Zeitordnung, zu Methoden der Literaturanalyse, zur Einbeziehung von Mündlichkeit, zur Rezeption und zur Unabschließbarkeit des Urteils über Literatur.[10]

Gustave Lansons Literaturgeschichte blieb richtungweisend. Paul Guth beispielsweise zitierte noch ein halbes Jahrhundert später in seinem Vorwort erst das *Préface* Lansons zur *Histoire de la Littérature française*, bevor er beginnt; Jean-Yves Tadié erklärte 2011 zu *Littérature française: dynamique & histoire*, er habe ursprünglich eine Geschichte der französischen Literatur, „wie Lanson sie schrieb", verfassen wollen.[11] Lanson und andere, so Joseph Bédier, Hazard und Mornet, schrieben zu Zeiten, in denen Literatur allumfassenden Anspruch hatte. Für viele galt als Maß der zeithistorische realistische Roman. Mit der veränderten Rolle der Literatur in der zweiten Hälfte des 20. Jahrhunderts, mit ihrem veränderten Anspruch, bescheidener in Bezug auf die Fähigkeiten und Möglichkeiten des Individuums, und mit der Bekämpfung des alten

---

6 Gustave Lanson: La méthode de l'histoire littéraire. In: G. L.: Essais de méthode, de critique et d'histoire littéraire. Rassemblés et présentés par Henri Peyre. Paris 1965, S. 31–56, hier S. 33.
7 Lanson: Méthode (Anm. 6), S. 33; vgl. ebd., S. 34: „Nous étudions l'histoire de l'esprit humain"; vgl. auch ebd., S. 46.
8 Ebd., S. 35 f.; vgl. auch die Aussagen zum genialen Autor ebd., S. 36.
9 Ebd., S. 36; vgl. auch ebd., S. 45.
10 Vgl. ebd., S. 43–45; vgl. besonders ebd., S. 39, S. 51; zur Objektivität ebd., S. 47.
11 Vgl. Paul Guth: Préface. In: P. G.: Histoire de la littérature française. Du Moyen Age à la Belle Epoque. Monaco 1992 [1967], S. 5–11; Jean-Louis Jeannelle: Entretien avec Jean-Yves Tadié, directeur de *La Littérature française: dynamique & histoire I et II* (Gallimard), LHT, Y a-t-il une histoire littéraire des femmes?, Entretiens, publié le 01 janvier 2011, URL: http://www.fabula.org/Lht/7/index/.php?id=198 (zuletzt eingesehen am 22. 3. 2013).

Autor-Ideals ändert sich auch die Geschichtsschreibung. Es scheint, als sei das Ungewisse langsam auch in die literarhistorische Theorie und Praxis eingezogen.

Manuels sind chronologisch und anthologisch konzipiert, stellen einzelne Autoren und Texte vor und kommentieren diese, präsentieren dadurch Geschichte als einfache Kontinuität und Literatur als isoliert ‚handhabbar'. Von Bedeutung für die Frage der kulturwissenschaftlichen Orientierung sind sie trotz der Ausschnitthaftigkeit des Dargebotenen, weil sie als Ergänzung der erzählenden Literaturgeschichte mit eben solchem Anspruch auftreten. Das wichtigste Handbuch dieser Art ist die viel konsultierte und in unzähligen Variationen auf den Markt gebrachte *Histoire littéraire* von André Lagarde und Laurent Michard. Den Lesern steht sie in verschiedenen Versionen, in immer neuen Auflagen und Anpassungen zur Verfügung, etwa einbändig mit Abbildungen oder mehrbändig nach Jahrhunderten geordnet. Über die Aneinanderreihung von Autorenviten und Textausschnitten wird ein Bild menschlicher Leistung geboten, das beispielsweise recht unverfroren Mensch und Werk ‚Victor Hugo' zunächst in einem Kurzkapitel *Sa vie, son œuvre*, dann unter *Un génie lyrique et épique* präsentiert. Man mag diese Präsentationsform des Literarischen als anachronistisch ansehen. Es bleibt die Gefahr, dass eine progressive Geschichtsschreibung umso lässiger sein kann, je mehr sie mit anderswo knapp, konkret und zweifelsfrei präsentierten Informationen rechnet.

3. Der Aufbau der Literaturgeschichten

Es wäre paradox, wenn die Ordnungskategorie ‚Zeit' in der Zeitstrahlrichtung verschwände; die Koordinierung der Informationen in Literaturgeschichten läuft grundsätzlich über diese Schiene. Der Aufbau von Literaturgeschichten ist daher weiter chronologisch, wenngleich es Möglichkeiten der Zuordnung übergreifender Informationen sowie die Opposition einer sozialhistorischen Einbettung versus einer neuen strukturellen Ordnung gibt. Die sozialhistorische Einbettung ist der Regelfall für die Literaturgeschichten des letzten Drittels des 20. Jahrhunderts. Die Lagarde/Michard-Handbücher läuten systematisch jedes Jahrhundert damit ein, auch der sechsbändige von Pierre Abraham und Jean-Charles Payen erstmals ab 1965 herausgegebene *Manuel d'histoire littéraire de la France*. Üblicherweise folgen dann Einzelkapitel zu Strömungen und Gruppen bzw. Autoren und ihren Werken. Was bei Lagarde und Michard lange und immer noch unter dem Titel *Histoire et civilisation*[12] geboten wird,

---

[12] André Lagarde/Laurent Michard, avec la collaboration de Jacques Monférier: Les grands auteurs français. Textes et littérature du moyen âge au XXe siècle. Paris u. a. 1971.

wird teilweise selbst in anderen Handbüchern dann weicher und knapper formuliert, etwa als *Perspectives historiques*.[13] Allerdings vermittelt damit zwar die Überschrift nicht mehr unausgesprochen die (implizit mit *civilisation* transportierte) Idee des höheren Zivilisationsgrads Frankreichs, inhaltlich bleibt die Annahme jedoch erhalten, da nur Werke aufgenommen sind, die die Vorstellung einer herausragenden französischen Kultur stützen.

Die ab den 1970er Jahren federführende Literatursoziologie hat dafür gesorgt, dass Literatur nicht nur politik- und sozialgeschichtlich eingebettet dargestellt wird, sondern auch die Tür hin zur Wahrnehmung der Funktion des Materiellen oder Medialen aufgemacht werden konnte. Ein typisches Beispiel hierfür ist die von Claude Pichois verantwortete sechzehnbändige *Histoire de la littérature française*. Erst wird in zwei großen Hauptteilen Gesellschafts- und Ideengeschichte betrieben, bevor es im dritten zur Literatur geht.[14] Die *Histoire de la Littérature française du XIXe siècle* beginnt mit *La littérature et les pouvoirs* (Kapitel I.1.), der Schilderung der Wirkung der napoleonischen Diktatur auf die Literatur, der Instrumentalisierung von Literatur durch politische Kräfte, dem Verweis auf Freiräume durch Literatur. Das Verhältnis zwischen Literatur und Politik ist damit verhältnismäßig eng gedacht, schlagwortartig erkennbar an Überschriften wie „La dictature intellectuelle de Bonaparte" oder „L'échec littéraire de la Restauration". Das sozialhistorische Moment wird durch empirische Angaben verstärkt.

Grundsätzlich bedeutet eine sozialhistorische Orientierung keinen tiefen Bruch mit älteren Literaturgeschichten, da sie sich schon von Lanson ableiten lässt. Neuere Strukturen, die das strenge Generationendenken aufheben wollen, können hier ansetzen. Strukturelle Modifikationen innerhalb der groben Einteilungen (meist in Jahrhunderte) sind jüngste Erscheinungen, so die Parallelisierung von Vorgängen in Tadiés *La Création littéraire au XIXe siècle* und in der *Littérature française: dynamique & histoire*, worin ein Großkapitel zum Rokoko neben ein Kapitel zum Enzyklopädischen und ein Kapitel zur Empfindsamkeit gestellt ist.[15] Diese neue Strukturierung gilt allerdings nur für Delons

---

13 Vgl. Claude Duchet: Manuel d'histoire littéraire de la France. 6 Bde. Bd. 6. *1913–1976*. Paris 1982. (Première Partie: *La France depuis 1914*. I. *Perspectives historiques*).
14 Vgl. z. B. Michel Delon/Robert Mauzi/Sylvain Menant: De l'Encyclopédie aux Méditations. Paris 1984 (I: *Cadre de vie, cadre de pensée*, II: *Les idées et les formes*, III: *Grandes œuvres, grands auteurs*).
15 Vgl. Jean-Yves Tadié: La Création littéraire au XIXe siècle. Paris 2011 (I. *L'affirmation de l'individu*, II. *La conquête et le refus du monde*, III. *Domaine de l'imaginaire*; hierbei handelt es sich um eine Neufassung von *Introduction à la vie littéraire du XIXe siècle* desselben Autors, in der ersten Form erschienen 1970, überarbeitet Paris 2006); vgl. Michel Delon u. a.: La littérature française: dynamique & histoire. 2 Bde. Bd. 2: Hg. von Jean-Yves Tadié. Saint-Amand 2007.

Darstellung des 18. Jahrhunderts, von dem man sagen kann, dass sich ihm die Autoren und Autorinnen methodisch am ungezwungensten nähern.

Jean-Louis Jeannelle hat festgestellt, dass in traditionellen Literaturgeschichten anhand von Biographien und Werken das Korpus, eingeordnet in größere historische Rahmen, als Serie angeboten wurde und wird, dass in Literaturgeschichten nach marxistischer oder soziologischer Maßgabe Literatur mehr in Bezug auf Institutionen als auf Individuen dargestellt wurde und nun die Gattung im Zentrum stünde, mit Hilfe derer sich alle drei Elemente verbinden ließen.[16] Den Rückgriff auf Gattung als literarische Ordnungskategorie unternehmen die *Littérature française: dynamique & histoire*, mehr noch die *Histoire de la France littéraire*. Problematisch ist dabei, dass durch diese Strukturierung die alte Gattungstrias sich zu versteifen droht, auch wenn oder gerade weil durch Kapitel zu weiteren Gattungen (z. B. Essais) dieser Effekt zu heilen versucht wird. Dabei wird das Determinierende des Genre-Begriffs aufgehoben, stattdessen ‚Form' eingesetzt. Tatsächlich sind damit Umcodierungen, Mischungen, Lizenzen besser zu erfassen.

4. Periodisierungen, Epochenbegriffe, Sach-Einteilungen

Die Erfindung neuer Ordnungsbegriffe ist eine Herausforderung. Epochen, Strömungen, Schulen werden selten umgruppiert, das zeigt die Analyse. Die Problematisierung der Epocheneinteilung und der benutzten Epochenbegriffe kann indes zur Infragestellung konventioneller Ordnungsmuster genutzt werden. Die herkömmlichen Epocheneinteilungen bleiben erhalten, werden variiert, verschiedene Wege zur Verbindung von Literatur- und Sozial- bzw. Kulturgeschichte beschritten. Dies gilt für die Aufteilung großer Literaturgeschichten in Bände und für die Binneneinteilungen. Unterschieden werden generell Mittelalter, Renaissance, *Age classique*, *Lumières*, 19. Jahrhundert, Moderne bzw. 20. Jahrhundert. ‚Moderne' kann sich dabei sowohl auf das 19. als auch auf das 20. Jahrhundert beziehen. Die Unterscheidungen suggerieren dabei Brüche, die mit Verweisen auf Herleitungen und Traditionen wieder gekittet werden.

Wie schwierig es ist, eingefahrene Wege zu verlassen, zeigt exemplarisch der Band *De Montaigne à Corneille – 1570–1660* (*Histoire de la littérature française*, Band 3, 1997). Hier werden nur dem Anschein nach die Epochenzuschnitte problematisiert, doch die vorgenommene zeitliche Abgrenzung ist interessant. Üblicherweise wird das 17. Jahrhundert insgesamt als *Age classique* behandelt, dabei wiederum das erste Drittel meist eher schmählich. Der Autor

---

[16] Vgl. Jeannelle: Pré-histoires littéraires (Anm. 1), S. 23.

Jacques Morel sieht sich mit der originellen Setzung des Beginns im Jahr 1570 folglich dem Problem gegenüber, eine eigene Bezeichnung für die Phase vom letzten Drittel des 16. bis zur Mitte des 17. Jahrhunderts zu finden. Der Terminus *classique* ist nicht adäquat, da er für die zweite Hälfte des Jahrhunderts reserviert ist. Morel rechtfertigt daher jenen des Barock als Bezeichnung des erfassten Zeitabschnitts. ‚Barock' wird in Frankreich nicht so selbstverständlich benutzt wie in Deutschland, die französische Literaturwissenschaft spricht beispielsweise selten von Barocklyrik. Morels *Avant-propos* trägt nun den Titel „Problématique de l'époque baroque". Morel bedauert, dass die Zeit des Barock ihre Bezeichnung und zeitlichen Grenzen nicht selbst gewählt bzw. benannt habe, anders als die Renaissance. Zwar beteuert er, es habe im 20. Jahrhundert die Benennung des 16. und 17. Jahrhunderts als *baroque* gegeben, greift der besseren Verständigung halber dann jedoch auf den Begriff der Prä-Klassik zurück. Die Unübersichtlichkeit, das Wuchern, das Regellose, die Suche nach Vorfahren bei gleichzeitigem Willen zu Modernität (eine Anspielung auf die *Querelle des anciens et des modernes*), Unsicherheiten, Hin-und-Hergeworfensein werden als Kennzeichen der Epoche ins Feld geführt, dazu Unruhen der Autoren und ihrer Haltungen auch im Zeichen von Reformation und Gegenreformation.[17] Die unkontrollierte Prosa wird damit im Licht einer Verbesserung des Romans hin zum Struktur- und Stil-Ideal der Klassik beurteilt. Morel verteidigt und verstetigt mit dieser Argumentation die übliche Hierarchisierung: Das *Age classique*, ein gezielt doppeldeutiger Begriff des 19. Jahrhunderts, bleibt erster Höhepunkt der französischen Literatur (vor dem 19. Jahrhundert). Durch diese Perspektivierung ist zudem nicht die Periodisierung das Problem, sondern die Periode selbst.

Dass die Reflexion der Epochenbegriffe und -grenzen in den 1990er Jahren zu explizieren möglich war, beweist Béatrice Didier in der *Histoire de la littérature française du XVIIIe siècle* (1992). Didier prüft (und kontestiert) ausführlich die Epochenbeschränkung auf die Zeit vom Todesjahr Ludwigs XIV., 1715, bis zum Jahr der Revolution, 1789. Arlette Michel, Herausgeberin und Autorin der *Littérature française du XIXe siècle* (1993) geht kurz, aber viel weniger kritisch auf die Periodisierungsproblematik ein. So setzt sie schließlich das Anfangsjahr von 1800 zugunsten von 1799 zurück (Staatsstreich Napoleons, Balzacs Geburtsjahr) und das Ende (oder den Anfang vom Ende) auf 1884 statt 1900, begründet mit Joris-Karl Huysmans Zurückweisung des Positivismus und dem Beginn von Dekadenz und Symbolismus. Eine grundlegende Infragestellung fehlt aber, anders als bei Vaillant, Bertrand und Régnier, die 2006 die

---

17 Vgl. Jacques Morel: Avant-propos. Problématique de l'époque baroque. In: J. M.: De Montaigne à Corneille. Paris 1997 [1986], S. 7–9.

Periodisierung 1800–1900 (1801–1899) pragmatisch auf die geltende Schul- und Universitätspraxis zurückführen und betonen, es hieße, die willkürliche Weise der Zeitmessung mit der Kenntnis konkreter Fakten zu vermischen,[18] wenn man die Zeitgrenzen als ‚natürlich' verstehen wolle. Im Übrigen hat die zunehmende Erkenntnis der Konventionalität und Arbitrarität von Periodisierungen nicht zwingend die Herleitung derselben aus den Ereignissen abgelöst. Ein Gegenbeispiel sind die Ausführungen in *La littérature française: dynamique & histoire*.[19]

Die Diskussion der Epochenbegriffe betrifft in älteren Literaturgeschichten vor allem das 17. und das 18. Jahrhundert. Für Literaturgeschichten zur Aufklärung ist die kritische Einführung des Begriffs *Lumières* üblich. Besonders eingehend debattiert Didier die Bezeichnung *Lumières* sowie die Idee, nur die *philosophes* hätten sich auf *raison*, Vernunft und Verstand, berufen. Wie sie schreibt, hätten das die konservativen Köpfe der Zeit genauso getan.[20] *Raison* wird damit als übergreifender Ordnungsbegriff der Zeit präsentiert, als Anker einer Diskursformation, auch wenn Didier sich nicht auf Michel Foucault bezieht. Charakterisierung, Abgrenzung und Problematisierung der Epocheneinteilung („[...] il est bien arbitraire de découper le temps en siècles [...]"[21]) gehen auf ihre eigenen Forschungen zurück.

Eine Außenseiterstellung nimmt das *Bréviaire de littérature à l'usage des vivants* (2004) von Pierre Bergounioux ein. Das Buch zeigt durch einen eigenen Ton und ungewohnte Akzente den neuen Zugang zur Literaturgeschichte, der durchaus als Wende wahrnehmbar ist. Es erhebt im Übrigen nicht den Anspruch, ein wegweisendes Werk für den Massenverkauf zu sein, der Titel ist Programm: Geschichte wird kurz und übersichtlich präsentiert, locker, bewusst subjektiv. Die Überschriften der Großkapitel verraten einen politischen Einschlag.[22] Die Renaissance steht unter revolutionären Vorzeichen, das

---

18 Vgl. Vaillant/Bertrand/Régnier: Introduction (Anm. 5), S. 8.
19 Jean-Yves Tadié: Avant-propos. In: Cerquiglini-Toulet u. a.: La littérature (Anm. 15), Bd. 1, S. 7–23. Tadié bezieht sich dabei zur Problematik der Periodisierung übrigens auf Maurice Halbwachs.
20 Vgl. Béatrice Didier: Préface. In: B. D.: Histoire de la littérature française du XVIIIe siècle. Paris 1992, S. 3–6, hier S. 4; vgl. auch ebd., S. 196 ff.; es handelt sich um Bd. 4 der *Histoire de la littérature française du Moyen Âge à nos jours*.
21 Didier: Préface (Anm. 20), hier S. 5. Zur Diskussion des *Lumière*-Begriffs vgl. auch Michel Delon/Pierre Malandain: Littérature du XIXe siècle. Paris 1996. (*Introduction*, S. 3–13, hier S. 3 f.).
22 Vgl. Pierre Bergounioux: Bréviaire de littérature à l'usage des vivants. Rosny-sous-Bois 2004: 1. *La Renaissance – La révolution de l'imprimé*, 2. *L'Etat monarchique – La littérature classique*, 3. *Le siècle des Lumières – Le sacre de la raison*, 4. *La société capitaliste – L'âge du roman*, 5. *Le XXe siècle – La grande désillusion*.

traditionelle *Age classique* wird (eher schwach) durch *Littérature classique* ersetzt, dafür ist die Überschrift des Kapitels zum 18. Jahrhundert ironisch, fast blasphemisch. Das 19. Jahrhundert wird unter dem Blickwinkel der Durchsetzung des Kapitalismus betrachtet, das 20. Jahrhundert ist nicht das Zeitalter der Moderne, des Fortschritts oder der Erlösung des Individuums, sondern der Enttäuschung und des Verfalls.[23] Dieser zwar kulturpessimistische, aber offene Standpunkt erscheint reflektierter als jener von Tadié, der im Vorwort zu *La littérature française* dem Fortschrittsdenken eigentlich nur eine Absage erteilt, um für die Literatur Zeitlosigkeit zu reklamieren.[24]

Im Vergleich zu den Literaturgeschichten der 1970er bis 1990er Jahre wie Pichois' *Littérature française* (Erstauflage 1968–1979), *Littérature du XVIIIe siècle* (1996) oder *Littérature du XIXe siècle* (1993) und selbst im Vergleich zu der in Vielem innovativen *Histoire de la littérature française du XIXe siècle* (Erstauflage 1998) vollzieht die *Histoire de la France littéraire* (2006) eine deutlichere Abkehr von der Fixierung auf Gruppen, Schulen und Autorenhelden herkömmlicher Publikationen, ohne darauf verzichten zu können. Als Netzwerke bzw. interessante Gestalten kehren sie wieder. Ausdrücklich keine Literaturgeschichte, sondern eine Geschichte des literarischen Frankreichs erhebt sie einen kulturgeschichtlichen Anspruch. Sie folgt dem etablierten Epocheneinteilungsmuster, geht aber innerhalb dieser vom Werk in seiner Sprachgestalt aus und schaltet keine historischen Überlegungen mehr vor. Der übergreifende Titel ist anders als jener von Bergounioux klassisch – trickreich dabei die Titulierung der Einzelbände (1. *Naissances, Renaissances. Moyen Âge – XVIe siècle*, 2. *Classicismes. XVIIe–XVIIIe siècle*, 3. *Modernités. XIXe – XXe siècle*). Die Titelgebungen werden ausführlich von den jeweiligen Herausgebern erläutert.[25] Pluralbildungen symbolisieren die Annahme der Diversität der Jahrhunderte oder Epochen, um die es geht. Sehr klar wird dies z.B. in *Modernités*: Es gibt verschiedene Modernitäten, sagt uns dies, nicht nur mehrere Traditionen. Die

---

23 Man beachte die Überschrift des letzten Teils, *La grande désillusion*, aber auch das Bedauern über die Effekte von Globalisierung, Rationalismus, Kapitalismus, Medienmacht und Hedonismus (vgl. Bergounioux: Bréviaire (Anm. 22), S. 375).
24 Vgl. Tadié: Avant-propos (Anm. 19), S. 13 f.
25 Die Erklärungen sind ihrerseits diskutabel, man vgl. z. B. zur Unterscheidung des dritten Bandes von den beiden vorhergehenden Bänden: „D'autres différences révèlent plus précisément de cette modernité – ou plutôt de ces modernités qui intitulent ce troisième volet. Le pluriel s'imposait: pour faire pendant, sans doute, à celui des volumes précédents, mais pour signifier surtout très clairement qu'il s'agit moins ici de renvoyer à la modernité qui depuis Baudelaire nous est familière qu'à la rupture ouverte par rapport à l'époque antérieure." (Patrick Berthier/Michel Jarrety: Avant-propos. In: Michel Prigent (Hg.): Histoire de la France littéraire. 3 Bde. Bd. 3. P. B./M. J. (Hg.): Modernités [Anm. 4], S. 1–4, hier S. 1).

Histoire de la littérature française du XIXe siècle von Vaillant, Bertrand und Régnier beginnt mit „1800–1830: modernité et traditions", verweist also auf mehrere Traditionsschienen, suggeriert eine vielsträngige Vergangenheit. Die *Histoire de la France littéraire* geht weiter, die Überschriften setzen darin Zeichen für eine Infragestellung der Benennung: Wer würde noch behaupten wollen zu wissen, was eine einzige Moderne ausmacht oder mit Modernität gemeint ist, wo die Diskussion über deren Fortgang oder Ende auch in der Postmoderne und Post-Postmoderne nicht abgeschlossen ist. Die Pluralbildungen charakterisieren darüber hinaus eine Verabschiedung von der normativen Benennung einer Epoche mit einem einzigen Etikett. Ferner wird im ersten Band mit hergebrachten Begriffen gespielt: *Naissance* steht neben *Renaissance*, ein impliziter Verweis auf die Willkür der Bezeichnungen. Die Abänderung der Ordnungsbegriffe *Renaissance*, *Age classique* und *Modernité* hat folglich Methode.

Sie setzt sich im Inneren mit einer Steigerung des Metaphorischen fort, etwa in den vagen Überschriften der Hauptteile *Formes, Parcours, Présences* im Band zum 19. und 20. Jahrhundert. *Présences* oder *Extérieurs/Intérieurs* verweisen auf eine Literatur, die die Welt beschreibt bzw. sich dem Innenleben eines Ich nähert. Die neue Begrifflichkeit hat damit einen Sinn, die Vagheit etwas Produktives. Hier können Strukturen und Literaturen in Zusammenhang gebracht werden, die vormals nicht in Zusammenhang gerieten, erst recht nicht unter neuen Aspekten, etwa dem der ‚Transgression'. Für Leser und Leserinnen sind die Kapitelüberschriften als Ordnungsmomente solange wenig hilfreich, wie sie sich nicht durchgesetzt haben.

Neben der Offenheit, die ungenaue Begriffe implizit bieten, werden manifeste Gründe für die Pluralbildungen genannt, welche sichtlich dem *Cultural Turn* entspringen, indem sie sich der Monokausalität und Unerschütterlichkeit herkömmlicher Literaturgeschichtsschreibung widersetzen: „Naissances, Renaissances" bedeute, dass die Anfänge des literarischen Frankreichs weder nur aus einem vulgarisierten Römerlatein noch aus einem politisch-juristischen Gründungstext Europas noch aus einem Orden entsprungen, sondern ein Mosaik „de ‚renaissances'"[26] seien. Die Angaben zu den vielfältigen kulturellen Erscheinungen, die ins Literarische übergegangen sind, brechen hier mit der einsträngig-nationalistischen Tradition und hochkulturellen Prioritäten. Entsprechende Erklärungen werden auch für *Classicismes* und *Modernités* vorgebracht.

Durch die französische Sprache führt, so meine These, ein spezifischer Weg zu neuem Formulieren und neuen Ideen, damit auch zum kulturwissenschaftlichen *Turn*: Er hängt zum einen mit dem hohen Grad an Polysemie der

---

[26] Prigent: Préface (Anm. 4), hier S. XII.

französischen Sprache, zum anderen mit einem spezifischen Stilempfinden zusammen, das sich gerade aus der lexikalischen Polysemie, der Tendenz zur Ambiguität und dem daraus resultierenden grammatikalischen Potenzial ergibt. Für das Verständnis dieser Verfahren und Möglichkeiten finden hier Titel und Überschriften paradigmatisch besondere Beachtung. Ältere Literaturgeschichten konfrontieren uns nämlich mit auffallend vieldeutigen, insbesondere anschaulichen Kapiteltiteln: *Le long crépuscule du Roi-Soleil*, *A la recherche d'une improbable poésie*, *Explosion du gôut dramatique* (in *Littérature française du XVIIIe siècle*), *L'effervescence théâtrale*, *L'épanouissement de la prose* (in *Littérature française du XIXe siècle*). *L'effervescence philosophique* in der *Histoire de la Littérature française du XIXe siècle* ist als Kapitelüberschrift für eine deutsche Publikation schwer denkbar – *das philosophische Brodeln, Aufbrausen, Aufwallen der Philosophie* befremdet Anhänger des Sachlichen nicht weniger als *L'Aurore romantique et ses soleils levants* – *Die romantische Morgenröte und ihre aufgehenden Sonnen* im *Précis de littérature française du XIXe siècle* (1990). Von diesen nur partiell denotativen Überschriften, die nicht zufällig vor allem das Hervorbrechende versinnbildlichen, profitiert die aktuelle Literatur- und Kulturgeschichtsschreibung, in der wir Kapitel wie *L'éclatement poétique* und *Ecritures de la transgression au XXe siècle* (*Histoire de la France littéraire*, Band 3) oder *Une rupture sans retour* und *La tentation du sublime* (*La littérature française: dynamique & histoire*, Band 1) entdecken, welche gezielt auf poetischen Anklang und semantische Unbestimmtheit setzen. Kontinuität besteht in der Tendenz zur polysemen Unschärfe, neu ist die Tendenz zur Verknappung wie in *Formes* und *Présences*, Neuorientierung setzt hier an. Die Überschriften in der merklich kulturwissenschaftlich inspirierten *Histoire de la littérature française du XXe siècle* (2001) von Mirelle Calle-Gruber sind übrigens vergleichsweise konkret.

Die Begeisterung vom Gegenstand ist in Publikationen vor allem zum 20. Jahrhundert nach der Jahrhundertwende etwas gedämpfter als zuvor, die Art der Ausweitung des Literaturbereiches indes seit Langem üblich. Die Ausführungen zur *effervescence philosophique* beziehen u. a. Victor Cousin und Henri de Saint-Simon ein, die nur bedingt als Schriftsteller, eher als Literaten, eigentlich als politische Denker oder soziologische Philosophen gelten können. Festzuhalten ist, dass die fehlende Grenzziehung zwischen Literatur als Fiktion und Texten der Philosophie, Soziologie, Ethnologie, Geschichte und Literaturkritik nicht erst das Ergebnis einer Adaptation kulturwissenschaftlicher Perspektive, sondern auch ihre Voraussetzung ist.

5. Literaturbegriff

Wenn wir von *Literatur*geschichte, nicht von *Text*geschichte sprechen, dann auch, weil allen kulturwissenschaftlichen Weitungen zum Trotz ein enger Literaturbegriff normative Vorgabe ist, von dem aus die Weitung erfolgt. Der ‚enge' Literaturbegriff existiert implizit erst seit dem späten 18. Jahrhundert und gilt als von Germaine de Staël und Louis Gabriel Ambroise de Bonald um 1800 formuliert.[27] Die Verengung fand langsam statt, vom Begriff der *République des lettres* über den der *belles lettres* zum immer noch extensiven Begriff in der Literaturgeschichte *Lycée ou Cours de Littérature* von Jean-François de La Harpe (1799–1805).[28] Gleichzeitig mit der aufziehenden Vorstellung eines nationalen Kanons trat die Idee der Kunst- oder Hochliteratur auf den Plan. *Belles lettres* machte in diesem Zusammenhang eine Entwicklung vom weiten (alle sprachlichen Äußerungen in Schriftform meinenden) zum engen (Literarizität voraussetzenden) Begriff durch, im 19. Jahrhundert mehr und mehr fiktionale, der Zerstreuung und dem moralischen Aufbau dienende (oder diesen dienen sollende) Literatur bezeichnend, wie auch im Deutschen ‚schöne Literatur', Belletristik.

Da die Literatursoziologie sich auch für Institutionen wie Akademien und Salons sowie die sich im 17. Jahrhundert merklich verändernde Öffentlichkeit interessierte, gerieten ihr auch non-fiktionale Texte schnell in den Blick, z. B. Abhandlungen, Lobreden, Zeitschriften und Memoiren. Wenn aktuelle Publikationen der Quantität nach einen weiten Begriff pflegen, dann aus den historischen Gründen der Literaturentwicklung und denen der Theorieentwicklung. In französischen erzählenden Literaturgeschichten wird erstens nur selten ausschließlich Literatur im engen Sinne behandelt. Zweitens orientiert sich der Literaturbegriff auffällig an der historischen Entwicklung. Generell waltet der „klassische Literaturbegriff", der, wie Gerhard Goebel 1979 schrieb, ein universeller „Bildungs-Begriff" ist und sich nicht an bestimmten „Bildungsobjekten" festklammert.[29] Sogar *Les grands auteurs* von Lagarde und Michard trägt den Untertitel *Textes et littérature du moyen âge au XXe siècle*. Dass Texte im Plural und Literatur im Singular erscheinen, macht Letztere zu etwas Höherem, ist

---

[27] Vgl. Gerhard Goebel: Literaturgeschichte als Geschichte des Literaturbegriffs, an französischen Beispielen des 20. Jahrhunderts. In: Rolf Kloepfer u. a. (Hg.): Bildung und Ausbildung in der Romania. 2 Bde. Bd. 1: Literaturgeschichte und Texttheorie. München 1979, S. 211–223, S. 211. Man beachte hierzu Germaine de Staëls *De la littérature* (1800) und *Du style et de la littérature* (1806) von Louis Gabriel Ambroise de Bonald.
[28] Jean-François de La Harpe: *Lycée ou Cours de Littérature*, 1799–1805. Vgl. Goebel: Literaturgeschichte (Anm. 27), S. 211.
[29] Ebd.

aber nur bedingt einschränkend. Ohne Federlesen werden z. B. nach der höfischen Literatur und der satirischen Literatur des Mittelalters die *Chroniqueurs* Geoffroi de Villehardouin und Jean Froissart eingereiht, d. h. die politische Geschichtsschreibung. So hielt es auch schon Lanson. Im 18. Jahrhundert ist die *Encyclopédie* integriert, im 19. Jahrhundert taucht die Literaturwissenschaft auf (Sainte-Beuve, Renan, Taine), im 20. Jahrhundert Henri Bergson, Julien Benda und Gustave Lanson. Im Lagarde/Michard von 2003 (Aufl. 2006) ist es nicht anders. Der Ansatz, Literatur nicht auf Fiktion zu begrenzen, sondern Sachliteratur breit einzubeziehen, ist für bestimmte Epochen-Ausgaben charakteristisch. Die Dimension demonstriert *De l'Encyclopédie aux Méditations* bereits im Titel. Die Integration der *Encyclopédie* von Diderot und d'Alembert bedarf nirgendwo einer kritischen Diskussion. Die soziohistorische Geschichtsschreibung hat die Tendenz der Verengung der 1950er und 1960er Jahre wieder umgekehrt; *Histoire de la France littéraire* und *La littérature française: dynamique & histoire* setzen den Trend fort. In allen großen Literaturgeschichten werden für die Zeit vor dem 19. Jahrhundert philosophische und naturwissenschaftliche Schriften (etwa die *Histoire naturelle* von Buffon), Geschichtsschreibung oder Wörterbücher aufgenommen. Beinahe zeigt sich der Gegensatz zwischen Literaturgeschichte und anthologischem Handbuch vor allem an der Beschränkung auf Fiktion, sichtbar zum Beispiel in Muriel Gutlebens *Les grandes œuvres de la littérature française* von 2008. Allerdings gibt es eine Bewertung durch Quantität. In den meisten Literaturgeschichten werden als nicht hochkulturell verstandene Texte kursorisch abgehandelt, während Großkapitel fiktionaler Prosa, Lyrik und Dramen gewidmet sind.

Zur Frage, welcher Literaturbegriff zugrunde liegt und ob Standardisierung Reflexionen veranlasst, ist festzuhalten, dass, wie Goebel schrieb, „Literaturgeschichte als Geschichte einer Sache, deren Begriff nicht feststeht, [...] streng genommen nicht anders schreibbar als vermittelt über die Geschichte dieses Begriffs"[30] ist und dass jede „Literaturgeschichtsschreibung, die auf den Begriff nicht reflektiert, den sich jeweils relevante gesellschaftliche Gruppen bzw. repräsentative Autoren von der Sache ‚Literatur' gemacht haben", „naiv positivistisch, in meist unausdrücklicher Voraussetzung des mehr oder weniger idiosynkratischen, jedenfalls geschichtlich kontingenten Begriffs, den der Schreiber selbst von der Sache sich macht, deren Geschichtlichkeit verfehlen"[31] wird. Zwar fehlt den Literaturgeschichten vor der Zeit des kulturwissenschaftlichen Paradigmenwechsels das Bedürfnis nach ausdrücklicher Begriffsdefinition, aber darüber hinaus mag es auch diese innere Kontinuität der Literatur-Idee

---

[30] Ebd.
[31] Ebd.

sein, die zur Folge hat, dass der Begriff und seine Bedeutung in Literaturgeschichten zu wenig kritisch reflektiert werden. Wie oben angedeutet, machen jene zum 18. Jahrhundert, in dem viele Gattungen sich entfalteten und mischten, eine Ausnahme. Daher wird die Frage der Definition explizit von Didier erörtert (*Histoire de la littérature française du XVIIIe siècle*), auch Michel Delon und Pierre Malandain äußern sich hierzu in der *Littérature française du XVIIIe siècle*, Delon dann noch einmal in der Abteilung zum 18. Jahrhundert der *Littérature française: dynamique et histoire*. Delon legt dar, wie stark wir heute einem Werkverständnis verhaftet sind, dass nur gedruckte, gebundene und vertriebene Publikationen überhaupt als Literatur in Betracht zieht.[32] Auch die *Introduction* der *Histoire de la Littérature française du XIXe siècle* legitimiert das Ausbrechen „aus dem strengen Gattungsrahmen"[33] mit der Vielfalt der Literatur des 19. Jahrhunderts und verweist darauf, dass angesichts der literarischen Veränderungen im bürgerlichen Jahrhundert die Literaturgeschichte selbst nicht von Anfang bis Ende dasselbe Objekt behandle.[34] Entscheidend ist, dass diese Diskussionen die Begriffsreflexion auf historische Phänomene zurückführen und nicht darauf, dass Literatur im übergeordneten Sinn als Teil eines Ordnungs- und semiotischen Systems gesehen werden kann, in welchem Texte sehr verschiedener Machart die Funktion gesellschaftlicher bzw. kultureller Selbstthematisierung und Selbstwahrnehmung innehaben und Wirklichkeit für Einzelne, Gruppen und die Gemeinschaft erst konstruieren.

Dies gilt bisweilen auch für neueste Veröffentlichungen. Die Ausweitung des Literaturbegriffs auf non-fiktionale Texte kommt in allen Bänden der *Histoire de la France littéraire* zum Tragen und wird auch thematisiert. Die Rede

---

[32] Vgl. Michel Delon: Écrire: Des Belles Lettres à la Littérature. In: M. D. u. a. (Hg.): La littérature (Anm. 15), Bd. 2, S. 9–80, hier S. 11–15.

[33] Es heißt dort: „[l]a commotion révolutionnaire de 1789, prolongée par vingt-années de troubles civils et militaires, a mis en branle une dynamique qui accélère brutalement le rythme du temps et transforme en profondeur toutes les structures de la France. [...] Quant à la littérature, elle peut d'autant moins rester à l'écart de ce maelström permanent qu'elle prétend y jouer les premiers rôles. [...] Parallèlement, le domaine des études littéraires s'accroît démesurément. Au XIXe siècle émerge en effet le continent immense des sciences humaines et sociales: histoire, sociologie, psychologie, linguistique; d'autre part, les progrès de la médecine et des sciences naturelles et physiques engendrent de nouveaux savoirs qui trouvent à se réfléchir dans les textes et modifient les pratiques d'écriture. L'historien de la littérature doit donc, dans les limites des ses compétences, échapper au cadre rigide des genres, déplacer son point d'observation en se portant aux limites traditionnelles des Belles-Lettres, prendre acte de cet échange, fécond mais indescriptible, entre l'ensemble des discours et des formes de poésie." (Vaillant/Bertrand/Régnier: Introduction [Anm. 5], S. 3 f.). Integriert werden Texte von Tocqueville, Jules Michelet, Ernest Renan, Pierre-Joseph Proudhon.

[34] Ebd., S. 4. Vgl. ähnlich Tadié: Avant-propos (Anm. 19).

ist von Predigten ebenso wie etwa von Kunstkritiken, denen im zweiten Band ein eigenes Kapitel gewidmet ist. Dass der Band zum 20. Jahrhundert ein Kapitel zu biographischer Literatur enthält, ist lediglich in Bezug auf die Auswahl und die weichere Genredefinition („autofiction") innovativ. Es werden ferner darin nicht nur Gattungen aufgegriffen, die nicht ins traditionelle Dreier-Schema gehören, sondern zudem Beziehungen zwischen diesem zu anderen Künsten geschildert, so zur Musik. Signifikant ist, dass Sachtexte aufgenommen werden, die zuvor nicht Erwähnung fanden. Die Literaturgeschichte des 20. Jahrhunderts *Modernités* beginnt nicht mit „Histoire et civilisation", sondern direkt mit „Espaces de la fiction", eigentlich dem innersten Kern des Literarischen. Sie geht anschließend zu Theater und Inszenierungen sowie zur Dichtung über, um sich dann der Geschichtsschreibung zuzuwenden (*Ecritures de l'Histoire au XIXe siècle*) und schließlich eine Art neue Gattung zu begründen: *Ecritures de la transgression*. Hier finden wir Alfred Jarry mit seinem Provokationstheater, Antonin Artaud, der in gewisser Weise und erheblich radikaler dessen Erbe antrat, den belgischen Lyriker Henri Michaux und viele andere, die zuvor anders katalogisiert wurden, dabei auch die Teilhabe der Literatur an den Ereignissen von ‚1968', Provokationen aller Art, Gewalt, Sex, Sprachverletzung, Verletzung durch Sprache, Exzess.[35] Hinein spielt schließlich das Verhältnis des Staates zur Literatur, etwa anlässlich des Prozesses gegen Jean-Jacques Pauvert.[36] Der Begriff *Ecriture* signalisiert hier wie in *La littérature française: dynamique & histoire* (*L'écriture du jour* im Abschnitt *Essais*) die Öffnung des Literaturbegriffs hin zu einer Vorstellung vom Zusammenspiel von Artefakt, Stil und Text.

Obwohl die *Histoire de la France littéraire* gerade nicht nur Literatur (im engen oder weiten Sinne) behandeln soll, beweisen die stichprobenartigen Befunde in Literaturgeschichten der 1970er bis 1990er Jahre, dass die Herangehensweise darin keine Geburt aus dem Nichts darstellt, denn vorherige Literaturgeschichten sprechen ebenfalls von ihrem Gegenstand und ziehen auch einen weiteren Gattungsradius als jenen, der nur Literatur umfasst, die als Kunst verstanden wird. Vertreten wird allerdings insgesamt ein konservatives Bild von Literatur bzw. Texten und ihren Schöpfern. Die Diskussion um den Autor im Poststrukturalismus wird in der *Histoire de la France littéraire* ausführlich referiert, ist aber ohne Konsequenzen für die Präsentationen. Das Konstruktive von Literatur bleibt unbeachtet, der Umstand, dass Welterfahrung auch durch Kunst mitgeformt wird, wird nicht herausgestellt. Das Verhältnis von Realität

---

[35] Vgl. Histoire de la France littéraire, Bd. 3 (Anm. 25), z. B. S. 360.
[36] Ebd., S. 363. Pauvert stand 1956 vor Gericht, weil er *La Philosophie dans le boudoir, La Nouvelle Justine, Juliette* und *Les 120 journées de Sodome* verlegt hatte.

und Kunst erscheint im *Avant-propos* als Einbahnstraße: Kunst ist eine „Repräsentation" oder ein „Echo" der Wirklichkeit, der Künstler jemand, der in seiner Zeit lebt, auf sie einen Blick wirft und sich in ihr engagiert. Der Terminus ‚Konstruktion' taucht auf, allerdings als Ersatz für ‚Schöpfung': „L'imitation de la réalité n'est donc plus un but, mais le moyen par lequel l'écrivain construit une œuvre dont l'origine est en lui-même."[37] Die Ideen vom Künstlergenie und von Literatur als einer Kunstform, die autonom und subversiv sei, werden offiziell nicht vertreten, aber indirekt etwa in solchen Stellungnahmen vermittelt.

Die noch zögernde Aneignung neuer literaturtheoretischer Perspektiven gilt auch für andere Literaturgeschichten, etwa wenn die Vorstellung von Literatur als eines Objekts aufscheint, das (offenbar im Sinne Pierre Bourdieus) als Teil ökonomischer Tauschzirkel fungiert, und eines Mediums, das in einen größeren Diskurs einzuordnen ist. Verfasser und Verfasserinnen der Abschnitte oder Bände zum 18. Jahrhundert finden leicht Anschluss an solche Theorien, so in Bezug auf das Kursieren von Texten und „Zirkulieren von Diskursen",[38] von wo sich ein interessanter Zugang zur schwierigen Fragestellung rund um Plagiat, Zitat und Originalität bahnen lässt.[39] Dass Texte auf Texte zurückgehen und Literatur weniger einer historisch-ereignishaften Chronologie als eigenen Abstammungsbindungen folgt, ist keine neue Erkenntnis, aber die Aufmerksamkeit, die diesem Phänomen gewidmet wird, ist mit der Rezeption der Ideen von Bourdieu zu *production*, *reproduction*, *circulation* und *appropriation* markant gestiegen.

Neue Literaturgeschichten benutzen auch gerne den Begriff des *champ littéraire*. Er eröffnet, ähnlich wie jener des Raums (*espace, univers*), Möglichkeiten, über Bezüge jenseits von Schulen und Gruppen zu sprechen. Eine substanzielle Änderung der Literaturkonzeption ist damit nicht zwingend verbunden, aber die Möglichkeit besteht: Jacqueline Cerquiglini-Toulet problematisiert im Auftaktkapitel *Littérature médiévale?* in der *La littérature française: dynamique & histoire* (Band 1) die Verbindung von Literaturgeschichte, Alterität, Gegenstandsdeterminierung (von „Literatur" und „Roman") und Umgang mit Idee und Begriff des literarischen Felds. Eine Annäherung an Michel Foucaults Diskurstheorie demonstrieren Vaillant, Bertrand und Régnier in den ersten

---

37 Vgl. Histoire de la France littéraire, Bd. 3. Avant-propos (Anm. 25), S. 2. Zur Darstellung des Verhältnisses von Literatur und Realität als einer Echo-Beziehung vgl. ebd., S. 4. Die Fehleinschätzung beginnt schon mit dem ungenauen Imitationsbegriff, mit dem die künstlerischen Verfahren des 17. Jahrhunderts erklärt werden (vgl. ebd., S. 1).
38 Vgl. Delon: Écrire (Anm. 32), S. 17 („circulation des discours"), Didier: Histoire (Anm. 20), Kapitel 2 *La circulation des idées*.
39 Vgl. z. B. Delon: Écrire (Anm. 32), S. 11 ff.

Zeilen ihrer *Introduction* zum Austausch „entre l'ensemble des discours et des formes de pensée".[40] Der Diskurs als eine Ordnung, die durch regelmäßige Vorgänge entsteht, wird angedeutet, wenn von mehreren „discours" die Rede ist.[41]

Festzuhalten ist, dass der Übergang vom Sozial- zum Kulturgeschichtlichen als Besonderheit erst dann aufzufassen ist, wenn man die Neuerungen im Bereich des Interesses z. B. für das Materielle, das Symbolische oder die je spezifische Literarizität bzw. Textualität einer Zeit sieht, damit auch einen neuen Literaturbegriff. Tatsächlich gehen aktuelle Literaturgeschichten in zwei weitere Richtungen, jene der Performativität und jene der Inszenierung, wenn vom Drama die Rede ist (aus dem folglich ‚Theater' wird). Erwähnt sei hier das Kapitel *Le théâtre et la mise en scène* der *Histoire de la France littéraire*, Band 3. Performativität geht als Thema merklich in die *Histoire de la France littéraire* ein. Mittelalterforschung war schon immer auch Kulturgeschichtsforschung und nah an den Fragen von Entstehungsbedingungen und Aufführung. Literatur wurde laut gelesen, auch wenn man alleine war, an der Universität des Mittelalters geschah Lehren durch lautes Kommentieren. Rezeption war zumeist eine kollektive Rezeption, Texte wurden daher in einer Gruppe vorgelesen, Lyrik war Vortragspoesie zur Begleitung einer Harfe oder auf öffentlichen Plätzen mit anderen Instrumenten. Performativität findet hier also von selbst ihren Platz. Oralität und Rezeption wurden daher früh Untersuchungsgegenstände der Mediävistik, doch die Hinwendung zum Performativen, zu den Aufführungsformen, zur Mündlichkeit, damit auch zur Stimme ist in der *Histoire de la France littéraire* sehr deutlich. Geradezu offensiv wird die Leserschaft damit konfrontiert: Das erste große Kapitel von über zweihundert Seiten ist *Langues, textes et voix*, Sprachen, Texte, Stimmen, betitelt. Ein Unterkapitel widmet sich *La voix: mirages et présence de l'oralité*, *Die Stimme: Wunder und Gegenwart der Mündlichkeit*. Die Stimme gilt als *das* Medium dieser ‚Literatur'.[42] Heiligenlegenden werden vorgetragen, Predigten, Lieder, Kirchenlieder dokumentiert, Exempel ausdrücklich erwähnt. Ähnlich operiert *La littérature française: dynamique & histoire* mit *La voix et le livre* (Kapitel II zur Renaissanceliteratur, Band 1). Da die Applikation der kulturwissenschaftlichen Wende allgemein indirekt vollzogen wird, ist die folgend zitierte Explizierung ein seltener Fall: „Même si le Moyen Âge ignore la conception du poète inspiré, vaticinant",

---

40 Vgl. Vaillant/Bertrand/Régnier: Introduction (Anm. 5), S. 4.
41 Vgl. z. B. Michel Foucault: L'archéologie du savoir. Paris: Gallimard. 1976, S. 153.
42 Vgl. Michel Prigent (Hg.): Histoire de la France littéraire. 3 Bde. Bd. 1 : Frank Lestringant/Michel Zink (Hg.): Naissance, Renaissance. Moyen Âge – XVIe siècle. Paris 2009 (S. 193: la voix est le *medium* indispensable).

heißt es in der *Histoire de la France littéraire*, „la ‚performance' (au sens anglo-saxon que donnent à ce terme les poéticiens depuis quelques décennies) du récitant conserve à la poésie orale quelque chose de la fonction oraculaire."[43] Kulturelle Praktiken sind im Übrigen in der *Histoire de la France littéraire* schon dadurch sehr präsent, als es sich eben um eine Geschichte des literarischen Frankreich handelt, die auch die Funktion der Akademien, die Vergabe von Preisen, Zensur usw. behandelt.

6. Was heißt, was ist ‚französisch'?

Die Reflexion des Literaturbegriffs und das Einbeziehen von ‚zweitrangigen Autoren' und Autorinnen, sogenannten *auteurs mineurs*, ist folglich seit Längerem üblich, ja wurde für die Zeit der Aufklärung als notwendig dargestellt.[44] Umso mehr erstaunt, dass nicht nur weiter ein Hang zu hochkulturellen Texten vorherrscht, benannt nunmehr als „erfolgreiche" Literatur,[45] und dass die Gründe für Hierarchisierungen kaum thematisiert werden. Die Trennung in erstrangig und zweitrangig, die Kanonbildung als solche ist, soweit ich sehe, den Autorinnen und Autoren als Hauptaktivität von Literaturgeschichten selten eine Zeile wert. Es wird nicht mehr vom Originalgenie gesprochen, auch wird keine Verbindung mehr zwischen *esprit français* oder *âme française* und Literatur hergestellt,[46] implizit bleibt sie als Problem der Repräsentativität subkutan erhalten, wo Kanonisierung und Selektion nicht erhellt werden. Anders ist dies, wenn Literatur, wenn Werke, Texte und Schriftsteller bzw. Schriftstellerinnen als exemplarisch aufgefasst werden, so in *Littérature française: dynamique & histoire*.

Zur Frage, was mit ‚französisch' bzw. im Fall der Literaturgeschichtsschreibung mit ‚Frankreich' als Bezug gemeint sei, wird selbst in aktuellen Publikationen nur ausnahmsweise Stellung bezogen. Im 19. Jahrhundert wurde noch

---

43 Ebd., S. 194.
44 Vgl. z. B. Delon/Malandain: Introduction (Anm. 21), S. 7: „[...] une foule d'auteurs mineurs. Leur présence [in der Literaturgeschichte, die Verfasserin] est indispensable, si l'on veut ne pas trahir l'esprit et la pratique d'un temps ou la littérature n'est plus réservée à un petit nombre de beaux-esprits ou de grands créateurs [...]."
45 Vgl. z. B. Berthier/Jarry: Avant-propos (Anm. 25), S. 3.
46 Vgl. z. B. Gustave Lanson: Histoire de la littérature française. Paris 1903 [1894], S. 758; Emile Henriot: Neuf siècles de Littérature française des origines à nos jours. Paris 1958, S. IX: „La littérature française est un fait singulier de l'esprit humain: une création de l'esprit continue, qui a duré plus de neuf siècles et qui ne semble pas près de finir. Continuité unique dans l'histoire."

ausdrücklich die Literatur mit dem Nationalcharakter in Verbindung gebracht und davon ausgegangen, dass sich französischer Geist und französische Texte in den *belles lettres* ausdrückten bzw. diese für jenen ständen. Beides wird explizit nicht mehr verknüpft – wo aber das Französische der Literatur nicht problematisiert wird, existiert sie unbescholten weiter. Audrey Lasserre hat harsche Kritik daran geübt, dass auch aktuelle Literaturgeschichten ihren Gegenstand in dieser Hinsicht unzureichend reflektieren. Nach wie vor ist das Objekt ‚französische Literatur' das, was auf heutigem französischem Territorium entstanden ist, es sei denn, es geht um das Produkt von Autoren, die im Ausland als Kind französischer Eltern geboren wurden. Lasserre weist darauf hin, dass sich Autoren oder Autorinnen lange Zeit nicht als französisch, sondern nur ihrer Region zugehörig verstanden.[47] Diese sind durch politische und sozialgeschichtliche Veränderungen keineswegs dieselben geblieben. Zu fragen bleibt auch: Was ist mit der Literatur Frankreichs, die nicht im französischen Standard verfasst ist? Wie wird die Literatur französischer Sprache von nichtnationalfranzösischen Autoren und Autorinnen präsentiert? Wie steht es mit den französischen Texten brandenburgischer Hugenotten oder russischer Autorinnen und Autoren? Was ist die Norm?

Zumeist wird davon ausgegangen, französisch sei das, was auf französischem Boden oder von Menschen, die eine französische Staatsbürgerschaft hatten, hervorgebracht wurde. Diesbezüglich problematische Fälle werden wortlos integriert. Ein Beispiel für die territoriale Normsetzung ist das Vorwort von Jean-Yves Tadié zum zweiten Band der *Littérature française: dynamique & histoire*. Er stellt es als quasi natürliches Handeln dar, wenn man im Regal die Bücher nach ihrer geographischen Zugehörigkeit ordnet, und rechtfertigt mit diesem einrichtungstechnischen oder auch anthropologischen bzw. erstaunlicherweise von der Literatur selbst aufgedrängten Prinzip („La littérature *se présente* d'abord selon l'espace."[48]) den Korpus der von ihm mitherausgegebenen *Littérature française*. Lasserre spricht diesbezüglich sehr direkt von „droit du sol", „droit du sang", und „droit du sang *linguistique*".[49] Gemeint ist mit „littérature française" in den hier analysierten Literaturgeschichten tatsächlich fast immer Literatur französischer Sprache, die auf französischem Boden entstand. Die französisch-belgische Geschichte erlaubt, gegenüber Autoren aus Belgien

---

[47] Audrey Lasserre: Qu'est-ce qu'une histoire de la littérature *française*? In: Marie-Odile André/Marc Dambre/Michel P. Schmitt (Hg.): La France des écrivains. Éclats d'un mythe (1945–2005). Paris 2011, S. 207–217.
[48] Tadié: Avant-propos (Anm. 19), S. 10 (Hervorhebung von Verfasserin).
[49] Lasserre: Qu'est-ce qu'une histoire (Anm. 47), S. 211 ff.; vgl. ebd., S. 212 (Hervorhebung im Original)

großzügig zu sein, z. B. Marguerite Yourcenar. Das Grundprinzip dieser ‚positiven' Vereinnahmung bleibt dabei im Dunkeln. Jean-Jacques Rousseau und Benjamin Constant werden als französische Muttersprachler der Schweiz ebenfalls kurzerhand und unausgesprochen ‚eingebürgert', Samuel Beckett und Eugène Ionesco sind längst naturalisiert. Einige Publikationen schränken das Problem durch die Rahmung ein, etwa Michel Mourlets *Ecrivains de France – XXe siècle* (1997) und *Histoire de la France littéraire*. Mourlet versammelt Schriftstellerporträts nach persönlichen Interessen bis hin zu eigenen Bekanntschaften, eine breite Darlegung ist gar nicht das Ziel, immerhin aber macht er „aus Frankreich" in Bezug auf Beckett als variabel deutlich: „On verra que Benoist-Méchin peut voisiner ici avec Beckett (écrivain de France lui aussi) [...]".[50] Kann der *Histoire de la France littéraire* der Vorwurf gemacht werden, einem unkorrigierten Bild der französischen Literatur und Nation zu huldigen? Ihr Ausgangspunkt ist französisches Gebiet, die Literatur wird als Produkt gesehen, das in französischer Sprache im französischen Kulturraum entstand. Reflektiert wird jedoch in Vorwort und Vorreden nicht, wie es mit Literatur z. B. aus der Bretagne steht, jenseits des Mittelalters, oder mit solcher maghrebinischer Autorinnen und Autoren, die in Frankreich leben, ganz zu schweigen davon, dass in Frankreich auch Literatur anderer Sprachen entstanden ist.

Für französische Literaturgeschichten und Handbücher gilt, dass normalerweise kanadische, okzitanische oder bretonische Autoren oder Autorinnen darin oft nicht präsent sind oder nicht hinreichend gewürdigt werden. Der *Précis de littérature française du XIXe siècle* hält ein Kapitel *Une autre voie: Le Folklore* zu Frédéric Mistral und anderen provenzalischen Autoren bereit. Eine Anerkennung auf Augenhöhe ist dies nicht, ebenso wenig, wenn Michel Touret in ihre *Histoire de la littérature française du XXe siècle* (2008) regionale Literatur mit der ‚nationalen' Literatur Frankreichs in Beziehung setzt.

In *La littérature française: dynamique & histoire* von 2007 wird zur Frankophonie erklärt, dies sei „cette littérature en français qui n'est pas française".[51] In derselben Einleitung wird zur Literaturentwicklung im 19. Jahrhundert bemerkt, dass der Gegenstand ‚französische Literatur' eine Erfindung („invention") dieses Jahrhunderts gewesen sei, da schließlich zuvor, im 18. Jahrhundert, das ganze gebildete Europa Französisch gesprochen habe.[52] Die Kurve wird aber genommen, indem die retroaktive Nationalisierung von Autoren, die

---

50 Michel Mourlet: Avant-propos 1997. In: M. M.: Écrivains de France. XXe siècle. Clichy-la-Garenne 2011 [1997], S. 13–14, hier S. 14.
51 Françoise Mélonio/Bertrand Marchal/Jacques Noiry: Une ère nouvelle. In: Delon u. a.: Littérature française (Anm. 15), S. 301–330, hier S. 324.
52 Vgl. ebd., S. 319.

sich historisch nicht als französisch empfinden konnten, da es noch kein französisches Nationalgefühl gab, zwar beschrieben wird, aber ohne Konsequenzen für die eigene Literaturgeschichtsschreibung derselben Ausgabe bleibt. Die ‚Erfindung' des 19. Jahrhunderts bleibt damit wegweisend.

Das Frankophonie-Problem ist anderen Verfassern bewusst. Der Umstand, dass ‚frankophon' ‚französischsprachig' heißt, weshalb darunter auch Texte von aus (dem Staat) Frankreich stammenden Autoren und Autorinnen fallen müssten, erscheint lächerlich, sodass mit Hilfe des Begriffs eine paradoxe Spaltung verstetigt werden kann. Generell setzt sich die Hierarchie zwischen *France métropolitaine* und ehemaligen Kolonien in den Literaturgeschichten fort. In der Lagarde/Michard-Ausgabe von 2006 wird darauf hingewiesen, dass die Frankophonie nicht aufgenommen werden könne, es aber im selben Verlagshaus eine Veröffentlichung zu ihr gebe. In den *Manuels* findet sich nur punktuell die Erweiterung des Kanons auf so bezeichnete postkoloniale Texte.[53] Sehr oft sind frankophone oder postkoloniale Literatur in eigene Kapitel oder Abschnitte abgeschoben, sowohl noch in den Publikationen des letzten Drittels des 20. Jahrhunderts als auch in neueren: *1913–1976* (1982, hg. von André Daspre und Michel Décaudin, Band 6 des *Manuel d'Histoire littéraire*) enthält als letztes Kapitel *Littératures francophones*, *Du Surréalisme à l'empire de la critique* (Band 9 der *Littérature française*) und widmet sich sowohl Literatur anderer Sprachen als auch „écrivains d'expression française"[54] im Kapitel *Les influences nouvelles*. Michèle Touret bezieht in ihre *Histoire de la littérature française du XXe siècle* (2008) nur frankophone Literatur ein, die unter französischer Herrschaft entstanden ist (Kapitel *Une littérature sous dépendance*). Eine Ausnahme stellt die *Histoire de la littérature française du XXe siècle* (2001) von Mireille Calle-Gruber dar, weil sie in der Einleitung auf frankophone Literatur eingeht, die Grenzen des Terminus erläutert, auf die Diversifikationen von Texten aufmerksam macht, die französische Gattungen als ‚Gastgeber' nutzen und aus ihren eigenen kulturellen Vorgaben heraus modifizieren.[55] Zwar gibt es einen eigenen Abschnitt *Littératures francophones* (man beachte den Plural) in der Einleitung. Es werden jedoch

---

53 Vgl. Jean-Michel Maulpoix: Itinéraires littéraires. XXe siècle. 2 Bde. Bd. 2: Après 1950. Paris 1991. (Einzelkapitel: *La littérature africaine d'expression française: Tchicaya U Tam'Si, Beti, Kourouma*; *La littérature maghrébine d'expression française: Ben Jelloun, Yacine* [sic], *Memmi*; *La littérature québecoise moderne: Maillet, Hebert*); vgl. Muriel Gutleben: Les grandes œuvres de la littérature française. Paris 2008 (Kapitel zu Lépold Sédar Senghor).
54 Germaine Brée/Edouard Morot-Sir: Du Surréalisme à l'empire de la critique. Paris 1984, S. 81.
55 Vgl. Mireille Calle-Gruber: Introduction. Mots de passe pour une littérature du temps présent. In: M. C-G.: Histoire de la littérature française du XXe siècle ou les repentirs de la littérature. Paris 2001. Vgl. darin auch S. 98.

auch Autoren und Autorinnen wie Nicole Brossard (Kanada), Fernando Arrabal (Spanien), Assia Djebar (Algerien) nicht unter lokal-kolonialen Aspekten eingereiht, sondern geht deren Werk an formal entsprechenden Stellen in die Geschichte ein. Calle-Gruber operiert ähnlich partisanenhaft wie Jacques Brenner, der in *Mon histoire de la littérature française contemporaine* 1987 ausgesprochen eigenwillig Panait Istrati (Rumänien) und Armen Lubin (Türkei) ins ‚Inventar'[56] aufnahm.

Wenigstens dem Ansatz nach fortschrittliche Versuche in Bezug auf die Literatur vor dem 20. Jahrhundert, z. B. von Didier in *Histoire de la littérature française du XVIIIe siècle*[57] und Delon, Mauzi und Menant in *De l'Encyclopédie aux Méditations*,[58] sind vor allem in den Literaturgeschichten großer Verlage nicht hinreichend vorwärtsgetrieben worden, wenn sie auch als Idee weiterleben.[59] Keine der hier untersuchten Literaturgeschichten wendet sich etwa der kanadischen oder haitianischen Literatur ab dem 19. Jahrhundert zu; die französische Literatur der Schweiz oder Luxemburgs bleibt in ihrer Spezifizität im Grunde ausgeschlossen.

Die Anordnung sogenannter frankophoner Literatur in eigenen Abschnitten oder Kapiteln verstärkt die Ausgrenzung und ist ein sinnfälliges Beispiel für Marginalisierung. Es bleibt dabei, dass die Norm französische Literatur französischer Autoren aus Frankreich ist und andere Literatur auf diese Norm

---

56 Vgl. Jacques Brenner: Paratonnerre. In: J. B.: Mon histoire de la littérature française. Paris 1987, S. 7–13, S. 9.

57 Nicht nur, dass Didier davon schreibt, dass im 18. Jahrhundert ganz Europa Französisch sprach, während ausgerechnet in Frankreich dies nur Teile der Bevölkerung taten, und fragt, was eigentlich französische Literatur sei, wenn auch Casanova auf Französisch schrieb (vgl. Introduction [Anm. 20], vgl. auch Histoire [Anm. 20], S. 228 ff., Kapitel 4, A, 1.: *Qui parle français?*), auch werden vielfach Informationen zu nichtfranzösischen Werken eingeflochten, z. B. aus Großbritannien, Deutschland und Italien. Didier beginnt nach einigen Auskünften zu Politik, Wirtschaft, Gesellschaft und Religion die Behandlung der französischen Ideenlandschaft mit einem Überblick über die Kulturkontakte (*contacts avec l'étranger*). Im Vorwort deutet sie an, dass die Verlagsvorgaben eine stärkere Einbeziehung von französischer Literatur, die nicht aus Frankreich oder von französischen Autoren stammt, nicht erlaubt hätten. Einzelne Franzosen, die in Kolonien gelebt und geschrieben haben, werden kurz, dabei lobend erwähnt („Ce n'est pas tout à fait un hasard si les meilleurs poètes de cette génération viennent d'ailleurs."); hier z. B. der auf Guadeloupe geborene Nicolas-Germain Léonard oder Evariste de Parny, geboren auf der Ile de la Réunion (vgl. ebd., S. 234 f.).

58 Vgl. hierzu z. B. Delon/Mauzi/Menant: De l'Encyclopédie (Anm. 14), S. 53: „Les philosophes français n'hésitent pas à se référer aux exemples étrangers pour critiquer leur pays. Mais ils prennent souvent la culture française pour modèle universel, de même qu'ils assimilent le développement européen au principe de civilisation."

59 Vgl. Michèle Touret: Histoire de la littérature française du XXe siècle. 2 Bde. Bd. 1. 1898–1940. Rennes 2000 (darin das *Préface*).

bezogen wird.⁶⁰ Die nicht problematisierte Alteritätsauffassung dient sichtlich der Stützung eines unveränderten Selbstbilds französischer Literaturproduktion.

Während der neue *Oxford Companion* unter verändertem Titel erscheint – statt *Oxford Companion to French Literature* nunmehr *The New Oxford Companion to Literature in French* –, um Literatur der ganzen Welt aufnehmen zu können, wird in Literaturgeschichten aus Frankreich die Literatur Kanadas, Schwarzafrikas, des Maghreb, des Mittelmeerraums oder Südostasiens (die ‚indochinesische' Literatur) selten integriert. Zudem wird durch eigene *Francophonie*-Kapitel suggeriert, sie zähle nicht zur französischen Literatur *sui generis*.

Neue Publikationen tun sich mit veritablen Modifikationen des Kanons schwer. Selbst Überlegungen zum Kanon sind selten. Erkannt wird von Tadié, dass „Reaktionäre" und Autoren, die keiner Gruppe zugehört hätten, herausfallen,⁶¹ einbezogen werden diese jedoch nicht. In Stichproben der *Histoire de la France littéraire* wurden keine Überlegungen zur Kanonisierung gefunden, beispielsweise nicht im dafür geeigneten Kapitel zu einer Hauptgattung des 20. Jahrhunderts, dem Roman. Bergounioux geht es ausdrücklich um eine Revision („reconsidérer les textes"⁶²), eine typisch kulturwissenschaftliche Aktivität, wodurch sich sein Kanon nur partiell von anderen unterscheidet. Originell ist die Kombination aus längeren Textausschnitten und persönlichen Kommentaren. Auf der anderen Seite versteht er die länger schon rezipierte, von ihm revidierte Literatur als „universell"⁶³ und begründet die Wahl von ihm neu ausgesuchter Texte mit deren Repräsentativität. Hier spielt die eingangs erwähnte Lesererwartung eine Rolle. Alles in allem wird nur in Ausnahmefällen das ‚Französische' erörtert, die Idee der Einzelstellung Frankreichs bleibt meist unreflektiert, und viele nichtkanonisierte Texte werden weiter der Gemeinschaft französischer Literatur, der Kultur, des Landes verwiesen. Die Literaturgeschichten begeben sich damit der Chance, nicht als repräsentativ normierte Literatur einzubeziehen und jene Texte aufzunehmen, die nicht dem hexagonalen Frankreich entstammen bzw. anderen impliziten Vorgaben entsprechen.⁶⁴

---

60 Man sieht dies auch in Tadié: *La Création littéraire au XIXᵉ siècle* (Anm. 15).
61 Vgl. Tadié: Avant-propos (Anm. 19), S. 16.
62 Bergounioux: Introduction (Anm. 22), hier S. 9.
63 Ebd.
64 Wo Kanon, Kanonisierungsmethoden und Überzeugungen zur Bedeutung bestimmter literarischer Entwicklungen angegriffen werden, rührt man an die Grundfeste des disziplinären *Common Sense*, wie die Diskussionen um den Band *French Global – A New Approach to Literary History* (hg. von Christie McDonald/Susan Rubin Suleiman, New York 2010) bezeugen. Vgl. z. B. http://www.fabula.org/actualites/chr-mcdonald-s-suleiman-dir-french-global-a-new-approach-to-literary-history_41221.php (zuletzt eingesehen am 27. 1. 2013).

7. Selbstreflexion, Subjektivität, Fluidität

Dass Literaturgeschichten zu schreiben schwierig ist, wird vielfach festgestellt. Je nach Verfasser oder Verfasserteam auch, dass es Einzelne kaum zu machen vermögen oder doch nur unzureichend, mit Hilfe anderer, mit Hilfe oder auf der Basis existierender Literaturgeschichten, die mit ähnlichen Entschuldigungen eingeläutet werden. Bescheidenheitsbezeugungen sind üblich,[65] auch neuere Veröffentlichungen beginnen mit der Aussage zur Unlösbarkeit der Aufgabe.[66] Sinn und Zweck der Handbücher und Literaturgeschichten werden hingegen kaum diskutiert. Hier sticht einzig der *Bréviaire* von Bergounioux hervor. Die Verfasser kreisen vielmehr um sich selbst. Wo die Idee verbindlicher ‚Wahrheiten' ihre Gültigkeit verloren hat, scheut man sich, verbindliche Ziele und Ansprüche zu benennen. Eindeutige Information kann als Zweck nicht mehr genannt werden, das Prekäre wird hervorgekehrt, auch das des Gegenstands. So heißt es im *Préface* der *Histoire de la France littéraire* erst, man wolle mehr evozieren als definieren, dann zum ‚literarischen Frankreich': „la France littéraire, comme toute œuvre, est une *construction*, une *architecture d'hypothèses*, une *mise en scène* (pas en ordre) progressive des représentations", und weiter: „Naissances, Renaissances. Classicismes. Modernités. La perspective retenue donne la direction et s'entend comme un diapason."[67] Die Rede ist von einer Architektur (einem Gebäude?) aus Hypothesen, einer Inszenierung (jedoch nicht geordnet), der Ausbreitung des Wissens wie der Klang einer Stimmgabel. Die Sprache des *Cultural Turn* vermittelt das Unabgeschlossene, Plurale, nie fertig zu Definierende. Im Unterschied zu deutschen Einleitungen kommt die Position der Autoren *en passant* zum Ausdruck. So wird die Frage nach der Struktur der drei Bände mit dem Stichwort ‚Architektur' verkappt eingebracht,[68] auch wird erklärt, dass die „bequeme Kartographie" der französischen Literatur sich mittlerweile verwischt habe.

---

65 Vgl. Guth: Préface (Anm. 11), S. 7: „Ecrire une *Histoire de la Littérature française* est une folie, que seul un éditeur peut inspirer à un auteur. De moi-même, je ne l'aurais jamais commise. Il a fallu qu'on m'y poussât. – L'auteur d'une *Histoire de la Littérature française* est promis au martyre. On lui reproche ses lacunes, ses oublis. Ses critiques ont toujours raison, car ils ne pensent qu'à un seul auteur, tandis que lui pense à tous."
66 Beispielhaft sei die *Histoire littéraire du XIXe siècle* zitiert: „Disons-le d'emblée: il est impossible de faire tenir en un seul volume, aussi synthétique fût-il, toute l'histoire littéraire française du XIXe siècle. Cet exploit n'est sans doute réalisable pour aucun siècle, mais il est encore moins souhaitable pour le XIXe siècle." (Vaillant/Bertrand/Régnier: Introduction [Anm. 5], S. 3).
67 Prigent: Préface (Anm. 4), S. XII.
68 Vgl. ebd.: „La France littéraire, comme toute œuvre, est une construction, une architecture d'hypothèses […]."

Wie Pluralbildungen und Metaphern genutzt werden, haben wir anlässlich der Frage nach Epocheneinteilungen gesehen. Eine dritte Weise, Offenheit zu suggerieren, ist der Einsatz von Verben, besonders im Infinitiv, oder Halbsätzen, die Vorgänge zur Sprache bringen, etwa durch eine Überschrift wie *Comment on écrit l'histoire*.[69] Mit Infinitiven wird versucht, den „diktatorischen" Substantiven traditioneller Überschriften das Fluide neuer Zugänge entgegenzusetzen. *La littérature française: dynamique & histoire* demonstriert die Bewegung bereits im Titel.[70]

Die Neuorientierung aus Opposition zu Monumentalität und Strenge vollzieht sich bisweilen auch über die Subjektivität der Erzählerposition. Im Grunde schlagen die Literaturgeschichten damit einen Bogen zurück zu ihrer Frühgeschichte.[71] Bergounioux' *Bréviaire* setzt auf diese Weise die These der Relativität des Wissensstandpunkts produktiv um. In seinem *Bréviaire* ist Subjektivität nicht nur ein Lippenbekenntnis, anders als in der *Histoire de la littérature française du XIXe siècle*, für die die Autoren ebenfalls einen subjektiven Ton reklamieren, selbstreflexiv das Unvollkommene ihres Unterfangens thematisieren[72] und Neutralität abstreiten,[73] praktisch jedoch einzuhalten versuchen. Französische Literaturgeschichten sind erheblich lebendiger, ‚erzählerischer' formuliert als deutsche. Sie wirken daher immer auch persönlicher. Aber selbst innerhalb dieser kollektiven Norm sind Steigerungen möglich. Ein Autor, der besonders deutlich darauf verweist, dass das Material von ihm in eine künstliche Ordnung gezwungen werde und seine Arbeit nicht unanfechtbar sei, ist Dominique Rabaté (Kapitel *Le récit au XXe siècle* der *Histoire de la France littéraire*).[74] Die ostentativ vorgebrachte Subjektivität setzt ein Zeichen gegen die

---

[69] Vgl. Colette Becker u. a.: Littérature française du XIXe siècle. Paris 1993.
[70] Vgl. Tadié u. a.: La littérature, Bd. 2 (Anm. 15): *Écrire: des Belles Lettres à la Littérature, Séduire: l'âge rocaille, Convaincre: le moment encyclopédique, Toucher: le temps des révolutions*.
[71] Neben der *Histoire de la Littérature française* von G. Lanson sei die ebenfalls lang verwendete *Histoire de Littérature française au dix-huitième siècle* aus den 1830er Jahren von Alexandre Vinet erwähnt (publiée avec une préface documentaire par Henri Perrochon, Lausanne 1960). Selbstverständlich gibt es große ideelle und moralische Unterschiede zwischen den Standpunkten etwa von Bergounioux und Vinet (vgl. z. B. dessen Kapitel zum Abbé Prévost, ebd., S. 158–162).
[72] Vgl. Vaillant/Bertrand/Régnier: Introduction (Anm. 5), S. 4 f.; die Formulierung verrät formal bereits die Begrenzung des Subjektiven: „Le présent ouvrage [...] tient un discours, inévitablement partiel et subjectif, à son lecteur."
[73] Vgl. ebd., S. 6.
[74] Vgl. Dominique Rabaté: Le récit au XXe siècle. In: Prigent (Hg.): Histoire de la France littéraire, Bd. 3 : P. B./M. J. (Hg.): Modernités (Anm. 4), S. 113–138, hier S. 130, 132. Vgl. zu den Erzählungen der 1980er und 1990er Jahre: „Si le récit s'ouvre à nouveau sur un référent extratextuel, il n'oublie pas des tentatives qui restent délibérément dans sa marge, qui poursuivent

Selbstgewissheit früherer Literaturgeschichten, gegen den Hegemonialdiskurs des 19. Jahrhunderts, aber auch gegen alle späteren Vermittlungen vom Standpunkt unerschütterlicher Kennerschaft aus.

Dieser transparenten Herangehensweise widerspricht interessanterweise das Vorwort der *Histoire de la France littéraire* gerade durch die Zitiertechnik, mit welcher ja angedeutet wird, dass kein Text aus dem Nichts entsteht. Es wird mit Sprachspielen operiert, basierend vor allem auf Zitaten,[75] die Anspielungen können jedoch nur Gebildete verstehen und genießen. Die Methoden des Spurensuchens und Dechiffrierens, die die Verfasser für die eigene Publikation reklamieren, kommen hier bereits zum Zuge. Die zitierten Passagen stammen dabei von Autoren, die bis auf Pirandello wieder dem französischen Dichterolymp entstammen: Joaquin Du Bellay, Charles Baudelaire, Marcel Proust. Das Spielerische zeigt schließlich die Distanz (in den Einzelkapiteln abhängig von den Verfassern) zum Anspruch an: Dies ist nicht mehr eine Geschichte der Literatur, die mit totalitärem Gültigkeitsanspruch überlegen den Lesern entgegentritt.

8. Schluss

Trotz der Kritik an ihren Aufgaben und Modalitäten erfreuen sich Literaturgeschichten in Frankreich großer Beliebtheit. Die Publikationszahlen sind hoch. Die Intensität der Anverwandlungen neuer kulturwissenschaftlicher Theorien und Methoden ist dabei eng mit der Auftragslage, der Verlagspolitik und den jeweiligen kommerziellen und ideellen Zielsetzungen liiert. So wird der Horizont gerne dort erweitert, wo es mehr in den Bereich der historischen Öffentlichkeit und des Sinnlichen geht, da diese Faktoren der Literaturgeschichte aktuellen Leserinteressen entsprechen. Hier lassen sich Modifikationen durchführen, die nicht am Grundgerüst rühren, besonders augenfällig ist dies bezüglich Theatergeschichte und Medienpräsentation. Wenn ansonsten aus den genannten, im Grunde pragmatischen Gründen Textauswahl und Strukturen im

---

d'autres buts. *Je me propose d'envisager ses principales manifestations autour de deux directions générales: [...]*" (S. 133; Hervorhebung von Verfasserin).

75 Einige Beispiele: „[...] ‚les parfums, les couleurs et les sons' d'une France littéraire" ist ein Zitat aus Baudelaires Gedicht *Correspondances*; „les personnages en quête d'auteurs" ist eine Anspielung auf Pirandellos Theaterstück *Sechs Personen suchen einen Autor*; „des écrivains à la recherche de leur personne ou du temps perdu" ist eine Anspielung auf Marcel Prousts *A la recherche du temps perdu*; „France, mère des arts" bezieht sich auf das Gedicht *France, mères des arts, des armes et des lois* von Joaquin Du Bellay (alle Beispiele Prigent: Préface [Anm. 4], S. XI–XII).

Vergleich zur älteren Literaturgeschichte nur leicht modifiziert werden, dient dies zwar nicht kulturwissenschaftlichen Kriterien, aber einer gewissen Leserfreundlichkeit.

Den Anspruch, literaturgeschichtliche Wahrheit im geschlossen-linearen Ablauf vorzubringen, erheben implizit nur noch kompilatorische Handbücher. Narrativ konzipierte Literaturgeschichten, die ausdrücklich subjektiv verfasst sind, können einen flexibleren Umgang mit normativen Standards pflegen, anders als jene, die einem weitgreifenderen Entwurf folgen und für deren Konzept Anzeichen von Uneinheitlichkeit als systemische Bedrohung erscheinen. Dieser wird durch das Beibehalten der großen Bögen, vor allem der der Epochenzeiträume und Periodisierungen, und durch neue Homogenisierungsversuche, z. B. der Feststellung neuer literarischer Gruppen, entgegengetreten. Am größten ist das Manko noch hinsichtlich der Bestimmung des Gegenstands. Literatur, die ‚vom Rande' kommt, aus Randmilieus, vom benachteiligten Geschlecht, aus der Peripherie, die nicht als national-französisch klassifiziert ist, hat es schwer. Dadurch gehen die Literaturgeschichten nicht mit den Wegen der Literaturwissenschaft, aber mit jenen der Prüfungskanones konform.[76] *Français* bezieht sich vordergründig auf die Sprache, im Grunde jedoch normierend auf die Herkunft der Autoren. Die Entstehung von Frankreich als kollektiver Selbstvorstellung tritt zwar ins Blickfeld, jedoch nur in Bezug auf die Geschichte der Literaturgeschichte selbst. Ideell stehen vor allem die Handbücher zumeist noch im Bann des engen Verhältnisses von Nationsbildung und Idee der großen Literatur des 19. Jahrhunderts, erkennbar an der Auswahl der Werke und Präsentation von Autoren. Aber auch komplexere Publikationen rühren nicht ans Problem des Zusammenhangs von Nation und Kultur.

Auffällig ist eine neue sprachliche Zugänglichkeit der Literaturgeschichten, in die das Suchen und Unsicherheit Einzug gehalten haben, ohne dass

---

[76] Wenn man die Abfolge der *Agrégation*-Listen betrachtet, bleibt die weitgehende Abwesenheit von Texten weiblicher Autoren und von Texten von Autorinnen oder Autoren, die nicht aus Frankreich stammen, auffällig. Hie und da bemerkt man im Programm der *Agrégation* den belgischen Schriftsteller Maurice Maeterlinck (der allerdings lange in Nizza lebte). Aus der postkolonialen Literatur wurde bis jetzt einmal und einzig für das Jahr 2010/2011 Aimé Césaires Lyrik aufgenommen, jedoch nicht im Programm der *Littérature française*, sondern jenem der *Littérature générale et comparée* (Allgemeine und Vergleichende Literaturwissenschaft). *Français* bezieht sich normierend auf die Herkunft der Autoren, weniger auf die Sprache des Textes; belgische Literatur gilt offenbar noch als kompatibel. Im Programm der Zulassungsprüfung für die *Ecole normale supérieure*, eine Grande Ecole, wurde 2009 zum ersten Mal ein maghrebinischer Autor aufgelistet, Kateb Yacine mit *Nedjma* (1956). – Zum Problem der Thematisierung des Geschlechts und der sexuellen Orientierung in Literaturgeschichten und in der (z. B. im Kanon erkennbaren) öffentlichen Anerkennung, das hier nicht behandelt werden kann, vgl. auch Jeannelle (Anm. 11).

allerdings die Problematik der Narration erörtert würde. Der parlierende, auch heiter-pathetische Stil ist aus deutscher Sicht ungewöhnlich, da er die (deutsche) Neutralitätsregel verletzt. Er erinnert zuweilen an Gustave Lanson, an den nach Abflauen der sozialgeschichtlichen Konjunktur zwanglos angeschlossen werden kann, ohne positivistische Prämissen, Objektivitätsideal und moralisierende Abfälligkeit, versteht sich.

Insgesamt zeigt sich, dass dem System nach neue Routen leichter vom Rand her eingeschlagen werden können: von einzelnen Autorinnen oder Autoren wie Pierre Bergounioux oder Mireille Calle-Gruber, in Publikationen, die sich nicht zu sehr an den institutionellen Programmen orientieren müssen, oder von außerhalb Frankreichs, erkennbar an *A New History of French Literature*, 1989 herausgegeben von Denis Hollier und R. Howard Bloch, oder *French Global*. Wie so oft entsteht die Innovation aus der Verbindung verschiedener Sphären, hier sichtlich der individuellen mit der kollektiven, der internen mit der externen, und aus der fruchtbaren Konfrontation verschiedener kultureller Codes und Konventionen.

Fabian Lampart
Problemfeld Literaturgeschichte und Raum
Italienische Perspektiven

Kann das Raumparadigma eine determinierende Ordnungsstruktur für die Literaturgeschichtsschreibung sein und möglicherweise sogar zeitliche Darstellungsmodelle ersetzen? Diese Frage soll im Folgenden illustriert und ein Stück weit problematisiert werden, mit Blick auf eine Reihe von Fallbeispielen aus den italienischen Literatur- und Kulturwissenschaften. Gerade in den letzten Jahren sind in der italienischen Germanistik und Italianistik Versuche der Verschränkung von Literaturgeschichte und Raum zu beobachten.[1] Zudem wurde, im Gegensatz zur deutschsprachigen Literaturgeschichtsschreibung, das Raumparadigma bereits seit den späten 1960er Jahren diskutiert und auch in großen literarhistorischen Projekten umgesetzt. Diese heterogenen, wenngleich nicht gänzlich voneinander unabhängigen Unternehmen werden hier vorgestellt, mit einem Schwerpunkt auf dem aktuellsten Versuch einer Literaturgeschichte unter Berücksichtigung räumlicher Parameter. Ziel dieses von Sergio Luzzatto und Gabriele Pedullà herausgegebenen und seit Kurzem vollständig vorliegenden dreibändigen *Atlante della letteratura italiana*[2] ist eine unter dem Vorzeichen geographischer und kultureller Räume revidierte und reorganisierte Literaturgeschichte. In den Diskussionen um das Problemfeld Literaturgeschichte und Raum in der italienischen Literaturwissenschaft der letzten Jahrzehnte werden Perspektiven und Probleme dieses Projekts erkennbar. Diese können – und damit setzen die folgenden Überlegungen ein – auch für die deutschsprachige Debatte um Literaturgeschichtsschreibung von Interesse sein, wenn man sich vergleichbare kulturelle Formationen zwischen Italien und Deutschland vergegenwärtigt (1). Weiterhin wird an das Problemfeld Literatur und Raum als Teil der seit den 1990er Jahren hauptsächlich unter dem Label *spatial turn* geführten kulturwissenschaftlichen Theoriediskussion erinnert (2). Sodann werden italienische Beiträge zur Debatte, wie geographische

---

[1] Francesco Fiorentino (Hg.): Topografie letterarie. Cultura Tedesca 33 (Juli–Dezember 2007); Francesco Fiorentino/Giovanni Sampaolo (Hg.): Atlante della letteratura tedesca. Firenze 2009; Francesco Fiorentino/Carla Solivetti (Hg.): Letteratura e geografia. Atlanti, modelli, letture. Macerata 2012. Vgl. auch Francesco Fiorentino (2012): Für einen Atlas der europäischen Literatur. URL: http://www.frias.uni-freiburg.de/lang_and_lit/fellows/fiorentino_lili# (zuletzt eingesehen am 19.3.2013).
[2] Sergio Luzzatto/Gabriele Pedullà (Hg.): Atlante della letteratura italiana. 3 Bde. Turin 2010, 2011, 2012.

oder kulturelle Räume für die Literaturgeschichtsschreibung fruchtbar gemacht werden können, mit Blick auf die Zeit seit 1967 kurz skizziert (3). Implizite Funktionalisierungen des Raumparadigmas sind in Untersuchungen aus der italienischen Germanistik zu identifizieren und bilden eine Parallelgeschichte zu entsprechenden italianistischen Ansätzen (4). Schließlich folgt der Präsentation des *Atlante della letteratura* (5) ein kurzes Resümee (6).

1. Literaturgeschichtsschreibung und Raum: deutsch-italienische Vergleichsperspektiven

Mit Blick auf die Fragestellung nach einer räumlich remodulierten Literaturgeschichtsschreibung kann die Beobachtung eines Projekts italienischer Literaturgeschichtsschreibung aus deutscher Perspektive hilfreich sein, Lücken und Leerstellen der deutschsprachigen Diskussion besser zu identifizieren. Die oftmals behauptete Vergleichbarkeit der kulturellen Traditionen Italiens und Deutschlands spielt dabei eine gewisse Rolle. Sicher ist es richtig, das fast schon zum historiographischen Topos gewordene Ähnlichkeitspostulat der zwei ‚verspäteten Nationen'[3] zu relativieren. Angesichts der Analogien zwischen vermeintlich identischen deutschen und italienischen Entwicklungen werden notwendige Differenzierungen divergenter staatlich-kultureller Traditionen oft vernachlässigt. In geschichtskomparatistischen Darstellungen der letzten Jahre, etwa in Jürgen Osterhammels *Geschichte des 19. Jahrhunderts* oder Heinrich August Winklers *Geschichte des Westens*, werden gerade die Differenzen betont.[4] Dennoch sind im Vergleich zu anderen westeuropäischen Nationen strukturelle Ähnlichkeiten der im 19. Jahrhundert begründeten Nationalstaaten Italien und Deutschland kaum zu übersehen. Ausgeprägt regionale Traditionen und sich daraus ergebende Problemlagen gehören dazu.

---

3 Nach Helmuth Plessner: Die verspätete Nation. Über die politische Verführbarkeit bürgerlichen Geistes. 2. Aufl. [von: Das Schicksal deutschen Geistes im Ausgang seiner bürgerlichen Epoche. Zürich 1935] Stuttgart 1959. Für eine Erläuterung der vergleichenden Anwendung des Begriffs ‚verspätete Nation' auf Italien und Deutschland vgl. Lutz Raphael: Von der liberalen Kulturnation zur nationalistischen Kulturgemeinschaft: deutsche und italienische Erfahrungen mit der Nationalkultur zwischen 1800 und 1960. In: Christof Dipper (Hg.): Deutschland und Italien 1860–1960. Politische und kulturelle Aspekte im Vergleich. München 2005, S. 243–275, besonders S. 248 f.

4 Vgl. Christof Dipper: Ferne Nachbarn. Aspekte der Moderne in Deutschland und Italien. In: C. D. (Hg.): Deutschland und Italien (Anm. 3), S. 1–28; Jürgen Osterhammel: Die Verwandlung der Welt. Eine Geschichte des 19. Jahrhunderts. München 2009, S. 591–593; Heinrich August Winkler: Geschichte des Westens. Von den Anfängen in der Antike bis zum 20. Jahrhundert. München 2009, S. 714–725, S. 829–833.

Vor diesem Hintergrund kann ein Blick auf Überlegungen zu einer am Raumparadigma interessierten Literaturgeschichtsschreibung seit der Nachkriegszeit in Italien für Diskussionen im deutschsprachigen Kontext durchaus produktiv sein. Denn in der deutschsprachigen Literaturgeschichtsschreibung waren vergleichbare Ansätze nach 1945 eher tabuisiert. Ein Grund dafür ist die Prominenz von Josef Nadlers *Literaturgeschichte der deutschen Stämme und Landschaften*.[5] Unter diesem Titel erschien 1912 bis 1918 die erste Auflage; bis 1932 wurden zwei weitere Auflagen publiziert. Während in der ersten Auflage die Konzeption einer Geschichte der Rassenvermischung dominant ist, verschiebt sich diese seit der zweiten und augenfällig im Titel der vierten Auflage (*Literaturgeschichte des deutschen Volkes. Dichtung und Schrifttum der deutschen Stämme und Landschaften*, 1938 bis 1941) zu einer Geschichte der Durchsetzung der nordisch-germanischen Rasse, die nun auch Elemente des nationalsozialistischen Denkens integrierte.[6]

Mit Irene Ranzmaier, die 2008 eine ausführliche Untersuchung zu Nadlers *Konzeption der deutschen Literaturgeschichte* veröffentlicht hat, kann man zunächst festhalten, dass bei Nadler die geographische Dimension der Landschaft dem Konzept der Stämme bzw. Teilstämme untergeordnet ist. Für Nadler existieren „unterschiedliche Einflußebenen auf die Literaturgeschichte [...]", von denen der Ethnographie, „das heißt in letzter Konsequenz der stammlichen Herkunft eines Dichters", die „größte Bedeutung [...] zugeschrieben" wird. In Nadlers Konzept ist „das Vorhandensein einer ethnographischen Einheit Voraussetzung für die Entstehung landschaftlicher Einheiten".[7] Insofern wäre Nadlers Literaturgeschichte zunächst ein Beispiel für die Funktionalisierung des Raums im ethnographischen Rahmen.[8] Nadler sieht Landschaft weniger als geographische denn als eine „kulturell verstandene Einheit".[9] Nach

---

5 Joseph Nadler: Literaturgeschichte der deutschen Stämme und Landschaften. 1. Aufl. 3 Bde. Regensburg 1912, 1913, 1918; J. N.: Literaturgeschichte der deutschen Stämme und Landschaften. 2. Aufl. 4 Bde. Regensburg 1923, 1924, 1928; J. N.: Literaturgeschichte der deutschen Stämme und Landschaften. 3. Aufl. 4 Bde. Regensburg 1929, 1931, 1932; J. N.: Literaturgeschichte des deutschen Volkes. Dichtung und Schrifttum der deutschen Stämme und Landschaften. 4 Bde. Berlin 1938, 1939, 1941.
6 Vgl. Irene Ranzmaier: Stamm und Landschaft. Josef Nadlers Konzeption der deutschen Literaturgeschichte. Berlin/New York 2008, besonders S. 406–423.
7 Ebd., S. 103.
8 Vgl. Jürgen Fohrmann: Das Projekt der deutschen Literaturgeschichte. Entstehung und Scheitern einer nationalen Poesiegeschichtsschreibung zwischen Humanismus und Deutschem Kaiserreich. Stuttgart 1988, S. 232–234.
9 Ranzmaier arbeitet heraus, dass „,Volkstum' und ,Stammestum' [...] nicht deckungsgleich [sind], weil das Volkstum nicht kultureller Ausdruck eines gesamten Stammes sein muß,

Ranzmaier haben die Landschaften bei Nadler „differenzierenden Einfluß auf eine bereits bestehende ethnographische Einheit".[10] Der Raum ist in Nadlers Literaturgeschichte ein wichtiger Faktor, der zeitlichen, also genealogischen und stammesgeschichtlichen Entwicklungen freilich nach wie vor untergeordnet ist.

Seit den Umarbeitungen der Literaturgeschichte in der zweiten Auflage verschieben sich Grundlagen und wesentliche Züge von Nadlers Konzepten und werden damit auch der nationalsozialistischen Rassenlehre angenähert. Allerdings weist Ranzmaier darauf hin, dass „der größte Schritt an Änderungen in Nadlers Ansatz [...] zwischen der ersten und der zweiten Auflage, also längere Zeit vor der NS-Herrschaft in Deutschland und Österreich erfolgte" und dass Nadler „trotz deutlicher Befürwortung mancher Züge der NS-Ideologie und -Politik" nicht nur jenen Theorien verhaftet blieb, „die mit nationalsozialistischen Dogmen vereinbar waren, sondern auch ihnen zuwiderlaufenden Aspekten".[11]

Der Raum-Ansatz von Nadlers literaturgeschichtlicher Konzeption war in der Nachkriegsgermanistik diskreditiert. Allerdings gibt es bis heute produktive Beispiele für eine Literaturgeschichtsschreibung der Regionen.[12] Im Anschluss an die sozialgeschichtlich orientierte Germanistik seit den 1970er Jahren finden sich Ansätze, regionale Konstellationen literarhistorisch zu spezifizieren,[13] und aus den jeweils sehr verschieden gelagerten Diskussionen um die kulturtopographischen Konstellationen einer deutschsprachigen Literatur aus der Schweiz[14] oder aus Österreich[15] lassen sich implizite Vorannahmen und

---

sondern in den meisten Fällen den landschaftlich differenzierten kulturellen Ausdruck eines Stammes*teils* darstellt". Ranzmaier: Stamm und Landschaft (Anm. 6), S. 104.

10 Ebd.
11 Ebd., S. 406.
12 Zum Beispiel: Achim Aurnhammer/Wilhelm Kühlmann (Hg.): Von der Spätaufklärung zur Badischen Revolution. Literarisches Leben in Baden zwischen 1800 und 1850. Freiburg im Breisgau 2010; dies. (Hg.): Zwischen Josephinismus und Frühliberalismus. Literarisches Leben in Südbaden um 1800. Freiburg im Breisgau 2002; Hans Pörnbacher: Schwäbische Literaturgeschichte. Tausend Jahre Literatur aus Bayerisch Schwaben. Weißenhorn 2002.
13 Wolfgang Adam u. a. (Hg.): Handbuch kultureller Zentren der Frühen Neuzeit. Städte und Residenzen im alten deutschen Sprachraum. 3 Bde. Berlin/Boston 2012.
14 Michael Böhler: Paradoxie und Paratopie. Der Ort der Schweizer Literatur. In: Michael Braun/Birgit Lermen (Hg.): Begegnung mit dem Nachbarn (IV.). Schweizer Gegenwartsliteratur. St. Augustin 2005, S. 31–63; Michael Böhler: Schweizer Literatur im Kontext deutscher Kultur unter dem Gesichtspunkt einer „Ästhetik der Differenz". In: Text und Kontext. Sonderreihe 30 (1991), S. 73–100.
15 Klaus Zeyringer: Österreichische Literatur seit 1945. Überblicke, Einschnitte, Wegmarken. Überarbeitete Neuausgabe. Innsbruck/Wien/Bozen 2008.

explizite Konzeptualisierungen ableiten, die für die Diskussion produktiv sein können; selbst die anders gelagerten Probleme einer DDR-Literatur[16] können als Beispiele für eine gewisse Berücksichtigung räumlich orientierter Modelle in der Literaturgeschichtsschreibung angeführt werden. Allerdings ändert das nichts an der Diagnose, dass erst die Impulse des *spatial turn* seit Anfang der 1990er Jahre eine explizite Thematisierung des Raumparadigmas ermöglichten.

2. Literaturgeschichtsschreibung und Raum: Impulse des *Spatial Turn*

Die Diskussionen, die unter dem Schlagwort *spatial turn* seit Beginn der 1990er Jahre geführt wurden, haben dem Raumkonzept in Kultur- und Literaturwissenschaften zu neuer Prominenz verholfen. *Spatial turn* steht für eine Neubetonung der Raumperspektive als „kultur- und sozialwissenschaftliche Kategorie".[17] Doris Bachmann-Medicks Forderung nach einer methodisch-konzeptuellen Profilierung der „unterschiedlichsten, oft sehr diffusen Raumbegriffe[ ]"[18] und einer disziplinenspezifischen Überprüfung der verschiedenen Theorien und Methoden wurde in den letzten Jahren in verschiedenen Sammelbänden und in einem interdisziplinären Handbuch vorangetrieben,[19] weitere Publikationen sind angekündigt.[20]

Ein wichtiges Ergebnis der Debatten formulieren Birgit Neumann und Wolfgang Hallet: Raum sei „in literarischen Texten nicht nur Ort der Handlung, sondern stets auch kultureller Bedeutungsträger".[21] Auch wenn Neumann und

---

16 Heinz Ludwig Arnold (Hg.): Literatur in der DDR. Rückblicke. Text und Kritik, Sonderband. München 1991; ders. (Hg.): DDR-Literatur der neunziger Jahre. Text und Kritik, Sonderband. München 2000.
17 Doris Bachmann-Medick: Cultural turns. Neuorientierungen in den Kulturwissenschaften. 4. Aufl. Reinbek bei Hamburg 2010, S. 284–328, hier S. 285.
18 Ebd.
19 Hartmut Böhme (Hg.): Topographien der Literatur. Deutsche Literatur im transnationalen Kontext. DFG-Symposion 2004. Stuttgart/Weimar 2005; Jörg Dünne/Stephan Günzel (Hg.): Raumtheorie. Grundlagentexte aus Philosophie und Kulturwissenschaften. Frankfurt/M. 2006; Wolfgang Hallet/Birgit Neumann (Hg.): Raum und Bewegung in der Literatur. Die Literaturwissenschaften und der Spatial Turn. Bielefeld 2009; Jörg Döring/Tristan Thielemann (Hg.): Spatial turn. Das Raumparadigma in den Kultur- und Sozialwissenschaften. 2. Aufl. Bielefeld 2009; Stephan Günzel (Hg.): Raum. Ein interdisziplinäres Handbuch. Stuttgart/Weimar 2010.
20 So ein von Jörg Dünne und Andreas Mahler herausgegebenes Handbuch Literatur und Raum; URL: http://www.degruyter.com/view/product/186196 (zuletzt eingesehen am 7. 10. 2013)
21 Wolfgang Hallet/Birgit Neumann: Raum und Bewegung in der Literatur: Zur Einführung. In: W. H./B. N. (Hg.): Raum und Bewegung (Anm. 19), S. 11–32.

Hallet sich in erster Linie auf Untersuchungen der Funktion des Raums in literarischen Texten beziehen, sind ihre Überlegungen für die Analyse der umgekehrt gelagerten Fragestellung der Betrachtung der Literatur im Raum ebenso aussagekräftig. Die Bedeutung des sogenannten *spatial turn* in den Kulturwissenschaften liege demnach vor allem in einer grundsätzlichen „Rekonzeptualisierung von Raum selbst".[22]

Die wichtigsten Anregungen für eine Aufwertung des Raums in der kulturwissenschaftlichen Diskussion gingen seit den späten 1980er Jahren von den Publikationen des Umwelt- und Stadtplaners Edward Soja aus. In *Postmodern Geographies*[23] aus dem Jahr 1989 und *Thirdspace*[24] aus dem Jahr 1996 griff er Henri Lefebvres Studie *La production de l'espace*[25] aus den 1970er Jahren auf und plädierte dafür, dem „temporal master-narrative",[26] in dem Raum stets nicht mehr als eine Kulisse für zeitliche Entwicklungen ist, eine „far-reaching spatialization of the critical imagination"[27] entgegenzusetzen. Soja fordert eine kritische Theorie, in der „the making of history with the social production of space, with the construction and configuration of human geographies" verknüpft und in der die für historistische Ansätze prägende „peculiar theoretical peripheralization of space"[28] überwunden werden könne. Ergebnis ist eine Raumtheorie, in der ein Raum grundsätzlich als „socially produced" gesehen wird, wobei sowohl der „physical space of material nature" als auch der „mental space of cognition and representation" in die „social construction of spatiality" integriert, aber nicht als deren Äquivalent gesehen werden könne.[29]

Diese Überlegungen mündeten in verschiedene Vorschläge zur Um- und Neukonzeptualisierung des Raums in den Kultur- und Sozialwissenschaften.[30] Versucht man, mögliche Funktionalisierungen dieser Diskussion des Raumparadigmas für die Literaturgeschichtsschreibung zu bestimmen, ist zunächst eine Abgrenzung sinnvoll. Es geht hier nicht um einen neuen Zugriff zur Analyse literarischer Raumdarstellungen, die seit den 1990er Jahren besonders von

---

[22] Ebd., S. 11.
[23] Edward W. Soja: Postmodern Geographies. The Reassertion of Space in Critical Social Theory. London 1989.
[24] Edward W. Soja: Thirdspace. Journeys to Los Angeles and other real-and-imagined places. Cambridge, Mass. 1996.
[25] Henri Lefebvre: The Production of Space. Oxford 1991 (La production de l'espace, Paris 1974).
[26] Soja: Postmodern Geographies (Anm. 23), S. 11.
[27] Ebd., S. 11.
[28] Ebd., S. 15.
[29] Ebd.
[30] Vgl. Bachmann-Medick: Cultural turns (Anm. 17).

Franco Moretti versucht wurde,[31] zuletzt mit aus den Sozialwissenschaften und aus der Kartographie importierten quantitativ-empirischen Methoden. Barbara Piattis Literaturgeographie ist eine Weiterentwicklung dieses Ansatzes. Sie berührt sich mit Franco Morettis stark empirisch fundierten Projekten einer Kartographierung und statistischen Erfassung literarischer Räume, allerdings geht es bei Piatti um die Frage, wie „[l]iterarische Handlungsräume [...] in ihrem Verhältnis zur außerliterarischen Wirklichkeit, zu ‚realen' Landschaften und Städten, gedeutet werden" können.[32] Solchen Untersuchungen des Raums in der Literatur stehen Fragen nach der Untersuchung der Literatur und ihrer Geschichte im Raum und unter Berücksichtigung des Raums gegenüber.

Anknüpfungspunkte für eine Neukonzeptionalisierung der Historizität von Literatur vor dem Hintergrund des Raums finden sich formuliert in den Beiträgen des Historikers Karl Schlögel zur Debatte um den *spatial turn*.[33] Schlögel plädiert recht grundsätzlich für eine „gesteigerte Aufmerksamkeit für die räumliche Seite der geschichtlichen Welt"[34] und eröffnet damit auch eine Perspektive für die Literaturgeschichtsschreibung. Sigrid Weigel kritisierte 2002 an der Tendenz zur verstärkten „räumliche[n] Verortung historischer Ereignisse",[35] dass diese Wende zum Raum zu einem „essentialistischen bzw. substantialistische[n] Denken" zurückführe. Mit ihrem Vorschlag, statt vom *spatial* von einem *topographical turn* zu sprechen, geht es ihr darum, „die Aufmerksamkeit auf die kulturgeschichtlich wechselnden Repräsentationstechniken" zu lenken, die bestimmten und „jeweils kulturell geprägten Raumkonzepten zugrunde liegen".[36]

---

31 Franco Moretti: Atlas of the European novel, 1800–1900. London u. a. 1998 (Atlas des europäischen Romans. Wo die Literatur spielte. Köln 1999); ders.: Graphs, maps, trees. Abstract models for a literary history. London/New York 2005 (Kurven, Karten, Stammbäume. Abstrakte Modelle für die Literaturgeschichte. Frankfurt/M. 2009).
32 Barbara Piatti: Die Geographie der Literatur. Schauplätze, Handlungsräume, Raumphantasien. Göttingen 2008, S. 23; vgl. auch dies.: Mit Karten lesen. Plädoyer für eine visualisierte Geographie der Literatur. In: Brigitte Boothe u. a. (Hg.): Textwelt – Lebenswelt. Interpretation interdisziplinär. Bd. 10. Würzburg 2012, S. 261–288, sowie das Projekt: Ein literarischer Atlas Europas. URL: http://www.literaturatlas.eu (zuletzt eingesehen am 24. April 2013).
33 Karl Schlögel: Im Raume lesen wir die Zeit. Über Zivilisationsgeschichte und Geopolitik. München 2003.
34 Ebd., S. 68.
35 Sigrid Weigel: Zum „topographical turn". Kartographie, Topographie und Raumkonzepte in den Kulturwissenschaften. In: KulturPoetik 2.2 (2002), S. 151–165, hier S. 12. Vgl. auch Hartmut Böhme: Kulturwissenschaft. In: Stephan Günzel (Hg.): Raumwissenschaften. Frankfurt/M. 2009, S. 191–207.
36 Weigel: Zum „topographical turn" (Anm. 35), S. 12.

Eine Literaturgeschichtsschreibung, die den Raum als Parameter berücksichtigen will, müsste sich wohl zwischen diesen beiden Polen bewegen. Zum einen kann man mit Schlögel die Bedeutung des Raums für alle Arten von historiographischer Darstellung hinterfragen und neu betonen.[37] Zugleich ginge es darum, auch die kulturelle Konstruiertheit und Semantisiertheit von geographischen Räumen zu berücksichtigen – die Frage etwa, aus welchen Gründen eine bestimmte Stadt oder eine bestimmte Region zum Kristallisationspunkt spezifischer literarischer und intellektueller Diskurse werden kann und inwieweit hier kulturell geprägte Vorstellungen eines wie auch immer konstituierten Raums zugrunde liegen. Zwischen diesen Polen kann man auch die Positionen verorten, die sich in italienischen Diskussionen und Darstellungen seit den 1960er Jahren konkretisieren.

3. Ansätze zu einer raumorientierten Literaturgeschichte in der italienischen Germanistik

Im Gegensatz zu den Ansätzen regional- und sozialgeschichtlicher Provenienz, die in der deutschsprachigen Diskussion bis zu den Impulsen des *spatial turn* seit Anfang der 1990er Jahre das Raumparadigma immer wieder implizit thematisieren, kann man in italienischen Diskussionen der Nachkriegszeit deutlicher ausgeprägte Thematisierungen von Raumkonzepten verfolgen.

Als Auslandsphilologie konstituiert sich die italienische Germanistik im Dreieck zwischen disziplinären Voraussetzungen, die aus dem Anregungshorizont der deutschsprachigen Germanistik stammen, Wissenschaftstraditionen aus dem nationalen Feld Italiens und transnational geprägten theoretisch-methodischen Impulsen. Einer der ersten Ansätze, Literaturgeschichte unter dem Vorzeichen des Raums neu zu denken, ist ganz unabhängig von der viel späteren Diskussion des *spatial turn* entstanden.

In den Arbeiten des Triestiner Germanisten Claudio Magris spielt der geographisch-kulturelle Raum ‚Mitteleuropa' seit den 1960er Jahren eine wichtige Rolle. Zumindest im Bereich der italienischen Literaturgeschichtsschreibung bereiten sie das Feld für eine Wahrnehmung räumlicher Kriterien. Man kann sie als vortheoretische Impulse für eine kulturwissenschaftlich geöffnete Philologie lesen, in der das Raumkonzept eine zunächst implizite, dann aber deutlich artikulierte Funktion gewinnt.

---

[37] Karl Schlögel hat das z. B. in: Terror und Traum. Moskau 1937. München 2008, und in: Petersburg. Das Laboratorium der Moderne 1909–1921. München 2002, versucht.

Magris selbst hat sich gegen eine idealisierende Verwendung des ‚Mitteleuropa'-Konzepts immer gesträubt, da es in seinen Augen in den 1960er Jahren „zum Instrument einer fieberhaften Suche nach der eigenen Identität" und zu einer Art „Allroundmetapher" geworden war, „die alles und sein Gegenteil bedeuten konnte, nostalgische Rückständigkeit und emanzipatorische Ansprüche, Verschlossenheit und Offenheit, Fortschritt und Reaktion".[38] Im Gegensatz dazu versteht Magris unter Mitteleuropa seit jeher einen Raumbegriff, der es erlaubt, kulturelle Traditionen in transnationaler Perspektive analytisch-kritisch zu profilieren.

Dieses Raumkonzept liegt seiner 1963 erschienenen Dissertation *Il mito absburgico nella letteratura austriaca moderna* allerdings nur latent zugrunde. Denn in der Untersuchung geht es vor allem darum, wie die Entwicklung eines ideologisch überaus anfälligen und vielfältig instrumentalisierbaren Konzepts, eben des ‚Habsburg-Mythos', in literarischen Beispielen verfolgt werden kann und wie die Literatur spätestens nach dem Ersten Weltkrieg sogar zum Medium seiner Umfunktionalisierung als Verklärungsdiskurs wird. Von ‚Mitteleuropa' ist dabei nur indirekt die Rede – eben als jenem Raumkonstrukt, in dem vor allem durch den Bezug auf die Habsburg-Monarchie sprachliche und kulturelle Vielheit und Diversität auf eine vermeintliche Einheit zurückgeführt werden kann.

Magris selbst erklärt im Vorwort zur überarbeiteten Neuausgabe sehr deutlich, dass der *„habsburgische Mythos* so etwas wie der Lebensroman seines Autors, die Karte seiner geistigen und intellektuellen Geographie"[39] geworden sei. Die Pfade, denen er noch immer folge „und die sich in immer neuen Richtungen verzweigen", seien „im realen und imaginären Raum von Mitteleuropa" angesiedelt.[40] Magris sieht rückblickend im Habsburg-Mythos einen Diskurs, der dem räumlichen Paradigma ‚Mitteleuropa' untergeordnet ist. Dieses ist wiederum nicht nur ein realer Raum, sondern auch eine imaginäre Raumkonstruktion, die auf der durch das alte habsburgische Reich verkörperten gemeinsamen Historie basiert, diese aber in der Retrospektive verklärt und überhöht. Mit Hilfe des Habsburg-Mythos erkundet Magris das Konzept ‚Mitteleuropa', erarbeitet sich also den zentralen räumlichen Aspekt über einen Umweg.

Umso plausibler ist es, das *Donau*-Buch,[41] wie das nicht nur Magris selbst tut, als Zeugnis dafür zu sehen, dass das Thema der habsburgischen Welt als

---

38 Claudio Magris: Der habsburgische Mythos in der modernen österreichischen Literatur. Salzburg 2000 (Erstausgabe: Il mito absburgico nella letteratura austriaca moderna. Turin 1963. Neuausgabe 1996), S. 13.
39 Ebd., S. 9.
40 Ebd.
41 Claudio Magris: Die Donau. Biographie eines Flusses. München 1988 (Danubio, Mailand 1986), S. 27–33.

eines durch geographische und historische, aber auch durch ‚erfundene' Traditionen zusammengehaltenen kulturellen Raums den Autor und Wissenschaftler Magris weiter beschäftigt. Die Donau wird nun zur Markierung für einen Raumzusammenhang, der wichtiger als alle zeitlichen Markierungen ist und der geradezu eine am Raum orientierte Archäologie der Landschaft und ihrer Geschichte entlang des Flusses entwirft. Nach der kritischen Analyse des Habsburg-Mythos liefert Magris in *Danubio* eine Analyse jener mitteleuropäischen Kulturtraditionen, die dann im 20. Jahrhundert ideologisch kontaminiert wurden. Die Orientierung am Fluss Donau ist auch eine Reflexions- und Untersuchungsstrategie, mit der die Dimensionen einer „Aufladung [des Raums] mit Symbolen und Imaginationen"[42] erfasst werden können.

Auch Magris' retrospektive Selbstdeutung seiner Biographie als Autor – weniger als Wissenschaftler – führt zu dieser empirisch grundierten Vorstellung eines ebenso geographisch wie kulturell profilierten Raumkonzepts. Magris deutet an, dass bereits das Habsburg-Buch entstanden sei aus Distanz, aus der „persönlichen Notwendigkeit" – er studierte in Turin –, „Bilanz [zu] ziehen"[43] über seine eigene Herkunft aus Triest: über „meine Geschichte, meine Tradition, über ihre kulturelle und existentielle Bedeutung".[44] Magris erläutert sein erstes Buch als Versuch, sich

> mit Intellekt und Phantasie meine Welt und ihren Hintergrund an[zu]eignen, das heißt, meine pränatale Vergangenheit. Um Triest zu verstehen, musste ich mich mit dem auseinandersetzen, was dahinterstand, also auch mit jener habsburgischen Welt, zu der es gehört hatte und die zu einem wesentlichen Teil seiner Realität geworden war.[45]

Dieser biographischen Rekonstruktion des – nach dem Zweiten Weltkrieg durch die Trennung Triests von Istrien zerschnittenen – kulturellen Traditionsraums Triest, dessen nunmehr fehlendes historisches und kulturelles ‚Hinterland' sich Magris gewissermaßen seit den 1960er Jahren erarbeitet, lässt sich ein anderer wichtiger italienischer Germanist an die Seite stellen, nämlich Ladislao Mittner, der Autor der *Storia della letteratura tedesca*.[46] Mittner, der 1902 in Fiume, damals ein Teil Österreich-Ungarns, geboren wurde und von 1942 bis 1972 Dozent an der Universität Venedig war, hat, wie Magris, einen ‚mitteleuropäischen' Hintergrund. Man könnte seine ca. 4000 Seiten umfassende

---

42 Bachmann-Medick: Cultural turns (Anm. 17), S. 308.
43 Magris: Der habsburgische Mythos (Anm. 38), S. 14.
44 Ebd., S. 14.
45 Ebd., S. 14 f.
46 Ladislao Mittner: Storia della letteratura tedesca. 3 Bde. Turin 1964–1977.

deutsche Literaturgeschichte geradezu als Gegenentwurf zu Magris' Untersuchungen bezeichnen. Der diachronen Erfassung der deutschen Literatur in Epochen und Autorenkapiteln steht bei Magris die Umstellung auf die räumliche Synchronität kultureller Phänomene gegenüber.

Insofern findet sich bei zwei wichtigen Protagonisten der italienischen Nachkriegsgermanistik bereits der Gegensatz zwischen einer geschichts- und einer raumbetonten Literaturgeschichtsschreibung präformiert. Eine Analyse literarischer Texte, in der die Dimension des Raumes nicht nur in den Vordergrund gestellt wird, sondern auch in ihrer kulturellen Determiniertheit und Konstruiertheit untersucht wird, wird damit bis zu einem gewissen Grad antizipiert.

Ein aktuelles literaturgeographisches Projekt der italienischen Germanistik, nämlich der von Francesco Fiorentino und Giovanni Sampaolo herausgegebene und 2009 erschienene *Atlante della letteratura tedesca*,[47] ist sich durchaus dieser Herkunft bewusst, reflektiert aber auch Anregungen des *spatial turn*. Der *Atlante*, an dem zahlreiche italienische Germanisten mitgearbeitet haben, kann als eine Auseinandersetzung mit dem aktuell diskutierten Konzept einer ‚Literaturgeographie' gesehen werden.

Wiederum werden Anregungen einer italienischen Germanistik aufgegriffen, die sich in besonderer Weise einer ‚mitteleuropäischen' Literatur annimmt – und die nur auf der Basis eines Konzepts der räumlich basierten Konstruktion einer kulturellen Tradition verständlich ist. Die Herausgeber des Bandes verfolgen die Absicht, den polyzentrischen Charakter der deutschsprachigen Literaturgeschichte abzubilden. Realisiert wird das in Abteilungen über die ‚kleinen' Hauptstädte – etwa Göttingen, Jena, Graz – und über Metropolen wie Wien, Berlin, aber auch London und Paris. Zudem gibt es einen Teil über „Drei Orte der nationalen Erinnerung" – hier findet man Weimar, den Rütli und das Wiener Burgtheater. „Die Option für den Raum", so die Herausgeber,

> ist eine Option für die Fragmentarität, für die Komplexität, für die Koexistenz des Disparaten. Den Raum kann man nicht linear und erschöpfend lesen. Aus diesem Grund konnte dieser Atlas nichts anderes als fragmentarisch und offen in seiner Struktur sein [...].[48]

Die Fragmentarität des *Atlante* wird allerdings durch räumliche Korrespondenzen vernetzt. Eröffnet wird der Band mit einer Abteilung über zwei Flüsse, den Rhein und die Donau, dann folgen ‚Grenzräume' wie Königsberg, Zürich im

---

[47] Francesco Fiorentino/Giovanni Sampaolo (Hg.): Atlante della letteratura tedesca. Firenze 2009.
[48] „L'opzione per lo spazio è opzione per la frammentarietà, per la complessità, per la coesistenza del disparato. Dello spazio non si può dare und lettura lineare ed esaustiva. Perciò questo Atlante non poteva essere che frammentario e aperto nella sua struttura [...]." Ebd., S. 28.

19. Jahrhundert, das Banat und Transsylvanien oder Südtirol. Ebenso behandelt werden ‚südliche' – Italien, Sizilien – und ‚nördliche Mythen'. Mitteleuropäische Räume – Kakanien, das Shtetl, Triest – stehen den *lacerazioni*, also den ‚Rissen' oder ‚Risswunden' gegenüber – den Topographien der Shoa oder dem Berlin der Mauer.

Dem *Atlante della letteratura tedesca* liegt kein präzise definierter Raumbegriff zugrunde. Vielmehr werden hier verschiedene Varianten von Raumkonzepten, -konstruktionen und -imaginationen in einer lockeren Ordnung versammelt, die aber gerade deshalb den spezifischen Qualitäten der historischen Einzelfälle umso gerechter wird. Die deutsche Literatur- und Kulturgeschichte wird auf ein durch lockere Relationen, Analogien und Entsprechungen verbundenes Netzwerk von Räumen und Raumkonzepten bezogen. Dieses undogmatische Ordnungsprinzip ist ein Vorteil, wenn man seinen offenen, netzwerkhaften, durch Querverweise geprägten Charakter in Betracht zieht, der immer von der Prämisse ausgeht, dass „jeder Ort von anderen (politischen und poetischen) Orten durchquert wird [...]".[49] Insofern kann man den *Atlante della letteratura tedesca* als eine Art Kompendium der für die deutschsprachige Literaturgeschichte bedeutsamen geo- und topographischen, aber auch kulturellen Räume sehen, zugleich aber als eine Sammlung von empirisch fundierten Vorschlägen, das Raumkonzept literaturwissenschaftlich und theoretisch fruchtbar zu machen. Eine überraschende Erkenntnis dieses Unternehmens mag darin liegen, dass systematisch fixierte und theoretisch kohärente Raumkonzepte für die Praxis einer räumlich remodulierten Literaturgeschichte eher kontraproduktiv sein dürften.

4. Literaturgeschichte im Raum: Italianistische Diskussionen und Projekte

Eine gewisse Sensibilität für die Problematik einer ausschließlich historisch-diachronen Literaturgeschichtsschreibung war in den 1960er Jahren in Italien beileibe nichts Neues. Denn Raumkonzepte wurden in der italienischen Literaturwissenschaft der Nachkriegszeit relativ früh problematisiert. Spätestens seit den 1960er Jahren wurde die Interdependenz von Geographie und Geschichte der Literatur in der Italianistik diskutiert; seit Ende der 1970er Jahre hielt sie in literarhistorische Großprojekte Einzug.

1967 publizierte der bereits seit 1949 in England lehrende Italianist Carlo Dionisotti einen Band mit dem Titel *Geografia e storia della letteratura*

---

[49] Ebd.

italiana.⁵⁰ Das programmatische einleitende Kapitel trug denselben Titel und war bereits 1951 als Aufsatz in der englischen Zeitschrift *Italian Studies* erschienen. Angesichts der militärischen Niederlage des Jahres 1943 und der politischen Umbruchsphase Italiens nach 1945 war für Dionisotti die Frage zentral, wie sich das geeinigte Italien bis zur Gegenwart entwickelt habe. Da ein guter Teil der Geschichte der italienischen Einigung über den expliziten Bezug auf literarische Dokumente – von Dante bis Manzoni – begründet wurde, reklamiert Dionisotti eine Revision dieses Narrativs auch als Aufgabe der Literaturgeschichtsschreibung. Das dominante Modell in der ersten Hälfte des 20. Jahrhunderts war die klassische Literaturgeschichte von Francesco de Sanctis, die 1870/71 erschienen war.⁵¹ Sie stellte die italienische Literatur von den Anfängen im Hochmittelalter bis ins 19. Jahrhundert dar und verstand sich als eine Darstellung der Geschichte und Gesellschaft Italiens als Nationalstaat über das Medium der Literatur. Das Narrativ, das de Sanctis' *Storia della letteratura italiana* zugrunde liegt, ist das Risorgimento, der Einigungsprozess Italiens im 19. Jahrhundert.

So sehr Dionisotti die Leistung des letztlich humanistischen Ideals einer italienischen Literatur für die kulturelle Einigung Italiens schätzte, so vorsichtig betrachtete er die damit für die Italiener verbundene „suggestiva rappresentazione e interpretazione unitaria della loro storia".⁵² Die italienische Literaturgeschichte sei stärker regional und lokal geprägt, als das in den Erzählungen von der nationalen Einheit sichtbar werde. Deshalb sei gerade aus Sicht der unmittelbaren Nachkriegsgegenwart eine Überprüfung dieser Deutungsperspektive erforderlich, „un riesame della questione se e fino a qual punto sia accettabile la linea unitaria comunemente seguita nel disegno storico della letteratura italiana".⁵³

Dionisottis Gegenvorschlag geht dahin, den Prozess der Einheitsgeschichte zu revidieren, der in den literarhistorischen Erzählungen dazu führte, „che di una letteratura toscana […] una letteratura linguisticamente e geograficamente italiana"⁵⁴ wurde. Eine solcherart revidierte Literaturgeschichte müsse „farsi

---

50 Carlo Dionisotti: Geografia e storia della letteratura italiana. Torino 1967. In Aufsatzform erstmals 1951: ders.: Geografia e storia della letteratura italiana. In: Italian Studies 6 (1951), S. 70–93.
51 Francesco De Sanctis: Storia della letteratura italiana. Hg. von Niccolò Gallo. Milano/Napoli 1961.
52 Dionisotti: Geografia e storia (Anm. 50), S. 26 f. („suggestive Darstellung und auf die nationale Einheit abzielende Deutung ihrer Geschichte").
53 Ebd., S. 35 („ob und bis zu welchem Punkt die gemeinhin verfolgte Linie der nationalen Einheit im historischen Verlauf der italienischen Literatur akzeptabel ist").
54 Ebd., S. 53 („dass aus einer toskanischen Literatur […] eine sprachlich und geographisch italienische Literatur").

riguardo alla geografia e alla storia, alle condizioni che nello spazio e nel tempo stringono ed esaltano la vita degli uomini".⁵⁵ Dionisotti stellt die räumliche Dimension über die zeitliche, die immer auch Gefahr läuft, teleologisch überformt zu werden. Dies wurde einhellig als Impuls für eine an den geographischen Parametern ausgerichtete Literaturgeschichte Italiens verstanden.

Bestes Beispiel dafür ist das große Projekt der von Alberto Asor Rosa seit 1977 konzipierten und von 1982 bis 2000 herausgegebenen *Letteratura italiana Einaudi*.⁵⁶ Diesem 20bändigen Sammelwerk liegt eine Konzeption von Literaturgeschichte zugrunde, die in manchen Aspekten Parallelen zu den sozialgeschichtlichen Projekten der Germanistik der 1980er Jahre aufweist, aber sicher in einem spezifisch italienischen Kontext zu sehen ist.

Besonders deutlich wird das an der mittleren der drei jeweils mehrbändigen Abteilungen, die unter dem Obertitel *Storia e Geografia* steht und in der die Geschichte der italienischen Literatur nach geographischen Regionen dargestellt wird – vor allem in Bezug auf Städte und Regionen, die für die italienische Literatur maßgeblich waren. In programmatischer Anlehnung an Dionisotti wird die Zeitachse durch ein historisch-geographisches Modell ersetzt:

> La storia della letteratura ‚unilineare' (fondata su una successione cronologica ordinata di cause ed effetti, spesso ‚progressivi', posti sotto la regia di un unico principio ispiratore) viene sostituita da un modello articolato di realtà storico-geografiche, non esaminate in quanto semplici premesse, contorni o conferme della letteratura nazionale post-unitaria.⁵⁷

Roberto Antonelli hebt in seinem Essay im ersten der drei *Storia e Geografia*-Bände hervor, dass das italienische Literatursystem als ein Sonderfall der Literaturgeschichtsschreibung zu gelten habe, weil die Vielfalt und Heterogenität oftmals über Jahrhunderte separater regionaler Entwicklungen nach spezifischen historiographischen Darstellungsformen verlangt habe. Mit der dreibändigen Präsentation eines sowohl historischen als auch geographischen Untersuchungshorizonts sollte dieses Problem gelöst werden.

---

55 Ebd., S. 54 („die Geographie und die Geschichte berücksichtigen, die Bedingungen, die im Raum und in der Zeit das Leben der Menschen restringieren und in seiner Wertigkeit steigern").
56 Alberto Asor Rosa (Hg.): Letteratura italiana Einaudi. 20 Bde. Turin 1982–2000.
57 Roberto Antonelli: Storia e geografia, tempo e spazio nell'indagine letteraria. In: Letteratura italiana. Storia e geografia, Bd. 1. Torino 1987, S. 5 („Die ‚einlinige' Literaturgeschichte [die auf einer chronologischen, nach Ursache und Wirkung, oft nach Kriterien des Fortschritts geordneten Abfolge beruht, die unter der Regie eines einzigen inspirierenden Prinzips steht] wird ersetzt durch ein Modell, das sich nach den historisch-geographischen Realitäten gliedert.").

Con la *Storia e geografia* della letteratura italiana si è inteso offrire il quadro reale, dunque geograficamente differenziato, delle condizioni storiche, sincroniche e diacroniche, del fenomeno letterario in Italia, superando il filtro che la storiografia risorgimentale e cronologico-evenemenziale aveva finora frapposto.[58]

5. *Atlante della letteratura italiana*

Der *Atlante della letteratura italiana* ist das aktuellste Projekt einer italienischen Literaturgeschichte, die das Raumparadigma als Ordnungsprinzip umzusetzen versucht. Von Asor Rosas *Letteratura italiana Einaudi* unterscheidet ihn zunächst einmal der Entstehungskontext, der nunmehr von den Diskussionen um den *spatial turn* geprägt ist – die drei Bände erschienen zwischen 2010 und 2012.[59] Programmatisch wird der *Atlante* von den Herausgebern Sergio Luzzatto und Gabriele Pedullà allerdings zunächst ganz ähnlich präsentiert wie gut zwei Jahrzehnte zuvor die *Storia e geografia*-Bände der Einaudi-Literaturgeschichte, nämlich in Opposition zu einer noch immer in hegelianischer Tradition angesiedelten Historiographie, die in Italien mit den Namen Francesco de Sanctis, Benedetto Croce und Antonio Gramsci verbunden ist. Deren Grundgedanke, die Entsprechung artistischer Artefakte mit einer Art Zeitgeist, sei eine Betrachtungsweise, die von obsoleten Vorstellungen von Synthese und Epocheneinheit geprägt sei. Im *Atlante* sollten nun die traditionellen Instrumente der Literaturwissenschaft und Literaturkritik mit denen der Geographie überkreuzt werden, wobei es um eine gleichwertige Verknüpfung geographischer und literarhistorischer Ansätze gehe.[60] Erst hier werden gegenüber Asor Rosa eigene Akzente gesetzt.

Die Literaturgeschichte soll nicht auf der Basis der Geographie umgeschrieben werden; vielmehr geht es darum, mit Hilfe geographischer Modelle temporale Abläufe zu identifizieren, die sich teleologischen Deutungen entziehen

---

58 Ebd., S. 14 („Mit der *Storia e geografia* der italienischen Literatur ist beabsichtigt, das [...] geographisch differenzierte Bild der historischen, und das heißt: der synchronen und diachronen Bedingungen des Phänomens der Literatur in Italien zu entwerfen und dabei den Filter zu überwinden, mit dem die chronologisch und nach Ereignisfolgen organisierte Historiographie des Risorgimento dies bislang behindert hatte.").
59 Amedeo De Vincentiis/Sergio Luzzatto/Gabriele Pedullà (Hg.): Dalle origini al Rinascimento. Atlante della letteratura italiana. Bd. 1. Turin 2010; Erminia Irace/Sergio Luzzatto/Gabriele Pedullà (Hg.): Dalla controriforma alla Restaurazione. Atlante della letteratura italiana. Bd. 2. Turin 2011; Domenico Scarpa (Hg.): Dal romanticismo a oggi. Atlante della letteratura italiana. Bd. 3. Turin 2012.
60 Vgl. Sergio Luzzatto/Gabriele Pedullà: Introduzione. In: De Vincentiis/Luzzatto/Pedullà (Hg.): Dalle origini al Rinascimento. Atlante. Bd. 1 (Anm. 59), S. XV–XXV.

oder die bestehenden teleologischen Deutungen entzogen werden sollen. Diese Konzeption von Zeitlichkeit, so der Anspruch der Herausgeber, solle imstande sein, Phänomene der *longue durée* mit den scheinbar ‚kleinen' Ereignissen „des italienischen literarischen Lebens"[61] zu verbinden, die ihrerseits immer wieder großflächige und räumlich wirkmächtige Folgen haben können.

Dabei spielt, wie schon in Asor Rosas Literaturgeschichte, die polyzentrische Geographie Italiens eine besondere Rolle – der Vergleich mit Deutschland wird dabei erwähnt, aber nicht weiter thematisiert oder produktiv gemacht. Allerdings versucht der *Atlante*, die Diagnose der historisch wechselnden urbanen Zentren aus dem Nebeneinander in eine Art Netzwerk zu übertragen, was als Versuch der Systematisierung der Netzwerk-Formationen aus dem *Atlante della letteratura tedesca* gesehen werden kann. Neben Rom und Florenz als städtischen Zentren der klassischen italienischen Literatur werden auch andere Städte identifiziert, die vom 12. Jahrhundert bis zur Einheit 1860/61 in verschiedenen und verschieden langen Zeitabschnitten die literarischen Zentren Italiens waren. Der Aufbau des 2010 erschienenen ersten Bands des *Atlante – Dalle origini al Rinascimento –* ist durch die Abfolge solcher verschiedener ‚städtisch' geprägter *Età*, Zeitalter, gegliedert: Padua (1222–1309), Avignon (1309–1378), Florenz (1378–1494) und Venedig (1494–1530). Im zweiten Band – *Dalla Controriforma alla Restaurazione* – folgen dann Trient (1530–1563), Rom (1563–1648), Neapel (1648–1764) und Mailand (1764–1815). Bis zur Einigung Italiens, bei der die polyzentrische Struktur durch eine Entwicklung zum Nationalstaat ersetzt wird, folgt dann im dritten Band noch Turin (1815–1861). Erst an diesem Punkt der Geschichte, der durch die Gründung des italienischen Nationalstaats bezeichnet ist, verlässt der Atlas die raumzeitlichen Zäsuren und ersetzt sie, wenn man so will, durch zeiträumliche – nämlich durch drei Perioden der italienischen Geschichte, die als „Zeitalter der Nation", „Zeitalter des Krieges" und „Zeitalter des Wohlstands" bezeichnet werden. Auch diese Abschnitte werden durch die Wiederaufnahme traditioneller urbaner Zentren wie Rom oder Mailand, aber z. B. auch durch Palermo – wo 1963 die Gründungsversammlung des neoavantgardistischen *gruppo 63* stattfand – markiert.

Der Primat dieser urbanen Zentren im *Atlante* wird begründet durch politisch-ökonomische Rahmenbedingungen, die es erlauben, eine Vielzahl kultureller Aktivitäten, aber auch einzelne Intellektuelle anzuziehen. Solche Rahmenbedingungen können Regierungssitze sein, oft mit entsprechenden höfischen Kontexten (Avignon, Florenz, Venedig, Rom, Neapel), aber auch Institutionen, meist Universitäten oder Akademien (Florenz, Padua, Bologna), oder

---

[61] Ebd., S. XVI („della civiltà letteraria italiana").

einfach wirtschaftliche Ausgangsbedingungen, die etwa das Verlagswesen besonders befördern (Neapel, Mailand). Natürlich überschneiden sich die verschiedenen Faktoren. Die Dominanz eines bestimmten städtischen Zentrums in einem Zeitabschnitt wird im *Atlante* durch die relativ höchste Dichte wichtiger Ereignisse (*Eventi*) an einem Ort verifiziert. Im Zeitraum, für den das auf Mailand zutrifft (1764–1815), werden 18 Ereignisse notiert, von denen vier unmittelbar in Mailand angesiedelt sind, allerdings weitere Mailand zentral berühren.

Eine solche unregelmäßige Gliederung nach kulturellen Zentren wäre wohl ohne einen sozialgeschichtlich erweiterten, wenigstens einen sozialgeschichtlich grundierten Literaturbegriff, der in Italien durch Asor Rosas *Letteratura italiana Einaudi* praktisch institutionalisiert wurde, kaum möglich. Dafür spricht auch ein kulturgeschichtlich weiter Textbegriff. Beachtet werden im *Atlante* neben kanonischen Werken und Autoren explizit auch alle Arten von theologischen, juristischen, medizinischen Schriften und Texten für den Alltagsgebrauch wie Predigten, Reden, Enzykliken, zudem viele andere Textsorten. Beabsichtigt ist eine Kartographierung des literarischen Lebens in Italien zwischen dem 12. und dem 21. Jahrhundert. Allerdings unterscheidet sich der *Atlante* darin wenig von der traditionell mit einem weiten Textbegriff operierenden Italianistik.

Die Herausgeber fügen ein weiteres Kriterium hinzu, um die Multipolarität der italienischen Literatur zu strukturieren. Die Produktion und Rezeption von Gedanken und Diskussionen wird nicht nur anhand der Diffusion geschriebener oder gedruckter Texte verfolgt. Entsprechend der Annahme, dass „una civiltà letteraria è fatta di persone e d'occasioni",[62] werden auch Geschichten und Anekdoten in den Blick genommen. Dazu gehören Treffen oder Auseinandersetzungen zwischen Personen, Bewegungen oder Zusammenkünfte, verabredete oder überraschende Ereignisse, die temporal und lokal exakt zu bestimmen sind. Diese „piccoli avvenimenti",[63] ‚kleinen Ereignisse', werden in der Konzeption des *Atlante* als Kreuzungen individueller und intellektueller Ereignisabläufe verstanden,[64] die sich auf diese Art oftmals in einem Punkt träfen und so Problemlagen oder Entwicklungen konkretisierten, die zu einer bestimmten Zeit an einem bestimmten Ort zentral seien oder auch erst später an Wichtigkeit gewännen. Ein Beispiel ist der im dritten Band behandelte Besuch Balzacs bei Alessandro Manzoni, der zu einem intensiven Austausch über den historischen Roman, aber auch über den Schutz von Autorenrechten angesichts diverser Raubdruckausgaben führte, in dem also eine poetologisch-ästhetische

---

[62] Ebd., S. XIX („eine literarische Kultur von Personen und Gelegenheiten gemacht wird").
[63] Ebd., S. XX.
[64] Ebd.

Diskussion über den Roman mit Fragen der Veränderung des literarischen Marktes und von Autorschaftsmodellen im 19. Jahrhundert verbunden wird.[65]

Der Ansatz, von charakteristischen Ereignissen auszugehen, führt zu offenkundigen Überschneidungen mit der chronologisch-anekdotischen Struktur von David Wellberys *New History of German Literature* aus dem Jahr 2004.[66] Der *Atlante* ist geprägt von Artikeln, die den chronologischen Ereignissen bei Wellbery ähneln und die ja in der Tat unter der Rubrik *eventi* geführt werden. Sie liefern sowohl in den nach städtischen Zentren als auch in den drei nach Phasen der nationalstaatlichen Geschichte benannten Großkapiteln die größte Zahl an Einträgen. Offenkundig hat dieser Ereignisteil die Funktion, spezifische temporale Abläufe durch die Punktualisierung an Ortskontexte für eine räumlich-geographische Vernetzung zu reperspektivieren. Die Ereignisse sollen Problemlagen veranschaulichen und auf Kontexte hin öffnen, die auf einer von politischen Grenzen oder physischen Charakteristika vollständig freien Karte Italiens verzeichnet werden. Zusätzlich wird die Vernetzung erreicht mit einem zweiten, systematischeren Artikeltypus, der unter dem Schlagwort *sistemi*, Systeme, geführt wird. Hier werden, etwa im ‚Zeitalter Turins' (1815–1861), literarhistorisch kanonische Themen wie „La polemica classica-romantica" („Die Polemik zwischen Klassikern und Romantikern") oder „Walter Scott in Italia e il romanzo storico" („Walter Scott in Italien und der historische Roman") angeführt, aber auch „Scrittrici dell'Ottocento" („Schriftstellerinnen im 18. Jahrhundert").[67]

Schließlich wird diese Perspektive noch ergänzt um *reti*, also um Netzwerke. Man kann beliebige Beispiele heranziehen, um diese Darstellungsweise zu erläutern – ich wähle den Eintrag „Pavia, marzo 1792", unter dem in Majuskeln zu lesen ist:

ALESSANDRO VOLTA LEGGE UNO SCRITTO DI LUIGI GALVANI SULL'ELLETRICITÀ E AVVIA I PROPRI ESPERIMENTI. UNA DISPUTA ILLUSMINISTICA: INDAGINI EMPIRICHE E RETORICHE DISCORSIVE. DALL'ITALIA ALL'EUROPA E RITORNO: COMMUNICAZIONE SCIENTIFICA, DIVULGAZIONE E PUBBLICO NEL TARDO SETTECENTO.[68]

---

65 Domenico Scarpa (Hg.): Dal romanticismo a oggi. Atlante. Bd. 3 (Anm. 59), S. 113–118 („Milano, 1° marzo 1837. I diritti dell'autore: Manzoni e Balzac").
66 David E. Wellbery u. a. (Hg.): A New History of German Literature. Cambridge, Mass. u. a. 2004 (Eine neue Geschichte der deutschen Literatur. Berlin 2007).
67 Domenico Scarpa (Hg.): Dal romanticismo a oggi. Atlante. Bd. 3 (Anm. 59), S. 14–25, 47–50, 162–176.
68 Irace/Luzzatto/Pedullà (Hg.): Dalla controriforma alla Restaurazione. Atlante. Bd. 2 (Anm. 59), S. 848 („ALESSANDRO VOLTA LIEST EINE SCHRIFT VON LUIGI GALVANI ÜBER DIE ANIMALISCHE ELEKTRIZITÄT UND BEGINNT SEINE EIGENEN EXPERIMENTE. EIN AUFKLÄRERISCHER DISPUT: EMPIRISCHE UNTERSUCHUNGEN UND DISKURSIVE RHETORIK. VON ITALIEN NACH EUROPA UND WIEDER ZURÜCK: WISSENSCHAFTLICHE KOMMUNIKATION, POPULARISIERUNG UND ÖFFENTLICHKEIT IM SPÄTEN 17. JAHRHUNDERT").

Im Artikel wird eine Diskussion zwischen Volta und Galvani als Ausgangspunkt für wichtige Texte wissenschaftlicher Prosa gelesen, die dann wiederum als Beispiel für deren Diffusionsmöglichkeiten Ende des 18. Jahrhunderts betrachtet werden. Im Ereignis-System-Netzwerk-Raster folgt dem Artikel ein System-Artikel über die wissenschaftlichen Akademien im späten 18. Jahrhundert, der mit statistischem Kartenmaterial ausgestattet ist. Auf den Karten sind Verbreitung und Kontakte der Akademien verzeichnet.

Andererseits werden keineswegs alle Ereignis-Kapitel von System-Kapiteln flankiert. Das Ereignis „Praga, 29 ottobre 1787. Casanova e il romanzo vivente",[69] in dem die mögliche Anwesenheit von Casanova bei der Uraufführung von Mozarts *Don Giovanni* als anekdotischer Ausgangspunkt für die Erörterung des Zusammenhangs zwischen Autobiographie und Libretto benutzt wird, wird nur von einem Netzwerk-Artikel über „Massoneria e letteratura dai Lumi a Napoleone"[70] ergänzt.

Diese Beispiele dürften das Prinzip der Verschränkung von raumzeitlich spezifischen Ereignissen, die dann auf verschiedenen Kontextualisierungsebenen weiterverfolgt oder wieder aufgegriffen werden können, hinreichend verdeutlichen. Auffällig ist ein gewisser Widerspruch zwischen der programmatisch in der Einleitung vorgetragenen Absetzung des *Atlante* von zeitlich strukturierten Modellen und den in der Ausführung dann gleichwohl weiterhin sehr dominanten zeitlichen Strukturierungen in den Großkapiteln. Auch der Ansatz, in den Kleinstrukturen der Kapitel durch die Dreiteilung in Ereignisse, Systeme und Netzwerke räumliche Bedingungen literar- und kulturhistorischer Ereignisse in die Darstellung zu integrieren, gelingt nur partiell – meist dann, wenn letztlich sozialgeschichtliche Denkfiguren aufgegriffen werden und etwa Marktbeziehungen oder für die Vermittlung von Literatur wichtige Institutionen wie Verlage oder Salons angesprochen werden. Bei anderen Artikeln drängt sich der Eindruck auf, dass die Herausgeber dem darstellerischen Reiz des Anekdotischen öfter als inhaltlich oder systematisch erforderlich nachgegeben haben. Die scheinbar überraschende Pointe, die sich durch die Kombination von Ereigniskomplexen ergeben kann, die in kanonischen literarhistorischen Darstellungen in der Regel unverbunden sind, ist ein darstellungstechnisch nachvollziehbares, aber nicht immer systematisch plausibles Verfahren. Dadurch wird der in vielen Sektionen produktive und innovative Charakter des Bandes bis zu einem gewissen Grad relativiert.

---

[69] Ebd., S. 810–816, hier S. 810 („Prag, 29. Oktober 1787. Casanova und der lebende Roman").
[70] Ebd., S. 817–824 („Freimaurerlogen und Literatur von den Aufklärern bis Napoleon").

6. Resümee

Beispiele aus der italienischen Germanistik und Italianistik demonstrieren, wie das in theoretischen Diskussionen der letzten beiden Jahrzehnte verbreitete Forschungsparadigma des Raums in Literaturgeschichtsschreibung und Literaturwissenschaft schon vor dem Theorieschub der späten 1990er Jahre zur Anwendung kam. Bereits Claudio Magris arbeitete in seinen Untersuchungen, vom *Habsburg-Mythos* bis zum *Donau*-Buch, mit einem impliziten Raumparadigma. Vergleichbare Fragestellungen werden in der Italianistik explizit verfolgt. Die Bedeutung einer auch die räumliche Dimension als methodische Kategorie reflektierenden Literaturgeschichtsschreibung wurde in der Nachfolge Dionisottis diskutiert, vor allem aber im literarhistorischen Projekt von Asor Rosas *Storia della letteratura Einaudi* auch realisiert.

An den aktuellen Atlas-Konzeptionen – *Atlante della letteratura tedesca* und *Atlante della letteratura italiana* – kann man schließlich den Gewinn, aber auch die systematischen Probleme von vielleicht zu sehr mit Blick auf theoretische Schlagworte entwickelten und auf präsentatorische Attraktivität hin ausgerichteten Unternehmen erkennen. Gleichwohl sind beide Atlanten wichtige Schritte für die Entwicklung von alternativen literarhistorischen Präsentationsformen und können als Modelle für Literaturgeschichtsschreibung im 21. Jahrhundert sicherlich produktive Impulse liefern. Schon jetzt ist erkennbar, dass man dabei nicht mit einem einzigen Raumbegriff arbeiten kann – und sei er systematisch noch so profiliert. Vielmehr scheint es erforderlich, Strategien für den Umgang mit pluralen Raumkonzepten zu entwickeln, bei denen die Theoriediskussionen der vergangenen Jahrzehnte kritisch reflektiert, aber dennoch analytisch produktiv aufgegriffen und weiterentwickelt werden können – Strategien, die gerade so der Pluralität literarhistorischer Phänomene gerecht zu werden vermögen.

Kai Kauffmann
Ohne Ende? Zur Geschichte der deutschen Gegenwartsliteratur

1. Zur Wort- und Begriffsgeschichte von ‚Gegenwartsliteratur'

Der Terminus ‚Gegenwartsliteratur' wird nicht nur von der deutschsprachigen Literaturkritik als ein unspezifischer Sammelbegriff verwendet, dessen Bandbreite von den gerade aktuellen Novitäten bis zur gesamten Produktion der zeitgenössischen Autoren reicht, sondern hat sich auch in der germanistischen Literaturwissenschaft eingebürgert. Er fungiert dort als eine Art Epochenbegriff für die (jeweils) letzte größere, mit einer historischen Zäsur beginnende und bis zum heutigen Tag andauernde Phase in der Geschichte der deutschsprachigen Literatur.

Erstaunlicherweise ist die in der germanistischen Literaturwissenschaft heute fest etablierte Bezeichnung ‚Gegenwartsliteratur' als Begriff vergleichsweise wenig reflektiert und kommentiert worden. In den maßgeblichen Begriffslexika der Zunft gibt es entweder – wie etwa im *Reallexikon der deutschen Literaturwissenschaft* – überhaupt kein entsprechendes Lemma, oder der Artikel beschränkt sich – so im *Metzler Literatur Lexikon* – auf eine knappe Charakteristik unterschiedlicher Wortverwendungen. Dabei bleibt sogar ungeklärt, wann und wo die Bezeichnung ‚Gegenwartsliteratur' aufgekommen ist und wie sie zu einem literaturwissenschaftlichen und literaturgeschichtlichen Terminus der Germanistik werden konnte. Eine Sichtung von Literaturgeschichten nährt die Vermutung, dass sich ‚Gegenwartsliteratur' erst in der zweiten Hälfte des 20. Jahrhunderts allmählich als Periodisierungsbegriff durchgesetzt hat.

Zwar stimmt es, dass auch frühere Literaturgeschichten am Schluss auf die Produktion der letzten zehn bis zwanzig Jahre zu sprechen kommen, um bestimmte Trends der jüngeren und jüngsten Zeit auszumachen. Walter Benjamin hat in der 1931 veröffentlichten Rezension *Literaturgeschichte und Literaturwissenschaft* in dieser – nach seiner Meinung unzulässigen – Vermischung von Literaturgeschichte und Literaturkritik eine von der Askese der Literaturhistoriker des 19. Jahrhunderts abstechende Tendenz in der aktuellen Literaturwissenschaft gesehen:

> Wenn frühere Germanistik die Literatur ihrer Zeit aus dem Kreise ihrer Betrachtung ausschied, so war das nicht, wie man es heute versteht, kluge Vorsicht, sondern die asketische Lebensregel von Forschernaturen, die ihrer Epoche unmittelbar in der ihr adäquaten

Durchforschung des Gewesenen dienten [...]. An Stelle dieser Haltung ist der Ehrgeiz der Wissenschaft getreten, an Informiertheit es mit jedem hauptstädtischen Mittagsblatt aufnehmen zu können.[1]

Der weit ins 19. Jahrhundert zurückgreifende Vergleich mit der früheren Germanistik spricht dafür, dass es sich bei der von Benjamin konstatierten Hinwendung der Literaturwissenschaft und Literaturgeschichte zur Literatur der eigenen Zeit um eine längerfristige (eventuell um die Jahrhundertwende beginnende) Entwicklung handelte, die freilich gerade in den Jahren vor Benjamins Artikel deutlich an Dynamik gewonnen hat. Diese Entwicklung könnte mit der parallel zunehmenden Betonung des Zeitbezugs in der Literatur selbst zusammenhängen. Besonders in den 1920er Jahren, in denen kontroverse Diskussionen über das richtige Verhältnis des Dichters zu ‚seiner' bzw. ‚unserer Zeit' geführt wurden, zeichnete sich in den Poetologien der Schriftsteller wie in den damit korrespondierenden Diskursen der Literaturkritiker die Tendenz ab, die gesamte Literatur als Literatur der Zeit oder, um ein bereits von den Jungdeutschen aufgebrachtes Schlagwort zu verallgemeinern, als ‚Zeitliteratur' aufzufassen.

Gleichwohl scheint der noch stärker auf ‚unsere Zeit' fokussierte Begriff ‚Gegenwartsliteratur' erst nach dem 2. Weltkrieg in Gebrauch gekommen zu sein. Eine Schlüsselrolle dürften die literatur- und kulturpolitischen Kämpfe der 1950er und frühen 1960er Jahre um die Orientierung der deutschen Literatur nach dem Ende des ‚Dritten Reichs' gespielt haben. Denn die Publikationen aus dieser Zeit, die schon im Titel von der deutschen Literatur der Gegenwart sprechen, sind nicht nur Bestandsaufnahmen unterschiedlicher Tendenzen, sondern auch Plädoyers für eine bestimmte Richtung. Das gilt für Wolfgang Kaysers Vortrag in der von ihm herausgegebenen Sammlung *Deutsche Literatur in unserer Zeit* (1959), der von einem konservativen Dichtungsbegriff ausgehend die bloße Literatur der Gegenwart kritisiert,[2] ebenso wie für die Bücher von Karl August Horst, *Die deutsche Literatur der Gegenwart* (1957), und Walter Jens, *Deutsche Literatur der Gegenwart* (1961), mit ihrer Anknüpfung an moderne

---

[1] Walter Benjamin: Literaturgeschichte und Literaturwissenschaft. In: Gesammelte Schriften III, S. 283–290, hier S. 288 f.
[2] In Kaysers Vortrag heißt es über die „literarische Atmosphäre" der Gegenwart: „Sie ist gekennzeichnet durch ein allgemeines Interesse für die Literatur und eine allgemeine Stumpfheit gegenüber der Dichtung. Statt Stumpfheit ließe sich auch Unfähigkeit sagen" (Wolfgang Kayser: Das literarische Leben der Gegenwart. In: W. K. (Hg.): Deutsche Literatur in unserer Zeit. Göttingen 1959, S. 5–31, hier S. 8). Im Vorwort der Sammlung taucht übrigens das Wort ‚Gegenwartsliteratur' auf (vgl. S. 3).

Literaturkonzepte aus den ersten Jahrzehnten des 20. Jahrhunderts.[3] 1965 erschien dann erstmals das von Hermann Kunisch gegründete *Handbuch der deutschsprachigen Gegenwartsliteratur*. Zum Selbstverständnis des Handbuchs heißt es im – von Herbert Wiesner verfassten – Vorwort der neu erarbeiteten und in *Lexikon* umbenannten Ausgabe von 1981:

> Das *Lexikon der deutschsprachigen Gegenwartsliteratur* hat ein Stand- und ein Spielbein. Mit dem einen fußt es auf der Tradition des zuerst zur Jahreswende 1964/65 erschienenen *Handbuchs der deutschen Gegenwartsliteratur*, das deutschsprachige Autoren, Dichter wie literarisch wirksame Wissenschaftler, seit Freud, seit dem etwa um 1910 noch nicht abgeschlossenen Werk der Naturalisten und vor allem seit dem Frühexpressionismus darstellen wollte; mit dem anderen, dem Spielbein, tastet sich das auf der Basis des *Handbuchs* neu erarbeitete *Lexikon* weiter an die jüngste Literatur unserer Jahre heran, als es gemeinhin in vergleichbaren abgeschlossenen lexikalischen Werken üblich ist. Der Schritt zurück zu den Anfängen dieses Jahrhunderts und der Schritt voraus in die beginnenden achtziger Jahre, beide zusammen begreifen sich auch als Wechselschritt, als Wechsel von Stand- und Spielbein, der Gegenwart als das im Neuen zu vergegenwärtigende Vergangene und das im noch unabgeschlossenen Werk junger Autoren zu Gewärtigende erfahren, erproben und sichern will.[4]

Im ursprünglichen Zuschnitt des Handbuchs auf den Zeitraum zwischen der Jahrhundertwende und den Nachkriegsjahren bekundete sich der literatur- und kulturpolitische Wille des Herausgebers Kunisch, an die – durch den Nationalsozialismus abgeschnittenen – Stränge einer modernen Poetik in Deutschland wieder anzuknüpfen und diese Richtung gegen antimoderne Strömungen durchzusetzen. In der literatur- und kulturpolitischen Situation der

---

3 Vgl. Karl August Horst: Die deutsche Literatur der Gegenwart. München 1957, u. Walter Jens: Deutsche Literatur der Gegenwart. Themen, Stile, Tendenzen. München 1961. Im 1962 geschriebenen Vorwort zur Umarbeitung seines Buches blickt Horst auf die für ihn abgeschlossene Periode der Neuausrichtung zurück: „Im Jahr 1957 konnte noch mit Recht von einer Literatur der ‚Nachkriegszeit' gesprochen werden. Hauptgesichtspunkt der Darstellung war, die Tradition zu überprüfen, neue Ansätze festzustellen und eine fruchtbare Auseinandersetzung mit der Literatur der zwanziger Jahre und den erst teilweise neu aufgelegten Büchern der emigrierten Schriftsteller anzuregen. Inzwischen sind die offenen Tendenzen der sogenannten Avantgarden, ihre Bemühung, Anschluß zu finden und sich als literarische Generation zu formieren, mehr und mehr zurückgegangen. Man kann das Ende der Nachkriegszeit mit 1961 datieren. Im Zeitraum der letzten fünf Jahre haben wir in steigendem Maße mit einer geschlossenen Literatur zu tun, die sich jedem außerliterarischen Engagement versagt und nonkonformistisch für die Literatur engagiert ist" (Karl August Horst: Kritischer Führer durch die deutsche Literatur der Gegenwart. Roman Lyrik Essay. München 1962, S. 9).
4 Herbert Wiesner: Vorwort des Herausgebers. In: Lexikon der deutschsprachigen Gegenwartsliteratur. Begründet v. Hermann Kunisch, neu bearbeitet u. hg. v. Herbert Wiesner. München 1981, S. 7–10, hier S. 7.

späten 1950er und frühen 1960er Jahre verfolgte Kunisch – ähnlich wie schon Karl August Horst und Walter Jens in ihren oben erwähnten Büchern – ein Programm, das ‚Gegenwartsliteratur' ästhetisch als ein Konzept der Moderne begriff. Interessant ist nun, dass dieses Programm, das zur Durchsetzung der sogenannten ‚Klassischen Moderne' in den folgenden Jahren beitrug, noch von den wechselnden Betreuern der erweiterten Auflagen bis 1987 unterschrieben wurde, danach aber ein anderer Zuschnitt geboten schien.[5] Im Vorwort zur vollständig überarbeiteten Ausgabe von 1990, die den Titel *Neues Handbuch der deutschsprachigen Gegenwartsliteratur seit 1945* erhielt, begründete Dietz-Rüdiger Moser die Verschiebung der Epochenzäsur mit den Worten:

> Für Hermann Kunisch und seine Nachfolger hatte die ‚Gegenwart' praktisch das ganze zwanzigste Jahrhundert umfaßt; für sie zählten zur literarischen Moderne noch Dichter wie Gerhart Hauptmann, Hugo von Hofmannsthal, Franz Kafka, Christian Morgenstern, Rainer Maria Rilke, Ludwig Thoma und Frank Wedekind, die aus heutiger Sicht längst ihre feste Position in der Literaturgeschichte gefunden haben, so daß man sie in einem Handbuch zur Gegenwartsliteratur gar nicht mehr suchen würde. Es galt also zunächst, die ‚Gegenwart' neu zu bestimmen. Dabei bot es sich an, die Trennungslinie zwischen Vergangenheit und Gegenwart im Jahr 1945 anzusetzen [...].[6]

Ebenso bemerkenswert wie die Aufgabe des ursprünglich literatur- und kulturpolitisch ausgerichteten Epochenkonzepts des Handbuchs ist die Selbstverständlichkeit, mit der die neue, scheinbar neutrale Zäsur eingeführt wird, obgleich just zu diesem Zeitpunkt die Kontinuität der Literatur nach 1945 in öffentlichen Debatten heftig bestritten wurde. Direkt nach der sogenannten ‚Wende' von 1989/90 haben den Ton angebende Feuilletonisten wie Frank

---

5 Vgl. dazu Eckhard Schumacher: Gegenwartsforschung. Über Schwierigkeiten mit der Geschichte. In: Paul Brodowsky/Thomas Klupp (Hg.): Wie über Gegenwart sprechen? Überlegungen zu den Methoden einer Gegenwartsliteraturwissenschaft. Frankfurt/M. 2010, S. 31–46, hier S. 32–34.
6 Dietz-Rüdiger Moser, Vorwort. In: Neues Handbuch der deutschen Gegenwartsliteratur seit 1945. München 1990, S. 7 f., hier S. 7. Dreizehn Jahre später hält der neue Herausgeber Thomas Kraft an der nun auch in der Literaturgeschichtsschreibung fragwürdig gewordenen Zäsur 1945 fest: „Während Herbert Wiesner 1981 noch von einem Herantasten an die Gegenwart sprach, befindet sich die vorliegende Ausgabe inmitten derselben. Das bedeutet, dass der hier verwendete Begriff der Gegenwart der fortschreitenden Entwicklung Tribut zollt: Als zeitliche Eingrenzung für die Aufnahme von Autoren gilt, dass ihr Schaffensschwerpunkt eindeutig nach 1945 liegen muss. So werden manche Leser vielleicht Artikel über Thomas Mann, Bertold Brecht und deren Zeitgenossen vermissen. Aber obwohl diese auch nach 1945 bedeutende Texte veröffentlicht haben, zählen sie doch nicht mehr zum Umfeld einer Literatur der Gegenwart" (Thomas Kraft: Vorwort. In: Lexikon der deutschsprachigen Gegenwartsliteratur seit 1945. Bd. 1. München 2003, S. 7 f., hier S. 7).

Schirrmacher verkündet, mit der politischen Zäsur sei auch die ästhetische Epoche der Nachkriegsliteratur abgeschlossen und die Ära einer neuen Gegenwartsliteratur eingeleitet.[7] Mit einer gewissen Verzögerung begann sich diese Einteilung auch in der Literaturwissenschaft durchzusetzen. An den Publikationen zur Gegenwartsliteratur lässt sich beobachten, dass die Epochenscheide 1945 allmählich von dem Wendejahr 1989/90 verdrängt wird.

2. Theoretische Konzeptualisierungen von Gegenwartsliteratur und Zeitgeschichte

Unabhängig von der Plausibilität der einen oder anderen Zäsur scheinen derartige Verschiebungen bei der zeitlichen Definition der Gegenwartsliteratur generell unvermeidlich zu sein, weil sie sich aus der spezifischen Prozesslogik des Begriffs ergeben. Unter Berufung auf Paul Michael Lützeler, den Begründer des 2002 gegründeten Jahrbuchs *Gegenwartsliteratur*, das immer nur die letzten 30 Jahre in den Blick nimmt, hat Michael Braun von einem zeitlich gleitenden Epochenkonzept gesprochen:

> Im Gegensatz zu früheren (abgeschlossenen) Epochen hat die Gegenwartsliteratur einen wandelbaren Anfang und ein unabsehbares Ende. Aufgrund dieser Mobilität der Eckdaten ist Gegenwartsliteratur auf der Zeitachse keine in sich abgeschlossene Epoche. Hier bietet sich das Bild von der ‚gleitenden Zeit' an (Paul Michael Lützeler). Mit dem Fortschreiten der Gegenwart, d.h. mit dem permanenten Verwandeln von Zukunft in Gegenwart, verschieben sich Anfang und Ende der Gegenwartsliteratur.[8]

In einem 2012 erschienenen Aufsatz haben Carsten Gansel und Elisabeth Herrmann dieses Epochenkonzept adaptiert und es dahingehend präzisiert, dass die Gegenwartsliteratur immer nur so weit zurückreiche, wie das eigene Gedächtnis einer Generation, nämlich etwa 30 Jahre.[9] Aber, so kann man fragen, ist das Gedächtnis einer Generation tatsächlich auf ca. 30 Jahre beschränkt? Leben nicht mehrere Generationen zur gleichen Zeit und kommunizieren in der Gesellschaft kulturell miteinander? Und ist nicht die Reichweite des kommunikativen

---

[7] Vgl. Frank Schirrmacher: Abschied von der Literatur der Bundesrepublik. In: FAZ, 2. 10. 1990.
[8] Michael Braun: Die deutsche Gegenwartsliteratur. Köln/Weimar/Wien 2010, S. 21.
[9] Vgl. Carsten Gansel/Elisabeth Herrmann: „ ‚Gegenwart' bedeutet die Zeit einer Generation" – Anmerkungen zum Versuch, Gegenwartsliteratur zu bestimmen. In: C. G./E. H. (Hg.): Entwicklungen in der deutschsprachigen Gegenwartsliteratur nach 1989. Göttingen 2013, S. 7–22.

oder kulturellen Gedächtnisses der Gesellschaft gerade durch die modernen Medien vervielfacht?[10]

Die gleiche Problematik wie der Begriff der Gegenwartsliteratur weist jener der Zeitgeschichte auf, der wiederum nach 1945 zum festen Terminus in der Geschichtswissenschaft geworden ist. Vergleichsweise früh und intensiv ist von Historikern über die theoretische Frage diskutiert worden, wie man ‚Zeitgeschichte' überhaupt als ein generelles Konzept definieren und operationalisieren könne. Hans Rothfels fand 1953 die Formel, die Zeitgeschichte sei die „Epoche der Mitlebenden und ihre wissenschaftlichen Behandlung",[11] eine seitdem klassisch gewordene Definition, die den sich kontinuierlich verschiebenden Epochenbeginn der Zeitgeschichte jeweils durch den Bezug auf das Gedächtnis der Zeitzeugen bestimmt. Schon Rothfels nahm eine Spanne von gut 30 Jahren als generationellen Gedächtnisraum der Zeitgeschichte an.

Vor Kurzem hat allerdings Martin Sabrow zu bedenken gegeben, dass diesem theoretischen Konzept einer chronologisch fortschreitenden Zeitgeschichte die tatsächliche Praxis der deutschen Zeithistoriker nicht mehr entspreche, habe sich doch die „im Zivilisationsbruch mündende Herrschaft des Nationalsozialismus [...] als zu beherrschend erwiesen, um von einer generationellen Neuformulierung der Zeitgeschichte verdrängt" werden zu können:

> Auch das Ende der Zeitgenossenschaft hat die deutsche Zeitgeschichte nicht die Epochenscheide von 1945 überspringen lassen, obwohl ebendies schon vor und erst recht nach dem Zusammenbruch der zweiten europäischen Großdidaktur 1989/90 vielfach prognostiziert worden war und zumindest dem in der DDR geltenden Selbstverständnis der Zeitgeschichte entsprochen hätte.[12]

Sabrow schlägt vor, die vordere Grenze der Zeitgeschichte nicht durch die biographische Zeitgenossenschaft von lebenden Personen, sondern durch die kulturelle Wirkmächtigkeit im kommunikativen Gedächtnis der heutigen Gesellschaft zu bestimmen.[13] Für die deutsche Zeitgeschichte scheint ihm die Epochenscheide

---

10 Die vermeintlichen Stärken des Generationenmodells, die gleichsam biologisch garantierte Begrenzung des Zeitraums und die scheinbar kollektiv geteilten ‚Sehepunkte' der Geschichtserfahrung resultieren aus unangemessen starken Reduktionen, die weder der kommunikativ erzeugten und medial vervielfachten Reichweite des kulturellen Gedächtnisses noch der individuellen und sozialen Heterogenität der Zeitwahrnehmung und Geschichtsdeutung, zumal in einer modernen Gesellschaft, gerecht werden.
11 Hans Rothfels: Zeitgeschichte als Aufgabe. In: Vierteljahrshefte für Zeitgeschichte 1 (1953), S. 1–8, hier S. 4.
12 Martin Sabrow: Die Zeit der Zeitgeschichte. Göttingen 2012, S. 7.
13 Wenig überzeugend ist dagegen Sabrows Unterscheidung der ‚Zeitgeschichte' von der ‚Gegenwartsgeschichte' der unmittelbaren Jetztzeit, weil sie das Problem der Zeitgeschichte löst, indem sie es auf die Gegenwartsgeschichte verschiebt: „Die Zeit der Zeitgeschichte ist [...] nicht

von 1945, die die permanente Erinnerung an die NS-Zeit impliziert, weiterhin von konstitutiver Bedeutung zu sein.

Sein Vorschlag ließe sich auch für die Literaturwissenschaft fruchtbar machen, indem man Vergangenheitsbestände in das Konzept der Gegenwartsliteratur einbezieht, die von der aktuellen Literatur präsent gehalten werden, weil sie für das kommunikative Gedächtnis der Gesellschaft wichtig sind. (Das würde nicht nur für die speziellen Erinnerungsdiskurse der sogenannten Gedächtnisliteratur gelten, sondern für den gesamten Umgang mit kulturellen Traditionen in der Gegenwartsliteratur.) Theoretisch könnte man sogar auf die Idee verfallen, die Grenze zwischen Vergangenheit und Gegenwart aufzuheben, und zwar mit der Begründung, dass sich mehrere Zeiten im kommunikativen Gedächtnis bis zur Ununterscheidbarkeit durchdringen würden. Damit wäre auch die Möglichkeit, eine geschichtliche Abfolge voneinander getrennter Epochen zu konstruieren, in Frage gestellt. Als Zeithistoriker liefert Sabrow allerdings umgekehrt Argumente dafür, dass es starke geschichtliche Zäsuren wie die Epochenscheide von 1945 gibt, die die Struktur des kommunikativen Gedächtnisses der Gesellschaft längerfristig bestimmen und schwächere Zäsuren, wie z. B. die Wende von 1989, überlagern. Es bietet sich an, diese an der deutschen Zeitgeschichte gewonnene Einsicht auf das Feld der deutschen Gegenwartsliteratur zu übertragen und auch dort für die Beibehaltung der Epochenzäsur 1945 zu plädieren.[14]

---

einfach die nachlaufende nahe Vergangenheit. Sie ist in ihrer Erstreckung rückwärts begrenzt – durch die Reichweite des kommunikativen Gedächtnisses als erweiterten Modus des Mitlebens –, und sie ist vorwärts begrenzt durch eine historische Diskontinuität, einen politischen, sozialen oder kulturellen Umbruch, der ihren Abstand zur Jetztzeit ausmacht und von der Gegenwart des Selbstverständlichen trennt. In diesem Verständnis reicht die Zeitgeschichte des deutschsprachigen Raums gegenwärtig von den dreißiger Jahren der NS-Herrschaft bis zum langen Umbruch einer europäischen Gesellschaft, der in Deutschland symbolpolitisch mit der Ölkrise von 1973 einsetzte und systemgeschichtlich mit dem Mauerfall 1989 abschloss. Die Zeit danach bildet die Phase der Gegenwartsgeschichte, die in ihren Deutungsangeboten ohne anerkannten Sehe-Punkt auskommen muss, beständig zäsurensuchender Reorganisierung unterliegt und die deswegen ihre amorphe Verfassung und die Zeitbedingtheit ihrer Erkenntnisbildung methodisch in besonderer Weise zu reflektieren hat" (ebd., S. 16).

14 Nur am Rande sei auf Hans Ulrich Gumbrechts jüngst erschienenes Buch *Nach 1945* hingewiesen. Laut Gumbrecht sind wir mit dem Jahr 1945 in ein neues Chronotop eingetreten, zu dessen Charakteristik gehört, dass es uns nicht mehr (wie zuvor im Chronotop der historischen, auf die Zukunft ausgerichteten Zeit) gelingt, irgendeine Vergangenheit und irgendeine Tradition hinter uns zu lassen. Unsere Gegenwart sei zu einer „sich verbreitenden Dimension der Simultaneitäten" geworden (Hans Ulrich Gumbrecht: Nach 1945. Latenz als Ursprung der Gegenwart. Frankfurt/M. 2012, S. 16).

3. Literarhistorische Periodisierungskonzepte der deutschsprachigen Gegenwartsliteratur

Die Periodisierung gehört zu den Grundproblemen jeder Geschichtsschreibung. Zumal wenn man versucht, Epochen zu konstruieren, muss man jeweils angeben können, wann diese beginnen und wann sie enden, gegebenenfalls auch, wie sie ihrerseits in Phasen gegliedert sind. Zu den Aufgaben der Periodisierung gehört auch die Synchronisierung von Ereignissen und Entwicklungen, die in unterschiedlichen Bereichen oder Feldern stattfinden und dort möglicherweise einer eigenen, mehr oder weniger autonomen Chronologie unterliegen. Wie kann man als Historiker mit der ‚Gleichzeitigkeit des Ungleichzeitigen' umgehen? Wenn es nicht gelingen sollte, einen bestimmten Bereich als determinierend (wie im Marxismus die ökonomische Entwicklung) für die gesamte Geschichte auszuweisen, lassen sich dann wenigstens dominante Sehepunkte finden, die es erlauben, einen Zeitraum überhaupt als Epochenzusammenhang aufzufassen? Oder sollte man, wie es Vertreter des *new historicism* geraten haben, auf die Konstruktion derartiger Totalitäten verzichten, um stattdessen dichte Beschreibungen von solchen Ereignissen zu liefern, die – immerhin! – als wichtige Knotenpunkte in der prinzipiell nicht begrenzbaren Textur der Kultur gelten können? Diesen Fragen müssen sich natürlich auch die Literarhistoriker stellen, die im Fall der Gegenwartsliteratur noch zusätzlich mit der speziellen Schwierigkeit der gleitenden, nicht aus geschichtlicher Distanz zu übersehenden Zeit zu kämpfen haben.[15]

In den literarhistorischen Darstellungen der deutschsprachigen ‚Gegenwartsliteratur', die seit den 1970er Jahren entstanden sind, wird – klammert man das von David E. Wellbery und anderen herausgegebene Werk *Eine Neue*

---

15 In der Einleitung zu dem 1971 erschienenen Aufsatzband *Die deutsche Literatur der Gegenwart*, einem der ersten Versuche, die Gegenwartsliteratur nach 1945 als literaturgeschichtliche Epoche zu erfassen, beschreibt Manfred Durzak die besondere Problematik sehr genau: „25 Jahre sind ein kleines Intervall im Epochenschema der Literaturgeschichten. Aber gut 25 Jahre deutsche Literatur der Gegenwart repräsentieren nicht nur ein beachtliches Zeitkontinuum, sondern auch einen Abschnitt literarischer Entwicklung, der es verdient festgehalten zu werden. Freilich ist es nicht einfach, die Perspektiven auszumachen, unter denen dieses Vierteljahrhundert deutscher Literatur überschaubar wird. Es fällt schwer, jene Linien aufzuzeigen, die sich, aus der Situation der Gegenwart heraus betrachtet, als besonders wichtig erweisen; literarische Strömungen und Entwicklungstendenzen, die das Gesicht der deutschen Literatur in den ersten Nachkriegsjahren bestimmt haben und die aus der Sicht von 1971 zu wichtigen Stationen einer sich neu profilierenden literarischen Tradition in Deutschland nach 1945 werden" (Manfred Durzak: Einleitung. In: M. D. (Hg.): Die deutsche Literatur der Gegenwart. Aspekte und Tendenzen. Stuttgart 1971, S. 7–12, hier S. 7.

Geschichte der deutschen Literatur zunächst aus – an umfassenden Epochenkonzepten festgehalten. Wie oben angedeutet, differiert aber die Periodisierung, vor allem in Bezug auf den Epochenanfang. Die ersten Gesamtdarstellungen der Gegenwartsliteratur, die signifikanterweise von Autoren aus dem Literatur- und Kulturbetrieb stammten, gingen von der Epochenscheide 1945 aus. Diese Periodisierung hing offensichtlich mit den zeitgeschichtlichen und literaturkritischen Diskussionen am Übergang von den 1960er zu den 1970er Jahren zusammen, in denen vielfach eine Art Zwischenbilanz der Nachkriegszeit in der Bundesrepublik Deutschland und der DDR gezogen wurde.[16] Die von Heinz Ludwig Arnold herausgegebene Geschichte der deutschen Literatur von 1945–1961 (1972) und der von Dieter Lattmann zusammen mit Heinrich Vormweg, Karl Krolow und Hellmuth Karasek für *Kindlers Literaturgeschichte der Gegenwart* verfasste Band über die Literatur der Bundesrepublik Deutschland (1973) sind nicht allein das Ergebnis einer kritischen Sichtung und Ordnung der seit 1945 produzierten Literatur, sondern zugleich der Ausdruck des historischen Selbstverständnisses, einer neuen, sich gegenüber der Vergangenheit immer stärker abgrenzenden Epoche der deutschen Geschichte anzugehören.[17] Dieses in der Bundesrepublik (und parallel dazu, obgleich unter anderen Bedingungen, in der DDR) gewachsene Selbstverständnis, das die partielle Kritik an den bestehenden Gesellschafts- und Herrschaftsverhältnissen nicht ausschloss, grundiert auch die von westdeutschen Literaturwissenschaftlern in den 1980er Jahren konzipierten Literaturgeschichten der Gegenwartsliteratur. Das gilt für Ralf Schnells *Geschichte der deutschsprachigen Literatur seit 1945* (1993), die von Winfried Barner herausgegebene *Geschichte der deutschen Literatur von 1945 bis zur Gegenwart* (1994) und den von Horst A. Glaser verantworteten Band *Deutsche Literatur zwischen 1945 und 1995* (1997).[18]

Der fast gleichzeitig in Hansers *Sozialgeschichte der deutschen Literatur* erschienene Band *Gegenwartsliteratur seit 1968* (1992), in dem vor allem Klaus

---

16 Vgl. die Bibliographie von Büchern, die entweder die Situation der deutschen Literatur zwischen 1933 und 1945 oder ihre Entwicklung seit 1945 zum Thema haben, in Dieter Lattmanns Einleitungskapitel zu: Kindlers Literaturgeschichte der Gegenwart. Autoren – Werke – Themen – Tendenzen seit 1945. Bd. 1: Die Literatur der Bundesrepublik Deutschland. Hg. v. Dieter Lattmann. München/Zürich 1973, S. 139 f.
17 Vgl. Heinz Ludwig Arnold (Hg.): Geschichte der deutschen Literatur aus Methoden – Westdeutsche Literatur von 1945–1971. 3 Bde. Frankfurt/M. 1972. Vgl. auch Kindlers Literaturgeschichte der Gegenwart, Bd. 1 (Anm. 16).
18 Vgl. Ralf Schnell: Geschichte der deutschsprachigen Literatur seit 1945. Stuttgart/Weimar 1993. Vgl. auch Winfried Barner (Hg.): Geschichte der deutschen Literatur von 1945. München 1994. Ferner: Horst A. Glaser (Hg.): Deutsche Literatur zwischen 1945 und 1995. Stuttgart/Wien 1997.

Briegleb die radikale Anti-Literatur der 1968-Bewegung mit ihren Agitprop-Formen wieder ins Gedächtnis rief, war selbst eine literarhistorische Intervention gegen das als systemkonform betrachtete Epochenkonzept der westdeutschen ‚Gegenwartsliteratur seit 1945', als deren Paradigma die *Gruppe 47* mit ihrem ästhetisch kultivierten Realismus und ihrer moderaten Kritik an der Gesellschaft diente. Interessanterweise erzielte dieser Versuch, vom radikal linken Standpunkt der 1968er aus die frühere wie die spätere Entwicklung der westdeutschen Literatur als Anpassung an die kulturellen Normen der kapitalistischen Gesellschaft erscheinen zu lassen, nicht die beabsichtigte Wirkung. Vermutlich deshalb, weil für eine linke Revision der westdeutschen Literatur- und Gesellschaftsgeschichte der Zeitpunkt nach dem Zusammenbruch der DDR denkbar ungünstig war.

Stattdessen kündigte sich Anfang der 1990er Jahre in der Literaturkritik die Auffassung an, dass die ‚Wende' von 1989/90 auch als eine Zäsur in der Entwicklung der Gegenwartsliteratur zu begreifen sei.[19] Mit der üblichen Verzögerung begann diese Auffassung, die gleichwohl in vielerlei Hinsicht an das Epochenkonzept der westdeutschen ‚Gegenwartsliteratur seit 1945' anknüpfte, sich auch in der Literaturwissenschaft zu verbreiten, und zwar schneller in der Forschungsdiskussion als in der Geschichtsschreibung. Noch heute werden Literaturgeschichten veröffentlicht, die im Jahr 1945 ansetzen,[20] aber das mit 1989 beginnende Buch *Die deutsche Gegenwartsliteratur* von Michael Braun (2010) könnte schon bald Schule machen.[21] Wird doch bereits in der Disziplin dekretiert, es herrsche „heute in der Literaturwissenschaft und Literaturgeschichtsschreibung weitgehend Konsens darüber, dass mit der politischen Wende und dem Fall der Mauer im Jahr 1989 eine Zäsur anzusetzen" sei und sich auch in der Literatur ein „Epochenwechsel" abzeichne. Ja, da die politischen Veränderungen nicht nur den „gesellschaftlichen und kulturellen Horizont in Deutschland verändert, sondern auch zu thematischen und stilistischen Umbrüchen innerhalb der Literatur geführt und – wichtiger noch – die Zusammenführung der beiden deutschen Literaturen eingeleitet" hätten, wird die Einsetzung von 1989 als neuer Epochenzäsur sogar als „notwendig" bezeichnet.[22]

---

[19] Zu den literaturkritischen Debatten, die direkt im Anschluss an die Wende geführt worden sind, vgl. Clemens Kammler: Deutschsprachige Literatur seit 1989/90. Ein Rückblick. In: C. K./ Torsten Pflugmacher (Hg.): Deutschsprachige Gegenwartsliteratur seit 1989. Zwischenbilanzen – Analysen – Vermittlungsperspektiven. Heidelberg 2004, S. 13–35, bes. S. 13–16.

[20] Vgl. Jürgen Egyptien: Einführung in die deutschsprachige Literatur seit 1945. Darmstadt 2006. Vgl. zuletzt Dirk von Petersdorff: Literaturgeschichte der Bundesrepublik Deutschland. Von 1945 bis zur Gegenwart. München 2011.

[21] Vgl. Michael Braun: Die deutsche Gegenwartsliteratur. Köln/Weimar/Wien 2010.

[22] Gansel/Herrmann: Gegenwartsliteratur bestimmen (Anm. 9), S. 14. Solche Kurzschlüsse, die den Argumentationsmustern in der Literaturkritik zu Beginn der 1990er Jahre folgen, hat

Gemeinsam haben die drei Epochenzäsuren 1945, 1968 und 1989, dass sie primär mit politischen und sozialen Umbrüchen begründet werden, die auch auf die Literatur durchgeschlagen hätten. Gegen die so hergeleiteten Periodisierungen ist verschiedentlich eingewendet worden, sie gingen an den ästhetischen Entwicklungen vorbei, aus denen sich ganz andere Zeiteinheiten und -abschnitte ergäben. Beispielsweise hat Helmuth Kiesel seine gegen die Epochenzäsur 1945 gerichtete These von einer „Kontinuität der literarischen Moderne über die Zeit des ‚Dritten Reichs' und des Exils hinweg"[23] dadurch belegt, dass er die Fortentwicklung von ästhetischen Konzepten der literarischen Moderne in der Nachkriegszeit bis zur Gegenwart herausarbeitet. Hermann Korte hat in seiner *Geschichte der deutschen Lyrik seit 1945* die im Titel verwendete Epochenzäsur insofern stark relativiert, als er in der Darstellung die bis über das Ende der 1950er Jahre hinausreichende Kontinuität lyrischer Traditionen und Konventionen betont und erst im Laufe der 1960er Jahre tiefgreifende Umbrüche in der Poetologie erkennt.[24] Auch in anderen Geschichten literarischer Gattungen fungiert 1945 nicht als maßgebliche Zäsur in der ästhetischen Entwicklung, so gilt für den Roman das Jahr 1959 als entscheidendes Datum. Dass dieses *annus mirabilis* des Romans für die Geschichten der Lyrik und des Dramas nicht von ähnlich großer Bedeutung ist,[25] lässt übrigens erahnen, wie schwierig es wäre, die Entwicklungen der verschiedenen Gattungen im Rahmen eines hauptsächlich ästhetisch ausgerichteten Epochenkonzepts zu synchronisieren. Die Dominanz von primär politischen und gesellschaftlichen Epochenzäsuren in den alle literarischen Gattungen umfassenden Geschichten der Gegenwartsliteratur könnte auch an dem Fehlen alternativer Integrationsmodelle liegen.

Klaus-Michael Bogdal schon 1998 kritisiert. Er stellt einerseits fest, dass die politische Wende von 1989/90 keine gravierenden Folgen im literarisch-kulturellen Feld gezeitigt habe, um andererseits auf die dortigen Umbrüche der 1970er Jahre hinzuweisen. Vgl. Klaus-Michael Bogdal: Klimawechsel. Eine kleine Meteorologie der Gegenwartsliteratur. In: Andreas Kilb (Hg.): Baustelle Gegenwartsliteratur. Die neunziger Jahre. Wiesbaden 1998, S. 9–31.
23 Helmuth Kiesel: Geschichte der literarischen Moderne. Sprache · Ästhetik · Dichtung im zwanzigsten Jahrhundert. München 2004, S. 438.
24 Vgl. Hermann Korte: Geschichte der deutschen Lyrik seit 1945. Stuttgart 1989. Die Auffassung, 1945 sei auch für die Literatur eine ‚Stunde null' gewesen, wird in Bezug auf die Lyrik ausdrücklich zurückgewiesen, vgl. ebd., bes. S. 1–8.
25 Entsprechend konzentrieren sich die Publikationen zum Jahr 1959 weitgehend auf die Roman- und sonstige Erzählliteratur. Vgl. Treibhaus. Jahrbuch für die Literatur der fünfziger Jahre. Bd. 5: Das Jahr 1959 in der deutschsprachigen Literatur. Hg. v. Günter Häntzschel u. a. München 2009. Vgl. auch Matthias Lorenz/Maurizio Pirro (Hg.): Wendejahr 1959? Die literarische Inszenierung von Kontinuitäten und Brüchen. Bielefeld 2011.

Diese Dominanz hat aber noch andere, möglicherweise gewichtigere Gründe. In Bezug auf die in den 1980er Jahren konzipierten Literaturgeschichten ist zum einen an die damals noch einflussreichen Vorstellungen der sozialgeschichtlich orientierten Literaturwissenschaft zu erinnern. Aus deren Sicht mussten die politischen und sozialen Verhältnisse als Bedingungen geltend gemacht werden, die die literarischen Entwicklungen zwar nicht gänzlich determinieren, aber doch teilweise mitbestimmen. Diese Auffassung gewann durch die politische und gesellschaftliche Opposition der Bundesrepublik und der DDR noch an Plausibilität und Relevanz, zumal der Gegensatz der beiden Systeme die Literatur bis hinein in ihre ästhetischen Gestaltungsmöglichkeiten betraf. Dass aber sogar die explizit sozialgeschichtlich ausgerichteten Darstellungen der deutsch-deutschen Gegenwartsliteratur kaum darüber hinauskamen, auf der einen Seite die politisch-sozialen Rahmenbedingungen und auf der anderen Seite die ästhetischen Gattungsentwicklungen zu beschreiben, es ihnen also nicht gelang, das ‚Sozialsystem' und das ‚Symbolsystem' der Literatur überzeugend miteinander zu verknüpfen, kann und muss in diesem Aufsatz nicht erörtert werden.

Vielmehr stellt sich die Frage, warum es auch nach dem so genannten ‚Scheitern' der Sozialgeschichte und nach dem Ende des Systemgegensatzes dabei blieb, dass sich die Geschichtsdarstellungen der Gegenwartsliteratur so stark an politischen und sozialen Zäsuren orientierten. (Inzwischen wird als Nachfolger des Wendejahrs 1989/90 gelegentlich der 11. September 2001 vorgeschlagen.) Nun könnte man, wie Carsten Gansel und Elisabeth Herrmann das tun, die literatur- und kulturtheoretisch generalisierte These ins Spiel bringen, Literatur sei nicht nur ein kulturelles Produkt, dessen „Entstehung stets in einen spezifischen zeitlichen sowie gesellschaftlichen Kontext eingebunden ist", sondern auch eine kulturelle „Form der Selbstwahrnehmung und Selbstthematisierung von Gesellschaft", in der politische Ereignisse, gesellschaftliche Verhältnisse, soziale Normen, kulturelle Werte etc. beschrieben und reflektiert würden. Gansel und Herrmann folgern daraus:

> Wenn Literatur als Produkt einer spezifischen Zeit und Kultur und als Reflexionsorgan derselben fungiert, dann hat auch die Literaturwissenschaft die Signaturen derjenigen Wirklichkeit zu beachten, auf die sich die Literatur bezieht. Gilt dies für jede literarische Epoche, so trifft die Notwendigkeit einer Berücksichtigung der spezifischen Zeitstrukturen und der jeweils gültigen Werte und Normen umso mehr für Gegenwartsliteratur zu: Die begriffliche Zuschreibung ‚Gegenwartsliteratur' mit Blick auf eine spezifische Zeitspanne einer Literatur macht nur dann Sinn, wenn sie sich auf einen gemeinsamen zeitgeschichtlichen sowie kulturellen Nenner bezieht.[26]

---

26 Gansel/Herrmann: Gegenwartsliteratur bestimmen (Anm. 9), S. 13 f.

Abgesehen davon, dass Gansel und Herrmann hier das Theorem, bei Literatur handele es sich um eine Form der Selbstbeobachtung von Kulturen oder Gesellschaften, einseitig in eine sozialgeschichtliche Richtung umbiegen und weder die Zuspitzung im Hinblick auf die Gegenwartsliteratur noch die Verknüpfung mit der Epochenfrage – im Anschluss wird dann konkret die Periodisierung ‚seit 1945' und ‚seit 1989' diskutiert – argumentationslogisch gedeckt ist, machen sie doch auf einen entscheidenden Punkt aufmerksam: Speziell für den literarhistorischen Begriff der Gegenwartsliteratur scheint nämlich der enge Bezug auf die gesellschaftlichen Verhältnisse und das politische Geschehen unverzichtbar zu sein. Dies würde auch erklären, weshalb sich die Geschichtsdarstellungen der Gegenwartsliteratur immer wieder an markanten Ereignissen und dominanten Diskursen der gesellschaftlichen und politischen Zeitgeschichte orientieren und dies weit konsequenter geschieht, als das bei der Schilderung historisch zurückliegender Literaturperioden der Fall ist.

Überraschenderweise findet sich diese starke Ausrichtung der Gegenwartsliteratur auch in dem unter anderem von David Wellbery herausgegebenen Werk *Eine Neue Geschichte der deutschen Literatur,* ja, sie ist dort noch stärker als üblich. Zwar verzichtet das nur nach Jahreszahlen geordnete Werk auch auf den Begriff der Gegenwartsliteratur. Wenn man aber die Artikel über wichtige Texte, die nach 1945 veröffentlicht worden sind, der Reihe nach durchgeht, fällt auf, dass die Literatur fast ausschließlich unter gesellschaftlichen und politischen Aspekten behandelt wird. Eine ähnliche Fokussierung gibt es nur in den vorangehenden Artikeln zur Literatur in der Zeit des Nationalsozialismus.[27] Im Hintergrund steuert ein implizites Konzept von Gegenwartsliteratur als ästhetisches Reflexionsorgan oder diskursiver Knotenpunkt der gesellschaftlichen und politischen Zeitgeschichte sowohl die Auswahl als auch die Darstellung der für relevant erachteten Texte.

4. Literarische Modellierungen der Gegenwart

Das so gefasste Konzept der Gegenwartsliteratur ist keine völlig freischwebende Konstruktion der Literaturgeschichtsschreibung, sondern gründet teilweise im Selbstverständnis der Literatur nach 1945. Aufgrund der Katastrophe des Weltkriegs, die auch als geistiger Bankrott der gesamten Kultur wahrgenommen wurde, verstärkte sich die Forderung, die Literatur müsse sich auf die Gegenwart beziehen und auf deren Fragen antworten. Über die prinzipielle

---

[27] Vgl. David E. Wellbery u. a. (Hg.): Eine Neue Geschichte der deutschen Literatur. Darmstadt 2007, bes. S. 965–1191.

Forderung herrschte weitgehend Konsens, wenn auch die konkreten Auffassungen darüber, in welcher Weise sich die Literatur zur Gegenwart verhalten solle, deutlich auseinandergingen. Diesem von vielen Autoren und Kritikern geteilten Selbstverständnis entsprach der in der Nachkriegszeit aufkommende Oberbegriff ‚Gegenwartsliteratur'.

Zu den Diskussionen um die richtige Rolle der Literatur in der gegenwärtigen Zeit zählte das Schlagwort der ‚engagierten Literatur', das aus Jean-Paul Sartres Essay *Qu'est-ce que la littérature?* (1947; deutsche Übersetzung 1950) entlehnt wurde. Dort zielte der – gegen die reine Poesie abgegrenzte – Begriff der *littérature engagée* auf eine Art der Literatur, die existenzielle Fragen des Menschseins in Bezug auf die gegenwärtige Zeitlage zur Sprache bringt. Im Sinne der existenzialistischen Philosophie Sartres sollte es in der Literatur darum gehen, wie der Mensch in das Dasein geworfen ist, das immer eine bestimmte Zeit der Geschichte ist, und wie er sich als Einzelner gegenüber diesem Dasein verhält. Im Programm der im Oktober 1945 gegründeten Zeitschrift *Les Temps Modernes* hatte Sartre gerade dem heutigen Schriftsteller die Entscheidung abverlangt, sich ganz und gar seiner Epoche zu verschreiben, und dabei auf die Krisensituation der Kriegs- und Nachkriegszeit hingewiesen, die es heute weniger denn je zulasse, dass sich der Schriftsteller aus den sozialen, politischen und ideologischen Kämpfen der Gegenwart heraushalte:

> Jede Epoche entdeckt einen neuen Aspekt des Menschseins, in jeder Epoche wählt sich der Mensch gegenüber dem anderen, der Liebe, dem Tod und der Welt. Und wenn sich die Parteien über die Entwaffnung der Streitkräfte der inneren Front oder über die Hilfe für die spanischen Republikaner streiten, so geht es um diese metaphysische Wahl, um diesen einmaligen und absoluten Entwurf. [...] Weit davon entfernt, Relativisten zu sein, erklären wir laut und deutlich, daß der Mensch ein Absolutes ist. Aber er ist es zu seiner Zeit, in seiner Umgebung und auf seiner Welt. Was absolut ist, was tausend Jahre Geschichte nicht zerstören können, ist *diese* unersetzbare, unvergleichliche Entscheidung, die er gerade in diesem Augenblick in bezug auf diese Umstände trifft. [...] [W]ir gesellen uns zu denen, die die soziale Lage des Menschen und zugleich die Auffassung ändern wollen, die er von sich selber hat. Unsere Zeitschrift wird auch zu den künftigen politischen und sozialen Ereignissen Stellung nehmen. Sie wird dies aber nicht *politisch* tun, das heißt im Sinne einer Partei. Aber sie wird sich bemühen, die Auffassung vom Menschen aufzudecken, der die dargelegten Thesen entspringen, und sie wird ihre Ansichten entsprechend der hier vertretenen Auffassung äußern. Wenn wir halten können, was wir uns versprechen, wenn wir erreichen, daß einige unserer Leser unsere Ansichten teilen, werden wir [...] uns [...] dazu beglückwünschen, [...], daß, wenigstens für uns, die Literatur wieder das geworden ist, was sie immer hätte bleiben sollen: eine gesellschaftliche Funktion.[28]

---

[28] Jean-Paul Sartre: Vorstellung von „Les Temps Modernes". In: Der Mensch und die Dinge. Aufsätze zur Literatur 1938–1946. Hg. v. Lothar Baier. Reinbek bei Hamburg 1986, S. 156–170, hier S. 160 f.

Obwohl sich Sartre in *Qu'est-ce que la littérature?* zu Recht gegen die Behauptung von konservativen Kritikern wehrte, er fordere eine politisch agierende und agitierende Literatur, wird man doch angesichts der zitierten Sätze sagen müssen, dass in ihnen zumindest eine solche Option angelegt ist. Und er selbst hat ja in den folgenden Jahren und Jahrzehnten wiederholt vorgeführt, wie man von einer existenzialistischen Auffassung der Literatur zu direkteren Formen des gesellschaftspolitischen Engagements kommen kann.

Der Exkurs zu Sartres Begriff der *littérature engagée*, der auch in Deutschland während der 1950er und 1960er Jahre stark rezipiert und dabei immer weiter auf eine politische Parole reduziert worden ist, sollte zum einen die Entschiedenheit erkennen lassen, mit der in der Nachkriegszeit die Literatur auf die Gegenwart verpflichtet wurde. Zum anderen sollte die große Bandbreite einer Gegenwartsliteratur wenigstens angedeutet werden, in der es ganz unterschiedliche, ja gegensätzliche Konzepte und Modelle von literarischer Gegenwärtigkeit gab. Sogar die von Sartre bekämpfte Rückbesinnung auf christliche oder humanistische Traditionen des Abendlandes mit seinen vermeintlich für alle Zeiten gültigen Werten und Formen, die bekanntlich in den 1950er Jahren zum Programm einzelner Schriftsteller und ganzer Literaturrichtungen wie etwa dem französischen und dem deutschen *Renouveau Catholique* gehörte, verstand sich ja selbst als gezielter Eingriff in die Gegenwart. Bedenkt man, dass gleichzeitig mit solchen traditionalistischen Literaturprogrammen – neben manch anderem – auch modernistische Literaturkonzepte entwickelt wurden, die ihren eigenen Bezug zur Gegenwart in einer experimentellen, mit den avanciertesten Erkenntnissen und Verfahren des wissenschaftlich-technischen Zeitalters arbeitenden Sprache sahen, so erweist sich die in der Historiographie stattfindende Fokussierung der Gegenwartsliteratur auf Ereignisse und Diskurse der gesellschaftlichen und politischen Zeitgeschichte dann doch wieder als eine unangemessene Verengung und Verkürzung.

Für die Historiographie ist jedoch eine derartige Fokussierung auch deshalb verlockend, weil sich so bestimmte Paradigmen des Verhältnisses der Literatur zur Gegenwart herausarbeiten lassen, über die eine in Phasen gegliederte Entwicklung der Gegenwartsliteratur konstruiert und mit der Zeitgeschichte synchronisiert werden kann. In der Literaturgeschichte der Bundesrepublik Deutschland, für die man ‚1945' weiterhin als Zäsur braucht, ohne noch an die früher beschworene ‚Stunde null' zu glauben, bietet es sich an, von der überwiegend weltanschaulichen, teils religiös, humanistisch oder existenzialistisch eingefärbten Literatur der Restauration in der ersten Nachkriegszeit über den zunehmend gesellschaftskritisch ausgerichteten Realismus der späten 1950er und frühen 1960er Jahre zum gesellschaftspolitischen Aktionismus der 1968er fortzuschreiten, um nach der subjektivistischen Zwischenphase der

Neuen Sensibilität der 1970er Jahre zur kulturpolitisch engagierten Erinnerungs- und Gedächtnisliteratur seit den 1980er Jahren zu gelangen. Nach 1989 schließt dann die aktuellere Wendeliteratur an.[29] Selbstverständlich geht kein mit der Fülle des Materials vertrauter Literarhistoriker so weit, die gesamte Geschichte der bundesdeutschen Gegenwartsliteratur auf dieses simple Schema zu reduzieren. Aber die in ihm enthaltenen Paradigmen (weltanschauliche Restauration, gesellschaftskritischer Realismus, gesellschaftspolitischer Aktionismus, subjektive Sensibilität, kulturelles Gedächtnis) strukturieren doch die Disposition des historischen Prozesses in erheblichem Maße.

Demgegenüber ist noch einmal zu betonen, dass es in der Gegenwartsliteratur nach 1945 eine Vielfalt von literarischen Konzepten und Modellen gab, die sich durch ihr jeweiliges Verhältnis zur Gegenwart – oder präziser: ihr jeweiliges Verhalten in Bezug auf die Gegenwart – und ihr jeweiliges Verständnis der eigenen Gegenwärtigkeit voneinander unterschieden. Wie oben angedeutet, umfasste das Spektrum in den 1950er Jahren unterschiedliche Konzepte einer *littérature engagée* im weiteren Sinn, deren weltanschauliche, gesellschaftskritische oder auch direkt politische Ausrichtung auf die eigene Zeit leicht zu erkennen ist. Zugleich existierten aber mannigfaltige Spielarten einer literarischen Moderne, die die eigene Gegenwärtigkeit primär durch die Avanciertheit ihrer ästhetischen Techniken definierte. Am sogenannten Magischen Realismus in der Literatur der 1950er Jahre ließe sich allerdings exemplarisch zeigen, dass die in den Erzählungen eines Hans Erich Nossak, Hermann Kasack oder Hans Henny Jahnn auf symbolische Weise entworfenen imaginären Welten indirekte Kommentare zur empirisch vorgefundenen, ‚realen' Gegenwart sind. Die Dichtungen erzeugen zwar eine andere, mythische Zeit, diese gewinnt aber erst durch den indirekten Bezug auf die historische Zeit der Gegenwart ihre Bedeutung. Gleiches ließe sich über die Naturlyrik der 1950er Jahre sagen. Entgegengesetzt liegt der Fall bei Konzepten experimenteller Poesie, wie sie von Max Bense und Helmut Heißenbüttel entwickelt worden sind. Die seriell produzierten Zeichengebilde scheinen ohne jeden Bezug zur Gegenwart zu sein; doch die serielle Methode ist nicht nur eine Absage an traditionellere Verfahren der Literatur, einen tieferen Sinn irgendwelcher Art zu erzeugen, sondern auch ein Bekenntnis zum immer stärker wissenschaftlich und technisch geprägten Zeitalter der Moderne.

Die Liste unterschiedlicher Konzepte und Modelle von ‚Gegenwartsliteratur' könnte für die 1950er Jahre verlängert werden, und entsprechend wäre für die folgenden Jahrzehnte zu verfahren. Doch hier geht es lediglich um eine

---

[29] Vgl. Michael Braun: Wem gehört die Geschichte? Erinnerungskultur in Literatur und Film. Münster 2013.

exemplarische Veranschaulichung jener Vielfalt der literarischen Modellierungen der Gegenwart, auf die meine Argumentation prinzipiell zielt. Literarische Modellierung meint etwas anderes als die inhaltliche Partizipation an Diskursen, die die heutige Zeit betreffen, obwohl die direkte Thematisierung von gesellschaftlichen Verhältnissen, politischen Konflikten, moralischen Fragen etc. eine mögliche Art der Modellierung ist. Vielmehr ist gemeint, wie sich literarische Texte auf die heutige Zeit beziehen, wie sie sich selbst durch diesen Bezug als Literatur der Gegenwart ausweisen und, umgekehrt, wie sie gerade durch ihr ‚Verhalten' eine bestimmte Vorstellung von Gegenwart und Gegenwärtigkeit hervorbringen. Um literarische Modellierungen in diesem Sinn handelt es sich beispielsweise bei jenen „Schreibweisen der Gegenwart", die Eckhard Schumacher in seinen Publikationen zur Pop-Literatur der 1960er und 1990er Jahre untersucht hat:

> Die Form von Gegenwartsliteratur, die sich bei Brinkmann und Fichte ebenso abzeichnet wie in den Texten von Goetz, Neumeister, Meinecke oder Röggla, bleibt allerdings nicht auf die Repräsentation von zeitnahen Gegenständen, auf die Vergegenwärtigung einer gerade vergangenen Gegenwart beschränkt. Sie produziert im Akt des Schreibens zugleich auch das, was sie beschreibt, was sie in der Form der Schrift präsentiert: Aktualität, Gegenwart oder zumindest, wie Meinecke schreibt, die ‚Illusion des Gegenwärtigen'. An die Stelle von distanzierter Reflexion und Strategien ästhetischer Repräsentation kann so immer auch das treten, was Goetz ‚Konstruktion der Gegenwart' nennt.[30]

An den von Schumacher zitierten Autoren wird ihre Fixierung auf die empirischen Phänomene der heutigen Zeit deutlich. Sie setzten eine geradezu emphatische Auffassung des Hier und Jetzt in literarische Schreibweisen um, wobei ihnen im Zuge einer über die wahrgenommenen Phänomene (etwa die Reklameartikel der Konsumindustrie) auch reflektierenden Darstellung immer bewusster wird, dass die heutige Zeit eine geschichtliche Signatur besitzt, nämlich die Signatur der Spät- oder Postmoderne. Dies zusammen prägt das spezifische Verständnis der sogenannten Pop-Literatur von der eigenen Gegenwärtigkeit (und, damit verbunden, der eigenen Geschichtlichkeit).

Wenn ich von der Gegenwärtigkeit der Gegenwartsliteratur spreche, dann ist stets der wie auch immer geartete Bezug der literarischen Konzepte auf die ‚reale' Situation der heutigen Zeit gemeint. Insofern unterscheide ich Gegenwärtigkeit vom Begriff der ‚Präsenz', wie ihn Karl Heinz Bohrer zur Beschreibung von ästhetischen Konzepten der ‚Plötzlichkeit' verwendet hat,[31] obwohl

---

30 Vgl. bes. Eckhard Schumacher: Gerade Eben Jetzt. Schreibweisen der Gegenwart. Frankfurt/M. 2003, S. 17.
31 Vgl. Karl Heinz Bohrer: Plötzlichkeit. Zum Augenblick des ästhetischen Scheins. Frankfurt/M. 1981.

sich solche, als autonom verstandenen Konzepte eventuell als ästhetisch vermittelte, sehr indirekt kommunizierte Stellungnahmen zur aktuellen Zeitlage interpretieren lassen. Auch andere im Bereich der ästhetischen Organisation verbleibende Modellierungen von Zeit, bei denen sich die Dimensionen des Vergangenen, Gegenwärtigen und Zukünftigen miteinander verschränken,[32] reichen für den von mir entwickelten Begriff der Gegenwärtigkeit nicht aus.

Nun läuft meine Argumentation auf die These hinaus, dass gerade dieser Begriff von Gegenwärtigkeit explizit oder implizit dem Selbstverständnis von weiten Teilen der Literatur nach 1945 zugrunde lag und dass er deswegen auch literarhistorisch operationalisiert werden kann, indem man ihn zum Bestimmungs- und Vergleichskriterium von Gegenwartsliteratur macht. Anders gesagt: Eine Geschichtsschreibung der Gegenwartsliteratur müsste die literarischen Konzepte und Modelle von Gegenwärtigkeit in synchroner und diachroner Perspektive darstellen. Dabei würde man immer wieder auf die Frage nach der ‚gesellschaftlichen Funktion' von Literatur stoßen, die für die zeitgenössisch diskutierten Konzepte – von Sartres Programm einer engagierten Literatur bis hin zu Adornos Theorie der ästhetischen Moderne – von zentraler Bedeutung war.

5. Gibt es noch heute eine Gegenwartsliteratur?

Im Gegensatz zur mechanischen Vorstellung, dass als Gegenwartsliteratur immer die Literatur der letzten dreißig Jahre zu gelten habe, soll abschließend die Frage gestellt werden, ob das Konzept Gegenwartsliteratur nicht einer historischen Zeit angehört, die einen Anfang und möglicherweise auch ein Ende hat. Ist das nach dem 2. Weltkrieg entwickelte Konzept nicht Teil einer Diskursformation, die sich inzwischen an vielen Stellen aufgelöst hat?

Im Jahr 1983 formulierte der ostdeutsche Literarhistoriker Dieter Schiller eine Reihe von Thesen zur Frage: „Was heißt Gegenwartsliteratur?" Für ihn stand damals fest:

> Der (freie) Autor [...] kommuniziert mit seinen Lesern aus einem im Prinzip gemeinsamen Erleben heraus, beide denken, fühlen, reagieren im Sinne eines akzeptierten oder verworfenen ‚Zeitgeistes'. Als Gegenwartsliteratur wird in der Regel betrachtet, was dem Erfahrungshorizont einer aktuellen Generation von Lesern mit ihrem überschaubaren Vorfeld

---

[32] Vgl. Lothar van Laak: Gegenwärtigkeit und Geschichte als Kategorien der Gegenwartsliteratur. In: Wolfgang Braungart/L. v. L. (Hg.): Gegenwart/Literatur/Geschichte. Zur Literatur nach 1945. Heidelberg 2013, S. 121–132. Die anderen Aufsätze des Bandes operieren überwiegend mit einem über das Ästhetische hinausgehenden Begriff der Gegenwärtigkeit.

entspricht. [...] Dabei spielen historische Zäsuren eine wesentliche Rolle, sofern sie in die Lebenswirklichkeit der am literarischen Prozeß Beteiligten konturierend eingreifen. Das wird besonders in den beiden Weltkriegen des 20. Jahrhunderts klar.[33]

Aus der Passage lassen sich drei Grundsätze destillieren. Erstens: Gegenwartsliteratur bezieht sich auf die heutige Zeit, vor allem dadurch, dass sie Erfahrungen der Lebenswirklichkeit und der Zeitgeschichte darstellt und reflektiert. Zweitens: Sie teilt den Erfahrungshorizont mit allen Angehörigen der heutigen Generation und ist so auch mit dem potenziell die ganze Generation umfassenden Publikum ihrer Zeit verbunden. Drittens: Der gemeinsame Erfahrungshorizont wird durch historische Zäsuren konturiert, die so wirkmächtig sind wie die beiden Weltkriege, aus ihnen resultiert das Gepräge der Gegenwartsepoche.

Sieht man von einer gewissen Tendenz im Sinne des Sozialistischen Realismus ab, so decken sich die von Schiller formulierten Grundsätze weitgehend mit den Begriffsbestimmungen der Gegenwartsliteratur, wie man sie beispielsweise in dem weiter oben zitierten Aufsatz von Gansel und Herrmann aus dem Jahr 2012 findet.[34] Aus den genannten Axiomen können weitere Prinzipien abgeleitet werden. Viertens: Die Gegenwartsliteratur erfüllt ihre gesellschaftliche Funktion, wenn sie sich im Sinne des ersten Grundsatzes verhält. Fünftens: Sie steigert ihre gesellschaftliche Relevanz dadurch, dass sie das gesamte Publikum ihrer Zeit anspricht. Sechstens: Dazu bedarf es einer literarischen Öffentlichkeit, die als Forum funktioniert, in dem von Autoren, die als Repräsentanten ihrer Generation auftreten, die Themen der Gegenwart vor dem Publikum der Leser verhandelt werden. Siebtens: Die literarische Öffentlichkeit wird so zu einem zentralen Teil der gesamten Öffentlichkeit einer auf Partizipation angelegten (demokratischen) Gesellschaft. Ich breche an diesem Punkt ab, an dem sich nicht von ungefähr die Erinnerung an das Ideal der ‚bürgerlichen Öffentlichkeit' aus dem 1962 erschienenen Buch *Strukturwandel der Öffentlichkeit* von Jürgen Habermas einstellt.

Die Auflistung sollte deutlich machen, dass das Konzept Gegenwartsliteratur eng mit einem literatur- und gesellschaftspolitischen Programm verknüpft ist, das zur Nachkriegszeit passt (und mit gewissen Einschränkungen und Modulationen auch als historische Heuristik für die Literatur dieser Ära funktioniert), aber an vielen Punkten nicht mehr mit den geänderten Verhältnissen der heutigen Literatur zur Deckung gebracht werden kann. Kann man heute mit dem gleichen Recht wie in der Zeit nach 1945 sagen, dass es einen

---

[33] Dieter Schiller: Was heißt Gegenwartsliteratur? Thesen [Juli 1983]. In: Im Widerstreit geschrieben. Vermischte Texte zur Literatur 1966–2006. Berlin 2008, S. 385–387, hier S. 385.
[34] Vgl. das Zitat auf S. 368 dieses Aufsatzes.

gemeinsamen, durch das alles und alle erschütternde Erlebnis einer historischen Zäsur konturierten Erfahrungshorizont der Gegenwart gäbe? (Soll die ‚Wende' von 1989 tatsächlich eine solche Zäsur sein?) Wie viele Menschen glauben, dass Schriftsteller – sei es als Dichter, die ästhetisch das Wesen ihrer Zeit zum Ausdruck bringen, sei es als Intellektuelle, die politisch in die Kämpfe ihrer Zeit eingreifen – die berufenen Repräsentanten einer ganzen Generation oder Epoche sind? (Werden sie denn in die Talkshows des Medienbetriebs eingeladen?) In welchem Maße funktioniert die literarische Öffentlichkeit als das Forum einer alle relevanten Themen diskutierenden Gesellschaft? (Gibt es nicht allgemein statt der *einen*, idealiter allen zugänglichen Öffentlichkeit eine wachsende Zahl von gegeneinander abgeschotteten Arenen der Kommunikation?)[35]

Klaus-Michael Bogdal hat in seinem 1998 publizierten Aufsatz *Klimawechsel* diagnostiziert, dass sich die gesamte Diskursformation der deutschen Gegenwartsliteratur in den 1970er und 1980er Jahren tiefgreifend verändert habe. Der von ihm beschriebene Umbruch besteht nicht nur im Abschied von dem geschichtlichen Bewusstsein, der modernen Zeit anzugehören, das bis dahin sogar die unterschiedlichsten Auffassungen von Gegenwartsliteratur geeint hätte und nun von Vorstellungen einer postmodernen Heterotemporalität verdrängt werde. Vielmehr betrifft er zugleich die Regeln der literarischen Diskurse, die Mechanismen des literarischen Feldes und den Status der Literatur in dem immer stärker von Massenmedien wie dem Fernsehen dominierten Kulturbetrieb der Gesellschaft.[36]

Vielleicht ist die Zeit für den starken Begriff von ‚Gegenwartsliteratur', wie er in der Nachkriegszeit geprägt wurde, heutzutage vorbei, sodass er durch einen schwachen ersetzt werden müsste. Die Epoche der ‚Gegenwartsliteratur' im emphatischen Sinn wäre historisch abgeschlossen. Stattdessen könnten wir wieder von ‚neuerer und neuester Literatur' reden.

---

[35] Die Literaturwissenschaft hat sich stillschweigend von dem ehemaligen Leitbegriff der ‚Öffentlichkeit' verabschiedet, während er in der Politischen Philosophie und der Politologie noch ein unverzichtbares Element der Demokratietheorie ist. Zu den Schwierigkeiten, das Ideal der *einen* Öffentlichkeit mit der Realität vieler Arenen in Einklang zu bringen, vgl. Kurt Imhof: Die Krise der Öffentlichkeit. Kommunikation und Medien als Faktoren des sozialen Wandels. Frankfurt/M. 2011.
[36] Vgl. Bogdal: Klimawechsel (Anm. 22), S. 9–31. Vgl. auch K.-M. B.: Deutschland sucht den Super-Autor. Über die Chancen der Gegenwartsliteratur in der Mediengesellschaft. In: Deutschsprachige Gegenwartsliteratur seit 1989 (Anm. 19), S. 85–94.

Die Autoren

Friedmar Apel lehrt nach Stationen in Siegen, Atlanta, Berlin, Regensburg und Paderborn seit 2000 als Professor für Vergleichende Literaturwissenschaft an der Universität Bielefeld. Publikationen zur europäischen Literatur- und Kulturgeschichte. Zuletzt: *Das Auge liest mit. Zur Visualität der Literatur* (München: Hanser 2010); *Hugo von Hofmannsthal* (Berlin und München: Deutscher Kunstverlag 2012).

Moritz Baßler, Professor für Neuere deutsche Literatur an der Westfälischen Wilhelms-Universität Münster. Studium der Germanistik und Philosophie in Kiel, Tübingen und Berkeley, 1993 Promotion in Tübingen bei Gotthart Wunberg (*Die Entdeckung der Textur. Unverständlichkeit in der Kurzprosa der emphatischen Moderne 1910–1916*), bis 1998 Redaktor des *Reallexikons der deutschen Literaturwissenschaft*, bis 2003 Wiss. Assistent bei Helmut Lethen in Rostock (Habilitation: *Die kulturpoetische Funktion und das Archiv. Eine literaturwissenschaftliche Text-Kontext-Theorie*), bis 2005 Professor of Literature an der International University Bremen. Fellow am IFK Wien (2001), am ZfL Berlin (2007) und am FRIAS (2009/10). Gastdozenturen und Masterclasses u. a. in Athens/GA, Kopenhagen, Uetrecht und Ferrara. Zahlreiche Publikationen mit den Schwerpunkten Literatur der Klassischen Moderne, Literaturtheorie, Gegenwartsliteratur (*Der deutsche Pop-Roman*, Beck: München 2002), Realismus und Popkultur. Literaturkritiken in taz, FAZ und anderen Medien. Mitbegründer der Zeitschrift *POP – Kultur und Kritik* (seit 2012). Zuletzt erschienen: *Entsagung und Routines. Aporien des Spätrealismus und Verfahren der frühen Moderne* (Hg., De Gruyter: Berlin 2013).

Ralf Bogner, Professor für Neuere deutsche Philologie und Literaturwissenschaft an der Universität des Saarlandes. Studierte Germanistik, Philosophie sowie Mittel- und Neulatein in Wien, Heidelberg und Berlin. Promotion in Wien mit der Arbeit *Die Bezähmung der Zunge* (Niemeyer: Tübingen 1997), danach Lehr- und Forschungstätigkeiten u. a. in Aachen, Heidelberg, Mannheim und Frankfurt/Main. 2005 Habilitation mit der Studie *Der Autor im Nachruf* (Niemeyer: Tübingen 2006) in Rostock. Arbeiten u. a. zur Literatur und Kultur der frühen Neuzeit, zur österreichischen Literatur, zur Literatur des Expressionismus und zur Editionsphilologie. Zuletzt erschienen: *Anastasius Grün: Spaziergänge eines Wiener Poeten* (Olms: Hildesheim 2011); *Ferdinand v. Saar: Hermann und Dorothea* (Universaar: Saarbrücken 2011); *Klabund: Literaturgeschichte* (Elfenbein: Berlin 2012); *Die Literaturen der Großregion Saar-Lor-Lux-Elsass in Geschichte und Gegenwart* (Universaar: Saarbrücken 2012; hg. mit Manfred Leber); *Klassiker, Neu-Lektüren* (Universaar: Saarbrücken 2013; hg.

mit Manfred Leber); *Österreich und die Türkei* (Olms: Hildesheim 2013; hg. mit Pierre Béhar).

Wolfgang Braungart, seit 1996 Professor für Allgemeine Literaturwissenschaft und Neuere deutsche Literatur an der Universität Bielefeld. Forschungsschwerpunkte: Deutsche Literatur seit der Frühen Neuzeit, Literaturanthropologie, Literatur und Religion, Literatur und Bildende Kunst, populäre Literatur, Utopieforschung. Lebenslauf und Publikationen: s. Homepage http://www.uni-bielefeld.de/lili/personen/braungart.

Matthias Buschmeier, Akademischer Rat für Germanistische Literaturwissenschaft an der Universität Bielefeld. Studierte Literaturwissenschaft, Philosophie und Geschichte in Hagen, Bielefeld und an der University of California, Santa Barbara. Von 2003 bis 2006 war er Stipendiat des Gießener DFG-Graduiertenkollegs „Klassizismus und Romantik". 2007 Promotion mit der Arbeit *Poesie und Philologie der Goethe-Zeit. Studien zum Verhältnis der Literatur mit ihrer Wissenschaft* (Niemeyer: Tübingen 2008). Publikationen zur deutschen und europäischen Literatur- und Wissensgeschichte des 18. bis 20. Jahrhunderts sowie zur Literatur- und Kulturtheorie. 2010 publizierte er seine *Einführung in die Literatur des Sturm und Drang und der Weimarer Klassik* (Wissenschaftliche Buchgesellschaft: Darmstadt; mit Kai Kauffmann), 2011 den Sammelband *Pragmatismus und Hermeneutik* (Felix Meiner: Hamburg; hg. mit Espen Hammer). Zuletzt erschien der Band *Sturm und Drang. Epoche – Autoren – Werke* (Wissenschaftliche Buchgesellschaft: Darmstadt 2013; hg. mit Kai Kauffmann).

Manfred Engel, Professor für Neuere deutsche Literaturwissenschaft an der Universität des Saarlandes; zuvor Professor für Europäische und Neuere deutsche Literatur in Hagen und Taylor Chair of the German Language and Literature in Oxford. Ausgewählte Publikationen: *KulturPoetik. Zeitschrift für kulturgeschichtliche Literaturwissenschaft* (Vandenhoeck & Ruprecht: Göttingen 2000 ff.; hg. mit Monika Ritzer u. Bernard Dieterle); *Franz Kafka und die Weltliteratur* (Vandenhoeck & Ruprecht: Göttingen 2006; hg. mit Dieter Lamping); *Romantic Prose Fiction* (John Benjamins: Amsterdam, Philadelphia 2008; hg. zusammen mit Gerald Gillespie u. Bernard Dieterle). *Kafka-Handbuch* (Metzler: Stuttgart u. Leipzig 2010; hg. mit Bernd Auerochs); *Realism and Anti-Realism in 20th Century Literature* (Rodopi: Amsterdam, New York 2010; hg. mit Christine Baron); *Kafka und die Religion in der Moderne / Kafka, Religion, and Modernity* (Königshausen & Neumann: Würzburg 2015; hg. mit Ritchie Robertson).

Walter Erhart, seit 2007 Professor für Germanistische Literaturwissenschaft an der Universität Bielefeld. Studium der Germanistik, Philosophie und Geschichte in Tübingen und St. Louis/USA, Promotion 1990 in Tübingen, Habilitation 1996 in Göttingen. 1997–2007 Professor für Deutsche Literaturwissenschaft und Literaturtheorie an der Universität Greifswald. Forschungsgebiete: Deutsche Literatur vom 18. bis zum 20. Jahrhundert, Reiseliteratur, Literaturtheorie, Wissenschaftsgeschichte, Geschichte der Germanistik, Gender Studies. Bücher: *Entzweiung und Selbstaufklärung. Christoph Martin Wielands „Agathon"-Projekt* (Niemeyer: Tübingen 1991), *Familienmänner. Über den literarischen Ursprung moderner Männlichkeit* (Fink: München 2001), *Wolfgang Koeppen. Das Scheitern moderner Literatur* (Konstanz University Press: Konstanz 2012).

Daniel Fulda ist seit 2007 Professor für Neuere deutsche Literaturwissenschaft an der Martin-Luther-Universität Halle-Wittenberg und leitet ebendort das *Interdisziplinäre Zentrum für die Erforschung der Europäischen Aufklärung*. Studium der Geschichte, Germanistik, Historischen Hilfswissenschaften und Pädagogik an der Universität zu Köln, 1995 Promotion mit einer Arbeit über *Wissenschaft aus Kunst. Die Entstehung der modernen deutschen Geschichtsschreibung 1760–1860* (De Gruyter: Berlin/New York 1996), 1997 und 1999 Auslandsdozenturen an der Karlsuniversität Prag sowie der Central European University in Budapest, 2003 Habilitation über *Schau-Spiele des Geldes. Die Komödie und die Entstehung der Marktgesellschaft von Shakespeare bis Lessing* (Niemeyer: Tübingen 2005). Im Frühjahr 2013 Gastprofessur an der Ecole pratique des hautes études (Paris). Seine Forschungsschwerpunkte liegen im Interferenzbereich von Literatur und Geschichte bzw. Geschichtsschreibung, der Wissenschaftsgeschichte, der Narratologie, der Geschichte der dramatischen Gattungen sowie der Literatur von Aufklärung und Goethezeit. Zuletzt erschien der Band *Die Sachen der Aufklärung* (Meiner: Hamburg 2012; hg. zus. mit Frauke Berndt).

Kai Kauffmann, Professor für germanistische Literaturwissenschaft an der Universität Bielefeld. Studierte Germanistik, Philosophie und Politikwissenschaft an den Universitäten Tübingen, Freiburg und Konstanz sowie Paris-Nanterre und Wien. 1993 Promotion an der TU Berlin mit der Arbeit *„Es ist nur ein Wien!" Stadtbeschreibungen von Wien 1700 bis 1873. Geschichte eines literarischen Genres der Wiener Publizistik* (Böhlau: Wien 1994). 2002 erfolgte die Habilitation mit der Schrift *Rudolf Borchardt und der ‚Untergang der deutschen Nation'. Selbstinszenierung und Geschichtskonstruktion im essayistischen Werk* (Niemeyer: Tübingen 2003). 1995 erschien die kritische und kommentierte Edition von Gottfried Kellers Gedichten im Deutschen Klassiker Verlag. Zahlreiche Publikationen zur deutschen Literatur des 18.–20. Jahrhunderts, zuletzt das zusammen mit Matthias Buschmeier geschriebene Buch *Einführung in die Literatur des Sturm und Drang und der Weimarer Klassik* (Wissenschaftliche Buchgesellschaft: Darmstadt 2010) und der Artikel *Das Leben Stefan Georges* im Handbuch *Stefan George und sein Kreis* (De Gruyter: Berlin/New York 2012).

Fabian Lampart, Akademischer Rat a. Z. für Neuere deutsche und Vergleichende Literaturwissenschaft am Deutschen Seminar der Albert-Ludwigs-Universität Freiburg. Studierte Vergleichende, Romanische und Englische Literaturwissenschaften in Augsburg, an den Universitäten Sussex und Bologna. Von 2000 bis 2005 war er wissenschaftlicher Assistent an den Universitäten Göttingen und Freiburg, 2005–2007 Feodor-Lynen-Stipendiat der Alexander von Humboldt Stiftung an der Universität Oxford. Seit 2008 hat er Professuren für Allgemeine und Vergleichende und Neuere deutsche Literaturwissenschaft an den Universitäten Freiburg, Mainz und Heidelberg vertreten. 2000 Promotion mit der Arbeit *Zeit und Geschichte. Die mehrfachen Anfänge des historischen Romans bei Scott, Arnim, Vigny und Manzoni* (Königshausen und Neumann: Würzburg 2002); 2009 Habilitation mit der Arbeit *Nachkriegsmoderne. Transformationen der deutschsprachigen Lyrik 1945–1960* (De Gruyter: Berlin/Boston 2013). Publikationen zur deutschen und europäischen Literatur- und Kulturgeschichte v. a. des 19. und 20. Jahrhunderts sowie zu wissensgeschichtlichen und literaturtheoretischen Fragen, u. a.: *Schreiben am Schnittpunkt. Poesie und Wissen bei Durs Grünbein* (Rombach: Freiburg 2007; hg. zus. mit Kai Bremer, Jörg Wesche); *Figurenwissen. Funktionen von Wissen bei der narrativen Figurengestaltung* (De Gruyter: Berlin/Boston 2012; hg. zus. mit Lilith Jappe, Olav Krämer).

Jan-Dirk Müller, Prof. em. für deutsche Philologie an der LMU München; Studium der Germanistik, Geschichte und Philosophie in Wien, Tübingen und Köln; 1968 Promotion in Köln über *Wielands späte Romane* (ersch. 1971); Ass. in Duisburg und Heidelberg; 1975 Habilitation in Heidelberg mit der Arbeit *Gedechtnus. Literatur und Hofgesellschaft um Maximilian I.* (ersch. 1982); Akad. Oberrat in Bielefeld 1977–1981; Professuren in Münster (1981–1984), Hamburg (1984–1991) und München (1991–2009); Gastprofessuren/Fellowships in St. Louis, am Historischen Kolleg (München), in Berkeley, Lawrence (Kansas) und am IFK Wien; Sprecher des SFB ‚Pluralisierung und Autorität in der Frühen Neuzeit'; o. Mitglied der Bayerischen Akademie der Wissenschaften; korrespondierendes Mitglied der Göttinger Akademie. Forschungen zur deutschen Literatur des Mittelalters und der Frühen Neuzeit, mit den Schwerpunkten Sozialgeschichte der Literatur, Liebeslyrik, Heldenepik, Humanismus. Zahlreiche Sammelbände; selbstständige Publikationen zum Nibelungenlied (1998 sowie 2003–2009), zur Minnelyrik (2004), zur höfischen Epik (2007) zur Mediävistischen Kulturwissenschaft (2010).

Monika Schmitz-Emans ist seit 1995 Professorin für Allgemeine und Vergleichende Literaturwissenschaft an der Ruhr-Universität Bochum. Sie studierte Germanistik, Philosophie, Italianistik und Pädagogik in Bonn. 1984 Promotion in Germanistik zu Jean Pauls Ansätzen zu einer Theorie der Sprache. 1992

Habilitation zur Poetik der Entzifferung und des Schreibens in Bonn. 1992–1995 Professur für Europäische Literatur der Neuzeit an der Fern-Universität Hagen. Lehrtätigkeit u. a. an den Universitäten in Bonn, Essen und Jena. 1999–2005 Vorsitzende der Deutschen Gesellschaft für Allgemeine und Vergleichende Literaturwissenschaft. 2002 Max Kade Distinguished Visiting Professor an der University of Notre-Dame, Indiana (USA). Seit 2007 Präsidentin der Jean-Paul-Gesellschaft. 2009 Tateshina Gastdozentur des Japanischen Germanistenverbandes. 2011 Max Kade Distinguished Visiting Professor an der University of Wisconsin-Madison, Madison (USA). Zahlreiche Buchpublikationen, Aufsätze und Herausgeberschaften. Zuletzt erschienen: *Poetiken der Verwandlung* (Innsbruck, Wien, Bozen: Studienverlag, 2008); *Kafka. Epoche – Werk – Wirkung* (München: C. H. Beck, 2010); *Enzyklopädien des Imaginären. Jorge Luis Borges im literarischen und künstlerischen Kontext* (Hildesheim, Zürich, New York: Georg Olms, 2011 [Mhg.]); *Literatur-Comics. Adaptationen und Transformationen der Weltliteratur* (Berlin, Boston: De Gruyter, 2012; in Zusammenarbeit mit Christian A. Bachmann).

Jörg Schönert, seit 2007 Professor i. R. für Neuere deutsche Literatur an der Universität Hamburg, studierte Germanistik und Anglistik an den Universitäten München, Reading (GB) und Zürich. Promotion 1968 und Habilitation 1977 an der Universität München, 1990–1993 Professor an der RWTH Aachen. Literaturwissenschaftliche Forschungsschwerpunkte sind Methodologie, Literaturtheorie und Fachgeschichte sowie deutschsprachige Literatur vom 18. bis zum frühen 20. Jahrhundert; demnächst erscheint: *Kriminalität erzählen. Studien zur deutschsprachigen Literatur 1600–1920* (Berlin u. Boston: De Gruyter).

Jürgen Paul Schwindt, Direktor des Seminars für Klassische Philologie der Univ. Heidelberg (seit 2000). Nach Studium der Klassischen und Indischen Philologie 1993 Promotion Univ. Bonn, 1998 Habilitation Univ. Bielefeld. Mitglied der Internationalen Forschergruppe *La poésie augustéenne* (seit 2001) u. Hg. der *Bibliothek der klassischen Altertumswissenschaften* (seit 2001). Publikationen zur Semiotik der spätrepublikanischen und frühkaiserzeitlichen Literatur (zuletzt: *The Philology of History. How and what Augustan Literature Remembers*, in: *Augustan Poetry and the Roman Republic*, hg. v. J. Farrell u. a., Oxford 2013), zur „Archäologie der Moderne" (zuletzt: *Monumente machen. Foucault und die epigrammatische Methode*, in: *Parrhesia. Foucault und der Mut zur Wahrheit*, hg. v. P. Gehring u. a., Zürich 2012), zur Geschichte und Theorie der Philologie (zuletzt: *Über Genauigkeit*, in: Edmund Hoppe, Mathematik und Astronomie im Klassischen Altertum, Bd. 2, hg. v. J. P. Schwindt, Heidelberg 2012) sowie zur Kritik der Universität (zuletzt: *Die Mitmacher. Zur Pathogenese der neuen deutschen Universität I*, in: *TUMULT im Herbst*, 2013).

Peter Sprengel, ord. Prof. für Neuere deutsche Literatur an der Freien Universität Berlin. Nach dem Studium der Germanistik und Gräzistik in Hamburg und Tübingen Promotion in Hamburg 1976 mit der Arbeit *Innerlichkeit. Jean Paul oder Das Leiden an der Gesellschaft* (München: Hanser 1977). 1977–1982 Wissenschaftlicher Assistent an der Technischen Universität Berlin, 1981 Habilitation ebenda mit „Untersuchungen zum Werk Gerhart Hauptmanns aufgrund des handschriftlichen Nachlasses" (*Die Wirklichkeit der Mythen*. Berlin: E. Schmidt 1982). Heisenberg-Stipendiat, Vertretungen an den Universitäten Stuttgart und Berlin, Professuren in Erlangen (1986–1989) und Kiel (1989/90). Schwerpunkte: Drama und Theater, Literatur der Klassischen Moderne. Mitarbeit an der von de Boor/Newald begründeten Literaturgeschichte: *Geschichte der deutschsprachigen Literatur 1870–1900* (München: Beck 1998), *Geschichte der deutschsprachigen Literatur 1900–1918* (München: Beck: 2004). Zahlreiche Editionen und Studien zu Gerhart Hauptmann, zuletzt die Biographie: *Gerhart Hauptmann. Bürgerlichkeit und Großer Traum* (München: Beck 2012).

Klaus Stierstorfer, Lehrstuhl für British Studies an der Universität Münster. Studierte Katholische Theologie und Anglistik in Regensburg und Oxford, promovierte in Oxford und habilitierte sich in Würzburg. Seine Promotion war zum Thema *John Oxenford as Farceur and Critic of Comedy*, seine Habilitation zu *Die Englische Literaturgeschichte von Warton bis Courthope und Ward*. Zahlreiche Publikationen zur britischen Literatur und zur Literatur- und Kulturtheorie. Gegenwärtige Forschungsinteressen umfassen u. a. Religion und Literatur, Recht und Literatur und Diaspora Studies.

Isabella von Treskow, Lehrstuhl für Romanische Philologie, Französische und Italienische Literatur- und Kulturwissenschaft an der Universität Regensburg. Studierte Romanistik, Germanistik und Geschichte an der Freien Universität Berlin, Albert-Ludwigs-Universität Freiburg i. Brsg., Université Paul Valéry Montpellier, Ruprecht-Karls-Universität Heidelberg. 1988 Licence ès Lettres modernes, 1989 Maîtrise en Littérature comparée, 1995 Promotion mit der Arbeit *Französische Aufklärung und sozialistischer Realismus* zu Denis Diderot und Volker Braun (Königshausen & Neumann, 1996), Habilitation 2006, Habilitationsschrift: *Judenverfolgung 1938–1945 in Italien in Romanen von M. Ottolenghi Minerbi, G. Bassani, F. Burdin und E. Morante. Fakten, Fiktion, Projektion* (Wiesbaden: Harrassowitz, 2013). Publikationen u. a. zu Wahrnehmung und Darstellung von Krieg, Verfolgung, Gewalt und Konflikten, zur Funktion von Literatur, zu Kultur- und Intellektuellengeschichte in Frankreich und Deutschland in der Frühen Neuzeit: *Literaturen des Bürgerkriegs*, hg. mit Anja Bandau, Albrecht Buschmann (Berlin: trafo, 2008); *Bruders Hüter / Bruders Mörder. Intellektuelle und innergesellschaftliche Gewalt*, hg. mit Susanne Hartwig (Tübingen:

De Gruyter, 2010); *Vivre la persécution, symboliser la catastrophe. Enfance, jeunesse et génocide dans la littérature, le dessin et le cinéma*, zus. mit Silke Segler-Meßner (Frankfurt a. M.: Peter Lang, im Druck); *D'ici et d'ailleurs. L'héritage de Kateb Yacine*, zus. mit Catherine Milkovitch-Rioux (Paris: L'Harmattan, im Druck).

Martina Wagner-Egelhaaf, Professorin für Neuere deutsche Literaturgeschichte, unter besonderer Berücksichtigung der Literatur der Moderne/Literaturwissenschaft als Kulturwissenschaft. Studierte Germanistik und Geschichte an der Universität Tübingen und am University College London. 1987 Promotion an der Universität Tübingen mit der Arbeit *Mystik der Moderne. Zur visionären Ästhetik der deutschen Literatur im 20. Jahrhundert* (Metzler: Stuttgart 1989). Von 1988 bis 1994 war sie wissenschaftliche Assistentin an der Universität Konstanz. 1994 Habilitation mit der Arbeit *Die Melancholie der Literatur. Diskursgeschichte und Textfiguration* (Metzler: Stuttgart/Weimar 1997). Von 1995 bis 1998 Professorin für Neugermanistik, insbes. Literaturtheorie und Rhetorik an der Ruhr-Universität Bochum. Zahlreiche Publikationen zur deutschsprachigen Literatur des 18. bis 21. Jahrhunderts und zu literaturtheoretischen Fragestellungen. 2000 erschien der Einführungsband *Autobiographie* (Metzler: Stuttgart/Weimar; 2. Auflage 2005). Zuletzt erschienen: *Das Imaginäre der Nation. Zur Persistenz einer politischen Kategorie in Literatur und Film* (transcript: Bielefeld 2012; hg. mit Katharina Grabbe und Sigrid G. Köhler); *Auto(r)fiktion: Literarische Verfahren der Selbstkonstruktion* (Aisthesis: Bielefeld 2013; hg. v. M. W.-E.); *Materie. Grundlagentexte zur Theoriegeschichte* (Suhrkamp: Berlin 2013; hg. mit Sigrid G. Köhler und Hania Siebenpfeiffer).

Dirk Werle, PD und wiss. Mitarbeiter am Institut für Germanistik der Universität Leipzig. Studium der Neueren deutschen Literatur, Latinistik und Philosophie in Freiburg i. Br., Pisa und Berlin. Promotion 2005 an der Humboldt-Universität zu Berlin mit der Arbeit *Copia librorum. Problemgeschichte imaginierter Bibliotheken 1580–1630*, Tübingen 2007. Habilitation 2012 in Leipzig mit einer Arbeit zur Ideengeschichte des Ruhms in der Moderne. Weitere Publikationen: *Begriffe, Metaphern und Imaginationen in Philosophie und Wissenschaftsgeschichte* (hg. mit Lutz Danneberg und Carlos Spoerhase), Wiesbaden 2009; *Unsicheres Wissen. Skeptizismus und Wahrscheinlichkeit 1550–1850* (hg. mit Carlos Spoerhase und Markus Wild), Berlin/New York 2009; *Entdeckung der frühen Neuzeit. Konstruktionen einer Epoche der Literatur- und Sprachgeschichte seit 1750* (hg. mit Marcel Lepper), Stuttgart 2011; *Leipziger Germanistik. Beiträge zur Fachgeschichte im 19. und 20. Jahrhundert* (hg. mit Günther Öhlschläger, Hans Ulrich Schmid und Ludwig Stockinger), Berlin/Boston 2013. Arbeitsschwerpunkte: Europäische Literaturgeschichte im Kontext der *intellectual history* seit dem 16. Jahrhundert; Konzepte der Themen-, Problem- und Ideengeschichte; Literaturtheorie; Wissenschaftsgeschichte der Geistes- und Kulturwissenschaften.

www.ingramcontent.com/pod-product-compliance
Lightning Source LLC
Chambersburg PA
CBHW031751220426
43662CB00007B/361